GREAT COMPANIES

INNOVATION, GOVERNANCE AND SUCCESSION

伟大的公司

创新、治理与传承

仲继银 著

企业管理出版社
ENTERPRISE MANAGEMENT PUBLISHING HOUSE

图书在版编目（CIP）数据

伟大的公司：创新、治理与传承 / 仲继银著．—北京：企业管理出版社，2019.10

ISBN 978-7-5164-2043-0

Ⅰ．①伟… Ⅱ．①仲… Ⅲ．①公司—企业管理—案例 Ⅳ．① F276.6

中国版本图书馆 CIP 数据核字（2019）第 221180 号

书　　名：伟大的公司：创新、治理与传承

作　　者：仲继银

责任编辑：李　坚

书　　号：ISBN 978-7-5164-2043-0

出版发行：企业管理出版社

地　　址：北京市海淀区紫竹院南路17号　　　邮编：100048

网　　址：http：//www.emph.cn

电　　话：编辑部（010）68414643　发行部（010）68701816

电子信箱：qiguan1961@163.com

印　　刷：三河市东方印刷有限公司

经　　销：新华书店

规　　格：170毫米×240毫米　16开本　49印张　780千字

版　　次：2020年2月第1版　2020年2月第1次印刷

定　　价：198.00元

前　言

有限责任、董事会与企业家
——伟大公司形成原因的一种解释

公司：有限责任与董事会

公司制企业，比其他各种类型的企业组织都取得了更大的成功，成为当今世界的一种统治性力量，核心要素在于其有限责任和董事会制度。

有限责任和董事会制度为公司制企业提供了无限的成长边界和吸纳资源及管理能力的空间，企业家由此从商人变为组织者，伟大公司的缔造者。

现代公众公司的成员边界就是完全开放的，只要你购买了其股份就可以成为其成员，这使现代公司这种企业组织的成员扩张能力，进而也是其资本集合和资源整合能力，超越了所有传统类型的企业组织。

有限责任：集合众人，支持创新

公司的集体财产组织、独立法人地位和股份制等属性，本质上都是有限责任制度的衍生和延伸。

股份制是现代公司外在表现出来的一个显著特征，以至英国早期称之为合股公司，我们称之为股份公司。事实上，股份制，或说商人们把各自的财货放在一起，形成一种集体财产组织，作为一个拥有独立法人地位的实体来运营，是公司成员（股东）享有有限责任这个特征的一种延伸。

在缺乏有限责任制度情况下，人们可以合伙经营，但是无限连带责任制度严重限制了合伙的范围。在有限责任制度下，完全不认识的人可以共同投资和拥有一家企业，这种合作的范围不仅超越家族、宗族、朋友圈子，还超越地域、阶层，甚至超越国家，扩展到全球。有限责任和与之相伴的股份制度及股票市场，使作为公司成员的股东具有其他任何类型组织都无可比拟的自由进出便利，组织成员的边界得到了几乎无限的扩展。

有限责任制度在扩展股东之间资本合作边界的同时，也激励股东承担风险，支持新事业拓展，促进公司创新。股东有限责任、作为独立法人和集体财产组织的公司，可以自行根据业务发展需要自由发售股票、债券等融资工具，集合众人之财，来建桥筑路、开矿炼钢和研发创新等等，人类才步入了现代经济世界。

董事会：责任承担，理性和团队决策

公司制企业的董事会制度，也是内生于其有限责任属性的。股东对公司承担有限责任，需要对其公司治理权力进行规范和限制。作为公司责任的承担主体和一种责任追究机制，董事制度使有限责任制度不会被公司股东滥用于过度冒险和掠夺债权人等，而是促进真正的企业发展。

董事和董事会制度还进一步扩展了公司制企业的合作边界——拥有资本的人和拥有管理才能的人之间的合作边界。企业家——资本和人才等企业发展所需要各类资源的组织者，由此登上经济舞台。董事会使传统企业中的东家—掌柜关系，变成了现代企业中的股东—董事会—经理人关系。并且董事会已经不仅仅是一种居中调停角色，而是化解冲突、掌控罗盘和指引方向的核心机关。

公司的创立与发展过程中，各种各样的矛盾和冲突本身都不是问题，关键是有没有一个董事会投票这样的明确、权威的决策中心和裁决机制。公司内部领导权配置的最高决定者是多数派董事。董事会的权力到位，有董事会的裁决机制，多大、多激烈的公司内部权力斗争，都可以和平解决，不会因权力斗争而使公司瘫痪以至分崩离析。

董事会是由组织成员选举产生、地位平等、权力相同的代表构成的委员会，是一种汇合集体智慧、通过理性讨论进行团队决策的公司内部治理机制。董事会团队决策作用的实际发挥，需要产品和资本两个市场。产品市场充分竞争，需要企业有更多先期投入，而很难完全靠留存收益发展。放开资本市场，可以进一步推进产品市场竞争深度。竞争深度加强，企业眼界必须放长，企业经营要更多理性讨论、分析和集体智慧之后，对董事会这种团队决策机制会有更强内在需求。

公司制度使企业家从商人变为组织者，伟大公司的缔造者

传统社会中不乏富可敌国的大商人，但是，他们很难创建出一个可持续发展的企业组织。基于有限责任和董事会及其延伸的一整套公司制度和公司治理机制，使企业家可以有机会成为伟大的组织者，缔造出可持续发展、基业长青的伟大公司。

中国传统上那种债务责任不确定（即非严格的无限责任也不是清晰界定的有限责任）的制度下，虽然也不乏创业者和企业家，但是非常不利于连续创业和企业家精神的可持续发展。这种制度不能宽容创业和企业经营失败者，更谈不上激励创业和企业经营失败者东山崛起。

从失败到东山再起，乔布斯的苹果公司传奇完全是在现代商业和公司治理规则下展开的。是责任分担机制清晰的一套现代公司治理体系保证了亨利·福特没有被失败击垮，能够一次一次地走出来。是以有限责任和董事会为基础的一套现代公司制度和治理体系，抚育和历练了从亨利·福特到斯蒂夫·乔布斯这些伟大企业家，缔造出伟大公司。

仲继银

2019年8月于中国社科院经济研究所

目　录
Contents

第1章　公司：一种革命性的经济组织

第2章　公司和其董事会：起源与传播

第4章　投资银行、别人的钱与职业管理

第6章 公司制度与企业家精神

第7章 创业者：天生、谋划与机遇

第9章 从创始人到经理人

第10章 家族企业的传承与控制

第11章 公司控制与治理模式转型

第12章 管控危机：董事会的角色

第13章 银行与金融机构的公司治理

第14章 日本的企业集团与公司控制

第15章 日本的公司治理改革

第16章 日韩企业的家族传承与职业管理

第17章　中国公司制度的百年演进

第18章 中国公司制企业的发展与艰难转型

第19章　中国公司的股东、创始人与职业管理

第1章
公司：一种革命性的经济组织

公司，一群人以一个独立法人的名义共同做事，是人类在漫长的商业历史实践中，逐渐发展和演化出来的。四百年前的荷兰东印度公司，是这一漫长演化历程中的一个关键标志。

从渐变到突变，公司成为改变世界的一种现代企业组织形式，是人类在总结历史经验基础上自觉进行制度设计的产物。19世纪中期，公司成立从特许制到注册制的转变，是现代公司法和公司治理基本规则成型的一个关键起点。

从此，组建公司不再是一种特权，而是普通人可以拥有的一种权利。公司创始人—企业家，从此登上历史舞台，他们通过创建和管理一家长期可持续发展的伟大公司而影响和改变着世界。

亨利·福特给世界装上了轮子，比尔·盖茨开发了数字世界的“水泥砖瓦”，史蒂夫·乔布斯把数字世界放到了人们的指尖。亚马逊汇集商品，谷歌聚合信息，Facebook连接人群。数字化的新世界里，距离不是问题，一切唾手可得。

1.1 创始人与公司治理

改变世界的公司，是由她的创始人及其后继者们设计、培育、修正和发展起来的。是一些人，活生生的人，在通过公司这样一种法人组织，改变和发展着这个世界，从经济到文化和社会，甚至是政治。

从摩根、花旗到通用电气公司的创建与发展，从德意志银行的全能模式到瓦伦伯格集团的投资控股，从杜兰特的兴起与跌落，到思科创始人和古奇家族的出局，现代公司发展就是一幅资本与产业交互作用的画卷。

从范德比尔特、洛克菲勒、卡内基、亨利·福特、米其林到鬼塚喜八郎（ASICS）和水野利八（美津浓），无论最终成就和企业规模大小，无不展示出了一代代实业家们的“创新驱动成长，专注成就价值”。

小产品可以开拓大世界，平凡的产品可以缔造出不平凡的企业——克洛克以售价低廉的汉堡包打造出了麦当劳帝国；坎普拉德以物美价廉的家居用品打造出了宜家帝国；沃尔顿以“折扣价格、保证满意”为理念，改写了全球零售业形态。从雀巢的一袋奶粉、可口可乐的一杯饮料到星巴克的一杯咖啡，从西尔斯到ZARA和优衣库，越是平常百姓的吃穿用度，越能支撑起百年老店和全球性的企业。

IBM、惠普、微软、英特尔和三星，成千上万倍地提高了人脑能力，谷歌、脸书（facebook）和Twitter把地理上分割的世界在信息上联系在了一起。乔布斯以一个接一个的创新性产品，改变了五大产业：从电脑、动画电影、音乐、手机到移动终端。3M以无数种创新性产品改善着人类工作和生活的方方面面。

贝塔斯曼、保时捷、宝马、菲亚特、欧莱雅，各以其独特的治理结构和成长路径，或成为行业楷模，或为世界提供了一种独特的公司治理和管理模式。丰田、富士通、佳能、索尼的创始人和其后继者们，通过打造世界级公司，让日本与西方发达国家融为一体，并成为非西方世界现代化的典范。

从深发展、万科、金山、新浪、国美到格力和康佳，或起源于地方政府推力，或起源于企业家的创业行动，都堪称中国相关行业在公司治理或公司业绩上的标杆性企业，展示了竞争性市场上中国公司通过良好治理所能取得成就的同时，也反映出了中国公司治理上的进步与误区。

一个人的身高是由骨骼决定的，骨骼生长发育得好，身材便高大；骨骼的生长发育出毛病，会导致生长障碍，身材便矮小。治理结构就是公司这个法人的骨骼，决定着公司能长多高、多大和多强。

伟大是熬出来的，更是学出来的。先学而后创新，推陈出新，才会有走向成功和伟大的创新。成功者的传记多如牛毛，但多讲趣闻逸事，少论规则演进。我们基于这些文献，梳理出这些成功企业，从起步到走向伟大的历程中，所遵循的一些基本治理规则，及其最重要的治理结构演进脉络。

1.2 公司概念的五个核心内涵

中国是个不乏集体概念的国家，在国和家之间存在着各种各样的集体组织。我们常说国家、集体和个人，在英美可以说就是国家、公司和个人。两者之间的差异，可以说，就是英美国家的公司，无论是以盈利为目的的商事公司，还是不以营利为目的的非营利组织，以及经营公用事业的市政公司，都有着大致相同的“公司（法人）治理规则”，而我们的集体，则是多种多样的形式，多种多样的组织治理规则。

不同国家之间，公司的概念差异很大，这不仅是不同国家之间公司法差异的反映，也是不同国家之间财产制度和经济控制制度差异的反映。这些差异都在公司这一概念的五个核心内涵上表现了出来。

1.2.1 公司作为一种集体财产组织

公司是一种集体组织，一种集体控制财产和资产的制度。正是在公司的这个含义上，中外之间差异很大，也使得基于这一含义之上的公司独立法人概念和公司股东有限责任概念，在中国得不到人们的足够重视。

作为一个个人主义国家，英国历史上不准许集体组织自由持有财产，集体组织持有财产需要繁杂的立法批准。如果申请成为经过皇家或立法特许的公司组织，则可以自由持有财产。这是英国中世纪时期的城市、行会等各类有集体占有财产需求的组织都纷纷申请特许公司章程，成为一个公司的原因。在这样一个社会背景之下，英美国家产生了公司是法律拟制体的概念，就是在法律上把这样一些集体拟制为一个“人”，从而可以自由持有财产，以符合只有“人”才能自由持有财产的传统理念。

与英国不同，在欧洲大陆，特别是德国，长期存在着众多的行会等集体组织，因此德国产生了有关公司的现实主义理论。他们认为，作为一种以集体名义持有财产的公司概念，是法律对现实存在的一种承认。

公司拟制说，很像是说，法律在国家（皇室）和个人之间创造出来了公司这样一个居于中间位置的集体组织，然后人们再去在这样一个法律表格上填空，发展出来了公司这种组织。而关于公司的现实主义理论，则像是说，法律适应现实需要，发展出来了以集体名义持有财产的公司这样一套概念。

英国存在着一段各类集体组织申请特许公司章程的历史，同时英国又是世界第一个实行公司注册制的国家，个人可以自行发起成立公司而无需官方审核批准，这使英国很符合公司拟制说所描述的景象：公司是一种全新创造，人们按照这样一种全新的集体组织方式，走入了现代化的社会。其他跟随英国而进入现代世界的国家，则更像是公司的现实主义理论所描述的景象，人们利用公司这样一种新的集体组织概念，改造他们的传统集体组织，也就是改制。

中国是一个集体主义国家，直到今天为止，以各种各样的集体名义持有财产一直是一种现实，甚至是一种完全无需成文法律承认的顽固的事实存在。在这个含义上，中国历史上一直不乏“公司”的存在，以至有学者认为，中国的家族和宗族，就是一种“公司”，以家族或宗族的名义持有并经营集体财产。中国现在的村、乡和市镇等，也都显然是在以集体名义持有和控制着相当数量的财产，也都是“公司”，只是它们对外没有法律上的公司身份，对内也没有按照现代公司的组织原则来进行治理。

1.2.2 公司作为独立法人

1980年代，中国在如火如荼地探讨国有企业改革，一位日本学者发表了一篇题为“中国有企业吗”的文章。从独立法人的角度看，中国当时确实是没有“企业”，当时企业改革的主要内容就是放权让利、自主经营和自负盈亏。

在那个国家包揽一切的年代，个人、企业等都是没有自由的，甚至是没有自己对自己负责的自由。还记得当年与一位同学聊天，很羡慕印度电影里小青年可以自由地到新德里去打工的情景。今天中国已经不仅仅是可以“自由打工”了，更是要自己对自己负责了。如果你不对自己负责，已经没有人会对你负责了。

从个体户、私营企业到上市公司，中国今天已经不乏自主经营、自负盈亏含义上的真正企业。但是这些企业，即使是那些明确采用了公司制法律形式的，是否真正或说是在多大程度上，做到了法人独立？

公司作为独立法人的外部含义是，公司可以像一个自然人那样拥有法律上起诉和被诉的权利。在公司制度产生之前，也有一些大型的集体企业组织，采取了合伙制的形式。在合伙制下，合伙企业本身没有独立法人地位，所有的法律权利和义务都要直接追究到每一位合伙人，合伙人之间互相承担着无限连带责任。合伙这种组建集体企业组织的方法，一方面实施起来很麻烦，另一方面也严重限制了成员边界，只有互相高度信赖的人才之间才能合伙。

公司作为独立法人的内部含义是独立于其成员（股东），公司有自身的权利和义务边界，以公司自身拥有的财产对公司债务承担责任，与此对应的就是公司成员（股东），以投入公司的资本（股本）为限，承担有限责任。真正做到这一点，不仅仅是名义上叫作有限责任公司以及在工商局注册为有限责任公司就可以了，而是需要配套的关于公司破产和债务重整制度在内的一整套公司法律制度。

中国现在存在着严重的有限责任公司股东责任无限化现象。在国有企业，这种无限化是一种事实，就是作为股东的政府，最后要出面解决问题。在私营企业，股东责任的无限化主要表现为两个方面。一是由于公司金融市场和相关制度的发展落后，致使私营企业很难完全以公司身份融资，往往在融资时就不得不抵押上了企业老板自己在公司外的私人财产，这使私人财产、债务和公司财产、债务边界混淆，在公司经营不善、陷入债务困境时，私人财产也要搭进去。二是，我们的公司破产和债务重整制度不够健全，有关方面随意破坏公司的独立法人人格，公司一有问题，往往不分青红皂白，先把公司主要负责人给抓起来，然后再慢慢寻找合适罪名。这两个方面，实际上互相依存，是一枚硬币的两面。

1.2.3 公司成员（股东）的有限责任

有限责任制度，在英国是经过长时间的演变和1840及1850年代整个社会的一场大辩论之后，才正式确立起来的。英国有限责任制度引入非常重大，并由此带来一场社会变革和经济革命，其原因是作为一个法治社会，有关债务方面的法规非常严格，并且都会被切实执行。与有限责任对应的制度是无限责任，而不是没有责任或责任不清、责任得不到追究。从早期的债务人监狱制度和现代的个人破产制度，没有人可以赖账，可以借钱不还。

中国传统社会里，虽有父债子还的说法，但事实上没有严格法律上的无限责任制度。在宗族、家族甚或是村庄里，集体财产并没有量化到个人，个人只是集体的一分子。天生或者经过审核而成为某种集体的一分子，拥有成员身份，但是并没有直接对应的集体财产处置上的个人权利。

中国传统的商业世界中，商人之间借贷很多，但是债务纠纷处理上遵循的是商会调解规则，商会往往根据债务人的实际情况定夺其实际要承担的债务额度，而不是无条件地全部还清，否则给予西方国家早期的债务人监狱或是现代的个人破产那样的法律惩罚。中国当前的实际情况，也没有多少改变。企业之间可以广泛存在着债务拖欠，甚至出现所谓“三角债”这样的流行词汇，还有一些讨债公司这样的实际上的法外实体存在，都是我们正式法律体系没有有效解决债权人保护问题的反映。我们既不是严格的无限责任，也不是清晰界定、切实执行的有限责任，实际的债务责任追究程度取决于你是谁和欠谁的钱，即实际的债务主体身份和债权分布。

在缺乏明确的有限责任法律制度的中国传统社会，以及名义上有限责任但实际上股东责任常常无限化的当前中国，都不乏创业精神，看起来似乎很奇怪，实际上是中国式人情社会下存在着非明确法律方式的事实上的有限责任习俗所致。这种习俗制度下，人们不怕借钱，不怕冒风险，成功了可以是英雄，失败了只是失去信用，不会失去人身自由（没有债务人监狱），更谈不上失去本来就没有被清晰界定出来的个人的法律上的人格权利（没有个人破产制度）。

在我们这种债务责任不确定（即非严格的无限责任也不是清晰界定的有限责任）的制度下，虽然可以实际不乏创业者和企业家，但是非常不利于连续创业和企业家精神的可持续发展。我们这种制度不能宽容创业和企业经营失败者，更谈不上激励创业和企业经营失败者东山再起。从民营到国有，都有大量实际只是正常企业经营失败而导致的企业家入狱或者跳楼现象，而这在成熟的发达国家，特别是在美国那样的鼓励创新的国家里，是基本没有的。失败是成功之母，创业成功的比例很低，经过失败历练的创业者和企业家，实际是宝贵人才。亨利·福特亏掉了三批投资者的钱之后，才最终成功创建了福特汽车公司；乔布斯则是经历了经营失败后东山再起，才筑起苹果公司辉煌的。

1.2.4 现代公司的股份制

作为公司概念的核心内涵，股份制和董事会，要比集体财产组织、独立法人和有限责任更多地被人们所认识，但是认识程度还是不足，相应的制度安排更是有偏差。

股份制是现代公司外在表现出来的一个显著特征，以至英国早期称之为合股公司，我们称之为股份公司。事实上，股份制，或说商人们把各自的财货放在一起，作为一个实体来运营，是公司独立法人地位和公司成员（股东）可以享有有限责任这两个特征的一种延伸。

在缺乏清晰界定的有限责任制度情况下，人们可以合伙经营，但是无限连带责任制度严重限制了合伙的范围，你不能与没有充分信任的人合伙，更不能与陌生人合伙。但是在公司是独立法人、公司股东只承担有限责任这样一种制度下，你可以和你完全不认识的人共同成为公司的成员，这种资本合作的范围不仅超越家族、宗族、朋友圈子，还超越地域、阶层，甚至超越国家，扩展到全球。

中国历史上并不缺乏"股份"的概念。从商人之间的合伙经营，到大宗族内部各家、各堂的合伙共持宗族财产和宗族生意，这里都有合股或股份、份额的概念，他们各自在集体财产中的权益比例也是很清晰的。但是，这种股份与现代公司制企业的股份之间，存在着一个本质的差异，就是各股份持有者与把这些股份放在一起所形成的集体之间关系的界定不同。

公司制企业通过有限责任制度，划定了公司和其成员之间的责任边界；通过股东大会和董事会制度，划定了公司和其成员之间的权力边界。中国传统的宗族制度下，虽有一些宗族规则和家规，界定了宗族成员和宗族集体之间的权力边界，但是并没有清晰的财产责任边界安排。

宗族组织是基于血缘和亲缘关系的，成员扩展主要需要通过宗族成员的繁育，要经过宗族的特别批准才能吸收外人加入。现代公司公开发行股份后，成员边界就是完全开放的，只要你购买了其股份就可以成为其成员，这使现代公司这种集体组织的成员扩张能力，进而也是其资本集合能力，超越了所有传统类型的集体组织，甚至超越了国家这种组织。特别是在发达的民主国家，政府要增加税收，可不那么容易，会遭遇纳税人的强烈抵制。正是大英帝国的美洲殖民地居民抗税，抗出来了一个美国。好公司要发股，投资者会趋之若鹜，哪怕是跨国跨洲跨洋，如阿里巴巴公司在美国上市后的表现。

中国对股份制的认识，还基本停留在搭股、凑份子的程度上，而对现代公司股份背后的股东权利认识不足。同时，我们还在把公开发售股份融资作为一种特权，需要经过官方批准才行，而不是一种民间可以自行作为、个人自由组合为集体的权利。股东有限责任、作为独立法人和集体财产组织的公司，可以自行根据业务发展需要，自由发售股票、债券等融资工具，来集合众人之财建桥筑路、开矿炼钢等等，人类才步入了现代经济世界。

股票市场不应该是特权人士和特权企业的资本猎场（没有发行自由的一级市场），也不应该是一种特别设置的赌场（公司之间没有再融资竞争，股权高度集中，从而上市后可以完全无视中小股东，既不用分红取悦，更不用担心控制权丧失）。股票市场是公司制度发展中的一种从属机构，本质上是为公司融资服务的，最初是为解决投资者入股后又面临个人不时之需问题的。股东不能退股，但可以转让，由此实际发展出来了公司控制权市场，并进而成为一种现代公司治理机制。

1.2.5　现代公司的董事会

董事会，实际是现代公司从传统公司组织（行会）演化出来时所自然携带来的一种内部治理机制。由组织成员选举产生、地位平等、权力相同的代表构成的委员会这样一种集体治理机制，反映了公司组织诞生地中世纪欧洲国家的一种广泛存在着的治理理念和治理原则。众人事众人决，集体的事情要由集体成员共同同意。集体大到一定程度，成员无法通过全员大会决策时，需要全权委任代表，为集体做出决策，成员都要遵守。

中国传统社会的各种集体组织中，都缺乏众人事众人决和全权委任代表这样的概念。家长、族长等，都不是成员选举和全权委任的。宗族"成员"的边界甚至都是不清晰的，它包括了宗族的先祖和后代，而不仅仅是宗族里的当代人。既然族长要对先祖和后代都负责，自然不能完全由当代族人选举产生。

在这样一种文化传统之下，中国引入现代公司制度的时候，只是照模照样地把董事会制度和股份制度等一并搬进来了，而公司的实际运作沿用传统的家长制。股份制可以有，董事会的不要，成为中国公司制企业的一种自然选择。

从晚清的官督商办、官商合办，到现代的国有控股，公司决策的核心权力，要么直接掌握在官（或所谓官董）的手里，要么掌握在与官有特殊关系或实际是官的商业代理人的特殊商人手里。民间资本和资本市场，在这种企业的治理中，都没有什么实际作用，就更别说董事会了。由于把股份融资当作一种特权，以"非法融资"罪压住民间自发的真正资本市场，优先国有企业进入官办特权性的资本市场，致使官权成为中国公司的核心，董事会最多是个咨询议事性机构，缺乏进行实质性决策的权力。

让中国公司董事会发挥作用，除了法律上完善公司治理规则、限制大股东权力之外，还需要放开市场竞争。这里包括产品和资本两个市场。产品市场的充分和深度竞争，会使企业扩大投资、更多先期投入，而很难完全靠留存收益过日子。放开资本市场，让好企业可以更多融资，进一步从产品市场上推进竞争深度。竞争深度加强，企业眼界必须放长，企业经营要更多理性讨论、分析和集体智慧之后，对董事会这种集体决策机制会有内在需求。

1.3 全书案例概况及案例主题

1.3.1 案例概况及关键词

全书共60个公司的案例，涵盖了11个国家、25个行业。包括美国27家，日本9家，中国8家，德国4家，法国3家，意大利2家，荷兰和瑞典共3家，瑞士2

家，西班牙和韩国各1家。除中国之外，这一分布大致与这些国家经济规模在全球经济总量中所占比例相当。中国公司中，因为民生银行、阿里巴巴、金山、新浪、东北高速和正清制药等这些我们做过的案例研究，已经收录在了《董事会与公司治理》第三版中（企业管理出版社2018年10出版），本书中没有再收录。

行业分布是金融与投资6家，汽车及轮胎7家，计算机及硬件6家，互联网及软件6家，消费电子5家，商业零售5家，服装箱包4家，食品餐饮4家，运输3家，日用消费3家，体育用品2家，家电2家，出版传媒、贸易综合、电气综合、研发综合、石油、钢铁、房地产等各1家。

根据各公司创立及成长历程的不同，我们关注的问题有所不同，但主要集中在基本的创业和成长历程、创始人控制、从创始人到经理人的治理转型以及股东冲突、董事选举冲突和创始人与经理人冲突等方面，具体如下表。对某个国家、行业或不同关键词更感兴趣的读者，可以根据下表找到自己感兴趣的相关案例。

案例企业概况及案例关键词

	公司	国家	所属行业	案例主题与关键词
1	荷兰东印度公司	荷兰	贸易综合	特许公司的遗产
2	范德比尔特	美国	航运、铁路	创业历程，公司控制，财产处置
3	洛克菲勒	美国	石油	创业历程，合伙人矛盾，治理转型
4	摩根公司	美国	金融	摩根式治理，职业经理人制度的起源
5	卡内基钢铁	美国	钢铁	创业历程，合伙人矛盾，治理转型
6	通用电气	美国	电气综合	创建与百年接力，股权分散，职业管理
7	福特汽车	美国	汽车	投资人—创始人矛盾，创始人控制
8	通用汽车	美国	汽车	创始人的失控、夺回与最终出局
9	3M	美国	研发综合	创业历程，百年接力，创新机制
10	富士通	日本	计算机	公司创业，企业家精神，经理人治理
11	苹果公司	美国	消费电子	创业伙伴，创始人的出局与东山再起
12	戴尔电脑	美国	计算机	创始人，私有化，企业家精神
13	Facebook	美国	互联网	创业融资，创始人控制
14	金佰利	美国	日用消费	创立，传承，内部治理
15	宜家*	瑞、荷	家居零售	创始人控制，经理人治理
16	ZARA	西班牙	服装流通	创业和成长历程，创始人控制

续表

	公司	国家	所属行业	案例主题与关键词
17	亚马逊	美国	互联网	创始人，创业历程，企业家精神
18	麦当劳	美国	连锁餐饮	创业历程，企业网络治理
19	星巴克	美国	连锁餐饮	创业历程，企业网络治理
20	惠普	美国	计算机	创业伙伴，从创始人到经理人的治理转型
21	微软	美国	软件	创业伙伴，创业历程，成长与转型
22	英特尔	美国	集成电路	创业历程，众人的合力与接力，职业管理
23	可口可乐	美国	饮料	创业历程，百年接力，职业管理
24	IBM	美国	计算机	创业型的职业经理人，经理人控制
25	谷歌	美国	互联网	创业伙伴，创始人和经理人的共同治理
26	沃尔玛	美国	商业零售	创业历程，家族控制，经理人治理
27	保时捷	德国	汽车	创业历程，家族控制，经理人更替
28	雀巢	瑞士	食品	创业历程，全球公司，全球人治理
29	贝塔斯曼	德国	出版传媒	创始人，家族的传承与控制，经理人治理
30	米其林	法国	轮胎	创始人，家族的传承与控制，经理人治理
31	宝马	德国	汽车	创业历程，家族控股，职业管理
32	菲亚特	意大利	汽车	创始人，家族的传承与控制，经理人治理
33	欧莱雅	法国	化妆品	创始人，家族的传承与控制，经理人治理
34	西尔斯	美国	商业零售	创始人、经理人和投资人的百年轮回
35	LVMH	法国	消费品	创建历程，收购整合、家族控制
36	斯沃琪	瑞士	钟表	创始人，创建历程、收购整合
37	古奇**	意、法	箱包	创始人，家族的传承、内讧与出局
38	思科	美国	互联网	夫妻创业，创始人出局，经理人治理
39	Twitter	美国	互联网	创立，创始人冲突，董事会独立性
40	花旗银行	美国	金融	董事会核心，从股东经理人到企业经理人
41	德意志银行	德国	金融	创立，职业经理人，组织结构转型
42	瓦伦伯格	瑞典	投资	战略持股，严密监控，职业管理
43	美国运通	美国	金融	创建历程、公司治理转型
44	丰田	日本	汽车	创业历程，家族领导，经理人更替
45	松下	日本	消费电子	创始人，创业历程，管理哲学
46	索尼	日本	消费电子	创业历程，从创始人到经理人的治理转型
47	佳能	日本	消费电子	创始人，创始人家族，经理人治理
48	7&I	日本	商业零售	创业型的职业经理人，经理人主导
49	ASICS	日本	体育用品	创业和成长历程，股权分散，职业管理
50	美津浓	日本	体育用品	创业和成长历程，创始人家族控制
51	优衣库	日本	服装流通	创业和成长历程，创始人控制与职业管理

续表

	公司	国家	所属行业	案例主题与关键词
52	三星	韩国	消费电子	创业历程，家族传承，财阀转型
53	轮船招商局	中国	运输	创建历程，从官督商办到公司制
54	浙路公司	中国	运输	创立，商办公司经理人任命权之争
55	深发展	中国	金融	成长历程，改制，单一优势股东控制模式
56	联想	中国	计算机	创始人，创业历程，改制经验
57	格力电器	中国	家电制造	董事会独立性，违背大股东意志
58	康佳	中国	家电制造	董事选举，小股东推举董事占到多数
59	万科	中国	房地产	成长历程，创始人控制，经理人治理
60	国美	中国	家电零售	大股东与经理人冲突

*宜家创立于瑞典，后迁至丹麦，现在法律上是属于荷兰的公司。

**古奇原为意大利公司，后被法国巴黎春天收购。

1.3.2　一些重要案例主题

企业和人一样，都有多面性。每个伟大公司都是一本永远读不完的书。我们着重于梳理公司创立和成长过程中的关键事实的方法，使我们的很多案例，都可以从多个方面进行解读。下面我们提供了不同于本书章节顺序的另外一种角度对书中重要案例主题思想进行的提炼，对相关问题更感兴趣的读者也可以按照这一分组方法对相关案例进行比较阅读。

范德比尔特、洛克菲勒与卡内基：古典大亨的遗产

在主营工业公司股票的现代资本市场开始发威、投资银行家登上公司舞台之前，范德比尔特、洛克菲勒和卡内基这样的古典实业大亨是商业世界里的绝对王者。他们的商业创新行动推进了现代公司制度和大型工商企业治理模式的发展，他们的财富观念和慷慨捐赠塑造了一种从“商业到慈善，从有效积累到有效分散”的现代成功企业家财富处置模式。

花旗、德银与瓦伦伯格：银行与积极所有者

摩根推动了对股东负责的美国公司文化和职业经理人制度，组建了美国钢铁公司和通用电气公司等等；花旗银行通过200年以董事会为核心的发展

道路成为超级金融帝国，美国的公司和金融制度由此领先于世界。长期以花旗为榜样的德意志银行，在推进德国现代工商业发展的历程中，也实现了自身的不断发展与超越。已经延续五代的瓦伦伯格家族，可谓是“瑞典摩根”，通过积极所有权的力量取得持续成功，成为控股股东治理公司的楷模。

亨利·福特与杜兰特：产品型企业家与金融型企业家的异同

亨利·福特没有发明汽车，但创造了高效率的流水线生产，把世界装到了汽车轮子上。杜兰特长袖善舞，积极利用资本手段组建和改组公司，虽然其个人以破产告终，但是给世界留下了一个通用汽车公司。亨利·福特是把时间主要用在车间、关注主街上大众需求的产品型企业家，杜兰特则是更多把时间用在了资本游戏、关注华尔街兴趣的金融型企业家，两位各自所面对的主要矛盾与冲突、解决问题的办法和经验教训，放在今天仍非常具有典型性和代表性。

可口可乐、西尔斯与3M：百年接力，要有关键几棒胜出

从可口可乐的一瓶水中，走出两个世界500强企业；从一箱怀表邮购开始的西尔斯，成长为美国商业景观的象征；开始于一项判断失误的采矿决策的3M，成长为世界最有创新能力的高科技企业。百年企业的发展是一场接力比赛，每一棒都很重要，都不能断，但是要有关键几棒创造优势而胜出。

通用电气、雀巢与索尼：积极分散股权，职业化管理成信仰

通用电气、雀巢和索尼分别是美国、欧洲和日本三大经济体里股权分散和职业化管理公司的代表。通用电气公司随股价上涨而自动拆细股份，以便中小投资者进入；雀巢公司章程限定最大股东投票权不能超过3%；索尼在全球各地交易所上市，股票和产品同步征战世界。

IBM与7&I：职业经理人成就公司伟业

长期是电脑产业代名词的IBM，和作为伊滕洋华堂及7-11连锁便利店母公

司的日本零售业巨人7&I之间有什么共同点？沃森缔造IBM，和铃木敏文缔造7&I，都是职业经理人成就公司伟业。

惠普与英特尔：合力制胜，不是一个人的故事

作为一个组织，企业的成功要靠合力。惠普和英特尔都是合力制胜，不是一个人的故事。惠普之道，惠和普，休利特和帕卡德，一山二虎平等合作。英特尔，从肖克利的叛帮八人组到仙童公司，再到英特尔的三驾马车，诺伊斯、摩尔和葛洛夫。灵魂人物、核心人物及铁腕执行型人物都很重要，但最重要的还是这些精英人物之间的有效合力和持续接力。

微软与苹果：公司要有个灵魂人物

微软和苹果，盖茨和乔布斯，两个改变世界的公司，两个改变世界的人物，两个长年的死对头，有很多不同，也有很多的相同。

两个公司都是由两位年轻人共同创始，白手起家从零做起的。两个公司都有一位共同创始人（艾伦和沃兹）早早离开公司，而坚持下来的另一位创始人（盖茨和乔布斯），成为了公司、行业甚至是整个商业世界的灵魂人物。

谷歌与Facebook：分类股份与创始人控制

谷歌与Facebook，网络世界里互为最大对手的两个王者。谷歌源自斯坦福，沿袭惠普文化，两位创始人合力制胜。Facebook源自哈佛，沿袭微软文化，一位创始人离开，另一位创始人成为公司灵魂。谷歌开辟了一个理性计算的世界，Facebook开辟了一个人际交流的世界。这些种种不同的背后，有一种两个公司共同的成功要素，公司内部治理机制安排上的创始人控制，保证了作为理想主义者的公司创始人不受资本摆布和短期市场压力的自主空间。

思科与古奇：投资者可以助你成功，也可以让你出局

思科和古奇，一个是非常硬性和高科技的互联网基础设施产品，一个是非常软性和时尚奢侈的箱包鞋帽产品，这完全在两个不同的产品市场里经营的公

司，却遭遇着同样一个资本世界里的力量控制。在外部投资者的帮助下，思科公司取得了成功，但公司的创始人夫妻出局了。古奇家族的第三代利用外部资本平息家族内部纷争，结果反被外部资本利用，导致家族出局。

沃尔玛与欧莱雅：合理传承与企业稳定

山姆·沃尔顿“与员工及家人双重合伙”的治理之道，和欧仁·舒莱尔“财产继承与企业管理分开安排”的传承之法，使“家族掌控之下职业经理人管理”的沃尔玛和欧莱雅，在作为行业领袖企业持续发展的同时，也给创始人家族继续创着造财富。

贝塔斯曼、宜家与米其林：拒绝股权分散，保持家族控制

贝塔斯曼的第五代传人为了避免公司上市，不惜缩减公司业务、出售著名的BMG（贝塔斯曼音乐集团），以购回财务困境时不得已转让出去的25.1%的公司股权。米其林家族为了保持控制地位，不惜承担无限责任，采用了一种两合股份公司体制，是法国三个坚持这种独特结构的公司之一。英格瓦·坎普拉德为了宜家公司能够超然独立地存在与发展，把公司的法律总部先从瑞典迁到丹麦又从丹麦迁到荷兰，还通过一套复杂的基金会和控股公司体系来安排公司的股份和控制权。不满意基于资本市场的公司控制权体系，又想超越家族所有权限制的理想主义企业家们在努力地探索着第三条道路。

麦当劳与星巴克：相似的连锁经营，不一样的成功要素

克洛克和舒尔茨都是苦孩子出身，都是从打工开始职业生涯，都是先做了经理人，在工作中发现机会后再自立门户开始创业的。麦当劳和星巴克的品牌都是收购来的，都是原所有者无心或无力做大情况下，在新公司创始人的精心设计和有力执行之下成长为巨型公司和国际品牌的。

麦当劳和星巴克，同是餐饮连锁店，但是各自的关键成功要素不同，从而各自连锁网络治理安排也不同。麦当劳为了避免利益冲突，决不做加盟店的供应商；星巴克为了保证咖啡品质，直接控制到其供应源头的咖啡农。

佳能与富士通：共生型治理与战略转型的日式治理因素

佳能和富士通都有很鲜明的日本公司治理特色。佳能主要表现在共生理念和用人唯贤的实力主义上，富士通则主要表现在其从日本传统的财阀企业体系里，作为子公司，通过研发和战略转型而实现了企业的独立发展，并进而与原来的母公司形成了相互持股关系。

ASICS与美津浓：创新驱动成长，专注成就价值

ASICS和美津浓作为日本的两家全球性体育用品公司，展示出了两种不同的传承——职业经理人控制和家族控制，和战略选择——相对专注和关联多元，但他们有一个的共同的特点，就是坚持自己的选择，在产品的细节上执着地进行研发和创新，由此都很成功并具有相当的可持续性优势。

GREAT COMPANIES
INNOVATION, GOVERNANCE AND SUCCESSION
伟大的公司
创新、治理与传承

第2章 公司和其董事会：起源与传播

现在看似简单的以股东承担有限责任和董事会集中管理为主要特征的现代公司可谓来之不易，是经历了几个世纪的漫长演变之后才修成正果的。这是人类基于法治结构上的一项伟大创造，是从传统社会走向现代社会的组织创新。

2.1 从基尔特到特许公司

在公司作为独立法人这一点上，人们把公司的思想起源追溯到了罗马。18世纪的法理学家威廉·布莱克斯通（William Blackstone）认为罗马人创造了公司法的一些基本概念，特别是一群人可以形成一个与构成它的人相分离的集体身份这一思想。罗马的法人团体可以由3人或更多人组成，可以持有财产，可以通过代理人来起诉或应诉。法人团体的延续不受其成员变化的影响，并遵循自己的章程来进行管理。

中世纪早期，法理学家们开始赞同“法人（corporate persons）”的存在：承认由一些希望被作为一个集合体对待的人组成的联合体。这些“法人”包括市镇、大学、宗教团体，以及商人和工匠们的行业公会——基尔特（gild，行会）。基尔特是个体工商业者之间合作的最早组织形式，也是中世纪大多数时间里最重要的商业组织形式。基尔特实际是一种市场准入上的行政垄断组织，通过向统治者提供一定的货币捐赠，享受着一个城市之内某一行业的垄断地位。基尔特的官员设定有关质量和成员受训的标准，任命公证人和经纪人，管理慈善工作，建造基尔特会所，以及执行处罚。

在基尔特之后出现的另一类商业组织形式是“管制公司（regulated

companies）”。管制公司是被授予在某一特定市场上（先是在海外、后来也在国内各地）拥有垄断经营权的独立商人们的团体。今天世界上许多最为古老的公司都可以追溯到这个时期。最早的经营性法人是创立于1136年的英国的阿伯丁港务局（Aberdeen Harbour Board）。历史可以追溯到12世纪的伦敦公司（Corporation of London），至今仍然拥有伦敦市四分之一的土地，还有三所私立学校、四个市场和汉普斯特荒原（Hampstead Heath）。欧洲现在还存在着的最古老的私人公司是瑞典的Stora Enso公司（斯道拉·恩索集团，现为芬兰公司，从事纸业），其直接前身是一家铜矿，1288年开始运营，1347年得到皇家特许注册①。基尔特和管制公司实际并不是一个实体企业，有资格并交纳相应费用进入其中的商人，还是各自进行自己的商业交易的。

和现代公司组织特性最为接近的早期企业组织形式是合股公司（joint-stock company）。从成员把资金放到一起，形成一个实体企业、一起进行有关业务交易这一点来说，在基尔特、管制公司和合股公司这三种早期的商业组织形式中，只有合股公司是现代公司的直接前身。在管制公司形式下，有资格并交纳相关费用的人就可以成为公司成员，进入相关业务领域。在合股公司形式下，必须通过购买现有成员的股份，才能进入。合股公司的发展，催生了股票、股份和资本等概念的出现与发展。

无论是形成为一个实体企业的合股公司，还是没有形成为一个实体企业的管制公司，都是需要获得皇家和政府的批准才能成立。经营组织形式上不同的管制公司和合股公司，长时期里并存作为特许公司（chartered companies）存在，被国王或议会授予某种垄断经营权利，从海外特定地区贸易，到国内的各种特殊行业经营，如采矿、供水等。特许公司代表着政府和商人为了获取由哥伦布、麦哲伦和达伽马所打开的新世界的财富所做的共同努力。对于得到特许经营权利的合股公司，政府特许状中除了授予其某地或某行业的独家经营特权之外，还会就公司管理人员（the officers）、管理人员的人数与选举、公司管理细则、公司印章及以公司名义诉与被诉等做出规定。

---

① John Micklethwait and Adrian Wooldridge，*The company : a short history of a revolutionary idea*，2003 Modern Library Edition，NEW YORK。

第一个特许合股公司（chartered joint-stock company）是俄国公司（Muscovy Company），于1555年获得特许执照。俄国公司通过销售可转让的股票为其通往俄罗斯的长途旅程筹资。俄国公司大约于1630年衰败了，但是它催生了很多模仿者，寻求对其他地方的贸易垄断，出现了一些声名赫赫的特许公司。在这些公司的名称中包括当时已知世界的几乎每一个地方：东印度、俄国、非洲、弗吉尼亚、马萨诸塞等等，甚至是一些难以具名的地方，如“遥远地区公司（The Company of Distant Parts）”。这些公司在具有独立法人身份基础上，又发展出了可自由交易的股票，并孕育了初步的股东有限责任思想。

1602年成立的荷兰东印度公司是特许企业的典范。早一年成立的英国东印度公司是把每一次航行作为一个单独的“企业”，各有不同的股东。荷兰东印度公司则使所有的航行都成为一个二十一年时间的“企业”的一个部分。英国在大约十年以后学习了这一做法，英国东印度公司1612年开始从每次出航单独融资转变为一次融集到可以多次出航的资金。荷兰东印度公司的特许状还明确告诉投资者，他们享有有限责任。1611年，荷兰投资者最先可以在正式的股票交易所交易他们的股份，交易所就设在距荷兰东印度公司办公室不远的拐角处。

17世纪末期时，以制造为目的通过特许注册成立的公司日益增多，并逐渐取代了以海外贸易为目的成立的合股公司，如国王和王后英格兰亚麻生产公司（1691）、英格兰皇家丝织公司（1692年）等等。英格兰银行（1694年）和苏格兰银行（1695年）等合股公司也是在这一时期通过国会法案授权成立的。

与实际是政、企、军合一的海外殖民工具的海外特许贸易公司相比，国内特许经营公司与现代公司的距离更近。这些公司得到特许经营许可，修建交通运输设施，经营公用事业。公路、铁路、桥梁、运河等等这些特殊行业的公司，本质上需要拥有一些属于政府的权力，如土地征用权等等，也有一些行政垄断特性，这使他们与作为自由企业制度的现代公司有很大不同。但是，恰恰是这些公司，特别是铁路公司，因为需要大规模融资和大规模运营，使他们成为了现代大公司融资和管理模式的先驱。直到1929年，在伯利和米恩斯所列的美国最大200家公司中，仍有一半是交通运输业或公用事业公司。

18世纪早期，法国政府和英国政府分别通过各自的特许公司——法国的密西西比公司（Mississippi Company）和英国的南海公司（South Sea Company），对它们在1689至1714年之间的战争中所欠巨额债务进行了重组。它们的目的是通过将要支付定息的政府借款转为股票来降低公共负债的成本。其结果是导致了有史以来最大的金融泡沫。此后，合股公司的发展停滞了将近一个世纪。

2.2 有限责任与现代公司基本规则成型

1840年，英国发动鸦片战争、悍然进犯此前一直居于世界领先地位的大清帝国的时候，英国国内正在开始进行一场激烈的政治辩论：是否应该给予公司自由？这场政治争论最终将现代公司背后的几个伟大思想集成到了一起：独立法人、可交易的股份、有限责任和董事会集中管理，促生了英国维多利亚时代一项改变世界的发明——现代公司。

2.2.1 有限合伙与未经注册的公司

17和18世纪时的英国，除了通过国王特许或者国会法案授权而合法成立的合股公司之外，民间出现了一些没有申请特许状而以合股形式运作的公司。这些自发形成的未经注册的公司（unincorporated companies），在法律上仍被看作是合伙制企业，由此引发了一系列的问题，正式这些问题推动了英国公司制企业有关法律的演化与发展。

1720年英王乔治六世颁布了《泡沫法案》，禁止合股公司。但是由于具有所有者权益易于转让、经营连续性以及代理人专门从事管理等优点，合股公司禁而不绝。除了通过国王特许或者国会法案授权而合法成立的合股公司之外，英国民间也出现了一些没有申请特许状而以合股形式运作的公司。这些自发形成的未经注册的公司（unincorporated companies），没有政府授予的特许权，在当时的法律框架下，仍被认定为是合伙企业。但是这种实为合股公司的未注册大型合伙企业（large unincorporated partnership）与一般的合伙企业不同，对合股公司的所有权由股票代表，股票可以自由转让，股票持有者无权代表其他所有者，只有公司经理人员才有权代表公司从事经营。正是这种民间自发形成的事实上的“公司”，在法律上被看作是合伙制企业所引发了一系列的问题，推动了英国公司制企业有关法律的演化与发展。

合伙制企业发展到一定规模，首先遇到的一个问题就是诉讼难题。合伙企业没有独立的法人身份，诉与被诉都会牵涉到全体合伙人。那些未经注册之公司，当合伙人数达到成百上千之后，想要依照合伙法进行诉讼几乎是不可能的。解决这一问题，需要将其重新注册为公司，并由国会立法授予公司以公司经理的名义诉与被诉。但是英国从17世纪末期大型未经注册公司出现，到解决这些事实公司与其合伙法律身份之间矛盾的问题，经历了漫长和痛苦的100多年的摸索。这一摸索过程，也是现代公司法和普通公司制企业的诞生过程。

在普通合伙和公司之间，有一种中间状态，有限合伙（limited partnership）。合伙人分为执行合伙人和有限合伙人两部分，前者负责管理并对合伙债务担负无限责任，后者则不参与管理并只以认购份额为限承担责任。有限合伙最早起源于意大利，曾被广泛使用于中世纪的地中海贸易中。法国于1731年正式引入，美国各州在1826年到1850年之间也纷纷引入。

众多大型未注册合伙组织这种事实公司的出现，推动英国在发展现代公司法方面走在前沿，而在有限合伙制度的引入方面则落后了。英国在1907年才正式引入有限合伙制度，“规定10人以下的银行合伙和20人以下的其他合伙，可以指定1个或多个执行合伙人对整个合伙负责，并可以有1个或多个有限合伙人。有限合伙人在合伙存续期内不得抽回出资，不得参加合伙事务之管理，否则就要受到承担无限责任之惩罚”[①]。

2.2.2 英国1862年公司法：现代公司的诞生

1825年《泡沫法案》废除，1834年授予合股公司起诉和被诉的权利。突破性进展发生在1844年，时任商会总裁的格莱斯顿（William Gladstone）推动了

① 弗尔摩里著，虞政平译，《现代公司法之历史渊源》，法律出版社2007年3月第1版，第49页。

《合股公司法》（Joint Stock Companies Act）的通过，准许公司不用获得特许章程，而是通过一个简单的注册程序就可以组建。英国议会设立了合股公司注册处，要求所有公司人员在25人以上有可转让股份的“合伙企业”进行注册。从1844年到1856年，按要求进行注册的910家合股公司中，只有106家是工业企业。只有进一步演化到可以自由注册成立的现代普通公司制企业，现代公司与工业化才形成互相推动的共生关系。

1844年《合股公司法》结束了公司成立需要皇家特许或者国会授权这一“特许公司”时代，成立公司不再是一些人的特权而是所有人的权利。只要公司提供某些信息并符合某些法律法规，一经注册便自动宣告成立，并可注册为法人。按照该法案完成注册之后，公司有权可以在名称中加上注册一词，可以有公司自己的印章，可以公司之名诉与被诉，可以订立合同等等。公司有权并且必须指定董事，人数不得少于3人。其中甚至还包括了今天中国还没有完全落实到位的一些细节和基础性的公司治理规则，如“与合同有利害关系之董事，不得参与对该合同之投票或执行。公司订立之任何合同如果与董事有利害关系，合同应提交股东大会”①。

但是，该法案没有包含有限责任这一关键要素。当时有限责任被许多自由主义者所诅咒，人们批评有限责任制使投资者拒付他们的欠债。亚当·斯密认为所有者管理的企业是纯净的经济单位，合股企业与之竞争的唯一途径是有限责任“补贴”。斯密不仅非常憎恶特许公司的垄断地位，还认为合股公司天生要比独资企业效率更低，雇佣的经理人不会像所有者经理人那样高度关心企业的利益，“疏忽和怠惰一定会永远盛行”。

工业家们也心存疑虑。稳健的企业家不能通过家庭储蓄和企业收益筹集到必要的资金吗？有限责任会不会只是把商业风险强加给了供应商、顾客和贷款人？是否将把底层民众也吸引到商业中来？富人们认为穷人会从有限责任中获得最大回报。

有限责任的支持者们争论说，不允许商人采用如有限责任这样一种工具，其本身就是狭隘和违反自由精神的。罗伯特·罗威（Robert Lowe）对皇家商法

---

① 弗尔摩里著，虞政平译，《现代公司法之历史渊源》，法律出版社2007年3月第1版，第76页。

委员会说，“如果人们愿意通过合同条款把他们的资本损失限定在一定数额，这在自然正义上是没有什么不妥的。”

约翰·斯图亚特·穆勒认为，有限责任可以帮助穷人创立企业，从事商业活动。尽管穆勒一直担心职业经理人是否能够达到所有者经理人那样的工作热忱，但是他看到，大型商业需要公司制度，否则就需要政府出面。基督教社会主义者也给予有限责任以支持，将其当作是帮助穷人富裕和缓解阶级冲突的一个途径。

政府则关注一个很实在的问题：企业流失到其他国家。1850年代早期，约有20家英国企业为了享受有限责任待遇而选择了在法国注册。1807年开始，法国准许了一种新的商业组织形式——设有可转让股份的合伙制企业（partnership with transferable shares）。这授予了睡眠合伙人（不参与业务）有限责任，并且其成立只需要登记注册。米其林公司至今仍然是采用一种两合公司（承担管理职责的无限责任股东和不承担管理职责的有限责任股东）的方式，在保持创始人家族控制的同时，又能够吸收外部资本并上市。

1855年，英国商会副总裁伯尔瓦强力推动通过了《有限责任法案》（Limited Liability Act in 1855）。该法案赋予1844年公司法所定义的“法人公司”（incorporated companies）有限责任权利，但要符合一套有关资本方面的规定。

罗威随后取代伯尔瓦，推动了《1856年合股公司法》的颁布。该法去除了《有限责任法案》中的有关资格限定。如果说有任何人可以被称为“现代公司之父”的话，这个人就是罗威。罗威毫不怀疑自由市场和给予公司自由、使其免于政府控制的价值。他宣称，“直到1825年，法律阻止合股公司的组建。从1825年到现在，组建合股公司是一种特权（privilege）。我们希望把组建合股公司变成一种权利（right）”。

《1856年合股公司法》允许企业自由地由其许可证获得有限责任。银行和保险业者被排除在外；但不再有最低资本要求。全部的要求只是：要有7个人签署公司章程，以便公司登记其办公地址，以及公司对外自称为“Ltd”。就是这部公司法案，经过些许修改之后，进入了综合性的《1862年公司法》。这是公司制度发展的一个转折点——从特许制到注册制，现代普通公司由此诞生。

公司的设立不再需要从议会获取批准，公司的业务也不再像其特许制时期那样，限于一些具体的具有公益性质的领域。现在可以轻而易举地设立一家普通公司，唯一的必要条件就是要有7个人签署公司章程进行注册，和使用“有限”字样以警示债权人不能向股东追索[①]。英国这部《1862年公司法》迅速被其他国家所模仿，越早进行这一模仿的国家，越早进入经济现代化的历程。法国是1867年，德国是1870年，意大利是1882年，股份公司的成立无需再经过政府的批准，成立一家股份公司要做的仅仅是举行一次全体股东会议，选出一个董事会来即可[②]。

世界从此发生了史无前例的改变。人类走出了传统几千年里只能依靠政府或者教会才能进行重大工程项目的状态，公司在越来越多的领域里替代了政府或者教会的职责。特别是在商业领域里，公司成为绝对的主导，家庭和政府也都要依靠公司这种组织的力量。

2.2.3 公司治理基本规则的成型

英国公司法享有世界公司法源头的地位。从1844年合股公司法案，到至为重要的1862年公司法，再到1908年的合并公司法，中间经过一些重要判例和相关法案，主要包括1848年和1849年的清算法案，1855年的有限责任法案，1956年的公司法案，1957年的合股银行公司法案，1867年公司法案，1879年公司法案，1890年公司法案，以及1890年的董事责任法案和公司清算法案等等，英国快速发展出了一套现代公司法律体系，成为世界公司法发展的样板。

英国大律师弗尔摩里著《现代公司法的历史渊源》一书梳理了英国自1600年到1908年间公司法的发展历程，从中可以看到现代公司基本治理规则成型的大致脉络，由此可以对比出中国在现代公司基本治理规则形成上的差距。

英国1844年公司法案已经确立了“董事管理公司”这一现代公司的基础治

① John Micklethwait and Adrian Wooldridge，*The company : a short history of a revolutionary idea*，2003 Modern Library Edition，NEW YORK。

② 哈罗德·詹姆斯：《家族企业》，三联书店，2008年第1版，第80页。

理规则，并做了细致的界限规定，如："完成注册之后，公司可以为正常经营之目的而订立合同。对价小于50英镑之合同或提供服务之期限小于6个月之合同，可以为公司之任何经理所订立，并且应向秘书报告并登记在公司账簿；其他之合同必须以书面形式订立，有双方董事签字，加盖公司印章，或者由公司董事会备忘录或者董事会决议特别授权之经理签字①。"

关于股东大会年会和特别会议的规则也在1844年公司法案成型了，如：要求公司每年至少要召开一次股东大会，而股东大会特别会议由董事或5名以上股东召集。这与现代公司法中的股东大会年会制度和董事或持有一定比例投票权股东提议召开临时股东大会的规定已经基本一致。1900年英国公司法案规定，持有10%及以上股份的股东有权要求公司董事召集临时股东大会，如果董事拒绝，该等股东可以自行召集临时股东大会，这与今天中国公司法的规定完全一样。

公司管理权力属于董事，防范董事欺诈便成为了公司能否顺利发展壮大的关键环节。对此，仅仅有民事处罚是不够的，还要有刑事处罚。有关公司董事的刑事责任，先是通过一些判例发展起来的，到1890年形成了董事责任法案（the Directors Liability Act）。

针对公司董事刑事责任上的主要控告是，董事通过对公司情况的虚假陈述来与老股东合谋欺骗新股东。在招股说明书中造假以诱使人们购买公司股份，董事要承担责任。只要陈述是虚假的就构成被告董事的责任，无须被告董事知道该陈述是虚假的，也就是说无须证明是故意造假和欺骗。这可以说是一种很严格的规定，但在公司制度发展初期，很多人把公司作为圈钱工具的情况下，严格责任也许是必须的。1890年的董事责任法案规定了可以免除董事虚假陈述责任的两种情况：（1）陈述让人有足够的理由相信是真的；或（2）陈述是基于权威专家之意见做出，而董事有足够理由相信该专家之资质，或者是基于公共官方文件而做出。这与现代有关董事勤勉责任的商业判断准则已经非常接近。

合股公司演变发展为现代公司历程中最重要的一个环节是股东有限责任原

---

① 弗尔摩里著，虞政平译，《现代公司法之历史渊源》第81页，法律出版社2007年3月第1版。

则的确立。经过长时期的通过合同来限制股东责任的努力，和一系列的政治辩论之后，英国最终于1855年8月14日颁布了有限责任法案。该法案对公司如何获得有限责任做了一些具体规定。公司名称中必须标有有限责任字样，公司章程中要有公司设立为有限责任公司的说明，并且该章程要有25个或以上的股东签字，这些股东的持股数量要达到股份总额的四分之三。对于已存在公司要想从无限责任转为有限责任，要经出席股东大会的持股价值和人数均达四分之三以上的股东同意，还要由公司出资请公司主管部门（贸易委员会，贸工部）对公司进行审计，结果为资产大于负债才行。

由于人们对于有限责任会打开公司欺诈之门的担忧，1855年法案要求享有有限责任的公司至少要有25个以上的股东。1856年公司法做出了有限责任公司股东人数不能少于7人的限定，“如果股东人数减少到7人以下，并且公司在这之后经营超过6个月，有限责任之特权即会丧失，余下股东要对公司在这6个月之后经营中产生的所有债务承担个人责任”[①]。不过1857年修改后的公司法案，又废除了股东人数大于7人才可以注册的规定。

到1908年将所有相关法案合并到一部完整的公司法时，英国有关现代公司治理的基础规则，从股东的有限责任到董事的忠实义务和勤勉义务等等已经成型——至于董事，只要他以应有之诚实和注意行事，即使有过失，法院有权免除他的责任。

2.3　董事会治理的思想和历史渊源

为什么欧美国家产生了通过董事会进行公司治理，并能有效地实际运用这样一套制度安排？美国太平洋大学麦乔治（McGeorge）法学院教授富兰克林·格瓦兹（Franklin A. Gevurtz）“公司董事会的历史和政治起源[②]”一文，

① 《现代公司法的历史渊源》第129页。

② Franklin A. Gevurtz：“The Historical and Political Origins of the Corporate Board of Directors”, Hofstra Law Review, vol. 33, no.1（Fall 2004）。

从历史和政治两个方面对公司董事会进行了溯本求源，非常有助于我们理解公司董事会是如何产生的及其为什么在中国会水土不服。这里我们主要依据该文，对公司董事会的历史起源做一概述。

2.3.1 思想渊源

通过一个代议制委员会与一位主执行官的共同工作来进行“公司（社团、法人）”治理，是中世纪后期西欧所广泛存在的一种思想。

这里的“公司”，不是现代商事公司的概念，而是法团主义，是中世纪社会的一种构成方式，整个社会被组织进各种各样的集体或法人团体中，如教会、基尔特、市镇等等。

这涉及有关“公司”这一概念的两个含义，或说是关于公司的两种理论。一种是公司拟制说，公司是由国家法律创建的一个虚拟的法律实体或人，拥有占有财产、起诉和被诉的权利，并且可以在其成员死后继续存在。另外一种关于公司的现实主义理论认为，公司并不是由国家法律创建的某种拟制的法人，而是对一些在一定程度上集体行动并拥有一种集体身份的团体在法律上的承认。

无论是法律的拟制，还是对事实的法律承认，“公司”作为一个集体组织的两条基础治理原理都是“众人事众人决”和“全权委任”。

所谓“众人事众人决”，就是影响整个集体的决策需要得到该集体中所有成员的赞同。基尔特是“众人事众人决”思想的来源之一。早期基尔特多是一种为了互相帮助和防卫而组织起来的兄弟会组织，成员们共享欢宴和互相照料，自然地导致一种集体一致同意基础上的决策制定（consensus-based decision-making），而不是命令导向的层级制治理（command-oriented hierarchical governance）。为了协调经济活动，全体成员无异议地同意原则仅仅是其组织可行性的结果——如果某些人不喜欢该决定，他们会脱离该组织。随着时间流逝，这种想法植入进了习惯和规范之中，可能影响了中世纪教会法的法理学家们，从罗马法关于共同决定的技术规则中发展出来了“众人事众人决”这一重要治理原理。

所谓“全权委任”，就是代表集体做出决定的代表要有充分和完全的权力与权威，集体的成员要服从他们所做出的决定。众人事众人决，最直接的方式当然是由全员大会直接做出决定。但是，随着组织规模的扩大，全员大会变得不可行，就要有一个由代表构成的委员会。通过一个代表委员会求得共同同意的思想蕴涵于罗马人关于共和政体规则的思想和基督教的共同体思想中。

众人事众人决和全权委任这两条罗马法和教会法的原理，是欧洲国家议会、市镇议会和基尔特董事会发展的共同思想和法律基础。特别是其中的基尔特治理，直接传递给了早期贸易公司，并由此构造了现代公司董事会治理的基本模式。

2.3.2 国家议会

早期公司董事会和中世纪议会很类似，二者都涉及通过一个代议制团体进行集体决策制定。二者的共同法律基础，就是按照“众人事众人决”原则，通过“全权委任”代表来替更广大的社团做出决定。

公司董事会和中世纪议会之间最大的差异是其与执行官员之间的关系。公司董事会有权选任和解聘主行政官，而中世纪议会通常无权对国王做同样的事情。不过，早期公司的董事会通常也无权选任或解聘公司总裁——通常是由公司成员直接选举。而且，有时中世纪的代表大会在选择国王上拥有一定发言权。例如，盎格鲁撒克逊国王在选择其继承者时，要征得其顾问会的同意，德国国会是王位竞争者之间继承冲突的仲裁者。

中世纪议会中可能并不存在董事会那样的同仁团队投票决策。君主会从一个委员会或者更广泛些的代表大会征询意见，求得支持，但保留做出最终决策的权力。不过，也有很多中世纪议会在实行真正的集体或同仁团队决策制定。如果这种代表大会仅仅是给国王提供没有约束性的咨询建议，或者是必须批准或执行国王的决策，可能就不会出现英国贵族们迫使国王在大宪章中同意征税需获得下议院批准，或者在牛津条款（Provisions of Oxford，通常被看作是英国的第一份成文宪法）中同意每年举行三次议会会议。

很多中世纪议会拥有集体决策制定的权威并不必然意味着，他们按一种正式的投票和多数决定原则运行。不过，这并没有造成中世纪政治思想和当前董事会中心公司治理之间的显著不同，实践中公司董事会通常也是遵循一致同意决策原则来运行的。

市民可能没有在任何的民主含义上，选举产生他们在中世纪议会中的代表。那个时候，人们自然地认为年长、富有和更有权势的社区成员应为社区说话。作为议会代表又是一种没有报酬的沉重负担，他们也很少有民主选举的需求。早期公司董事会中，也有些不是由股东选举董事的案例。伦敦公司和普利茅斯公司最初的章程，授权国王提名其治理委员会的成员，东方地区公司董事会中的成员可以凭其良好操守而一直保有其职位。

国家议会和公司董事会的另外一个差异是，其代表们的代表性有所不同。议会中的代表，对他的选区负责，而董事会成员通常并不代表所有者中的任何特定团体。不过，在英国和欧洲大陆的公司之间也存在这种董事代表性上的差异。英国东印度公司，在其绝大多数的历史时期中，董事会都是由全体拥有投票权的公司股东们共同选举出来的。荷兰东印度公司的董事会，则是由确定数量的构成该公司的各个“商部”（位于荷兰不同城市中的商人集团）的代表所组成。这种差异，在今天的英美国家公司董事会和德国共决制公司董事会之间也有反映。

2.3.3 市镇议会

早期公司董事会的采用，是对市镇议会的模仿，或者至少是建立在一种共同的思想基础上，并且这种联系要比其与中世纪议会间的联系更紧密。

在12和13世纪期间，市镇议会在整个西欧持续扩散，其结果是，通常由12或其倍数的人组成的市镇议会，变成了中世纪欧洲城市治理的主流模式。中世纪市镇议会的成员数都是12、24，或者12的其他倍数或分数。这不是偶然的，它衍生自查里曼大帝和其继承者的12人贵族法庭。

12、24，或者12的一些倍数或分数，也是早期公司董事会成员的常见数目。斯坦普商人公司的“助理”董事会有24人，商人探险家公司的1505年章程也授权选举24位助理。24，也是俄国公司和东方地区公司的助理数目，东印度公司的委员数目，以及英格兰银行的董事数目。累范特公司的1592年章程规定了12位助理，累范特公司的1605年章程和马萨诸塞湾公司章程规定了18位（12的1.5倍）助理。甚至那些不符合12的倍数或分数的，如哈德逊湾公司的7位董事会成员和最初治理伦敦公司的弗吉尼亚议会的13位成员，可能也都是来自于简单地在6或12这一传统数目上额外加一位成员以避免双数成员下的投票僵局。

中世纪欧洲市镇议会的建立，通常是对如下两种治理方式的替代：一种方式是由主行政官单独进行的自治市的等级制治理，另一种方式是全部有选举权的成员都参与的一种直接民主治理。理解市镇议会采用背后的动机，会有助于理解早期公司为什么选择了采用董事会结构，而不是让主执行官负责的等级制治理，或是遵循全部所有者都参与管理公司的类似合伙制的直接民主方式。

为什么要设置一个市镇议会，而不是直接采用整个市镇的全员大会？对此有几种不同的解释。一种解释是，中世纪议会是对早先治理结构的一种替代。在早先的治理结构中，市镇是通过全员大会运作的。但是由于市民参加全员大会兴趣的缺乏，多数市民也缺乏做出优质决策所需要的知识和判断力，以及随参与者人数增多所带来的会议组织问题等等，导致市镇议会的产生。另外一种解释是，市镇议会是富商寡头们把下级阶层排挤在权力之外的一种机制。还有一种观点认为，市镇议会直接取代了先前由贵族、国王和神父所把持的市镇控制权。

为什么市民们没有选择只让执行官员负责管理市镇？这样既可以避免全员大会的可行性问题，又可以让富有寡头们把其他人排除在权力之外。对此的一种解释是，全体富有的市民们都想，在把贫穷的市镇居民们排除在权力之外的同时，保持他们自己在城市治理中的发言权。这与对董事会存在原因的如下一种解释类似：董事会存在是因为公司大股东们可以自己或选择他们的代表占据董事会职位，在董事会中保护他们的利益。

如果市镇议会存在只是为了给共同体中的权势成员提供直接发言权，那么可以预期，议会成员数应该等于拥有权势并想要这种发言权的人数。在这种情况下，市镇议会的规模，应该是各种各样共同体中具有影响力的人数这一随机数字。可是，市镇议会一般由12位或者12的某一倍数或分数的成员组成。采用这一象征着重要性的成员数表明，市镇议会，如同中世纪国家议会一样，反映了需要通过代表进行集体决策的中世纪政治思想——即使这种代表只是富有居民，而不是来自整个市镇。

关于为什么要设置一个市镇议会而不是仅仅设置执行官员的另一种解释，是针对分配给市镇议会的工作内容而得出的。早期市镇议会的主要职能之一是裁定纠纷，特别是商业纠纷。因此，隐藏在建立市镇议会取代行政官员单独治理背后的哲学是，对判决中争议事项进行集体决断的偏爱。

12世纪时对罗马法的再次引入，导致日益增长的由单独的庭长替代集体小组宣判，成为中世纪早期欧洲的一个特征。英格兰抵制这一趋势，保持陪审团审理，在商业事务中继续由商人的团体或代表大会处理争执。对于由一个团队而不是一个个人，进行判决决策的偏好，支持了贝恩布里奇关于公司董事会存在原因的团队决策理论——在需要做出判断的事项中团队决策更有优越性。

2.3.4 基尔特治理

早期贸易公司在很大程度上与商人基尔特没有什么不同，只是他们随后变形成了合股公司，并一直保持着董事会治理的传统。

商人探险家公司1505年章程采用董事会治理，缘起于商人探险家们和一家名为绸布商公司（Mercers Company）的商人基尔特的关系。1393年，绸布商们取得了他们的第一份皇家特许章程，该章程授权绸布商公司永久存续的法人属性和拥有财产的权利。一个市镇或者基尔特通过成为一个皇家特许公司，就有了直接以公司名义占有财产的能力，否则，必须要通过“永久置业立法案”（mortmain legislation）的立法程序才能占有永久财产。1391年永久置业立法案延伸到市镇和基尔特之后，英国的市镇和基尔特纷纷寻求成为一个“公司”的特许授权。

1393年的绸布商公司特许章程，授权该公司成员们每年选举四位执事监管公司。这些执事承担执行官员的职能，设置多位成员的目的是为了可以通过轮值来避免商人们因为其自身事务而负担过重。同时，一些重大的决定都由普通成员的全体大会来做出。

1463年，绸布商们改革了他们的治理结构，设立了一个“助理”董事会。为了一些没有重要影响的事情，召开太多的成员大会，是令人厌烦和不快的。公司成员们通过了一项决议，规定每年选举产生12位“睿智和谨慎”的成员为“助理”。这些助理们的职责是，和执事们共同做出基尔特的全体成员都要遵循的决定——换句话说，用代表替代了全员大会进行集体决策制定。

在1463年绸布商公司决定设立董事会时，从事制成品出口的伦敦商人（商人探险家），是绸布商公司的一部分。直到1526年，商人探险家们还是其作为绸布商的同一个账簿中做着记录。商人探险家公司1505年章程建立董事会治理，只是伦敦的商人探险家们简单地继续采用他们作为绸布商公司一个部分时已经运用了的一种治理结构。

在伦敦杂货商公司（Grocers Company）和累范特公司以及之后的东印度公司之间也存在着这种类似的联系。杂货商公司最早在1397年选举产生了一个有6位成员的董事会。累范特公司直到1666年都在使用杂货商公司会堂。东印度公司最初使用了累范特公司的规章。东印度公司起源于早先的基尔特，持续很多年地反映在了东印度公司的多种基尔特传统中，包括称股东为兄弟，并要求他们进行成员资格宣誓。

基尔特是早期贸易公司采用董事会治理的最为直接的来源，那么基尔特自身为什么采用了董事会治理?

基尔特的领导成员和中世纪议会成员之间存在着高度重合。在很多市镇，基尔特会馆被作为市政厅使用，并最终成为了市政厅。基尔特治理和市镇治理相互影响，并都得自于同样的一套政治思想和实践。这套政治思想和实践也同时导致了中世纪欧洲对国家议会的采用。

为一些不那么重要的事项举行全员大会，给成员们造成了负担，是基尔特采用董事会的动因。导致负担的都是些什么事项？基尔特治理中最重要的决定是新成员的准入和制定规范成员行为的规章。这些规章常常关注于个人行为，以促进成员们过一种有道德的生活。基尔特的典型规章是监管商品的质量和交易中的诚实。基尔特通常也解决涉及其成员的纠纷，这导致基尔特常常扮演商人法庭的角色。

基尔特提交全员大会决定的事项包括：新成员准入，规章制定，官员选举，纠纷处置。前三项一般都是在年度全员大会上进行，而年度全员大会是在总要进行的欢宴和庆典时举行，应该有比较好的出席率。由此看来，导致全员大会过于频繁的主要事项是纠纷处置。

由于集体同意习惯和规范的存在，将总体控制权力交给基尔特官员是不会被接受的。解决方案就是，创建一个由12位（或12的倍数或分数）这一具有象征和重要意义的成员人数构成的董事会，并由基尔特成员同意接受该董事会的决定。

基尔特设立董事会的最主要原因是审理纠纷，这显然与早期市镇议会很相似，判决是他们的主要工作。同样地，纠纷判决是商人探险家公司董事会的一项职能。在所有这些场合中，导致董事会产生的一种共同意识形态是，渴望在纠纷审理中采用集体判断，这至今仍反映在英美国家的陪审团制度中。

2.4 董事会治理：从管制公司到合股公司的发展

在“董事会（board of directors）”一词被正式和普遍使用以前，事实上的公司董事会已经存在了数百年的时间。“助理董事会（board of assistants）”“委员董事会（board of committees）”是两个最常用来指称董事会的概念。有据可查最早使用董事会概念的是1618年成立的英国非洲公司，该公司特许章程规定了由12名“董事”构成的董事会。但是直到17世纪末，“董事”这一术语并没有得到进一步使用。1694年英格兰银行章程正式采用了“董事”一词之后，“董事”一词开始得到普及，取代了“助理”“委员”等词。

英国和荷兰的东印度公司，和它们的治理董事会，都是从管制公司开始发展的。所谓管制公司，并非真正的公司，而是一种行会，作为其成员的商人们，在公司的特许经营权名义下，独立地自行开展业务。在16世纪的后半期，英国政府向俄国公司、东方地区公司和累范特公司等这样的商人团体颁发特许章程，授予它们在特定区域进行贸易的排他性权利，并规定由董事会治理公司。

以董事会为中心的公司治理模式并不是起源于有被动投资者存在的合股公司。它是合股公司从如商人探险家公司或斯坦普商人公司那类管制公司中演变出来时所继承来的一种治理形式。在这种管制公司中，商人们各自经营自己的生意，因此并不需要通过一个董事会来监督运营公司的经理人。这些早期贸易公司中董事会的角色，不是承担照看公司的职责，而是立法——发布规章以监管公司成员，和裁决——审理涉及公司成员的纠纷。

2.4.1　管制公司的“董事会”

16和17世纪英国特许贸易公司对“助理（董事）会”或“委员（董事）会”的采用，来自最早的两家英国外贸商人组织——斯坦普商人公司（The Company of the Merchants of the Staple）和商人探险家公司（the Company of Merchant Adventurers）。这两家英国商人组织起来进行对外贸易的最早的公司，都拥有从皇家获得的某种排他性权利，并激发后来的英国贸易公司寻求特许授权。同样，当后来的英国特许贸易公司起草章程时，斯坦普商人公司和商人探险家公司所采用的董事会治理结构成为他们仿照的模式。斯坦普商人公司和商人探险家公司，都不是合股公司，都是管制公司。这种公司中，董事会的作用是颁布和执行公司的规章，以管治个体商人们的行为，而不是管理一个企业。

斯坦普商人公司是英国从事羊毛出口业务的商人团体。英国的法律限制羊毛出口，斯坦普商人们得益于这种限制，能减少竞争并允许控制价格。英国国王则由此从羊毛商人身上获取收入。

这一制度开始于13世纪末，爱德华一世规定所有的羊毛出口都只能通过一个市场进行。英国商人们从布拉班特（Brabant）公爵那里获得特许章程从事羊毛销售，准许他们建立全员大会（assemblies），后来又准许他们选举“市长”（mayor），以治理商人们的事务。其结果是，建立起来了一个有组织的商人协会或公司，并明显带有一种由执行官和所有成员共同决策的简单治理结构。

1313年，这一斯坦普体系变为强制性的，确立了市长和斯坦普商人委员会（Council），并被授权选择一个斯坦普市镇进行所有的羊毛出口业务。他们最初选择了圣欧麦（Saint-Omer）。但是，整个接下来的半个世纪，充满了关于合法的羊毛贸易地应该移至哪里以及谁应该被许可进行贸易的斗争。1353年的斯坦普法令（Ordinance of the Staple of 1353）颁布，这一整套事务分布在了十五个英国市镇，它们中的每一个都有自己的斯坦普市长和相应官员。但是几年之后，加来（Calais，法国北部城市，当时为英国控制）吸引了斯坦普。结果，斯坦普商人变成了加来斯坦普商人公司（the Company of the Staple of Calais）。一个24人的委员会治理着加来的斯坦普商人公司。在1363年到1365年间，这个委员会也治理着加来市。

"商人探险家"是指从事英国纺织品以及其他英国制造货物出口业务的商人。15世纪早期，亨利四世授予英国商人一份在英国以外，主要是低地国家（荷兰、比利时、卢森堡），进行出口贸易的特许章程。该章程准许商人们在他们自己中选举产生一位总督（governor）。这些早期公司的主行政官通常被称为总督，而不是总裁（president）或者更为现代的CEO。总督的职责是，裁决英国商人自己内部的争议，并在英国商人与外国商人的争议中帮助英国商人。总督，在得到商人们同意的情况下，可以建立其团体内部的规则和律令，并对违犯这些规则的商人施加惩罚。

在整个15世纪，英国国内的出口贸易商人，没有正式和独立的组织。作为替代，他们大多数是伦敦的一个基尔特——绸布商公司（Mercers Company）的成员。15世纪中期时，他们开始作为一个单独团体举行会议。到15世纪后期，伦敦的出口商人们开始把自己看作是一个冠以"商人探险家"头衔的独特团体，并且明显是通过与低地国家的英国商人建立联系而进行其业务。在1485年向英国王室的请愿中，伦敦的出口贸易商人们称他们自己为"进入到荷兰、泽兰、布拉班特和佛兰德斯的商人探险家，伦敦市民"。

1505年，亨利七世颁布了"商人探险家公司"特许章程，授予该公司在英国制成品出口贸易上的垄断权，不过公司的成员资格必须向所有支付了费用的英国商人开放。这个特许章程规定总部将设在欧洲大陆而不是在英格兰的公司，选举"24位最睿智、谨慎和忠实的人"作总督的"助理"。总督和助理们的职能是解决商人之间的纠纷，并制定规则监管公司的成员们。

16世纪前半期，英国国内其他城市中的商人探险家们，也创建了他们自己的商人探险家公司。这些公司，通常也都采用了董事会治理结构，选举产生总督和12位或18位助理。不过，有时候这些伦敦之外的商人探险家公司，遵循了老的基尔特治理模式，选举所谓的主事人（masters）和执事（wardens，看守人），而不是总督和助理。

1564年，伊丽莎白一世向商人探险家们发布了一个新的特许章程。这个新章程确认了公司的治理结构为：总督，副总督，24位助理，在海外设立公司总部，并对无论在何处经营的商人探险家都有司法管辖权（jurisdiction）。

总体来说，商人探险家公司和斯坦普商人公司有两个重要特征。二者都有治理董事会，二者都没有合股公司特性。它们都只是一个有皇家授权拥有某种排他性权利的商人基尔特。在这种情形下，董事会的存在不是为了代表被动投资者监督管理层的，也不是在任何意义上管理一个企业的。它们的董事会是裁决冲突和发布律令管制成员行为的。尽管如此，它们显然为后来的特许贸易公司提供了治理董事会的模式。

2.4.2　合股贸易公司的董事会

公司董事会并不是作为一种管理商业公司的机构而发展起来的。它是商业公司从独立商人社团中演变出来时所继承来的一种机构。早期的商人社团或公司，相继采用了董事会治理来取代由官员和全体成员大会决策相结合的那种低结构化的治理（less structured governance）。延续早期商人社团的传统，东印度公司、俄国公司、东方地区公司、累范特公司、哈德逊湾公司和南海公司等著名英国贸易公司，普遍采用了董事会治理。

俄国公司是第一个作为合股公司来运营的，也就是成员商人投入到一个共同的基金，以此共同基金装配船只，在公司的指挥之下进行航行，而不是商人们自行以个人或几人合伙的方式进行业务。1554年菲利普和玛丽特许设立了“俄国公司”。俄国公司章程指定Cabot为终身总督，同时规定要有四位“聪明、谨慎和诚实”的成员为“参事”（consul），24位成员为“助理”。俄国公司的成员要每年选举产生公司的参事和助理。有趣的事，尽管俄国公司的绝大多数文字记录都在一场大火中烧掉了，但是现存的一些文字记录显示出了俄国公司章程规定的董事会角色和其董事会实际发挥的有限作用之间的一种熟悉的背离。例如，公司成员作为一个整体，在公司管理中似乎发挥了要比其章程规定更多的作用。俄国公司章程仅仅规定了公司成员选举参事和助理的权力。公司记录显示，成员在他们的常规会议（general meetings）上挑选公司在俄国的代理商，批准合同和财务报告，评断由于公司雇员（servants of the Company）进行私人贸易所引起的利益冲突。另一个极端，很多时候，公司总督，或许是有公司少数几位重要成员的支持，就能代表公司进行行动。与此相反，虽然公司董事会（由“助理”组成的委员会）在公司章程中具有广泛的权力，却很少有其采取了什么实际行动的记录。

1579年，伊丽莎白一世授予了“东方地区公司”（Eastland Company）特许章程。东方地区公司的治理机关包括总督、一位或多位副总督，24位助理。东方地区公司的成员（股东）们每年选举公司的总督、副总督。

累范特公司（Levant Company）正式创立于1581年，伊丽莎白一世授予Osborn和Staper等四人特许章程，组成“累范特商人们的公司”。章程规定Osborn为公司的第一任总督。由于只有四位成员，该公司章程没有关于助理的规定。章程授权Osborn和Staper招12位其他英国人进入公司，女王保有再招两位成员的权力。1592年，伊丽莎白一世向该公司授予一份新章程。这份新章程列出了53位公司成员，并授权公司可以不受旧章程的人数限制招募新成员。这次公司成员规模的扩大，明显是为了补偿那些在地中海地区的贸易受到英国—西班牙战争影响的商人们。由于有更多的公司成员，现在的治理结构改变了。新章程不仅规定了设立一位总督，还规定了由公司成员每年选举产生的12位助理。随着公司的发展，1605年又有了一份新章程。进入公司的大门开始向所有的商人开放了，只要付费就可以成为公司成员。在治理方面，新章程将助理的人数提高到了18人。

1670年，英国政府特许授权成立了哈德逊湾公司——正式名称是英格兰对哈德逊湾贸易探险公司和总督。公司的所有者每年选举产生公司总督、副总督和一个由7位委员组成的董事会（board of seven committees）。

1711年，南海公司——正式名称为大不列颠对南海和美洲其他地区贸易及为促进渔业的商人公司和总督——获准成立。南海公司设立了总督（governor）、次官（sub-governor）、副长官（deputy governor），和由30位董事组成的董事会（board of thirty directors）。

2.4.3 从管制公司到合股公司：董事会角色的转变

这些特许贸易公司经历了从管制公司（regulated companies）到合股公司（joint stock companies）的转型。所谓管制公司，本质上是基尔特，拥有其成员资格的商人们在公司的特许经营权之下独立进行业务运营。合股公司则是一个实体，成员（股东）的投票权和经济收益均来自对一个共同企业的投入。这一演变没有改变治理董事会的结构，但却从根本上改变了对董事会应该做什么的期望——董事会的职责。董事会从管制机构（regulatory body）——代表独立进行业务的商人集体保护他们的特许性经营权，变成了一个督导机构（supervisory body）——拥有运营一个企业的全面职责。

东方地区公司提供了一个管制公司的好样本。东方地区公司章程授予该公司中的商人，拥有英国对斯堪的纳维亚和波罗的海地区（不含俄罗斯）的贸易专营权。作为一个管制公司，东方地区公司没有作为一个实体来进行运营。作为该公司成员的商人们，通过个人单独或者合伙方式进行他们的贸易运营。如果管制公司没有作为一个公司来进行运营，拥有一个治理董事会的目的是什么？董事会通过发布禁令来对公司成员们的行为进行治理。东方地区公司董事会颁布规章，禁止成员进行“染色”（Colouring）货物的交易。所谓染色，是指把非公司成员商人的货物作为公司成员自己的货物来出售。非公司成员的商人们试图通过这种隐藏委托人的方式，突破公司的排他性特许经营权，这会使管制公司的垄断权价值下降。正如这一例子所表明的，管制公司董事会的作用，不是行使运营一个企业的全面职责，而是对个体商人施加规则以保护其垄断地位。

在合股公司中，不再是每个商人以其自己的存货（stock）进行贸易，而是商人们认购一个基金，由该基金支持联合或合在一起（combined or join）的货物存储，通过公司代理进行贸易——由此产生了“合股公司”（joint stock company，合并货物的团队）这一名称，正是从“合股”（joint stock）一词衍生出了今天的股东（stockholder）一词。有几个因素促进了从管制公司向合股公司的演化。最明显的一个因素是随着贸易航线由近及远，需要更大规模的融资，也面临着更大的失败风险。与管制公司中的个人经营相比，合股公司可以融集更多资金，可以在更多的参与者中分散风险。还有一个因素是，把业务限定在通过合股融资进行的公司贸易，可以作为抵制“染色”行为（公司成员暗中销售非公司成员的货物）的一种手段。

从管制公司到合股公司的演化并非是一个线性过程。俄国公司的成立早于东方地区公司，是以合股公司形式开始的，比俄国公司成立时间晚的东方地区公司却是一家管制公司。与普遍的从管制向合股公司演化不同，俄国公司发生了一个相反方向的变化。该公司从永久资本开始，但是经过令人失望的结果后，公司成员们要求公司返还他们的资本投入。此后，俄国公司的业务开始通过每次认购和定期的清算与重新分配进行。结果是，少数公司成员拥有了更大的公司份额，由此招致更多的关于该公司的垄断权集中于少数几人之手的批评。这些批评，加上没有永久资本导致的会计混乱，最终招致该公司变成了一个管制公司，不再是一个合股公司。累范特公司也经历了一个与此大致类似的从合股公司退回到管制公司的历程。

随着管制公司向合股公司的演化，在管制公司中为颁布规章和执行规则以治理独立商人们行为而存在的一个同样的董事会结构，把自己变成了服务于合股公司的机构，管理大型商业企业。合股公司的发展，还为可转让的所有者权益提供了条件。在这种可转让的所有者权益中，投票权可以依赖于所购买的权益数量，这种投票权可以广泛地分散在被动投资者手中，这为所有权和控制的分离奠定了根基。

2.4.4 英国东印度公司的治理模式演变

1602年，伊丽莎白女王发布特许章程，创建英国东印度公司。英国东印度公司章程规定，对航行的指导以及所有其他的公司事务的管理都归公司总督和被称作“委员”的24个人。从东印度公司开始，委员（committees）一词，就像马萨诸塞湾公司所用“助理”（assistants）一词一样，开始作为比董事（director）或受托人（trustee）更早的头衔，来称呼那些由选举产生的负责一个公司的治理的委员会机关（董事会）中的成员。英国东印度公司章程指定托马斯·史密斯（Sir Thomas Smith）为公司第一任总督（总裁），但同时规定公司成员（股东）每年应选举产生公司委员（董事），公司委员（董事）应在他们当中选出公司总督（总裁）。

起步阶段，东印度公司兼有管制公司和合股公司的特征。东印度公司通过一些单个商人或商人小组进行业务航行，直到1612年，才开始作为一个公司进行贸易航行。可是另一方面，东印度公司从一开始就是在一种合股基础上进行其贸易航行的，不过公司成员们的投入是针对每项航行进行，而不是作为公司的永久资本或合股而投入的。最初的东印度公司章程保护公司成员在公司的特许经营权名义下自己进行贸易的权利，这和管制公司几乎一样；而且，并非所有的公司成员都投资了以合股方式进行融资的早期航行。

在17世纪的头半期，尽管没有形成永久资本，但是东印度公司的成员们投资的合股基金，支持了一定数量到印度的贸易航行。这些合股基金会在其认购者们中进行清算和收益分配。17世纪中期，这一做法引起的会计混乱和维护其持续垄断的需要，导致了东印度公司的调整，用永久性合股基金取代了早期那些一次性基金。在公司还没有对早先的合股基金进行清算就开始筹集后续合股基金时，产生了账目混乱。如何处置和计量公司在印度和英国获取的永久设施使问题进一步复杂。这些永久设施通常被称为“固定货物”（dead stock），以与贸易货物或“活资”（quick stock）相对。

在转向永久资本的同时，还出现了另外两个有关公司成员权利的关键变化。投票权开始以每位成员向公司永久合股基金投入的数量为基础，而不再是所有成员都有投票权。1650年时，东印度公司股东的投票权规定是，每500英镑投资有一个投票权。1693年的新章程规定，在股东大会（general court）上，每1000英镑投资拥有一个投票权，一人最多可以拥有十个投票权。此外，17世纪末或者是早在1654年，东印度公司不再向其成员授予在公司特许权名义下个人进行贸易的权利。这两个变化的结果是，把作为东印度公司成员的两个利益——投票权和经济收益——都完全与对公司共同基金的认购联系在一起了。由此，东印度公司完成了从一个个体商人联合体到普通大众进行被动投资的工具的转型。

在现代董事会实践的多个方面，东印度公司都有先锋表现。典型的现代公司董事会的一个关键权力是雇佣和解聘首席执行官的权力。东印度公司的最初章程可能是第一份将选择公司总督的权力授予其治理董事会，而不是把这一权力保留在公司成员手中的公司章程。

通过后续的特许章程或者其他方式，东印度公司的治理结构出现各种各样的进一步变化。在18世纪时，委员（董事）们选举出了主席和副主席，来主持他们的会议，并由此建立了与总督办公室分开的主席办公室——这是今日一些董事会改革者们所正在推动的事情。

另一项今日仍很普遍的、被引入东印度公司的治理实践，来自1773年的一项议会法案。该法案把董事任期错开的概念引入了东印度公司董事会——那时已经称为董事（director）——每年改选四分之一的董事。

2.5 董事会制度的传播：日本为例

尽管存在着政治制度、商业传统和文化等的差异，全球范围内大型企业组织的治理上趋同于一种相同的制度：公司由董事会管理，或是在董事会的指导之下进行管理。

日本是非欧美国家中最先取得现代经济成功的国家，甚至长时期里是非西方世界中唯一的现代化国家，现代公司和董事会制度的引入也许是一个重要因素。

2.5.1 传统日本大型企业的非董事会治理

正如中世纪欧洲政治思想是公司董事会的源泉一样，其他地方不同的政治和文化思想意味着董事会的缺乏。日本商人家族是日本社会四阶层组织中的一部分，家族首领有权让家族人员服从。这一家庭导向的层级组织与儒家学说一致。儒家讲的君臣、父子、夫妻、兄弟和朋友这五种关系中，有四种是要绝对服从的纵向关系。在16和17世纪欧洲的贸易和银行公司采用了董事会治理的时候，非欧洲拥有和运营的大型企业组织采用了不同的管理结构。

在1868年明治天皇正式恢复了天皇控制权之前的近两个半世纪中，德川家族世袭幕府统治着日本。四个主要阶层构成了当时的日本社会：武士、农民、工匠和商人。这不同于欧洲的封建主义。欧洲封建主义把身份和财产所有权联系在一起。封建时代的日本，无论大名还是武士，都不占有财产。大名相当于是行政管理者，将军可以把他们调派到不同的地方。武士靠着他们的大名所给的薪金生活。

德川统治时期的日本不乏大型企业组织。这些企业组织采用了商人家族的形式。这些商人家族不仅在日本人口众多的城市中贩卖木材、油、棉和大米等商品，而且它们也将其从贸易中获得的财富用于放贷和投资，有效地转为了银行家族。根据Rodney Clark著“The Japanese Company ”（Yale U. Press 1979），最主要的借款者是大名和中央政府，最重要的投资机会是土地开垦。由于农业劳动密集导致工人缺乏、工匠和商人分属不同社会阶层致使他们各自的经济活动互相分离，日本的商人家族没有像欧洲商人那样进入工业领域。

商人家族是日本社会四大阶层团体中的一个子集。是家族而非个人拥有财产或其他权利。因此，世袭的武士职位是一些武士家族的权利，农民家族则有在确定地块上耕作的权利。商人的情况，则是家族拥有商业资产，当前的家族首领为家族管理这些资产。这里的家族涵盖了他的祖先、当前这一代，以及他的后人。在这一意义上，家族扮演着一种类似于公司的角色——一种可以占有财产的集体组织。

成功的商人家族增长到了超越其由家族首脑、长子长媳及未婚孩子构成的简单结构。很多情况下，年轻些的儿子会得到一些财产，设立分支，并在一个家族的名义下进行运营。少许大型家族，如三井家族，没有在儿子之间分割财产，而是分给所有儿子在家族财产中的一个所有权份额。为了把更有才能的人引入家族，家族首脑可能会把他们的女婿收为养子，让他们加入到家族生意中。商人把年轻的非家族成员作为学徒工纳入到家族中。在十七或十八岁的时候，会提升为熟练工。三十多岁的时候，可能会成为经理。在一个大的家族，可能不止一个经理，他们中的一位或更多会成为首席经理。

商人家族，没有一个由所有者选举产生的董事会，以同仁团队的形式做出决策，并拥有选聘和监督企业高级管理人员的最终责任。最终权威掌握在家族首脑手中，所有的雇员和家族成员都对家族首脑有服从义务。

相比由一个董事会进行监督，家族首脑面临着一些约束。第一个约束是，对家族及其成员的内在义务感，不仅包括当前活着的这代，还包括祖先和后代。其次，很多家族都有由先辈首脑制定和采用了的家族规则，这些家法确定了生意运营要遵守的一些原则和做法。其中包括，要求与外人诚实交易，遵守通常商业规则和道德，以及治理生意的家族宪章。最后，很多商人家族是在一种集体讨论制度基础上做出决策的。

商人家族中的集体讨论制度，是集体做出决策，但是与公司董事会有着根本上的不同。讨论制度中涉及如确定商品售价这种生意决策，成熟工也会参加。有些家族会有一个由退休经理和现任首席经理组成的顾问委员会，来讨论如开展新业务这类问题。无论如何，这种带雇员或退休经理参与的集体决策，与拥有选择和监督经理以及为公司做出决策的最终权力的选举产生的董事会，是有本质差异的。

不仅仅是商人家族提供了一个董事会的职能替代，而且长子继承制也免除了对由一个董事会来选择首席执行官这种制度安排的需要。绵延很多代的商人家族中，在长子缺乏领导能力时，会出现废除长子继承权的情况。但是，这使现任家族首脑收养女婿，甚或是经理或首席经理作为继任者，而不是成立董事会。

中国宗族中的年长者组成一个类似于董事会的委员会。尽管人们总可以把任何团队都与公司董事会作类比，但是在这种宗族长老委员会和一个公司的董事会之间存在本质上的差异。宗族成员没有像一个公司的股东那样，选举产生长老。而且这些长老只是一种荣誉角色，并没有选择宗族生意管理者的真正权力。对股东负责、拥有控制公司管理的最终权力这一董事会的概念，对于19世纪的中国商人来说，还是很陌生的。

2.5.2　公司董事会在日本的传播

日本公司董事会治理的发展，是随合股公司作为一种企业形式的引入而来的。在1868年明治维新之后，日本对合股公司这种企业形式的引入，是其全面西化，引入西方技术和思想的一个组成部分。

合股公司是给1868年之前到过西方国家的少数日本人留下深刻印象的制度之一。今天美国倾向于将这种企业形式称作“公司”，或者更准确地说商事公司，以与非营利公司或市政公司相对。但是“合股公司”一词，不仅是更国际化和历史性的用词，而且它突出体现了这种企业形式对日本观察者最有吸引力的特性。这正如今天中国依旧习惯称公司为“股份制企业”一样。

合股公司通过向投资者出售可交易权益筹集资本，这些投资者变成公司的股东。1860年代，日本观察者认识到，合股公司作为积聚巨额资本从事一些如修建和运营铁路这样的项目上的优势。实际上，德川政府对合股公司的优势就有所认识，在其倒台前不久，曾努力迫使日本向西方开放的那些港口的商人们组建贸易公司，以提高他们的竞争能力。

明治维新后，合股公司是明治政府致力推进的西方制度之一。开始时，明治政府以与前幕府政权同样的方式推进合股公司的发展，强迫商人们组建合股公司。但是，这些早期的合股公司，在组建仅仅几年之后就失败了。失败的原因主要是政府干预和缺乏对外贸易管理经验。

银行部门的合股公司发展更成功。1872年，日本政府仿照美国1863年银行法案，颁布了国民银行法案。由于1872年法案只带来了四家银行业合股公司的组建，政府于1876年修订了银行法案。1876年的修订法案，准许武士因为放弃以前从大名那里所得薪金而从政府所得债券，作为资本，投资到新的银行中。1876年的修订，导致了150多家合股银行公司的成立。1876年的国民银行法修订案，不仅增加了合股公司的数量，也为这些合股公司建立了董事会治理的标准。修订案中包括了一个示范公司章程。该章程规定，由董事在董事会议上，从他们自身中选举出银行总裁。银行法案授权总裁和董事，在董事会议上，依照银行的利益而行动，聘用和解聘银行职员，决定其薪资。

1878年，日本政府修改了公司注册制度，授权地方政府颁发合股公司成立许可，这带来了银行业之外部门中合股公司的快速发展，广泛和各种各样的协会和企业都获得了公司身份。政府开展了一场活动，鼓励组建合股公司和向合股公司投资。为把武士融合到经济中去，政府向武士提供工商业贷款，但武士使用这种贷款，只能用于合股企业。此外，外国竞争压力和纺织、铁路等这类产业的高额资本需求，也导致了合股公司的组建，这些合股公司通常有100到500个股东。

由于没有一个完整的公司法，1870和1880年代组建的非银行业的合股公司，在治理上五花八门，各有很不同的章程。不过，这些公司章程通常都规定设立一个董事会。章程条款反映出对董事职责的各种各样的理解。典型的规定是，期望董事与总裁一起为公司做决策，并且集中关注于有关雇佣和解聘职员及决定薪资这类的决策。这些公司要求商人家族之间的合作，公司的发起人们组建董事会时，只能模仿此前存在的涉及不同商人家族间合作问题的唯一的一种组织——商人基尔特。模仿前明治时期日本商人基尔特所采用的轮流控制制度，日本早期公司设立了三位“总董”，轮流负责公司。

1893年，公司法律供给滞后于公司制企业实际发展的状况得到改变。以德国法律为蓝本起草的商法中一个部分的公司法，发布生效。这一法案随后被1899年的新商法所取代。作为合股公司治理机构的董事会和这种企业形式本身被一并采用了。1893年，日本商法确认了合股公司中董事的权威，在一个董事会之下的公司治理概念，已经建立起来了。

2.5.3 为什么公司董事会得到传播？

公司董事会是欧洲人的创新，向欧洲人殖民地的扩散很正常。由董事会治理的欧洲贸易公司的角色之一就是建立殖民地。欧洲殖民地普遍采用其母国制度，如果没有采用公司董事会治理，倒是需要某种解释。可是，公司董事会为什么在那些没有成为欧洲殖民地的国家中，也得到了传播？在16和17世纪欧洲的贸易和银行公司采用了董事会治理的时候，非欧洲人拥有和运营的大型企业组织采用了不同的管理结构，并没有董事会。

股东选举董事来管理企业的公司治理模式，非常适合那些通过向大量投资者发行所有者权益来筹集资金的企业，这种权益因可自由转让而具有吸引力。可是，为什么股东要选举产生一个董事会，而不是像在有限合伙中那样，简单地作被动投资。一种主流解释是，股东选举的董事会是监督公司管理的一种必要工具。这种观点认为，公司通过高层代理人监督低层代理人的层级安排，可以在获得团队生产优势的同时，最小化偷懒和不忠实等代理成本。可是，谁来监督最高层的监督者？经济学的标准答案是，作为剩余索取者的股东拥有监督最高层代理人的最佳激励。在公众持股公司中，太多的分散股东使股东无法有效地直接监督，因此需要股东选举产生的董事会，作为他们自己的代表，来解决股东监督的实际困难。

这套理论，对解释非欧洲国家基于其是管理合股公司的最有效方式这一假设而复制公司董事会，也许有些益处。但是它在解释为什么公司董事会起源于欧洲的问题上，则是不正确的。欧洲人并不是为了作为合股公司中被动股东的代表来监督管理层而发展出公司董事会的。作为一种公司（法人）治理机制的董事会，在合股公司出现之前，已经存在一个多世纪了。由一个代表制的董事会和一位首席执行官一同进行的法人治理，反映了中世纪晚期西欧一种普遍的政治实践和思想。代议制治理思想和实践在中世纪欧洲王国中的代表大会或议会、市镇议会、基尔特的治理委员会以及教会中普遍存在，早期公司采用董事会治理是很自然的事情。

合股公司起源于管制公司，管制公司与拥有排他性特许经营权的商人基尔特差不多。由此，商人基尔特的董事会治理和合股贸易公司的董事会治理之间的联系就已经完全可以得到理解了。商人基尔特与中世纪欧洲城市政府密切相连，这就部分地解释了公司董事会、商人基尔特董事会和市镇议会之间的联系。对于中世纪欧洲的法理学家来说，基尔特和市镇都是一个法人实体，本质上的一个公司，如此，他们都从属于与其他公司一样的一种共同的治理形式。中世纪欧洲基尔特和市镇议会自身则反映了在中世纪欧洲议会和教会委员会中也存在着的政治思想和实践。

商人探险家公司董事会的两个职能显示了欧洲采用代议制委员会背后的某些基本思想。一个职能是裁决公司中商人之间的纠纷。要求由一个24人的董事会审理纠纷，反映了中世纪欧洲对在判决中采用团体决策的偏好——这一偏好，至今仍反映在12人陪审团中。商人探险家公司董事会的另外一个职能——发布律令管制成员——反映了中世纪欧洲做出影响到共同体所有成员的决策时对一致同意的偏爱。教会法法理学家把罗马法的“众人事众人决”原理，从一种技术规则发展为一种广泛的治理原则时，一致同意这一偏好出现了一次大发展。这一原则不仅应用于教会，同时也应用于其他的“公司”——广义上的一个集体组织，包括基尔特和市镇。这时，一个董事会、委员会或议会的作用是，作为共同体的代表，以全权委任代表的身份给予赞同。

在19世纪日本和其他非欧洲国家考虑采用合股公司时，欧洲公司董事会已经有数百年的历史了。对于日本人和其他人来说，可以看到的是，一种在通过向大量陌生人出售股票而筹资上拥有巨大优势的企业形式，并且总是有一个董事会掌舵。由此，日本人和其他的非欧洲人，做了人们通常都会做的事情：他们假设相关等于因果，在采用合股公司的时候，也采用了他们相信是这种公司所必需的治理结构——董事会。

公司董事会起源于政治理论，而并非是为企业效率考虑，以及董事会的出现早于合股公司，并不意味着，合股公司在没有董事会的情况下也能发展起来。管制公司中治理董事会的存在，可能促进了这种公司向合股公司的演化。投资者没有权利选举其在治理董事会中的代表，可能不会向合股公司投资。这是所谓“法律重要”论的观点，认为强有力的中小股东保护是一些国家中出现分散持股的原因。可是，不能在治理董事会上选举代表则不会投资这一观念本身是欧洲文化和政治思想的反映，并不是其他文化和政治传统中也具有的。中国最早向合股公司投资的投资者就习惯于不干涉他们企业的雇佣经理人的传统，是基于对经理人的信任而欣然投资。

从其在欧洲国家的历史起源上看，公司董事会的一个关键职能是提供政治合法性。在中世纪议会、市镇委员会、教会委员会和贸易公司董事会背后的一个统一理论是，它们提供了一种在整个团体大会实际不可行的情况下，满足“众人事众人决”这一“公司法”规则的手段。这一同意规则的基本原理包括以下几个概念：从整个团体或至少是从一个由代表构成的团队的同意中可以得出更明智的决策；要求所有人或是所有人的代表同意，使各种各样的权利人可以保护他们的利益；这种同意要求对统治者（管理者）可能的犯罪进行检查；

不管同意对决策质量和治理的影响如何，合法权威需要同意。在19世纪美国的公司立法中，还能看到公司董事会提供政治合法性的重要性。纽约市普通公司法不是关心公司资本不足，而是把公司可以融集的最大资本金额限制在10万美元。这说明，被要求颁布普通公司法案的立法者们对这样一种实体的治理能力的担忧。

公司董事会的发展，与拥有大量成员的集体进行直接治理所面临的一些实际难题有关。一旦组织达到了一定规模，全体成员直接治理会在实际上变得不可行。累范特公司案例很好地说明了这一点。公司开始时，只有四位成员，是没有董事会的。但是，公司成员增加后所得到的一份新特许章程，规定要设立一个由12位助理构成的董事会。可是，在董事会作为一种代议制机构，为大型组织成员提供间接治理，并进而演变为一种监管组织官员（管理层）的工具时，又面临着一个更深层的问题，就是在等级制和集体决策制定之间进行选择。而这，也许正是今日中国公司董事会所面临的一个最大难题。

2.6 荷兰东印度公司

在那些从事亚洲贸易的早期公司基础上由荷兰议会通过特许章程所构建出来的荷兰东印度公司，出现了一些基本特性上的根本不同，并因此而被看作现代有限公司的雏形。

1602年成立的荷兰东印度公司，与早一年成立的英国东印度公司要为每次航行单独融资、各有不同股东不同，其所有航行都是一个“企业”的一部分。荷兰东印度公司的投资者们明确地享有有限责任，并于1611年就可以在距荷兰东印度公司办公室不远处的正式股票交易所交易他们的股份。

2.6.1 组建

在1602年荷兰东印度公司正式成立之前，荷兰商人们已经如火如荼地开展起了亚洲贸易。从1595年开始的短短7年之内，荷兰人共派出了15支船队、65艘船前往亚洲[①]。这些大小不等的船队（少的2支船，多的8支船），各是一个“一次性公司”，只是为一次航行而成立。为首的发起人和董事自己投入资金，同时从其他投资者那里筹集一部分资金，所有的资金都会投入到这次航行之中，船队返回卖掉货物和船后，按投资比例清算分配。到1601年底的时候，荷兰共有六个城市——阿姆斯特丹、泽兰（米德尔堡）、鹿特丹、代尔夫特、霍伦和恩克赫伊曾设立有这类“早期公司”。这些城市各自特许设立的公司之间的过度竞争，带来了荷兰国内要联合起来的政治压力，催生了由荷兰议会特许成立的“荷兰东印度公司”。

1602年3月20日，荷兰议会正式颁布了荷兰东印度公司的“公司成立特许章程”。根据特许章程，荷兰东印度公司被授予为期21年的从荷兰到好望角以东以及经由麦哲伦海峡的贸易垄断权。阿姆斯特丹、泽兰、鹿特丹、代尔夫特、霍伦和恩克赫伊森等六个城市中的那些早期公司被荷兰东印度公司的六个“商部”取代了。以现代观点看，六个城市商部具有荷兰东印度公司的“股东”和“分支”这双重身份，跟中国目前的一些不甚规范的连锁或联合“公司”很像（在一个公司的名义之下，实际股东各自运营自己原来那块）。特许章程明确规定了工作分配，如造船、装备和运回货物的贩卖等，阿姆斯特丹商部负责一半，泽兰商部负责四分之一，其余四个商部各负责十六分之一。这其实，既是“业务份额”的划分，也是“股份”或权利比例的分配，行使公司管理权力的董事席位也是大致按此比例分配的。

2.6.2 董事会

1602年东印度公司成立之初共有76名“董事”，这与先前那些公司的董事总人数相同。后来有些董事过世后，没有再任命新人选，董事席位数保持在了60人。这60个董事席位的分配是，阿姆斯特丹商部20位，泽兰商部12位，其他

---

① 菲莫·西蒙·伽士特拉著，倪文君译：《荷兰东印度公司》，东方出版中心2011年版，第9页。本文主要史实来源为该书，以下不再加注。

四个小商部各7位。

与早先公司相比，荷兰东印度公司的这些董事不再以个人名义直接承担公司的债务，法律地位上与现代公司董事已经比较相近。但是从董事作为一个整体（董事会）共同行使公司管理权力这个角度来看，荷兰东印度公司的这60位董事与现代意义上的“董事”还是有很大不同。

各个商部的董事，组成了各个商部自己的董事会，管理各个商部的事务。荷兰东印度公司的最高决策机构，或者说集团的“董事会”是“十七人会议”。通常每年举行三次十七人会议，每次会议为期4周到5周。会议召开的具体时间根据尼德兰和亚洲之间船运交通的周期设定。会议讨论决定的问题就是公司的主要业务事项，包括确定出航的船只、人手和运往亚洲的货物数量，确定拍卖亚洲运回货物的时间和条件，决定白银和黄金的出口量，决定希望从亚洲获得哪些货物，关于殖民政府的组成，审议各商部的财务状况，确定需要支付的红利等等。十七人的来源是，各商部从其自己的董事中推选代表。席位分配是阿姆斯特丹商部8位，泽兰商部4位，其他四个小商部各1位，剩余1个席位由阿姆斯特丹商部之外的5个商部轮流。荷兰东印度公司的“十七人会议”仅仅是一种决策结构，他们并没有自己的行政勤务，而是要使用会议所在商部，阿姆斯特丹或者泽兰的。荷兰东印度公司也没有在尼德兰设立中心财务部门，每个商部自行完成自己的账簿工作。每个财政年度末，六个商部的财务结果汇总到一起，形成总的账目。

荷兰东印度公司的集团董事会——“十七人会议”，有四个下属委员会辅佐工作，分别是：簿籍检查、年度财政结算、货物拍卖（参与和控制船队返航带回货物的拍卖）和海牙事务处（负责公司与殖民地政府及其亚洲雇员之间的通信联络等）。这些委员会的人员构成也是大致按照六个商部的权益比例分配的，如海牙办事处的10名董事成员中，4名来自阿姆斯特丹，2名来自泽兰，其他四个商部各1名。律师承担着类似于现代公司董事会秘书的职责，要参加十七人会议、海牙办事处的会议，并为这些会议制定议程和草拟决议等。

荷兰东印度公司的首任董事几乎完全是那些早期公司的董事。在荷兰东印度公司成立、确定了各个商部的董事席位数之后，根据特许章程规定，任何一个商部中有董事席位空出时，要由各商部所在城市议会（先是荷兰省和泽兰省，后下放到市）在由现任董事提名的三个候选人中挑选出一个来接任，每个城市都准许自行填补各自的空缺席位。

2.6.3 股东权利

在荷兰东印度公司之前，公司股东与公司之间是密不可分的，股东作为公司的成员，无论是否实际参与公司的具体经营，都要承担无限责任。那些不参与经营的投资者，与公司的创建者—管理人之间具有“合伙关系”，作为公司管理者的董事，往往也是个人直接举债投入公司运营的。荷兰议会颁布的荷兰东印度公司章程改变了这一切，投资者对公司承担的是有限责任，董事个人也不再对公司债务直接承担责任。

现代公司治理结构研究开山之作《现代公司与私有财产》作者认为，再融资需求是迫使管理层自觉遵守公司治理规则的主要力量。在同样从事航海贸易的那些早期公司中，每次融资只为一次航行，返航后要将盈利和本金清算，按原始投资比例分回给股东；再次航行，需要再次融资。业绩和表现不佳的发起人和董事，将很难再次融资，这种市场力量使投资者可以有效治理公司。但是荷兰东印度公司的特许章程规定，资金投入不再仅是为了一次航行，要有10年的期限。成立之初，荷兰东印度公司的股东们也许没有感觉新公司与早期公司有什么本质不同，十年之后他们开始强烈感觉到了这一点：公司是独立于他们、有自己生命意志的。

荷兰东印度公司的特许章程规定了公司的分红规则，收回的现款一旦达到了原始资本的5%，就要向投资者分配红利。但是在公司成立的第一个10年中，并没有被遵守。由城市议会任命的董事，对于股东的呼声可以无视，与政府之间的联系倒是更为密切。除阿姆斯特丹商部经与市长商议后有明确规则要求在市议会或省议会占有席位的董事不能超过一半之外，其他各个商部的董事中，一多半甚至全部是城市议会成员或政府官员。

2.6.4　投资者的力量

荷兰东印度公司是由荷兰议会批准设立的，董事是由各市议会挑选的，但资本金是个人投资者们提供的。在阿姆斯特丹商部，有1143个人签字并作为股东被登记在册，泽兰有264人。投资者的构成以商人为主，但也包括范围很广的其他各种职业的人，有医生、牧师、公务员，也有手工艺人和工人等。

1611年在荷兰东印度公司办公室不远处设立的世界上第一个正式的股票交易所，为不满意的投资者们提供了退出通道，但是这并不能完全缓解荷兰东印度公司的投资人与实际控制着公司的董事们之间的矛盾与冲突。一本抗议小册子写道："如果我们向市上议院和参议院投诉，那里有公司的董事；如果向海军部投诉，那里有董事；如果向荷兰议会投诉，我们会发现董事和议会其实就是一回事，都穿着'公司'这同一条裤子[①]"。

每21年要重新修订和续期一次特许章程的规定，为投资者们通过施加政治压力发挥作用提供了机会。1623年荷兰东印度公司特许章程修订时，出现了朝向对投资者有利的变化。董事报酬由过去的"船只装备费用的1%和运回货物卖出后收益的1%"改为"收益的1%"，并最终于1647开始只给董事固定工资。此外，还增设了由投资在一定数额以上的主要股东组成的三个委员会，参与对公司运营的监督与指导。一是财务委员会，负责与董事一起审查公司账目，该委员会每四年运作一次。二是提名委员会，当有董事席位空缺时，与其余董事一起为每一空缺席位推举3位候选人。第三个委员会最为重要，由9位正式宣誓就职的主要股东组成的"主要股东委员会"，他们参与"十七人会议"，在"十七人会议"下属的委员会中任职并有发言权。"正式宣誓的主要股东"的成员分配为阿姆斯特丹商部4位、泽兰2位、其他商部共3位。财务委员会和提名委员会的成员都是由登记在册的全体投资者共同选举产生。第三个委员会——宣誓就职的主要股东，则是由其他主要股东选举产生。所谓主要股东，就是投资在一定金额以上的股东，阿姆斯特丹和泽兰商部为6000荷兰盾，

① 菲莫·西蒙·伽士特拉著，倪文君译：《荷兰东印度公司》，东方出版中心2011年版，第31页。

其他商部为3000荷兰盾，这与担任董事职位所要求的最低持股标准是一样的。

2.6.5 终结与其遗产

荷兰东印度公司的组建、发展与鼎盛，代表着航海资本主义时代荷兰的“大国崛起”，也随着大英帝国的崛起和独霸全球而结束，转折点就是1780年的英荷战争。海外领地和很多回运货物一起落入英国人之手，荷兰东印度公司陷入财务困境。1795年12月，《荷兰东印度公司现有经营废除法令》颁布，次年3月董事们被迫让位给“东印度贸易和领土委员会”，荷兰东印度公司被国有化了。1800年1月特许章程到期，荷兰东印度公司正式结束。

荷兰东印度公司的国内特许垄断特性和航海资本主义时代的“政企军”合一特性等等，与现代商业公司规则已经格格不入，但是由此确立起来的股东享有有限责任，股份可在交易所自由转让，公司由董事管理等公司组织规则和治理做法，则是奠定了现代公司制度和治理规则基础的重要历史遗产。

GREAT
COMPANIES
INNOVATION, GOVERNANCE AND SUCCESSION
伟大的公司
创新、治理与传承

第3章
工业化、股票市场与现代公司兴起

领先工业化的国家，领先出现了现代公司，也领先发展出了一套大同小异的现代公司治理体系。

3.1 现代巨型公司的出现

从公司制度的起源来看，荷兰领先，英国迅速跟上并超越荷兰。美国则在19世纪末和20世纪初，迅速实现了公司制度的一次大跃进：通过托拉斯、控股公司和换股收购等实现公司联合，诞生了股权分散、立足于股票市场的现代巨型公司。

3.1.1 公司，美国的根基

“公司美国”这一说法，可以说是有其深厚历史背景的，公司带来这个国家的真正存在，是这个国家形成的原因。

1619年，弗吉尼亚公司（Virginia Company）有效地在殖民地引入了代议制民主，授权一个“会员大会”（General Assembly）负责选举公司官员。1630年，约翰·温思罗普（John Winthrop，1588–1649）把马萨诸塞带上同样的道路。马萨诸塞公司（Massachusetts Company）的总会（General Court，相当股东大会）转变为一个“联邦（commonwealth），国民总体”，把“自由民”的定义从商业企业的股东改变为州的公民。大体上说是总会（General Courts）演变为了反叛性日益增强的州立法机构。

美国独立之后，公司的发展步伐有所加快。1781年由大陆议会批准设立的北美银行（Bank of North America）是第一家完全的美国公司。1791年特许设立的新泽西制造促进会（Society for Establishing Useful Manufactures of New Jersey）是美国宪法生效后组建的第一家法人公司。1795年北卡罗来纳州通过一项法案，允许运河公司不用经过特别批准而组建为法人公司组织。四年后，马萨诸塞州给予了供水公司以同样的自由选择权利。到1800年，美国共有335家商业性公司（business corporation），其中近三分之二在新英格兰。最为常见的是运输类公司，包括运河、收费桥梁和收费公路；其次是银行；制造和贸易类公司只占公司总数的4%。

1819年有关达特茅斯学院（Dartmouth College）的一项裁定中，美国最高法院确认了公司法人的契约性质，公司拥有私权，政府不能随意更改公司的特许章程。该项裁定为现代公司资本主义奠定了法律基础，宣告美国企业公司制时代的到来。在这一判决中，最高法院大法官马歇尔说到，“这是一个关于财产安全与转让的合同，这是一个出于对合同的信任，将真实的个人财产转移给公司的合同”。与市镇等公共公司不同，私人公司的营业执照是合同，受宪法中合同条款的保护。这个判决提高了私人公司营业执照的吸引力，使其成为汇聚投资资源并从事经营的实体。

华尔街能够成为金融中心，与纽约州在发展现代公司制度和现代会计职业制度等方面的领先是分不开的。毛皮商人阿斯托（John Jacob Astor）在1808年以100万美元在纽约州注册成立了美国毛皮公司，他在执照申请书中写道：“这样规模的事业需要更多的资本，这是个人或者非公司制的企业所无法提供的。”1811年，纽约州颁布了一项规范制造业的公司法，1825年又通过了第一部普遍适用的公司法，确立所有企业均可采用公司形式。随后，美国开始了传统家族企业向公司制企业转变的历程。

美国州与州之间的竞争，促使地方政府给予公司更大的自由和自治空间以留住他们的企业。由于担心本州失去潜在企业，州立法机关，特别是新英格兰州，开始逐渐放松对公司的控制。1830年，马萨诸塞州立法机关决定，公司无需从事公共工程，也可以获得有限责任待遇。1837年，康涅狄格州又迈进了一步，准许绝大多数行业的企业不用通过特别的立法设定就组建为公司。

1868年，本意是为南北战争后刚获自由的奴隶确定民事权利的美国宪法第十四修正案，也为联邦政府扩大了其参与公司管制的权力空间。公司是法律上的人，第十四修正案限制各州对这样的公司法人采取歧视性的管制。这就使本来完全是各州公司法产物、受各州管制的公司，成为了联邦政府也有管制权力的对象。1888年最高法院批准了宪法中的充分程序条款，像特权条款和豁免条款一样，不仅限于保护美国公民，而是扩展到保护所有的人，包括公司[①]。这使公司真正享有了民事权利的益处。从此开始，一些小规模的企业，也开始采取公司形式。在此之前，公司这种组织形式只是对银行、保险公司、铁路公司及一些大型工业企业有利，大部分美国企业依旧采取合伙或者独资企业的形式。

但是，直到19世纪末期，美国的商业景观与当今世界上的绝大多数国家并没有什么不同：它们一般是由企业家、他们的家族和一些合伙人所拥有，独资企业、合伙企业和公司制企业是三种主要的企业组织形式，都在逐渐发展之中。在1897年到1903年之间的美国第一次兼并浪潮之中，千万个现有企业结合而成了相对少量的现代大型上市公司，以生产为核心的企业经营被以股票价格为核心的企业经营所替代，美国进入了公司经济和股票资本主义时代。

3.1.2 从托拉斯到控股公司：企业联合的需求与新泽西的创新

工业领域里最早的大型联合企业采取了一种“托拉斯”的形式。所谓“托拉斯”，字面含义就是“信托”“托管”，实际就是在准许控股公司存在的现代公司法出现之前，那些成为行业领导者的企业家们，在企业扩张过程中，为了从地方走向全国而采取的一种规避法律风险（一州注册的公司不能在外州持有财产）的企业组织形式。在公司法准许控股公司存在之后，这些企业可以重组为控股公司，托拉斯作为一个特定时代的大企业组织形式，也就成为了历史。

---

① 佚名：《美国会计史》，中国人民大学出版社2006年版。第114页。

洛克菲勒的一生就是托拉斯的发展史，他曾得意地说："如今所有的生意人都在按照现代的法则经商，而这些法则都是我们在当年首先确立的。"1882年，洛克菲勒的标准石油公司率先采用了"托拉斯"这一方法。洛克菲勒自己建立或其收购的在美国各个州的石油资产，法律形式上属于在各个州所建公司。这些公司的普通股股东将其股票投入到信托（TRUST，托拉斯）之中，换取信托证书。这样所有纳入信托之中的公司资产，就统一在了一个"托拉斯"的集中管理之下。由此，一方面在企业组织上是实现了联合，可以避免恶性竞争，甚至谋取垄断收益，另一方面股东们实现了将公司资产交给可信赖之人管理而又保留经济收益和作为股东的终极控制权。但是这些做法，在当时的美国却处于一种法律上的"灰色"地带或说是为垄断行为披上"合法"外衣，以至1892年俄亥俄最高法院宣布标准石油托拉斯为非法。

托拉斯的产生在当时是有其历史和现实原因的。由于害怕垄断的祸害，美国各州公司法对公司跨州经营都有严格的限制，特别是限制一个公司持有另一个公司的股票，也就是还没有现代这种控股公司的概念。但是，随着铁路的发展、企业规模的扩大和全国市场的形成，商业竞争越来越激烈，甚至常常陷入一种恶性竞争之中。企业之间合作和联合的需求变得越来越强烈。铁路公司是第一批大型现代公司，而来自铁路的特殊优惠又是工业领域里一些大型联合企业建立的一个重要因素，因为大型工业公司有更强的谈判能力，可以大幅度地压低铁路运输的费率水平。洛克菲勒的标准石油甚至以自建铁路线为威胁，迫使铁路公司降低对其货物运输的收费水平。

1889年新泽西州出台了《控股公司法》，允许企业按法律规定持有其他企业的股票及享有与普通持股个体一样的权利。随后1893年和1896年新泽西州又连续修改公司法，进一步明确和强化了"持有其他公司股份"的企业"可以行使所有拥有所有权的个体所享有的各项权利和特权，比如投票表决权"[①]。到1899年，新泽西州开始准许纯粹控股公司的存在。

在新泽西州准许纯粹控股公司存在之前，美国各州的基本情况都是一般不准许企业持有其他公司的股票。这种法律规定的目的是通过严格限制企业持股

① 劳伦斯·米切尔：《金融如何压倒实业》，东方出版社2011年版，第34页。

行为而防止一个公司控制另一个公司，导致垄断。

除了纯粹控股公司之外，新泽西的公司法律还率先赋予了公司可以进行任何合法商业行为的权利，也就是取消了此前普遍存在的对企业经营范围进行严格限制的有关“公司宗旨”的法律条款。

新泽西率州先迈出这一步的原因是当时该州债务沉重，试图通过放松对公司行为的管制，给予公司更多的自治空间，吸引企业到该州注册和投资。新泽西州的做法，取得了立竿见影的效果，每年新增上百家企业。新泽西州还专门成立了一个“新泽西企业信托公司”（Corporation Trust Company of New Jersey），在宣扬该州公司法律优势的同时，以十分低廉的收费帮助投资商在该州完成公司注册事务。

新泽西州的做法虽然引起其他州的不满，但是它们无法单独抵抗，如禁止新泽西州公司购买本州公司股票等，也难于联合起来行动，于是只好纷纷加入到了这一修改公司法、放松公司管制、准许控股公司的行列之中。纽约州于1892年通过了该州的《控股公司法案》。到1903年，最为推崇企业诚信，对公司管制最为严格的马萨诸塞州也加入了这一行列。

直到今天，各州之间在公司法和公司法律服务上的竞争，仍然是美国公司能够保持高度自治、公司治理上创新不断的一个重要原因。

3.1.3 股票市场：公司时代的土地

股票市场在城市化和公司化的美国大显身手的时代到来了，它的作用和土地在历史上的作用差不多。但是走上这一步，仅有控股公司法也许是不够的，还有《新泽西股票融资法》。

新泽西股票融资法给托拉斯创建者和公司发起人们更大的股票发行自由，可以用股票去收购企业。创立新公司变得更容易，授权资本制度，股票发行通过认购形式进行，初始股东不需要全额缴纳认购的出资额度，公司就可以先行成立，并且在新公司成立伊始就可将股票抛向市场。当然，如果公司破产，债权人可以向没有全额缴纳资本金的股东追究责任。

用股票支付也是成本最小的一种并购方式，一般做法是用新公司——收购主体企业的股票（包括优先股或者抵押债券）与目标企业股东换股。最常见的一种形式是按着真实有形资产向其股东发行优先股，同时再发行数量相同的普通股。能够这么做，是因为新泽西股票融资法授予了公司董事会酌情确定公司价值的权利。只要董事会对其所确定的公司价值能够提供合理的依据，法院就会认为该价值的确定是合理的，这对传统法律在公司估价上的种种限制是一种突破。

当时已经流行了按市盈率或收入–资本倍数法确定企业价值的方法。西尔斯·罗巴克公司于1906年进行IPO，由高盛和雷曼兄弟联合承销，就是根据公司有形资产数量发行了1000万美元的优先股，根据公司210万美元的净利润水平、按7%的资本利润率水平确定股本总额为3000万美元。

到1900年，美国有27个州要求公司向政府报告财务信息，有一半的州规定向股东公开信息，但是还没有财务报告内容和形式方面的具体要求。正式的公司信息很少，虚假信息铺天盖地。为了信誉，好人举手，摩根控制下的那些基于股票市场的现代巨型公司陆续开始自觉发布年报和财务信息。通用电气公司从1893年开始，美国钢铁公司从1902年开始发布年度报告，披露财务信息。美国电话电报公司在1906年摩根加入公司后也进入了自觉发布年度财务报告的公司行列。

更多以公司自治为原则的公司法、控股公司法和股票融资法等在促进企业之间合作的同时，也使股票成为发起人获取创建现代大型公司资本的一种有效工具。催生了新的企业领军人物——托拉斯和公司发起人，代表性人物是摩根和弗林特，这些人用实际行动促成了现代大型公司这种企业形式的出现和现代股票市场的形成。摩根通过收购重组创建了通用电气和美国钢铁公司等，弗林特通过收购重组创建美国橡胶、全美淀粉及后来改名为IBM的C–T–R公司。美国普通大众进入了股票市场，帮助组建公司，并能通过股票市场控制产业。在兼并浪潮之前，很少有工业公司股票公开交易。兼并浪潮中大量工业公司股票抛向市场，形成了现代股票市场。可以说现代股票市场和现代巨型公司是一对孪生兄弟。

3.1.4 工业化，竞争的国家与竞争的公司

工业化之前的商业世界，是一个个人事业的世界。商人以及他们的职员、竞争对手以及他们的供应商和顾客都是通过个人和血缘关系而联系在一起的。以友谊和家庭为基础的企业经营方法支配着企业舞台。工业化开始之后，尤其是钢铁、石油等重化工业开始蓬勃发展之后，公司这种企业组织形式的优越性日益明显，法律和各种相应支撑机制也随之发展起来。除了公司法提供的一些现代公司治理基础规则之外，股票市场、投资银行、会计制度和专业审计机构以至财经媒体等也都是现代公司治理体系的重要组成部分。

传统的独资企业和合伙企业也可以从事大规模的经济活动，但是公众持股公司却比他们具有明显的两个优点。公众持股公司能让投资者通过分散投资和迅速转让股份而分散投资风险。大规模组织总是需要通过一套层级结构来管理，而这必然带来所谓代理成本问题。相比政府、教会和军队等传统类型的层级结构，公众持股公司这种制度之下，投资者可以自由地通过用脚投票来表达不满，并由此形成一种强有力的控制机制。

英国1720年的《泡沫法案》禁止了股份公司，但是通过非独立法人的合股公司，资本积累仍然可以进行，各种类型的信托协定使股票可以传给下一代。1856年和1862年的新公司法，确立了有限责任制度，使资本积累更容易进行。推动这一转变的背后力量，就是工业革命的需要。以发行股票来筹措资金这种现代公司的兴起，与发电能力提高和内燃机利用所带来的重大经济变化，基本是相伴而行的。

在美国，纽约州于1811年通过第一部州层次的普通公司法。到1860年，所有的工业州都有了某种类型的普通公司法。与英国的有限责任法律类似，美国各州的公司法也给予了投资者免于承担其所投资公司债务的保护。这些法律也都赋予了公司以独立的生命，不会因为一个投资者的离去而遭解散。到1904年，公司在美国全部工业产出中的份额就已经达到了75%。

1880年代末期以前，工业公司股票在伦敦和纽约这两个交易所都没有大量流通。伦敦于1773年就开始有了股票交易市场，并于1802年正式建立了伦敦证券交易所，但主要从事政府债券和特许公司股票的交易。纽约股票交易所创

办于1817年，也是直到19世纪的最后二十年，才开始有工业公司股票的交易。1884年推出的道·琼斯股票指数中最初只包括铁路公司股票，到1887年才区分了铁路股票指数和工业股票指数。投资银行成为公司融资的重要机构，与股票市场的发展密切相关。

工业化之后，公司成为最适应大规模生产和大规模分配的企业组织形式，公司也随工业化而成为社会经济中最重要的一种组织力量。主要工业国之间国力的竞争，不再仅仅是军事力量的竞争，而是公司力量的竞争，形成了一种“竞争的国家，竞争的公司”状态。

法国在推进有限责任上领先，英国在现代公司法成型和创设现代公司外部审计制度上领先，但是发展公司制企业的步伐上，却是美国领先而英法都落后了。作为一个年轻和崭新的国家，美国没有经历过像英国南海泡沫和法国密西西比泡沫那样严重的公司投机和股票泡沫，这使美国在现代公司制度创生之后，以最开放和最少怀疑与担忧的心态接纳了这种制度。美国人对公司制度的批评和公司制度被滥用的担忧是在公司发展壮大，甚至进入所谓“垄断”阶段之后才产生的。

美国相对英法是个机遇和风险都更大，同时又缺乏高度集中的财富和资本来源的新型国家，公司这种组织正好提供了将分散的财富和资本聚集起来、适应更大市场需要的方式。起步时期的美国，没有富人阶层，没有强大政府，没有集中性的财富，需要公司制这种组织形式去汇集众人之力。试想，今日中国，如果没有一个如此高度集资金和资源于一手的政府体系，这个庞大国家所必然需要的那些庞大项目该如何兴办？必然需要更为充分地利用公司这种企业组织形式。

与欧洲那些发达但是古老的国家相比，美国最大的特点是土地充足但劳动力短缺。这在法律体系上都有影响，如英国有关土地的财产法律非常发达，而美国则不然。广阔的土地和稀缺的劳动力，促使美国人发明、改进和使用机器设备的愿望非常强烈，与此同时，技术工人和熟练劳动力的缺乏，也促使美国人着力发展标准化的流水线作业，进而使美国率先诞生了大量现代大型公司。

美国在现代巨型公司，特别是公众持股公司发展方面是一马当先。在19世纪末期的兼并浪潮中，美国就开始出现了股票持有者的广泛化。1900年、1920

年和1930年，美国公司股票持有者的数量分别是50万、200万和300万。1900年时，美国电话与电报公司（AT&T）有7500个股东，到1931年增长到64.2万个。铁路把幅员广阔的美国联结成了一个统一的市场，改变了投资环境，并且成为公司股票市场的增长点。铁路公司是19世纪最大的公司，铁路建设所需要的资金规模超过企业家个人的社会关系网络能提供的程度。铁路行业还对公众起了一个教育作用，帮助转变大家对有限责任的看法，使有限责任公司这种法律形式逐渐受到更多人的尊重。

相比之下，作为现代公司制度发源地的英国，在巨型公司发展，特别是在通过股票市场融资和引入职业经理人管理方面，却落后于美国了。保守的英国人一贯强调个人控制公司，人们也比较信任由此带来的信誉保障。到第一次世界大战前夕，英国公司扩张所需要的新资本中，利润再投资占了50%。广泛的股票市场，直到1950年代才开始出现。即使在英国规模最大的企业中，家族所有和经营都比美国普遍。直到1930年，英国最大的200家公司中，70%的公司还有家族成员占据着董事会的席位。1930年，英国只有最大的50家工业公司的规模达到了可以列入美国制造企业前200家名单的程度。

日本1868年明治维新后，采取了一系列有利于工商企业发展的法律和政策措施。1871年废除了武士、农民、工匠和商人的四等级制度。1872年和1876年颁布了准许成立股份公司的法律。1893年日本通过了普通公司法，这是与英国的1856年公司法和1862年公司法及美国各州的普通公司法基本类似的现代公司法律。1899年颁布了商法，进一步鼓励股份公司的发展，并促使工商业人士以新的方式来思考企业发展问题。

1879年，日本有153家股份公司，1882年有3336家股份公司，1902年发展到了8612家。股份公司在日本的快速普及，有以下几个因素。一是公司这种制度下，股东承担有限责任、股份可以自由转让，更容易筹集资本。二是公司这种企业形式，在当时是与备受推崇的西方制度和技术相联系的。三是更容易获得人才，当时日本社会中的精英人物——前武士们，不喜欢在传统家族企业中工作。即使废除了武士、农民、工匠和商人的四等级制度，武士及其后代仍在很长时间内是日本社会的精英团体。19世纪80年代的日本企业领导人中，19%是商人的后代，31%是小企业家的后代，23%是武士的后代，22%是农民的后代。到20世纪20年代，35%是企业家的后代，37%是武士的后代，21%是农民的后代。日本人甚至是将工商业人士看作是他们民族的新武士。为了推动维新，明治政府对1871年被行政长官取代的大名和对1876取消了俸给的武士，都给予了巨额的政府债券作为补偿，这些资金成为新企业的重要资本来源。

1870年代明治政府在矿业、造船、钢铁、纺织、水泥和玻璃等多个产业领域建立和经营了一些示范性的国有企业。但是到1896年，日本政府就出售了几乎所有的国有示范工厂，仅保留了几家军需工厂和海军造船厂，以及一些军用纺织厂和八幡钢铁厂。这场"国退民进"帮助日本民营企业迅速进入了矿山及重化工业领域，为其日后在各种其他产业领域里的发展也提供了有力支撑。

3.2 公司的自由与规范：以19世纪美国为例

英国的特许殖民公司开拓出来了美国，这使公司制度成为美国的根基。但是成为独立国家之后的美国，公司制度的发展也经历了一个从特许成立到自由注册成立时代的演化。正是在这一演化进程中，形成了美国公司概念上公司经营自由和公司治理规范之间的内在统一和相辅相成。

今天美国，任何人只要填写一份简单的表格并缴纳一小笔手续费，就可以领到公司许可证，开办一家公司。今日互联网基础设施的最主要提供商思科系统公司，是时任斯坦福大学教师的莱恩和桑迪夫妇在1984年以5美元的费用在旧金山政府秘书处注册成立的。

但是历史上并不是这样。直到19世纪前半期，美国也和以公司制度上的创新而领先世界的英国一样，需要经过特别许可才能成立公司，这种公司许可证是立法机构逐个审议才能决定授予的。特许公司时代，在英格兰，只有国王有权特许设立公司。在各殖民地，由皇家总督、领主以及在某些情况下由立法机构颁发许可证。

作为英国的殖民地，在美国获得公司许可证远比在英国本土容易得多。即使如此，在殖民地时期，美国几乎所有的公司也都是教堂、慈善机构和市镇，而很少商事公司。美国建国之后，商事公司开始快速发展。整个18世纪，美国颁发过355个商事公司的许可证，其中只有7个是在殖民地时期颁发的，181个是在1796年到1800年颁发的[①]。

3.2.1 从特许成立到自由注册成立

英国公司制度从特许制到注册制的发展，虽然也经历了几十年的争论，但是在立法上有明确的时间点，就是其1844的《合股公司法》。1844年《合股公司法》结束了公司成立需要皇家特许或者国会授权这一"特许公司"时代，成立公司不再是一些人的特权而是所有人的权利。只要公司提供某些信息并符合某些法律法规，一经注册便自动宣告成立，并可注册为法人。按照该法案完成注册之后，公司有权可以在名称中加上注册一词，可以有公司自己的印章，可以公司之名诉与被诉，可以订立合同等等。但是这时的英国公司制度中还没有有限责任这一关键要素。1856年的《合股公司法》才允许企业自由地由其许可证还得有限责任，到1862年则形成了第一部综合性的现代公司法。

相比之下，美国公司制度从特许制向注册制的发展，则是19世纪上半期半个世纪的演化过程。美国是个联邦制国家，至今没有一部全国统一适用的公司法。公司法是州法，各州之间比学赶超使公司法趋同，但是仍有很多差异。美国公司成立上的特许制向注册制转化，不仅各州之间时间不一，而且几十年的时间里，特许制和注册制并存。促进这种转化的因素，主要是公司制企业发展的推动。在1800到1850年间，美国公司制企业开始快速发展，由立法机构逐一审核批准公司的设立跟不上实际发展需要，特别是制造业对公司制企业形式的需要。

1811年纽约州法律率先颁布了适用于制造公司的普通公司法。"任何五个或五个以上的个人，要求以生产羊毛、棉花和亚麻制品为目的……或者以……做原料进行制造为目的设立公司，持某种必要的资料向州务秘书官署申领执照，即可在申领该执照之日后的20年内在实际上及名义上成为一个法人团体和

① 劳伦斯·M·弗里德曼：《二十世纪美国法律史》，北京大学出版社2016年版，第192页。

政治团体”①。

从1811年开始的在大约三十年左右时间里，美国很多州还存在着特许成立和注册成立的双重公司成立制度。到1846年，纽约州法律规定，只有在根据立法机构判断，依照一般性法律不能达到公司目的的情况下，才能申领专门许可证。1867年，美国国会在全国范围内废止了普通公司法以外的所有公司法，“公司根据一般法而设立，不得根据特别许可而设立”，最终完成了美国公司成立制度从特许制向注册制的转化。

从特许制发展为注册制，用一部法律规范所有的公司，形式上是立法技术的进步，本质上是政府向民众的一种授权，把公司形式从少数人的特权变成了一种可以自由获得的权利。商事公司不再是那种把对公司财产或者自然资源的绝对控制权赋予个别亲信或者投资人的特别组织。相反，它逐渐成为从事商业活动的一般形式，在法律上对所有人开放，而且在公司成立、期限和管理上几乎没有什么实质性的限制。

3.2.2　公司经营自由

直到19世纪中期前后，公司还没有成为美国商业组织的主要形式，商业组织的主要形式还是合伙制。1870年，公司开始在美国的国民经济中占据主导地位。推动公司取得这一成就的，不仅仅是公司成立上采用注册制所带来的自由，还有公司经营上的各种前所未有的自由空间。

首先，公司不再有法律上的生命期限。在特许制下，公司许可证的有效期一般为5年、20年或者30年。任何许可证制度，都是权力机关在给出一项授权之后，还要保留自己终极控制权的一种手段。特许公司有效期的规定，给权力机构提供了控制公司行为的终极武器。如果对公司行为不满，可以在许可证到期之后，不再授予新的许可证，公司则必须解散。

其次，注册制之下，公司还获得了有关公司内部权力配置上的更大自主权和自由空间。就股东权力来说，现代公司可以一股一票使大股东可以凭投票权

① 劳伦斯·M·弗里德曼：《二十世纪美国法律史》，北京大学出版社2016年版，第198页。

控制公司，这是今日中国公司中的常态；也可以实行分类股份制度，给予不同类别的股份以不同的投票权比例，以创始人和特殊股东可以凭少量股份控制公司，如欧洲的家族公司和美国的一些高科技公司和媒体公司。早期的公司许可证一般不遵守一股一票原则，并且通常更为注重股东民主，对单一股东的表决权数量进行限制。例如，1836年马里兰州对其特许成立的一家收费高速公司的表决权分配做了如下规定："1股以上不超过3股的，每一股一个表决权；三股以上但不超过10股的，五个表决权；10股以上但不超过50股的，七个表决权；50股以上但不超过100股的，10个表决权；在100股以上，每增加100股增10个表决权，但是30个表决权是任何股东的最高限额[①]。"

公司经营行为上最大的自由空间获得是传统法律"越权行为说"事实上的废止。按照传统法律的"越权行为说"，凡是没有立法机关授权的公司行为，都是被禁止的。一方面，这使公司经营要限定在其申请成立时所明列并得到许可的经营宗旨和业务范围之内，进而很难扩大业务范围或者干脆转行。另一方面，这对与公司进行交易的人是一种巨大风险。公司签订了越权（如超越其章程或经营许可证所列业务范围）的合同，是不能被执行的。美国公司这一项实际自由的获得，不是首先来自立法的改变，而是首先来自公司律师们的创造和法院的随后认可。为了避免公司陷入超范围经营一类的麻烦，注册成立时的律师们绞尽脑汁地用一些含义宽泛的词汇描述公司宗旨。最后，1896年的新泽西法案规定，公司可以为"任何合法的业务或无论什么目的"而成立。

控股公司制度的发展，提供了美国公司经营自由空间扩大的另一个市场推动制度变迁案例。已经可以自由注册成立公司之后，一个公司持有另一个公司股票这一现代公司经营上的重要行为还是被禁止，或者需要经过立法机构的特许批准才行。从1850年代开始，美国一些州的立法机构开始通过特别批准，一个一个地允许公司持有其他公司的股票。标准石油公司通过信托（托拉斯）方式实现企业联合等创新行为，推动了美国控股公司制度的最终形成。1889年，《新泽西控股公司法》率先赋予了所有公司拥有其他公司股票的权利，最终使

---

① 劳伦斯·M·弗里德曼：《二十世纪美国法律史》，北京大学出版社2016年版，第193页。

"投资控股"也如公司成立一样，从需经批准的少数公司才能拥有的一种特权，变成所有公司的自由和权利。

3.2.3　公司治理规范

中国的诸多问题都处在一种"一统就死，一放就乱"的循环之中。美国在以公司自由、进入现代公司时代之初，也曾一度十分混乱，但是很快就建立和健全了一套公司治理规范，从而使美国公司能在一套公司治理规范之下，得到充分自由的发展。这里的逻辑是，公司经营自由需要公司治理规范，良好的公司治理规范又给公司提供了更大的经营自由和自主空间。

建立和健全公司治理规范的一条根本原则是，促进以公司、经营管理人和发起人为一方，以投资人、股东和债权人为另一方的双方之间的诚信交易，但又不能损害商业效率。公司在商业世界中应有自由经营之手，而在内部事务中应有严格的保证诚信的制度，必须规范公司职员、董事、股东、债权人之间的关系。

公司自由之后，首先产生的一个问题就是掺水股票。历史上的掺水股票和虚假陈述，曾吹起了英国的南海泡沫和法国的密西西比泡沫，前者使英国的合股公司发展停滞了一百多年，后者使法国一直难改公众对金融市场的不信任态度。美国一方面没有过这样的惨痛历史教训，使其较易接受现代公司制度，另一方面有英国的法律制度传承，使其能够较早注意到防范掺水股票和股市欺诈问题。最早和最为严格的防范掺水股票的法律也是来自最早实施普通公司法的纽约州。1848年的纽约州公司法规定，只能以现金出资作为公司股本。1853年做了修改，允许以"矿山、工厂和其他用于经营的必要资产"出资。除了过高估价实物出资之外，与掺水股票类似的一个问题是原始股东出资不足。对此，美国法院采用了一个有关公司股本的"信托基金"概念予以追究。公司股本是为股东利益投入经营的信托基金，如果公司解散，它应用来保证债权人的利益，对公司股本出资不足者有义务补足。

在采用了控制掺水股票、严格股票面值制度等老式防止公司内部人欺诈投资者和外部人的法律措施的同时，19世纪下半期美国也同时发展出了忠实义务、勤勉义务和商业判断准则以及集团诉讼等一直沿用到现在的基本公司治理规范和措施。

公司高级职员和董事们是受托管理公司的人，一个监护人，每一位股东都是他的监护对象。他们不能进行自我交易、不能同公司进行买卖；他们对在公司的业务中赚取的任何利润都有严格予以说明的义务。这套概念，最初是适用于管理孤儿和寡妇信托基金案件的。现在被法院借用来适用于公司创办人、高级职员和董事。一家农业社的股东和高级职员，把公司股票按票面价值出售给他们自己，而出售公司一块土地所得使公司每股股票比票面价值翻十倍，法院判他们吐出这笔利润。勤勉义务原则也得到了发展。1889年，一家破产银行的总裁和董事，由于玩忽职守，被判对银行的巨额损失承担个人责任。银行总裁残酷地掠夺公司财富，愚蠢地对外借款，而董事们极少开会，也从不查账①。作为对遵守了忠实和勤勉义务的公司董事，法院也同时提供了商业判断准则，以保护他们公司经营决策的积极性。只要一个决策是出于善意，并符合正常的业务程序，即使最后结果是这个决策导致了公司亏损，股东们也不能对此追究法律责任。

3.2.4 促进公司制度发展的市场力量

在19世纪中期，美国开始进入工业化时代需要实现企业联合的时候，公司并不是当时唯一存在的可以实现企业联合的经济组织形式。当时的另一种企业联合形式是商业信托。管理人（受托人）拥有该信托财产的所有权，没有股东，只有受益人。中国民间商业经营中广泛存在着的搭股、附股等做法，实际与此类似。1822年，纽约州还把有限合伙引入了美国法。这种有限合伙部分地是仿效法国的两合股份公司。米其林公司至今仍然在使用这种两合股份公司形式。但是，公司制度的有限责任和可转让股份特性使其更容易实现资本聚集和集中使用，而源起于欧洲国家政治制度和集体治理规范中的董事会制度，又使人们对公司这种企业组织的有效运作具有信心。

在结构、形式、治理准则上，现代的普通公司与传统的特许公司之间都有着高度的相似性，也有很大的传承性，这使人们普遍把传统特许公司看作是现代

① 劳伦斯·M·弗里德曼：《二十世纪美国法律史》，北京大学出版社2016年版，第572页。

公司的先祖，但是也有学者认为，普通公司不是从特别许可证制度演变而来，相反，它是创办不需许可证的私人行会的商业活动不断发展的结果，这些行会是现代商业公司真正的祖先（肖·利弗莫尔《早期的美国土地行会及其对美国公司发展的影响》）。这表明，经济发展和企业经营的实际需要也是现代普通公司得到发展的一个重要动因，可以说是促进现代公司制度发展的市场力量。

从事商业经营的私人间的惯例和商业习俗是公司法的主要来源，法院判例则扮演着次要的角色。商人和律师们独立地积累着有关公司的共同惯例，当他们在诉讼中诉诸惯例的时候，法院把惯例变成了法律。对于现代普通公司法，传统特许公司时代发展起来的那套旧的公司法只提供了一些词句和形式，就像建一座新桥所有的砖瓦，而建筑样式和设计图样都来自当时的商业实践和经济发展趋势，对起源的争论只是词句之争。法国法不是有限责任的祖先，城镇、学院和医院的许可证不是铁路许可证的祖先，土地行会也不是普通公司法的祖先。任何时代的立法者总是根据时代的现实需要来制定法律。历史不提供结论，只提供原料和蓝图[①]。

市场力量在美国现代公司制度发展中能够发挥巨大作用的一个重要原因是，在经过一段短暂的政府投资兴办铁路等尝试失败以后，19世纪中后期美国很多州开始禁止政府向企业直接投资。到1874年，有16个州禁止政府持有私人公司股票，20个州禁止政府向任何公司贷款。随着公共投资的撤出，公司在资金方面不得不完全依赖私人投资者，公司治理规范成为争取私人投资者的重要武器，是创业者、企业家和经理人们都不得不重视的“资本市场营销”。

3.3 美国公司的股权分散进程

为什么美国很少集中性所有权？美国上市公司之上没有集团公司或母公司，而这是中国及其他很多国家的常态。

---

① 劳伦斯·M·弗里德曼：《二十世纪美国法律史》，北京大学出版社2016年版，第203页。

3.3.1 美国例外?

公司制之所以又叫股份制——实际这也是英国早期给予公司的称谓，合股公司——就是因为它天然具有可以股权分散而公司财产仍旧集中在一个实体之内运营的优势。可是，不同国家之间，虽然都同样甚至是无差异地选择了公司制作为其最主要的一种现代企业组织形式，但由于各自的政治、文化和历史传统不同，公司股权分散的进程差异很大，与股权分散相伴而采取的具体公司控制和治理机制也有明显差异。

美国在公司股权分散方面遥遥领先于其他任何国家，甚至显得美国很特殊，是个例外。法学教授马克·罗伊在其《强管理者，弱所有者——美国公司财务的政治根源》及《公司治理的政治根源——政治环境与公司影响》等著作中，对此给出了政治解释。布鲁塞尔自由大学Marco Becht和加州伯克利大学Bradford Delong两位经济学教授则在基本同意罗伊的政治解释的同时，强调了其他理由，特别是经济方面的理由[①]。

美国的例外是在20世纪才出现的。在19世纪时期，美国也并不缺少权势集团，控制着母公司，或者控制着金融机构，通过母公司或金融机构控制着上市公司。洛克菲勒家族利用其从标准石油公司所获财富，对一系列的美国工业公司进行控股。摩根及其合伙人控制着铁路、钢铁和电气等多个行业。

1900年时，美国和其他国家的情况还是一样的，家族和大型金融机构持有公司的多数股权。但是接下来的几十年中，美国发生了富有家族出售股份给中小股东、金融机构放弃或被迫放弃了对企业管理层的监管和控制职能，使美国企业走上了股权分散、经理层控制的状态。

从1900年到1928年，美国最大17家工业公司的股东总人数从10.8万增加到了55.2万，增长了410%。4家公用事业公司的股东总人数从1.9万增加到了52.4万，增长了2622%。10家铁路公司的股东总人数从9.9万增加到了34.4万，增长了247%。到1920年代末，美国电报电话公司的股东人数接近50万，宾夕法尼

① “为何美国鲜有大量持股的情况”，载兰德尔·莫克主编《公司治理的历史——从家族企业集团到职业经理人》，上海人民出版社2011年版。

亚铁路公司的股东人数超过15万，美国钢铁公司的股东人数超过10万[①]。

二战之后，控制权转移的进程在继续，财富家族的衰落也在继续。1919年，伍德罗夫家族收购了可口可乐公司；1938年，伍德罗夫家族持有可口可乐公司39%的股份。现在，伯克希尔—哈撒韦公司和太阳信托银行是仅有的两个持股5%的股东，董事会中已经没有伍德罗夫家族的人影了。

3.3.2　大亨的离去：洛克菲勒

1865年，洛克菲勒和英国工程师安德鲁合伙开办炼油厂；1867年，能够带来富商资金的弗莱格勒加入，成为三人合伙。但是，很快需要进一步融资。

1870年重组为俄亥俄州标准石油公司，洛克菲勒家族成员持股50%。具体股权分布情况为：洛克菲勒持2667股（26.7%），任董事长；弗莱格勒持1333股（13.3%），任秘书兼财务主管；安德鲁持1333股（13.3%），洛克菲勒的弟弟威廉和弗莱格勒的亲戚哈尼克斯二人也各持有1333股（13.3%），威廉·洛克菲勒的内弟詹宁斯持有1000股（10%），以前的股东持有1000股（10%）[②]。

1878年，公司股东增加到37人，但洛克菲勒家族仍持有30%的股份。由于主要持股人的股份转让，标准石油公司的股份结构已经变得相当分散，洛克菲勒持股比例变为25.7%，其他主要股东的持股比例均下降到了10%以下。

1879年的信托协议，通过名义上由三位公司中层员工持有各地的标准石油公司股份、实际要将所获股息按俄亥俄标准石油公司股权比例分配给真正股东的方式，绕过了俄亥俄州公司法不允许公司跨州经营和持有其他公司股份的问题。这种方式下，公司控制权完全掌握在了洛克菲勒一人手中。

三年之后的1882年，美国当时著名的公司法律师多德受聘为标准石油公司重新设计了一套法律结构。第一步是先在拥有大宗业务的各个州建立一家独立的标准石油公司。于是，洛克菲勒出任新生的新泽西标准石油公司总裁，威廉·洛克菲勒出任了纽约标准石油公司总裁，等等。法律上，注册于各个州的

①② 莫克：《公司治理的历史》，格致出版社2011年版。

公司都需要有自己的董事会，同时也有一个权力分配问题。多德的解决方案是“你们可以有共同的名字，有共同的办公室，有共同的董事会，有共同的管理层。公司的股份可以交给托管人，由他们签发信托财产证明书，其中将注明各人应得的红利。”（《洛克菲勒》第172页）这样就意味着，形成持股人的联合体，而不是企业的联合体。根据一份新签署的委托协议，9名住在纽约的托管人（就是每天中午在百老汇26号共进午餐者，事实上的标准石油控股公司董事会成员）组成一个理事会，掌管着法律上的俄亥俄标准石油公司和其他40家公司的股份（其中完全控制26家，部分控制14家），有权任命其管理人员。这是一个拥有7000万美元资产、控制全美90%炼油厂和输油管网的巨大企业。洛克菲勒占有不到三分之一的份额，价值1900万美元。

这份1882年标准石油公司信托协议，标志着美国商业组织结构从自由竞争经过松散联合的卡特尔，发展到了组织严密的托拉斯，这是洛克菲勒在创建现代企业制度上面的历史性贡献。在面临无数法律束缚的状态下，洛克菲勒成功地将众多风格迥异的企业整合为天衣无缝的整体，一个原本笨重的庞然大物在他手中化身为精巧的工具。

1892年，俄亥俄州法院判定标准石油公司的信托协议违法，俄亥俄标准石油公司宣布解散，代之以新组建的新泽西标准石油公司——新泽西州已于1889年通过了《控股公司法》，准许该州公司持有外州公司股份，托管证书换为相应比例的公司股份。新公司的97.25万股股份中，洛克菲勒持有25.6854万股。新泽西标准石油公司买下原标准石油公司各下属公司全部或部分股份，成为一个既经营具体业务又控股其他公司的现代型公司。

1911年，美国最高法院解散新泽西标准石油公司，并使洛克菲勒家族在后续分散存在的石油公司中，也不敢再试图进行统一协调和控制，洛克菲勒对美国石油业的掌控宣告结束。进步主义政治运动和反垄断结束了美国第一代强势家族，通过表决权信托、控股公司和企业联合等方式进行的产业控制。随后，标准石油公司股权开始高度分散。1912年，105位股东（占所有股东数的1.8%）持有新泽西标准石油公司75%的股份。1950年，2142位股东（占所有股东数的0.9%）持有新泽西标准石油公司62%的股份。

3.3.3　政治压力和反垄断政策

马克·罗伊认为，政治原因导致了美国没有大量持股的存在。美国喜爱竞争、讨厌垄断，民粹主义和进步运动的政治力量使金融资本家和大股东过不上好日子，使大规模持股得不偿失。在美国的文化和政治中，凡是集中性的都将成为众矢之的。为什么不避免成为目标并从分散投资中获益？即使代价是所有者与经理人之间委托代理问题的产生。中国也许正与此相反，大一统习惯了，人们喜欢和信任集中性的。集中控制者不仅不会受到攻击，反会受到追捧，从中得到好处。

政治压力和缺乏分散投资，是巨大风险，范德比尔特家族率先遭遇和认识到了这一问题。1879年，威廉·范德比尔特决定出售从其父亲手中继承来的纽约中央铁路公司控制性股份。“我们受到了国会、法律以及公众的踢打，我觉得我宁愿让其他人替我承受一部分，也不要独自承担”（《公司治理的历史》第588页）。

政治压力和反垄断政策贯穿在美国巨型公司发展的整个历史之中，是塑造美国现代巨型公司控制形态的一个重要力量。1911年美国最高法院判决标准石油公司解散，1912年美国国会普诺委员会调查货币托拉斯，1914年布兰代斯抨击货币托拉斯的权力，美国国会通过了克莱顿法案，其第7条禁止公司持有竞争公司的控股股权。1933年的格拉斯—斯蒂格尔法案分离了商业银行和投资银行，1935年的公用事业控股公司法案根除了金字塔公用事业帝国建成的任何可能。

1957年联邦最高法院判决当时通用汽车公司的大股东杜邦公司出售其所持股份，是反垄断政策直接导致一家美国巨型公司中从存在大股东集中持股状态转变为广泛分散持股状态的鲜明例证。

一战之后，杜邦的前财务主管拉斯柯布说服杜邦公司对通用汽车公司投资2500万美元，以期为杜邦公司的人造织物、油漆和塑料制品在汽车领域打开市场。杜邦于1920年成为通用汽车公司董事长。1920年代，杜邦公司在通用汽车公司的股份比例达到了三分之一，两个公司合作开发了冷却剂和汽油添加剂等产品。杜邦支持了斯隆的重组计划，使通用汽车公司得以赶超福特汽车而成为首屈一指的汽车公司。

1940年代美国政府开始考虑解散通用汽车公司以增加汽车工业的竞争性。最后政府决定不解散通用汽车公司，但是要调查由于大量持股造成的杜邦化学工业公司和通用汽车公司之间的密切联系。1949年，美国政府指控杜邦持股通用汽车违反了克莱顿法案第7条，1957年最高法院最后裁决杜邦持股违法，股份于1961年售出。法院认为，杜邦购买通用汽车公司股权，是为了在向通用汽车公司出售其产品时，获得相对其他竞争者的非法优先权。确实，通用汽车管理者购买杜邦产品，至少部分是为了讨好其所有者。

3.3.4 资本市场因素

政治压力和发达的资本市场能够以令人满意的价格收购控制性股份，这两个因素结合在一起，导引美国公司走上了五十年之后两位学者总结出来的伯利—米恩斯模式。

托拉斯发起人和投资银行家将大量股份出售给更为广泛的投资人的能力是所有权分散的一种重要的驱动因素。美国人偏爱公司股权，人们相信可以通过投资于牛市而迅速致富。1879年范德比尔特家族所持纽约中央铁路公司的大部分股权出售给了公众，1901年卡内基将其钢铁公司出售，重组后成立美国钢铁公司的大量股权为公众持有。古根海姆家族在1908和1909年将其所持美国炼制公司的大量股权出售。

范德比尔特家族所持铁路公司股份的出售，是第一次将一家大型公司的控制性股份对外出售。当时美国公司大规模融资的主要来源是富有的英国。如何让英国投资者相信美国铁路公司能够良好运营？连接着英国资本市场和美国公司的摩根父子起到了决定性的作用。英国投资者与摩根签订委托书，摩根在纽约中央铁路公司的董事会上代表他们。摩根因此而可以很有底气地训诫那些铁路公司老板：你的铁路是我的客户的！

为什么美国企业不是主要依靠债务融资和留存收益进行投资，而是采用会稀释创始人股份的股票融资方式呢？由于政府管制因素，美国的银行业高度分散，无法跨州建立分行，甚至通常就无法建立分行。美国政策鼓励养老基金成为被动投资者，而银行持有公司股份受到严格限制。对小股东的强力保护加上经理层的权力，使得大量持股的相对收益大幅减少，而分散投资的相对收益更大。其他国家的管理层嫉妒地看着流进美国金融市场的资本规模，以及筹集资金的简单条款。阿里巴巴公司选择在美国上市，可谓是这方面的一个最新例证。

最初的公司创始人和托拉斯发起人出售其控制性股权的根本原因是美国资本市场给出的价格诱人。卡内基的股份出售就是这种情况，摩根让卡内基自己开价后，没有还价就直接接受了。政府政策和市场价格的双重影响，使范德比尔特出售了其铁路公司股票。古根海姆家族是价格的诱使加上相信通过董事会可以保持对公司的控制。

美国股市能够给出诱人价格并非完全是欺骗中小投资者们上当，摩根和他的合作者们（第一国民银行的贝克尔、花旗银行的斯蒂尔曼和范德卢普等），能够通过介入公司治理，保证这些股票成为良好的投资选择。创始人对特别股或是优先股的信任，兼并竞争者，在董事会占有席位，并将摩根的名字用在新建多元化企业上，这一切都抬高了创始人可以拿到的其控制性股份的价格。

3.3.5 董事会的角色

美国公司创始家族在出售公司股权时，没有想到会失去公司控制权吗？

范德比尔特的铁路控制权，是因为美国政府政策，不准许私人家族持有控制性股权。摩根收购卡内基钢铁公司，组建美国钢铁公司时，卡内基不看好美国钢铁公司，选择了新公司的债券而不是股票。

最初的所有者出售了其所持股份，但试图通过支配董事会，保住其对公司的控制权。1937年时，美国最大的200家企业中，几乎没有一个是家族持有主要表决权的，但很多是由家族支配董事会的。古根海姆家族是在律师和银行家的劝说下，认为出售大量股权之后，仍然可以通过控制董事会而控制公司。古根海姆家族在出售了美国炼制公司的控制性股份后的一段时间内，确实保持住了对董事会的控制。美国钢铁公司也是如此，摩根的四位合伙人成为了董事。但是，随后的发展，并没有满足这些创始家族的一厢情愿。今天，只有福特家族和福特汽车公司是个例外。这是因为，老福特为了保持对公司的控制权，就选择了一条与当时主流思维不同的道路，把本来股权比较分散的福特汽车公司变成了家族集中控股。

多元化和分散投资是企业家族分散所有权的一个诱因，控制权则是其阻力。出售股权所得，可以投资于更多的领域。但是，有办法可以实现分散投资而保留集中性的控制权，如通过金字塔控股结构，以及设置具有超级表决权的特殊类型股票，等等。为什么美国的企业家族在分散股票所有权的时候，没有采用这些保持企业控制权的手段，而是直接寄希望于控制董事会这种方式？金字塔结构被日本财阀企业用到了极致，而双重股票制度则在欧洲大陆国家以及在美国的邻居加拿大，都普遍存在。

由于强力的反垄断，美国19世纪盛行的表决权信托在19世纪末被控股公司所取代，反垄断机构还一直在极力控制控股公司和金字塔持股结构的发展。但更重要的因素，也许是美国资本市场的自我约束作用。由于新大陆缺乏欧洲国家那样的传统贵族资本，美国公司融资要更倚重于大众资本，对资本的竞争也更为激烈，设置多种等级股票的公司在公开上市方面有障碍。纽约证券交易所不支持偏离“一股一票”以及其他违反纽交所有关“企业民主、责任、诚实与对股东的责任”标准的做法[①]。从1926年开始，一直到1986年的六十年间，纽约股票交易所拒绝无表决权的普通股上市。由于美国证券交易所和纳斯达克没有这种限制，纽约股票交易所才最终放弃了这一做法。

美国公司制度直接继承于英国，董事会制度是其文化和历史传统中内生的一种集体组织的控制机制，这使美国的企业创始家族天生倾向于通过公司董事会来控制公司。美国公司的董事会控制权也不是创始家族拱手相让给职业经理人的。董事会从实业大亨—创始家族控制，发展到金融大亨控制，再到经理人

① 莫克：《公司治理的历史》，格致出版社2011年版，第610页。

控制，是一个长达几十年时间的演化过程。创始家族可能认为，他们能够维持对于董事会的支配，分散的股东能够跟随他们的领导，并在董事选举时投他们一票。

在很少或没有所有权的情况下控制公司的关键是董事会选举规则。德国无记名股票上的表决权通常会落在托管银行手中。美国通过信件和电话进行代理表决，这些表决权通常落到了现任董事手中。股东通常有三个选择，他可以不进行投票，可以参加年会并个人进行投票（或指定一个个人作为其代理人），或者可以签署一份委托书，将其投票权委托给公司的代理投票委员会，而该委员会成员是由公司管理层选出来的。这就使名义上的股东选举任命管理层继任者，变成了事实上的管理层自己任命继任者。这与罗马天主教的教皇产生机制很相似：罗马教皇选任红衣主教，反过来再由红衣主教团选择继任的罗马教皇。

在有关公司发展方向和对管理层继任问题的决策上，现任管理人员的权力上升，而所有者的权力下降了。现任股东出售股份，是看到了分散投资的价值，这比在公司年会上具有控制性发言权的能力要更值得多，除非想要挑战或替换现有管理层。改变公司治理结构的成本很高，收益的可能性则是未知数。这样，美国公司的控制权就从大股东手里转移到了市场上，靠公司控制权市场这样一种机制，而不是靠稳定持股的大股东，来矫正公司管理层的行为。

3.3.6　美国例外的四个因素

总体来说，美国公司股权分散的原因有托拉斯发展、反垄断政策、发达和充分竞争性的资本市场以及成熟和广被接受的公司董事会机制。

托拉斯发展是企业联合的需求所致，并导致控股公司制度的产生，进而发展出来了大型工业企业。只有大型企业才有通过股权分散而获得更多资本的内在需求，中小型企业则可以依靠家族资本生存。但是，这种自主和融资导向的股权分散往往会停留在创始家族能够保持住公司控制权的限界之内，从而不会进一步走向股权高度分散，和职业经理人掌握公司控制权的阶段，如同德国、意大利以及中国目前的状态一样。

美国公司能够进一步走向高度股权分散则是政治和市场两方面的原因共同作用所致。政治方面，最主要的因素是反托拉斯政策。美国是这个世界上最多大型公司的国家，也是公司可以以最快的步伐从初创发展到巨型企业的国家，同时美国又有一个世界上最为积极和坚决地站在大公司的对立面、与之作战的政府。正是美国政府强力的反垄断政策，迫使那些巨型托拉斯企业或拆分，或将主要股权出售给公众，由此导致美国巨型公司股权从分散走向高度分散。

反垄断政策是个重要的促发因素，没有这项政策的作用，那些巨型公司可能世代掌握在创始家族或金融机构手中，控制权收益和股权分散融资两头兼得，如日本二战前的家族财阀和中国目前的国有及民营控股公司。美国资本市场的自由和高度发达，是一些美国公司创始家族做出放弃控制性股份的一个重要诱因，也是强力的反垄断政策之下，依旧不断涌现出大量巨型企业的原因。J·P·摩根这样的投资银行家能够成功地将巨型公司的大量股份卖给广泛的投资者，并参与公司治理，发展和维持了资本市场的规则和秩序，才出现了无控制性股份存在情况下，美国公司依旧能够良性和有效发展的局面。

摩根参与公司治理的方式就是，以普通股方式拿报酬从而与公司股东站在一起，坐镇公司董事会、聘用合适经理人并给予充分授权，正是这一套做法开启了美国公司的职业经理人制度。如果没有充分发达的资本市场、坚实可靠的董事会机制，美国公司的创始人及其后代们，可能也会与其他国家的企业家族一样选择双重股份制度和金字塔控股结构等方式，以同时获得股权分散和保持控制权的双重好处。

最后，美国镀金时代上流社会向公益事业的转变也是一个重要的原因。用卡内基的话说，握着财富死去是羞耻的。随着创始人家族将其兴趣转向公益等别的方向，控制权一点一点地滑入了经理人的手中。今天美国的企业大亨，如盖茨和扎克伯格等，在还没有放手自己所创企业并年富力强时，就已经把相当大的财力和精力都转向了公益事业，这只能说是文化使然。

3.4 范德比尔特：铁路大亨的遗产

从小帆船开始，到船运大王和铁路大亨，范德比尔特的创富历程，与洛克菲勒、卡内基等产业大亨一样，是白手起家的典范，是自由竞争和市场力量的展示。

3.4.1 扬帆起航

康内留斯·范德比尔特（Cornelius Vanderbilt，1794.5.27—1877.1.4）出生于纽约市史坦顿岛（Staten Island），该岛距离曼哈顿最南端约有5英里的距离，与曼哈顿之间的人员及货物交通要靠轮渡——这也使范德比尔特一生以运输为事业的源头。从帆驳船到蒸汽船，再到铁路，范德比尔特的财富增长无一不和运输有关。

范德比尔特是荷兰后裔，他的祖先于1650年从荷兰移民到美国，但直到他的父辈，这个家族并无起色。范德比尔特的父亲是文盲，做了多年水手工作之后，积攒够一笔钱购买了一艘自己的帆驳船。范德比尔特11岁时离开了学校，开始在他父亲的这艘船上工作。

1810年，范德比尔特16岁时，向父母借了100美元，购买了自己的帆驳船，开始了摆渡业务。另一种说法是，这艘小船的一半属于他父亲，他可获得一半的利润。无论如何，他是开始自立门户了。在蒸汽船出现以前，由荷兰人引进的这种帆驳船是纽约港主要的运输工具，平底双桅杆的帆驳船最长可达18米，宽7米，有足够的空间来装载货物。由于吃水浅，它们几乎可以在纽约水域上自由航行。范德比尔特比别人工作时间更长，竞争意识也更加强烈。他不愿意和同行结盟，而是尽其所能地压低价格，以确保他的船每天能够满载而出。很快，他就成为了这一带水域上公认的最可靠的船长。

1813年，19岁的范德比尔特定做了一艘比原来那艘船大得多的带稳定杆的单桅帆船，命名“敏捷号”。为了驾驶这艘船，范德比尔特雇用了两个帮手。当时美国和英国战火纷繁，敢于冒险的范德比尔特用这艘船帮助美国政府运送物资和士兵而大赚了一笔。这一年的年底，范德比尔特结婚了。尽管他已经收入不错，但却过着非常简朴的生活，将其每一分钱都积攒下来以添置更多的新船，雇用更多的人帮他开船。

到1814年，范德比尔特已经拥有三艘船了，1815年则拥有了5艘船。到1817年底，23岁的范德比尔特已经大约积累了9000美元的现金，并拥有价值7000美元的帆船船队。

3.4.2 职业船长

1817年，作为帆船主的范德比尔特虽然小富，但还算不上什么。作为船长，在纽约湾这一带水域上漂泊了7年的范德比尔特，因其多次的英勇无畏、救人救货行为，已经大名鼎鼎。

这时候，蒸汽船已经运营几年，呈现出替代掉帆船的趋势。1817年底，一位实力和势力都很大的商人吉本斯（Thomas Gibbons）请范德比尔特做其一艘蒸汽船的船长。1818年，范德比尔特卖掉了自己的帆船，加入了吉本斯的联合蒸汽船航运公司，在新泽西和纽约之间航行。范德比尔特从帆船主转身成为了蒸汽船公司的职业经理人，月薪60美元外加其所驾驶船上酒吧净收益的一半分成。

吉本斯和他的联合蒸汽船航运公司，在蒸汽船航运领域里属于要打破垄断的挑战者。当时的行业垄断和领导者是蒸汽船设计者罗伯特·富尔顿（Robert Fulton）和他的投资者罗伯特·利文斯顿（Robert Livingston，纽约州议员，出身名门）。他们从纽约州获得了垄断经营的许可证——驾驶以蒸汽为动力的轮船在纽约州所属海洋和水域行驶。

在范德比尔特为吉本斯工作时，利文斯顿和富尔顿已经去世了，但是垄断经营权在他们的继承人手上继续，并转而授权奥格登（Aaron Ogden）经营纽约和新泽西之间的航线。吉本斯和奥格登是宿敌，他要通过商业竞争和法律诉讼，把奥格登干掉。船长范德比尔特通过降价，无视对手的垄断权利，时常擅自闯入纽约水域，从市场上向垄断者挑战。吉本斯则通过艰苦的诉讼，最终迫使垄断集团瓦解。1824年联邦最高法院判决纽约州禁止其他州蒸汽船进入纽约州水域为非法，开辟了蒸汽船跨州航运时代的到来，也使范德比尔特的第一个事业巅峰——航运大王成为了可能。

吉本斯1926年去世之后，范德比尔特继续为吉本斯的儿子工作到1928年。吉本斯所有的财产都传给了他唯一在世的儿子威廉·吉本斯。1828年初，威廉·吉本斯没有和范德比尔特商议就自行把所持联合交通公司股份在公开市场出售，要价40万美元。此时，范德比尔特自己已经积累了约有30万美元，他也可以再轻松地融到资金，购买这些股份，但是他咽不下这口气。他一直卖力为吉本斯的公司工作，而没有接受竞争对手公司的挖脚儿，是期望有朝一日能够以折扣和合理的价格从吉本斯家族购买到公司股份。他没有参与投标竞购，同时放出风声，如果联合交通公司的老板换人，他就立刻考虑另寻出路。纽约的蒸汽船圈子知道范德比尔特在联合交通公司中的重要性，这使威廉·吉本斯的公开出售宣告失败，唯一的结果就是伤了范德比尔特这位船长——“职业经理人”的心。范德比尔特决定，不当奴才，要做主人。

3.4.3 航运大王

在为吉本斯工作期间，范德比尔特掌握了蒸汽船业务以及大型和复杂企业的运营方法，也积累了创建自己的蒸汽船公司的资本。

1828年底，范德比尔特离开了联合交通公司。联合交通公司因为缺乏能干而忠心的管理人员，陷入经营困境，到1929年6月只能以原来40万美元要价的零头将公司贱卖了。范德比尔特此时已经拥有了一艘自己定做的蒸汽船，又从联合交通公司买了两艘，以这三艘蒸汽船，范德比尔特组建了自己的速遣交通公司。这家公司规模虽小，但通过强硬价格竞争，让更大的竞争对手（已经换了老板之后的联合交通公司）同意付出一定的补偿款和授权费而退出竞争航线（费城—纽约客运业务）。

1834年范德比尔特又组建了一家新公司——人民交通公司。该公司以与速遣交通公司几乎同样的经营手法迫使竞争对手哈德逊河蒸汽船协会付钱买断其经营权，只是价格更高——范德比尔德放弃在哈德逊河的10年经营权，获得一次性10万美元补偿款外加每年5000美元授权费。

1830年代末，范德比尔特已经成为一位显要的商界人物了。他的年收入超过3万美元，拥有净资产约120万美元。除了投资蒸汽船公司之外，还购置了房地产，并做了其他一些投资买卖。到1840年，范德比尔特已经是美国最大的船东了。

1849年，加利福尼亚发现了金矿，掀起了到美国西部的淘金热，范德比尔特开始从区域航运转向海洋航运。当时从美国东部到西部的主要航道是巴拿马运河，而范德比尔特开通了尼加拉瓜通道。他的附属转运公司（Accessory Transit Company），提供从纽约和新奥尔良到旧金山之间的客货运服务，取得了巨大的成功。最后竞争对手同意每月支付4万（后来又提供到5.6万）美元让他离开这项业务。

3.4.4 铁路大亨

铁路线的开展一次一次改变了航运的版图，使范德比尔特对铁路的威力逐渐增加了认识。范德比尔特认识到，水域已经普遍开放，陷于激烈竞争状态，而铁路则不同。一个人不可能垄断海洋或者河流，但是他却可以把一些铁路线紧紧抓在自己手里，而且多少受国家扶植。

范德比尔特起初对铁路的兴趣，是为了要增加其航运业务的客源。范德比尔特最先感兴趣的史坦顿铁路，以及早期参与的其他几条铁路，如长岛铁路、哈特福德—新港口铁路等，都是和他的某条蒸汽船航线相互衔接，能够给他带来更多船运客源的。与此同时，铁路公司也有兴趣与航运公司在运送端点上实现更好的连接。1835年成立的长岛铁路公司，在其铁路建成后不久，就邀请了范德比尔特出任其董事。

范德比尔特进入铁路业的着手点不是修铁路，而是购买已经修好的铁路，改善其经营管理。他把在航运上的那套商业模式搬到了铁路上使用，改进服务、降低价格。1845年，范德比尔特和德鲁联手，以每股40美元的价格收购了上市公司史坦顿—普罗维登斯铁路20%的股份，他自己和他的两个女婿同时进入了公司董事会。1850年开始，范德比尔特在水上花的时间越来越少，在办公室里待的时间越来越多。也正是从这个时候开始，范德比尔特陆续向一些铁路公司投资（购买股票），成为多家铁路公司的董事和总裁。

范德比尔特在1857年成为纽约—哈林铁路（New York and Harlem Railroad）公司董事，但是直到1863年，他并没有多管公司事务。哈林铁路的南端终点设在曼哈顿，在曼哈顿拥有垄断地位。1863年到1864年间，围绕哈林铁路股票爆发了两轮多空大战，多方范德比尔特最后大获全胜，牢牢控制住了哈林铁路公司，并安排他的儿子，也是后来他巨额财产的继承人威廉·亨利·范德比尔特（William Henry Vanderbilt，1821.5.8—1885.12.8，又称比利）做了公司总裁。比利19岁时先被父亲安排在一家纽约的银行实习，然后负责经营其家族的史坦顿岛农场，最后于1862年成为史坦顿岛铁路公司总裁。比利·范德比尔特展示出了卓越的管理才能，将哈林公司经营得非常出色。

老范德比尔特的股票投资和小范德比尔特的经营管理，两相结合，相得益彰，再加上多位非常能干的范家女婿，范德比尔特家族团队日益控制了越来越多的铁路公司。紧随哈林铁路之后进入范德比尔特之手的是哈德逊河铁路（Hudson River Railroad）。1865年范德比尔特成为哈德逊河铁路公司总裁，比利作为副总裁负责公司运营，将两家公司的铁路线进行了统一安排，班次相互补充而非冲突。

范德比尔特控制铁路的巅峰之作，应该是控制纽约中央铁路（New York Central Railroad）。纽约中央铁路公司是在1853年集中了9条小铁路的基础上成立的，市值高达2500万美元。1867年底，在自己增持了一部分股票的基础上，范德比尔特又获得了纽约中央铁路公司众多其他股东的支持。公司股东大会撤换了原来的管理层，范德比尔特当选总裁。比利作为负责运营的副总裁，进一步将哈林、哈德逊河和纽约中央三个公司的铁路线进行了联运整合。1869年，哈德逊河铁路和哈林铁路正式出租给纽约中央铁路公司，实现了一体化运营，成为美国历史上最早的巨型公司之一。到1873年，控制了湖滨和密歇根南铁路（Lake Shore and Michigan Southern Railroad）之后，范德比尔特成为了可以提供从纽约到芝加哥全程铁路服务的第一人。

范德比尔特在1864年最后卖光了他所有的船只，专注于铁路。铁路事业的开展，使其财产从2000万美元增长到了1.05亿美元。

3.4.5 范氏遗产

对于范德比尔特来说，家庭、信仰等都不如金钱重要。“我要保持这笔财产的完整性，我不知道这么做是否正确，但是我不想分散这笔财富。我要把它作为纪念我的一座丰碑留存于世。”

1877年去世时范德比尔特的财富总值1.05亿美元，为当年美国GDP的1/87，按2007年美国GDP的同一比例计量（折合2007年1430亿美元），他是仅次于洛克菲勒的美国史上第二大富豪。根据另一项研究，按1998年GDP比例计量，卡内基排在他的前面，他位列第三。

范德比尔特时代，捐赠还没有成为美国富人的模范行为，他把巨额财产几乎全数给了他最中意的一个儿子，威廉·亨利·范德比尔特。另外9个孩子每人所得都不超过50万美元。他的妻子（第二任，第一任已故）所得也不过是50万美元外加2000股纽约中央铁路公司的股票。

威廉·亨利·范德比尔特也算是不负父望，在老范德比尔特去世后不到九年时间里，将其所继承的1亿美元增长到了1.94亿美元。事实上，1870年代以后，范氏铁路帝国扩张的真正推动者就是这位小范德比尔特。

1877年范德比尔特去世后，威廉·亨利·范德比尔特在继承了他的95%财产的同时，也接替了他在各家铁路公司的总裁职位，包括纽约中央和哈德逊河铁路（1869年开始担任副总裁）、湖滨和密西根南方铁路、加拿大南方铁路以及密西根中央铁路等等。1883年，威廉·亨利·范德比尔特从其所有的总裁职位上退下，安排他的儿子担任董事长，将负责日常管理和业务运营的总裁职位交给了有经验的职业经理人。1885年12月8日，威廉因中风突然去世。他没有像老范德比尔特那样把财产集中给了选中的一个儿子，而是分割给了他的妻子和8个孩子，不过他最大的两个儿子得到的最多。

家族第三代中接替公司管理权力的是康内留斯·范德比尔特二世（Cornelius Vanderbilt II，1843.11.27—1899.9.12），是老范德比尔特最喜欢的孙子，威廉·亨利·范德比尔特的长子。他从老范德比尔特手里直接继承了500万美元，从他父亲那继承了7000万美元。范特比尔特二世在1885年父亲去世后，全权接过公司领导职责，也很努力和尽职地工作，但是1896年的一次受伤迫使他减少了对公司业务的参与。1899年范特比尔特二世去世后，家族企业的领导权力传递给了他的弟弟威廉·克萨·范德比尔特。这位第三代范德比尔特比他的爷爷、父亲及哥哥都热衷慈善事业，以至他的个人财富没有增长。

老范德比尔特很少捐赠，使其青史留名的最大一项捐赠是在其第二任夫人的力劝之下才做出的。这就是1873年范德比尔特捐赠100万美元在田纳西州首府纳什维尔市建立的纳什维尔中央大学，后来以他的名字命名为范德比尔特大学，现为美国排名前20的大学，有“南方哈佛”之誉。这笔捐赠，相比其财产规模似乎不大，但却也是到那时为止美国史上最大的一笔捐赠。

范德比尔特家族从铁路公司的退出实际从他去世后的第三年就开始了。1879年秋天，威廉·亨利·范德比尔特想要兑现他从父亲手里继承下来的纽约中央铁路公司75%的股份，委托摩根公开发售，这使纽约中央铁路公司的控制权转移到了董事会手里，摩根自己也在董事会中占了一席。后来美国政府出台法律限制家族可以持有的铁路公司股份最高比例，进一步加速了范德比尔特家族从铁路公司的退出步伐。

范德比尔特通过把财产集中传递给一个孩子来保持其完整性和作为“一座丰碑留存于世”的期望显然落空。这笔财产最终留在大地上的主要印记是他孙辈们的豪宅遗址。1973年范德比尔特家族有120人在范德比尔特大学聚会，其中没有一人是百万富翁。

财产终会烟消云散，唯组织可基业长青。范德比尔特成功积累了家族财富，作为一代大亨而被历史封存。相比之下，洛克菲勒和卡内基均因其基金会而一直在发挥着对世界的影响。杜兰特虽个人破产，但仍给世界留下了一个通用汽车公司，并一直作为通用汽车公司创始人而被世人悼念。能积累巨额财富的伟大商人可在历史之河沿上留下一座石碑，而伟大的组织者——伟大组织的创建者，则随历史之河持续奔流。

3.5 洛克菲勒的石油帝国

标准石油公司的辉煌历程展现出了洛克菲勒是集创业者、领导者和管理者于一身的三重典范。

3.5.1 事业起步

洛克菲勒出生于1839年7月8日，父亲是个乡村游医。1855年8月，刚满16岁的洛克菲勒开始在克利夫兰四处求职。9月16日，终于有一家从事农产品经销的公司——休伊特—塔特尔公司雇佣他做助理簿记员，主要工作内容是起草商业信函、记账、支付账单和收房租。试用期3个月得到50美元报酬，老板确定了他的月薪为25美元，年薪300美元。一年之后的1857年1月，塔特尔退出公司之后，洛克菲勒被提拔为首席簿记员，担负起了塔特尔遗留的全部工作。1858年，休伊特把洛克菲勒的年薪涨到了600美元，两年翻了一倍，但是仍然没有留住洛克菲勒。

1858年4月1日，经过3年时间的打工磨炼之后，18岁的洛克菲勒与一位同行朋友、28岁的克拉克（供职于另外一家农产品经销公司）合伙开设了自己的从事农产品经销的公司——克拉克—洛克菲勒公司，总资本4000美元，两人各出一半。1859年4月1日，克拉克的一位前同事加德纳入伙，公司更名为加德纳—克拉克公司。因为加德纳出身名门，公司更名有利于吸引客户，洛克菲勒的合伙人地位并没有变。但是纨绔子弟加德纳和出生寒门、努力奋斗的洛克菲勒之间很难不产生矛盾。1862年底，加德纳退出，公司名称又改为克拉克—洛克菲勒公司。1862年，公司的年利润高达1.7万美元，洛克菲勒已经成为了一位成功的农产品贸易商人。

3.5.2 进入石油业

对石油价值的现代认识始于19世纪50年代。一位名为比赛尔的商人突发奇想，认为宾夕法尼亚西部丰富的石油很有可能成为一种优质价廉的光源，把一批石油样品送给当时的著名化学家、耶鲁大学教授斯里曼进行分析。1855年斯里曼发表了报告，确认从石油中不仅可以提炼出照明用油，还可以生产出许多有价值的副产品。

未来的石油大亨洛克菲勒进入石油业，在很大程度与其农产品贸易公司合伙人克拉克有关。克拉克早先的一位上司是克利夫兰市较早前往产油区的商人之一。克拉克的一位英国同乡安德鲁斯，自学成才的化学家，在一家油脂提炼厂工作，1860年提炼出了克利夫兰当地第一批以石油为原材料的照明用油。1862年安德鲁斯决定自己创业，劝说克拉克和洛克菲勒投资。1863年，洛克菲勒和克拉克决定投资4000美元占一半股份，成立安德鲁斯—克拉克公司，建立炼油厂。不到一年时间，本来是副业的炼油厂生意就超过了主业农产品贸易。

安德鲁斯负责技术，洛克菲勒和克拉克负责财务和管理，安德鲁斯—克拉克公司很快成为了克利夫兰最大的炼油企业，但是洛克菲勒和克拉克之间却在公司管理和战略等方面产生矛盾。洛克菲勒比克拉克更为看好石油业的前景，愿意投入更多的资金发展，而克拉克相对保守、缺乏胆识。1865年2月，洛克菲勒和克拉克决定散伙，双方竞拍炼油厂的所有权，出价高者得。从500美元的底价开始，一路上涨到7.25万美元时，克拉克放弃，洛克菲勒得到炼油厂。公司更名为洛克菲勒—安德鲁斯公司，安德鲁斯只负责技术，26岁的洛克菲勒全权独立掌管企业，开始了他走向石油大亨的征程。

3.5.3　扩张，扩张

1865年2月，洛克菲勒—安德鲁斯公司正式创立，12月就建立了他们的第二个炼油厂—标准炼油厂，洛克菲勒的弟弟威廉·洛克菲勒也加入了公司。为了扩大生意规模，洛克菲勒需要融资。1867年3月，公司增资重组为洛克菲勒—安德鲁斯—弗拉格勒公司。弗拉格勒比洛克菲勒年长9岁，也是农产品贸易商人出身，从克利夫兰数一数二的一位名为哈克尼斯的富豪那里拉来了10万美元投资（占新公司三分之一股份）。弗拉格勒在与铁路公司谈判获得了运费折扣待遇中，发挥了重要作用。运费折扣是使洛克菲勒迅速成为石油大亨的一个重要因素，也是洛克菲勒和标准石油公司在此后的很长时间里受到指责的一个焦点。

由于原油本身的价格相对低廉，运输成本就成为了决定石油成品价格的关键因素。在管道运输之前，铁路主宰着石油运输。1868年，洛克菲勒凭借其克利夫兰最大炼油厂的地位（其产量相当于其后3家最大炼油厂的产量总和）以及夏季可以通过水运等优势，作为大货主，从铁路公司获得了相对低廉的运费待遇。那个时代，铁路公司也需要大货主维持稳定的运输量，铁路和大企业的发展之间是相互促进的关系。但是到1887年，美国颁布了《州际商业法》，铁路运费折扣被确定为非法行为。

3.5.4 创建标准石油公司

洛克菲勒不是单纯地着眼于自己企业的发展，而是把整个石油业作为一个相互关联的整体，来考虑如何建立战略同盟和制订长远规划。面对过度竞争的混乱局面，试过建立石油生产商同盟等传统方法不灵（总是会有人背叛）之后，洛克菲勒决定大笔投入资金，扩张公司，建立规模经济。这时面临的问题就是如何能够在扩大资本的情况下又保持自己对企业的控制权，洛克菲勒的选择是企业合并，向自己挑选的行业外部投资者出售股份。

1870年1月10日，合伙制的洛克菲勒—安德鲁斯—弗拉格勒公司解散，取而代之的是标准石油公司，一家在俄亥俄州注册、资本总额为100万美元的股份制公司。洛克菲勒出任总经理，威廉·洛克菲勒出任副总经理，弗拉格勒出任公司秘书兼财务总监。取名“标准”，一是与公司的主要炼油厂名称一致，二是表示公司产品具有统一标准的品质。为了吸引投资者、刺激大家更努力工作，洛克菲勒决定，公司主要负责人不领取工资，其收入完全来自所持公司股票的增值和分红。公司股本总数为1万股，洛克菲勒持有2667股，弗拉格勒、安德鲁斯和威廉·洛克菲勒各自持有1333股，哈克尼斯持有1334股，前洛克菲勒—安德鲁斯—弗拉格勒公司的合伙人平分1000股，威廉·洛克菲勒的妻弟詹宁持有剩下的1000股。

创立标准石油公司，洛克菲勒雄心勃勃，但是并没有外部的大投资者前来投资。此前不久的1869年9月24日，华尔街恶魔天才古尔德制造了“黑色星期五”，金融恐慌尚未散去，石油业也并不被人们看好。但是标准石油公司在创立的第一年，就给股东们带来了105%的红利。1872年1月，标准石油公司注册资本增加到350万美元，新加入的股东中有几位是克利夫兰银行界的重要人物。在扩大了资本规模的同时，标准石油公司董事会决定，收购克利夫兰以及其他地区的一些炼油厂，开始走上了石油帝国之路。1872年2月17日到3月18日，标准石油公司一口气收购和兼并了克利夫兰26个炼油厂中的22个。洛克菲勒在接管许多炼油厂之后，不是将其继续经营下去，而是直接将其关闭，消减该行业过剩的生产能力。为了避免那些被收购的炼油厂主再回到炼油行业，洛克菲勒在收购时与他们都签订了禁止协定，有少数几位违约者因此被告上了法庭。

3.5.5 并购，并购

当标准石油公司将其收购目标扩大到俄亥俄州之外的公司时，遭遇了当时公司法律的限制，在俄亥俄州注册标准石油公司不能拥有州外的财产。洛克菲勒采取了秘密收购的办法，要求被收购方：“你要对这份合同严格保守秘密，甚至不要告诉你的妻子。”这些交易进行得如此秘密，以至标准石油公司的经理们担心，一旦某位被收购工厂的老板突然去世，他的后人可能会认为自己有权继承工厂。

为了避免有人从公司脱离出去并转化为新的竞争对手，洛克菲勒通常保留被兼并企业的原有管理班子，甚至情愿养着一批领取高薪的闲人。当然这些并购也给洛克菲勒带来了一些不可多得的行业内人才，其中就包括了阿奇博尔德和罗杰斯这两位标准石油公司的重要人物。阿奇博尔德很快成为了洛克菲勒钦定的接班人，在洛克菲勒退居二线、只任名义上的总经理之后，实际负责标准石油公司的经营与管理。

仅仅是收购行业内对手，还不足以建立起标准石油公司那样的权势。1874年，标准石油公司抓住了石油运输从油桶向油罐车转变的时机，购置油罐车租给铁路公司，按使用里程收取租金。这使几大铁路公司在标准石油公司面前，也失去了过去的强势地位，以至美国铁路大亨范德比尔特曾表示，洛克菲勒是全美国唯一一个能够向他提条件的人。几大铁路公司各自承担的石油运输份额由标准石油公司来协调决定。到1877年底，仅用5年的时间，标准石油公司控制了全美近90%的石油成品产能。1879年，40岁的洛克菲勒已经跻身美国富豪20强。1883年洛克菲勒迁居纽约，随后标准石油公司总部也迁到了纽约。1885年5月1日，耗资近100万美元修建的位于百老汇大街26号的标准石油公司新总部大楼落成。

根据标准石油公司多年形成的一个惯例，每天中午董事会成员都聚在大楼顶层的一个房间里共进午餐，交流商讨问题。洛克菲勒从早年开始，就是每天同威廉·洛克菲勒、哈克尼斯、弗拉格勒等合伙人边吃午饭边讨论问题。在公司规模很庞大了以后，洛克菲勒仍然“坚持与大家形成共识以后再行事，从不在董事会多数成员反对的情况下贸然采取重大行动。因为每一项决定都是在这些独立思考者一致同意的基础上做出，标准石油公司就很少出现重大失误”（国际文化出版公司《洛克菲勒》第171页）。标准石油公司董事会成员中很多人都是以前的竞争对手，现在却能坐在一起“志同道合”地共事，以至洛克菲勒认为“这是在一种近乎信仰的神秘力量感召下走到一起的”。

3.5.6 托拉斯

所谓托拉斯，字面含义信托、托管，实际就是在准许控股公司存在的现代公司法出现之前，那些成为行业领导者的企业家们，在企业扩张过程中，为了从地方走向全国而采取的一种规避法律风险（一州注册的公司不能在外州持有财产）的企业组织形式。在公司法准许控股公司存在之后，这些企业可以重组为控股公司，托拉斯作为一个特定时代的大企业组织形式，也就成为了历史。

洛克菲勒的一生就是托拉斯的发展史，他曾得意地说：“如今所有的生意人都在按照现代的法则经商，而这些法则都是我们在当年首先确立的。”洛克菲勒的一个创造性举措就是，在1879年秘密签订了一份委托协议，指派凯斯、切斯特和韦拉斯等3人作为托管人，代持俄亥俄州标准石油公司在俄亥俄州外的公司股份。他们收到红利后，按照俄亥俄标准石油公司37位股东的股权比例分配给大家。

三年之后的1882年，美国当时著名的公司法律师多德受聘为标准石油公司重新设计了一套法律结构。第一步是先在拥有大宗业务的各个州建立一家独立的标准石油公司。于是，洛克菲勒出任新生的新泽西标准石油公司总裁，威廉·洛克菲勒出任了纽约标准石油公司总裁，等等。法律上，注册于各个州的公司都需要有自己的董事会，同时也有一个权力分配问题。多德的解决方案是“你们可以有共同的名字，有共同的办公室，有共同的董事会，有共同的管理层。公司的股份可以交给托管人，由他们签发信托财产证明书，其中将注明各人应得的红利。”（《洛克菲勒》第172页）。这样就意味着，形成持股人的联合体，而不是企业的联合体。根据一份新签署的委托协议，9名住在纽约的托管人（就是每天中午在百老汇26号共进午餐者，事实上的标准石油控股公司董事会成员）组成一个理事会，掌管着法律上的俄亥俄标准石油公司和其他40家公司的股份（其中完全控制26家，部分控制14家），有权任命其管理人员。这是一个拥有7000万美元资产、控制全美90%炼油厂和输油管网的巨大企业。洛克菲勒占有不到三分之一的份额，价值1900万美元。

这份1882年标准石油公司委托协议，标志着美国商业组织结构从自由竞争经过松散联合的卡特尔，发展到了组织严密的托拉斯，这是洛克菲勒在创建现代企业制度方面的历史性贡献。在面临无数法律束缚的状态下，洛克菲勒成功地将众多风格迥异的企业整合为天衣无缝的整体，一个原本笨重的庞然大物在他手中化身为精巧的工具。1889年新泽西州通过了控股公司法案、准许该州公司持有外州公司股份。1892年，标准石油公司托拉斯宣布解散，代之以新组建的新泽西标准石油公司，托管证书换为相应比例的公司股份。新公司的97.25万股股份中，洛克菲勒持有25.6854万股。新泽西标准石油公司买下原标准石油公司各下属公司全部或部分股份，成为一个既经营具体业务又控股其他公司的现代型公司。

3.5.7 洛克菲勒的遗产

洛克菲勒是创业者、领导者和管理者三重典范。标准石油公司首创了委员会制度，有效地把公司的众多分支企业整合为一个整体。委员会制度的核心是公司执行委员会，该委员会负责向直线主管人员提出建议，同时拥有重大开支和重要加薪的批准权。执行委员会下设多个专门委员会，分别负责运输、输油管道管理、国内贸易、国际贸易、生产制造和采购等事务。

从1896年开始，洛克菲勒已经不再从事具体业务的管理，也不再出席公司总部的午餐例会。虽然名义上洛克菲勒还是标准石油公司的总裁，但实际行使总裁职责的人是公司副总裁阿奇博尔德。洛克菲勒唯一的儿子，小洛克菲勒于1897年从布朗大学毕业之后，开始到标准石油公司工作。由于不赞同阿奇博尔德的管理方式，并且个人更有兴趣于慈善和公益事业，1910年1月1日，小洛克菲勒从标准石油公司辞职。

1911年11月15日，美国最高法院宣布了最终判决：标准石油公司违犯《谢尔曼反垄断法》，要在半年之内与其子公司脱离关系。标准石油被分解为新的新泽西标准石油公司及其他33家独立公司，洛克菲勒所持原一体化的标准石油公司四分之一股份，相应地变为新的34家独立公司各自的四分之一股份。以前，洛克菲勒一直拒绝让标准石油公司的股份上市，现在，从1911年12月1日开始，这些独立的公司开始纷纷上市，并且受到投资者的追捧，因为人们发现原来洛克菲勒对核定公司资本的方法方面非常保守，独立后的各公司都有大量账外资产。洛克菲勒的个人资产价值随之大幅增长，于1913年达到9亿美元的顶点。

从标准石油公司独立出来的34家公司共拥有7万名员工。其中拥有原公司43%资产的新泽西标准石油仍然是当时世界最大的石油公司，其规模仅次于美国钢铁公司。新泽西标准石油公司演变为埃克森石油公司，纽约标准石油公司演变为美孚石油公司，印第安纳标准石油公司演变为阿莫科石油公司，加利福尼亚标准石油公司演变为谢夫隆石油公司，俄亥俄标准石油公司则被英国石油公司兼并。

1937年5月23日凌晨，距离其98岁生日还有6周的洛克菲勒平静地离开了人世。2007年《福布斯》根据高峰时期个人资产总额数据，换成2006年的美元价值，排出了美国史上15大富豪，洛克菲勒以3053亿美元居首。洛克菲勒通过他所创公司和慈善事业的延续，至今仍对这个世界发挥着重要影响。

第4章

投资银行、别人的钱与职业管理

摩根和摩根的敌人——布兰代斯，共同为美国公司治理的进步和职业经理人制度的发展做出了贡献。

4.1 现代投资银行的成型

投资银行的历史与国际贸易一样久远，但是以证券承销特别是公司股票承销与证券交易经纪及公司并购咨询等为主要业务的现代投资银行则是伴随现代公司和现代股票市场的出现而发展成型，并且成为一股推动现代公司治理体系和职业经理人制度发展的重要力量。

4.1.1 起源：商人银行

美国概念的投资银行，在英国概念里叫商人银行，中国概念叫证券公司。这叫法的区别，正好反映了各国之间投资银行发展历程的差异。

现代投资银行的前身是商人银行，商人银行的前身就是贸易商人。早期跨国贸易中，信息和信用的极度缺乏，给那些率先进行跨国贸易的商人们提供了一种新的机会，利用自己的信息和信用赢利。领先和大型的跨国贸易商人，利用其分布在各地的分支和代理机构，在直接从商品贸易中赚钱的同时，也从为其他贸易商人提供金融服务而赚钱，这种金融服务的主要内容是汇票承兑和信用担保，因此称之为商人银行，顾名思义是为商人提供银行服务，可以说是很恰当的。

商业汇票产生于13世纪的意大利，实际就是货物买方向货物卖方签发的一张具有法律效力、约定好还款日期的欠条。在卖方眼里信誉好的人才可以打欠条，信誉不那么好的人要打欠条，就得找个信誉好的人做个担保。那些大型商行通过分支和代理机构，可以掌握异地的货物买方的资信情况，又有被本地的货物卖方所认可的信誉，他们可以通过为这种汇票提供担保而获得收益。并且，由于他们担保所提供的信誉保障，使这种汇票可以流通——就是货物卖方可以在到期日之前用这种汇票去购买他所需要的货品，或者直接将其折价转卖出去。资金富裕并对这种汇票签发人信誉有把握的商人可以通过折价收购（所谓贴现）这种汇票而盈利。以汇票担保人进入贸易金融领域里的商人，逐渐发展为了商人银行。

英国最早也最著名的商人银行之一巴林（Baring）兄弟公司，成立于1763年，是个经营多种产品的进出口企业，后来逐渐发展起来了汇票承兑和信用证业务。长期主导国际金融活动的大名鼎鼎的罗斯柴尔德公司，最初是一家主营亚麻纺织品的商贸企业，从商贸中发展出金融业务，并于1818年开始进入投资银行业务领域。

4.1.2　技术进步：商人银行从商人向银行转变

直到19世纪初时，发达的大西洋两岸之间的棉纺织品贸易都是主要依靠大西洋贸易商——商人银行为中介进行的。就英格兰北部的一个普通纺织工厂要从美国南部的一个普通农场主那里进口棉花这项交易来说，前者要检查后者产品的质量和后者要调查前者的资信情况，都可以说是几乎不可能或者至少是十分困难的。大西洋贸易商——商人银行正好凭借其自身的分支和代理体系优势为他们提供了中间人服务。在这里，他们承担了四项职能：调查买方的资信情况，并为一些交易提供债务担保；调查卖方出口产品的质量，并在提供质量证明时押上了自己的声誉；他们了解并直接参与市场，自身保有很大的产品库存量，匹配买卖双方；他们还提供运输服务，并为运输中的货物提供保险[①]。

---

① 莫里森：《投资银行：制度、政治与法律》，中信出版社2011年出版，第155页。

可是，随着跨大西洋通信技术的进步，特别是大西洋海底电报线的铺设，买卖双方可以更快、更方便地交流信息了，上述四项职能中的第二和第三项，中间人检查产品质量及中间人库存调节市场这两项职能的重要性大大下降了。再随着海洋运输技术的进步（汽轮的使用），上述第四项职能的利润率也大为下降。但是，上述四项职能中的第一项，评估资信情况，却并不是仅仅有方便的通信条件就能完成好的，这需要对相关企业的业务和财务情况非常了解，需要专业知识，还需要可以信任的关系网络。这些技术的进步，迫使将贸易和金融服务综合在一起的传统商人银行要进行职能和业务上的分拆，逐渐放弃商人业务，专注于金融业务，成为承兑公司和投资银行。

4.1.3 公司自治：投资银行成型的制度环境

自身作为一种企业，投资银行要到很晚的20世纪中期以后才开始采用公司这种组织形式，但是现代公司制企业出现却是投资银行发展的一个重要制度环境和环节。

直到19世纪中叶，在现代公司和现代公司法律诞生之前，公司的成立和营业执照获取是通过政府特许的，公司的权力是来自“政府无穷的权力库”中的一个授权，或者说公司的权力是政府给的，企业所拥有的任何自由都来自政府的宽容，这与当前中国的状况颇有几分相似。

一直到1856年，公司必须在其被政府批准的营业执照中划定的范围之内从事业务，超出这一范围的业务行为属于越权，是不合法的。这一旧有观念是逐渐被突破的。较早的一个重要进步是美国最早的公司之一达特茅斯学院于1819年所提起的一项诉讼，该案中达特茅斯学院所提出“政府不能任意地控制公司的行为”的主张获得了法院的支持。不过，当时美国最高法院对这一裁定的支持是基于一种合同法上的理由，而不是对公司权力来自政府这一传统观念的否定。最高法院认为，公司营业执照代表着政府和企业所签订的一份合约，法院的裁定根据是宪法禁止政府对合约的损害。美国商业的快速发展，和美国各州之间商业和公司立法竞争，最终促使各个州实施了普通公司法。组建公司和公司融资，成为了一种权利而不再是一种特权，同时使现代投资银行业务的出现成为可能，投资银行由此完成了从贸易商人以及为贸易商人提供金融服务的商人银行，到现代投资银行和证券公司的转变。

4.1.4 从政府债券、铁路股票到工业公司股票

在19世纪末期，工业公司股票成为主要交易品种之前，证券市场的发展主要依靠政府债券和铁路股票及铁路债券。相应地，商人银行的金融业务发展，也从为商人的贸易融资发展到为政府融资，承销政府债券的发售，以及为铁路建设融资，承销铁路公司的股票和债券。

从19世纪中期开始，到20世纪20年代之前，顶峰时代的美国投资银行家们，多数也经历了从贸易商，经过为政府和铁路融资，到为公司融资的发展阶段。长期称雄国际金融领域的罗斯柴尔德公司最后失去领导地位，一个重要原因就是错失了公司金融发展提供的一个重要机会：通过普通股融资发展出职业经理人管理的现代公司。

塞利格曼七兄弟在1837年左右从德国巴伐利亚来到美国，先在贸易领域取得巨大成功，然后在欧洲成功销售了高达2亿美元的美国政府债券，由此进入银行业，为城市和工业发展提供融资，成为19世纪末美国的一家重要投资银行。高盛公司创始人马库斯·高盛1847年从德国巴伐利亚来到美国，先是商贩，然后开了一家服装店，直到1869年开办了银行与证券公司。雷曼兄弟也同样是从德国巴伐利亚来到美国（1844年），起初经营一家服装店，1847年开始做棉花经纪业务，由此进入了金融领域。这些人构成了一个德国犹太人的社会圈子，是美国投资银行领域里的一股主要力量。

美国投资银行领域里的另一股主要力量是来自英格兰的商业精英圈子。这些人很多是从事黄金、货币和外汇交易的商人，或者曾经就是商人银行家。从这个圈子里诞生了可以说是美国甚至整个世界上最伟大的投资银行家——约翰·皮尔庞特·摩根。从政府债券销售和为铁路融资，到通过发行普通股帮助实业家缔造工业托拉斯，摩根终结了传统商人银行家的历史，开启了现代投资银行和工业公司股票市场发展的时代。

4.2 摩根式治理：职业经理人制度的起源

在美国的大规模工业化、企业重组和产业整合时代，摩根挽救铁路公司、整顿钢铁行业和支持工业企业发展时所采用的一些公司金融和治理安排——“摩根式治理”，既奠定了美国工业和金融业的一些基础结构，也开启了美国职业经理人登上企业舞台的历史进程。

4.2.1 摩根的崛起：货币阴谋，还是摩根式治理？

约翰·皮尔庞特·摩根（John Pinpoint Morgen），伴随着美国的崛起而崛起，推动着纽约替代伦敦成为了国际金融中心，可以说是美国有史以来最伟大的银行家（摩根从事的主要是投资银行业务，但那个时代美国的投资银行和商业银行业务没有严格分离）。摩根并不是白手起家，是在他父亲朱尼厄斯·斯宾塞·摩根（Junius Spencer Morgen）的全力栽培和支持下走上舞台的，但是他在投资银行业务领域里的表现，却比他的父辈辉煌无数。

摩根的爷爷就是一个成功的商人，经营过酒馆、咖啡厅和家庭旅馆等，并是安泰保险公司的创始人之一，1847年去世后留下了100万美元的财产。在1854年与乔治·皮邦迪（Geoge Peabody）合伙经营银行业务之前，摩根的父亲经营纺织品贸易。皮邦迪是一位在英国取得了巨大成功的美国人，但是没有孩子，选中了摩根的父亲做其银行合伙人，虽然也做一些投资银行业务，但主要从事的活动还是商业银行业务。到1859年，摩根的父亲已经完全掌管了其与皮邦迪的合伙生意。与此同时，摩根也结束了他在其父亲银行的纽约代理人处的两年期学徒生涯，开始为其父亲打理在纽约的生意。

1962年摩根成立了自己的公司，J·P·摩根公司，由摩根和其表兄弟古德温合伙。1864年11月15日，J·P·摩根公司解散，达布尼—摩根公司成立。35万美元股本金的投入情况是摩根10万、摩根的父亲10万，古德温7.5万，古德温的父亲5万，达布尼2.5万。利润分配比例是摩根和达布尼各占40%，古德温占20%。达布尼是老一代银行家，摩根父亲的朋友，是摩根父亲找来“带领”

摩根的。但是在经过几年历练、羽翼丰满之后，摩根不满意在达布尼手下缺乏自主权的状态，清算了达布尼—摩根公司，并于1871年7月1日，重新成立了德雷克塞尔—摩根公司，摩根作为高级合伙人负责管理公司。1895年德雷克塞尔—摩根公司更改为J·P·摩根公司，摩根开始全权掌管摩根金融王朝。

摩根于1913年去世之后，他的儿子杰克·摩根（Jack Morgen）继续领导摩根银行，直到1943年去世。此前的1934年，由于美国立法分离了投资银行和商业银行业务，摩根银行的投资银行业务分离出来成立了摩根—士丹利，由摩根银行的一位合伙人哈罗德·士丹利（Harold Stanly）和杰克·摩根的儿子亨利·S·摩根（Henry S·Morgen）领导。1986年，为了补充资本金，摩根—士丹利拿出20%的股份首次公开发售，成为上市公司（1999年高盛由合伙制转为上市公司之后，大型投资银行均已成为上市公司，投资银行家们把无数企业搞上市而自己保持合伙制企业的历史宣告终结）。

摩根得益于他父亲的栽培，但却成长为了与他父亲完全不同风格的人。他的父亲属于传统型的银行家，回避风险，拒绝投机，保守、谦逊，甘居人后，一直把罗斯柴尔德等老牌银行家族供在前面。摩根则狂傲、强硬，不仅在承销美国国债的业务中敢于甩掉罗斯柴尔德，自己当老大，更是大胆地对各种他认为混乱无序、恶性竞争的行业进行并购重组和摩根化的整合。

摩根式治理的核心内涵是为了对投资者负责，严格监控融资企业。摩根并不像卡内基、洛克菲勒等工业大亨们那样富有（卡内基在得知摩根去世后留下了6700万美元遗产后不由得感叹摩根“并不特别富裕”），并且他铭记着他父亲的忠告：不要给人这样的印象，即摩根家的人作为银行家关心自己的享乐胜过客户们的利益。为了对自己客户（投资者）的利益负责，摩根严格监管着资金使用者——投资对象企业。他监管的范围十分广泛：从提供财务和金融建议、清理不良项目，到解雇不称职的经理人员和任命新的主管。

在摩根所处的那个时代，私人投资银行家担任客户公司董事、介入公司治理的现象很常见，但是摩根是把这种方式做到极致并因此而非常引人注目的一位。根据美国国会针对“金融托拉斯”行为进行调查的普若委员会的报告，1912年，摩根、花旗等纽约的5家大银行的管理人员在112个美国公司中拥有341个经理职务，摩根及其合伙人共在72个董事会任职。普若委员会试图指控摩根的网络是一种“货币阴谋”，指控摩根银行利用自己的实力剥削它的客户，但是委员会列出的一长串受害者名单中，无人认为自己“受害”，都向调查委员会做证说，他们对自己成为摩根的客户感到骄傲，而且认为摩根的介入对他们的公司有利。

摩根不仅坐镇被其拯救公司的董事会，也受邀出任很多其他重要公司和机构的董事职务。摩根的父亲曾认为摩根摊子太大，让他辞去一些董事职务。摩根辩解说，他每接受一个董事职务的时候，就已经拒绝了十个，而且从不接受对自己公司业务发展不利的董事职务。作为董事，摩根愿意履行职责，并且“从来不愿意成为一件摆设”。他认为出任这些董事职务，“对我们的业务大有裨益，而且还可以与地位显赫、势力巨大的绅士们结交”。在老摩根眼里似乎是浪费时间的事情，到了小摩根手里则成为监控企业运营和金融局势的重要工具。

4.2.2 重组铁路公司：与投资者站一起，以普通股方式拿报酬

摩根式治理是从铁路行业开始的。由于铁路建设的长周期性，美国铁路公司需要从资本市场上不断地融资。成千上万的股票和债券持有人广泛地分散在各地，他们“拥有着”这些大大小小的铁路公司，但是无法参与运作，并对实际管理公司的经理们缺乏有效的控制。摩根这样的银行家乘虚而入，他会告诉不听招呼的铁路公司主席，“你的铁路是属于我的客户的”。

重组凯罗—温塞尼斯铁路是摩根式治理的一个很好的早期例子。1872年摩根银行曾为这家铁路公司发行了70万英镑的债券，把其从破产边缘拯救出来。为了他们的客户——债券持有人的利益，摩根银行要求在这家公司的董事会中“我们的朋友”必须占到大多数，必须要保证“那种毋庸置疑和绝对的控制”。摩根出任总裁，摩根的几位合伙人及朋友成为董事，把公司带入破产境地的原总裁波恩塞德成为一名“一直置于我们朋友的控制之下的名誉总裁”并“根据我们的指示”进行投票表决。

1879年秋天，时年58岁的美国铁路大亨范德比尔特想要兑现自己的财富

（1877年从其父亲手里继承下来纽约中央铁路公司75%的股份），委托摩根公开发售。摩根就此将这家铁路公司的控制权从范德比尔特手中转移到了董事会的手里，摩根自己也在董事会中占了一席。

1885年，摩根通过发行债券重组了费城—里丁铁路公司。为了保证重组后各种整顿措施的实施，摩根拒绝把重组后的公司交给那些将公司带入破产境地的人员手中。他任命了一个三人管理委员会和一个为期5年的投票信托委员会。管理委员会的主席是一位费城的银行家，但实际是摩根负责。摩根还是投票信托委员会的主席。这个掌握实权的投票信托委员会由摩根的合伙人和由摩根挑选出来的铁路公司人员组成。

摩根整顿铁路公司的主要财务手段是用股票（主要是优先股）替代债券，减少公司的利息支出。并且摩根自己也坚持用股票（普通股）而不是现金的方式拿取重组工作的酬金，认为这样可以担负起一种“道义上的责任”。在1895年重组伊利铁路公司之后，摩根及其合作者们从将近两年时间的重组工作中获取以每股5美元的价格支付的总计50万美元的报酬，他的合作者想要现金，摩根表示：“我们一直以普通股的形式赚取报酬，首先是因为普通股适合我们的需要，本身更具有价值”；而且这样还公开表明了“公司经过整顿后，我们对资产的信心”。

4.2.3　整顿钢铁业，组建美国钢铁公司，起用经理人管理

1898年摩根接受了伊利诺伊钢铁公司首席律师加里的一个合并建议，把伊利诺伊钢铁公司、罗兰钢铁公司和明尼苏达铁矿公司合并成一个联邦钢铁公司。摩根不同意原伊利诺伊钢铁公司总裁管理新公司，启用了加里出任联邦钢铁公司总裁。加里对炼钢一无所知，但是熟知法律和法人组织运作，他和摩根都相信可以通过加强行政管理和产量及价格的协调来使过度竞争、重复建设的产业结构更为合理。在摩根的支持下，加里完成了联邦钢铁公司的整合工作之后，又组建了国家钢管公司（由14家企业合成）和美国大桥公司（由25家公司合成）。

完全靠提高生产效率、降低产品价格和留存利润再投资占据美国钢铁业霸

主地位的卡内基1898年时评价说，“我认为联邦钢铁是世界上迄今为止最大的股票证券制造商，但他们将在钢铁生产上面临惨败。”但是两年后，面对联邦钢铁公司和国家钢管公司，卡内基坐不住了，让时任卡内基钢铁公司总裁的斯瓦布着手新建立一家投资额达1200万美元的大型钢管工厂。卡内基喜欢用“你死我活，适者生存”的硬碰硬竞争方式解决问题。但是斯瓦布却有另外一套想法：通过联合解决问题。斯瓦布认为，卡内基公司通过一些强硬的手段使钢铁的生产成本大大降低了，但是销售方面却仍然有很大的节约空间，可以通过横向及纵向的整合来挖掘。斯瓦布在一次晚宴上关于钢铁行业整合前景的演讲打动了在座的摩根，摩根决定收购卡内基钢铁公司。斯瓦布牵线，摩根以卡内基开口所要的价格答应收购。当时卡内基公司年利润是4000万美元，卡内基按12倍市盈率开出了4.8亿美元的总价。卡内基本人占有卡内基公司股份的50%，进账2.4亿美元，成为世界上最富有的人。从斯瓦布的晚宴演讲到1901年3月3日摩根宣布组建世界上最大的公司——美国钢铁公司，只有12个星期的时间。除联邦钢铁公司、卡内基钢铁之外，摩根还按斯瓦布提出的名单一一照价收购了其他一些公司，组建出了在新泽西州注册、总资本达14亿美元的美国钢铁公司。1901年的14亿美元相当于当年美国国民生产总值的7%。

美国钢铁公司，这个庞大企业的权力全部集中在由摩根任命的少数人手中。原卡内基钢铁公司总裁斯瓦布出任美国钢铁公司总裁，原联邦钢铁公司总裁加里出任美国钢铁公司执行委员会主席，摩根的合伙人培根出任财务主管。摩根坐镇共有24人组成的董事会，还有他的朋友第一国民银行总裁贝克尔与他一起在财务委员会任职。组建美国钢铁公司发行了大量股票和债券，为了取得这些投资者的信任，1901年秋天美国钢铁公司发布了季度财务报告，开启了上市公司发布定期财务报告的先河。

斯瓦布因为一些个人原因于1903年辞去了美国钢铁公司总裁职务，其助手科里接替他出任总裁。但是此后的25年里，美国钢铁公司的真正经营决策者一直是加里。加里非常害怕触犯反垄断法，没有沿袭斯瓦布的区域优化和联合销售等措施，也没有秉承卡内基的降低成本、低价销售策略，而是使美国钢铁公司发展成了一个松散的控股公司。斯瓦布离开美国钢铁公司之后，接手了一家小型钢铁公司——伯利恒钢铁公司，经过10年时间，发展成为了美国第二大钢铁公司，成为了美国钢铁公司的最大竞争对手。

4.2.4 摩根式治理催生美国职业经理人制度

摩根在对一家企业进行财务重组的同时，总是进行配套的管理重组，在自己或其合伙人坐镇董事会的同时，还要替换管理层，挑选和任命更为优秀的经理人。在对一些企业进行重组的关键阶段，摩根会毫不犹豫地出任董事、掌管公司的管理委员会，任命自己所信任的人，让他们得到应有的职位和权力，并为以后规章制度的建立提供可靠的保证。然而一旦危机过去，他又会努力避免明显的利益冲突。

可以说，摩根对现代公司制度中经理人价值的认识是超越时代的，其对经理人的启用和任用都堪称楷模。组建联邦钢铁公司时，最初加里因为不愿意放弃自己7.5万美元的律师职业收入而拒绝摩根让其担任总裁的提议，摩根告诉他“这个我们会处理好，会体现你的价值”。当加里进一步问道谁来当新公司的董事时，摩根答道，“你可以自己选择董事会成员，任命执行委员会，挑选自己的工作人员，决定自己的工资。”

只要管理者个人工作干得出色，摩根就不会干涉他们。摩根曾明确地声明说，“放手让属下工作，这已成为我的原则，除非他们犯的是原则性错误，否则我不会干涉他们的工作。我不喜欢那些循规蹈矩、唯命是从的人。”由卡内基钢铁公司总裁升任美国钢铁公司总裁的斯瓦布评价摩根时说，“卡内基在批评我的时候，根本就听不进我的任何解释，但摩根先生不同，他有着博大宽广的胸怀，我愿意听从他的任何指挥。”

摩根式治理，作为投资银行家把管理重组作为实现企业财务和资产重组效益的关键手段，在帮助所有者—创业者退出的同时，也催生和推进了美国公司中引进职业经理人管理的制度革命。

今天，人们喜欢把日德的银行控制、内部人主导和英美的市场控制、外部人主导作为并列和平行的两种公司治理模式。但这种形象上的对比，不仅没有加深我们对公司治理问题的理解，反倒可能给我们造成了很多的误解。摩根式治理的案例表明，与其说银行控制和市场控制是公司治理的两种模式，不如说是公司治理体系发展的两个阶段。美国发展出了一套职业经理人主导的现代公司治理做法，率先走出了公司治理体系发展的大股东和银行控制阶段，日德还没有完全跟上，而其他的很多国家，包括中国在内，可能甚至还没有很好地发展起来一套能够通过银行和大股东进行有效并公平地控制的公司治理体系。

4.3 别人的钱：布兰代斯终结摩根式治理

利用资本市场力量控制公司，银行家出任公司董事，启用职业经理人管理，是摩根式治理的历史贡献。终结摩根式治理、把公司从银行家手中解放出来，交由市场控制和职业经理人管理则是摩根的敌人布兰代斯的历史贡献。

4.3.1 问题的本源

人之初性本善还是性本恶，这是从先哲到今人一直都在争论的问题。性本善则德治，则大同理想；性本恶则法治，则市场竞争、自由企业制度。无疑，今日之现实世界里，基于性本恶假设的法治社会取得了更大的成就。

性本恶、人自利，每个人自己才是其利益的最佳看护者。如此，自利的人能否看管好别人的钱，自利的人又如何能够放心把自己的钱交由他人打理？如果自利的人的不能看管好别人的钱，自利的人不能放心把自己的钱交由他人打理，现代公司又如何能够发展起来？

但是，现代公司发展起来了，职业经理人管理着的都是别人的钱。美国各州在公司法上的竞争、控股公司法和股票融资法案的出台，引发并购浪潮从而诞生了现代巨型公司，与此同时，金融大亨替代实业大亨成为公司主宰者，为职业经理人上场开辟了道路。

金融大亨和实业大亨本性上不同，金融大亨从职业习惯和本性上要比实业大亨更倾向于放手和放权，启用职业经理人管理公司的具体事务。但是为什么只是在美国，金融大亨和银行家不仅启用职业经理人管理公司的具体事务，而且很快（20年左右）进一步放弃了对这些公司大政方针上的控制，从公司董事会退出，使这些巨型公司完全掌握在了职业经理人的手中？

在德国和日本这样的国家，银行却一直在保持着对公司的控制，银行人员出任公司董事现象依旧很普遍，并且只是在银行或家族作为控制性股东对公司大政方针保持控制的前提下，“有限引入”职业经理人。美国为什么率先走出了“银行控制公司”的状态？美国这种股东退出控制、“完全引入”职业经理人的做法是领先还是例外，是有其内在的发展逻辑，还是仅仅是一种历史的偶然？

4.3.2　布兰代斯与《别人的钱》

路易斯·布兰代斯（Louis D·Brandies）1856年出生，以优异成绩考入哈佛大学法律系，毕业后与人合伙开了一家律师事务所。在很快赚足生活所需之后，布兰代斯转身成为了“人民律师”，在许多涉及公共利益的案件中担任免费律师，是最早提供无偿公益服务的律师之一，被誉为“在林肯之后，再没有人比路易斯·布兰代斯更理解人民大众”。1916年，威尔逊总统任命布兰代斯为美国最高法院大法官。创立于1948年的马萨诸塞州的布兰代斯大学就是为了纪念这位人民律师和大法官而命名的。

“阳光是最好的消毒剂，灯光是最好的警察”，这句罗斯福总统时常引用来谈论股票市场的话，出自布兰代斯的著作《别人的钱》（中文版由法律出版社2009年出版，胡凌斌译）。这本由布兰代斯在1913年到1914年之间，发表在《哈泼斯周刊》上有关货币托拉斯的系列文章编辑而成的小册子系统论述了金融寡头统治的危害和解决问题的办法。

布兰代斯主张产业民主，推崇合作社。《别人的钱》一书最后一章提出的试图以合作社制企业取代其所谓工业寡头的想法已被历史证明是没有太大成功可能的。主张消费者主权或者员工主权的合作制企业的理想主义者很多，包括一些亲自试验的企业家，但是实践中，无论是消费者主权还是员工主权的合作制企业，都没有股东主权的公司制企业竞争力更强，发展得更快和更大。

很多国家都对消费者合作社或员工合作社有着优惠政策，但是没有哪个国家的消费者合作社或者员工合作社成为主流和主导性的企业组织形式。股东主权的公司制企业能够在各种企业组织形式之间的竞争中胜出，是因为有其内在制度上的优势。并且，公司制的这种制度优势，是商人们在实践中创新和发展出来的，它不是出自哪位伟大理论家的系统设计。

4.3.3 转折点：纽黑文铁路公司破产

布兰代斯理想的合作社，并没有成功发展壮大，达到取代公司制工业寡头的目的。布兰代斯对工业寡头和货币托拉斯的批判，却是实实在在地推动了公司治理制度的发展，迫使摩根这类的金融大亨从铁路和工业公司董事会中退出，加速了现代公司治理模式从金融大亨控制阶段发展到了职业经理人控制阶段。

摩根式治理终结，或者说美国能够走出银行家控制产业公司的状况，有多种历史原因，布兰代斯对纽黑文铁路公司及货币托拉斯的指控有着重要影响。摩根式治理开始于铁路公司，也终结于铁路公司。1913年3月31日，在美国议会开庭调查金融托拉斯控制美国企业一事刚过几星期后，76岁的皮尔庞特·摩根在欧洲旅行途中去世。1914年摩根财团控制下的纽黑文铁路公司濒于破产，是金融大亨退出公司董事会，放弃公司控制的转折点。皮尔庞特·摩根的接班人、他的儿子杰克·摩根被迫辞去纽黑文铁路公司董事职位，与此同时，还从纽约中央铁路以及多家银行的董事会中退出。金融大亨控制美国公司的摩根式治理开始衰微。到1930年代，美国联邦立法禁止投资银行和商业银行混业经营，摩根财团一分为二：J·P·摩根和摩根—士丹利，摩根式治理也随之彻底终结。

1911年，由于债台高筑，纽黑文公司开始解雇员工、降低工资、推迟维修铁路轨道。1913年6月，纽黑文公司的火车发生事故，7人丧生；3个月后又一起事故发生，21名乘客遇难。司法部长对纽黑文铁路公司提出起诉，州际商业委员会发表报告，对纽黑文铁路公司的财务管理状况提出了批评，并建议剥夺该公司在有轨电车公司和轮船公司中的股份。

时任纽黑文铁路公司总裁查尔斯·梅林是皮尔庞特·摩根于1903年聘请的。梅林对摩根言听计从，甚至曾对记者说，“如果摩根先生叫我明天去西伯利亚，我会拿上行李拔腿就走”，“当他（皮尔庞特）不想再听反对意见时，便会拳头向下一挥，说‘表决吧’。这时，董事会成员就会乖乖地向他屈服”。这为布兰代斯等指控货币托拉斯、银行家控制企业的人提供了证据。

最初，杰克·摩根选择了牺牲掉公司总裁梅林。但是情况继续恶化，1913年底，纽黑文公司40年来第一次没有分发红利，公司濒于破产。那个时代的美国公司，为了维持投资者的信心，都是每年固定发放红利。红利时常超过公司净利润，要靠进一步融资来支撑。但是，这一次不行了。

国会调查发现，纽黑文铁路公司与其连锁商业公司一起，在融资过程中利用种种不正当手段搞金融掠夺和投机，在经营中大肆挥霍、浪费公司资产，导致公司破产。1914年《克莱顿反托拉斯法》获得通过，重申保持铁路公司之间竞争的必要性，并根据对纽黑文铁路公司破产案的调查结果，制订了一些管制铁路及与其有连锁利益的商业公司之间进行交易的条款。

4.3.4　银行控制公司的不合理性

在布兰代斯看来，纽黑文铁路公司中银行家管理的失败不能以个人的缺点来解释。这个失败不是偶然，也不是一个特例。这个失败是制度性的，是银行家职能和商人职能混淆的必然结果。银行家参与公司管理失败的原因包括，个人利益破坏了商业判断的完善性，损害对公司应有的忠诚度，同时因为银行家职业习惯方面的原因而适用了错误的评价标准——总是过于关注股票市场的反应。

银行家的职能是向其他企业授信或拒绝授信，购买或拒绝购买其他企业的证券，以及向其客户出售证券。恰当地行使银行家的职能要求银行家同他所考虑授信或投资的企业完全分离。银行家授信或拒绝授信、购买或不购买证券的决定包含着对企业管理效率和完善程度的判断。他不应当占有一个对他自己进行判断的位置——以一个银行家的身份来判断自己作为一名公司董事或管理人员所做的计划和活动是否明智。

银行家出任董事，参与公司管理，违背了人类局限性的基本法则：第一，没有人能够同时服侍两个主人；第二，没有人能够同时做好许多事情。投资银行家出任公司董事，对公司和中小投资者两个方面都是不利的。

投资银行家作为公司董事参与决定公司的证券发行，再把这些证券卖给作为投资银行家的自己。这会给公司带来双重损害：一是要承受发行不应该或不必要发行的证券所带来的风险，二是要承受以低于应有价格来发行证券的风险。中小投资者需要投资银行家的客观建议。投资银行家出任董事，成为公司管理层的一分子，参与制造向投资者发行的证券时，他做出的建议不可能是不偏不倚的。

布兰代斯对银行家控制公司所带来的商业交易行为的扭曲也进行了分析。公司用别人的钱来经营，银行家则在用别人的钱来控制别人——公司。银行家们控制公司的具体手段包括直接持股、投票权信托、对其客户委托投票的控制以及连锁董事会等等。连锁董事会是许多邪恶的根源。连锁董事会下普遍存在的关联交易是无法做到公正的。当买家和卖家由不同的人来代表时，才会有最好的谈判。

当时美国法院的判例法规则是，当公司和其董事之间，或是拥有共同董事的两家公司之间订立合同时，如果公司由独立董事所代表，关联董事的投票不是通过决议所需要的，并且关联董事的出席不是满足董事会会议法定人数所需要的，则合同是有效的。如果共同董事积极参加了两个公司间的合同订立，则该合同是可撤销的，撤销选择权属于公司。布兰代斯对此批评道，法院假设董事的影响只局限于投票行为，这忽视了人性的规律，因为最有效的工作是在投票之前以微妙的、难以察觉的方式完成的。

在对银行家控制公司的指控中，布兰代斯开创性提出了诸多改进公司治理机制的建议，如：竞争或者潜在竞争的公司之间，不应该有共同的董事；一个公司不得订立有其管理层私人利益的合同；公司董事会中要有少数派股东的代表。布兰代斯还在那个还没有信息披露规范的时代里提出了通过强制信息披露保护投资者的见解。这些建议和见解，都在现代公司治理和证券监管规则中得到了应用。

4.4 股东投票权的历史演变

中国《公司法》第42条规定“股东会会议由股东按照出资比例行使表决权；但是，公司章程另有规定的除外”，这实际上是认可了分级股份制度，但是实践中很少有公司进行类似操作。《科创板上市公司持续监管办法（试行）》第八条对特别表决权股份做出了具体规定。特别表决权股份，是指依照《公司法》第一百三十一条规定，在一般规定的普通种类之外，拥有特别表决权的其他种类的股份。每一特别表决权股份拥有的表决权数量大于每一普通股份拥有的表决权数量，其他股东权益与普通股份相同。可以预期，中国版分级股份制度将会盛行起来。回顾一下公司制度发展过程中股东权力的形成、表决权规则的演变和分级股份制度的兴起，具有重要的现实意义。

4.4.1 股东权力的从无到有

从公司的起源和演化历程来看，董事先于“现代公司”，更先于现代概念上的股东（不仅有收益权而且有投票权）而存在。公司制度的一个主要优点是可以进行股权融资，也正因此，在公司的发展历史中，先有董事，他们一般是官员、议员，得到政府的特许授权进行融资，利用民间资本。当公司制度被推广到广大民众中之后，无需政府特许就可以自由成立的普通公司中，董事便成为公司管理机关，并担负公司不法行为的后果。特许公司董事代表着权贵们的融资特权，普通公司董事则是为了防范融资欺诈而施加的一种责任。

以最早和最著名的“股份公司”荷兰东印度公司为例，其成立之初的76名“董事”源自组建成荷兰东印度公司的六个城市中的那些“早期公司”，是由各城市议会随特许权的授予而任命的，他们组成了荷兰东印度公司六个商部各自的“董事会”。六个商部从自己的董事中推选出代表，组成“17人会议”负责荷兰东印度公司的总体决策和管理，等于是荷兰东印度公司的董事会。荷兰东印度公司的投资者享有有限责任，但是并无自行选举产生董事的权力。这些董事多半是城市议会成员或者政府官员，投资者是如同中国晚清官督商办企业里的商股股东一样仰人鼻息的。他们的“股东权力”要比今日中国国有控股企业里的中小股东还差，这些中小股东至少还有个“投票权”，尽管实际不起作用。

早期合股公司发展中的欺诈横行和南海泡沫等，使英国出台了《1719年泡沫法案》，直到《1825年泡沫法案废止法》，合股公司才又发展起来。此后经过《1844年合股公司法》和《1855年有限责任法》等，到《1862年公司法》颁布，现代公司的基础规则和治理机制就基本奠定了：注册成立公司（不再是特许），公司法人独立（财产和诉讼），股东有限责任，股东选举产生董事和监察人，董事管理公司，监察人检查审核公司账目。

现代公司治理结构研究开山之作《现代公司与私有财产》作者认为，再融资需求是迫使管理层自觉遵守公司治理规则的主要力量。为了可持续融资，股东仅有利是不行的，还要有权。近代中国的官利制度下，股东仅有利，没有权，一方面会使公司不堪重负，无以为继，另一方面也会使股东之利最终变得不可靠。为了社会融资的稳固，解决公司股东个人财务不稳定和公司资本稳定之间的矛盾，建立起来了股票交易所。股票交易所使微弱的股东个人力量形成了强大的股东集体力量。这种股东集体力量即来自通过资本市场形成的公司金融压力，更来自股东大会上的股东投票权。

4.4.2 在按人投票和按股投票之间：汉密尔顿的探索

凭借多数股权控制公司，这是1860年代以后的现代公司中才有的现象。严格说，今日公司的股东投票权是股份投票权，不是一种人的权力，而是货币的权力，是货币在说话。但是，早期公司中并不是这样。

早期公司的决策更为民主，董事选举及其他公司事务决策中，实行无论持股多少都是一人一票的纯粹民主规则，而不是一股一票这一完全由金钱说话的富豪规则。实际上，如果没有在公司章程中明确规定其他的表决权计划，英国普通法的默认规则就是一人一票。

公司股东会决策规则从按股东数一人一票到按股份数一股一票的演变不是一步到位的。即使今天，也存在着一人一票和一股一票这两者之间的中间状态，如限制大股东的投票权和分级股份制度等。

汉密尔顿在1790年为美国银行提出的股东表决权计划就是限制大股东的投票权。他认为，一股一票导致一些主要股东之间的联合，可以轻易垄断银行的权力与利益。另一个极端，一人一票也是错误的。因此需要一种审慎的方法。

汉密尔顿1781年《一个国民银行报告》提出，“每个股东所应被赋予的票数应该根据他所持有的股份数的比例，即一股到两股是一股一票；两股以上不超过十股的部分，两股一票；十股以上三十股及以下的部分，四股一票；三十股以上不超过六十股的部分，六股一票；六十股以上不超过一百股的部分，八股一票；一百股以上的部分，十股一票；但任何个人、公司或政治团体都不能赋予三十票以上的票数（《公司治理的历史》第621页）。”

1784年汉密尔顿作为律师，在纽约协助创办了纽约银行，为其起草了章程，并是其13位董事之一。该章程第5条规定“每个持有一到四份股票的股东，应该一股一票。六份股票的认购者应有五份表决权；八股六票；十股七票；十股以上，每五股一票。”该银行章程在1791年获纽约州立法机构批准通过，其中保留了汉密尔顿设计的表决权计划。并且该章程大体上是1825年之前所有纽约州通过的银行章程所依据的模式（《公司治理的历史》第620页）。

4.4.3 分级股份制度：从富豪特权到创始人特权

19世纪中叶开始，大规模工业化对资本的巨大需求，使资本更为稀缺，对资本的竞争更为激烈，股东会按人投票演变为了按股投票。居于一人一票和一股一票之间、人股兼顾的汉密尔顿模式（少数股份者每股所拥有的投票权比例高，大额股份者每股所拥有的投票权比例受到限制）没有兴盛起来。

美国率先在19世纪中叶开始采用了一股一票这一富豪规则，从民主规则的股东资本主义发展为富豪规则的股份资本主义。进入20世纪之后，美国又从金融资本主义发展为了管理资本主义。20世纪欧洲的股东表决权紧随美国，也变成了富豪规则，但在管理资本主义的发展上相对落后。20世纪里，按股投票的“富豪规则”甚至得到了进一步的扩张，产生了分级股份制度，特殊种类的股份拥有比其他股份更高比例的投票权。

所谓分级股份制度，就是将公司股份设立成不同的级别，对不同级别的股份赋予不同权重的投票权。最初，这种投票权分级的做法是用在优先股中的。优先股通常具有优先的资产留置权、优先的收益留置权，以及累积股息的权利，相应地在投票权上受到限制。优先股发行时有完全表决权、无表决权，或是有条件表决权，只有当满足（或不满足）某些条件时才能获得表决权，例如股息没有支付。对普通股进行分级，赋予不同权重的投票权，从1917年才开始使用。

普通股分级，通常做法是分为每股10个投票权和每股1个投票权这两类，因此也被称作双重股份结构。双重股份结构在丹麦、挪威和瑞典十分普遍。在荷兰和英国则存在特别股，这种股份带有特别的董事提名权。德国法律规定公司最多可以发行50%比例的无表决权股，保时捷公司就用足了这一政策。欧洲国家中，实现双重股份制度的著名公司很多，如LVMH、阿利斯康、沃尔沃、ABB、爱立信、伊莱克斯、斯道拉恩索等。英国对于无表决权股和表决权股的比例没有限制。美国法律也没有禁止公司发行无表决权股、有限表决权股、条件表决权股或者多重表决权股等。在这方面，美国比英国宽松，但是比加拿大严格。加拿大很多公司实行双重股份制度。

美国法律没有禁止公司实行双重股份结构，但是美国公司中实行双重股份结构的比例相对很低，这主要是因为纽约股票交易所曾长期拒绝双重股份结构的公司在该所上市。纽约股票交易所支持一股一票，不支持偏离“一股一票”以及其他违反纽交所有关“企业民主、责任、诚实与对股东的责任”标准的做法。从1926年开始，一直到1986年，纽约股票交易所都拒绝无表决权的普通股上市。美国证券交易所和纳斯达克没有这种限制，这使纽约股票交易所最终放弃了这一做法。

1937年到1939年美国200家最大的公司发行了404只不同类型的股票：208只普通股和196只优先股。在这些优先股中，61只有条件表决权，只有21只没有表决权。在普通股中，有8只无表决权普通股。1994年美国100家双重股票公司，至少有一个级别的股票是上市交易的，2001年这类公司上升到215家。通常的表决权比例为1：10，但在很多情况下这个比例可以更高。知名双重股票公司包括：伯克希尔—哈撒维公司、维康公司、福特汽车公司、箭牌和好时食品。

21世纪以来，使创始家族后代可以凭借少数股份而继续保持着对公司的控制权的分级股份制度，被美国高科技公司用来保护公司创始人。欧洲公司的富豪特权变成了美国公司的创始人特权。公司创始人团队保有一种具有更高投票权比例的股份，对外公开发行的则是投票权比例更低的股份，如谷歌和FACEBOOK等。

4.4.4　大股东投票权限制：近代中国在公司法上的探索

中国从1904年在国家立法层面上正式引入公司制度以来，一直在股东投票权上进行着探索。特别是在是否对大股东的投票权进行限制的问题上，存在着明显的摇摆不定。

1904年的清公司律和1912年的中华民国公司条例，准许公司通过章程自行设定对一人持有十股以上股份的表决权做出限制，具体是否限制及如何限制没有规定。清《公司律》第100条规定，股东会“会议时有一股者得一议定之权（如一人有十股者既有十议决权，依次类推）。唯公司可预定章程，酌定一人十股以上议定之权之数（如定十股为一议定之权或二十股为一议定之权，依次类推）。”1912年的中华民国《公司条例》第145条规定，“公司各股东，每一股有一议决权，但一股东而有十一股以上者，其议决权之行使，得以章程限制之。” 这是对清公司律第100条的继承。

1929年颁布的中华民国《公司法》则对大股东的表决权直接提出了硬性限制，“每股东之表决权及其代理他股东行使之表决权，合计不得超过全体股东表决权五分之一。”1946年颁布的中华民国《公司法》又取消了这一硬性的比例限制，将公司是否需要及具体如何限制其最大股东的投票权比例，重新交给了公司自己，通过其章程自行做出。1946年公司法的这一改变，背后可能有保护国有资本控制权方面的考虑，因为该法同时取代了1929年公司法和1940年特种股份有限公司条例，但是毕竟没有再像以前那样对于主要是民营资本的普通股份有限公司硬性限制大股东投票权比例不得超过20%，而主要是国有资本的特种股份有限公司可以例外。

4.4.5 一个值得深入研究的问题

中国目前同时存在着一股独大和创始人保护问题，前者需要大股东投票权限制，后者需要分级股份制度。

对于新兴科技和创业型公司，需要对公司自主设置创始人保护机制，如分级股份制度、分类董事制度和投票权信托等，提供空间和支撑。如何能在提供创始人保护机制的同时，又不会使公司陷入创始人陷阱和大股东陷阱，无法实现公司治理转型，是一个值得深入研究的问题。

4.5 控制董事会：连锁董事的历史演变

伯利和米恩斯认为现代公司中所有权和控制权相分离，所有者靠边站了。无视投资者利益、为自己服务并自我延续的管理者控制着现代公司。金融经济学者们提出质疑，认为并购活动和公司控制权有效地终结了管理主义公司时代。但是，一些制度主义者则坚持认为，一个管理者精英集团控制着大型公司，并进而统治着整个经济以至社会，他们的一个主要根据就是连锁董事会。

所谓连锁董事会是指公司之间通过一个人出任两个以上公司董事而形成的关系网络。出任多个董事职位的人被称作“多重董事（multiple director）”。两个公司共同拥有同一个人做董事，或者一个公司的经理人员出任了另一个公司的董事，都会形成直接的连锁董事关系。在两个公司都有董事共同出任了第三个公司董事的时候，这两个公司之间则形成了间接的连锁董事关系。

自布兰代斯指出“连锁董事会这种做法是许多邪恶的根源”，是少数商业银行和投资银行控制绝大多数大型公司的一种最重要手段之后，连锁董事会成为一个重要的研究领域。

4.5.1　早期的连锁董事会：大所有者们的控制工具

根据G·William Domhoff在《谁统治美国》中的说法，美国最早的连锁董事出现在18世纪90年代注册成立的一些新英格兰州纺织公司中。这些公司通常由属于一个大的富人集团中的一小群人所有。比如，甲、乙、丙三人拥有公司A，甲、丁、戊拥有公司B，乙、丙、己拥有公司C，如此往下，这些公司通过共同的董事和股东而形成连锁关系。到1845年，波士顿商会中的80人控制了31家纺织公司，占有全美20%的市场份额。这些人中有17人是占有该市银行总资本40%份额的波士顿银行的董事，20人是六家保险公司的董事，还有11人出任了五家铁路公司的董事。很明显，这些连锁董事关系被用来协调这些公司的运作，照看这一所有者利益集团的共同利益。

根据David Bunting在《美国公司网络的形成》一书中所做的研究，到1816年纽约市的主要银行和保险公司已经紧密地通过董事互相连锁在一起了。10家最大的银行和10家最大的保险公司，通过连锁董事关系紧密地结成了一个网。1836年，纽约市18家最大银行、10家最大保险公司和10家最大铁路公司通过连锁董事关系结成了一个共同网络。这38家公司中有12家公司之间存在着高达11到26个连锁董事，有10家公司存在6到10个连锁董事，有16家之间存在着1到5个连锁董事。连锁程度最强、出任董事职务最多的董事是那个时代的主要资本家，通过他们的董事席位最大程度地保护他们的利益。

4.5.2　进步主义时代开始的变化：董事连锁程度下降

到了20世纪初期，大型银行、保险公司、铁路公司和工业公司，都是一个大的公司网络的一部分。但是随后，事情开始变得复杂了。

首先，禁止竞争性公司之间存在连锁董事关系的法律获得通过。1914颁布的反垄断法案克莱顿法（Clayton Act）禁止同行业公司之间的董事连锁，如果这些公司合为一家公司会触犯反垄断法的话（尽管有此禁律，当前美国公司的连锁董事关系中还是约有八分之一的比例是存在于具有竞争性的公司之间的）。其次，开始有越来越多的雇佣经理，并且雇佣经理开始进入公司董事会。如洛克菲勒那样的一些富有家族，开始雇佣别人代表他们坐镇公司董事会。

在1900到1920年之间，随美国第一代实业大亨和金融大亨们的离去或逝去，他们的后代或者他们选定的其他接班人，都无法完全承继他们那么大的影响力和控制力。相应地，董事连锁程度在下降。根据David Bunting等在“大公司中控制权的转移：1905~1919”一文中所做研究，1905年时，165家美国大公司中有145家存在连锁董事。到1919年，则是167家公司中有143家存在连锁董事。1905年时，165家公司中有2542个董事席位被1944人占据，人均1.31个，董事任职人数占董事席位数的比例为76.5%。到1919年时，167家公司中有2834个董事席位被2262人占据，人均1.25个，董事任职人数占董事席位数的比例为79.8%。在存在连锁董事的公司中，连锁程度也有所下降。1905年时，有312位多重董事占据910个董事席位，人均2.92个，人数占席位数比例为34.3%。到1919年时，有347位多重董事占据919个董事席位，人均2.65个，人数占席位数比例为37.8%[①]。

此外，从进步主义时代开始，美国还出现了一个新的变化，就是银行家开始倾向于较少出任工业公司的董事。与此同时，一些成功爬到顶层的工业公司领导人，开始到银行董事会中就职。对此，著有《美国公司网络1904–1974》的Mizruchi认为，银行可能从权力中心，变成了一个利益协调场所。很多其他人认为，这些大公司已经与那些商业银行和投资银行同样具有权势。

到了1980和1990年代，银行开始逐渐失去了其中心位置。尽管银行依旧要比绝大多数的公司更有“经济中心”的地位，但是它们不再拥有过去那种与大公司之间的密集性连锁董事关系。大所有者和大金融家不再是主要的董事会席位占据者，而高层经理们则依旧相互坐在对方的公司董事会中。

4.5.3 董事多样化之后，连锁董事性质发生变化

从1960年代开始，特别是到了1980年代，公司受到了巨大的社会压力，

---

① 马克·R·图尔，沃伦·J·塞缪尔斯主编《作为一个权力体系的经济》，商务印书馆2012年第1版，第326–327页。

要求通过增加女性和其他种族成员，而使董事会成员多样化。即使如此，美国公司董事会仍然是白人男性的天下。2004年，在最多样化的100家美国公司董事会中，白人男性占71%，女性占17%，非裔占10%，拉丁裔占4%，亚裔占1%。与历史上的董事来源不同，这些新增加的女性和非裔董事一般不是大金融家或大公司高管，而是通常来自政府部门、政治团体、体育或娱乐界，或者拥有他们自己的小公司。

如同过去一样，公司董事会里仍然坐着所有者、金融顾问和法律顾问，但是现在增加了公司高管、前政府官员、妇女和有色族群人员。公司圈子的“小世界”是由人际联系和已经加入一个或多个公司董事会的人的专业能力相结合所构成的。这产生了一个不是因为要加强公司间联系（实现某种战略意图）而是因为拥有解决董事会所面临的那些问题的经验而加入两个以上公司董事会的连锁董事圈子。判断连锁董事产生于董事个人关系还是公司关系的一个标准是，一位董事去世或离职之后是否会有从同一联系密切公司中选聘一位新董事来承接这种关系。在美国公司中，当前已经很少这种情况。因此，每过几年公司“中心”就会发生一些变化。

对连锁董事会的研究，加深了我们对董事会如何运作的理解。最近的研究，还得出了一些与100多年前迥然不同的结论。因为连锁董事在当前的意义和过去有很大不同。历史上，连锁董事被用作战略目的，把公司联结在一起实现所有者的经济利益。今天，连锁董事往往是董事会多样化和选择合适与有能力的人出任董事所带来的一种附带结果。还有一点值得注意的是，当今绝大多数的公司董事都不是连锁董事。统计显示，大约只有15%~20%的公司董事是担任两个或两个以上董事职务的。

4.5.4　连锁董事会价值何在

在没有了大所有者和银行控制因素之后，人们为什么会成为两家及更多公司的董事？收入是一个重要原因吗？高额的董事薪酬只是最近这些年才有的现象，出任董事可以得到很多无形的东西，如声望、信息和新的关系。很多公司领导人，并不仅仅是坐在他们自己的公司，参与他们自己的事务。通过在诸多董事会的会议中相聚，这些连锁董事们发展出了一种社会关系和凝聚力，形成了一种有关运用他们经济权力的共享观念。Michael Useem 在《内部圈子：美国和英国的大公司与企业政治活动的兴起》一书中提出，出任两个或更多公司的董事会成员，可以扩展公司高级管理人员的视野。

有些学者认为，多重董事往往在不同产业的企业里拥有利益，因此会更多地从整个公司企业界利益角度出发考虑问题，较少限定在具体一个公司的视野之中。但是，另一方面，这些人往往来自于富裕阶层，交往的也是上层社会，也多是从公司层级中往上爬的，因此其价值观更为阶层内部化，个人倾向上更为支持工商企业界的利益。多重董事往往会比其他董事更多地出任政府顾问委员会、非营利组织和基金会董事会成员等职务，作为公司阶层的“内部圈子”人员，他们具有更大的影响力。

即便绝大多数董事可能都不是因为公司之间要相互合作的战略原因而被选来的，但是连锁董事网络仍然具有一定的组织间效应。连锁董事会所构成的关系网络，是公司间相互学习的通道，使各董事会之间可以通过那些能够获得多家公司内部信息的多重董事共享信息，使一种新思想或新方法很容易地从一个公司传递到另一个公司。连锁董事会还使公司能够通过联合使用权力而提高影响力，采取一致行动，追求共同目标。帮助公司通过减少竞争和增加协调，从而获得对工人和消费者的更大权力。相比托拉斯、卡特尔和其他垄断形式，连锁董事会还具有更为灵活和更少透明，从而也更少受到公众质疑的优势。

4.5.5 中国公司中的连锁董事关系

中国上市公司之间通过独立董事所形成的连锁董事关系，在性质上与美国历史上作为公司控制手段的连锁董事不同，而与当前美国公司的董事连锁关系性质接近。

尽管中国公司中存在连锁关系的少数独立董事中，连锁程度非常之高，但是相比当前美国公司独立董事也是以工商企业界人数为主的状况，中国以高校教师、律师和会计师为主的独立董事队伍，即使形成了密集的连锁网络关系，对公司行为的影响程度也会是很有限的。

中国资本市场上，出现了严重的由不同控股股东所控制的这个系那个系，这些上市公司之间，由控股股东或其代理人员担任董事所形成的连锁董事关系，则与美国历史上的大所有者和银行作为控制手段而产生的连锁董事关系性质相近，也是一个更值得我们研究和关注的问题。

4.6 从大亨到市场：谁在控制现代公司

20世纪初，现代巨型公司出现之后，很快成为最重要的社会经济组织机构，大亨和经理人依次成为这些大型公司的主导者。但是，从1980年代开始，一场并购浪潮终结了管理主义，“由市场来管理”的公司模式诞生。

4.6.1 所有者兼经理人的大亨时代

就主流企业的治理模式来说，大亨时代大致起始于1860年前后，到1920年代结束。统治企业的大亨有两类，一类是范德比尔特、洛克菲勒和卡内基等这类实业大亨，另一类是摩根这一类的金融大亨。

大亨时代的企业英雄多为所有者兼经理人，或者所有者密切介入公司治理、经理人实为老板助手角色。这个时代里缔造出现代巨型公司的企业并购以追求生产效率的横向一体化或纵向一体化为主。横向一体化的典型代表是美国钢铁公司，纵向一体化的典型代表则是福特汽车公司。

从作为现代公司缔造者和统治者的角度看，实业大亨略早于金融大亨。先是原子式市场竞争中的优胜者成为实业大亨，这些实业大亨们通过托拉斯等方式寻求控制市场。然后控股公司和股票融资法案的出台，给摩根这样的金融大亨们提供了通过收购企业组建巨型公司的机会。

铁路大亨范德比尔特、石油大亨洛克菲勒、钢铁大亨卡内基，美国这些实业大亨们所建立起来的巨型企业，没有像欧洲国家一些企业家族那样以家族所有或家族控制的方式延续至今，其原因就是摩根这样的金融大亨崛起和美国资本市场特别是实业公司股票市场的高度发达。公司金融和资本市场的发达催生美国现代巨型公司，现代巨型公司推动美国获取现代世界经济的领导地位。

4.6.2 经理人为王：管理主义时代的公司

职业经理人走上舞台之后，公司治理模式也按职业经理人主导的逻辑向前演进，进入了所谓的管理主义时代，大致从1920年代开始，到1980年代结束。

职业经理人作为实业大亨们的跟班，在金融资本的帮助之下，开始走上了现代巨型公司的王位。推动这种演变的力量主要有来自以下几个方面。

首先是金融大亨个性上与实业大亨不同，给予了职业经理人们更多的权利和自主空间。实业大亨们领导企业由小变大，事无巨细亲自过问，把好过程关注细节，是他们在竞争中胜出的法宝。在企业规模变大、不得不更多地向经理人授权的时候，他们很少有人不是反反复复、疑神疑鬼的。金融大亨与此不同，他们是借助市场机会，通过发行股票和债券等，用别人的钱获得了公司的控制权，他们真正关心的只是结果，他们对过程的关注只限于那些会影响到结果的关键节点，对太具体的过程和细节他们不感兴趣。实业大亨在工厂里可以很陶醉，金融大亨进到工厂里可能只是走走过场。

金融大亨摩根收购实业大亨卡内基的钢铁公司组建美国钢铁公司之后，同样的一位经理人在前后两位大亨手下工作的感受完全不同，可以很好地说明这一点。由卡内基钢铁公司总裁升任美国钢铁公司总裁的斯瓦布评价摩根时说，“卡内基在批评我的时候，根本就听不进我的任何解释，但摩根先生不同，他有着博大宽广的胸怀，我愿意听从他的任何指挥。”只要管理者个人工作干得出色，摩根就不会干涉他们。摩根曾明确地声明说，“放手让属下工作，这已成为我的原则，除非他们犯的是原则性错误，否则我不会干涉他们的工作。”

其次，金融大亨和实业大亨对公司的看法不同。实业大亨眼里公司是自己的孩子，自己公司的产品是最好的，自己公司的股票是世界上最好的投资对象。福特不能容忍公司经理人开非福特汽车，ZARA创始人阿曼西奥不能容忍公司经理人出售本公司股票转投其他资产。金融大亨眼里公司是猪，养肥了有高价钱后就可以卖，资金要流动，要追逐市场上不断出现的更好的投资对象。这样，金融大亨们替代实业大亨们成为了现代巨型公司的控制者之后，股权分散的进程开始呈现出加速度的状态。

最后，金融大亨扬长而去，留下了股权分散的现代巨型公司给职业经理人们打理。股权越分散，职业经理人们的自主空间越大，他们在公司治理体系中的地位越高：他们从为一位或少数几位大亨服务，变成了为全体股东服务。

经理人为全体股东的共同利益服务，本是公司法律上的一个基本规定，也是良好公司治理的第一原则，但是在大亨时代和控制性大股东存在的情况下，总是难免沦为实际是为大股东服务的状况。可以说，这就是包括中国在内的当今世界绝大多数国家中公司治理的实际状况。

美国的主流公司从1920年代开始进入了股权高度分散、经理人为王的管理主义时代。在没有了大亨和控制性股东这样一种具体的服务对象之后，要“为人民服务”的公司经理人们自己变成了“官员”，开始把公司作为工具为自己服务。这一时代公司的典型表现就是以增长为第一目的，分红水平开始下降，更多的企业留利和再投资，其巅峰表现是1960年代的混合多元化。从股东的角度看，有限关联多元化是合理的，混合多元化则只是有利于经理人经济控制权力的提升和职业风险的降低。

经理人为王时代，公司成为了一种社会组织，呈现出一种强大的背离股东利益的自我存在、自我发展倾向。也正是这个时候，出现了公司组织发展方向的一场大争论：公司应该是股东主权还是利益相关者主权，应该以股东价值为导向，还是以社会责任为导向？就全球范围来说，这场争论还没有完结，但是美国已经由具有自我矫正和自我进化功能的资本市场做出了选择。

4.6.3　公司控制权市场：管理主义时代的终结

颠覆了管理主义模式的公司控制权市场这一概念是由法和经济学运动带头人亨利·梅恩于1965年提出来的。当时正是管理主义模式的顶峰时期，严格遵循理性人假设的经济学家不能理解为什么会存在可以忽视投资者利益的公司？

1976年迈克尔·詹森和威廉·麦克林进一步提出了“公司是一组契约关系”的概念。他们问道：数百万人都把财富的很大一部分投资到那些管理层根本就不关心其利益的公司，这怎么可能？投资者不是傻子，只要还有其他选择，聪明的投资者绝不会把他们的资本交给忽视他们利益的公司。那些忽视投资者利益的公司，要么被收购而出局，要么因要支付更高的融资成本而在市场竞争中出局。

在有效的股票市场上，管理不善、无视投资者利益的公司，股价会下跌，公司会成为并购对象，管理层会被驱赶出局。但是，那些能够识别这种机会并发出收购要约的都是行业内的竞争对手，而传统上过于偏重市场份额的反垄断法规阻止了这种能够提升价值的同行业并购。

从梅恩到詹森和麦克林的学术讨论，为1980年代的并购浪潮提供了理论支撑，崇信市场力量的里根政府则为这场并购浪潮从法规和政策上提供了催化剂。1980年代开始，里根政府为振兴经济所采取的一系列保守主义政策中，非常重要的一条就是促进并购，让“公司控制权市场”发挥作用。1982年公平贸易委员会反托拉斯部发布了新的并购指引，放松了对行业内部企业之间并购活动的管制。

这是一场再一次改变了美国公司管理和运作模式的并购浪潮。其外在的主要表现是公司回归主业，终结了混合多元化经营模式。1980年，世界500强企业平均涉足3个行业，有些公司涉足10个以上行业。到1995年，大部分企业都是只在一个主要的行业中从事经营活动。除了通用电气等少数几个企业之外，美国绝大多数的大型混合多元化经营企业都不存在了。

在这一从混合多元经营到聚焦主业的公司业务模式变化背后，则是公司治理模式和相关人力量对比关系的变化——机构投资者等各类积极股东走上舞台。现在，不满意的股东们，已经不仅仅是消极地在事后“用脚投票”，让并购市场发挥作用，而是积极地在事前“用手投票”，通过参与公司治理发挥作用。公司变成了可以随时修正的一组契约关系而不再是一个大而不能倒的社会组织，社会经济运行的中心也不再是公司这种组织，而是资本市场这种机制。

4.7 卡内基：从钢铁大亨到世界首善

卡内基在钢铁领域里的辉煌伟业已经过去百年，但是卡内基热衷生产效率，专注于一个领域，讲究实用到极致、绝不在装饰上浪费一分钱的实业家精神，是今日中国企业家中还十分欠缺的。卡内基视自己为受托人而非占有者的财富理念，更是值得今日中国企业家们学习。

4.7.1 少年历练

1835年11月25日，安德鲁·卡内基出生于苏格兰的邓弗姆林镇。这是一个已经连续三代人从事手摇纺织的家庭作坊。卡内基童年的时候，家境还算宽裕，能送他去上几年小学。但是蒸汽织机的出现结束了卡内基父亲的手摇织机生意，也结束了卡内基成为第四代手摇纺织机工的职业道路。

1848年卡内基随父母靠借来的20英镑移民到了美国。跟不上时代变迁的父亲依旧无力养活一家人，卡内基母亲给从事制鞋的邻居菲普斯家做工可以每周挣到4美元，但是一家四口人一周生活需要7.5美元。上学读书已经是一种再也负担不起的奢侈行为，13岁的卡内基要承担起帮助父母养家糊口的重担了。

卡内基的第一份工作是在一个纺织厂做绕线工，每天工作12小时，周薪1.2美元。不久，卡内基转到了一家纺织机铜管制造厂做锅炉工，周薪2美元。这间工厂老板不太会写字，上过几年学的卡内基得到了机会，负责票据处理兼做其他一些杂务，从而不用在黑暗的地下室里烧锅炉了。

1849年，卡内基经其姨夫（卡内基一家移民美国是投奔早他们8年移民到美国的姨母家的）介绍得到了一份到匹兹堡电报局（1846年开业的大西洋—俄亥俄电报公司所有）做信差的工作。一个14岁的孩子要离开家里，很令人担心，但是这份工作周薪2.5美元，比原先工厂里的薪水高出了25%。这份工作成为了卡内基职业生涯的一个转折点。

现在的夜晚，卡内基闭上双眼后，不会再想到那可怕的锅炉，而是努力记住各家企业所处街道，和那些企业家及政府领导人的名字。这样，他不仅可以顺利有效地完成送电报的工作，还经常可以因为在大街上遇上收报人的时候彬彬有礼地喊出他们的名字送上电报而得到小费。

1851年，16岁的卡内基晋升为正式的电报员，周薪4美元。卡内基继续努力，很快成为了全大西洋—俄亥俄电报公司所仅有的3名可以通过听电报机的声音就把信号翻译成文稿的电报员之一。这项本领不仅使卡内基得到加薪（现在每月25美元了），还使他成了一个“名人”，引起了电报公司访客的注意，好运开始眷顾卡内基。

4.7.2 崭露头角

宾夕法尼亚铁路公司总督办托马斯·A·斯科特是电报公司的常客，在他想要挑选一名私人秘书兼电报员的时候，看上了卡内基。1853年2月1日，18岁的卡内基加入了宾夕法尼亚铁路公司，月薪35美元。在斯科特的指导之下，卡内基学到了管理和金融交易技能，以及构建一个企业帝国所需要的政治手腕。

那是一个充满内幕投资和关联交易的时代，斯科特精于此道，他把卡内基带入了这一领域，积累出了他的第一桶金。1856年5月，卡内基得到邀请，在一家依靠宾夕法尼亚铁路公司获得业务的包裹快递公司入股500美元。这是卡内基从打工者向资本家转型所迈出的第一步。进行这笔投资，卡内基先是从斯科特那得到了为期半年的借款，后来为偿还斯科特又从其他人那借款，并为此把自家房屋抵押了出去。

由于深得斯科特的赏识和信任，卡内基成为斯科特一些秘密投资的名义代理人，同时也有其个人投资在里面，这些向自家公司（宾夕法尼亚公司）作为其主要客户的企业的投资，是稳赚不赔并且利润丰厚的。这些投资中包括对卡内基非常重要的对伍德拉夫公司（后更名为中央运输公司）的投资。从马车制造商学徒开始其职业生涯的伍德拉夫，是铁路客运车厢的发明人，于1856年获得了硬座车厢和卧铺车厢两项专利，创立了专门生产铁路客运车厢的伍德拉夫公司。在宾夕法尼亚铁路公司决定要大量订购伍德拉夫公司的客运车厢时，斯科特、卡内基和宾夕法尼亚公司总裁汤姆森都成为了伍德拉夫公司重要的新股东。

除了参与这类投资积累个人财富之外，卡内基还在宾夕法尼亚公司学到了现代大型公司的管理方法。铁路是最早出现的大型现代公司，诸多现代大型公司的管理原则都是最先出现在铁路公司中的。1858年1月1日，宾夕法尼亚铁路公司引入了伊利铁路公司两年前开始进行的开现代企业之先河的“分散权力、分业务部门管理”模式。整个铁路公司被划分为数个运输部门，每个运输部门负责公司的一段铁路线路，企划部门负责协调各个运输部门之间的运营。

1859年12月1日，年仅24岁的卡内基升任宾夕法尼亚公司匹兹堡分部督办，年薪1500美元。卡内基单独掌管一个部门之后，开始尝到了权力的滋味。为了巩固自己的地位，卡内基把可以信任的人安排在身边。聘任一位好友出任电报部门督办，另一位童年好友出任列车长，并聘一位表妹担任一个货运车站的电报员，已经上完学并学会了收发电报的弟弟汤姆·卡内基担任自己的秘书。但是，在管理上，卡内基却是一视同仁，并不给他的这些亲朋好友们以特殊优待。

4.7.3　大事初成

1860年，林肯当选总统之后，美国南北战争爆发。铁路成为物资和人员运输的主要工具，卡内基全力发挥出了自己的管理才能。与此同时，他也抓住了几个最好的投资机会，使自己完成了从经理人向资本家的转型。

出任宾夕法尼亚公司匹兹堡分部督办之后，卡内基一家搬到了匹兹堡市的一个富人社区。这里的一位邻居威廉·科尔曼在打算向石油投资的时候，找卡内基入股。1962年，卡内基用从伍德拉夫公司获得的红利，以折扣价入股了科尔曼的哥伦比亚石油公司。同年，卡内基还抓到了一个与伍德拉夫公司类似（有宾夕法尼亚公司作为大客户保证了其盈利）的投资机会，派珀—希弗勒公司。这是于1862年2月1日，由汤姆森、斯科特、卡内基和派珀（公司负责铁轨维护和机车的总机械师）、希弗勒（桥梁维护专家）及林威尔（桥梁总工程师）等6人各投入1250美元组建成立的桥梁建造公司。

在以“钢铁大王”著称于世之前，卡内基已经是一个成功的投资人，不过他的投资领域不是华尔街，而是与自己所从事工作（先前是宾夕法尼亚铁路公司，后来是自己控股的钢铁公司）有关联的领域，如快递、桥梁、焦炭，或者明显利润丰厚的创新性事业，如石油开采。尽管做过一段时间的债券推销人，但是卡内基的主要兴趣是在实业领域，他甚至非常歧视那些纯粹的金融交易和投机活动。

1863年，卡内基共在12家企业中有投资，这些投资给他带来的红利收入，已经使他在铁路公司的区区2400美元年薪成为了一碟小菜，他在铁路公司的任职已经不是赚薪金，而是赚生财机会。卡内基开始想要拥有一家自己的公司。向一家钢铁公司投资1万美元，成为卡内基在美国内战期间的三笔最重要投资中的最后一笔，也成为了卡内基走向钢铁大王的起点。

卡内基进入钢铁业，可以说既是偶然，又是必然。事情的缘由要从1861年说起。当时匹兹堡已经有50多家钢铁企业，竞争很激烈。安东尼和安德鲁·克洛曼两兄弟凭借自己拥有专利的生产流程，经营一家规模很小的锻造厂，生产车轴。为了扩大规模、应对竞争，克洛曼兄弟邀请自己的一位客户、福特韦斯—匹兹堡铁路公司的米勒出资1600美元、购买其工厂三分之一的股份。米勒自身在一家铁路公司工作，和在宾夕法尼亚铁路公司工作的卡内基又是朋友，还与其他多家铁路公司有着良好关系，铁路公司是车轴锻造厂的客户，这桩生意应该是稳赚。为了隐秘自己的名字，米勒拉来了亨利·菲普斯（他已经因事故去世的哥哥是卡内基少年时代的一位铁哥们）并借给菲普斯800美元入股资金，四人达成合作协议，于1861年11月16日成立了名为“铁城铸造厂”的新公司。

公司生意非常好，利润丰厚，安东尼·克洛曼开始整天在酒馆里混。安德鲁·克洛曼提出让米勒买下安东尼的股份，经过讨价还价，米勒以2万美元的价格购买下了安东尼的股份。可是随着生意进一步向好，安德鲁·克洛曼欲望膨胀，联合菲普斯，欲将米勒挤出公司。1863年秋，米勒请卡内基出面调停和仲裁，在听完双方陈述、感觉无法让他们双方达成合作之后，卡内基提出了一个重组企业以增加资本并达成新的权力平衡的方案。公司资本额增加到6万美元，克洛曼占50%，米勒的股份只能限于六分之一。由于菲普斯无力单独吸纳剩余的2万美元股份，卡内基就坚持让其弟弟汤姆买下其中的一半（六分之一的股份，1万美元），并辩称汤姆的介入可以带来权力平衡，并有助于实现更好的管理。这样，卡内基通过借钱给他弟弟，在钢铁行业进行了第一笔投资。

但是没过多久，米勒和克洛曼、菲普斯之间还是闹翻了。无奈之下，卡内基决定和米勒一起再开一家钢铁厂。1864年10月14日，他们的新企业，总资本为10万美元的塞科洛普斯钢铁公司正式成立。但是由于缺少技术和经验，这家新企业并不成功。卡内基需要克洛曼的技术，克洛曼需要借助卡内基得到客户。这样，两家企业决定合并，取名联合钢铁厂。卡内基主外，弟弟汤姆和朋友弟弟菲普斯主内，克洛曼提供技术，卡内基走向钢铁大王的征程就这样开始了。

4.7.4　钢铁大王

1865年3月28日，不满30岁的卡内基从宾夕法尼亚公司辞职，结束了他17年的打工者和经理人生涯，转型为投资人和企业主。

联合钢铁厂最初的大股东是米勒，但是米勒执意不愿与叛徒菲普斯共事。那个时代的一个商业惯例是，不能参与管理、给公司做出贡献的人不能享有大额股份。1868年3月米勒决定退出并只愿意把股份出让给卡内基，这样卡内基以72148.25美元的价格买下了米勒的2203股，成为联合钢铁厂的控制性股东。

但是，直到1872年，钢铁只是和车厢制造、石油、桥梁和电报等一样，是卡内基所投资的众多行业之一，投资人卡内基还没有“鸡蛋都放在一个篮子里，然后把篮子看好”。现在卡内基认识到，分散自己的努力、试图在短期内大发横财不是建立一个商业帝国的正确途径。1872年春天，拜访英国人贝西默（贝西默炼钢法的发明人）的炼钢厂时，飞溅的火焰和熔化的铁水，让卡内基“找到感觉了”。回到匹兹堡之后，卡内基向他钢铁生意合伙人们提出了要建立一家巨型钢铁厂，按贝西默炼钢法进行生产的方案。

1872年11月5日，“卡内基—麦坎德利斯公司”正式成立，公司的钢厂借用了宾夕法尼亚公司总裁的名字，命名为“埃德加·汤姆森钢厂”。公司总资本额为70万美元，卡内基出25万美元，科尔曼（汤姆·卡内基的岳父）出10万美元，汤姆·卡内基、哈里·菲普斯、安德鲁·克洛曼、戴维·麦坎德利斯（很受尊敬的一位本地商人，他的加入可以提供公司声望）、戴维·斯图尔特（和麦坎德利斯一样是新加入的成员）和约翰·斯科特（卡内基在宾夕法尼亚铁路公司的上司，是把卡内基带入商业世界的人）等6人各出5万美元，剩下5万美元将由负责管理这家公司的人出。当时钢铁厂的平均资本规模约20万美元，起步就是70万美元的资本规模彰显出了卡内基进军钢铁业的雄心。

1874年10月，在宾夕法尼亚州通过法律允许组建有限责任公司之后，合伙制的卡内基—麦坎德利斯公司宣告解散，重组成立了股东承担有限责任的埃德加·汤姆森钢铁公司。担任公司董事会主席的是戴维·麦坎德利斯，直到其1879年去世之后，由汤姆·卡内基接任。1881年4月1日，埃德加·汤姆森钢铁公司和另外两家卡内基等人都持有股份的相关公司合并重组为卡内基兄弟有限公司，公司资本总额增加到500万美元。7位合伙人及其股份金额为：卡内基273.8万美元，汤姆·卡内基和哈里·菲普斯各87.8万美元，戴维·斯图尔特和约翰·斯科特各17.5万美元，加德纳·麦坎德利斯10.5万美元，约翰·范德沃特5.0万美元。

克洛曼，这位卡内基钢铁帝国从技术和源头上来说的一位创始人，在1876年因个人破产而失去了股份和合伙人身份，因有技术专长而还留在公司工作。克洛曼背着其他合伙人，举债在一家制铁公司和一家铁矿石公司进行秘密投资，两家企业倒闭后债主欲追讨其在埃德加·汤姆森钢铁厂的股份抵债。为了不让陌生人进入公司，卡内基让克洛曼宣布破产，然后按评估价格收购了克洛曼的股份。

钢铁大王卡内基一直只是其钢铁公司的大股东，主要通过信件方式提出建议和意见。卡内基几乎不停地周游世界，介入美国、英国以及国际政治活动（争取世界和平），在杂志上发表文章，还出版了多部著作，其中包括《成功的民主》和《环游世界》等。实际从事管理工作的是他的合伙人和聘任的经理人。对于优秀的经理人，往往都要给予股份，并最终将其晋升为公司的合伙人。卡内基钢铁公司向董事会为中心、职业经理人管理的真正现代公司转变是在出售给摩根、重组为美国钢铁公司之后完成的（参见《公司的骨骼》第2章）。

卡内基能够成为钢铁大王得益于他在宾夕法尼亚铁路公司所积累起来的管理经验、投资机会和第一桶金。但是更重要的是他具有“极端与妥协”的双重个性与能力。狭路相逢勇者胜，在追求生产效率，通过竞争消灭对手方面，卡内基是毫不手软并勇于走极端的。作为社会达尔文主义理论创建者斯宾塞的朋友和仰慕者，卡内基的宗教就是“适者生存”。卡内基热衷捐赠公共图书馆，而不是简单地救济穷人，也是体现了他的这种哲学——帮助那些自强者。另一方面，卡内基也善于妥协，为了避免不必要的恶性竞争，卡内基甚至可以让出公司名字而与竞争者联合。从进入钢铁行业开始，卡内基就是一个战略方向指引者和冲突化解者的角色。在面对自己团队中发生无法化解的矛盾、合伙人退出转让股份价格发生分歧时，卡内基都在最后关头妥协，以对方开出的价格达成和解，以避免走上法庭和两败俱伤。

4.7.5 世界首善

1901年出售了钢铁公司之后，卡内基的使命完全地从赚钱（创造财富）转到如何更好地花钱（分配财富）上了。在对待财富的观念上，卡内基深受其朋友库珀的影响。库珀于1871年在对由他建立的“库珀联合学校”（美国第一所免费的成人教育学校）学生发表的演讲中说，“物质财富的生产不是任何一个人单枪匹马就可以做到的。没有许多人的协作，个人就无法获得巨额财富。因此，对于这些获得财富的个人，应该永远不要忘记，他们只是通过成文法所表述的社会意志才握有这些财富。因此他们应当作为受托人管理这些财富，使其按照道德法条的要求造福于整个社会。”（国际文化出版公司《卡内基传》第250页）

1919年8月11日，卡内基因病去世。据估算，他的财富总计在5亿美元左右，大约相当于现在的1000亿美元，仅次于洛克菲勒（10亿美元，大约相当于现在的2000亿美元），比尔·盖茨的500亿美元只能位居第三。卡内基认为作为一个有钱人死去是耻辱的，几乎将他的全部财富都捐赠了出去，主要是图书馆、大学和科学研究。

4.8 通用电气：职业管理成为一种信仰

“世界第一CEO”韦尔奇只是通用电气公司130年发展史中所历经的10位CEO之一。这10位CEO的平均任期为13年，各自都在通用电气的发展历史上留下了功绩。那些通用电气CEO职位竞争的“失败”者，则成为其他公司的CEO。

4.8.1 爱迪生、汤姆森与摩根：通用电气公司的创立

1878年摩根公司支持爱迪生成立了爱迪生电灯公司。摩根的合伙人法布里出任了爱迪生电灯公司的董事和五人执行委员会的委员兼公司财务主管。爱迪生电灯公司共计30万美元的股份，爱迪生占50%，另外50%由投资者认购，投资者中包括法布里及摩根的另外两个合伙人德雷克塞尔和赖特。保守的摩根父亲不同意摩根支持爱迪生，但是摩根却认为此事没有多大风险，“如果取得成功，收获不可估量”，继续支持为爱迪生项目提供资金的计划。1880年底，摩根公司提供100万美元帮助组建了爱迪生照明公司。1889年5月，设在新泽西州、注册资本1200万美元的爱迪生通用电气公司成立。选择设在新泽西州是因为当时新泽西州刚刚修改了公司法，允许公司持有其他州公司的控股权。

1892年爱迪生通用电气公司与汤姆森—休斯敦公司合并成为通用电气公司，合并后资产为5000万美元。虽然爱迪生的名气很大，但是爱迪生通用电气公司的效益没有汤姆森—休斯敦公司的效益好，两个公司股东的股份分别以一比一和三比五的比例换成新公司的股份，并且是汤姆森—休斯敦公司的总裁科芬成为了新公司——通用电气公司的总裁，摩根进入董事会。爱迪生不满公司名称中没有了自己的名字，并且股权也被稀释为不再是最大股东，在仅仅出席了一次董事会会议之后就离开了通用电气公司，继续自己的发明事业。

在爱迪生发明灯泡14年之后，以摩根为代表的投资者们发现，由合适的专门人才来管理已有产业，对于取得长远的成功是至关重要的。爱迪生并不是能将电气工业带入20世纪的人，而科芬正是这样的人才。

4.8.2　从科芬到威尔逊：通用电气的集体领导体制

通用电气公司成立之初，就采用了集体领导的方式。集体领导方式避免了高度专制和支配型个人领导对其他人创造力和工作热情的压制。

1892年，在摩根的支持下，原汤姆森-休斯敦公司的总裁科芬出任了爱迪生通用电气公司和汤姆森-休斯敦公司合并后成立的通用电气公司的第一任总裁。20年之后，科芬选择了赖斯继任他的首席执行官职务，科芬继续担任公司董事会主席。赖斯是汤姆森—休斯敦公司的技术骨干，1892年成为通用电气公司的第一位技术总监，1896年成为主管技术和制造的副总裁。科芬作为董事会主席负责公司外部关系，赖斯作为首席执行官负责公司内部管理。两位领导人分享权力，联合执政，成为通用电气公司此后很长时间里的一种领导模式。

科芬和赖斯在1922年同时退休，公司首席律师和主管政策事务的副总裁欧文·扬出任董事会主席，公司国际部门负责人施沃普出任公司总裁，两人的分工也和他们的前任一样很明确，总裁作为公司首席执行官和人事管理者，负责日常运营和内部管理，董事会主席负责长期发展战略和公司外部关系。

1940年，欧文·扬和施沃普将通用电气的领导权交给了里德和威尔逊。里德是律师出身，1927年加入通用电气法律部，40岁时成为通用电气公司的董事会主席。威尔逊12岁时开始从一个通用电气下属公司的办公室职员开始干起，到1940年出任公司总裁前是主管消费品部门的副总裁。1942年到1945年间，里德和威尔逊都曾离开公司，为政府服务，欧文·扬和施沃普受邀返岗，领导了通用电气公司在三年战争时间里的多元化发展。1945年里德和威尔逊回到公司时，通用电气已经从先前仅仅涉足三个产业变成了涉足21个产业。二战之后，通用汽车、福特汽车等其他在战时变成多元化的公司又回归到了其原来的主业，但是通用电气保留了其多元化的业务领域。

4.8.3　科迪纳：通用电气的公司治理领先实践

1950年，威尔逊选择了他的助理科迪纳来接替他的通用电气总裁职务，自已又到了政府部门就职。科迪纳和里德共同领导了通用电气在1950年代的蓬勃发展。推销员出身的科迪纳（1950年到1958年作为总裁，1958年到1963年作为董事会主席）通过引入目标管理，奠定了通用电气的多元化业务管理模式。

科迪纳时代的通用电气选择发展自身业务，而不是通过收购和合并的分散化成长战略，需要培养和保留多层次的职业经理人和不同类型的管理者。战略规划体系使其能够系统性评估公司的业务组合，决定那些业务是应该得到投资支持的，那些业务的收益率应该提高，以及那些业务领域需要退出。

科迪纳积极倡导扩大股东基础，并确立了每当公司股价达到100美元时就进行拆分的公司政策，以便中小投资者购买，避免公司股票被大股东控制。通用电气还通过对1美元补贴50美分的办法，鼓励员工购买公司股票，这比目前美国流行的401K计划领先了40年。

1950年代，科迪纳建立了通用电气公司的投资者关系部，帮助证券分析师对公司利润水平形成合理的预期。这个在今天的大公司中已经很普遍的做法，在当时却是独一无二的。通用电气有一个每年进行现金分红的长期政策，甚至在大萧条时期也坚持执行。

通用电气也是美国公司中较早引入外部董事会做法的公司。科迪纳表示，“为了确保所有者的利益受到保护，通用电气公司董事会的19名成员中，仅有2人（主席和总裁）是公司管理人员。其他人都是公司外部人员，来自于各行各业，包括教育、食品、农业、矿业、制造业、银行业和交通运输业。”科迪纳认为，通用电气的管理者是“由股东通过选出的董事会而聘任的雇员，这些雇员要在综合平衡所有相关者利益的基础上来管理公司的业务。”

4.8.4 从琼斯到伊梅尔特：通用电气的CEO继任

1963年，审计出身的博尔奇被任命为通用电气公司总裁。博尔奇（1968–1972）领导通用电气创立了业务组合管理体系。博尔奇的继任者琼斯（1972–1981）修正和完善了通用电气的业务组合管理体系，并建立了一个继任规划体系，为通用电气选出了“天才CEO”韦尔奇（1981–2001）。琼斯在博尔奇任期时是公司的CFO，沃顿商学院毕业，1939年加入通用电气，1968年出任公司

CFO之前，曾历任过公司消费者业务部、公用事业部以及工业、建筑业和分销业务分部等众多部门的总经理。从琼斯开始，通用电气公司的董事会主席和首席执行官由一人兼任，但是建立了一个新的总裁办公室，成员包括公司总裁、战略规划部总裁和CFO。

琼斯1972年出任通用电气首席执行官，1973年就开始了筛选下一任首席执行官的继任计划行动。候选人名单上有包括韦尔奇在内的13人，到1976年剩下6人。公司创立了战略业务单元（SBU），每个候选人都被派到一个不同的、他们先前没有业务经验和背景的新的战略业务单元。此前在塑料业务部度过了整个职业生涯的韦尔奇被派到了消费品部门。四年之后，韦尔奇胜出，成为琼斯的接班人。韦尔奇的个性与琼斯完全不同，是通用电气公司历史上最不正统的一位首席执行官。但是他的出现却是恰逢其时，1980年代整个世界商业环境发生了颠覆性的改变，通用电气公司自身也要改变。在韦尔奇时代，通用电气成功地从一个产品导向型的公司转变为综合服务型的公司，金融服务成为其最大的收入来源。

韦尔奇无疑是一位成就卓著的首席执行官，这证明琼斯的CEO继任规划体系取得了好结果。但是程序复杂、耗时过长、竞争失败者流失等，负面效应也不小。切身经历了这一痛苦过程的韦尔奇从1994年开始挑选继任者时，修改了琼斯的继任规划体系。韦尔奇为挑选继任CEO设定了8个标准：诚实和价值观，经验，有远见，领导力，敏锐，地位，公平，有活力、均衡和勇气。还有下述特征：要足够年轻，可以服务10年；经过通用电气的培养，有通用电气的遗传基因；极好的个人经历；有并购整合和使企业繁荣的能力。伊梅尔特从最初确立的23人名单中获胜，于2001年成为了韦尔奇的继任者。

通用电气的惯例是首席执行官在事业顶峰时期退休。首席执行官退休时，也会退出公司董事会，并彻底离开公司，以使继任者免受前任领导的干扰。功勋卓著如韦尔奇者也无法恋权不放。伊梅尔特已经领导通用电气12年，通用电气在继续前进。

在道·琼斯公司1889年开始出版的《华尔街日报》于1896年开始发布工业股票平均指数的时候，有通用电气公司等12家公司名列其中，一百年之后通用电气公司是唯一一个仍然名列其中的公司。

公司需要贷款时找银行，需要首席执行官时就找通用电气。科芬时代，通用电气就确立公司组织原则的核心思想：公司最重要的产品不是灯泡，也不是变压器，而是管理人才。通用电气公司从创立之始到今天，都是由内部成长和自己培养的职业经理人掌控，第一任CEO科芬也是通用电气两家前身公司之一的汤姆森—休斯顿公司内部成长的，职业化管理就是通用电气的公司信仰！

GREAT
COMPANIES
INNOVATION, GOVERNANCE AND SUCCESSION

伟大的公司
创新、治理与传承

第5章
良好治理成就世界一流公司

一流公司需要良好的公司治理，只有良好的公司治理才能成就一家长期可持续成长的一流公司。

5.1 一流的公司治理成就一流的公司

商业成功有多种因素，机遇和运气可以成就一家公司短暂或者一段时期的兴盛，但长期可持续的成功需要良好的公司治理。

良好公司治理的首要作用是规避企业成功后的失败风险，更是帮助企业在失败中合理有效地分担风险，迈过失败的废墟，继续前行。

5.1.1 从企业家经营失败后自杀谈起

中国时常出现经营失败的企业家跳楼自杀或者“人间蒸发”的新闻，其中除极少数属于骗局之外，绝大多数属于企业经营中十分正常的市场判断、技术路线选择等方面失误所致。

在良好的公司治理和风险控制条件下，正常的经营判断失误不会导致企业整体上的难以为继。即使遭遇灭顶之灾，企业难以为继，在健全的公司治理体系之下，可以合理有效地分担失败损失，失败的企业家不仅不需要自杀，还更可以有东山再起的机会。

如果经营失败就要自杀，世界上就不会有福特汽车，不会有3M公司，不会有Twitter公司，更不会有如此辉煌的苹果公司了。在最后成功创建了延续至今的福特汽车公司之前，亨利·福特有过五次经营失败的经历；3M公司创立之始就遭遇了判断失误；Twitter公司是从失败的博客公司中衍生出来的；乔布斯曾因经营不善被赶出苹果公司，再次回到苹果公司后缔造了苹果更大的辉煌。

创业就一炮成功，并能一直延续的企业太少了。更多的企业是在经历了诸多失败之后才真正成熟起来的。企业经营失败，会给投资者及各种利益相关者带来经济损失，但也有从失败中总结出来的经验和由失败历练出来的独特能力积累在企业家身上，这是一笔无形的社会财富。

如果一个公司不能有一套良好的公司治理机制，让失败项目中总结出来的经验财富得到利用，可谓是赔了夫人又折兵，企业也就难以长期持续。如果一个社会不能通过一套良好的公司治理系统，让遭遇失败企业的各方利益相关者按规则分担损失，让有失败经验的企业家能有东山再起、继续前行的机会，则是一种企业和社会财富的双重损失。

经营失败的企业家自杀，是其个人的悲剧，更是一种社会财富的损失，这种财富损失比其经营失败所带来的直接经济损失更大。在政府大力倡导大众创业、万众创新的当下中国，我们不仅要通过成功企业企业家的示范激励人们创新和创业，更要通过一套有效的现代公司治理体系，对创业失败者和经营失败企业家提供保护，使由失败经验所构成的社会财富能够积累起来，再次投入到新的财富创造中。

5.1.2　两次重大失败与福特汽车公司的创建

亨利·福特从一个业余的汽车制造爱好者起步，经过多次与投资者之间的“公司治理博弈”，逐步从一个浪费股东钱财的完美主义者，成为一个真正用心造车的伟大创业家，并最终成功创建出了福特汽车公司。

1898年，四位投资人出资2000美元为亨利·福特的汽车试验提供资金。投资人获得三分之二的专利比率，亨利·福特保留三分之一，汽车出售获利也按此比例分配。1899年有近10位投资者共同出资15000美元创建了底特律汽车公司，亨利·福特为公司机械主管，月薪150美元。激励机制的缺乏导致底特律汽车公司的失败。

1901年，5位投资者和亨利·福特共计6人，组建了一家60000美元股本的新公司——亨利·福特公司。亨利·福特占六分之一的股份，但是没有薪水了。新公司给予亨利·福特的“激励”还是不够，亨利·福特与投资者之间依然存在分歧。1902年，亨利·福特仅仅带走900美元现金和自己名字的使用权离开公司。这是亨利·福特第二次被排除在汽车制造者的行列。在1902年，没有几个汽车先驱遭遇过两次重大失败。

第三次上路的福特先找到了两名赛车制造资助者，合作的内容就是制造两辆同样的赛车，其中一辆归一位投资者所有，另一辆名为999的赛车在1902年10月25日的一次生产商挑战杯赛中打破了美国纪录。凭借赛车上获得的巨大的汽车制造名声，亨利·福特找到了一位新的投资者——底特律最大的煤炭商人马尔科姆森。两人合作的基本原则就是“有钱者出钱、有力者出力，利益均分”：马尔科姆森提供种子资金，福特负责制造出样车，以便吸引足够的风险投资来创建一家新公司。新公司中，两位原始合伙人要占51%的股份，这51%由两人各持一半。由此诞生了1903年正式创立的福特汽车公司。

“失败是成功之母”，这是亨利·福特经常挂在嘴边的话。底特律汽车公司和亨利·福特公司股东们的投资损失，转化为了亨利·福特能够做出好车的名声和一身真功夫，也转化为了“福特汽车公司”股东们几乎是史无前例的巨额投资回报。是责任分担机制清晰的一套现代公司治理体系保证了亨利·福特没有被失败击垮，能够一次一次地走出来，最终缔造出了一家世界级的一流公司。

5.1.3 3M：从失败中站起来，用机制保证创新

没有哪家公司能比3M的历史更好地诠释了“失败是成功之母”的道理，从错误中学习，在行动中创新。公司如人，要成长，不怕犯错误，就怕你什么都不干。

1902年，五位创始人创立了3M公司，他们的创业冲动来自当时明尼苏达州正因矿藏而繁荣。他们与其他梦想开矿致富的创业者们一样，“先成立起公

司，然后才进行调查研究”。与其他人不同的是，他们在面临失败后，坚持把公司发展下去，并通过有效的公司治理机制，在资金和人才两个方面都引入新生力量，最终成为一家持续发展的世界一流公司。

1904年底，3M公司股票在当地酒吧里两股才能换一杯最廉价的威士忌，董事会每天都在开会，寻找一个解决之道。创立者们决心不放弃公司，员工也同心协力。合伙人们决定消减自己的薪水，直至取消，还要个人再出资给员工发工资，以便把公司维持下去。最后公司接受了一位名为奥博的投资者建议，决定脱离采矿业，转向制造砂纸和砂轮。1905年，奥德威在确信不需要他介入日常运营的条件下投资了2.5万美元，同时有几位创始人兑换掉了他们的股份，奥博和奥德威合计占到了3M公司60%的股份。

奥博和奥德威，除了以资金在财务上挽救了3M公司之外，还设定了公司的新发展方向和基础制度架构，引入了3M公司的成长建筑师和实际缔造者威廉·麦克奈特。3M公司首任总裁由最初五位投资者中的布赖恩担任，1905年公司重组后，新进入投资者奥博担任第二任总裁，但是很快于1906年由另一位新投资者奥德威接任。1909年奥博第二次出任总裁，在位20年。1929年，由公司内部成长起来的麦克奈特接替奥博，成为3M公司第一位由职业经理人担任的总裁。

麦克奈特担任总裁20年之后，1949年转任董事会主席，任职到1966年。从1966年开始，3M公司领导层进入了5年左右一届的有序更替时代。这些人在出任最高职位之前，多数都是前任总裁，职业升迁路径基本是总裁、运营总裁或美国业务总裁——总裁兼首席执行官——董事会主席兼总裁及首席执行官。

麦克奈特在3M公司服务59年，把3M公司发展得声誉卓著，他自己却默默无闻。这一鲜明对比，刺激了《基业长青》两位作者的高瞻远瞩公司和对照公司比较研究，并得出如下论断：伟大公司无需伟大构想，更无需魅力型伟大领袖，公司组织本身才是终极创造。来自于自身历史而形成的文化基因和自觉形成的一系列内部机制和政策，使3M公司作为一个组织已经超越了个人，成为了柯林斯和波拉斯所称谓的“一部突变机器”，不论谁来当首席执行官，都会继续演进。

5.1.4 乔布斯的失败、东山再起与现代公司治理

从失败到东山再起，乔布斯的商业履历完全是在现代商业和公司治理规则下展开的。

苹果公司的前身是苹果合伙企业，存续了不到一年的时间。1976年4月1日，乔布斯和沃兹涅克达成了合伙协议，约定二人各自占有合伙企业45%的权利，余下10%的权利给予第三位合伙人韦恩。拉来第三位合伙人是为了避免以后两人在重大问题上达不成一致意见，陷入僵局。但在企业成立不到两周的1976年4月12日，因为害怕乔布斯的负债经营会使自己债务缠身，韦恩就退出了。

1977年1月3日，马库拉、乔布斯和沃兹涅克三人签署了文件，正式创建了苹果公司。马库拉、乔布斯和沃兹各占30%的公司股份，另外10%为霍尔特所有，霍尔特是个优秀的电力工程师，被乔布斯拉来解决电源问题。苹果公司股票于1980年12月12日上市。

乔布斯一直想自己出任苹果公司总裁，并且毫不怀疑自己完全有这个能力。但是苹果公司董事会中只有他自己一个人这样认为。自己不能出任总裁，次优选择就是找一个能够听自己话的人出任总裁。1983年4月，斯卡利出任苹果公司总裁兼CEO。乔布斯任董事长，斯卡利任总裁兼CEO，但实际掌控公司或说实际的CEO职权掌握在乔布斯手中。乔布斯沉迷于技术和新产品研发，而对公司管理混乱和销售日益恶化的状况认识不足。1985年董事会决定让斯卡利全权掌握公司，对公司进行了一系列的机构重组，乔布斯除了董事长职务之外，对公司具体部门和重要事务不再有任何直接管理权（最初是保留了一个新产品开发部副总裁的职务，后来干脆是一个更空的“新产品构想者”职务）。

1985年9月17日，乔布斯向苹果公司董事会提交了辞呈，辞呈中的一段内容是：“苹果公司最近的机构重组让我没有任何事情可做，甚至也不让我接触日常管理方面的汇报文件。我只有30岁，我还想为电脑事业贡献自己的力量，也希望取得一定的成就。”被迫离开苹果后，乔布斯首先创办了NeXT公司，并获得了罗斯·佩罗特和佳能公司的支持；后又买下了一个电脑动画制作组，将其办成了著名的皮克斯动画制作公司。

由于NeXT公司拥有苹果公司需要的操作系统技术（以此为基础研发Mac OS X），1996年12月20日苹果公司买下了NeXT公司，聘请乔布斯作为苹果公司的特别顾问。1997年7月，乔布斯以1美元的薪酬出任苹果公司“临时”CEO，一直到2001年1月，被正式任命为苹果公司的CEO。在乔布斯的领导下，通过iPod、iTune和iPhone等一系列新产品的成功推出，苹果公司走向了新的辉煌。

5.1.5　Twitter：公司缺了谁都行，不能缺了董事会

联合创始人内部的冲突，创始人与投资人之间的冲突，三位创始人的连续出局，都没有阻挡住Twitter公司的成长步伐。那么是谁缔造了Twitter？可以说，是从创始人、员工到投资人和用户，作为一种相互作用但以董事会为核心——谈判、妥协和集体决策中心——的公司治理系统缔造了Twitter。

1999年夏，埃文·威廉姆斯对外发布了Blogger网站，就是博客，使没有电脑编程知识的人也可以创建网络日志。2003年2月，谷歌收购了Blogger。诺阿·格拉斯是埃文·威廉姆斯的邻居，编写了一款名为AudBlog的软件，就是语音博客，或叫播客。在埃文·威廉姆斯把Blogger卖给谷歌之后，诺阿·格拉斯说服埃文·威廉姆斯投资，创建了名为Odeo的一家播客公司。可是，2006年初，苹果公司在其iTunes中加入了播客功能，以播客为核心业务的Odeo公司失去前景，马上陷入了困境。在讨论公司新方向时，杰克·多西提出的“状态（你正在做什么）”概念引起了大家的兴趣，诺阿·格拉斯尤其兴奋，并为其起了Twitter这一名字。

埃文·威廉姆斯通过将其出售Blogger时所得谷歌股票兑现，偿还了Odeo公司外部投资者们的500万美元，将Odeo公司重组为Obvious孵化器公司，并专门拿出了100万美元用于培育Twitter。2007年4月，作为唯一所有者的埃文·威廉姆斯决定，自己将保留Twitter公司70%的股权，聘杰克·多西为公司第一任首席执行官，给20%股份，比兹·斯通和杰森·古德曼每人得3%股份，余下4%股份分给工程师和新员工。同时确定，埃文·威廉姆斯、杰克·多西和比兹·斯通三人是公司的联合创始人。

2013年11月7日，Twitter公司股票在纽交所上市。三位Twitter的用户，一位好莱坞的影星、一位波士顿的警察和一位慈善组织负责人，分别代表着Twitter在娱乐、政府和公益三个领域里的价值，敲响了开市的钟声。Twitter的三位联合创始人，埃文·威廉姆斯、杰克·多西、比兹·斯通和公司CEO迪克·科斯托罗，四人并肩而立在交易大厅里。是这些人，再加上公司员工和投资者，共同缔造了Twitter。

在从Odeo公司的一个项目中发展出Twitter公司的过程中，作为Odeo公司主要创始人的诺阿·格拉斯已经出局了（主要是被项目负责人杰克·多西挤出局的）。作为Twitter创意者、项目负责人和首任CEO和联合创始人的杰克·多西，正式在CEO职位上的时间（2007年4月到2008年10月）仅一年半也出局了（主要是被投资人罢黜的）。这还没有完，作为Twitter早期唯一投资者和公司主要创始人的埃文·威廉姆斯，在公司第二任CEO的职位上也仅仅坐了两年时间（2008年10月到2010年10月），就被公司投资者和董事会罢黜了。但是，这一切都并没有阻止Twitter作为一家独立公司的发展步伐。

Twitter的历程表明，公司的创立与发展过程中，各种各样的矛盾和冲突本身都不是问题，关键是有没有一个董事会投票这样的明确、权威的决策中心和裁决机制。

5.2 亨利·福特：从创业者到公司控制者

1886年，德国人戈特利布·戴姆勒（Gottlieb Daimler）开发出了世界上第一辆汽油动力四轮汽车，这一成就比亨利·福特早10年。但是给这个世界装上轮子的人是亨利·福特，而不是戈特利布·戴姆勒。2005年《福布斯》杂志公布了有史以来最有影响力的20位企业家，亨利·福特名列榜首。

亨利·福特出身普通农场家庭、没有受过什么高等教育。他从一个业余的汽车制造爱好者起步，经过与五批投资者之间一次一次的“公司治理博弈”，逐步从一个浪费股东钱财的完美主义者，成为一个真正用心造车的伟大创业家，并最终成功创建出了福特汽车公司。

我们关注的两个问题是：作为创业者，亨利·福特是如何“利用”外部投资者、提升自身人力资本而最终成功创业的。作为公司控制者，亨利·福特是如何“对抗”投资者并最终将公司完全转为家族所有的。

5.2.1　狂热的业余爱好者和他的早期支持者

1875年的一天，12岁的亨利·福特在距离底特律8英里的地方，第一次看到了一种不用马拉的交通工具，一台蒸汽机车。

1893年，亨利·福特制造出了他的第一部“汽车”，其实只是一部手推车车架装在四个自行车轮上的“汽油马车”。它只有两种行驶速度，不能倒车，也不能刹车。

1896年亨利·福特的汽车开上了底特律大街。同年，他将这辆车以200美元的价格卖给了查尔斯·安斯利。这是亨利·福特做的第一单生意，他需要这笔钱做他的第二辆汽车。几年之后，亨利·福特又以100美元的价格将这辆车从查尔斯·安斯利的手上买了回来。

这期间，亨利·福特的本职工作一直是爱迪生照明公司的机械师，并被提升到了月薪125美元的工程师职位。1899年，爱迪生照明公司向亨利·福特提供了一个更高的总监职位，但条件是放弃他的汽车。亨利·福特的选择是汽车事业，放弃了待遇优厚的工作。

早期对亨利·福特的汽车感兴趣的一个重要人物是底特律市长梅伯里。亨利·福特拥有的美国历史上第一个汽车驾驶执照，正是这位梅伯里发给他的。梅伯里也是亨利·福特汽车事业的第一个资助者。梅伯里为亨利·福特和帮其做零部件的铁匠之间的交易做担保。也许因为这个原因，亨利·福特获得的第一个专利权，1898年获得的化油器的专利权，是以梅伯里的名义申请的。

1898年，有了一项专利之后，梅伯里联系了另外三个投资人：一位底特律的著名商人（加菲尔德）、一位医生（霍伊特）和一位保险公司的人（伦纳德）。这四位投资人每人出资500美元，共计2000美元，为亨利·福特的汽车试验提供资金，为亨利·福特的所有发明申请专利。投资人获得三分之二的专利比率，亨利·福特保留三分之一，汽车出售获利也按此比例分配。如果亨利·福特的试验结果导致某个公司诞生，协议继续有效，新公司将以公平的报酬雇佣亨利·福特。

5.2.2 第二批投资者与福特的第一家公司：底特律汽车公司

专利、高层庇护、典范一般的工作模式和人格中的磁力，使亨利·福特成为了全美诸多汽车创业者中最有前途的一个。在梅伯里市长的倡导下，一些底特律大名鼎鼎的人物，包括梅伯里本人和加菲尔德、霍伊特和伦纳德等三位早期支持者，以及曾与梅伯里竞争市长的制造商布莱克，一家大种子公司的老板费里，美国参议员、前木材商帕尔默，密歇根储蓄银行总裁乔治·佩克等，共同出资15000美元于1899年8月5日创建了底特律汽车公司。亨利·福特被任命为新公司的机械主管，月薪150美元。为此，亨利·福特于1899年8月15日从爱迪生照明公司辞职。

创业性的企业一定要给予创业的主导者以足够的激励。激励机制的缺乏导致底特律汽车公司的失败。底特律汽车公司对亨利·福特没有足够的激励，亨利·福特"经常到附近的树林中闲逛，假装在思考某些设计，还让员工帮助他躲避投资者（福特传P23）。"在预先装配好的物美价廉的部件能够在市场上轻松买到的情况下，亨利·福特却执着地搞着像传动装置这样的复杂部件。

底特律汽车公司成立后的一年多时间里，股东们为公司生产的12辆汽车中的每一辆投入了1250美元，而每辆车的出售价格为1000美元。底特律汽车公司于1900年11月停业，1901年2月7日正式解散。最后，这些投资者算出，他们的机械主管亨利·福特，共浪费了他们86000美元的资金。

5.2.3 第三批投资者与福特的第二家公司：亨利·福特公司

底特律汽车公司解散了，但是梅伯里并没有对亨利·福特失去信心。梅伯里和墨菲等购买了破产清算后底特律汽车公司的资产，并雇佣亨利·福特继续从事他的汽车开发。由此开发出来的赛车，在1901年10月份的一次赛程25英里的锦标赛上超越了当时的领先者，从此亨利·福特作为汽车制造者声名远播。

受此激励，墨菲以及失败的前底特律汽车公司的其他几个股东与亨利·福特，共计6人，又于1901年11月20日共同组建了一家新公司。公司总资本60000美元，其中30500美元为现金投入。6名股东——亨利·福特、墨菲、布莱克、鲍恩、霍普金斯和怀特各持1000股股份，每股价值10元。亨利·福特获得了总价值约10000美元、占总股本六分之一的股份，但是没有薪水了。新公司以其首席机械师的名字命名——亨利·福特公司。布莱克任总裁、墨菲为财务主管，剩余三位股东担任了其他要职。

新公司给予亨利·福特的“激励”似乎还是不够。投资者希望生产造价在1000美元左右、轻便和朴素的大众型汽车。但是，对于亨利·福特来说，“由于公司状况与他的利害关系仍然较小，他从公司获益的唯一方式就是通过制造能够赢得赛事的汽车来扩大自己的声誉。”（福特传P26）

这样，亨利·福特公司的股东们与亨利·福特之间的矛盾在公司成立仅几个月之内就爆发了。公司股东们请来了新的首席机械师、要把以生产手枪的那种最严格标准用于生产一流汽车的亨利·利兰。这家公司以底特律市创立者名字重新命名，成为了大名鼎鼎的凯迪拉克汽车公司，是今日归属通用汽车旗下的全球顶级高端汽车品牌之一。

1902年3月，亨利·福特仅仅带走900美元现金和自己名字的使用权离开公司。亨利·福特自己认为，那是一群投机者在想利用他的汽车赚钱。除了机械方面，他没有什么发言权。亨利·福特认为，他和底特律汽车公司及由之延续而来的“亨利·福特公司”股东之间的主要分歧是在战略上，他没有得到什么资助制造“质量好、可以销售给大众的汽车”，股东们只想按订单生产，在每辆车上赚最多的钱（亨利·福特《我的生活与工作》P17）。

这是亨利·福特第二次被排除了汽车制造者的行列。在1902年，没有几个汽车先驱遭遇过两次重大失败。

5.2.4 第四批投资者与福特的第三家公司：福特与马尔科姆森公司

第三次上路的福特先找到了两名赛车制造资助者：一位是自行车赛世界冠军、25岁的年轻富翁汤姆·库伯，一位是巴顿·佩克，底特律一家自行车修理厂的老板，资助过福特的第一家汽车公司、前述底特律汽车公司的那位银行总裁乔治·佩克的儿子。这次合作的内容就是制造两辆同样的赛车，其中一辆将归库伯所有。对于福特来说，结果就是他制造出的一辆名为999的赛车在1902年10月25日的一次生产商挑战杯赛中打破了美国纪录，这为亨利·福特赚足了优秀汽车制造者的名声。

凭借赛车上获得的巨大的汽车制造名声，亨利·福特再一次开始寻找支持者，并且这回他可能觉得自己已经有足够的汽车制造方面的“人力资本”，要真正实现他为大众造车的想法了。这次的投资者是一位白手起家、以魄力十足闻名的企业家、底特律最大的煤炭商人——马尔科姆森。两人合作的基本原则就是“有钱者出钱、有力者出力，利益均分”：马尔科姆森提供种子资金（立即投入500美元，随后根据需要投入，预计要3000美元），福特负责制造出经济型新车的样车，然后展出样车，以便吸引足够的风险投资来创建一家大批量生产这种汽车的新公司。计划中的新公司将对外发行10万美元的股票，两位原始合伙人要占51%的股份，这51%由两人各持一半。

1902年11月，亨利·福特和马尔科姆森正式成立了“福特和马尔科姆森公司”。这回亨利·福特也要玩命地把事情做成了，根据合作协议，他与马尔科姆森都没有薪水。马尔科姆森派了一位他最得力的助手、煤厂的出纳詹姆斯·卡曾斯到汽车公司来工作。卡曾斯的能力和性格，都与亨利·福特正好形成了一种互补，大大提高了汽车公司的管理水平和运作效率。

5.2.5 福特汽车公司的创建：不太自愿却最终“暴发”的投资者

1903年初，亨利·福特的第一种可以批量生产的车型——A型车即将成型，马尔科姆森开始尽力出售公司股份。公司股本定为15万美元，其中10万美元为流通在外、供股东持有的股份，5万美元留做公司的库存股份。亨利·福特和马尔科姆森以他们的专利权、资金投入和已完成工作作为投资，各持有价值2.55万美元、占25.5%比例的股份，两人合计占51%，可以保持控制权。这样，要以每股100美元的价格对外出售490股，筹集另外的4.9万美元公司股本。

（1）圈内已无信誉，只好在亲戚朋友等圈外人士中寻找新的投资者

也许是因为马尔科姆森没有汽车行业的经验，也许是因为亨利·福特有汽车行业的经验——前两次的失败记录，马尔科姆森那些生意上的朋友中，没有人愿意投资他与亨利·福特的汽车公司。整个汽车业圈内都没有人愿意给福特与马尔科姆森公司投资。主要负责募股工作的卡曾斯只能去求助圈外人，劝说每一位可能担此风险的亲戚和朋友。这些人包括卡曾斯的堂兄弗赖伊和卡曾斯生意上的一位朋友、地产商施特劳雷，这两位各以5000美元购买了50股。还有帮助起草公司章程和招股书的两位律师安德森和拉克姆也各出资5000美元买了50股。卡曾斯本人则是以他姐姐的100美元、自己的400美元、向马尔科姆森借的500美元及签了一张从未来的公司借1500美元的期票，购买了总价2500美元的25股。

（2）你得先投资这车才能生产出来：把潜在顾客游说成了投资者

完全是偶然的一个机会，马尔科姆森的一位堂兄遇上了想买辆汽车的一位大富翁、气枪制造商贝内特，将其带来参观亨利·福特的A型车。马尔科姆森劝说贝内特以现金和汽车装配场地投入购买汽车公司25%的股份，贝内特有意，但是遭遇了其气枪公司其他董事的反对。亨利·福特本人也因生产出的汽车要用贝内特的气枪公司的品牌名称“雏菊”而不同意。最后是贝内特个人以两张各值2500美元的票据方式“投资”了5000美元。一年以后，贝内特用福特汽车公司给他的分红兑现了这两张票据。尽管贝内特并没有真实投入一分钱，但是福特汽车公司凭借贝内特的信用声誉大大增强了自己的购买力。

（3）以股抵债：把别无选择的债权人变成了投资者

道奇兄弟，福特汽车公司两个重要股东，则几乎是有些被逼无奈而主要通过“债转股”加入进来的。道奇兄弟，霍勒斯·道奇和约翰·道奇，从自行车部件生产商成长为汽车部件生产商。在福特试制汽车的过程中，道奇兄弟公司成为最大的债主。1903年4月，到期债务无法偿还时，马尔科姆森与道奇兄弟商谈“以股抵债”。作为债权人，道奇兄弟别无选择，否则可能就眼睁睁地看着亨利·福特和马尔科姆森的汽车公司倒闭后自己的债权化为乌有。这样，道奇兄弟以他们的全部债权转化为福特汽车公司的70股股份，每人持有35股。此外道奇兄弟两人又每人投入1500美元现金购买15股，这样每人持股50股。

（4）银行家格雷：为了保住对马尔科姆森的债权而投资福特汽车

汽车公司最后一个，也是实际现金出资最多的一个股东是马尔科姆森的舅舅、底特律日耳曼—美洲银行的总裁和创始人之一约翰·辛普森·格雷。格雷的出资在很大程度上也是“被逼无奈”。格雷如果不出资支持汽车公司，他对马尔科姆森的煤炭公司的大量贷款可能会无法收回。格雷出资10500美元，占新公司实收现金资本的37.5%。条件是，格雷将出任公司总裁，而且如果一年内他对这一投资感到不满的话，马尔科姆森必须偿还他投入的资金。

（5）由银行家格雷担任总裁的福特汽车公司正式成立

1903年6月16日，在实际只收到28000美元现金的基础上，总股本金额为10万美元的福特汽车公司正式成立了。总裁格雷甚至没有出席公司的创立大会，对于一个大银行家来说，一家小汽车公司的成立，不是多么重要的事情。公司创立大会由也是股东之一的律师拉科姆任会议主席。

无论如何，大银行家格雷担任福特汽车公司的总裁，是一个重要的信号。这等于是告诉底特律商界，福特汽车公司有坚强的财力后盾。马尔科姆森任财务主管，但要留在煤炭公司，这是格雷的要求，因为他更关心的是作为摇钱树的煤炭公司。卡曾斯任公司秘书兼业务经理，年薪2400美元，负责福特汽车公司的日常事务。亨利·福特的职位是副总裁兼总经理，负责机械技术和生产，年薪3600美元。其他股东都基本不参与公司的经营。“那是一种两分结构，福特先生照管机械技术和工厂，卡曾斯先生照管生意”（福特传P39）。10名日薪均为1.5美元的工人的任务是组装汽车。

5.2.6　亨利·福特梦想成真：聚敛一帮天才，鼓励他们创造辉煌

1903年，除福特汽车公司之外，美国还有88家汽车公司，其中25家在底特律。当年年底就倒闭27家，随后1904年又有37家倒闭。在20世纪的前8年里，总计有502家美国汽车公司成立，其中302家倒闭或转行。1905年之前成立的汽车制造公司，大多数都没有给投资者们带来一分钱的回报，多数甚至没有能造出一辆汽车，尽管他们从信心十足的投资者那里获得了大量资金。

福特汽车公司1903年6月16日正式成立，7月15日接到了第一个订单。曾经屡受挫折的完美主义者亨利·福特终于开始真正生产汽车了。“失败是成功之母”，这是亨利·福特经常挂在嘴边的话。以前三批股东的投资损失，转化为了亨利·福特能够做出好车的名声和一身真功夫，也转化为了“福特汽车公司”股东们几乎是史无前例的巨额投资回报。1903年10月，公司成立4个月，分红2%，11月21日，分红20%。1904年6月16日，公司成立一周年第三次分红时，总计已经付给原始股东们6.8万美元。1905年6月公司成立两周年时，分红100%。到1919年亨利·福特买断了所有其他股东的股份时，每一位坚持到这一时间的福特汽车公司原始股东的投资，都在16年的时间里翻了2500倍！

从1893年做出他的第一辆汽车开始，经过10年的努力，创业者亨利·福特终于做成了他一直最想做的事：聚敛一帮天才，鼓励他们创造辉煌！

5.2.7　控制权之争：挤出公司创业元老马尔科姆森

公司的成功与失败都会产生股东之间的矛盾。福特汽车公司取得巨大成功之后，首先产生的一个矛盾是公司创立时的主要资金支持者、本来没有直接介入管理的马尔科姆森，现在要介入管理了。

马尔科姆森于1905年通过出售股份和移交管理权，将他的煤炭公司组成了股份公司。然后他准备取代卡曾斯，自己掌管福特汽车公司。这本是以前定好的一个计划，但是现在的情况变了。两年前，作为世界上唯一愿意也能够出钱或筹钱支持亨利·福特的人，马尔科姆森是公司恩公统治者。但是现在，他不再像是一个骑士，而是一个乡下亲戚。

卡曾斯拒绝交权之后，马尔科姆森提议召开了董事会。董事会有5位董事，约翰·格雷和约翰·道奇支持卡曾斯留任，只有约翰·安德森支持马尔科姆森，这样2比2的格局下，福特的一票成为了关键。福特只对他的汽车事业忠诚，而对他人忠诚，从来不是也永远不会是福特的特点。福特的决定是支持卡曾斯留任，因为卡曾斯的管理是公司成功的一个关键要素。

马尔科姆森使福特汽车公司的成立成为可能，却无力获得公司的管理权。于是，宣布要成立一家新的汽车公司与福特汽车公司直接竞争。为了避开马尔科姆森，福特和卡曾斯成立了一家新公司——福特制造公司，负责为福特汽车公司生产零部件。除了马尔科姆森之外，福特汽车公司的其他所有股东都是福特制造公司的股东。福特汽车公司的利润被转移到了福特制造公司，福特汽车公司仅仅维持收支平衡，停止分红，堵住了马尔科姆森的资金源。

对于其他股东来说，实际上一切都没有变化，原在福特汽车公司的股票价值和分红转移到了他们在福特制造公司中的股权上。但是，对于马尔科姆森来说，福特汽车公司的股票则是价值难料了。在1905年12月的董事会会议上，他被要求立即辞去董事和财务主管的职位，因为他要成立自己的汽车公司的计划造成了利益冲突。忍无可忍的马尔科姆森以要起诉公司为回击，没有再被要求辞职。这期间，也有股东厌恶福特和卡曾斯的这种“背信弃义”做法，贝内特就是因为怕家乡人知道他与“小人”有合作而不再受到其家乡人的尊敬而退出公司。

1906年7月份，马尔科姆森卖掉了自己的股份。福特和卡曾斯设法得到了这些股份，还购买了贝内特及其他三位股东的股份。福特的持股从25.5%上升到了58.5%，卡曾斯的持股则从2.5%上升到了11%。

格雷同意福特、卡曾斯这种通过成立新公司转移利润来解决他与马尔科姆森之间问题的做法。贝内特认为，福特和卡曾斯也曾想“解决”格雷的“问题”，因为他们感觉身为公司总裁的格雷束缚了他们的手脚。但“在这位底特律商界亲善仁慈的老雄狮身边，两个冒失的年轻人只有发抖的份儿，根本不敢耍弄任何诡计”。不过，1906年7月6日格雷因病去世了，亨利·福特被选为公司的新总裁。格雷的股份仍然保留为其家人的财产，但是福特最终掌握了公司的控制权。

5.2.8 道奇兄弟起诉福特：公司要为股东赚钱，分红少了违法

在福特汽车公司选择了高地公园的新厂址之后，道奇兄弟也在底特律北部选择了一个新厂址。结果是，福特汽车公司建成了全世界最大的汽车工厂，道奇兄弟公司建成了全世界最大的汽车零部件工厂。道奇兄弟作为福特汽车公司的股东，享受着优厚的分红，也与福特汽车公司做着生意。但是这种生意却并没有任何特殊地位。在双方关系牢不可破的时候，卡曾斯下大力气压低道奇兄弟公司提供的零部件的价格，因为他们的零部件量太大，单位价格的压低能够给福特汽车公司节省很大的成本。随着福特汽车公司越来越多地自己生产零部件减少对外部供应商的依赖，道奇兄弟公司方面也开始扩展其工厂的能力，减少对大客户的依赖，双方的关系开始越来越紧张。

1913年8月，约翰·道奇不愿意再忍受福特的独裁，正式辞去了福特汽车公司董事和副总裁的职务，也结束了双方间的零部件生意关系，不过道奇兄弟仍然持有福特汽车公司的股份。1914年11月，道奇兄弟公司开始自己生产汽车。他们知道难以直接与福特T型车那样的低价汽车竞争，目标客户定为“想再要一辆汽车的福特车主”。道奇车定价780美元，明显高于当时T型车的450美元。

这时福特烦恼的不是道奇汽车会怎么样，而是道奇兄弟已经不再给福特汽车公司做出贡献，却仍要“赚取”福特汽车公司的分红。此前一直维持很高分红率的福特汽车公司从1915年开始转向了新策略——每月拿出相当于公司资本的5%的利润来进行分红。而且，公司“评估”出的资本是200万美元，只是其实际资本的五十分之一。当时高地公园工厂一天就能生产出价值200万美元的汽车。

即使以如此低估的资本价值，以今天的公司分红标准来看，福特汽车公司的分红也是丰厚的，1919年最大股东亨利·福特本人得到了大约50万美元的分红，尽管过去的分红10倍于现在。而且也正是因为如此，公司的股东都已经拥有足够的财富——几百倍于1903年公司成立时任何人的想象。大多数的股东并没有反对有利于公司进一步扩张的新分红政策。公司第二大股东是卡曾斯，已经辞职。两位律师，拉克姆和安德森以及格雷的继承人都表示满意。

但是，道奇兄弟的情况不同。他们自己生产的汽车卖得相当好，从第一个完整生产年1915年开始一直是美国五大畅销车之一。一方面，为了发展自己的汽车事业，他们需要更多的资金，另一方面，可能更为重要的是，他们认为亨利·福特把这么大规模的利润留在公司投入到计划中的荣格河工厂，是在冒险。福特的高地公园工厂已经是世界最大的汽车工厂，而福特计划中的荣格河新工厂将是全世界所有类型的所有工厂中的头号巨人。

1916年11月2日，道奇兄弟俩起诉了福特汽车公司董事亨利·福特、埃兹尔·福特、霍勒斯·拉克姆和弗兰克·克林根史密斯，控告他们损害了股东的利益。道奇兄弟要求法院命令福特汽车公司永远把四分之三的利润用于分红，禁止公司在荣格河投资修建冶炼工厂。道奇兄弟认为，在荣格河修建冶炼工厂，超出了福特汽车公司章程规定的公司经营宗旨。道奇兄弟还反对福特的日薪5美元和T型车降价做法。

法院于1917年6月开庭，道奇兄弟的代理律师指控说："福特先生已经得到了他所需要的所有的钱。他的野心是雇佣尽可能多的人，以尽可能低的价格出售汽车。而应该对股东尽到的义务，他一点也不考虑。去年他可以挣得6000万到7500万，他却只挣了2800万。当所有其他的汽车都在提价，福特为什么要降价？就算他只是想保住在汽车业的领导地位，难道他一定要降价吗？他真正的愿望是做大众恩人。他想以股东的损失换取自己的荣誉。我们要求福特先生以利润最大化的原则经营公司。当一个企业只是扩张自己，不去赚取利润，它就是非法经营。"（福特传148页）

巡回法院一审裁决支持了道奇兄弟的分红诉求。法庭命令福特汽车公司立即支付1927.5万美元的特别红利，并且调整公司的红利政策，以保证50%的公司利润能够回到股东手中。法院还裁定在荣格河修建冶炼厂与福特汽车公司章程不符。福特汽车公司提起了上诉，这样至少能够将上述裁决的执行拖延到1919年。

1918年11月，亨利·福特宣布将于年底辞去公司总裁职务，其25岁的儿子埃兹尔·福特将接任总裁职务，掌管这家2.5亿美元的企业。

1919年2月17日，密歇根州高级法院宣布了对“约翰·道奇和霍勒斯·道奇诉福特汽车公司、亨利·福特和其他人”一案的最终裁决。最终裁决把在荣格河修建冶炼厂归入了福特汽车公司的权利范围，但是再次支持了道奇兄弟对公平分红的定义和要求。其实福特汽车公司已经在1919年的头两个月重新采用了公平的普通分红方式，但是法庭命令公司追溯支付过去的红利，1927.5万美元。

5.2.9 负债收购其他股东的全部股权，福特汽车转为家族企业

亨利·福特对密歇根州高级法院关于公司分红问题的终审判决非常恼火，认为法院已经逼迫他以违背自己最佳判断的方式分配了福特汽车公司的资金。1919年3月6日，亨利·福特宣布他将组建一家新的汽车公司。5天之后，福特汽车公司的新总裁埃兹尔·福特宣布，他和他父亲都将彻底退出福特汽车公司。

道奇兄弟的一位律师认为，竞业禁止合同不允许亨利·福特离开福特汽车公司去开办一家新的汽车公司。但是经销商开始恐慌，因为新公司一旦成立，他们的利润一定下降。有关福特汽车不稳定的各种传言开始出现。到了7月份，公司的大多数股东都做好了出售公司股份的决定。

在1906年挤出了马尔科姆森及购买了贝内特和其他三位股东的股份之后，亨利·福特持有福特汽车公司股份的比例是58.5%。道奇兄弟和卡曾斯等其他股东共计持有41.5%的股份。福特委托波士顿一家金融服务公司负责谈判，原则是“如果他不能买到全部的股份，他就一点股份也不会买。”

此时福特汽车公司的总股份数是20000股，亨利·福特持有11400股，埃兹尔·福特持有300股，剩余的8300股分布是：卡曾斯2180股，格雷的后人2100股，约翰·道奇1000股，霍勒斯·道奇1000股，约翰·安德森1000股，霍勒

斯·拉克姆1000股。除卡曾斯以其曾对公司的贡献为功而要了一个稍高一点的价格（13000美元）之外，其他股东得到的都是同样的价格：道奇诉公司分红案中确定的福特汽车公司每股股份价值为12500美元。折算为1903年的股份的话，当时投入100美元购买的一股现在出售的价格是25000美元。不计已经得到的可能几百倍于原始投资的分红，13年的时间里，1美元的原始投入资本增值为2500美元。这些股份都是以埃兹尔·福特的名义购买的。根据福特自传说法，是埃兹尔看到其他股东与其父亲在公司战略方向的矛盾而出钱购买下了所有这些股份。

经过两次重大的股权变化，福特汽车公司的股权结构从1903年创立之初的12名股东、福特本人持股25.5%的“朋友合伙式”企业，经过1906年的第一次股权收购变成了福特本人持股58.5%的个人绝对控股企业，于1919年最终变成了福特本人持股58.5%、儿子持股41.5%、父子完全拥有的家族企业。

福特汽车公司的原始股东：股份数额、相互关系及退出时间和出售所获价值

	美元	人物关系	出售时间及售价 美元
亨利·福特	25500		
马尔科姆森	25500		1906年，17.5万
卡曾斯	2500	马尔科姆森的助手	1919年，2931万
弗赖伊	5000	卡曾斯的堂兄	1906年，估计是2.5万
施特雷劳	5000	马尔科姆森的生意伙伴	1906年，2.5万
安德森	5000	起草公司计划的律师	1919年，1250万
拉克姆	5000	起草公司计划的律师	1919年，1250万
贝内特	5000	气枪制造商	1906年，估计是2.5万
霍勒斯·道奇	5000	由部件供应商成为公司最大债权人	1919年，1250万
约翰·道奇	5000	由部件供应商成为公司最大债权人	1919年，1250万
格雷	10500	马尔科姆森的舅舅和债权人	1919年，2625万

注①：有一位匿名股东，罗塞塔·卡曾斯，是卡曾斯的姐姐，出了100美元，持有1股，但是因为福特不喜欢公司的股东里出现女人的名字，这100美元算在了卡曾斯的投资里。1919年出售时，这100美元变成了2.62万美元。

注②：1906年，马尔科姆森卖掉了自己的股份，福特和卡曾斯设法得到了这些股份，还购买了贝内特等其他三位股东的股份。福特的持股从25.5%上升到了58.5%，卡曾斯的持股则从2.5%上升到了11%。1919年，福特的儿子埃兹尔·福特以12500美元每股的价格买下了余下41.5%的股份，福特汽车公司成为100%由福特家族所有的企业。

资料来源：根据《福特传》中的文字记述整理。

5.3 杜兰特：通用汽车公司的创建与失去

1908年，福特推出T型车，杜兰特创建通用汽车公司。他们分别代表了相互竞争的两种企业哲学和战略。与一直远离银行和股票市场的亨利·福特不同，作为通用汽车公司的创始人，威廉·杜兰特从一开始就借助银行和股票市场，但也很快并两度因银行与股票市场而失去了通用汽车公司。

2008年底，通用汽车公司百岁之际陷入严重危机，以至2009年6月申请破产保护，需要清理出售多个扩张过度和难以为继的品牌和业务。历史何曾相似，在通用汽车公司最初的12年之中就有两次严重危机，并导致其创始人杜兰特失去公司的控制权。

杜兰特创建、失去、夺回、再失去通用汽车公司的历程，充分展示出了创业型企业家和投资人之间的脆弱统一和尖锐对立。尽管这已经是90年前的故事了，但却值得我们在今日重新审视一番：关于公司治理，企业家与银行家之间、创业者与投资者及资本市场之间，到底应该是怎样一种关系，才最有利于企业的创立、稳定与持久发展？

5.3.1 创业：从以2000美元银行借款购买一个马车铺开始

1886年9月，杜兰特在其家乡密歇根州弗林特市偶然驾乘了一辆带有弹簧座位的马车，被其舒适所打动。第二天便坐火车去了生产这种马车的由施梅德林和奥布赖恩的合伙店铺。当入伙要求被拒绝之后，杜兰特让两位合伙人开价，多少钱可以买下这家店铺及其车座的专利。对方开价1500美元，杜兰特要求给予5天的筹资期限，双方当即到律师事务所签署了店铺出让合同和车座专利转让书。

杜兰特从弗林特国民银行开出了一张2000美元、为期90天的期票。然后又找了他的好朋友多尔特、一位铁匠铺老板，以1000美元价格转让一半股权。1886年9月28日，杜兰特和多尔特两人合伙的马车生产企业正式成立，把从施梅德林和奥布赖恩的合伙店铺购买的所有物品和一辆成品马车全部运回到了在弗林特的一间租来的小屋中。

工厂开工后，多尔特负责生产管理，杜兰特主管销售，公司最初定名为弗林特公路车辆公司，后来改为杜兰特—多尔特马车公司。1892年和1894年，杜兰特—多尔特马车公司陆续设立了两个车辆子公司。1898年跨出弗林特市，购买了有80英里距离的密歇根州杰克逊市的帝国车轮公司。经过14年的苦心经营之后，1900年时，杜兰特—多尔特马车公司成为全美最大的马车制造公司。

杜兰特的一位得力干将哈迪于1900年巴黎工业博览会上看见了汽车，1901年回到弗林特后，对杜兰特和多尔特说："赶快放弃马车这一行，汽车会灭了你们。"这时的杜兰特似乎很满足于自己马车公司的业绩，对汽车还没有什么感觉，没有立即接受哈迪的建议。哈迪自己创建了一家汽车公司，以证明自己想法的正确。

5.3.2 马车商兼券商的杜兰特进军汽车业：入主和改组别克汽车公司

生于1854年、比杜兰特年长7岁的戴维·别克，曾是一个成功的卫生洁具商人。由于别克醉心研究汽油发动机，惹恼了他卫生洁具生意的合伙人，1899年他们卖掉了卫生洁具生意，别克得到这笔款项的一半，5万美元。别克用这笔钱投资成立了别克汽车和动力公司。但是几年之后公司就陷入困境，欠下做金属板材生意的布里斯科兄弟二人3500美元。

1903年5月，布里斯科兄弟出资重租了别克的汽车公司，布里斯科兄弟占股99%，别克只占1%。别克同意仅仅1%的股份，是因为他最大的愿望就是能让带有自己名字的汽车面市而不是胎死腹中。布里斯科兄弟根本支撑不起一家汽车公司，于是将别克汽车公司转让给了弗林特市的一个名叫惠廷的马车制造商人。但是惠廷同样支撑不起别克汽车公司，他把目光转向了当时全美最成功的马车公司老板——杜兰特。

1901年1904年间，在马车公司取得成功之后，杜兰特热心股市，并在纽约股票交易所买下了一个席位。1904年8月底，杜兰特回到家乡弗林特市，开始与惠廷、别克等人协商发展汽车业务。他们聘请了贝格尔（前密歇根州长的儿子，弗林特最大的木材厂老板）出任公司总裁，杜兰特的主要职责则是筹资。

1905年9月11日，弗林特的4家银行、4家骨干车辆及马车公司和数百个机构及个人共同出资，使别克汽车公司的资本金总额达到了150万美元。1906年，别克汽车公司成为全美规模最大、设备最先进的汽车制造商。1907年别克汽车产量4600台，接近全美头两年注册汽车总量的一半。

别克本人于1906年从别克汽车公司辞职。杜兰特当初分配给别克的股份约10万美元，但是由于红利不足以偿还别克欠布里斯科兄弟的债务，就把股份转给他们抵债了。10年后，这笔股份价值1000万美元。别克的投资屡屡失败，最后于1929年默默去世。今天看来，与那些后来从别克汽车上发了大财的人相比，别克先生似乎很不幸，要与当时那些众多的与别克同样自己研制汽车，但既没发财也没留下名字的人相比，别克也算是还有几分幸运了。

5.3.3 缔造汽车帝国：杜兰特组建通用汽车公司

1907年美国爆发了一次金融危机。消费者无钱购买汽车，很多汽车企业停产减产。极度乐观主义者杜兰特却让别克继续生产，库房里积压了大量汽车。由于政府的果断措施（发行了1.5亿美元国债）以及摩根的积极行动，危机很快结束。1908年汽车需求膨胀，其他汽车公司无货供应，需要顾客等待，而别克有大量现车出售。

杜兰特看到了一个汽车大发展的机会，萌生了创建一家总投资达1500万美元的“联合汽车公司”的想法，并计划由J·P·摩根公司提供三分之一的资金。杜兰特想把福特汽车公司也拉进来，甚至让他的伙伴们“首先搞定脑筋迟钝而又好感情用事的福特，再发挥其明星效应”。1908年初，别克汽车的杜兰特、福特汽车的福特、里奥汽车的奥尔兹（此人是当时非常畅销的奥尔兹小型汽车的发明人，因与合伙人矛盾离开生产奥尔兹汽车的奥尔兹莫比尔公司，自己另建里奥汽车公司）和马克斯韦尔—布里斯科公司的布里斯科四人开始谈判合并事宜。但是因为各自公司的定价及聘请哪家律师事务所等问题，福特和奥尔兹先后退出了合并谈判。撮合杜兰特找皮尔庞特·摩根公司投资的人是摩根的女婿萨特利，曾在杜兰特的手下做过两年中层管理者。但是摩根只与杜兰特谈了几分钟，就认定杜兰特是个“极不安分的幻想家”。事实上，金融大亨摩根在这个问题上确实是短视了，他压根没看到汽车的前景，认为汽车只是个富人的玩具。

在联合福特和里奥汽车公司及获取摩根支持的计划搁浅之后，奥尔兹莫比尔汽车公司的老板主动找杜兰特，希望与别克合并。这样，根据萨特利的建议，因为密歇根州法律对企业合并的限制太多，他们选择了公司合并法律环境非常宽松的新泽西州。因为新泽西州已经有了一家“联合汽车公司”，就选用了“通用汽车公司”这一名称。1908年9月16日，新泽西通用汽车公司正式成立。10月1日和11月12日，别克汽车公司和奥尔兹莫比尔汽车公司分别以375万美元和300万美元股份加1.7万美元现金的价格纳入通用汽车公司。随后杜兰特又以450万美元的价格把凯迪拉克汽车公司纳入通用旗下，并挽留利兰父子继续管理凯迪拉克汽车公司。这些公司都保留着独立的法人地位，通用是他们的控股公司。凯迪拉克，底特律市的一位创建者的姓氏。1893年，利兰父子在底特律开设该市第一家汽车制造工厂时，为了表示对这位先人的崇敬，决定用凯迪拉克作为自己所产汽车的名字。通用收购凯迪拉克是底特律股票交易市场有史以来最大的一笔交易。当时，包括别克在内的很多汽车公司的股票，虽然没有在纽约股票交易所上市，但都在底特律的柜台市场上交易。

以1908年的汽车产量来看，别克8820台，福特6181台，凯迪拉克2380台。合并了别克和凯迪拉克，并还有其他品牌的通用汽车公司稳坐美国汽车工业头把交椅。但是没过多久，福特成功推出T型车后，把通用远远地甩在了后头。1912年，福特生产17万辆T型车，而通用旗下的别克、奥尔兹莫比尔、凯迪拉克和奥克兰等汽车的总产量只有5万台。

5.3.4　通用汽车扩张过快陷入财务危机，杜兰特黯然离场

早期通用汽车公司就是杜兰特一个人的天下，他一只眼睛盯着工厂和产品市场，另一只眼睛盯着股票行情和资本市场，心里则想着称霸天下。成立之初，通用就到英国设立据点，1912年正式改名为通用汽车欧洲公司。杜兰特到处收购，通过股票交易手段，1908年到1910年间，通用汽车公司共吸纳了约25

家公司进入，并且大部分是全资拥有。其中11家汽车公司，2家电灯公司，余下为零部件企业。

1910年3月，通用汽车公司发行了100万美元的股票。别克公司的员工购买了12.2万，弗林特市的四家银行联手购买了38万，余下部分被底特律、辛辛那提和纽约三市的几家银行购买。但是当年4月就出现了市场低迷，银行立即停止了贷款，通用马上陷入了财务及经营危机。杜兰特到处借款维持通用汽车的生存。芝加哥大陆储蓄和信托公司本来同意借款950万美元，但由于通用汽车公司没有中央财务管理部门而告吹。这件事震动了通用汽车董事会，这使他们发现他们根本不知道拥有多少资金或短缺多少资金，公司财务账目一塌糊涂，濒临破产。

1910年9月25日，几家放款银行和杜兰特及通用旗下公司负责人会面。多亏利兰对凯迪拉克公司情况的介绍让银行家有了信心。几家银行同意提供为期5年、年息6%的1500万美元的借款，但通用汽车实际到账的是1275万美元。这些借款还要以“普通股”的形式获得红利，最后其实际获得的“红利”远远超过了借款额本身。

银行家集团以股权托管的形式取得了对通用汽车公司的控制权。通用汽车公司由一个5人组成的董事会执掌，其中有3位是银行代表。董事们选了波士顿李·西金森公司的斯托罗任通用汽车公司临时总裁。杜兰特保留副总裁和董事职务，但是没有任何实际管理权，创建通用时杜兰特就选择了副总裁的头衔，通用名义上的总裁先是乔治·丹尼尔（1908.9.22—1908.10.20），后是威廉·伊顿（1908.10.20—1910.11.23）。公司要提供办公室，三位银行代表董事要天天来公司上班。杜兰特的女婿和其他三位董事要辞职。由杜兰特推荐，斯托罗任命纳什为别克公司经理。纳什出身贫穷，从铁匠干到杜兰特先前创建的马车公司的经理。纳什1912年成为通用汽车公司总裁，名义上是第五任，实际是第一位真正行使了总裁职责的通用汽车公司总裁。此前的通用汽车总裁都多是名义或傀儡性质的，并没有真正行使多少总裁的职权。

斯托罗和其他贷款银行的行长们都想通用汽车公司尽早还债，他们的方法就是卖掉杜兰特四处收购来的那些企业。他们让杜兰特出任一个新成立的财务委员会的主席职务，但任务不是去收购，而是清查审计他已经收购来的那些企业。斯托罗感觉自己驾驭不了通用汽车公司。他和金融家们决定聘请托马斯·马尔出任通用汽车公司总裁，詹姆斯·肖为总会计师。在银行家们的强硬要求下，通用汽车公司申请将其全部股票在纽约股票交易所挂牌交易并获批准。

银行家托管通用汽车的5年时间里，通用汽车虽然没有太大的业务上的增长，市场占有率从21%下降到了8.5%。但是通用汽车在财务上却是十分健康了，以至1916年9月16日的董事会宣布每股派息50美元现金，这是公司成立7年来的首次现金分红，也是纽约股票交易所成立以来每股派息额的最高纪录。

5.3.5 东山再起，杜兰特通过雪佛兰夺回通用汽车公司控制权

1910年10月，杜兰特找到赛车手雪佛兰，鼓动他做汽车设计工作，仿造法国的经济型汽车。1911年5月，杜兰特出资，雪佛兰以技术做投入，成立了雪佛兰汽车公司。这一期间，执掌通用的银行家们决定停止别克10型车——一种小型车的生产，杜兰特决定自己另起炉灶生产别克10型车。为此，1911年8月杜兰特又成立了一个利特尔汽车公司。

在通用汽车公司大权旁落之后，杜兰特手中又有了新的汽车公司。1912年，他又做了个震动汽车界的举动：创建合众国汽车公司，首先在特拉华州注册，然后在纽约州，最后落户到了密歇根州。1913年8月由于利特尔赚钱而雪佛兰赔钱，杜兰特让利特尔公司兼并了雪佛兰公司。雪佛兰一气之下离开了杜兰特，并将其所持股票卖给了杜兰特，落得个与别克一样的命运，留下了名字而没有留下财富，1920年11月死于赛车事故。以后，兼并了雪佛兰的利特尔改名为雪佛兰，合众国汽车公司也改名为雪佛兰汽车公司。1915年雪佛兰汽车公司成功推出了雪佛兰490车型，采用与当时售价490美元的福特T型车同样价位投入市场，因为比T型车多电打火的起动系统而大受市场欢迎。大概是为了方便向金融界展示自己的产品，雪佛兰汽车公司在纽约设立了汽车工厂。

在杜兰特的雪佛兰汽车公司蒸蒸日上的同时，银行家们掌管下的通用汽车

却步履缓慢甚至停滞不前。债权人们只是一心保护自己的债权和利益，拒付股息，对盈利的部门也不提高员工工资。这时，杜兰特开始收购通用汽车公司股票，以期夺回对通用汽车的控制权。雪佛兰公司业绩优秀，杜兰特不断增发雪佛兰股份，以5股雪佛兰股票换1股通用汽车股票，通用汽车的小股东提着装满了股票的手提箱蜂拥而至。为了确认自己已经掌握了通用汽车公司一半以上的股票，杜兰特带着三个助手反复清点了一夜。

1915年9月16日，杜兰特在银行家们接管5年之后重新回到了自己创建的通用汽车公司。通用汽车召开了董事会，半数董事站到了杜兰特的一边。但是董事会在提名新一届董事名单时两派僵持不下。董事考夫曼邀请来的两位以观察员身份列席董事会会议的皮埃尔·杜邦和拉斯科布（时任杜邦公司财务主管，后任杜邦公司总裁）先是保持中立，后在银行家们的邀请下，成为调停人。杜兰特和银行家方各提名7位新董事候选人，杜邦提名3位中立的董事候选人。两个月后的1915年11月16日，通用汽车公司股东大会通过了新一届董事会成员的选举，同一天的董事会会议上委任杜邦为通用汽车公司董事会主席，并继续聘纳什为总裁。

起初杜兰特对于仍然由纳什担任公司总裁并没有意见。但是由于雪佛兰汽车销售火爆，杜兰特决定雪佛兰与通用的换股比例由以前的5比1改为4比1。这让站在银行家们一边的斯托罗派占不到便宜了，于是又发生了一次斗争，纳什站在了反杜兰特联盟的一边。但是凭借股权比例上的优势，杜兰特获得了胜利，纳什提出了辞职。纳什在斯托罗的支持下创建了纳什汽车公司。孤儿出身的纳什，死后留下了近5000万美元的财富。

1916年6月1日，杜兰特当选为通用汽车公司总裁，“一场盛大的演出又开始了”（斯隆语）。

5.3.6　春风得意，杜兰特领导通用汽车公司再度高歌猛进

1916年10月13日，杜兰特出任通用汽车总裁不到半年的时候，资本金总额达到1亿美元、注册于特拉华州的通用汽车公司替代了原来注册于新泽西州的通用汽车公司，原来处在新泽西州通用汽车公司作为控股公司管理下的独立

子公司别克、庞蒂亚克、奥尔兹、凯迪拉克等成为新通用汽车公司下属的事业部，通用汽车公司本身从以前的一个纯粹控股公司变成为一个运营性公司。1917年，新的通用汽车公司及其下属事业部正式投入运营。由于担心《反垄断法》限制，杜兰特没有立即合并雪佛兰公司，但到1918年，雪佛兰汽车公司也被并入了通用汽车公司。

杜兰特完全重掌通用汽车公司大权之后，重新起用了被银行家们晾在一边的利兰父子继续主管凯迪拉克，同时出重金留住了沃尔特·克莱斯勒，出任别克总裁。克莱斯勒为了从事"汽车事业"，牺牲12000美元年薪的工作，到通用汽车公司做6000美元年薪的工作，并且在银行家控制和纳什管理时期一直得不到加薪。杜兰特直接把他的待遇提高到50万美元一年，高得完全出乎克莱斯勒的想象。杜兰特收罗全国各地的零部件制造商，这其中包括海厄特滚珠轴承公司，并由此将管理天才斯隆纳入了通用汽车旗下。还有兼并戴尔科工厂时带来的凯特林，他的研究成果使通用汽车公司获利几十年。斯隆麻省理工毕业后，加入了海厄特的滚珠轴承公司。后来他父亲出资5000美元挽救是个优秀发明家但并非优秀商人的海厄特的公司，斯隆成为海厄特轴承公司总裁，领导海厄特成为滚珠轴承的领先供应商。

在留住管理人才的同时，雄心勃勃的杜兰特也得到了公司新董事会主席杜邦及其背后的杜邦公司的支持。杜邦家族制造火药，发战争财。但是相比其在通用汽车公司的投资收益，数亿美元的战争财"简直像零用钱一样不足挂齿"。1917年12月21日，杜邦公司董事会根据杜邦和拉斯科博的建议，授权购买2500万美元的通用汽车和雪佛兰汽车公司股票。到1918年初，杜邦公司通过从公开市场和个人手中购买，收购了23.8%的通用汽车公司股票。1918年杜邦与杜兰特一致决定将通用汽车公司的股本总额提高到2亿美元，年底，杜邦公司在通用汽车的投资达到了4300万美元，持股份额达到了26.4%。到1919年底，杜邦公司在通用汽车的投资达到了4900万美元，持股份额达到了28.7%。到1921年，杜邦公司持有通用汽车公司的股票份额进一步提高到了达到了36%（杜邦公司持股通用汽车后来受到了美国政府的反垄断起诉，1949年结案，法院判令杜邦公司在一年内剥离他们持有的通用汽车股权）。

杜邦方面人员接管通用汽车的财务部门。杜邦派拉斯科博出任通用汽车财务委员会主席，杜兰特是成员。该委员会负责所有财务问题，及高层管理人员的薪水决定。杜兰特任通用汽车执行委员会主席，该委员会负责管理财务问题之外的所有运营问题。杜邦方面的代表海斯克尔同时是财务委员会和执行委员会的委员。

得到拉斯科博和财务委员会的支持，杜兰特带领通用汽车公司在1918和1919年间又进行了大规模的业务扩张。此时的福特固执己见，以至不惜让已经上5亿美元的企业重新成为家族企业。福特汽车公司仍旧坚持大规模生产样式单一的黑色T型车，这一“色盲”行为让许多人选择了色彩斑斓的雪佛兰轿车。美国汽车业成了通用和福特两大巨人的天下。

5.3.7　人才流失，扩张失控：杜兰特彻底失去通用汽车公司

杜兰特的经历和体验让他坚信，只要是他自己做出的重大决定，事情准会取得成功，而靠领导集体做出的决策总会导致失败。杜兰特的这种自我膨胀让他和杜邦及高级管理人员的分歧都越来越大。公司管理任人唯亲，事业部的运营则以讨价还价为基础。斯隆说，杜兰特善于扩张，不善于管理，决策充满随意性。1919年，斯隆向杜兰特建议，由于公众股东对通用股票的兴趣越来越大，公司有必要请独立的会计师来进行审计。不太了解会计工作的杜兰特当即同意，并让斯隆负责这项本该由财务部门负责的事情。

1920前后，杜兰特的一人专断达到了顶峰，让高级管理人员寒心。有时他们会被杜兰特召集到他旅行途中的任何一个地方，可能还要等上几个小时，才能举行一次办公会议。“他从来是凭着充满智慧的某种直觉做出决断，开始从事一项大事业的。他从来不注意收集与工作项目有关的事实”（斯隆语）。1920年3月25日，由于杜兰特过分插手别克公司的管理，别克公司总裁克莱斯勒愤然辞职。可以说，克莱斯勒的愤然辞职和其随后创建的克莱斯勒汽车公司，堵死了杜兰特第二次离开通用汽车后想要第三次在汽车业崛起的道路。斯隆也在此时差点离开通用汽车公司。

此前，成功创建凯迪拉克公司、将凯迪拉克卖给通用之后又为通用服务

了十年的利兰父子，因为对待战争态度不同（一战爆发后利兰父子主张通用要为国家服务，生产飞机发动机，杜兰特不同意）而于1917年被杜兰特解雇。1910年是小利兰说服了银行家们不对通用汽车进行清算收回贷款，从而拯救了杜兰特和通用汽车公司。离开通用汽车后，利兰父子自己建立了为政府制造飞机发动机的工厂，然后用此工厂又创建了林肯汽车公司。投资人查墨斯在损失了上百万美元之后退出，最后林肯汽车被福特汽车公司收购了。这使本来只是凭借T型车独霸低端市场上的福特汽车公司，在高端市场上也与通用汽车展开竞争。

1920年，由于经济萧条，汽车需求疲软，杜兰特和拉斯科布合伙成立了通用汽车承兑公司，向低收入阶层的消费者提供购车贷款，但是无济于事。1920年底，整个美国经济陷入了大衰退。除了别克和凯迪拉克还维持减产运营之外，其他主要的汽车事业部都关闭了工厂。

一味扩张，疏于管理和控制，在带来产品积压的同时也为杜兰特最后的失败埋下了“股东基础不稳”方面的祸根。1920年3月，为了满足大肆扩张的资金需求，通用汽车公司发行了6400万美元的新股，参与认购的包括杜邦公司、J·P·摩根公司及一些英国投资公司。杜邦、拉斯科布以及摩根等所拥有的股票，达到了可以提名6位董事的份额。1920年6月，杜兰特接受了6位新董事：3位工业企业家，3位银行家。这其中就包括了一位摩根公司的合伙人斯特蒂纽斯杜，在杜兰特拼死吃进以维护通用股票价格时，正是这位通用的新董事在大肆抛售。

自从1917年开始，为了维持对通用汽车公司的控制权，支撑通用股价，杜兰特就不断地买入通用股票，甚至举债购买。对了对付华尔街的抛售，杜兰特还使用了一种类似现在共同基金的手法。他成立了一个杜兰特公司，由他的内侄担任总裁。这家公司以18美元的特定价格向“正派股民”提供通用汽车公司股票的“融资证券”。公司计划书说，“在人们以非常不明智的价格向证券市场狂抛通用汽车股票的最后几天，我们杜兰特公司全部买进了这些股票。”但是杜兰特的这招在华尔街遭遇了惨败，以致最后不得不出售通用汽车股票。通用汽车股票继续下跌，杜兰特资金链断裂，接近个人破产境地。最后，杜邦、摩根等投资者与杜兰特达成了协议。通过一家新的持股公司收购杜兰特的股票。

比较仁慈的杜邦派还想提名杜兰特任通用董事会主席，但是摩根派的人坚决反对。认为“杜邦他们这帮人怎么会这么糊涂和无能，竟然对杜兰特深信不疑”。而杜邦则认为“摩根公司对通用汽车的股票纯粹是瞎操心。摩根公司的人无时无刻不在质问杜兰特先生有关股票的事情，我觉得，我们没有必要去管他的事情。”

摩根公司的会计师们对杜兰特个人资产清算的最后结果是：他拥有的通用汽车股份按每股9.5元计算价值2404.5185万元，他的债务总计2403.7319万元，资产净值7865美元。

1920年11月30日，还差一周满59岁的杜兰特辞去总裁职务，退出了通用汽车公司。1921年1月，通用汽车公司决定支付杜兰特150万美元现金，作为给他的一揽子赔付金。

为了扭转危难的局势，董事会主席杜邦兼任总裁。拉斯科博仍任财务委员会主席。执行委员会进行了重组，包括杜邦、拉斯科博、海斯克尔和斯隆。这个新委员会负责运营政策，同时也负责一部分管理工作。原来由各事业部负责人组成的执行委员会成为运营咨询委员会。整个通用汽车公司基本按照斯隆此前一年所做、本来是提交杜兰特但是未被采纳的一项“组织研究”提出的分权管理模式重新构造了组织结构。

杜邦作为主席，实际主要由4人的执行委员会管理的状态持续到了1923年5月10日。本来1923年4月18日，股东年会选举新董事会；4月19日，董事会决定杜邦仍任总裁，领导原班人马再干一届。但是5月10日，杜邦提议召开了一次特别董事会会议，在先请另一位董事莫特担任会议主席后，杜邦提出了辞去总裁职务的请求，得到董事会批准。杜邦继续担任董事会主席，根据杜邦的提议，董事会聘任斯隆为总裁，并担任执行委员会主席。

杜邦卸下总裁职务，斯隆接任，意味通用汽车结束了杜兰特退出后以“稳定局势”为主要任务的特殊时期，进入了一个新的发展时期。执行委员会成员扩大到了10人，不再负责具体的管理性工作，而只是负责政策制订，行政管理性工作全部交回总裁负责。

斯隆一直领导通用汽车公司到1946年，先是作为总裁，后是作为董事会主席，同时一直担负着通用汽车公司首席执行官的角色。斯隆重建通用汽车公司分权管理下事业部制的组织结构，使通用汽车公司在很长一段时期里成为了现代多元业务集团企业管理的典范。

到斯隆为止的通用汽车公司历任总裁名单及任职期限

乔治·丹尼尔	1908.09.22—1908.10.20	此二人只是挂名，实际由杜兰特管理
威廉·伊顿	1908.10.20—1910.11.23	
詹姆斯·斯托罗	1910.11.23—1911.01.26	银行家们的代表
托马斯·尼尔	1911.01.26—1912.11.19	一定程度上是斯托罗所代表银行家们的“傀儡”
查尔斯·纳什	1912.11.19—1916.6.1	
威廉·杜兰特	1916.06.01—1920.11.30	名副其实的总裁
皮埃尔·杜邦	1920.11.30—1923.5.10	斯隆实际成为执行副总裁
艾尔弗雷德·斯隆	1923.05.10—1946.	从总裁到董事会主席兼CEO

5.3.8 杜兰特不甘心失败，但已经没有了再创辉煌的历史机遇

从通用正式退出的杜兰特，刚过完59岁生日后，又准备创建一家新的汽车公司。他向朋友和家乡父老发出投资邀请，得到了各种中小投资人的热烈响应。1921年5月，资本金为500万美元的杜兰特汽车公司正式成立，并挂牌上市。在工厂场址尚未确定的情况下，杜兰特汽车公司就收到了价值3100万美元的汽车订单。杜兰特汽车公司又很快取得了商业上的成功，公司股价表现也很好。不到两年的时间里，公司总共生产了7.5万辆杜兰特牌轿车。10个分厂总计雇佣4.8万人，各种汽车总计的生产能力是每年65万台，产品远销世界35个国家。

通用汽车公司被“银行家”夺走是杜兰特的最大痛苦，因此要自己也搞个银行干干。1923年3月，他接管了一家银行，自由国民银行。为了避免被银行被大资本操控，他特别设计了一种非常分散的股权结构。资本金由30万股东共同出资，每人仅限1股，每股150美元。掌握了银行的杜兰特，开始紧盯股市，对汽车的热情逐渐消散。

杜兰特汽车公司成立后虽然取得了不菲的业绩，但是在通用和福特之后，汽车业老三的位置也已经不可能是他了。1920年离开通用的克莱斯勒于1924年

首次推出了自己的汽车，后又收购了道奇兄弟陷于破产的汽车公司，占据了汽车业老三的位置。1925年的美国汽车市场是，通用和福特两家占一半以上，克莱斯勒（包括道奇和普利茅斯）占20%，余下30%由杜兰特和其他40家汽车制造商争夺。杜兰特曾努力再次通过联合之路，将杜兰特与其他小型汽车公司联合起来，以与上述三大竞争，但是这一切都已经太晚了，杜兰特汽车公司，杜兰特所创建的最后一家汽车公司，没有像通用汽车公司那样有人拯救，而是最后破产清算了。

不再做汽车梦的杜兰特本人则深陷1929年大危机爆发之前的那段美国股市大投机狂潮之中。坚定不移做多、甚至在道德上反对做空（你怎么能卖出你没有的东西）的杜兰特，最后被1929~1933年的大危机彻底击垮。1936年2月8日，杜兰特向纽约地方法院正式提交了个人破产申请。

杜兰特两次失去通用汽车公司时的情形几乎一样，轻率的大举扩张，产品库存积压，管理不善，缺乏控制。可以说，成就和最终毁灭杜兰特的都是他的天生乐观主义，及基于过度乐观主义的实业上的一味扩张和股市上的一味做多。

杜兰特不屑于像福特那样，做整天蹲在四处油污的工厂里的实干家。但是杜兰特是发明者的主心骨，他知道怎样为他们充满激情与梦想的工厂筹措资金。杜兰特热衷通过收购来迅速扩张自己的版图，在事业高峰时期，他平均每三个星期收购一家企业。

斯隆评价杜兰特时说，杜兰特成为大企业家很偶然，是碰上了好机会。公司的重大决定都要等他有空时才能拍板，并往往只凭一时的冲动做出。但是从公司治理角度看，失败于与摩根公司这类资本大亨之间的公司控制权市场博弈的杜兰特，是个十分维护公司和中小股东利益的人。杜兰特曾于1916年支出100万美元创建了一个电冰箱公司，开发出了FRIGIDAIRE冰箱，但是没有盈利。1919年，杜兰特让通用汽车公司收购FRIGIDAIRE冰箱，但是公司只付给他56266美元，远远低于他的投入。

如果杜兰特晚出生一百年，赶上IT产业崛起同时资本市场监管和中小股东保护也都更为有力的时代，也许他的命运会非常不同，会是一个能够保持住创业果实的IT精英吗？

5.4 3M：从错误中学习，在行动中创新

《基业长青》的两位作者柯林斯和波拉斯表示，“如果拿生命做赌注，赌我们研究的哪一家公司会在今后50~100年内继续成功，我们会把赌注下在3M上”（《基业长青》第198页）。

5.4.1 从错误中开始

1902年6月13日，五位创始人签署了公司章程，共出资5000美元，每人1000美元占1000股，在美国明尼苏达州双港镇（Two Harbors）创立了明尼苏达矿业和制造公司（Minnesota Mining and Manufacturing Co.），即3M公司。

亨利·布赖恩（Henry S. Bryan），Hermon W·Cable，John Dwan，William A·McGonagle，Dr·J·Danley Budd等五位合伙人中，有一位律师、一位医生、两位铁路经理和一位肉铺老板，并无一人有矿业和制造业的经验。他们的创业冲动来自当时该地区正因为矿藏而繁荣。与其他梦想开矿致富的创业者们一样，“先成立起公司，然后才进行调查研究”。与其他人不同的是，他们在面临失败后，坚持把公司发展下去，最终将他们的投入转变为了一项有利的风险投资。这五位创始人中只有双港镇的律师John Dwan在其有生之年中从公司赚了些钱，但是他们都作为3M公司的创始人而被历史铭记。最初，公司总部就设在了John Dwan的律师办公室。

3M的五位创立者购买了他们认为蕴藏着金刚砂的水晶湾矿。金刚砂可被用来制造市场需求非常大的工业磨料（砂纸上的砂粒和砂轮研磨剂），比当时用的石榴石要好，预计只要将采出的金刚砂卖给砂轮制造者就可大赚其钱。但是很快发现，这些矿石并非金刚砂，而是价值很低的钙长石，其硬度还不如石榴石，并不适合于制造砂粒和砂轮研磨剂。1904年底，3M公司股票在当地酒吧里两股才能换一杯最廉价的威士忌。

1904年11月，董事会每天都在开会，寻找一个解决之道。创立者们决心不

放弃公司，员工也同心协力。合伙人们决定消减自己的薪水，直至取消，还要个人再出资给员工发工资，以便把公司维持下去。最后公司接受了一位来自明尼苏达州首府圣保罗的名为埃德加·奥博（Edgar B·Ober）的投资者的建议，决定脱离采矿业，转向制造砂纸和砂轮。

5.4.2　奥博的坚持和奥德威的耐心资本

奥博高中毕业后成为一家铁路公司的职员。努力工作的奥博不断得到提升，但这一工作满足不了他的雄心。当有机会买入了5000股3M公司股票后，他对公司充满信心和希望，他认为随着美国的工业化，3M可以凭借工业研磨产品发展壮大。为了转向砂纸制造，公司需要融资支付其债务，及建设砂纸工厂。奥博找来了他的富商朋友卢修斯·奥德威（Lucius P·Ordway），圣保罗一家铅管制造企业的合伙人。奥德威21岁从布朗大学毕业后来到了圣保罗市经商。在奥德向他提出投资邀请时，他已有身家近百万美元。

1905年，奥德威在确信不需要他介入日常运营的条件下投资了2.5万美元，同时有几位创始人们兑换掉了他们的股份，奥博和奥德威合计占到了3M公司60%的股份，奥博接替了最初五位投资者中的亨利·布赖恩，出任公司总裁。奥博在德卢斯市购买了一个旧面粉磨坊，将其改造成了一个砂纸厂，公司办公地也搬迁到了德卢斯市。奥博在担任公司总裁的前12年里，没有领取薪水，Cable 和Dwan两位坚持下来的创始合伙人也没有领取薪水。

没有奥博的坚持可能就没有3M的继续存在了，没有奥德威的耐心资本，也同样不会有3M的继续存在了。尽管销售开始增长，3M还是需要资金投入。两年内，奥德威又向公司投入了20万美元。1906年，奥德威开始介入公司日常管理，出任公司总裁，亲自批准每一笔付款。奥德威虽有心退出，但是找不到合适的人能够购买他所占3M的绝大部分股份。毫无价值的矿藏，差劲的产品质量，激烈的市场竞争，每一项都足以毁灭当时的3M。1909年，还是由对3M公司前景更有信心的奥博重新出任了总裁，并且一直任职到1929年。

5.4.3 麦克奈特：3M的公司成长建筑师

新投资人奥博和奥德威，除了以资金在财务上挽救了3M公司之外，还设定了公司的新发展方向和基础制度架构，引入了3M公司的成长建筑师和实际缔造者威廉·麦克奈特（William L. Mcknight，1887.11.11—1978.3.4）。

麦克奈特在3M公司服务59年，把3M公司发展得声誉卓著，他自己却默默无闻。这一鲜明对比，刺激了《基业长青》两位作者，他们得出如下论断：伟大公司无须伟大构想，更无须魅力型伟大领袖，公司组织本身才是终极创造。

麦克奈特出身于南达卡州的一个农民家庭，在3M公司所在地的德卢斯商学院就读。由于家境贫寒，1907年5月，未满20岁的麦克奈特在还差半年才毕业的时候，就受聘于3M公司担任助理簿记员，周薪11.55美元。麦克奈特个性内向、不爱说话，但善于思考，勤奋耐劳。他说："我知道自己并不比别人聪明多少，但我投入的时间要比别人多得多。"

1909年，麦克奈特成为3M公司的第一位成本会计，两年后出任芝加哥销售办公室主任。1914年，奥博提升麦克奈特为主管公司生产和销售的总经理，越过了两位更为年长和更有经验者。1916年，29岁的麦克奈特出任公司副总裁，并最终于1929年正式接替了奥博，就任3M公司总裁。1916年，公司创立14年之后，实现了每股6美分的首次分红。同年，麦克奈特创建了公司第一个质量实验室，由此开启了3M注重产品质量、创新和研发的成长历程。

麦克奈特不是3M公司的创始人，但他是3M公司创新机制的缔造者，以他终生的3M职业生涯塑造出了一家将创新变成系统和可重复过程的公司，成为2003年《财富》杂志选出的美国有史以来十位最伟大的CEO之一。

5.4.4 卡尔顿：研究就有回报

奥博启用会计和销售出身的麦克奈特，奠定了3M的管理架构，麦克奈特启用里查德·卡尔顿（Richard P · Carlton）则奠定了3M公司的研发架构。1921年，麦克奈特雇用了卡尔顿到公司质量实验室工作。卡尔顿是3M公司第一个拥有大学学历的技术人员，很快就把质量实验室那种反复试验的简单做法转变成了科学测试方法。1925年，卡尔顿编写出了《技术信息手册》，系统阐述了3M的技术和研发策略。卡尔顿认为，每一种新思想都应该有证明自己价值的机会，研究就有回报。

在麦克奈特的支持之下，卡尔顿的这些想法最终在1937年成为公司的战略宗旨：研发是公司得以发展的唯一因素。此时，3M已不再满足于只做具体实用产品上的研发，开始实施大规模的研究计划，在向各部门的实验室增加拨款的同时，还建立了进行长期研发的中央实验室。随后，又相继成立了一个旨在调查新思想的新产品部和一个旨在提高生产技术的产品制造实验室。1949年麦克奈特转做公司董事会主席之后，卡尔顿成为3M公司总裁，任职到1953年。

卡尔顿说："我们犯过许多错误，有时也是非常幸运的。我们有的产品你可能会说只不过是偶然发现的，但是如果你原地不动，你永远发现不了。"从防水砂纸（1921年）、遮蔽胶带（1925年）到不干胶贴（1980年），3M诸多大获成功的产品都是"在行动中偶然发现"而产生的。一次、两次是运气和偶然，不断反复出现，则不再仅仅是运气，而是一种能力，一种公司组织的内在机制，一种存在于偶然背后的必然。

为了纪念卡尔顿在研发和技术创新上的贡献，1963年3M公司成立了卡尔顿学会。加入这个学会，是3M员工的至上荣誉，标志着他们在3M公司的杰出和创见性科技贡献。

5.4.5　3M的公司创新机制

110多年的公司历史中，3M员工何以能有那么多并且层出不穷的创新性想法？在偶然表象背后的是从奥博到麦可奈特和卡尔顿为3M公司所确立起来的一种文化、体制和机制：对员工授权、尊重和容忍，鼓励和支持员工的创新性想法。

在那个只要员工有手脚、不要员工有头脑的泰勒主义盛行时代，3M公司却把员工当作家人一样对待。1916年奥博在公司重要职员中实施了利润分享计划，1939年麦克奈特将这一计划扩大到了公司全体员工。麦克奈特还于1932年建立了公司员工失业保险制度。

麦克奈特提出“谁有想法就听谁的”，可以说是远远领先于时代的知识经济企业家和知识型员工的领导者。1948年，麦克奈特在从总裁职位退任的前一年，把起源于经验和适应性调整而形成的委托责任、授权员工及鼓励个人创新理念写入了3M公司章程，公司组织结构也进行了调整，按业务划分为各自独立经营的事业部。同一年，3M正式决定，允许员工将15%的时间花在自己的项目上。3M的这一“15%政策”已经成为今天众多创新型公司的样板，最有代表性的就是谷歌公司，允许其工程师把20%的工作时间用来做自己感兴趣的项目。

除“15%政策”之外，3M还有一系列的鼓励创新机制。如“30%”政策——每个业务部门30%的业务收入应该来自过去4年中的创新产品和服务；创新奖励基金——分配给开发原型及做市场试销的研究人员，一笔最多给付5万美元；自营事业机会——3M员工成功推出一种新产品后，根据产品销售规模，可以组建独立部门自主运营；双轨并行职业路径——专业技术人才可以不必转到管理岗位而得到升迁等等。

来自于自身历史而形成的文化基因和自觉形成的一系列内部机制和政策，使3M公司作为一个组织已经超越了麦克奈特和卡尔顿等个人，成为了柯林斯和波拉斯所称谓的“一部突变机器”，不论谁来当首席执行官，都会继续演进。

5.4.6 管理层更替与公司治理

首任总裁由最初五位投资者中的布赖恩担任，1905年公司重组后新进入投资者奥博担任第二任总裁，但是很快于1906年由另一位新投资者奥德威接任。1909年奥博第二次出任总裁，在位20年。1929年，由公司内部成长起来的麦克奈特接替奥博，成为3M公司第一位由职业经理人担任的总裁。

麦克奈特担任总裁20年之后，到1949年转任董事会主席。麦克奈特担任董事会主席到1966年，期间有卡尔顿（1949—1953）、赫伯特·比托（1953—1963）和伯特·克罗斯（1963—1966）等三任总裁。1966年之后麦克奈特担任董事会名誉主席到1972年。

1966年开始，3M公司进入了5年左右一届的有序更替时代。依次出任董事会主席兼首席执行官的是：伯特·克罗斯（1966—1970），哈里·赫尔泽（1970—1975），雷蒙德·赫佐格（1975—1980）、刘易斯·莱尔（1980—1986）、艾伦·雅各布森（1986—1991）、里维奥·德西蒙（1991—2001）、詹姆斯·麦克内尼（2001—2005）、乔治·巴克莱（2005—2012）。2012年2月，英格·特林（Inge G·Thulin）出任3M公司总裁兼首席执行官，5月开始兼董事会主席。这些人在出任最高职位之前，多数都是前任总裁，职业升迁路径基本是总裁、运营总裁或美国业务总裁——总裁兼首席执行官——董事会主席兼总裁及首席执行官。

2012年，3M全球销售总额299.04亿美元，其中海外销售额193.76亿美元，占公司销售总额的65%。自1916年首次分红以来，3M一直坚持每季度分红，2012年每股现金分红2.36美元。每股原始股等同现金持股3072股，不记分红，1904年只值半杯廉价威士忌的一股3M股票，现值是34万美元。

没有哪家公司能比3M的历史更好地诠释了“失败是成功之母”的道理：从错误中学习，在行动中创新。公司如人，要成长，不怕犯错误，就怕你什么都不干。

GREAT COMPANIES
INNOVATION, GOVERNANCE AND SUCCESSION
伟大的公司
创新、治理与传承

第6章 公司制度与企业家精神

6.1 董事会里的企业家精神

6.1.1 现代公司的企业家精神

无论如何定义，说起企业家精神，总会与创新和创业相联系。初创企业和中小企业，自然地具有企业家精神，并且这种企业家精神也很自然地会在企业主或公司创始人身上体现出来。可是，在成熟公司中，创始人已经退出了公司，公司由董事会掌控大局、CEO为首的职业经理人团队打理具体事务，企业家精神体现在哪？换句话说，在现代公司治理体系中，股东、董事、经理或是大股东、董事长、总裁等，谁是企业家，谁最具有或应该具有企业家精神？

有学者提出要用“以企业家为中心的公司治理模式”替代“以经理人为中心的公司治理模式”。我们认为，现行的公司模式，法律和理论上都是以董事会为中心的，实际运作中，在中国这类股权高度集中的国家，往往是以核心股东为中心的，在英美等股权高度分散的国家，往往是以关键经理人为中心的。以企业家为中心的公司治理，是一种美好愿望，但没有实际可操作性，因为你无法清晰界定企业家的概念。我们也还没有见到任何一个国家公司法上有企业家的概念。

那么，在一个并没有企业家概念的现代公司中，或更准确地说，在以董事会为中心的现代公司治理体系中，企业家精神是如何体现出来的？撇开初创企业和创始人仍在掌控大局的公司不说，成熟的现代公司也无疑是可以具有企业家精神，并且实际具有极为强大有力的企业家精神的。成熟现代公司的企业家精神在“创新”和“创业”两个方面，都有丰富的表现。

“创新”方面，今天改变世界的大多数革命性技术，实际都是源自成熟公司的研发投入而产生，而不再是爱迪生那样的个人创新者力所能及的。从AT&T公司的贝尔实验室，到施乐公司的帕罗奥尔托研发中心（PARC），是成熟大公司的研发投入启动了现代微电子和IT产业的非凡历程。

“创业”方面，成熟公司的贡献表现在两个方面。一是，成熟公司自身通过新技术和新业务的开发，实现自身转型，成为一家事实上的全新公司，如IBM从打卡机到计算机再到IT服务、3M从采矿到高科技、丰田从纺织到汽车、苹果从电脑到手机、富士通从电话机到计算机，等等。二是，很多新创公司实际源自成熟公司，或具体业务，或创业人员本身，是从成熟公司分离出来的，也就是通常所说的“内企业家”。从大公司走出来的创业者，这方面的例子不胜枚举，从苹果公司创始人之一的沃兹尼亚克，到星巴克公司创始人舒尔茨等等。

6.1.2 集体决策的董事会何以容纳个人属性的企业家精神

现代公司治理的基石是董事会，董事会的基本原则是集体决策。公司走向成熟在公司治理上的根本标志就是董事会这块基石是否夯实了，董事会的集体决策原则是否得到了严格遵守。这是否会窒息了本质上是一种个人属性的企业家精神呢？客观地说，这不仅很有可能，并且往往广泛存在。因此有些学者提出了构建以创新为导向的公司治理模式等。

创新、创业与企业家精神，本质上来说，都要源自个人的内心。只有具体的活生生的人，才会有冲动、血性或说动物精神一类的本能性的创新和创业基因。说公司创新或公司创业，本质上是说，公司作为一个组织，要成为那些具有创新、创业精神和能力的个人的创新和创业平台，为他们的创新创业想法提供资源支持，并在进入到一定阶段之后，以组织的强大能力把这种创新创业行为贯彻和执行下去，或作为公司成长的第二曲线，使其成为公司新的主营业务，或是将其分离和分立出去，公司取得资本投资收益。

遗憾的是，现实中的大多数公司是无法做到这一点的。只有那些真正卓越的公司能够多次做到这一点，从而屹立百年，与时代同行。更多的公司可能做到一次、两次，但是做不到三次、四次。在这种现象的背后，是市场的逻辑永远强于组织的逻辑，市场的逻辑也远比组织的逻辑更为复杂。所以，有诺贝尔经济学奖，而没有诺贝尔管理学奖，也没有诺贝尔法学奖。公司已经是到目前为止人类所发明的最好的一种经济组织和企业制度了，但在创新创业和企业家精神背后的市场逻辑面前，公司还是一个小学生，需要努力学习和成长。

集体决策的董事会要容纳个人属性的企业家精神，可能是一企一策的，即一个企业有一个企业的具体做法。创始人仍在的时候，可能创始人是企业家精神的核心体现，在这种公司，董事会可能只需要设定公司在创新投入上所能承受的最大风险。谷歌公司和亚马逊公司目前就属于这种情况。创始人不在之后，可能某位新入主的控制性股东，或是某位有重要地位的关键人物，通过出任公司董事长或首席执行官而成为公司企业家精神的主要来源。1905年奥博和奥德威入主3M，2005年与凯马特合并后兰伯特入主希尔斯，以及1959年冈田完二郎就任社长之后的富士通等，都属于这种情况。第三种情况则是，没有了控制性股东也没有了创始人的股权分散公司，董事会在对公司处境有清醒认识的基础上，为公司引入具有强烈企业家精神的人，来带领公司“二次创业”。

成熟公司董事会通常会从以下三个来源为公司引入具有企业家精神的人，带领公司走出困境。一是召回已经退居二线或者可能因为种种原因而离开了公司的创始人。2008年已经退居二线8年的舒尔茨重回星巴克公司担任首席执行官。1997年已经离开了12年的乔布斯重回苹果公司，并带领公司通过一系列的创新，从一家电脑公司成长为引领世界潮流的消费电子公司。二是从公司外部甚至是从行业外部聘请合适人员。1914年IBM前身C-T-R公司董事会聘请老沃森出任总裁和1993年IBM聘请郭士纳出任董事长兼CEO，都属于这种情况。三是从公司内部培养和成长起来的具有企业家精神的人。铃木敏文1963年进入伊藤洋华堂，1973年负责创立日本7-11，2005重组伊藤洋华堂和7-11为7&I控股集团。

6.1.3 富士通开发计算机和乔布斯重回苹果时的董事会角色

1959年，离开古河财阀、作为职业经理人在语部兴产工作了10余年，已经68岁的冈田完二郎，受时任富士电机社长兼任富士通社长的和田恒辅的邀请，出任富士通的社长（后来又出任了会长）。一位古河财阀核心企业古河矿业的前社长，出任作为古河财阀孙级公司的富士通的社长，这一“奇迹”现象背后的原因就是冈田看好计算机。在冈田出任社长之前，富士通的社长基本是由母公司富士电机的高管兼任。富士通业务快速发展的势头和冈田的特殊身份，带给了富士通相对于其母公司富士电机的独立性，使富士通能够做出“在开发电子计算机上孤注一掷”这种大胆甚至近乎赌博性质的决策。

冈田完二郎这位具有企业家精神的人，因其自身的特殊地位能够说服公司董事会支持公司大胆的创新行为。但是没有这种特殊地位的人能够凭借什么说服董事会支持公司的创新行为呢？因其被迫离开苹果后所创NeXT公司被苹果公司收购而重回苹果公司的乔布斯，为我们提供了一种凭借市场力量而说服董事会的案例。1997年，决定收购NeXT公司并请回乔布斯的苹果CEO阿梅里奥被董事会解聘了，乔布斯却又“解聘”了这个聘请他重掌苹果的董事会。这里的解聘要加上引号，是因为乔布斯并没有法定权力解聘董事，他是凭借市场力量劝说那些他不满意的董事自愿离职。

乔布斯以“统领团队的顾问”身份回到苹果之后，为了留住公司人才，向董事会提出要给高层员工的股票期权重新定价。董事们犹豫不决，乔布斯争辩说，你们是让我来解决问题的，人才是问题的关键，可我们正在流失人才。随后，董事们想要先进行可能要耗时两个月的法律和财务方面的研究后再做决定。乔布斯愤怒地以辞职相威胁：“你们疯了吗？诸位，如果你们不愿意这样做，我下周一就不回来上班了。因为我将面临成千上万比这困难得多的决定要做，如果你们在这样的决定上都不支持我，我注定会失败。所以，如果你们不批准，我就辞职。（《乔布斯》第346页）”第二天，董事会做出决定，按解聘阿梅里奥当天的公司股票价格给公司高层员工的股票期权重新定价。

这件事却让乔布斯很不满，他不想继续向一个自己并不敬佩的董事会汇报。乔布斯提出：“停车吧，这样下去不行。这家公司岌岌可危，我没时间哄董事会开心，所以我要你们全部辞职，要不然我就辞职，下周一不回来上班了。（《乔布斯》第346页）”最初，乔布斯只同意原董事会成员中有一个人留下，董事们提出再多留下一位，这样看起来好一些。

法定权力上，是董事会有权解聘乔布斯，但是残酷的现实是，董事们知道他们无法忍受乔布斯而愤然离开。而且，当时那种情况下，继续做苹果公司董事会成员的前景，对他们来说也不是那么诱人了，大多数人都很高兴解脱出来。

6.1.4 保持规则，富有弹性

从乔布斯（自身担任董事长并且是公司大股东）先前败给斯卡利和后来赢了阿梅里奥（董事长兼CEO）的两次苹果权力斗争中我们都可以清楚地看到，是董事会中的多数派支持决定胜负，董事长职务本身不起决定作用。这也许是乔布斯与苹果公司治理案例可以带给我们的一个最大的启发：不管你是谁，创始人、大股东或董事长兼CEO，公司内部领导权配置的最高决定者都是多数派董事。董事会的权力到位，有董事会的裁决机制，多大、多激烈的公司内部权力斗争，都可以和平解决，不会因权力斗争而使公司瘫痪以至分崩离析。

那么，乔布斯重回苹果之后，说服苹果公司董事离职（其中包括苹果公司的第一个投资者和首任董事长马库拉，马库拉也是1985年乔布斯被拍离开苹果公司时的董事会成员），是否违反了公司治理规则呢？相对于公司董事会，乔布斯的权力来自于市场力量，并且是在董事们认可和认同这种市场力量的情况下，才发生这种特殊作用的——董事们自愿离职，并授权两位留任董事和乔布斯为公司寻找新的董事会成员。如果董事们刚愎自用，不认可和不认同，他们当然有权力立即解聘如此“狂妄”的乔布斯。但是，那样的结果可能就是苹果公司已经不复存在了。

事实上，当时苹果公司董事会成员们，在阿梅里奥不在场的情况下，已经对困境中的苹果公司形势做出了如下判断：如果继续让阿梅里奥担任CEO，只有10%的机会可以避免破产；如果解聘阿梅里奥并说服乔布斯接任，有60%的机会生存下去；如果解聘阿梅里奥而乔布斯不来，必须找一个新的CEO，则有40%的机会幸存（《乔布斯》第340页）。正是基于这种认识，尽管很惊讶，但是当时苹果公司董事们，还是自愿接受了乔布斯的提议：我需要一个更能理解和支持我的新董事会，你们都辞职吧！

在市场的逻辑面前，公司组织的逻辑是次一级的，也许这就是现代公司治理系统要保持弹性、灵活性和适应性的原因所在。

6.2 富士通：战略转型的日式治理因素

索尼白手起家的创业历程很“美国化”，富士通则是诞生于传统的日本财阀企业体系之中。索尼的成功，也许没有多浓厚的“日本特色”，但是富士通在电子产业里的崛起，却带着浓厚的“日本特色”。

6.2.1 古河财阀与西门子联姻，富士电机分立通信设备业务

富士通的起源最早可以追溯到日本十五大财阀之一的古河财阀。古河财阀创始人古河寺兵卫于1874年开始从事制铜业，到1890年代已经占据了日本铜产量的40%。随着制铜业上的成功，陆续成立了古河矿业（1905）、古河银行（1917）和古河商事等古河财阀核心企业，以及旭电化工（1917）、横滨护谟（后来的横滨橡胶，1917）和古河电气工业株式会社（1920）等。

1923年8月，古河电气工业株式会社与德国西门子公司合作创建了富士电机制造株式会社。“富士”最初的原文名称并不是现在的“FUJI”而是“FUSI”，取自古河电工的首音“FU”和西门子的首音“SI”，并由F和S两个字母的组合图形作为公司徽标。富士电机制造株式会社于1984年更名为富士电机株式会社。2003年日本准许设立纯粹控股公司之后，富士电机株式会社导入了把整体事业划分成子公司的纯粹控股公司体制，更名为富士电机控股株式会社（FUJI ELECTRIC HOLDINGS CO·, LTD），下辖富士电机系统株式会社、富士电机机器制御株式会社、富士电机电子设备技术株式会社、富士电机工程株式会社等子公司。富士电机控股株式会社是一家上市公司，2010年3月底注册资金475亿日元，员工人数23524人，年销售额6912亿日元。

1935年6月，富士电机的通信和电话业务事业部分立，富士通信机制造株式会社正式成立。这一名称中的“通信机”，日语就是电话机的意思，就是富

士电机集团旗下的通信机制造企业。今天的“富士通株式会社”，是富士通信机制造株式会社开发电话机之外业务，尤其是计算机业务之后才开始采用的名称。富士通信机制造公司，作为富士电机的电话机业务子公司，成立之初由富士电机社长吉村万治郎出任董事长，其他的董事和监事人员也都是来自富士电机和古河电气。公司资本金300万日元，员工700人。富士通信机制造公司发展很快，1949年5月在东京证券交易所上市，1954年资本金达到6亿日元。

6.2.2 战略性业务转型：从富士通信机到“通信与电子的富士通”

由于通信设备制造业务严重依赖于日本政府的电信部门和国营电信公司这一单一客户，富士通信机制造公司在“摆脱国营电信公司”的压力之下，从1940年代末期开始着力开发新业务，1954年开发出了日本第一台继电器式计算机FACOM100。但是通过发展计算机业务，从富士通信机公司向“通信与电子的富士通”转型是在1959年底，冈田完二郎（公司创立时的监事，原古河矿业社长）就任社长之后才开始的。1961年3月，冈田社长将公司改组为通信事业部和电子工业事业部两个部门，8月将公司的简称定为“富士通”，11月又正式决定公司名称为“富士通株式会社（FUJITSU LIMITED）”，并使用“通信”和“电子”两个词作为副题。冈田作为社长领导富士通在1960年代成为了日本电子产业领域里的先锋企业，1970年5月，冈田转任会长。

在“通信和电子的富士通”之后，富士通又采用了“开辟信息时代的富士通”和“信赖与创造的富士通”等公司战略目标和定位，逐渐确立起了富士通在日本国产计算机领域里的领导者地位。在1961年将主要是计算机开发业务的电子工业事业部放在与公司主营的通信设备业务平起平坐位置的时候，实际是一个部门（计算机）在烧另一个部门（通信机）赚来的钱。在1962年冈田提出富士通“要在电子计算机上孤注一掷”时，计算机业务还是亏损的（当时还没有任何一家日本企业的计算机业务盈利），并且占富士通销售收入的份额也还不足10%。可以说，冈田社长的个人因素在促使富士通从通信机制造企业转型为计算机制造企业方面起了重要作用。那么冈田是如何具有这种眼光和魄力的呢？这也许从他的个人职业经历中至少可以得到部分解释。

6.2.3　冈田完二郎：富士通战略转型的日式治理因素

冈田完二郎生于1891年，父亲是银行职员，1913年毕业于日本一桥大学的前身学校东京高等商业学校。因为仰慕古河财阀创始人古河寺兵卫而进入了古河合名公司（合名公司一般为财阀系列企业的控股企业或说母公司）。冈田精通英语、德语，1920年代，作为调查员出访欧美诸国，进行“关于欧美诸国的调查研究”。1941年，古河合名公司与古河矿业公司合并，冈田升任古河财阀核心企业古河矿业的董事。1945年10月日本战败之后，古河财阀的第四代家族传人古河从纯辞去了古河矿业社长职务，冈田接任，成为了第一位与古河家族没有血缘关系的社长，也可以说是古河财阀的第一位职业经理人。1946年底，冈田因为日本解散财阀而被从古河矿业社长的位置上免职。1947年进入语部兴产公司，1952年出任语部兴产的副社长，1958年因语部兴产原社长去世而从语部兴产退位。

离开古河财阀，作为职业经理人在语部兴产工作了10余年，已经68岁了的冈田完二郎，受时任富士电机社长兼任富士通社长的和田恒辅的邀请，出任了富士通的社长。富士通是从富士电机分离出来的子公司，富士电机是古河电气与西门合办的子公司。古河电气实际上是要比古河矿业低一个级别的，因为古河矿业是财阀的核心，并且是由古河合名与古河矿业合并而成的，实际是整个财阀的母公司。一位古河财阀核心企业古河矿业的前社长，出任作为古河财阀孙级公司的富士通的社长，应该不仅仅是“屈尊”或者“大材小用”那么简单。这一“奇迹”现象背后的原因之一，就是冈田看好计算机。冈田虽是经济学专业出身，但是痴迷于高新技术。在冈田出任社长之前，富士通的社长基本是由母公司富士电机的高管兼任。富士通业务快速发展的势头和冈田的特殊身份，带给了富士通相对于其母公司富士电机的独立性，使富士通能够做出“在开发电子计算机上孤注一掷”这种大胆甚至近乎赌博性质的决策。

在坐满了来自富士电机及古河系其他企业的大人物们的富士通董事会上，来自富士通经理层和年轻技术人员们的关于发展计算机业务的提议，按照正常的“人人平等一人一票”原则是不可能通过的。但是冈田完二郎的特殊地位，使他可以顶住守旧的董事们的压力，而支持年轻经理和技术人员的创新。用冈田自己的话说是，“比如有10名董事，其中有3人赞成的话就应该下令去做；如果有5人赞成的话，就已经动手晚矣。”在1960年决定兴建计算机制造工厂时，董事们纷纷质疑：“我们公司靠国营电信公司的工作，就已经获得了足够的收益，何必还建计算机工厂呢”“把通信部门汗流浃背挣来的钱投进前途未卜的计算机，岂不是对股东背信弃义的行为吗”？但是冈田坚持做，他劝服说：诸位学习得太不够了，单靠国营电信公司的业务，富士通就不过是一个承包工厂，无法获得飞跃发展，我咨询过的电子专家和公司经营者都认为电子计算机产业前景广阔。

6.2.4 富士通的股权结构：股权分散、机构投资者和交叉持股并存

虽然出身于财阀这种旧时的日本企业制度之下，但是富士通成功地崛起于“美国模式”主导的IT产业，其股东和股权结构也逐步演变为了以机构投资者为主的股权分散公司模式。截至2009年3月底，富士通公司前10大股东合计持股34.85%，其中7家为金融和信托机构。母公司富士电机控股公司直接持有4.58%的富士通股份，富士电机附属公司富士电机系统公司持有3.96%，富士通员工持股会持有1.37%，这三者合计为9.91%。

值得一提的是，虽然从出生上来说，富士通是富士电机的子公司，富士电机是母公司，但是由于富士通发展的规模比较大，并且反过来又持有富士电机的股份，并且高达10.40%。在股权隶属上，富士电机和富士通已经是互为母子公司的关系了。两家大型股权分散的上市公司之间的这种相互持股关系，在英美模式中是很少见的，这也许算是富士通身上仍然具有的一个重要的“日本特色”。

一般认为，以产品创新为主的电子行业，需要灵活性，美英式公司治理占优，而以流程创新为主的产业，如汽车，日德式公司治理占优。但是，脱胎于旧式财阀企业的富士通却能够“变通与灵活”，在电子行业里走在世界前列，

这也许说明，公司治理模式对公司战略行为和业绩的影响也许不是单一和线性的。公司的成长，既要依存于其历史，又要走出其历史。

6.3 史蒂夫·乔布斯：苹果公司的治理传奇

乔布斯（Steve Paul Jobs）成功创建了苹果[①]和皮克斯[②]（Pixar）两个公司，改变了电脑、电影、音乐、手机和移动终端等五个产业的格局，故事与传说很多，我们主要从苹果公司治理结构演变角度对这位商业英雄的故事进行一下总结。

乔布斯，既不同于中国武侠世界里完全个人主义的英雄，也不同于中国现实经济中那些一人决定企业兴衰的能人。他的商业履历完全是在现代商业和公司治理规则下展开的。

乔布斯和王志东一样，被迫离开自己所创办的公司，但他通过成功创办新企业而于12年之后又重新回来了，并且一直执掌苹果至其因病去世。

6.3.1 苹果起步：乔布斯负债经营，吓走合伙人韦恩

苹果电脑股份公司的前身是苹果合伙企业，存续了不到一年的时间。1976年4月1日，乔布斯和还在惠普公司工作的沃兹涅克（Stephen Gary Wozniak）达成了一份10页纸长的合伙协议，约定二人各自占有合伙企业45%的权利，余下

---

① 苹果股份有限公司，简称苹果公司，英文名Apple，Inc，原称苹果电脑公司（Apple Computer），在2007年1月10日改名。苹果公司以其Macintosh计算机，OS X操作系统及一系列消费和商用软件领导了计算机产业的革新；以iPod音乐播放器和iTune在线音乐商店领导着数字音乐革命；以具革命性影响的iPhone手机进入移动电话市场。随着iPhone的问世，苹果开始明确向消费电子类产品公司转型。

② 皮克斯（Pixar Animation Studios）制作了八部著名影片：Toy Story, A Bug’s Life, Toy Story 2, Monsters, Inc·, Finding Nemo, The Incredibles, Cars and Ratatouille。皮克斯获得了20项奥斯卡奖。凭借皮克斯公司在动画电影制作上的巨大成就，2005年，乔布斯与有关人士联合逼迫大名鼎鼎的艾斯纳从迪斯尼公司首席执行官的位置上提前1年退休。2006年1月24日，乔布斯将皮克斯以74亿美元价格卖给迪斯尼，并以最大股东身份（7%，总值超过30亿美元）加入迪斯尼董事会。

10%的权利给予第三位合伙人韦恩（Ronald Gerald Wayne）。

韦恩，这位参与创建苹果合伙企业的第三位合伙人，作为苹果合伙人的时间不到2周，因此被很多关于苹果历史的书籍所忽略。不过他的受邀加入苹果和自觉退出苹果合伙人身份，都有很值得中国企业借鉴的“公司治理”实践意义。

在乔布斯和沃兹涅克决定合伙做生意之后，为了避免以后两人在重大问题上达不成一致意见会陷入僵局的情况，决定找个第三人。乔布斯通过给10%权利的方式拉来了他在阿塔里（Atari）公司的同事和朋友（1974年年仅18岁的乔布斯从里德学院退学后在阿塔里公司找到了他的第一份正式工作）、阿塔里公司的视频游戏首席设计师韦恩。这位白天在阿塔里公司上班，晚上为苹果工作的韦恩设计了只使用了一年的苹果的第一个徽标——牛顿在苹果树下学习。

乔布斯卖了他的汽车、沃兹涅克卖了他的可编程计算器，各自筹得了500美元。但是这点钱对于他们要做的苹果计算机来说是杯水车薪。但是，由于沃兹涅克天才的设计和乔布斯天才的推销与谈判能力，他们从比特商店（Byte Shop）得到了一个50台苹果计算机的订单。这一总值25000美元的订单，奠定了苹果电脑的良好开局，但因此而可能背负的债务却吓跑了合伙人韦恩。

比特商店开业于1975年年底，是有据可考的美国第一家计算机零售连锁店。在看过苹果电脑样品后，店主特雷尔（Paul Jay Terrell）向乔布斯以每台500美元的价格订购了50台装配好的计算机。苹果的三位合伙人原先是计划生产器件成本为25美元的裸电路板，然后以50美元的价格卖给计算机爱好者，由计算机爱好者自己再添加器件组装成计算机。他们三人没有钱购买组装50台计算机所需要的零部件。1976年4月6日，苹果合伙企业成立不到一周时，乔布斯凭借比特商店的订单获得了为期三个月的5000美元借款，并说服零部件供应商以延迟支付货款30天的条件提供了价值15000美元的计算机部件。

年轻胆大的乔布斯毫不担心这种负债经营，但是老练谨慎并且4年前经历过一次个人企业倒闭痛苦的韦恩却不愿意自己因此再次陷入财务困境。这样，在1976年4月12日，苹果合伙企业成立不到两周的时候，因为害怕乔布斯的负债经营会使自己债务缠身，韦恩以一次性800美元的价格让出了自己10%的合伙人权益。一年后，风险资本家进入、苹果电脑股份公司正式成立时，为了彻底了断其与苹果合伙企业之间的权利义务关系，韦恩又“意外”地收到了1000多美元，这使他非常激动。

据估算，韦恩如果没有退出苹果公司，他的股票价值在1982年的苹果股价最低点也值1830万美元，在2000年的苹果股价高点时则值5亿多美元。不过韦恩并没有对此感到后悔，因为在当时那种合伙人互相承担无限连带责任，乔布斯和沃兹涅克又都没有什么钱的情况下，苹果合伙企业所欠下的任何债务都会被债主追讨到他的身上（此段史料根据《苹果传奇》梳理，清华大学出版社）。

6.3.2　苹果电脑股份公司的创建：风险投资家和职业经理人的加入

为比特商店提供50台苹果电脑，大概赚了8000美元，这使乔布斯非常兴奋，更加雄心勃勃，开始四处寻找投资者。乔布斯以前的上司、阿塔里公司的老板布什内尔（Nolan Bushnell）推荐他去找曾向阿塔里公司投资、并是阿塔里公司董事的风险投资家瓦伦丁（Don Valentine），瓦伦丁自己不感兴趣，但推荐乔布斯去找马库拉（Armas Clifford Mike Markkula Jr.）。马库拉曾是瓦伦丁在仙童公司（Fairchild，非常多硅谷电子公司的创始人出自该公司）的下属，后到英特尔公司（任营销副总裁），并从英特尔公司股票上发了大财。马库拉很看好乔布斯和沃兹涅克，1976年11月退休后便过来帮助他们制订商业计划。

1977年1月3日，马库拉、乔布斯和沃兹涅克三人签署了文件，正式创建了苹果电脑股份公司。马库拉自己为苹果公司提供了9.2万美元，并以个人名义从美国银行获得了25万美元的信贷额度。马库拉、乔布斯和沃兹各占30%的公司股份，另外10%为霍尔特所有，霍尔特是个优秀的电力工程师，被乔布斯拉来解决电源问题（根据《缔造苹果传奇》，中信出版社）。为了避免日后可能产生的任何法律纠纷，苹果电脑股份公司以5308.96美元购买原苹果合伙人的权利，并将这笔钱的三分之一给了韦恩，以确认他不会对苹果股份公司有要求获得利益的任何权利。

马库拉、乔布斯和沃兹三人正式成立苹果电脑股份公司之后，马库拉出任苹果首任董事长。马库拉请来美国国家半导体公司的行政主管斯科特（Michael Scott）出任了苹果公司的第一任总裁，同年5月兼任苹果公司首任首席执行官。关于斯科特的薪水有两种说法：一是2.6万美元，是他在国家半导体公司收入的三分之一；二是2万零1美元，比马、乔、沃等三位合伙人多1美元。

苹果公司于1980年12月12日上市。苹果公司460万美元公开发行的股份在1小时内被抢购一空，这是历史上公司新股发行最成功的一次，也是自1950年代中期福特汽车公司公开发行超额认购以来，超额认购数量最大的一次。

1981年3月，因为财务困境、大幅裁员等原因，苹果公司首任总裁斯科特被迫辞去了总裁和CEO职位，马库拉由董事长改任总裁兼CEO，乔布斯则接替马库拉出任苹果公司第二任董事长。

乔布斯一直想自己出任苹果公司总裁，并且毫不怀疑自己完全有这个能力。但是苹果公司董事会中只有他自己一个人这样认为。自己不能出任总裁，次优选择就是找一个能够听自己话的人出任总裁。1982年底，市场营销高手、但不懂IT技术的百事可乐总裁斯卡利（John Sculley）进入了乔布斯和苹果公司董事会的视野。1983年4月，斯卡利出任苹果公司总裁兼CEO，年薪100万美元，另有业绩奖金和股票期权。乔布斯在说服斯卡利放弃百事可乐公司总裁职位而接受苹果公司总裁职务时说了一句被广为传播的名言："你是想一辈子卖甜水，还是想改变世界？"斯卡利对乔布斯有些崇拜，任由乔布斯控制公司，作为总裁兼CEO并没有真正掌握公司管理。

6.3.3 被迫离开与重新执掌苹果：就做CEO，不做董事长

乔布斯任董事长、斯卡利任总裁兼CEO，但实际掌控公司或说实际的CEO职权掌握在乔布斯手中的状态持续了两年时间。乔布斯沉迷于技术和新产品研发，而对公司管理混乱和销售日益恶化的状况认识不足。到了1985年4月11日，由苹果公司上市开始一直担任董事的一位投资者罗克牵头，董事会决定让斯卡利全权掌握公司。在董事会的全力支持下，斯卡利对公司进行了一系列的机构重组，乔布斯除了董事长职务之外，对公司具体部门和重要事务不再有任

何直接管理权（最初是保留了一个新产品开发部副总裁的职务，后来干脆是一个更空的“新产品构想者”职务）。乔布斯试图进行“宫廷政变”式的反击，但是没有取得成功。斯卡利先是要求全体管理人员当着乔布斯的面投票表示是支持乔布斯还是支持他，后又逐一征询公司董事的意见，要求解聘乔布斯。最后的结果还是乔布斯被他自己请来的职业经理人斯卡利“赶出”了自己创建的苹果公司。整个这场权力斗争持续了5个多月，1985年9月17日，乔布斯向苹果公司董事会提交了辞呈。

乔布斯辞呈中的一段内容是：“苹果公司最近的机构重组让我没有任何事情可做，甚至也不让我接触日常管理方面的汇报文件。我只有30岁，我还想为电脑事业贡献自己的力量，也希望取得一定的成就。”面对被迫离开苹果的情况，乔布斯一开始曾想从政，但是找了一家专业咨询公司征询意见后放弃了这一想法。乔布斯认识到自己“最擅长的事情就是召集一组天才般的人，和他们一起设计产品”。乔布斯正是这样做了，他首先创办了NeXT公司，并获得了罗斯·佩罗特和佳能公司的支持；后又买下了一个电脑动画制作组，将其办成了著名的皮克斯动画制作公司。

乔布斯辞职后，苹果公司董事长的职位空缺了几个月。斯卡利从1983年4月开始担任苹果总裁兼CEO，1985年9月开始真正掌握CEO 实权，1986年1月开始兼任董事长，此后一直领导苹果公司到1993年，该年6月由史宾德勒（Michael Spindler）接任总裁和CEO职务，同年10月，马库拉接任董事长职务。史宾德勒的总裁与CEO职务和马库拉的董事长职务均任职到1996年2月，此后由阿梅里奥（Gil Amelio）出任苹果公司董事长兼CEO，苹果公司从此再没有设置总裁职务。

由于NeXT公司拥有苹果公司需要的操作系统技术（以此为基础研发Mac OS X），在阿梅里奥的主导下，1996年12月20日苹果公司以3.775亿美元现金加150万股苹果公司股票的价格买下了NeXT公司。现金用于偿还NeXT公司的其他投资者，股票则全部归了乔布斯。阿梅里奥聘请乔布斯作为苹果公司的特别顾问。但是1997年伊始，媒体舆论对苹果公司的轰炸、乔布斯好友甲骨文CEO埃里森对苹果公司的接管威胁、阿梅里奥宣布裁减2700个职位等，致使苹果公司风雨飘摇。1997年7月4日开始，苹果公司董事会召开了长达36小时的系列电话会议，最后由董事伍拉德（Edgar S · Woolard Jr · 杜邦公司董事长）代表董事会电话通知阿梅里奥辞职。关于乔布斯在这一过程中是否使用了一些手段存在各种不同说法和猜测（包括6月26日抛售150万股他出售NeXT时所获得的苹果公司股票）。无论如何，结果是乔布斯替代了把他拉回苹果公司的阿梅里奥，重新开始掌管苹果。

1997年7月，乔布斯以1美元的薪酬出任苹果公司"临时"CEO，一直"临时"到2001年1月，被正式任命为苹果公司的CEO。在乔布斯的领导下，通过iPod、iTune和iPhone等一系列新产品的成功推出，苹果电脑公司已经转型为一家消费电子类产品公司，并于2007年去掉了公司名称中的"电脑"字样，正式改名为苹果公司（Apple, Inc）。此后乔布斯身患重病，但仍然担任着苹果公司CEO，实际运营主要由COO库克负责。关于乔布斯病情的信息披露问题，还引起了投资者的极大不满。乔布斯缺席了2009年2月的苹果公司股东大会，这是自1997年他重返苹果后的第一次。

自1997年7月阿梅里奥辞去董事长和CEO职务后，苹果公司的董事长职位也开始空缺（1996年2月开始苹果公司没有了总裁职位）。苹果公司董事会由两位联席领导（Co-lead）董事即钟彬娴和莱文森负责。在身患重症的情况下，乔布斯为什么不干脆改任董事长，并正式任命库克为首席执行官，可能与乔布斯自身在苹果公司权力更替和治理结构演变中的特殊经历有关。1985年身为董事长的乔布斯为争斗CEO的职权而被迫离开苹果，此时他似乎要牢牢抓住CEO的头衔，心里才踏实。

从乔布斯（自身担任董事长并是公司大股东）先前败给斯卡利和后来赢了阿梅里奥（董事长兼CEO）的两次苹果权力斗争中我们都可以清楚地看到，是董事会中的多数派支持决定胜负，董事长职务本身不起决定作用。这也许是乔布斯与苹果公司治理案例可以带给我们的一个最大的启发：不管你是谁，创始人、大股东或董事长兼CEO，公司内部领导权配置的最高决定者都是多数派董事。董事会的权力到位，有董事会的裁决机制，多大、多激烈的公司内部权力斗争，都可以和平解决，不会因权力斗争而使公司瘫痪以至分崩离析。

6.4 迈克尔·戴尔：公司制度与企业家精神

6.4.1 在校生创业

迈克尔·戴尔，1965年2月23日出生于美国休斯敦，父亲是牙医（跟扎克伯格一样）。迈克尔·戴尔和宜家创始人坎普拉德一样，天生生意头脑，打小就会赚钱。12岁时迈克尔·戴尔就倒腾邮票赚了2000美元。16岁时，替《休斯敦邮报》拉订户，一年赚了1.8万美元，比他的中学老师收入还高。1980年，15岁生日的时候，迈克尔·戴尔得到了一台苹果Ⅱ型电脑，拿回家后他就给拆了又重新组装上，从此鼓捣电脑成了他的一大爱好，并从这里寻找到了新的商机。

1983年秋，18岁的迈克尔·戴尔中学毕业后，遵父母之命进入奥斯汀得克萨斯大学医科，但他的父母没有注意到，他开着去上学的自己赚钱买来的宝马汽车里放着多台个人电脑。1984年1月，还是一年级学生的迈克尔·戴尔创建了“个人电脑有限公司”（PC’s Limited），买来零部件组装好电脑后，卖给同学。5月份大一结束的时候，公司改为“戴尔电脑公司”（Dell Computer Corporation），资本金1000美元，是得克萨斯州法律所规定的最低资本额度。

1984年，在仅仅完成了大学一年级的学业之后，迈克尔·戴尔就离开了学校，专注于他的电脑生意。他在电脑杂志上刊登系列广告，直接向消费者销售，并提供多种方案来让消费者有更多组装选择。1985年戴尔电脑公司推出第一部拥有自己独特设计的电脑，售价 795美元，配有英特尔8088处理器、10兆硬盘和5.25寸软驱的Turbo PC，并推出了无条件退款和保证隔天上门维修服务。

1988年6月22日，成立仅仅四年之后，戴尔公司就成功进行了IPO，在纳斯达克上市。以每股8.50美元的价格公开发行了350万新股，融资3000万美元。由于多次拆细，戴尔公司IPO时每股8.5美元的价格，约相当于今日的每股0.09美元。

1992年，戴尔电脑公司进入财富世界500强企业榜单，迈克尔·戴尔成为世界500强企业里有史以来最年轻的首席执行官。1996年开始通过网站销售电脑，Dell.com上线仅仅半年之后，就创造了日销售百万美元的业绩。2000年dell.com的网上销售达到了一天4000万美元。2001年戴尔超过康柏，成为世界最大个人电脑厂商，2004年戴尔又再次超过合并了康柏后的惠普，成为世界最大的个人电脑厂商。

6.4.2 转型努力

戴尔电脑公司这一名字沿用到2003年，由于非电脑业务的发展，戴尔电脑公司更名为戴尔公司（Dell Inc）。迈克尔·戴尔将戴尔电脑公司更名为戴尔公司的时间要比乔布斯把苹果电脑公司更名为苹果公司的时间（2007）早四年，可是戴尔却没有取得苹果那样的在非电脑领域里的成功，从而在PC衰落之前顺利实现转型。

2002年开始，戴尔公司迅速扩展进了服务器、存储、打印机、移动电话和MP3播放器等领域，公司业务进展顺利，迈克尔·戴尔准备放手。2004年3月4日，迈克尔·戴尔卸任CEO，只担任董事会主席，前贝恩咨询公司咨询顾问、时任戴尔公司总裁兼COO的罗林斯（Kevin Rollins）成为总裁兼CEO。

但是由于没有预见到电脑市场从台式机向笔记本的转换趋势，2006年戴尔失去了电脑市场老大的宝座。2007年1月31日，42岁的迈克尔·戴尔应董事会要求，重返CEO岗位。戴尔公司开始调整方向，通过并购，向软件、网络、安全和服务发展。这一次，平板电脑的崛起又在迈克尔·戴尔的预料之外发生了，他坦言"我完全没有看到其中的机遇。"

无论如何，戴尔公司的非PC业务已经大幅度增长，但是华尔街对戴尔公司取得的进展并不认可，并且戴尔公司所拥有的丰富的软件资产，也没有得到华尔街的足够重视，股价持续下跌。媒体关注焦点在戴尔公司不断萎缩的PC销售和市场份额，而非戴尔公司开创的非电脑业务。

费尽心思的转型和"跌跌不休"的股价，让迈克尔·戴尔开始萌生了将戴尔公司私有化的想法。2011年，迈克尔·戴尔不再在公司的分析师电话会议中露面，把这一任务交给了首席财务官和其他一些高管。

6.4.3　一波三折的私有化

2012年6月，看到股价跌破其买入价且预计无多大起色后，戴尔公司第二大股东东南资产（Southeastern）表示，如果价格合适的话它愿意把所持1.46亿股戴尔股票售予一个管理层控制的实体，又进一步刺激了迈克尔·戴尔的私有化想法。东南资产在从2005年早期戴尔股价高点时开始购买戴尔公司股票，估计损失5亿美元。

2012年下半年，迈克尔·戴尔分别与银湖资本合伙人德班和KKR联合创始人罗伯茨会面，均得到了支持。迈克尔·戴尔于是告诉公司董事会首席独立董事曼德尔，自己正考虑买下公司。董事会组成了一个以曼德尔为主席的特别委员会来研究这一提议及其他选择，包括分拆PC和企业服务业务、分拆PC部门与战略合作伙伴合并、加强转型收购、更换管理层、进行资本重组、增加股票回购和股息发放、向战略投资者出售公司，等等。曼德尔让迈克尔·戴尔告诉银湖资本和KKR，公司董事会愿意考虑私有化交易。

2012年10月，银湖资本和KKR都提出了约合每股12美元的收购报价。迈克尔·戴尔本人承诺将与愿出最高价者共同参与私有化。11月公司公布的财报令人失望，业绩连续七个季度不及管理层预期，与此同时股价跌破9美元，KKR因担忧个人电脑市场萎缩而退出。董事会又邀请德州当地的一家私人股权企业参与竞价，但被拒绝了。2013年2月5日，特别委员会相信不会再有其他竞标者，公布了戴尔公司的私有化方案。

迈克尔·戴尔与银湖资本将以每股13.65美元的价格收购戴尔公司，交易总值为244亿美元。与首次有消息称戴尔正进行私有化谈判时的股价相比，这一价格要高出25%。董事会将启动一个45天的“竞购条款期（Go-Shop Period）”，寻求和接受其他竞购报价。如果戴尔公司在“竞购条款期”内接受另一投标方的报价，则收购方团体将获得1.8亿美元的分手费（Termination fee），相当于交易价值的不到1%；如果在“竞购条款期”后接受另一投标方的报价，则收购方团体将获得4.5亿美元的分手费。

这时华尔街大亨伊坎介入，说是在一些大股东请求他的帮助之后，对这项收购交易产生了兴趣。伊坎以十几亿美元收购了东南资产所持戴尔股份，致信戴尔公司董事会，表示银湖资本的报价太低。他还利用社交网络、公开信和媒体访谈宣称应解雇迈克尔·戴尔，撤换董事会。他主张实施杠杆化资本重组，要求公司贷款几十亿美元回购股票以便溢价收购投资者持有的股票，发行认股权证以便投资者在公司将来成功转型后增购股份。但是伊坎并未正式报价。戴尔第四大股东也是戴尔私有化的强力反对者。这些股东的反对阻挠了迈克尔·戴尔的收购进程，不得不将股东投票表决的日期一再推迟。

2013年9月12日，戴尔公司股东最终表决通过的方案，比最初的方案总价值提高了5亿美元，达到249亿美元。为了有利于方案通过，收购方同意将每股收购价格从13.65美元提高到13.75美元，并承诺发放每股13美分的特别股利，但附加了一项修改股东投票统计规则的要求。按照原先的投票统计规则，弃权票将被视为反对票。根据新规则，只有那些实际表决的股票才被统计，也就是只要在实际投票的股票中获得多数票支持，私有化交易就能通过。董事会特别委员会拒绝了修改投票统计规则的附加条件。但是新价格得到了一些原本持中间立场的股东支持，也得到了机构股东服务公司（ISS）等著名股东顾问公司的支持，反对者伊坎也在最终投票前夕表示放弃争夺。

2013年10月29日，戴尔公司私有化完成，迈克尔·戴尔和银湖资本，以每股13.75美元外加每股0.13美元特别股利（合计等于每股13.88美元）、总计249亿美元的价格，收购了戴尔公司。戴尔作为上市公司最后一天的10月29日股价收报13.86美元，DELL这一交易代码10月30日从纳斯达克撤销。

6.4.4 为什么还是迈克尔·戴尔？

在从1988年开始上市25年之后，戴尔重新成为一家私有公司。这家全球第三大个人电脑制造商的退市，是自2007年希尔顿全球酒店集团私有化以来规模最大的杠杆收购案。

这项交易反映了迈克尔·戴尔、银湖资本、多家银行以及微软公司等联合起来的力量。除迈克尔·戴尔的个人投资和银湖资本拿出的14亿美元之外，美洲银行、巴克莱银行、瑞士信贷、加拿大皇家银行等几家银行提供了160亿美元的融资，微软提供了20亿美元贷款。

迈克尔·戴尔以其原有戴尔公司16%的股份（约合30多亿美元）和新投入资金，控制了私有化后戴尔公司75%的股份。他发起这场私有化交易，背后原因可能在于不想失去自己的公司。华尔街怀疑戴尔PC业务增长空间，同时对于戴尔转型新规划又缺乏信心。如果遇到激进股东，迈克尔·戴尔可能会被赶走。

迈克尔·戴尔为什么不简单地带着他160亿美元的财富（其中120亿美元是在戴尔公司之外）离开？与他同时代的那些企业家们，只有他还坚持战斗在自己所创企业的第一线了。戴尔说："我死了也会关心这家公司，我热爱它。能够掌握自己的命运是最令人兴奋的，戴尔公司没有退市前是无法做到这点的。"没有人比迈克尔·戴尔更想得到这个公司，伊坎也不想买它。在为股东多争取5亿美元后，做秀了八个月的伊坎套现22亿美元退场。

银湖合伙人德班说："迈克尔·戴尔做了艰难的抉择。我们选择迈克尔来经营戴尔，没有更好的人选。他是一名真正远见卓识的人，一生有两大重要创新：一个创新与供应链管理有关，另一个创新与商业模式有关。只有少数企业首席执行官能取得一项同等水平的成就，迈克尔却取得了两项。"银湖资本最近对Skype、希捷和安华的投资回报率分别达213%、730%和430%。按照戴尔退市前最后一个季度的不良业绩保守估计，银湖资本这项杠杆收购交易的年投资回报率也可达11%。

希捷首席执行官史蒂夫·卢克佐比其他大多数首席执行官都更了解戴尔面临的挑战以及选择退市的原因。希捷1989年上市，2000年被以银湖为首的收购财团收购而退市。希捷于2002年重新上市，卢克佐2009年出任首席执行官。卢克佐说："戴尔要找到比迈克尔更合适的掌门相当困难，他是自1980年代以来一直居于科技产业核心的10~15人之一。他的优势在于，他经历了科技产业的风风雨雨。"

微软为何要出资支持戴尔私有化？微软解释说："微软致力于整个PC生态系统的长期成功，以及通过各种方式大力投资以建设未来的生态系统。我们处在一个常变常新的行业，我们将一如既往地寻求各种机会，来支持致力于在微软平台上进行创新和发展业务的合作伙伴。”可以说，微软提供20亿美元贷款，是给戴尔加上了一个束缚，以免它倒向谷歌。

客户和合作伙伴对迈克尔·戴尔还保持信任。在整个私有化操作期间，戴尔公司没有失去一个大客户。有几家要求在新合同中加入迈克尔·戴尔可能不再是CEO这一控制权变化条款。尽管迈克尔·戴尔领导下的戴尔公司转型步履蹒跚，自从2007年重新担任CEO开始，公司营业收入自2008年达到610亿美元之后就一直停滞不前，公司市值已经下降43%，但是空降的扭亏专家获得成功的可能性不会比他更大。

6.4.5 新戴尔起航?

迈克尔·戴尔表示："私有化最终成败，要等到10年乃至20年之后，才能看到结果。”公司需要制定长期的战略，进行长期的投资。私有化后，摆脱了华尔街只关注季度业绩的束缚，不再受到SEC、分析师、投资者和媒体的轮番质疑。迈克尔·戴尔把优先考虑的指标归结为现金流和增长率。

迈克尔·戴尔能像征服PC市场那样征服IT技术市场吗？戴尔在全球IT市场上的份额仅为2%，但是在这个庞大的市场上，目前还没有一家公司的份额超过5%。戴尔没有选择像IBM那样把衰落中的PC业务一卖了之，而是坚持发展PC业务，把PC业务当作门户，当作争夺企业客户和拓展其他业务的手段。PC能带来新客户，有助于促进其他高利润率产品和服务的销售。三分之二的企业客户首次体验戴尔是购买PC，其中大约90%会继续购买其他产品和服务。在戴尔作为一家上市公司的最后一个财季里，戴尔的PC市场份额提升了一个百分点。

迈克尔·戴尔了解戴尔公司，也有应变能力。戴尔公司靠直销起家，但还是根据市场形势，从2008年开始发展渠道业务，现有14万渠道伙伴，渠道业务贡献了其总计600亿美元收入中的160亿美元，占到35%。

在扎克伯格等IT新秀崛起之前，迈克尔·戴尔定义了美国科技奇才的神话，只有盖茨和乔布斯可与之相提并论。在1988年公司上市时迈克尔·戴尔只有23岁，比Facebook上市时的扎克伯格还年轻5岁。今天，迈克尔·戴尔又把私有化后的戴尔公司当作一个全球最大的"新创企业"来领导，也许能让他的企业家精神再创一段神奇。

6.5 扎克伯格：Facebook的持续融资与牢固控制

2010年12月15日，26岁的马克·扎克伯格（Mark Zuckerberg）击败了维基解密创建者阿桑奇，获评美国《时代》周刊2010"年度人物"，成为第一位飞越大西洋的查尔斯·林德伯格之后《时代》周刊"年度人物"评选史上第二年轻的当选者。

扎克伯格（1984年5月14日出生）也许并不是最先有实名社交网站设想的人，但是他凭借自己的技术和坚持精神，成为了领先者。Facebook尚未上市之时市场估值已达500亿美元，超过了雅虎和eBay的市值。这一切是如何实现的，其背后的公司治理机制是什么，这里反映出来的现代公司与资本市场关系可以给予我们哪些启示？

6.5.1 哈佛宿舍里的创业行动

2004年1月，还在哈佛上大二、不满20岁的扎克伯格向域名公司Register.com支付35美元，注册了thefacebook.com，以每月85美元的价格从一家名为Manage.com的信息存储公司租用了电脑服务器存储空间。2004年2月4日，thefacebook.com网站正式启动。父亲是牙医（在自家地下室开设诊所）的扎克伯格家境虽非贫寒，但应该不算富有。为了thefacebook.com的运营，他找了他的朋友，一位大三的父亲是商人的爱德华多·萨瓦林（Eduardo Saverin）合作，两人约定：各出资1000美元，按70%对30%的比例分配股权。

在网站上线之后，扎克伯格和萨瓦林两人马上就忙不过来了。扎克伯格把他同宿舍的两位同学达斯廷·莫斯科维茨（Dustin Moscovitz）和克里斯·休斯（Chris Hughes）拉了进来。这样就形成了Facebook最初的四人团队：扎克伯格CEO、萨瓦林CFO、莫斯科维茨副总裁和网站主管、休斯为宣传总监。股权结构也相应调整为扎克伯格65%、萨瓦林30%和莫斯科维茨5%。

运行1个月后，有了1万名注册用户，到了3月底就有了3万多用户。每月要向Manage.com支付的服务器托管费用从85美元增长到了450美元。这时，扎克伯格和萨瓦林决定各自向公司追加投入1万美元。

2004年4月13日，扎克伯格、萨瓦林和莫斯科维茨三人按65%、30%和5%的权益比例正式组建了"thefacebook公司"，注册地为萨瓦林家乡的佛罗里达州。这时他们的网站注册人数超过了15万。

6.5.2 立足硅谷，重组公司

大二结束后，三个月的暑假来临，扎克伯格决定到硅谷去，在加州帕洛阿尔托市租了一套有四个卧室的平房，莫斯科维茨，以及新招聘的两位实习生和他一起到了这里。萨瓦林不喜欢硅谷，暑假要到纽约做实习生，并在那里为他们的网站拉广告，而这一选择埋下了他们分道扬镳的祸根。

到达硅谷之后，肖恩·帕克（Sean Parker）加入了扎克伯格的队伍。帕克是一个硅谷的连续创业者。在加入Facebook之前，曾成功创建了音乐分享网站Napster和在线名片系统Plxo两个公司。前者被唱片公司的起诉所打垮，后者很成功，但肖恩·帕克本人被其引入的风险资本家红杉资本（Sequotia Capital）赶出了公司。帕克拥有公司组建和运作的丰富经验，正是此时的扎克伯格所需要的人才类型，被扎克伯格任命为公司总裁。

扎克伯格到达加州的头几周，花掉了2万美元，这些资金主要来自萨瓦林用自己的1.8万美元开设的公司账户（萨瓦林同时在纽约为公司拉广告，并将钱也存入这个账户）。萨瓦林不喜欢硅谷，更不喜欢帕克，对帕克积极帮助扎克伯格寻找新投资者非常不满，他害怕因此失去自己对公司的控制。为了融资，在帕克的指导下，扎克伯格重组了公司，同时把公司注册地从佛罗里达改到了特拉华州。新的股权结构是扎克伯格51%、萨瓦林34.4%、莫斯科维茨6.81%、帕克6.47%。在这次重组过程中，由于萨瓦林反对帕克及其主张的融资策略，与扎克伯格之间产生了矛盾。在与扎克伯格几次电话争论无果之后，萨瓦林甚至冻结了公司账户。为了维持公司的运转，扎克伯格把自己积攒的学费及父母的一些钱投入了公司。整个暑假中，扎克伯格和其家人共投入了公司8.5万美元。

暑假结束时，注册会员数达到了20万人。萨瓦林等其他人返回哈佛继续学业，扎克伯格和莫斯科维茨决定留在加州发展公司。

6.5.3　第一轮融资：60万美元与500万美元市值

在帕克的推动下，彼德·泰尔（Peter Thiel, PayPal公司的创始人之一）投入了50万美元的种子资金，获取公司10%的股份和一个董事席位。公司的名称也由thefacebook改为facebook，因为帕克非常不喜欢这个“the”。泰尔50万美元获得10%的股份，等于公司估价500万美元，而这距离公司成立还不到半年的时间。

虽然扎克伯格觉得这一估价有些低，但是因为泰尔认同扎克伯格的战略构想，不会干预公司运作，并且具有PayPal等公司的成功经验，扎克伯格决定接受这一投资。扎克伯格还把泰尔要亲自而不是委派其他人出任公司董事作为接受融资的一个条件。

在这轮融资中，除了泰尔的50万美元之外，还有介绍帕克认识泰尔的霍夫曼（LinkdIn的创始人）也投入了4万美元，以及平卡斯（霍夫曼的朋友、六度社交网络专利的共同持有人）和公司另外几位友人也都投入了小额资金，使总融资额达到了约60万美元。

泰尔注资之后，公司的结构开始比较正式了，此前只有扎克伯格1位董事，现在建立了一个有四个席位的董事会：泰尔、帕克、扎克伯格以及由扎克伯格控制的一个空余席位。这样的安排是为了让公司以外的人在数量上没有优势，从而保证未来的投资者不会篡位控制公司。泰尔在Facebook属于投资者，但是其自己也是个企业家和曾经的创业者，他信奉企业创立者应该控制他们创建的公司。

帕克甚至还特别在公司有关文件中规定，如果任何一位公司创立者或者帕克本人，以任何原因离开公司，他们可以保留自己在公司的电子邮件地址和手提电脑。这是他从被Plaxo公司踢出局后得到的教训。失去这两样东西，意味同时失去了很多有价值的联系。

2004年11月30日，公司成立仅仅10个月，注册用户数突破了100万。用户数的增长也意味着费用的增长，50万美元很快就“烧掉”了。

6.5.4 第二轮融资：1370万美元与1亿美元市值

到了2005年初，在新一轮融资进来之前，帕克从一家风险贷款公司借来了100万美元维持公司运转。3月底，全球音乐电视网的母公司维亚康姆公司提出要以7500万美元的价格买下整个公司，但是扎克伯格拒绝了。

《华盛顿邮报》提出以600万美元投资获取公司10%的股份，使公司估值达到了6000万美元，或说投资前5400万美元的估价。即使这样，扎克伯格还提出了，《华盛顿邮报》方面的董事需要由其老板格雷厄姆亲自出任，其他人免谈。格雷厄姆担心自己分身乏术，便与扎克伯格达成了一个不派董事的口头协议。但是由于《华盛顿邮报》方面的高层谈判代表的父亲去世了，使正式协议签署要耽误些时日。

正在这个时候，位于硅谷的阿克塞尔合伙公司（Accel Partners）出场了。并提出了一个几乎是两倍于华盛顿邮报报价的价格——投资前8700万美元，投资1270万美元，注资后市值1亿美元。扎克伯格面临着一个两难选择：《华盛顿邮报》方面估价低但是不干预管理，并且已经口头上达成了协议；阿克塞尔方面会干预一些事务（该公司距离Facebook只有三个路口），但是估价高，并且拥有硅谷的关系网络。陷于道德困境的扎克伯格征求了格雷厄姆的意见，格雷厄姆很赏识扎克伯格，同意了他的选择。格雷厄姆表示，“对于一个20岁的小伙子来说，真不错。他打电话来并不是告诉我他准备接受其他公司的投资，而是找我来商量”。经过此事，扎克伯格也更加尊重格雷厄姆，格雷厄姆成为了扎克伯格的良师益友。

扎克伯格决定接受阿克塞尔公司的投资，但是要求对方的主要合伙人吉姆·布雷耶（Jim Breyer）亲自出任董事，而不是其实际负责此项目的高级合伙人凯文·埃法西（Kevin Efrusy）。布雷耶接受了这一条件，但也同时附加了一个要求，就是允许他个人再向Facebook投资100万美元。阿克塞尔投资后，Facebook增加了一名董事席位，由4人变为5人。现在是布雷耶、泰尔、帕克、扎克伯格和扎克伯格控制的一个空余名额。这次融资之后，萨瓦林的股份被稀释到了10%左右，这使其大为光火，与扎克伯格决裂，完全退出了公司的管理（股份至今维持在5%左右）。扎克伯格关闭了他的电子信箱，并指令此前一直由萨瓦林负责的广告代理商Y2M公司终结与萨瓦林的业务联系。

阿克塞尔的资金到位之后，扎克伯格开始招兵买马。2005年夏天，正式获取了Facebook.com这个地址，是花20万美元从已经拥有这个地址的一个名为Aboutface的公司买过来的，该公司不愿意Facebook公司用股票支付。相比之下，当时为Facebook的办公室墙上画些涂鸦画作的一位画家接受了Facebook的一点点股票作为报酬，如今已价值千万美元。Facebook开始飞速增长，2005年10月份用户数突破500万。

6.5.5　第三轮融资：2750万美元与5亿美元市值

2005年底到2006年初，维亚康姆公司积极地想要注资或者全盘收购Facebook。维亚康姆公司提出了包括8亿美元现金的总额15亿美元的报价，但是双方就余下7亿美元延期支付的条款谈不拢。

与维亚康姆公司的交易告吹之后，Facebook启动了第三轮融资。由格雷洛克公司（Greylock Partners）牵头，包括美瑞泰克资本公司（Meritch Capital Partners以及泰尔和阿克塞尔公司在内的投资人，按注资前5亿美元估价，投入了2750万美元的新资金。来自格雷洛克公司的大卫·斯泽成为Facebook董事会的观察员。

6.5.6　第四轮融资：3.75亿美元与150亿美元市值

2006年6月，雅虎表示愿意用10亿美元的价格收购Facebook，并不愿意卖掉公司的扎克伯格遇上了难题。投资者布雷耶极力主张接受这一收购，泰尔内心倾向接受但愿意尊重扎克伯格的立场，帕克（仍然是重要股东）站在扎克伯格一边。莫斯科维茨坚定不移地支持扎克伯格，不同意卖，更不愿意为雅虎这样的有名但是官僚主义的大公司工作。公司员工方面则是年长者主张卖，年轻者不愿意卖。最后由于雅虎方面7月中旬发布的财务报告令华尔街失望，当日股价下跌22%，雅虎方面退却了，将收购报价降到了8.5亿美元，Facebook董事会一致同意拒绝了这一交易。

这期间Facebook推出了起初遭遇用户强烈抵制的“动态新闻”，并做出了前景非常不明确的对社会开放Facebook注册的决定。股价恢复后的雅虎又重新提出了10亿美元收购的议案，甚至暗示还可以提高报价。扎克伯格面对着要求卖掉公司的巨大压力。但是动态新闻和开放注册最后获得了成功，用户数突破了1000万，Facebook从学生世界变为整个世界。非常想要接受雅虎收购的投资者布雷耶也改变了主意：我们不打算出售。随后所有积极促进和赞同把公司卖给雅虎的管理层人员都不再被扎克伯格所信任。

在推出动态新闻和开放注册决定的时候，Facebook就已经开始筹划平台战略，把Facebook变身为一种开放平台，人们可以在上面运行各种各样的应用程序。2007年5月24日，通过一场声势浩大的“F8开发者大会”正式启动了Facebook的开放平台。“开心农场”游戏、“理想”（为非营利组织募集资金的）一类的软件像雨后春笋一样在Facebook上流行起来。在Facebook里成长起来了大量的新型创业公司。2009年这些滋生于Facebook平台的软件公司创造了与Facebook公司本身一样的销售收入，大约5亿美元。

平台战略的巨大成功，又让Facebook身价倍增。有几家公司提出愿意按100亿美元的估价注资，但是扎克伯格觉得公司该值200亿美元了。2007年10月，Facebook开始在谷歌和微软两大巨头之间周旋寻价。最后的谈判结果是微软同意了150亿美元的估值水平，以2.4亿美元的投资获得1.6%的Facebook股权。微软的这项对Facebook的超高估值投资，主要是双方签订广告代理协议的一个副产品，也蕴含着要拉住Facebook以免其投入谷歌怀抱的目的，为此微软特别附加了一个约束条件：Facebook不能接受任何来自谷歌的投资。随同微软一同投资的还有李嘉诚，以6000万美元获得0.4%的股份。李嘉诚随后又追加了6000万美元的投资，还有三家德国的风险投资公司投入了1500万美元。Facebook的第四轮融资总额达到了3.75亿美元。

在接受微软投资、完成了第四轮融资之后，在董事会成员布雷耶的要求之下，扎克伯格从谷歌挖来了谢丽·桑德伯格（Sherry Sandberg）出任Facebook的首席运营官。桑德伯格从2001年开始在谷歌工作，属于资深高管，主管著名的谷歌自助服务广告业务。2008年3月，40岁、身为两个孩子母亲的桑德伯格开始到Facebook上班，为扎克伯格这个当时23岁的男孩子打工。来了新的“总管”，扎克伯格给自己放了1个月的假，一个人独自背包做了一次环球旅行。桑德伯格帮助公司找出了一套新的广告业务模式，并对公司管理的基础架构进行了重组，许多年轻的公司元老选择了离开公司，另行创业。

6.5.7　第五轮融资：5亿美元与500亿美元市值

2007年微软对Facebook 150亿美元被看作是天价，随后金融危机爆发，人们普遍认为Facebook公允估值不应该超过100亿美元。2009年5月来自俄罗斯的数字天空科技公司（Digital Sky Techonolgy）按100亿美元的估值向Facebook投资2亿美元。数字天空科技公司还用3亿美元从雇员和其他外部投资者手中收购了一些Facebook的股票。

Facebook势如破竹般发展，2010年7月，活跃用户超过5亿。11月的一次私有公司股票拍卖中，Facebook估值达到了560亿美元。在经历了估值大幅上涨后，扎克伯格表示有意以500亿美元的估值展开融资。2011年1月4日《纽约时报》报道，2010年底，Facebook按500亿美元估值从高盛和俄罗斯数字天空科技公司获得了5亿美元的投资（高盛4.5亿，数字天空5000万）。作为交易的一部分，高盛还计划成立专项投资基金，按500亿美元估值为其客户向Facebook追加投资15亿美元。

投资者的热捧和高盛的加入，致使美国证监会要调查Facebook股票的投资者人数是否已经实际超过了499人的限制。美国证券法规定如果股东人数达到500人以上，公司就必须要公开财务报告，成为公众公司。目前扎克伯格非常不愿意让Facebook上市，但是可能很快会因为股东人数问题而像当年的谷歌一样“被迫”成为上市公司。

6.5.8 扎克伯格如何保持控制：挑选中意的董事比融资还重要

从Facebook上线第一天开始，马克·扎克伯格就很会保护自己，每篇网页的下方都有“由马克·扎克伯格制作”的签名。Facebook一上线，人们就把它与扎克伯格画上了等号，而没有注意到它的共同创建人和最早出资者萨瓦林。

帕克两次被自己所创建的公司赶走的经历，让扎克伯格很早就对风险资本家心存戒备。帕克帮助公司所做的一些治理机制设计，以及《华盛顿邮报》的分类股份安排给扎克伯格的启示，都对年轻的扎克伯格保持住对公司的控制有所助益。但是，最重要的是，扎克伯格自己的价值取向和意志。这个中学时代就拒绝过百万年薪诱惑的青年，决心掌握住自己的公司，这是他连接和改变世界的工具，赚钱不是他的主要目的。他已经签署了巴菲特和盖茨倡议的财产捐赠协议。

为了保持控制和Facebook公司自主发展，扎克伯格一直在拒绝被整体收购的“发财和套现机会”，并且对任何可能让他失去公司控制权的交易都不感兴趣。在每一次需要给投资者董事席位的融资过程中，他都把能够与自己合意的对方最高人物亲自出任董事作为接受投资的一个必要条件。

扎克伯格能够一直控制住Facebook，帕克功不可没。2005年8月，帕克因为参加了一次有吸毒者参加的聚会，投资者布雷耶坚持帕克要走人，辞去总裁职务并要放弃其认股权和董事席位。为了避免扎克伯格为难，帕克接受放弃一半认股权，但坚持要求将其董事席位交给扎克伯格控制，就是这个席位的继任人选可以由扎克伯格在需要时随时指定，这样扎克伯格就控制了5人董事会中的3个席位。帕克第三次被自己帮助创建的公司赶走，但是他与扎克伯格一直保持着良好关系，实际承担着扎克伯格的一个重要顾问的角色。

对于由扎克伯格控制董事会的绝对多数，帕克并不认为这样做会有什么好处，但是相比将这个席位交给其他人要好，因为那样则可能使公司最终落入外部投资者之手，那将是最糟糕的结果，他痛恨风险资本家赶走公司创始人。现在Facebook董事会的5个席位分配是：布雷耶、泰尔、扎克伯格和扎克伯格掌握的2个空缺席位。如果一旦扎克伯格与两位投资者董事的意见相左，他可以随时任命两位他能够信任的新董事。帕克离开facebook之后，成为一个投资人，并创建了自己的新公司。

2008年6月，扎克伯格邀请马克·安德森（Marc Anderson）填补了他所掌握的两个公司董事会空缺席位之一。安德森是个投资者兼实业家，是曾经辉煌一时的网景公司的创立者之一，从2005年开始成为扎克伯格的亲密顾问。Facebook董事会里，安德森是扎克伯格的坚定同盟，他们方向一致。对于扎克伯格牢牢控制公司，安德森认为“这是好事”，只有年轻的首席执行官能持久运营一家大型科技公司。

布雷耶主要负责公司架构和招聘。“马克喜欢黑客文化和创造性混乱”，布雷耶说，“我给他的建议是在产品创新方面可以这样，但在另外的领域如销售、人力资源部或者法律部可不能这样。”天使投资者泰尔是扎克伯格一贯的支持者，他表示“马克是我们永远的首席执行官”。泰尔对管理不感兴趣，他与扎克伯格谈的最多的是关于长期策略和金融市场环境。

年轻的扎克伯格愿意与任何人在任何时间谈论任何事情，特别是当对方是首席执行官的时候，他把这些会谈当作了一个学习过程。扎克伯格还曾专门去给他一直非常尊重、实际已经成为他的企业管理导师的《华盛顿邮报》创始家族成员、首席执行官格雷厄姆当了几天“跟班”，实地观摩和学习如何做一个首席执行官。2009年扎克伯格邀请格雷厄姆填补了他所控制的Facebook剩余的一个董事会席位。

2009年11月扎克伯格对Facebook公司股票做了分类设置，把他和他的合作伙伴们所持的股票转换成投票权比例比较高的一类股份，以保证股权分散化以后的控制。在高盛的最新投资之前，Facebook的股权结构是：扎克伯格25%，阿克塞尔合伙公司12%（约1%由布雷耶个人持有，即他2005年时个人投入的100万），达斯廷·莫斯科维茨约6.8%，比德·泰尔6%，爱德华多·萨瓦林5%，肖恩·帕克4%，格雷洛克合伙公司2%，美林泰克资本合伙公司1%多一点，微软大约1.5%，李嘉诚大约0.75%，广告公司埃培智集团大约0.5%（早期与公司之间一项广告代理交易的结果），数字星空公司2009年5月2亿投资获得2%，以3亿美元价格从不同的雇员手中收购约1.5%。其他投资人和雇员大约30%。

Facebook公司股权分散而不上市，吸纳的是那些成熟、具有判断能力的投资者的钱；中国公司股权集中而上市，圈集的是不成熟、缺乏判断能力的广大中小投资者的钱。Facebook公司以创始人和鼎力支持创始人的董事会为稳固的控制中心；中国公司以一股独大的大股东为稳固的控制中心，中国公司如果没有一股独大的大股东，公司则会没有稳固的控制中心，从而陷入高度的不稳定状态；Facebook公司可以在几乎一无所有的基础上“基本自由地”以股票作为支付工具来推动公司的发展；中国公司则是要在已经发展很好了之后，经过并不实际对投资者负责的层层关口的审核，才能公开对外发行股票。

附录：Facebook招股书中关于扎克伯格的投票权的要点

①已经受限制投票权的投资实体和个人

在IPO之前，CEO已经和我们的一些投资者签署了一系列关于投票权的协议，这些协议在IPO后仍然保持效力。协议要求股东同意依照他们的股权比例，授权由扎克伯格先生对所有事项进行自由裁量，并且授予扎克伯格先生不可撤销的代理权。以下持有本公司存量股份的个人和实体将服从于这种类型的投票协议（具体股东名称略）。

②对投票权的影响

我们的B类普通股每股有十票，而我们在IPO中提供的A类普通股每股有一票。持有B类普通股的股东，包括我们的CEO、雇员和董事及其附属。

由于我们B类和A类普通股之间十比一的投票比例，我们B类普通股的持股人将继续共同控制我们普通股合并投票权的多数，因此能够控制提交给我们股东审批的所有事项。这种集中控制将在可预见的未来限制其他股东影响公司事务的能力。

只要我们B类普通股的流通股代表普通股联合投票权的大多数，马克·扎克伯格就将有效控制我们的股东提交表决的所有事项，以及公司的整体管理和方向，这将具有拖延、推迟或阻止其他人获得公司控制权的影响。

③对公司治理的影响

由于我们是一家“受控制的公司”，由此，我们可以豁免一些上市公司的公司治理规则。比如，我们不被公众或监管部门要求，去设立一个由绝大多数独立董事组成的董事会，也不需要设立薪酬委员会或独立的提名委员会。我们知道，作为一个“受控制公司”，可能会导致我们的A类普通股对某些投资者的吸引力降低，或者对我们的交易价格造成损害。

公司董事会中的空缺只能被我们B股的董事成员填补，而不是其他的股东。股东只能根据股东大会决议采取行动，只有我们的董事长、CEO、总裁，或我们董事会的多数，才有权召开特别股东大会。

（转摘自：2012年5月19日《21世纪经济报道》）

6.6 金佰利，何以不大而强

金佰利从一家小小的造纸公司发展为每天全球约有四分之一人在使用其产品的消费品公司。作为造纸公司时，金佰利的规模只有行业龙头企业的十分之一左右。转型为消费品公司后，金佰利遭遇了强生和宝洁这种巨型公司。在与巨头企业进行的多次大战（从卫生巾、纸巾到纸尿裤）中，金佰利都是或平或胜。

2013年212亿美元的销售额，不足以使金佰利跨入世界500大榜单，但是金佰利旗下舒洁、好奇、高洁丝、斯考特、得伴等品牌产品，都占据着相应市场第一或第二的位置。金佰利公司何以如此不大而强？

6.6.1 创始人

1872年，5名威斯康星商人集资3万美元，以合伙制形式注册成立了“金佰利–克拉克合伙企业（Kimberly, Clark and Co.）”，这就是今日世界纸质消费品行业领导者金佰利公司（Kimberly–Clark Corporation）的起源。

5位创始人都没有什么造纸业经验。约翰·A.金伯利（John A.Kimberly）出自当地望族，自己经营一家杂货店，并与父亲一起经营一家当地最大的面粉厂。查尔斯·B.克拉克（Charles B.Clark）是当地一个五金店的合伙人。第三位创始人巴布科克是（Havilah Babcock）金伯利家族杂货店和面粉厂的合伙人。第四和第五位，沙塔克（Frank C.Shattuck）和怀廷（George Whiting）都是推销员出身。他们决定进入造纸行业的动因来自当地于1864年成立的尼纳造纸厂的成功。

金佰利-克拉克合伙企业建造了一座用亚麻和碎棉布生产新闻纸的工厂，取名全球纸厂（Globe Mill），1872年10月22日正式投产。缺乏造纸经验的创始人们，在试图通过雇佣当过学徒的造纸工人来解决问题失败之后，聘请了尼纳造纸厂主管迈仑·海恩斯（Myron Haynes）来负责工厂管理，克拉克和金伯利则专注于财会、采购和销售。正是这位海恩斯在一次当地商人的聚会上，吹嘘造纸厂如何赚钱，激起了克拉克和约翰·A.金伯利等人进入造纸行业的兴趣。

1880年，为了避免商业风险带来太大的个人资产风险，金伯利-克拉克合伙企业改组为有限责任制的“金伯利与克拉克公司（Kimberly & Clark Company）”。公司股本40万美元，约翰·A.金伯利、克拉克、巴布科克和沙塔克各持有面值1000美元的100股股份。怀廷在金伯利—克拉克合伙企业成立后不久就退伙离开，与他人另外创立了一家造纸厂，成为当地的一个竞争者。因此在金佰利公司的官方网站上，已经没有了这位创始人的名字。

四位所有者兼管理者每人都亲身参与公司管理，分工不同但工资都是4000美元。约翰·A.金伯利出任公司总裁，巴布科克任副总裁，克拉克任公司秘书，沙塔克任会计。他们奉行相对保守的财务政策，常常用盈利投资工厂，而不是分红。1883年第一次分红，每人分得3000美元。1886年，在公司站稳脚跟并盈利后，董事会投票决议了10%的分红。他们决定完全控制公司，但是也愿意与其他管理者分享股权，这主要是在建立新的造纸厂时兑现的。

6.6.2 第二代

1906年，因为创始人离世引起所有权情况变化，重新组建了资本额为200

万美元的“金伯利–克拉克公司（Kimberly–Clark Co.）”取代此前由几位合伙人共同投资创立，但是法律上各自独立的金伯利克拉克公司、阿特拉斯纸业公司和特鲁拉纸业公司。此时，公司创始人只剩下了金伯利1人，另外3人已先后去世：克拉克（1891年）、沙塔克（1901年）、巴布科克（1905年）。原始股权由约翰·A.金伯利和三位创始人的儿子，比尔·克拉克、詹姆斯·C.金伯利（James C · Kimberly）和弗兰克·沙塔克等掌握。三位创始者的儿子和3名经理人成为了公司董事，3位经理人也都拥有公司股份。

1907年开始，约翰·A.金伯利虽然名义上还在担任公司总裁，实际上已经逐渐地不再参与日常管理，金伯利公司进入了第二代。约翰·A.金伯利的儿子詹姆斯·C.金伯利出任公司副总裁。1889年进入公司、从簿记员开始的森森布雷纳（Frank J · Sensenbrenner）成为总经理。以詹姆斯·C.金伯利和森森布雷纳为主的新高层管理人员，改变了过去的公司创立者们个人业务操作模式，代之以负责采购、原料和销售的正式部门。1908年正式建立了会计部和采购部，引入专业人士，采用复式记账法。1914年建立了物资部和技术部，聘请了从德国达姆斯塔特纸浆造纸技术学院毕业的马勒（Ernst Mahler）。马勒建立了金伯利公司的研究实验室，为金伯利公司不同于其他造纸公司的未来发展前景奠下了基石。其他大多数美国的纸业公司实验室很少进行研究和开发，其活动局限于测试纸浆和产出纸张的样品。马勒开发出了新型磨木纸浆工艺，以及后来成为高洁丝卫生巾基本成分的纤维素材料。

6.6.3 从纤维面到高洁丝和舒洁

1914年，詹姆斯·C.金伯利和马勒等造访了化学研究上领先的德国。回来后不久，马勒就研制出来了能够替代棉质医用绷带的纤维素产品，并为其注册了“纤维棉（Cellucotton）”商标，是将纤维素（cellulose）和棉（cotton）两个单词连在一起。一战产生了对医用绷带的空前需求，但是金伯利公司并没有从中赚钱，而是按成本价向红十字会和美国陆军部提供纤维棉医用绷带。一战结束之后，红十字会将其剩余的医用绷带发放给了医院，而军队则将其过剩的库存投放到了市场上，这使金伯利公司的纤维棉生产线于1919年时几乎全线停产。1919年2月，詹姆斯·C.金伯利和马勒拜访了西尔斯-罗巴克公司在芝加哥地区的一位销售代表，沃尔特·鲁埃克（Walter Luecke），商讨纤维棉商用的可能方案。1919年3月1日，鲁埃克受聘金伯利公司，任务是为纤维棉寻找销路。

美国的赴法作战伤残人士基金会最先向金伯利公司提出了用纤维棉生产卫生巾的建议，该组织收到军队护士的来信，声称她们使用纤维棉医用绷带做临时卫生巾。鲁埃克抓住了这一想法，得到了詹姆斯·C.金伯利和马勒的支持，公司决定恢复纤维棉生产用以制造卫生巾，并取了高洁丝（Kotex）这一名字。1919年9月23日，生产出来了第一批高洁丝。为避免卫生巾这种私密产品可能带来的名声上的不利影响（毕竟公司名称和创始人家族姓氏相同），1920年，金伯利公司特别成立了一个全资子公司，取名为纤维棉产品公司（Cellucotton Product Company，CPC，后来改称为国际纤维面产品公司）。在做出这项决策的董事会会议上，公司的财务总监投了反对票，这是金伯利公司历史上为数不多的，在战略决策上无法达成一致意见的事项。

金伯利公司的主要高层管理者和两位广告业专家组成了纤维棉产品公司董事会。纤维棉发明者马勒出任总裁，但日常管理由总经理鲁埃克负责。仅有纤维棉的技术不够，高洁丝的推广需要克服巨大的文化障碍。从不能做广告到能做广告，再到采用真人做广告，从被藏到货架的最后面和角落处，到摆到货架明显处，和采用自助售卖方式，可谓是披荆斩棘。1923和1924年，金伯利公司两次奖励了纤维棉和高洁丝发明者马勒1万美元，并许可马勒得到纤维棉产品公司利润的2%，但每年不超过2.5万美元总额。1926年，董事会又同意以每股400美元的价格转让给了马勒100股纤维棉产品公司股票。

基于纤维棉开发出来的另一项重要产品是“舒洁（Kleenex）”纸巾，1925年取得了舒洁的注册商标。市场主导地位属于那些能够最快从“草根”获得创新灵感的公司。最初的舒洁纸巾产品定位是面霜卸妆纸，但是消费者们更喜欢用它来擦鼻子。1930年，总经理埃鲁克说服董事会其他成员，进行了一次消费者调查。调查表明61%的消费者把舒洁当作纸手帕使用，39%的消费者把舒洁当作卸妆纸巾。此次调查后不久，纤维棉产品公司展开了一场新的广告运动，把舒洁重新定位为了一次性纸手帕，名称从舒洁一次性卸妆纸巾改为了舒洁一次性纸手帕。

6.6.4 上市

1928年1月21日，约翰·A.金伯利去世。最后一位共同创始人离世后，金佰利公司很快放弃了股份封闭状态，转为公开公司。1928年6月30日，为了公开募股和上市，公司第四次重组并改名为“金佰利-克拉克公司（Kimberly-Clark Corporation）”，在特拉华州注册。7月，金佰利公司首次公开募股，1929年5月8日，金佰利公司股票在纽约股票交易所上市交易。新公司的董事会有14名成员，包括主要的投资者代表，其中最著名的是雷曼兄弟公司的约翰·汉考克，和7位金佰利公司的老股东和管理者。弗兰克·森森布雷纳任总裁，马勒、约翰·森森布雷纳（弗兰克·森森布雷纳的一位亲戚）、弗兰克·沙塔克等任副总裁。这种人事安排保留了金佰利公司原来的管理结构，使得该公司能够避免1930年代常见的管理者和董事会之间的分歧。

森森布雷纳正式出任公司总裁，金佰利公司进入了名副其实的职业经理人时代。此前，出于对约翰·A.金伯利的尊重，实际担负着总裁职责的森森布雷纳一直不肯接受总裁头衔。森森布雷纳任职到1942年退休，领导金佰利公司顺利渡过了大萧条时期。森森布雷纳的接任者科拉·帕克（Cola G·Parker），毕业于芝加哥大学法学院，1937年以副总裁身份加入金佰利公司，此前是个律师事务所的合伙人，为各大造纸公司担任法律顾问。

6.6.5 第三代

在经历了两任职业和外姓经理人领导之后，1953年科拉·帕克退休后，公司创始人约翰·A.金佰利孙子约翰·R.金佰利（John R·Kimberly）接任总裁职务。约翰·R.金佰利出生于1902年，1926年从麻省理工学院毕业，获化学工程学位。进入公司后从公司基层干起，在1930年代后期成为生产经理，1943年出任销售副总裁，1952年升任执行副总裁。

1955年，金佰利公司吸收合并了其主营高洁丝和舒洁等消费品业务的子公司国际纤维棉产品公司。国际纤维棉产品公司原是金佰利公司的全资子公司，1930年代金佰利转让了一部分纤维棉产品公司股票给其管理者和雇员。用金佰利公司股票交换了这部分员工持股后，把纤维棉产品公司整合进了金佰利公司。始自纤维棉开发出来的高洁丝、舒洁以及后来的纸尿裤成为了金佰利的当家产品，也使金佰利最终顺利地从一家造纸企业成功转型为了一家消费品公司。

1959年金佰利公司进行了一次组织结构上的重整，建立了董事会主席、公司总裁和执行副总裁各直接负责一块高层分工结构。这是来自时任执行副总裁凯利特（William Kellett）的建议。约翰·R.金佰利不再担任总裁，但作为董事会主席并实际上兼任CEO，负责总体领导职责，并直接负责加拿大公司、施伟泽公司和库萨帕因斯新闻纸工厂。凯利特接任了约翰·R.金佰利的总裁职务，负责行政部、研发部、工程部、人事部以及新成立的工业用品部和消费用品部。接任凯利特执行副总裁职务的克劳维尔（Kenneth Crowell）负责财务和法律部、国际部。新产品开发部门之前是中央管理，现在改由高级副总裁领导，由工厂直接管理①。

6.6.6 大转型

1968年约翰·R.金佰利达到了公司规定的65岁退休年龄，米纳德（Guy M·Minard）接任，出任董事会主席兼首席执行官。米纳德1907年出生，1928年加入公司，1951年升为副总裁，1960年代接替凯利特成为总裁。1968年接任时米纳德已经61岁，但他坚持出任首席执行官后要履行总裁的职务，而不是指派一名年轻的经理接手运营管理职责。但是，过于繁重的工作使他不得不在1969年末时委任44岁的史密斯（Darwin Smith）为公司总裁。1971年底，史密斯接任了董事会主席兼CEO职务。史密斯1926年出生，哈佛法学院毕业后在一家为金佰利公司打理法律事务的律师事务所工作，1958年加入了金佰利

---

① 《温柔的力量——金佰利公司与美国的消费革命》，上海远东出版社2008年10月第1版，第142页。

公司法律部。

史密斯领导金佰利公司20年，实现了公司从纸业公司向消费品公司的大转型。1970年代前半期，金佰利公司进行了有史以来最大的一个资本改进项目：卖掉一直作为主营但业绩不佳的造纸资产。史密斯时期，金佰利出售造纸工厂，向纸质消费品公司转型，得到广泛赞赏。但事实上，是其前任米纳德在1971年退休前在一份公司战略报告中提出了这一想法。也可以说，从1920年代开始，金佰利公司就开始了从造纸商向消费品公司的转型。

1970年11月，米纳德指派公司成立了一个由执行副总裁谢林担纲、由9位经理组成的特别小组，研究公司的铜版纸业务问题。1971年8月，研究小组向董事会提交了报告，建议卖掉公司的几个造纸工厂以及林地和林产品加工企业。董事会接受了这一建议。不过，1971年10月，米纳德就退休了，这一庞大的资产剥离任务落到了他的继任者史密斯身上。到1976年金佰利将其起家时期的关键工厂金佰利工厂也脱手了之后，从杂志纸市场上完全退出了。

1985年，金佰利公司又进行了组织结构上的重大改变，设立了董事会主席办公室和几个新的业务部门，把公司总部搬迁到了得克萨斯州达拉斯市郊的欧文镇（Irving），并在其位于乔治亚州罗斯维尔市（Roswell）的运营总部设立了公司科学与技术中心。

1992年史密斯退休，桑德斯（Wayne R · Sanders）接任公司董事会主席兼CEO。桑德斯接任以后，进一步领导金佰利进行了战略转型。这期间，金佰利公司的一个大动作是，1995年以94亿美元的价格收购了拥有与其同样悠久历史的斯科特纸业（Scott Paper）。2002年，弗克（Thomas J · Falk）接替桑德斯出任了金佰利公司CEO，并于第二年成为董事会主席，目前仍然是金佰利公司董事会主席兼CEO。

弗克1958年出生，1980年毕业于威斯康星大学会计专业。在一家会计师事务所工作两年之后，1983年加入了金佰利公司内审部。1999年弗克晋升为金佰利公司总裁兼首席运营官并进入了公司董事会。在弗克领导金佰利公司的这十几年中，金佰利公司着重推进了国际化。2013年，金佰利公司在全球35个国家有业务运营，销售额212亿美元，员工5.7万人。

6.6.7 “好奇”的成功

“好奇”（Huggies）的推出，使金佰利在纸尿裤市场上超越了雄霸纸尿裤这一市场几十年的宝洁公司。1950年代，纸业公司忙于掠夺其他公司的市场份额，没能开发出一次性纸尿裤这样的革新性产品，把这个机会留给了外来的宝洁公司。宝洁公司1957年开始开发纸尿裤，推出了帮宝适（Pampers）。

直到1980年代，金佰利的“好奇”品牌夺得了这一市场上的头把交椅。金佰利推出“好奇”纸尿裤，从宝洁公司这样的消费品市场上的营销王者和霸主企业手中夺得这一市场领导者的宝座，可谓是震撼性的。金佰利不是通过收购，而是通过重新部署自身资源和进行产品开发而获得这一成功的。

金佰利公司向纸尿裤市场的进军是从1960年代后期开始的，最早推出的纸尿裤品牌是“金贝贝”（Kimbies）。1971年6月，在决定将公司铜版纸业务清盘前不久，在米纳德的推动下，公司董事会为金贝贝纸尿裤项目批准了1750万美元的拨款。但是金贝贝没有维持住第二位的市场地位，1975年强生公司夺走了纸尿裤市场的第二把交椅。这时金佰利公司的大多数管理人员都准备放弃纸尿裤市场。虽然对这个从前任继承的项目感到失望，但是史密斯还是决定再尝试一次。史密斯将1975年出售金佰利造纸工厂所得的1450万美元，主要用于了纸尿裤项目，研究和开发一种新的高端产品，甚至减少了一部分的卫生巾产品广告费用，用于纸尿裤项目。这次努力的结果就是1978年推出的好奇（Huggies）纸尿裤。这种由“制造舒洁的公司生产的，一种防侧漏的纸尿裤”，很快从强生公司手中夺回了市场占有率第二的位置，以至强生在1981年时退出了这一市场。1988年，好奇超过了帮宝适，成为全美排名第一的纸尿裤品牌。

为了巩固这一市场上的龙头地位，金佰利公司于1989年进一步推出了好奇儿童成长裤（Huggies Pull-Ups Training Pants）。这种将纸尿裤和内衣结合在一起的儿童成长裤，可以将传统纸尿裤的使用时间缩短两个月，这使其他的纸尿裤生产商陷入犹豫，举足不前。金佰利曾因害怕其无带高洁丝销售受影响而迟迟没有跟进推出有带卫生巾，这回他们吸取了教训，在1980年代中期就开始了这一秘密项目。1989年5月好奇儿童成长裤上市后的三年中都没有遇到宝洁公司的挑战，每年2亿美元销售，获取了纸尿裤市场的9%的份额。负责这一项目的经理正是1992年接任金佰利公司董事会主席兼CEO职务的桑德斯。

6.6.8　治理特色：CEO内部成长

金佰利公司的自觉转型，远远早于杠杆收购和公司掠夺者的时代。1970年代进行重组的动力来自公司高级管理层，而不是来自收购者的威胁或愤怒股东的压力。1960年代晚期和1970年代的盈利危机，警示公司管理层剥离业绩不佳的铜版纸业务。金佰利之所以能够做到这一点，与其领导人的内部成长模式高度相关。

从1872年到2014年的142年时间里，金佰利一共只有八位首席执行官，平均任期为17.8年。即使除去创始人约翰·A.金佰利亲自管理（1872～1906年）和监督领导（1907～1928年）的总计56年时间之外，从1928年到2014年这86年时间里7位继任CEO的平均任职时间也高达12.3年，与通用电气公司130年里10任CEO的任期长度相同。CEO的稳定和长期任职，保证了金佰利公司历任领导人的长期眼界，能够抵制住短期压力，从战略导向上把控公司决策。

与此同时，金佰利公司坚持内部培养模式，历任CEO都是从公司内部成长起来的。继任CEO是前任CEO时期的重要项目负责人，也是前任CEO时期公司重大战略决策的参与者，这使公司能够坚持战略决策和方向上的连续性，继任者会选择推进，而不是推翻前任的一些重大战略决策。

1960年代和70年代公司战略中的一个流行谬误是稳定技术行业的主导公司将精力集中于兼并和收购，忽略了对核心业务能力进行投资，或错误分配了投资经费。这些公司中，进行利润规划和资金预算的内部体系，倾向于抵制对长期生存所需核心能力进行投资。在提出这样投资的中层管理人员看来，高级管理层和他们所代表的资本市场，常常过分专注于短期财务结果。金佰利公司的内部培养模式，使其能够摆脱这种流行谬误。中层管理人员能够通过挖掘和利用公司的现有资源与能力，创造出新的产品和业务领域，并能进而走上公司的最高领导岗位。也是这种机制，使金佰利公司能够从本只是其造纸业务中一项附带性的创新（纤维棉）中开发出了一系列的新产品领域（从高洁丝、舒洁到好奇），并最终通过这种自己开发而不是通过并购，实现了向业务领域的顺利转型。

在这一点上，金佰利和IBM很相似。除郭士纳外，IBM也是一直内部成长CEO模式。这种CEO内部成长模式，同时加上一贯地注重研发，使金佰利也和IBM一样，在其原有业务基础上生长出来了更高端的业务。强有力的研发机构是金佰利公司最重要的竞争优势来源，它雇佣的科学家和工程师比其他任何纸业公司都要多。1946年，金佰利公司把其技术部改组为了相互独立的研发中心和工程部。IBM卖掉了其传统的电脑业务，走上价值更高的IT服务业务。金佰利卖掉了其传统的印刷纸业务，走上了价值更高的纸质消费品和医疗护理用品业务。

6.6.9 治理特色：领导董事和执行委员会

金佰利公司董事会由12人组成，董事会下设了四个委员会：执行委员会，审计委员会，管理开发和薪酬委员会，提名和公司治理委员会。除董事会主席兼CEO弗克为内部董事外，其他11位董事均为外部董事，并且都是退休或在职的其他企业董事会主席或高管。由于弗克为董事会主席兼首席执行官，为保证公司董事会的独立性，金佰利公司董事会设立了领导董事职位。

表 4-1　金佰利公司董事会成员

姓名	执行委员会	审计委员会	管理开发和薪酬委员会	提名和公司治理委员会	公司外职务
Thomas J · Falk*	主席				
James M · Jenness**	成员				凯洛格（Kellogg）公司董事会主席
John R · Alm	成员	主席			可口可乐公司前CEO
Mae C · Jemison			成员	成员	BioSentinent公司总裁
John F · Bergstrom		成员			Bergstrom公司董事会主席兼CEO
Abelardo E · Bru*	成员		主席		百事可乐公司前董事会副主席
Nancy J · Karch		成员			麦肯锡公司荣誉董事

续表

姓名	执行委员会	审计委员会	管理开发和薪酬委员会	提名和公司治理委员会	公司外职务
Robert W · Decherd		成员			A · H · Belo公司董事会主席、总裁兼CEO
Ian C · Read	成员			主席	Pfizer公司总裁兼首席执行官
Linda Johnson Rice		成员			Johnson出版公司董事会主席
Fabian T · Garcia			成员	成员	Colgate-Palmolive公司COO
Marc J · Shapiro			成员	成员	摩根大通前董事会副主席

*董事会主席兼CEO；**领导董事。资料来源：根据金佰利官方网站资料整理。

领导董事负责公司股东和其他各种利益相关者与董事会之间的沟通。领导董事决定，由公司的股东服务部门接收寄给董事会的信件，并先由公司秘书办公室做出评估。在领导董事的指示之下，公司秘书具体负责以下有关事项：①就影响公司的不恰当的会计、内部控制和审计事项，向公司主计长（General Counsel）做出诚实报告，以按审计委员会确立的流程进行处理。②就影响公司的其他不恰当的行为，向公司领导董事和主计长做出诚实报告。③就有关公司产品和人力资源的问题向公司内相应主管部门提出，并取得回复。④就公司一般性的公司治理问题以及类似的沟通问题，向领导董事做出报告。⑤就来自股东和其他利益相关方的重要沟通信息，在董事会的定期会议上，向董事会提出建议和意见。

目前金佰利公司董事会执行委员会的成员构成情况是，董事长兼CEO，领导董事，和另外三个董事会委员会的主席。金佰利公司管理细则（By-Laws）第29条规定，执行委员会由三人或更多人构成，CEO因其职责所在而是其当然成员。董事会负责从董事中挑选执行委员会的其余成员并任命委员会主席。在董事会休会期间，执行委员会拥有董事会指导公司业务和事务的全部权力，包括但并不限于宣布分红、批准股票发行，除非公司管理细则将此等权力授予了公司的其他常务委员会，或者是法律、公司章程（Certificate of Incorporation）或管理细则对该委员会的此等权力做出了限制。

GREAT COMPANIES

INNOVATION, GOVERNANCE AND SUCCESSION

伟大的公司

创新、治理与传承

第7章

创业者：天生、谋划与机遇

公司创立的起点各有不同，但是从其创始人如何开始创业的角度看，大致可以分为天生、谋划和机遇三类。

7.1 天生、谋划与机遇

7.1.1 天生创业者

没有过正式工作直接创业就取得了成功者，可谓是天生创业者。最为天生的创业者也许非比尔·盖茨莫属。盖茨从哈佛退学创业，在“一个甚至都不存在的行业里”（盖茨父亲语）缔造出了微软公司。1975年微软成立时，是盖茨和艾伦两人的合伙企业，1981年进行了一次私募后改制为公司。

与盖茨非常相似的天生创业者是扎克伯格。2004年1月，还在哈佛上大二、不满20岁的扎克伯格向域名公司Register.com支付35美元，注册了thefacebook.com，以每月85美元的价格从一家名为Manage.com的信息存储公司租用了电脑服务器存储空间。2004年2月4日，thefacebook.com网站正式启动。

不仅是现代性的IT和互联网产业提供了这样的机会，传统行业中也有这样的成功创业者。英格瓦·坎普拉德从少儿时代开始就进行一些小打小闹的批发转零售类小生意。1943年，17岁的英格瓦·坎普拉德，在其中学毕业要进入商学院读书之前，用他父亲给的一笔“学习奖金”正式创建了自己的公司，以自己姓名和地址的简写字母为公司起了名字——IKEA（宜家），I指英格瓦，K

指坎普拉德，E指爱尔姆特瑞德（他家农场名），A指阿根纳瑞德（农场所属的小村庄）。

成长于大萧条时期的山姆·沃尔顿，从高中时期开始就送报纸赚钱。上大学时，沃尔顿主要是靠送报纸赚钱支付自己的学费及生活费。1940年沃尔顿从密苏里大学毕业，曾打算到宾夕法尼亚的沃顿金融学院继续深造，但是因为无法凭借打工积攒够学费而放弃了。于是，毕业刚刚3天之后，沃尔顿应聘到了当时美国零售业龙头J·C·彭尼公司的一家分店工作。在彭尼公司工作了18个月之后，1942年初，沃尔顿报名参军。1945年从军队复员之后，沃尔顿决定投身零售行业，自己开店创业。

ZARA创始人阿曼西奥13岁时终止了学业，从学徒身份开始工作。1963年，在纺织和服装行业打拼了近15年之后，27岁的阿曼西奥，想要独立创业。他的基本想法就是省去中间商环节，自己采购原材料、生产服装后直接销售。阿曼西奥说服一家服装店老板同意，如果能够生产出来与其他供应商质量一样而价格更便宜的服装，就从他这进货。

迈克尔·戴尔和宜家创始人坎普拉德一样，天生生意头脑，打小就会赚钱。12岁时迈克尔·戴尔就倒腾邮票赚了2000美元。1980年，15岁生日的时候，迈克尔·戴尔得到了一台苹果二型电脑，拿回家后他就给拆了又重新组装上，从此鼓捣电脑成了他的一大爱好，并从这里寻找到了新的商机。1984年1月，还是大一学生的迈克尔·戴尔创建了“个人电脑有限公司”（PC’s Limited），买来零部件组装好电脑后，卖给同学。5月份大一结束的时候，公司改为“戴尔电脑公司”，资本金1000美元，是得克萨斯州法律所规定的最低资本额度。

7.1.2　谋划创业者

谋划创业者的典型代表当属亚马逊创始人杰夫·贝佐斯。贝佐斯怀揣创业梦想而工作，从工作中积累经验、发现机会，经过理性分析有条不紊地走上亚马逊的创建之路，也许比盖茨和扎克伯格等人的创业历程缺少“天才”性质的故事和刺激性，但有更多的可学习之处和可复制性。

1986年大学毕业后，本着为自己创业做准备，要“先学学如何做生意，学着了解一下这个世界是怎么运转的”的想法，杰夫·贝佐斯没有选择英特尔、贝尔实验室等大公司和著名机构，而是进入了一家名为Fitel的小公司。1990年12月，26岁的杰夫·贝佐斯以副总裁职务加入了D·E·Shaw公司，组建并领导了一支24人的团队，负责探索新市场机会。正是这一工作，让杰夫·贝佐斯发现了创建亚马逊的商业机会。

惠普公司也是个有计划创业的结果。两位创始人帕卡德和休利特，大学时就决定一起创业，1934年从斯坦福大学毕业后，作为创业的准备，帕卡德去通用电气工作，休利特则去麻省理工学院攻读电子工程硕士学位。1937年两人开始筹备创业，1939年正式创立了惠普合伙企业，十年后的1947年改制为惠普公司。

1900年出生于广岛的吉田五郎，小学时候从哥哥那得到了一部照相机，十分迷恋，并将之拆开来再组装回去。吉田五郎试制照相机的想法得到了其在三一证券工作的妹夫内田三郎的支持。1933年11月，吉田五郎和内田三郎共同创立了今日佳能公司的前身“精机光学研究所”。

鬼塚喜八郎（1917~2007年），与山姆·沃尔顿类似，都属于“二战”复员后进行创业的一代。沃尔顿投身于他于战前已经略有熟悉的商业，鬼塚喜八郎则从分析战后日本的市场需要出发。“二战”之后，日本想通过体育来激发青少年的精神和斗志，但是当时的孩子们想要运动却得不到运动鞋。1948年鬼塚喜八郎决定在这一领域里创业。1949年9月，30万日元资本金、4名员工的鬼塚公司（Onitsuka Co·, Ltd·），开始专业生产运动鞋。

水野利八12岁时从小学退学，到大阪打工。1903年，19岁的水野利八看了京都三高棒球俱乐部的比赛后，被棒球的魅力吸引，决定要创办体育用品商店。1906年4月1日，水野利八和弟弟水野利三在大阪北区创立了“水野兄弟商会”（就是商店），销售棒球以及其他一些西洋杂品，1910年店铺迁移到大阪梅田新道，并正式更名为“美津浓商店”。

多数古典企业大亨都可归为谋划创业者，他们从学徒和打工开始，逐渐积累起自己创业的资本和能力。1810年，16岁的范德比尔特凭借父母的100美元购置一艘帆驳船开始创业。洛克菲勒在经过了三年的打工历练之后，1858年

18岁时开始与人合伙创立自己的公司。卡内基历经过纺织厂童工和电报局职员之后，18岁时进入了宾夕法尼亚铁路公司工作，随后逐渐从一位铁路公司经理人转身为投资人，最后成为缔造钢铁伟业的企业家。爱迪生照明公司机械师亨利·福特业余研制汽车，最终创立了福特汽车公司。铁路公司的火车站代理西尔斯则是从业余小贩开始发展出来了一个西尔斯商业帝国。

7.1.3　机遇创业者

机遇创业者，可以分为发明和发现两类。发明者，自己发明或研制出来了，有了创建企业的机会，但是能否成功发展好则还要看其他各方面的条件。发现者，则是发现可以利用的新技术或新机会而成功创立企业。

可口可乐发明人彭伯顿最后穷困潦倒，药店商人坎德勒取得了可口可乐专利之后，缔造出了可口可乐公司。与可口可乐发明者彭伯顿同样是药剂师出身的育儿奶粉发明者亨利·雀巢，公司运作能力则稍强一些。1836年，24岁的亨利·雀巢结束了四年的药剂师学徒生涯，1839年获得了药剂师执业许可。1867年创立雀巢公司的主要前身育儿奶粉公司，7年后把公司卖掉了。

凭借一种发明而创建一个企业，并能让企业按自己意愿传承和发展下去的成功创业者典范当属欧莱雅创始人欧仁·舒莱尔。1907年，28岁的欧仁·舒莱尔应巴黎一家理发店的邀请，开始研究染发。在自己家的厨房里研制出来了第一代合成染发剂。1908年3月24日，舒莱尔申请了专利。他开始晚上研制产品，白天就一家一家理发店地跑去销售。1909年7月30日，欧仁·舒莱尔正式创立了欧莱雅的前身——法国无害染发剂公司，并正式以“欧莱雅”为注册商标。

1904年11月，还不满10岁的松下幸之助开始到大阪打工。1910年10月，松下幸之助进入大阪电灯公司做见习工。松下幸之助一直在研究新型灯泡插座，还曾经把自己做出来的新型插座拿给公司主管看，但是被否决了。不服气的松下幸之助很快提出辞职，要自己创业做插座。1918年3月7日，松下幸之助创立了“松下电气器具制作所”，生产灯泡插座。

索尼公司创始人井深大，学生时代就是无线电爱好者。1933年大学毕业后，应聘东芝公司失败，进入了一家名为PCL（图片化学研究所）的公司工作，后又转到日本光音公司无线电部。工作十二年之后，1945年，井深大和其他几名原公司的同事一起创建了索尼前身“东京通信公司”。

自身没有什么高超发明，但是在工作中发现新的商业模式和业务机会，从而成功创建起自己企业的典型代表是麦当劳公司创始人克洛克和星巴克公司创始人舒尔茨。克洛克和舒尔茨都是苦孩子出身，都是从打工开始职业生涯，都是先做了经理人，在工作中发现机会后再自立门户开始创业的。麦当劳和星巴克的品牌都是收购来的，都是原所有者无心或无力做大情况下，在新公司创始人的精心设计和有力执行之下成长为巨型公司和国际品牌的。

麦当劳公司创始人克洛克从纸杯销售开始，进入能够带来更多纸杯销售的多头奶昔搅拌机销售，再进入能够带来更多奶昔搅拌机销售的连锁快餐经营。舒尔茨通过经销咖啡研磨机发现并加盟了星巴克，在改造星巴克遇阻后离职创建了天天咖啡公司，然后收购和重组了星巴克。克洛克展示出了一幅实干家“路越走越宽”的连续创业图景。舒尔茨的星巴克传奇，则是现代公司治理体系下企业创立过程的典范故事——伟大的点子和投资者支持。

7.2 宜家之路：顺势而为与逆境成长

从17岁的创建，到84岁的守望，从个人所有到基金会所有，从瑞典经丹麦再到荷兰，英格瓦·坎普拉德的宜家公司能否避免来自家族或者国家的伤害，成为长盛不衰并且超然独立的企业帝国?

7.2.1 十七岁男孩儿创建宜家

英格瓦·坎普拉德（Ingvar Kamprad）1926年出生于瑞典南部一个主要经营林业的农场主家庭。坎普拉德的祖籍是德国，1896年，坎普拉德的祖父阿契姆·俄德曼·坎普拉德以5.4万瑞典克朗的价格购买了一处449公顷的土地（森林和农场），从德国移居瑞典。1897年因为缺少经营资金、被银行拒绝贷款之后，阿契姆·俄德曼·坎普拉德开枪自杀。坎普拉德祖母独自担负起了经营农场及抚养三个孩子的重担。1918年坎普拉德的父亲弗兰兹·费奥多·坎普拉德开始接手管理农场。

也许是祖父因钱而自杀、父亲经常念叨农场因为缺钱而做不成的很多事情，给了年纪还很小的坎普拉德赚钱的动力，从少儿时代开始就进行一些小打小闹的批发转零售类小生意。五岁时，英格瓦·坎普拉德开始向附近的住家出售火柴；到了七岁，他开始使用自行车，向地域更广的住家售货。他发现可以通过邮购在斯德哥尔摩以低廉的价格大批量地购买火柴，再以很低的价格单个出售火柴。从火柴开始，他扩展到出售花籽、贺卡、圣诞树装饰品和后来的铅笔和圆珠笔。小男孩从销售中发现了巨大的赚钱的乐趣："那是一种惊喜，当你发现自己能够如此便宜地买进各种东西，然后再以稍高一点的价格卖出时，你就会感受到这种惊喜。"

1943年，17岁的英格瓦·坎普拉德在中学毕业要进入商学院读书之前，用他父亲给的一笔"学习奖金"正式创建了自己的公司，以自己姓名和地址的简写字母为公司起了名字——IKEA（宜家），在哥德堡商学院学习及毕业后的短暂职员工作期间，坎普拉德一直在业余地做着自己公司的生意。在1948年第一次打出家具广告之前，坎普拉德经营的都是圣诞卡、自来水笔等小东西。由于最初主推的家具（一种椅子和一种咖啡桌）很成功，坎普拉德开始印制名为"宜家通讯"的小报（1951年正式发展为宜家的商品目录册，到2009年以 27种语言和 56 个版本印刷近2亿册）。1948年，宜家公司有了第一位雇员，但是实际还是坎普拉德一个人的公司，家人及陆续增加的几位雇员主要是起个帮手作用。

7.2.2 宜家商场：从瑞典到全球

创始人的骄傲来自机遇和天才合作者的帮补。1951年，经过长达一天半时间的持续交谈后，坎普拉德聘请了一位得力干将斯文·汉森。1952年坎普拉德和斯文·汉森决定，采用一种长期性展览加销售的家具经营方式，解决过去单纯邮购模式下由于恶性价格战带来产品质量下降从而失去消费者信任的问题。宜家清仓处理了过去经营的各种小件商品，开始专注于经营家具。1953年3月18日，位于瑞典阿姆霍特的宜家第一家展厅式销售的家具商场开业，顾客第一次能够在定购宜家家居用品之前看到和触摸这些产品。将邮购业与家具商场合二为一的宜家家具经营之道正式诞生。

宜家商场获得了巨大的成功，1958年开设了第二家，1959年第100位员工加入宜家，宜家开始了持续稳健的增长历程。1963年宜家进入挪威，瑞典以外第一个宜家商场在奥斯陆开业。以后在各个国家的宜家商场陆续开业：1969年丹麦哥本哈根，1973年瑞士苏黎世，1974年德国慕尼黑，1975年澳大利亚悉尼，1976加拿大温哥华，1977年奥地利维也纳，1979年荷兰鹿特丹，1981年法国巴黎，1984年比利时布鲁塞尔，1985年美国费城，1987年英国曼彻斯特，1989年意大利米兰， 1990年匈牙利布达佩斯，1991年捷克共和国布拉格和波兰华沙，1996西班牙马德里，1998年中国上海，2000年俄罗斯莫斯科，2004年葡萄牙里斯本，2006年日本东京。

目前，宜家产品包含大约9500种家居用品。每一种产品都是由IKEA of Sweden（IoS）开发的。截至2010年4月，总共有310家宜家商场分布于38 个国家和地区。其中，宜家集团独自拥有272家商场，遍布25个国家。另外37家商场为宜家的特许经营商拥有并负责运营，分布于17个国家和地区。宜家商场的前五大销售国家是德国15%，美国10%，法国10%，英国7%，和瑞典6%。宜家在全世界30个国家拥有26个贸易采购公司，在全世界55个国家拥有大约1220个供应商。前五大采购国家是中国20%，波兰18%，意大利8%，德国6%和瑞典5%。

2010年宜家集团首次以年度报告摘要的形式公布了公司财务状况。宜家财政年度为每年9月1日至次年8月31日。2009财政年度销售额增长了1.4 %，达到218亿欧元，净利润增长11.3%，达到25亿欧元。2010财政年度，宜家集团销售额增长了7.7%，达到231亿欧元。宜家集团在全世界25个国家/地区拥有约123000个员工（不含特许经营店）。

7.2.3 顺势而为与逆境成长：被逼出来的宜家之道

“宜家之道”与其创始人英格瓦·坎普拉德一样诞生在斯马兰，瑞典南部一块贫瘠的土地上。由于匮乏，人们千方百计将有限的资源最大限度地加以利用。宜家正是基于这种做事方式之上，形成了最大限度地利用原材料，以能够为人们所负担得起的价格提供优质产品的经营之道。

低价格是宜家理想、商业理念和概念的基石。从1950年开始，由于宜家的低价策略，瑞典全国家具经销商联合会开始禁止宜家参加家具交易会。坎普拉德采取了注册一系列新公司等办法来应对。一些家具生产商采用匿名、假地址等方法偷偷地给宜家供货，同时也按宜家的建议稍稍改变一下家具款式，以使人识别不出货品的供应者。到1954年，瑞典全国家具经销商联合会甚至向家具生产商发出了最后通牒：如果哪家家具生产商向宜家供货，全国家具经销商联合会成员将不再购买其家具。但是宜家坚持自己“便宜有好货”、家具行业价格杀手的角色。

1955年，宜家在其发出的50多万份商品目录封面上打出了“梦幻家居，梦幻价格”的口号。宜家受到消费者拥戴，有能力采取比同行企业更为善待供货商的策略：其他家具经销商普遍采用3个月到4个月的付款周期，宜家的付款周期为10天。也许正是其他家具经销商的“限制”和“消极竞争”方式，促进了宜家的创新性经营和竞争方式。最初宜家家具自有风格的形成完全是为了绕开家具经销商联合会的抵制。坎普拉德说：“禁止我们购买和别人一样的家具，我们就设计自己的样式，这使我们拥有了自己的风格，一个我们自己的品牌。”宜家推出了自有品牌和自己风格的家居用品并没有聘用什么专业的家具设计师。宜家的第一位设计师吉利斯·隆德格兰实际是一位广告公司的年轻制图员，他能迅速地把坎普拉德的想法画成图，交给家具厂家。吉利斯·隆德格兰与坎普拉德一起跑遍了家具生产厂家，观察制作过程，提出改进建议。1960年代初期，在波兰建立生产基地，也是为了解决供货问题。

瑞典是全球最高福利的国家，富人和穷人一样都会得到社会的关怀。关怀穷人，为大众创造更为美好的日常生活，也成为了宜家的理想。以高价格制造优质产品，或者以低价格制造劣质产品，任何人都可以做到。但是，以低价格制造好产品，必须找到既节约成本又富有创新的方法。在好产品和人们买得起的产品之间存在着巨大的黑洞，宜家正是在这里发掘出了自己巨大的发展空间。

低价好货、顾客拥戴使宜家冲破了其他家具经销商的封堵，并进而形成了一种基于与顾客的合作伙伴关系的宜家商业理念。宜家设计师与生产商的合作，使用现有的生产方式，找到巧妙的制作家具的方法。宜家采购人员在全世界寻找好的供应商，使用最适宜的原材料生产产品。在全球范围内大批量地购买产品，获得最好的价格。宜家顾客通过使用宜家商品目录册和造访商场，选择所需要的家具，在自助式提货仓库提取货物。大多数的货物为平板式包装，顾客可以轻松地搬运回家和自己组装产品。宜家不对顾客独自可以轻松办到的事情收取费用，和顾客共同为更美好的日常生活节省资金。

7.2.4 家族、基金会与经理人：宜家集团的治理架构

对于英格瓦·坎普拉德来说，家就是公司，公司就是家。1973年宜家的雇员人数达到1000人，但是实际运作仍然完全是小企业的方式：董事长是英格瓦·坎普拉德的老爸，公司秘书是英格瓦的侄女贝莉。用贝莉的话说是“英格瓦基本上决定一切，绝大多数主意也来自于他”。英格瓦自己的说法也是如此：“宜家开始时是一个单人经营的企业。总是由我来做出决策。在家里我们很多人一起讨论各种问题，但是最后大家都听从我的意见。”

1976年，50岁的英格瓦·坎普拉德发表了《一个家具制造商的宣言》，全面阐述了宜家的经营理念，同时开始考虑宜家的“长治久安”问题。英格瓦·坎普拉德想要建立一种具有独立和长期视野的所有权结构和组织，为宜家构造了他自己认为是“世间独一份”的所有权结构。

1982年，英格瓦·坎普拉德在荷兰创立了斯地廷·英格卡基金会（Stichting INGKA Foundation），斯地廷·英格卡基金会是同样设于荷兰的英格卡控股有限公司（INGKA Holding B.V.）的所有者，而英格卡控股有限公司是所有的宜家集团所属公司的母公司。通过斯地廷·英格卡基金会，英格瓦·坎普拉德还创立了一个慈善基金——斯地廷·宜家基金会（Stichting IKEA

Foundation）。该慈善基金主要致力于改善发展中国家的儿童和青年权利，帮助他们最终掌握自己的命运。2010年该基金在其各种社会援助项目中捐赠了大约4500万欧元。

设于荷兰的宜家内务系统公司（Inter IKEA Systems B.V.）是全球宜家商场的特许经营权授权人，负责授权和管理全部宜家商场（包括宜家集团自己拥有的和其他人根据特许授权所有和经营的）的特许经营权事宜。分别设在荷兰和瑞典的两个宜家服务有限公司（IKEA Services B.V.和IKEA Services AB）拥有九个职能部门，为所有的宜家集团所属公司提供后勤和职能保障工作。

1986年，根据荷兰法律，年满60岁的英格瓦·坎普拉德要从公司管理岗位退休，1950年出生、36岁的安德斯·莫伯格（Anders Moberg）成为宜家集团第二任总裁兼首席执行官。英格瓦·坎普拉德改任宜家公司顾问，对宜家产品开发拥有一票否决权。莫伯格作为宜家自己培养起来的经理人，深得英格瓦·坎普拉德的信任，但是这位创始人能对宜家的管理不插手干涉吗？英格瓦·坎普拉德说："我认为可以，如果事情不对头，让我作壁上观的确很难，但当一切进展顺利的时候，没谁会比我自己更乐得清闲。"在改任顾问的创始人英格瓦·坎普拉德和公司新任总裁莫伯格之间，一开始就有明确划分的职权范围，同时还共用一个助理（由不同的年轻精英们轮流担任），以使两个人都能知道对方在做什么。在莫伯格担任宜家集团总裁兼首席执行官14年的时间里，宜家从1985年的1万名员工和60家商场发展到了1999年的5万名员工和158家商场。1999年，安德斯·代尔维格接替莫伯格成为宜家集团的第三位总裁兼首席执行官。2009年，麦克·欧森（Mikael Ohlsson）接替代尔维格，成为宜家第四任总裁兼首席执行官。

作为公司顾问的公司创始人英格瓦·坎普拉德仍然健在，并且还相当活跃。英格瓦·坎普拉德的三个孩子分别在宜家集团的不同部门工作，其中的一位马修斯·坎普拉德是宜家集团的7位管理董事会成员之一。通过家族所有的基金会持股并且拒绝上市甚至拒绝"借钱"（坎普拉德曾表示，"说我谋杀也不能说我借钱"），宜家会牢牢控制在坎普拉德家族手中。在英格瓦·坎普拉德百年之后，会不会有某位"坎普拉德二世"直接出面全权掌握宜家管理大权，要看他三个孩子的能力和兴趣了。

可以说坎普拉德是一个超越了国家主义和民族主义的纯粹商人，但他又是一个绝对的理想主义者。起源于瑞典的宜家，1973年将其总部随创始人自己的移民而转移到了丹麦；2001年，宜家集团总部又从丹麦迁至荷兰。瑞典和丹麦这两个北欧福利国家高额的遗产税也许是这种迁移背后的原因之一。但是作为现代公司制发源地的荷兰，“有着适合建立商业基地的最古老也是最稳定的法律基础”，坎普拉德说，“我所努力的，不仅仅是宜家的长盛不衰，而且是要使它成为一个独立于任何一个国家的公司。”

7.3 缔造ZARA：阿曼西奥的秘密

由于西班牙王室充当了支持哥伦布探险事业的风险资本家，从16世纪开始，西班牙成为现代大国崛起中的领先者。在进入英美主导的19和20世纪之后，西班牙落伍了。西班牙服装商人阿曼西奥·奥尔特加·高纳于1963年从一个小裁缝铺开始缔造出了ZARA品牌和Inditex帝国，在一个“落伍的帝国”里，谱写出了一曲雄浑的“美国式”企业史歌。

ZARA是西班牙服装企业Inditex集团的核心品牌，占集团总销售额的一半以上。Inditex集团现为世界第一大时装集团，与美国的GAP、瑞典的H&M、德国的C&A等并列为世界服装行业“四大”。Inditex集团前身名称为GOA公司，由创始人阿曼西奥·奥尔特加·高纳（Amancio Ortega Gaona）名字的首字母颠倒顺序而成。与阿曼西奥共同创立公司的哥哥安东尼奥（Antonio Ortega Gaona）名字首字母颠倒顺序后也是GOA。安东尼奥于1987年因骨癌去世，阿曼西奥至今实际领导着ZARA-Inditex服装帝国。GOA公司则是起源于一个家庭式的制衣作坊。

7.3.1 创业之始

阿曼西奥的父亲、祖父和曾祖父三代都是铁路工人。铁路修到哪里，家要搬到哪里。1944年阿曼西奥的父母搬到了位于西班牙西北部的加利西亚地区。

阿曼西奥的哥哥安东尼奥最先踏入了纺织和服装行业，在一家衬衫缝纫店做了两年无薪学徒之后，进入了卡斯特罗·金塔斯家族的拉玛雅服装店工作。随后，阿曼西奥的姐姐帕皮塔也加入了拉玛雅公司工作。

阿曼西奥出生于1936年3月28日，13岁时终止了学业，从学徒身份开始工作。在一家缝纫店工作3年晋升无望之后，阿曼西奥于1952年前后也加入了哥哥和姐姐所在的拉玛雅服装店工作。1963年，在纺织和服装行业打拼了近15年之后，27岁的阿曼西奥想要独立创业。他的基本想法就是省去中间商环节，自己采购原材料、生产服装后直接销售。但是，最终做到这一点，并且由此形成“自产直销、快速投放”模式是12年以后的事情了。

这时的阿曼西奥，虽有一份不错的薪水（月薪8000比塞塔），也深受老板赏识，但要说创业，所能凭借的只有“人力资本”——游说能力和市场判断。阿曼西奥说服拉玛雅服装店老板同意，如果能够生产出来与其他供应商质量一样而价格更便宜的服装，就从他这进货。在得到这一承诺之后，阿曼西奥和他的哥哥安东尼奥、姐姐帕皮塔（后来一直负责公司的财务）以及拉玛雅公司的另外一位职员罗萨莉娅·梅拉（后来成为阿曼西奥的第一任妻子）四人一起从拉玛雅服装店出来，开始创业了。加入他们创业队伍的第五人，也可说是有助他们初始成功的一个重要人物，安东尼奥的妻子雷内多，是一位专业裁缝。

7.3.2　成长之路

成功的创业需要有人才、市场和资金三个要素。阿曼西奥创业起步时的人才基础就是他们5人，其中他嫂子是专业裁缝。市场判断来自他们在拉玛雅服装商店的长年历练，销售渠道则有拉玛雅服装店。资金的解决通过两个途径，一是凭借业内关系积累，说服一家布料供应商给了他们3个月的赊货期；二是从一家银行获得了50万比塞塔的贷款。此时，他们兄弟俩在这家银行所开设的联合账户上只有5000比塞塔的存款。50万比赛塔相当于当时阿曼西奥年薪的5倍。

幸好，他们的第一批服装（一种棉布晨衣）销售很好，这使他们可以顺利还清债务，继续前进。最初他们的工作场所就是家里，设计、裁剪和制作就是由雷内多在饭桌上手工完成。随后他们租下一个能够放置几台缝纫机的约有80平方米的车库。三年之后，租下一个500平方米面积的厂房。

经过几年的发展和积累之后，1971年三兄妹共同设立了GOA公司，开始进入了工厂化的服装生产时代。到1974年，服装销售额达到了20亿比塞塔，并进入了法国、德国和比利时等国家市场。但到此时为止，还主要是销售给批发商和大型超市等，而不是自己直接零售。直接零售，省去中间环节，是阿曼西奥创业之初就有的想法。1972年曾设立以Sprint为名的专卖店，但是没有取得成功（最终于1979年关闭）。其中一个重要原因是，由于该店是与其他人合伙投资，阿曼西奥的想法不能得到完全实施。总结了一系列的经验与教训之后，1975年，在开始创业12年之后，第一家ZARA专卖店正式开张，“自产直销、快速投放”开始成型。

7.3.3 股权与控制

ZARA专卖店受到消费者欢迎，公司决定增开店面并扩大生产规模。此时共有三家服装工厂，以GOA和Samlor两家公司的名义进行管理。GOA是阿曼西曼和其兄妹三人的公司，Samlor是三个外部合伙人的公司。1976年GOA和Samlor合并为Goasam公司，承担集团总公司的职责。此后，兄妹三人又与一些不同的合伙人，按不同的出资比例共同成立了一系列公司，负责建造新厂房、经营不同系列服装。

尽管这些合伙人都只是其中一或两个公司的出资人，不参与日常运营，所有公司都在集团的统一管理之下运作，但是复杂的股权和集团架构还是避免不了一系列的矛盾。阿曼西奥醉心于追求公司成长，坚持不分红，将全部利润都用于再投资，这使其他股东很不满。由于各人在不同工厂的股份不同，对给ZARA商店供货的价格和工厂的利润率水平等，也就存在着不同的意见。此外，对于阿曼西奥所坚持的融生产和零售为一体的经营模式也有人不赞同。

阿曼西奥个人的婚变也给其对公司的控制带来了变数。在拉玛雅工作时，阿曼西奥认识了比他小8岁、出生于1944年的梅拉，二人于1966年结婚。他们的长女桑德拉于1968年出生，儿子马克斯于1971年出生（患有精神错乱症）。梅拉于1973年辞去了公司职务，转向慈善工作。1982年阿曼西奥与公司的机械师弗洛拉·佩雷斯相恋，他们的女儿玛尔塔，阿曼西奥的第三个孩子，于1983年出生。婚姻裂变（1986年二人正式离婚）之后，阿曼西奥个人所持Goasam公司的股份只剩23%，已经不足以其抵御其他股东的不满，并保持住对公司运营的控制权。幸好梅拉比较大度并且可以说是有眼光，把她的股份投票权委托给了阿曼西奥，支持了阿曼西奥对公司的控制。否则，公司的未来也许就不会是今天这个样子了。2001年，公司上市之后，仍是公司第二大股东的梅拉退出了公司董事会，佩雷斯接替了这一职位。

1985年6月12日，经过一系列的重组之后正式成立了Inditex集团（Industria de Diseño Textil, S.A.）。重组成立Inditex集团的动因和目的就是要加强阿曼西奥和家族成员对整个公司的控制。凭借加利西亚储蓄银行提供的抵押贷款，阿曼西奥收购了其他非家族成员手中的公司股份，并由Inditex公司集中控制了下属公司的股份。此后，阿曼西奥可以完全自主地追求公司成长，而不用再听其他人的指手画脚了。从1987年开始，集团不再为其他商家供货，产品全部自销。

7.3.4　上市与转型

尽管成长过程中一直缺钱，但是阿曼西奥却始终没有像今日中国一些公司那样积极寻求上市、甚至就是以上市为经营目标的想法。直到1997年，有外部成员加入了Inditex公司董事会之后，才萌生了公司上市的想法。最先提出公司上市想法的人是时任公司首席执行官卡斯特利亚诺。另外一位迫切希望公司上市的人是阿曼西奥的前妻梅拉，她要兑现一些自己所持公司股票以更多地投入她的慈善基金中去。阿曼西奥在犹豫了近两年之后，于1999年底同意了开始进行公司上市的筹备工作。2001年5月23日，Inditex公司股票在马德里证券交易所公开上市，是西班牙Ibex35指数股公司之一。

推动Inditex成功上市的卡斯特利亚诺，没有能够进一步推动公司走向去家族化的管理转型。卡斯特利亚诺是位经济学家，曾长期从事IT工作。在Inditex

公司正式诞生前夕，阿曼西奥为了将IT技术引进到生产和管理过程之中，从其所在地的拉克鲁尼亚商学院聘请来了卡斯特利亚诺。卡斯特利亚诺的才能与阿曼西奥正好形成了互补，对阿曼西奥非常不感兴趣的金融、组织和制度建设等方面的事务很擅长。很快就形成了阿曼西奥作为董事长负责生产领域事务，而卡斯特利亚诺作为首席执行官负责余下其他事务的双头领导格局。在从1985年开始的长达20年时间里，两人共同领导Inditex集团披荆斩棘、高歌猛进，但是最终却于2005年决裂。其中原因包括阿曼西奥从不出席公众活动，而卡斯特利亚诺频频露面，到阿曼西奥偏向自己的侄女婿塞夫里安（安东尼奥的女婿，从专卖店经理爬到集团总经理，第三把手）扰乱了卡斯特利亚诺作为首席执行官的职权，等等。但二人最终决裂的导火索是卡斯特利亚诺卖掉了所持公司股票后转而投资了一家房产公司。在阿曼西奥看来，世上再也没有比Inditex更好的投资对象了，作为首席执行官卖掉自己公司的股票是不可容忍的。如当年亨利·福特见不得公司人员开其他汽车公司的车一样，这里反映出了一些伟大公司创始人的一种共同属性：挚爱自己公司所产生的一种近于偏执的情绪。根据2009年度的Inditex公司年报，阿曼西奥持有Inditex集团59.29%股份。

2011年2月，75岁的阿曼西奥宣布退休，由Pablo Isla接替其职位。根据2011年《福布斯》富豪榜，阿曼西奥以310亿美元身价位居西班牙首富、欧洲第二大富豪和全球第七大富豪。目前Inditex旗下拥有Zara，Pull & Bear，Massimo Dutti，Bershka，Stradivarius，Oysho，Zara Home and Uterq ü e等品牌，在全球78个国家，开有5400多家专卖店。2010年整个集团有10万名雇员，实现销售收入125.27亿欧元，利润1.732亿欧元，分别比2009年增长了13%和32%（根据公司网站资料）。

Inditex集团旗下公司—品牌和其连锁店数量（截至2011年1月）

公司–品牌名称	连锁店数	创建年份
Zara	1518	1975
Zara Kids–Kiddy's Class	205	2001
Bershka	720	1998
Pull and Bear	682	1991
Massimo Dutti	530	1995（收购的）
Stradivarius	593	1999（收购的）

续表

公司–品牌名称	连锁店数	创建年份
Oysho	432	2001
Zara Home	284	2003
Uterq ü e	80	2008
Tempe	2	2011
总计	5046	

资料来源：公司2010年报，转引自http://en.wikipedia.org/wiki/Inditex_Group

7.4 亚马逊：杰夫·贝佐斯的创业历程

杰夫·贝佐斯怀揣创业梦想而工作，从工作中积累经验、发现机会，经过理性分析有条不紊地走上亚马逊的创建之路，并一直领导着亚马逊的发展和壮大，也许比乔布斯、盖茨和扎克伯格等人的创业历程缺少“天才”性质的故事和刺激性，但有更多的可学习之处和可复制性。

7.4.1 要创业，先工作

杰夫·贝佐斯，1964年1月12日出生在美国新墨西哥州。杰夫本姓约根森，一岁半时父母离异，4岁时母亲再嫁，改随继父姓贝佐斯。继父麦克·贝佐斯，少年时作为古巴难民进入美国，后成为埃克森美孚石油公司的一名工程师。

1982年，杰夫·贝佐斯进入了普林斯顿大学，先是物理专业，后转为计算机专业。1986年大学毕业后，本着为自己创业做准备，要“先学学如何做生意，学着了解一下这个世界是怎么运转的”的想法，杰夫·贝佐斯没有选择英特尔、贝尔实验室等大公司和著名机构，而是进入了一家名为Fitel的小公司。

Fitel公司由哥伦比亚大学的两位经济学教授创建，试图建立一个名为Equinetd的网络，把投资公司、证券公司和银行等各类金融机构的各种计算机都连接来，以进行股票交易。该公司雇用了15名年轻的计算机人才，杰夫·贝佐斯是第11位，负责编写通信协议。两年后的1988年4月，杰夫·贝佐斯离开了他已升至副总裁的Fitel公司，到了美国信孚银行，任副总裁助理。在美孚银行，杰夫·贝佐斯负责开发了BTWorld通信系统，通过该系统美孚银行的客户可以远程追踪美孚代为投资和管理的退休基金以及利润分享计划等。

1990年12月，26岁的杰夫·贝佐斯以副总裁职务加入了D.E.Shaw公司。D.E.Shaw公司由戴维·肖创办于1988年，是一家新型的计算机自动交易系统公司。戴维·肖在斯坦福大学获得计算机科学博士，在哥伦比亚大学担任计算机科学教授。在为摩根士丹利成功开发了一套电子交易系统之后，戴维·肖决定自己干。杰夫·贝佐斯在D.E.Shaw公司，组建并领导了一支24人的团队，负责探索新市场机会。正是这一工作，让杰夫·贝佐斯发现了创建亚马逊的商业机会。

7.4.2 网上书店：理性计算下的选择

1994年春天，戴维·肖让杰夫·贝佐斯去了解一下当时的新生事物“互联网”，看看能有什么新机会。杰夫·贝佐斯首先发现的是互联网用户数的惊人增长速度：每年2300%！互联网将会成为人们的聚集地，而只要是人们聚集的地方，就有机会出售东西。

可是首先从什么商品开始呢？杰夫·贝佐斯列出了一个“最大化机会”分析表，对20种可能适合网络销售的商品进行了一通比较分析。分析指标包括，顾客要熟悉这种产品，要是质量易于把握的标准化产品，要有巨大的市场规模，要易于获得产品存货，易于运输和配送，要有发展潜力，等等。结论是，图书最适合做互联网销售。

杰夫·贝佐斯把他的研究结果报告给了公司老板戴维·肖，得到的是非常明确的否定。对于D.E.Shaw公司来说，从金融交易系统跳到图书销售太不可思议了。但是，杰夫·贝佐斯不能放弃这个机会。他又做了一个“最小化遗憾”分析表。结论是，“我知道等我80岁的时候，我肯定不会遗憾我在1994年年中放弃了华尔街的奖金。或许那个时候我都记不起来了。但我知道如果我不参与这个叫作互联网的东西，我后悔的可能性非常大，因为我对互联网充满了激情。同时我也知道，如果我试了又失败了的话，我不会遗憾的”（《一键下单——杰夫·贝佐斯与亚马逊的崛起》第58页）。

1994年夏天，杰夫·贝佐斯向戴维·肖递交了辞职信，他决定成立一家新公司从事网上图书销售。

7.4.3　创建亚马逊：一对夫妻和两个工程师

成立公司的第一步是发现优秀人才。杰夫·贝佐斯被禁止从D.E.Shaw公司挖人，但他可以让他的前同事们给介绍合适人选。这样，一位前同事的朋友的合伙人卡凡成为了杰夫·贝佐斯的第一位员工和创建亚马逊的关键伙伴。

卡凡从加州大学数学专业毕业后，已经在硅谷工作了20多年，是一名出色的程序员，一直在寻找能让他赚上一笔的新创建公司。他很喜欢杰夫·贝佐斯创建网上书店的想法，这与他以前工作过的那些试图将特别先进的高科技商业化的新创建公司相比，目标没那么高远，成功的可能性更大。

按照州常住人口少（网店税收原因）、靠近主要图书经销商仓库（供应），并要机场航班多（配送）等三条标准，杰夫·贝佐斯选择了西雅图作为公司所在地。选择西雅图还有一个原因是，杰夫·贝佐斯两年前认识的家在西雅图的一位富商朋友哈诺尔，知道他要自创公司后，表示有兴趣投资，并建议他到西雅图创建他的新公司。

1994年7月，刚刚从纽约搬到西雅图的杰夫·贝佐斯，创立了名为Cadabra的公司，但7个月后，他将公司名字正式改为了Amazon，亚马逊。Amazon的首字母是A，在所有按字母顺序排名的列表中，都能排在前面。同时，作为世界上最长的河流，也能体现出创始人的长期视野。

杰夫·贝佐斯向亚马逊的最初股本投资是1万美元，购买了亚马逊公司的1020万股股票，折合每股不到0.1美分。到1994年底，他又给了公司总计4.4万美元的无息贷款。1995年2月，杰夫·贝佐斯向他养父出售了58.2528万股亚马逊公司股票，筹集了10万美元，折合每股17.17美分。靠着自己积蓄和家人的“风险投资”，杰夫·贝佐斯启动并维持了亚马逊的早期运作。

1994年10月，杰夫·贝佐斯通过华盛顿大学计算机科学与工程学院院长帮他群发邮件招聘到了公司的第二名员工戴维斯。戴维斯也是一位热衷于为新创建公司工作的著名软件高手，还与卡凡一样，也是并没有开发亚马逊所需要那种商业零售软件的经验。但是，这没有关系，创新性事业靠的是天赋而不是经验，杰夫·贝佐斯的哲学就是雇佣那些最有天赋而不是最有经验的人。公司的第三位员工是杰夫·贝佐斯的太太麦肯齐，负责接电话、下订单、采购，以及秘书和会计工作。

1995年7月16日，亚马逊网站开始正式上线运营。上线仅仅三天之后，雅虎创始人杨致远就发来邮件："我们觉得你的网站很酷，愿意我们把它放到'酷东西'页面吗？"第一行动者优势发挥作用，订单涌入亚马逊。等到1997年3月，美国最大实体书店巴诺推出自己的网上书店时，亚马逊已经马上要进行IPO了。

7.4.4 筹资与上市

在1995年7月，亚马逊网站正式上线时，杰夫·贝佐斯的个人积蓄和家人投入的总计十几万美元已经花光了，需要继续筹资支持公司发展。杰夫·贝佐斯找到曾表示有意投资的富商朋友哈诺尔，哈诺尔带头，另外20人跟随，以500万美元的估值水平，共向亚马逊投资了98.1万美元。杰夫·贝佐斯聘请了其中的三位投资人为公司顾问。

受益于网景公司IPO激发起来的网络股投资热情，亚马逊的身价在1996年初突然涨起来了。一位偶然浏览到亚马逊网站的风险投资家打来电话，愿意以1000万美元的估值水平向亚马逊投资，这是仅仅几个月前公司估值水平的两倍。这给杰夫·贝佐斯和他先前的几位投资人、现在的公司顾问大大地提振了信心，他们开始计划通过出售一部分公司股权筹资5000万美元。

杰夫·贝佐斯非常希望得到美国顶级风险投资公司凯鹏华盈（KPCB）的投资，以提高公司声望，但是最初没有得到回应。这时，美国泛太平洋投资集团主动找上门来，双方初步谈出了6000万到7000万美元的估值水平。有了这个出价，杰夫·贝佐斯对于得到凯鹏华盈的投资更有底气了。最后凯鹏华盈提出以800万美元获得亚马逊13%的股份，等于给公司估值6154万美元。相比泛太平洋投资集团，凯鹏华盈对亚马逊的估值要低1000万美元，但是该公司有网景公司的成功案例，会给亚马逊公司带来更高声望（特别是在网络股热潮中的资本市场上）。凯鹏华盈还同意了杰夫·贝佐斯有关董事人选方面的一项条件：凯鹏华盈合伙人、创投教父约翰·多尔出任亚马逊公司董事。

有了凯鹏华盈的800万美元投资之后，杰夫·贝佐斯改变了公司战略：不再是尽快盈利，而是尽快做大。与其努力让公司尽早赢利，不如在人员、新技术和新市场机会上进行大量的先期投资。

1997年5月14日，获得风险投资一年，网站上线不到两年，亚马逊在纳斯达克上市，筹资5400万美元，股价18美元，市值4.29亿美元。

7.4.5 网络时代的沃尔玛

山姆·沃尔顿从1945年开始创业，1969年将32家合伙制商店重组为沃尔玛公司，1970年沃尔玛上市，用了25年时间。杰夫·贝佐斯从1994年开始创业，1997年亚马逊上市，用了不到三年时间。

1998年10月和1999年1月，年销售收入1180亿美元、利润40亿美元的沃尔玛起诉年销售收入只有区区6.1亿美元、尚未盈利的亚玛逊：亚马逊挖走了沃尔玛配送中心的15名员工，给沃尔玛造成了经济损失。华尔街分析师搞不明白这是怎么回事，零售业内巨人沃尔玛“先知先觉”到了亚马逊的威胁。事实上，早在1996年12月，亚马逊还未上市时，杰夫·贝佐斯和他的高管们开会讨论公司未来发展方向时的决定就是：一切领域！1998年6月，亚马逊的第二项生意，网上CD店正式开张。亚马逊开始向“电子商务终点站”进发，并要一直“扩张到品牌、技术和客户基础三个因素所允许的任何领域”。

亚马逊通过图书折价销售，把最早的网购顾客都吸引了过来，再逐步向他们销售一切可以销售的东西，从图书（1995年）、CD（1998年）到KINDLE（2007年），从办公用品到服装鞋帽，再到亚马逊网络服务（2002年，云计算的雏形）。最初，作为公司标识的amazon中的a设计的像一条河流，1999年改为现在样式的amazon下画一条从a到z的弧线箭头，寓意是可以在亚马逊上购买从a到z所有字母开头的所有东西，即使亚马逊并不自营这种产品。

再伟大的商人也无法逐个地了解他们的顾客，电子商务使之成为可能。亚马逊可以根据每位顾客的购买习惯和爱好，向其推荐相关产品。乔布斯是供给创造需求理论的信徒，不理会市场调研那一套，相信好产品会自己创造出它的市场。杰夫·贝佐斯则是全心关注于为顾客服务，不太关心竞争对手，他的理念是“如果能让竞争对手的注意力都集中在我们身上，而我们的注意力集中在客户身上，最终结果肯定错不了”。亚马逊允许顾客发表负面评论，使其更能得到顾客的信任。亚马逊不用送积分等办法刺激出一些无意义和并非真正有感而发的评论，反而淹没了真正有价值、可供他人做购买参考的顾客评论。

亚马逊最初能够取得成功，与其紧紧抓住了互联网机会这一技术因素以及美国资本市场对创新性企业的强有力支持有关。但是亚马逊能够持续发展，成为网络时代的沃尔码，与美国成熟的法律环境，使其一系列创新性的网络零售技术能够得到有效保护也密切相关。亚马逊的“一键下单”这样一个非常简单、很容易易被模仿的招数可以成为受到法律保护的专利（美国专利和商标局于1999年9月授予）。对此专利，从1999年底开始，巴诺书店通过其“两键下单”与亚马逊争议多年，双方最终于2002年和解。苹果公司则直接向亚马逊购买了该项专利，以用在其iTunes商店里。2010年3月，美国专利局裁定“一键下单”成为永久专利，不再可争议。

7.4.6 怪才改变世界

杰夫·贝佐斯和乔布斯很相似，都是没有得到亲生父亲养育的怪才，都把“改变世界”作为行动目标。乔布斯以创新性的产品改变了电脑、电影、音乐、手机和移动终端等产业，杰夫·贝佐斯则以商业模式上的创新改变了商业零售和图书出版产业，并正在给太空探索领域注入新生力量。

山姆·沃尔顿在人类几千年中均以小店主为主导的零售世界里打造出了世界第一大公司沃尔玛，向世人展示了公司这种组织的能力。杰夫·贝佐斯则是利用公司制度和互联网技术再一次改变了零售业的形态。亚马逊在以网络销售改变了图书零售产业之后，又以电子书和电子书阅读设备KINDLE的推广，正在改变着整个图书出版产业的格局。

杰夫·贝佐斯也许没有乔布斯的影响大，但是他远比乔布斯要幸运，并且乔布斯的影响力已经是过去时，杰夫·贝佐斯的影响力还是正在进行时。杰夫·贝佐斯不仅没有像乔布斯那样一度被投资者赶出了自己创建的公司，还至今凭借实实在在的股权牢牢控制着自己的公司，是亚马逊公司的第一大股东（持股19.1%）并集亚马逊公司三大职务于一身——董事长、首席执行官兼总裁。

除成功创建和一直领导亚马逊公司之外，杰夫·贝佐斯还在2000年时个人投资创建了太空研究公司蓝色起源（小时候深受其火箭专家的外祖父影响），2013年又个人出资2.5亿美元现金收购了《华盛顿邮报》（认为以后印刷版报纸会成为奢侈品）。杰夫·贝佐斯还是1998年谷歌公司成立时的7位原始股东之一（佩奇和布林两位创始人，天使资本家施拉姆，以及杰夫·贝佐斯和太阳微系统公司创始人、思科公司首席执行官及一位斯坦福大学的计算机教授），也是正在准备上市的推特公司的早期投资者。

根据2013年9月的彭博亿万富豪指数（Bloomberg Billionaires Index），杰夫·贝佐斯的财富总值为289亿美元。2012年财富杂志将杰夫·贝佐斯评为年度商业人物。《哈佛商业评论》把杰夫·贝佐斯评为排在乔布斯之后的世界第二位最佳CEO。

7.5 雷·克洛克：麦当劳缔造者的传奇历程

麦当劳帝国的缔造者，不是麦当劳兄弟本人，而是从推销一次性纸杯开始其职业生涯的雷·克洛克（Ray Kroc，1902–1984）。克洛克从纸杯销售开始，进入能够带来更多纸杯销售的多头奶昔搅拌机销售，再进入能够带来更多奶昔搅拌机销售的连锁快餐经营，充分展示出了一幅实干家“路越走越宽”的连续创业图景。与此同时，克洛克所缔造的麦当劳系统——“一个由小商人组成的强大联盟”，可能比世界上其他任何一家公司都创造出了更多的百万富翁。

7.5.1 纸杯推销员克洛克

克洛克出生于芝加哥西郊的一个普通家庭。1917年高中毕业后，15岁的克洛克虚报年龄，应征作为红十字会的救护车驾驶员准备参战，但是在其培训结束之前“一战”就结束了。克洛克自觉不是块读书的料，从白天推销各种小产品、晚上到夜总会做钢琴演奏员开始了自己的职业生涯。

1922年克洛克开始为一家纸杯经销公司——消毒纸杯供应与服务公司（Sanitary Cup and Service Coporation）工作，推销丽莉·图利普纸杯公司生产的丽莉牌一次性纸杯。经过了仍旧兼职弹钢琴、甚至利用纸杯销售淡季时间去佛罗里达州做了一段房地产销售等的不顺畅时期之后，克洛克开始把纸杯推销作为唯一工作，全力以赴。1930年，克洛克签了一个大单，为一家食品连锁店供应纸杯，这不仅仅提高了他的销售业绩，更是让他看到了一种提高产品销量的新方式——食品连锁店每开一家新店，克洛克的纸杯生意也就随之扩大。正是这一逻辑驱动了25年后作为多头奶昔搅拌机经销商的克洛克开始着手麦当劳餐馆的连锁经营。

1937年前后，对于克洛克缔造麦当劳来说，第二个重要的客户出现了，这就是一位名为普林斯的工程师和他的一位朋友在伊利诺伊州（芝加哥所在的州）很多小镇上的开设的连锁冰淇淋店——“普林斯冰淇淋店”。在克洛克的建议下，他们开发出了一种名为“百万分之一”的奶昔产品。这种奶昔的畅销激励普林斯相继研制出来了单头和多头的奶昔搅拌机。这种搅拌机通过漏斗和纸杯结合的方法制作出一杯一杯的奶昔，可以大大增加克洛克的纸杯销量。

7.5.2 推销员创业：从奶昔搅拌机到麦当劳

为了推动公司的纸杯销售，克洛克提议其所任职的消毒纸杯供应与服务公司与普林斯签订了独家代理销售制作奶昔用的多头搅拌机（Multimixer）协议。公司老板却没太把这桩生意当回事，于是克洛克想要辞职，自己单干。双方达成了一个合作协议：消毒纸杯供应与服务公司和克洛克按60%和40%的比例共同出资1万美元组建一家新公司，独家代理销售普林斯的多头奶昔搅拌机。1938

年，已经36岁、做了将近20年推销员的克洛克开始了单枪匹马的创业历程。

消毒纸杯供应与服务公司作为大股东，给克洛克定的薪水跟其原来一样，这使克洛克非常不满。两年后的1940年，克洛克决定买回消毒纸杯供应与服务公司所占60%的股份。这时，该60%股份实际已经被克洛克所在原公司的老板（其本人可能对这个生意根本没在意）转让给了他的顶头上司约翰·克拉克个人。约翰·克拉克狮子大开口，对这原始投入6000元的60%股份提出了一个6.8万美元的天价。这样的要价虽然很不合理，但是并不违法，克洛克除了愤怒也别无他法。最后是，克洛克通过提高自己的房屋贷款额度等办法，分5年付款，赎回了这60%的股份。

1954年，克洛克不断从客户电话中听到“要订购麦当劳兄弟餐厅里的那种多头搅拌机”，销售记录显示他们购买了8台多头奶昔搅拌机。克洛克被这家餐厅吸引住了——8台5头的奶昔搅拌机意味着该店可以同时做出40杯奶昔。这家餐厅就是麦当劳的前身——由麦当劳兄弟俩（Dick和Mac McDonald，作为姓氏通译为麦克唐纳）开设在加州圣伯纳迪诺（San Bernardino）、以其姓氏命名的汽车外卖（drive-in）餐厅。

克洛克特意从芝加哥飞到了加州去考察麦当劳兄弟的餐厅。一个不足200平方英尺的八角形建筑，甚至没有用餐座位，但是顾客满门。克洛克向在餐厅外停车场用餐的一位顾客问道：麦当劳兄弟的小店为什么吸引了那么多人？得到的回答是：“你看，你在这只花十五美分就可以买到你从未吃过的最好的汉堡包，而且不用像在其他地方那样等很长时间、接受差劲的服务、还要给小费。”

麦当劳兄弟两人分别于1926年和1927年从新英格兰来到加州。兄弟俩先是经营了几年电影院，1937年以5000美元的贷款开设了一家汽车外卖餐厅（美国的汽车外卖餐厅兴起于大萧条开始之后的1930年代初期）。1939年，兄弟俩在圣伯纳迪诺找到了一个更好的地点，开设一家面积大一些的烧烤餐厅。1948年，兄弟俩彻底重新改造了餐厅，开始以只提供非常有限的几种食品和服务的方式重新开业，并大获成功——麦当劳以至整个世界快餐业基本模式的雏形由此奠定。

克洛克惊奇于这家餐厅的运营效率，他们只提供有限的几样食物——汉堡包、炸薯条和软饮料，因而可以高度关注每一个环节的质量。克洛克试图说服麦当劳兄弟把他们的这种餐厅开设到全美国，那将会给他带来巨大的奶昔搅拌机销量。但是麦当劳兄弟很满足现状，不想自己劳顿。于是，克洛克提出了让麦当劳兄弟授权他来开设麦当劳连锁餐厅的建议——世界餐饮巨无霸由此诞生。

7.5.3 打造麦当劳的根基

麦当劳兄弟授权克洛克复制麦当劳餐厅的模式，开展连锁经营，并统一使用“麦当劳”这一名称。协议规定，克洛克发展加盟者，可以收取每个加盟餐厅营业额1.9%的特许经营费，以及一次性的950美元费用。按加盟餐厅营业额1.9%收取的特许经营费中，0.5%归麦当劳兄弟，克洛克得1.4%。

回到芝加哥后，克洛克首先要筹资建造自己的第一家麦当劳餐厅，作为样板，以让加盟者仿效。克洛克和他的一位朋友以各占50%的出资比例，在距离他家不远的地方建造了第一家自己的麦当劳餐厅，1955年4月15日正式开张。这个餐厅的建造和经营过程中，克洛克发现并逐一克服了从因气候差异带来的房屋结构改变到餐品制作中的一些连麦当劳兄弟自己也没有意思到的技术细节问题。如用于炸薯条的土豆的风干，在麦当劳兄弟那里因地处干燥的沙漠边缘地区是无意识地做到的，而到了潮湿的伊利诺伊需要用风扇强力风干，否则怎么也炸不出同样质量的薯条。这一问题是在克洛克请教了马铃薯与洋葱协会的专家之后才得以解决的。

在经过3个多月的努力、解决了法式炸薯条的问题并且餐厅运营良好之后，克洛克信心大增，开始寻找加盟者。但是这时一个未曾预料的、麦当劳兄弟欺瞒了他的问题出现了。双方协议约定的是克洛克有权在麦当劳兄弟已经在加州和亚利桑那州发出了的10家特许经营餐厅之外的美国其他地方发放特许经营权，但是麦当劳兄弟没有告诉克洛克他们已经以5000美元的价格将克洛克所在的伊利诺伊州库克县的特许经营权卖给了一家名为佛里来克的冰淇淋公司。克洛克不得不以2.5万美元的高昂代价从佛里来克公司手中买回了这一权利。否则，他的第一家麦当劳餐厅就已经构成了对佛里来克公司权利的侵犯。这件事又使克洛克陷入极大的困境，也让他“永远不能原谅麦当劳兄弟”。无论如何，靠着普林斯搅拌机销售公司和因此所建立起来的良好信誉，以及“像奴隶一样工作”，克洛克挺过了这一关。

协助克洛克缔造麦当劳帝国的两个最重要助手是琼·马丁诺和哈里·桑那本。琼·马丁诺是1948年经销普林斯搅拌机时招聘来的办公室秘书，因忠实和正直而深得克洛克的信任。哈里·桑那本于1955年中期从当时美国两大连锁公司之一Tastee Freeze副总裁的位置辞职，加盟了克洛克初创的麦当劳公司。按市场价克洛克当时根本雇佣不起桑那本，但是哈里·桑那本非常看好麦当劳的前景，自己愿意以仅够养家糊口的周薪100美元加入。很快，琼·马丁诺和哈里·桑那本的忠心和投入都得到了足够丰厚的回报。1956年，当克洛克确信麦当劳会发展成为全美国的大公司的时候，他分别给了琼·马丁诺和哈里·桑那本10%和20%的麦当劳公司股权。

7.5.4 麦当劳的起飞

有了好的商业模式和专业人才之后，麦当劳的发展也并非一帆风顺，现在主要的问题出在财务方面。

大概在1957到1958年间，麦当劳遭遇了第二次财务危机（第一次是前文中的库克县特许权问题），并且这依旧是属于“受骗”性质。1956年时，一位名为克莱姆·鲍哈尔的商人与麦当劳公司签约，为麦当劳寻找合适的地块、建造好餐厅后租给麦当劳公司使用。但是最后的实际结果是克莱姆·鲍哈尔并没有得到这些土地和房产的明确产权，土地业主告上法庭要求对其租给麦当劳的共约8家餐厅实施财产保全。解决这一问题总计需要约40万美元，主要靠从这时已经与麦当劳形成了共荣关系的供应商那里借款，使麦当劳度过了这一可能使其破产的严重危机。这一事件倒也有一个潜在好处，就是更为加强了麦当劳和其供应商之间的同甘共苦关系。

1959年，只有约9万美元净资产的麦当劳公司想要扩张，需要融资。在向银行申请贷款无果之后，以让出22.5%公司股份的代价，从三家保险公司获得了总额150万美元的贷款。克洛克、哈里·桑那本和琼·马丁诺三位股东各自让出自己股份的22.5%，这样克洛克本人持有的麦当劳股份下降到了54.25%。这150万美元，构成了麦当劳火箭起飞的推动器。从1960年开始，麦当劳公司除了吸收加盟者之外，也开始有了自己通过收购或者投资兴建而完全拥有的麦当劳餐厅。

这时限制麦当劳公司大步发展的另外一个问题开始变得日益严重，需要彻底解决。这就是麦当劳兄弟持有麦当劳品牌、麦当劳公司本身处于被授权地位的问题。麦当劳兄弟坐拿整个麦当劳餐厅体系营业额0.5%的收入，却对麦当劳公司的发展漠不关心，过大门而不入，甚至连电话也不打一个，这让克洛克非常恼火。随着麦当劳餐厅在各地的扩展，需要根据当地气候及其他各种条件对建筑设计和餐品等做一些必需的修改，而协议规定麦当劳餐厅做出任何改变均需得到麦当劳兄弟两人的书面同意，这给麦当劳的扩张带来很大制约，但是麦当劳兄弟却拒绝对当初的协议做出任何修改。

1960年，克洛克让麦当劳兄弟开价，由麦当劳公司收购他们的麦当劳餐厅品牌的特许经营权利。麦当劳兄弟按照自己退休养老所需，开出了270万美元的价格。哈里·桑那本找到约翰·布里斯托——普林斯顿大学、哈佛大学及福特基金会等12家教育和慈善基金的财务顾问，由这12家基金共同提供270万美元的贷款。麦当劳公司每年以麦当劳餐厅营业额0.5%的额度还本付息。麦当劳公司用了6年时间还清了本金，而到1972年则连本带息全部还清，总计支付是将近1400万元。但是相比要一直支付给麦当劳兄弟0.5%来说，麦当劳公司负债270万美元购回麦当劳品牌权利这笔交易是太划算了。1976年时麦当劳餐厅营业额超过30亿美元，一年的0.5%就是1500万美元。麦当劳兄弟在这项交易签约的最后一刻以不同意就取消整个交易为威胁，将原本包括在内的他们自己位于桑伯纳迪诺的麦当劳餐厅拿出去了，改名为“大M”，交由其员工帮助经营，但是后来还是被开在其对面的麦当劳餐厅所击败。

7.5.5 外部治理架构：谁的麦当劳

回答谁的麦当劳这一问题，需要先界定“麦当劳”这一概念。麦当劳由姓氏而品牌，最初是麦当劳兄弟二人的，然后是麦当劳公司的。麦当劳公司最初是克洛克的，然后是克洛克、哈里·桑那本和琼·马丁诺三个人的。1966年，麦当劳公司股票以20倍市盈率的定价，在柜台交易市场发行和上市，成为公众公司。现在麦当劳公司是一家纽约股票交易所的上市公司（MCD）。

遍布全球的麦当劳餐厅只有一少部分是麦当劳公司自己所有的，更多的是加盟店，各有自己的所有者（加盟商或称持牌人，一个持牌人可能会有多家麦当劳餐厅）。克洛克把麦当劳比喻做是一个三条腿的凳子：麦当劳、加盟商和供应商。说服人和信守承诺，是销售出身的克洛克的强项，他劝导加盟商和供应商共同努力，不是为了麦当劳，而是为了他们自己："这是为你自己做的生意，但不是只由你自己做（In business for yourself, but not by yourself）"。麦当劳的许多著名餐品如巨无霸等都是来自某一加盟商的创新。麦当劳运营系统坚持所有持牌人遵守麦当劳的原则：质量、服务、清洁和价值。从1961开始，克洛克就启动了麦当劳的培训项目，并发展为后来所称的麦当劳大学。今天已经有8万多人从麦当劳大学毕业。1967年麦当劳建立了一个统一的广告和市场推广计划，每家加盟餐厅每个月将营业额的1%贡献给"全国加盟商广告基金"统一使用。每家加盟餐厅还要贡献其营业额的1%给其当地市场的广告互助协会统一使用。

麦当劳的供应商都是各自独立的公司。克洛克为麦当劳公司制定下的第一条规则是，麦当劳公司绝不自己生产任何产品，也不会成为加盟者的供应商——因为这样会产生利益冲突。今天麦当劳的供应商们已经形成了一套有效和创新性的供应系统，而当初很多麦当劳的供应商都是从与克洛克的一次握手开始进入这一业务领域的。

7.5.6 内部治理架构：领导权的传递

1959年，与3家保险公司签订了150万美元的融资协议后，克洛克任命了哈里·桑那本出任麦当劳公司总裁兼首席执行官，自己则只保留董事会主席职务。实际分工是，桑那本负责财务和行政事务，克洛克则负责销售方面，如餐厅的营运和与供应商打交道等。1967年，因为与克洛克之间关于公司战略等方面的分歧以及自身健康问题两个方面的原因，哈里·桑那本从麦当劳公司退休，待遇是每年10万美元的退休金。由于哈里·桑那本认为他离开后的麦当劳会走下坡路而出售了他的股票，得到几百万美元，但是相比10年后麦当劳的股价，他的损失达上亿美元。一年后以与哈里·桑那本同样待遇退休的琼·马丁诺选择继续持有麦当劳的股票而成为了相当富有的人。

在哈里·桑那本退休后，克洛克又自己担起了总裁和首席执行官的职务。但是很快就从1968年初开始，先后将总裁和首席执行官的职位转给了自己一手培养的接班人佛雷德·特纳。佛雷德·特纳是1956年、年仅23岁时加入麦当劳的。最初的身份是为了要自己和几个合伙人做麦当劳的加盟店而先实习的。最后因为自己和几个合伙人之间总是达不成一致意见而放弃了开加盟店的想法之后，被克洛克雇佣，从1957年1月开始正式作为雇员加入了麦当劳公司。

从1969年开始，克洛克逐渐减少自己对日常管理的介入，只是在公司购买新的房地产或者确定新产品两个关键问题上保留了最后裁决权，这跟宜家创始人坎普拉德的做法很是相像。1977年，麦当劳公司董事会任命佛雷德·特纳为董事会主席，佛雷德·特纳的一位手下艾迪·史密斯出任总裁兼首席执行官，而给予克洛克的头衔是董事会资深主席。直到1984年1月14日去世，克洛克一直没有停止为麦当劳工作。在他要靠轮椅出行之后，还是几乎每天都要到其圣地亚哥的办公室上班。

可以说，在美国以及世界商业史上，克洛克和麦当劳都有其独特性。尽管持有麦当劳公司的相当大比例股份，克洛克的个人财富却算不上显赫。但是，克洛克和他所缔造的麦当劳系统——“一个由小商人组成的强大联盟”，可能比世界上其他任何一家公司都创造出了更多的“百万富翁”——通过做麦当劳的供应商和加盟店而成功致富的人包括了从法官、警察、银行家、医生、律师、博士、教授到歌手、球员、退伍军人、黑人和妇女的各色人等。

7.6 舒尔茨的星巴克传奇

霍华德·舒尔茨通过经销咖啡研磨机发现并加盟了星巴克，在改造星巴克遇阻后离职创建了天天咖啡公司，然后收购和重组了星巴克。在星巴克遭遇危机之后，已经辞去首席执行官职务八年之久的舒尔茨又重新担任首席执行官，领导星巴克走出危机。

7.6.1 发现星巴克

1953年7月出身于贫寒之家的霍华德·舒尔茨，在纽约的穷人区长大。父亲高中没毕业，一辈子蓝领差事，从来没有一年赚上过2万美元。舒尔茨中学进入校橄榄球队时，家里一时拿不出钱来买队服，从朋友那借钱买了队服以便按时入队。但他一直把衣服藏着，直到父母付得出钱后，才让他们看到。1971年，星巴克咖啡店创立的同一年，舒尔茨凭借橄榄球奖学金进入了北密歇根大学，专业是传播学。

1975年大学毕业后，舒尔茨先在密歇根工作了一年，然后回到纽约，应聘进入了施乐公司的营销部门。1979年开始，舒尔茨转到一家名为柏士德的瑞典公司工作了三年，并升任其一家下属公司——汉默普拉特的副总裁和总经理，年薪7.5万美元，管理大约20个独立销售代表。

舒尔茨发现星巴克和克洛克发现麦当劳如出一辙。1981年，在汉默普拉特的工作中，舒尔茨发现位于西雅图的一家小零售商订购了大量咖啡研磨机，其数量甚至超过了梅西百货公司。这个商家就是当时只有4个店铺的星巴克咖啡、茶和香料专卖店（今日星巴克的前身）。和克洛克发现后小小的麦当劳餐馆竟然订购了8台奶昔搅拌机后的情形一样，强烈的好奇心促使舒尔茨要去实地考察、一探究竟。

当时的星巴克并非今日这样的餐饮店铺，其主要业务是出售烘焙好的咖啡豆和研磨好的咖啡粉。三位创始人是1960年代在旧金山大学读书时的室友——杰瑞·鲍德温、戈登·鲍克和杰夫·西格。鲍德温的专业是文学，当过英语教师，担任公司总裁。鲍克是位作家。西格在1980年卖出了公司股份。他们没有一个人想把公司做大，他们创办星巴克的唯一理由是，他们喜欢咖啡，想让西雅图有最好的咖啡。1971年星巴克咖啡、茶和香料公司成立，4月位于西雅图派克市场中的第一家星巴克店铺开业。三位创始人各投入1500美元，向银行贷款5000美元。开设第一家店时，只有西格是全职店员，鲍德温和鲍克只是业余从事。1972年末，他们在靠近华盛顿大学校区的地方开设了第二家店。

舒尔茨被星巴克咖啡迷住了，他决心要加入这家公司。为此，舒尔茨做了一年多的说服工作。1982年9月7日，舒尔茨放弃了在汉默普拉特待遇优厚的工作，从纽约来到西雅图，以大幅降低的薪水和预期能够得到的小额股份，加入了此时也还只有5家店铺的星巴克。

7.6.2 改造星巴克遇阻，创建天天咖啡馆

1983年春，舒尔茨出差到意大利，被意大利的咖啡吧文化所震撼。回到西雅图后，舒尔茨又花了一年时间说服老板鲍德温，让星巴克店不再只是出售烘焙好的咖啡豆，而是同时供应煮好的咖啡。1984年4月，星巴克在西雅图市中心位置开设第6家店时，在1500平方英尺的总营业面积中，辟出了300平方英尺的面积用于咖啡吧，供应煮好的咖啡饮品（意式浓缩咖啡）。尽管舒尔茨的试验很成功，顾客满门，但是鲍德温还是不同意星巴克从一个纯粹的咖啡烘焙商转型为兼营咖啡成品的餐饮企业。

郁闷和挫折中的舒尔茨，在一个运动俱乐部中认识了考特·格林伯格，一位从事公司融资业务的律师，与比尔·盖茨的律师父亲是老搭档。从与格林伯格的交流中，舒尔茨开始下定决心要自己创建一家企业，开几家供应成杯咖啡和咖啡饮品的店面。星巴克的老板鲍德温和鲍克不愿意星巴克自身转型供应咖啡饮品，但是对舒尔茨个人出去创业、开设咖啡吧的想法很支持，保留舒尔茨的工作，直到1985年下半年其新公司的办公室完备之后才离开。在舒尔茨拿到自己新公司的执照，开始要募集资金时，鲍德温拿出了15万美元，作为星巴克对其新咖啡馆的投资，并表示："这不是我们自己想要做的公司，但我们会支持你。"并且，鲍德温同意担任新公司的顾问，鲍克也愿意提供6个月的兼职指导，并帮舒尔茨为其新公司取了名字——天天（Il Giornal）咖啡。星巴克的投资大概有两个目的，一是想避免舒尔茨的新公司成为星巴克的竞争对手，二是想其能够成为星巴克的客户，使用星巴克的咖啡豆。

1985年12月，舒尔茨正式离开星巴克，满怀希望地去意大利找浓缩咖啡机

生产商筹资，结果失望而归。意大利人认为美国人永远也不可能接受意大利人享用浓缩咖啡的方式。第一笔外部资金是完全意外和偶然地从一位内科医生——罗恩·马格利斯那筹集到的。舒尔茨妻子雪莉认识马格利斯的妻子卡罗尔，在公园散步偶遇马格利斯夫妻时，雪莉谈到了舒尔茨想要开设一家新公司的事情，马格利斯当即表示有兴趣。在马格利斯家里见面后，在舒尔茨还没有完全展示完自己的商业计划书时，马格利斯就开出了10万美元的支票——他表示不懂那些财务计划，他是向自己信得过的人投资。这笔钱在最初的四年里毫无回报（公司是亏损的），但是到了1997年时，其价值已经超过1000万美元了。

除了星巴克的15万美元和马格利斯的10万美元之外，舒尔茨从一位名为阿尼亚·普林蒂斯的银行家和其客户手中筹集到了其总额40万美元种子资金中的余下部分。普林蒂斯是金融服务公司的联合董事长，他是第一个认准舒尔茨的商业计划能够成功的人，他为舒尔茨组织了两次筹资餐会，向其客户推荐并以个人信誉做了担保。普林蒂斯后来长期担任被舒尔茨收购和重组后星巴克公司的董事。但是，舒尔茨要继续筹集资金才能真正实现自己的“天天咖啡”计划。经过上百次的会面和计划演示之后，到1985年8月份，舒尔茨最终筹集到了其计划中的全部资本165万美元（包括40万美元种子资本在内）。

1985年底，先前在大学区开过一家名为“咖啡快节奏”店、在西雅图咖啡业内很有名气的戴夫·奥尔森（Dave Olsen）加盟了舒尔茨的天天咖啡公司。

资金和人才具备之后，天天咖啡公司开始快速成长。1986年4月8日，第一家天天咖啡馆开业，6个月后第二家店开业，这两家都在西雅图。1987年4月，在加拿大温哥华开了第三家店。

7.6.3　收购星巴克

舒尔茨原先所在星巴克公司于1984年收购了由美国浓缩咖啡始祖毕特所创建的“毕特咖啡与茶”公司。该公司创始人毕特于1979年卖掉公司之后，新老板于1983年又想卖掉公司。星巴克的三位创始人当年正是由于痴迷毕特的咖啡而萌生在西雅图创建星巴克的想法，并且是从毕特那得到了咖啡烘焙知识真传的。在买下毕特咖啡与茶公司几年之后，鲍德温和鲍克觉得两个品牌并存管理困难，决定卖掉星巴克店而专心经营毕特咖啡与茶店。

收购星巴克的大好机会出现之后，天天咖啡公司的一个大股东想要甩开舒尔茨，自己做这单生意，这对其他投资者是不公平的。舒尔茨通过向天天公司的其他投资者披露实情——每位股东都有机会对购买星巴克进行投资，获得支持，成功保住了自己的控制权，实现了天天咖啡公司对星巴克的收购。1987年8月，成功收购了星巴克之后，天天咖啡公司更名为星巴克公司。

今天的星巴克公司，从品牌名称来说，是1971年开始的，但是从公司法律主体角度来说，是1985年创建的天天咖啡公司。霍华德·舒尔茨不是星巴克这一品牌的创始人，但完完全全是星巴克公司的创始人。新的星巴克公司的正式诞生日是1987年8月18日。

7.6.4 把员工变成伙伴

从发现星巴克到收购星巴克，把星巴克从咖啡烘焙商转变为咖啡饮品店，可以说是实现了商业模式上的转变与创新。但是把一种新的商业模式做好，需要在管理和公司治理上把功课做足、做好。零售业和餐饮业都是员工直接服务顾客，顾客满意公司才能赢利，才能创造股东价值。可恰恰是在由顾客服务水平决定成败的这两个行业里，员工的薪酬和福利水平是最低的。

舒尔茨说服董事会同意从1988年开始，星巴克公司要为所有员工，包括每周工作时间在20小时以上的兼职雇员在内，提供医疗保险，支付全额健康福利费用。星巴克是美国唯一一家这么做的公司。1994年克林顿在其总统办公室里单独会见了舒尔茨，让舒尔茨给他介绍星巴克的医疗保险计划。

1990年10月，在星巴克有望第一年实现盈利的时候，舒尔茨开始构想星巴克要保持长期成功的基础问题——酝酿实施全员股票期权计划。经过半年多时间的研究，1991年5月星巴克的“咖啡豆股票”（Bean Stock）方案提交了董事会讨论，舒尔茨全力说服董事们一致同意了这个计划。从1988年8月，星巴克正式推出了其咖啡豆股票计划。当时星巴克还不是一家上市公司，要向其700多名员工赠送股票，需要得到美国证券交易委员会的特许豁免（美国证券法规定非公众公司股东人数不能超过499人）。从咖啡豆股票计划实施开始，星巴克公司不再有“员工”，而是改称星巴克“伙伴”。每位工作6个月以上，包括每周工作20小时以上的兼职者，都有资格获得公司授予的股票期权。最初是按员工年基本工资总额12%的比例授予，后来又提高到了14%。

舒尔茨认为提供全员医疗保险是他做出的一项最好的决策，全员医疗保险和全员股票期权，是星巴克最大的一项竞争优势来源。舒尔茨出身贫寒和改变命运的斗志，加上对他人感受的关注和体贴，奠定了星巴克的管理文化和组织优势。

7.6.5 把董事当作朋友

就年轻的创业企业来说，要为增长做好准备，打好基础之后再开始腾飞。用舒尔茨自己的话说是，“如果你急于快速增长，你就需要奠定一个比你拟想中规模更大的企业的基础结构。”这时亏损，可能是先行投资、走在成长曲线前面的健康表现。1987年星巴克亏损33万美元，1988年亏损76万美元，1989年亏损1200万美元，1990年如期实现赢利。

这样的成长战略需要良好的公司治理和资本支持。在1992年最终实现公司上市之前，星巴克总计有过四轮私募融资，分别是1985年创立天天咖啡时的165万美元融资，1987年收购星巴克时所需要的380万美元及随后的390万美元增长资金，1990年和1991年的两次风险资本融资，分别是1350万和1500万美元。

舒尔茨创建天天咖啡及收购星巴克时，自己都没有多少资本，全靠融资，他在公司占股份从来没有超过50%。开咖啡馆又是一个很传统的事情，没有什么专利技术，跟高新技术也不靠边，但是舒尔茨却能持续获得投资者的支持，创建企业并做强做大。可以说这是一个典型的美国故事，每个企业家的梦想，也是良好公司治理体系下企业创立与成长的一个范例：想出一个伟大的点子，吸引一些投资者，创建一个持续赢利的企业。有了创业想法之后，通过有经验的律师的帮助，做出可行的商业计划，孜孜以求地去拼搏，去把事情做好。吸引资金，招揽人才，构建组织，一步一步环环相扣地走下来。

舒尔茨从1984年原星巴克举债收购毕特咖啡与茶公司之后陷入财务困难的事件中获取了一个教训："举债创办公司并非最佳方式。许多经营企业的人喜欢从银行借钱，因为这让他们有全权掌控大局的感觉，而通过出售股票来筹集资金，会使个人对于整个运作失去控制力。我相信对于企业经营者来说，维持掌控力的最好方式是以经营绩效来取悦各大股东，他自己的股份哪怕在50%以下也没关系。这比背上沉重债务的危险要有利得多，大肆举债限制了未来发展和创新的可能性。"（舒尔茨《将心注入》第44页）。

像个"夹着尾巴的狗"一样艰难的筹资过程，也从另一个方面提高了舒尔茨与投资者及董事会打交道的能力。为创建天天咖啡公司筹资时，舒尔茨和242人商谈过，其中217人对他的计划说不。在商业计划不被完全认同的情况下，舒尔茨凭借为人诚恳和做事的投入与激情，打动了一些投资者向他这个"人"投资。他与其中很多的投资者及投资者董事都发展成了朋友关系。引入风险投资之后，舒尔茨非但没有感到遭遇了指手画脚的干涉，而且还发现自己得到了一批目光远大的可信赖的董事。由于把董事会看作自己事业的指导者而不仅仅是经济上的支持者，舒尔茨把自己经营上遇到的一些问题直接向董事们坦诚吐露。董事会坚定支持舒尔茨要"赶在增长曲线之前打造并完善管理团队，聘用具有大企业管理经验的人"。舒尔茨说，"我们的争议往往是具有建设性的，我们从来不需要投票表决。如果其中有一位坚决反对，我们就花时间把工作做好，提出可接受的解决方案"（《将心注入》第126页）。

7.6.6 首席执行官继任与星巴克的业务发展

1987年天天和星巴克合并后的新星巴克咖啡公司，共有11家门店和100名员工。1992年6月26日，星巴克股票以60倍市盈率的定价在纳斯达克公开发行与上市，当日星巴克市值达到2.73亿美元。

2000年时，星巴克在全球13个国家开设了2600家门店。舒尔茨辞去首席执行官职务，担任董事会主席兼全球战略官。1990年加入星巴克担任首席财务官的奥林·史密斯（Orin C · Simith）出任星巴克首席执行官，任期5年。史密斯担任首席执行官的5年中，星巴克高歌猛进，门店总数达到9000家。

2005年星巴克董事会选择了吉姆·唐纳德（Jim Donald）接替史密斯担任首席执行官。唐纳德2002年加入星巴克，负责北美业务。唐纳德领导星巴克继续追求高速增长。过分的增长导向导致星巴克的产品质量和顾客体验下降。2007年，星巴克开始出现危机：门店总数发展到13000多家，但是顾客在门店的消费额开始减少，股价大幅下跌（–42%）。

2008年1月7日，已经退居二线近8年的创始人舒尔茨重新担任星巴克公司的首席执行官。通过关闭一些效益不佳的门店（600家美国国内门店）和裁员（1.2万人）、加强供应链建设和管理，以及重回星巴克传统（高度关注于高质量的咖啡和顾客体验）等一系列举措，使星巴克成为应对全球金融和经济危机、在困境中反败为胜的一个典范。

2010年星巴克在全球54个国家和地区共有16000家门店，员工总数超过20万。2010年12月的星巴克股价比2008年12月上涨了400%。

舒尔茨的星巴克传奇，是一个现代公司治理体系下企业创立过程的典范故事（伟大的点子和投资者支持），又是一个创始人和企业组织能力构建方面的独特案例（变员工为伙伴和把董事当朋友），值得我们持续关注和学习。

GREAT COMPANIES
INNOVATION, GOVERNANCE AND SUCCESSION
伟大的公司
创新、治理与传承

第8章 合作创业、集体创业与持续创业

个人创业者能够满足人们的英雄梦想，最受人瞩目；合作创业者，或是能够长时期保持合作关系，或是能够和平分手而不影响企业的后续发展，也容易引人关注。相比之下，那些集体创业者，则或是一开始就很容易被人忽略，或是后来该创业集体中的某一位成为卓越领导人而使其他人被忽略。实际上，起步于集体创业并成就卓越的企业很多，包括美国运通、金佰利、菲亚特和德意志银行，等等。

8.1 合作创业

成功的创业者，都有合作者。真正单打独斗而成功创业者很少。一些最后独自一人站在成功奖台上的创业者，往往也都有过一位或数位重要的合作创业者。合作创业者，没有与主要创业者一起走到最后，有各种各样的原因，而能否“好合好散”，则是成功创业的一个关键挑战。

8.1.1 两位古典大亨的经验

在洛克菲勒和卡内基等古典大亨们的年代，股票市场和公司治理规则都没有现在这么发达和细致，但是他们通过遵循一些最基本的公平处事方法而解决了与合伙人之间的冲突，并由此开拓出自己继续前进的道路。

1858年4月1日，洛克菲勒与克拉克合伙开设了从事农产品经销的公司——克拉克—洛克菲勒公司，两人各占一半。1863年，洛克菲勒和克拉克决定投资建立炼油厂，与一位炼油专家安德鲁斯合伙成立了安德鲁斯—克拉克公司。不到一年时间，本来是副业的炼油厂生意就超过了主业农产品贸易。安德鲁斯—克拉克公司很快成为了克利夫兰最大的炼油企业，但是洛克菲勒和克拉克之间却在公司管理和战略等方面产生矛盾。洛克菲勒比克拉克更为看好石油业的前景，愿意投入更多的资金发展，而克拉克相对保守、缺乏胆识。1865年2月，洛克菲勒和克拉克决定散伙，双方竞拍炼油厂的所有权，出价高者得。从500美元的底价开始，一路上涨到7.25万美元时，克拉克放弃，洛克菲勒得到炼油厂。公司更名为洛克菲勒—安德鲁斯公司，安德鲁斯只负责技术，26岁的洛克菲勒全权独立掌管企业，开始了他走向石油大亨的征程。

白手起家、以魄力十足闻名的企业家、底特律最大的煤炭商人马尔科姆森，与亨利·福特共同创建了福特汽车公司。两人合作的基本原则就是“有钱者出钱、有力者出力，利益均分”：马尔科姆森提供种子资金，福特负责制造出经济型新车的样车，然后展出样车，以便吸引足够的风险投资来创建一家大批量生产这种汽车的新公司。公司将对外发行10万美元的股票，两位原始合伙人占51%的股份，这51%由两人各持一半。但是起初设计良好的平等合作局面，会随着公司的实际业务发展情况而发生变化。马尔科姆森最初没有参与公司管理，在福特汽车公司取得一定成功，他自己的煤炭生意也通过改制为股份公司而可以放手之后，他要介入公司管理，由此与亨利·福特，以及他自己先前派到福特汽车公司从事管理工作的助手卡曾斯之间发生了冲突。亨利·福特通过董事会投票决议，并最后收购股权而使马尔科姆森离开了公司。

8.1.2　助手型合作者

罗巴克被列为西尔斯—罗巴克公司的共同创始人，但实际是从前身公司西尔斯钟表公司的雇员做起，在公司重组为西尔斯—罗巴克公司后成为合伙人的。罗巴克比西尔斯小1个月，从小就对机械很感兴趣，16岁时已经自学成为钟表匠。1887年4月1日，罗巴克看到芝加哥日报上一个招聘钟表匠的广告，两天后里查德·西尔斯决定聘用他为钟表维修师。里查德·西尔斯于1889年以7.2万美元的价格卖掉了西尔斯钟表公司。

1891年，里查德·西尔斯又找到罗巴克商讨重新合作，这样两人于1892年合伙组建了罗巴克公司，1893年重组更名为西尔斯-罗巴克公司，罗巴克成为西尔斯-罗巴克公司的共同创始人。但是仅仅经过两年的快速发展之后，1895年，罗巴克就因为个人兴趣转变而要求里查德·西尔斯买下了他的股份，不再是西尔斯-罗巴克公司的股东，但将其姓氏留在了公司的名称之中，并一直与里查德·西尔斯和公司保持着良好的合作关系。

协助克洛克缔造麦当劳帝国的两个最重要助手是琼·马丁诺和哈里·桑那本。琼·马丁诺是1948年经销普林斯搅拌机时招聘来的办公室秘书，因忠实和正直而深得克洛克的信任。哈里·桑那本于1955年中期，从当时美国两大连锁公司之一Tastee Freeze副总裁的位置辞职，加盟了克洛克初创的麦当劳公司。按市场价克洛克当时根本雇佣不起桑那本，但是哈里·桑那本非常看好麦当劳的前景，自己愿意以仅够养家糊口的周薪100美元加入。很快，琼·马丁诺和哈里·桑那本的忠心和投入都得到了足够丰厚的回报。

1956年，当克洛克确信麦当劳会发展成为全美国的大公司的时候，他分别给了琼·马丁诺和哈里·桑那本10%和20%的麦当劳公司股权。1959年，与3家保险公司签订了150万美元的融资协议后，克洛克任命了哈里·桑那本出任麦当劳公司总裁兼首席执行官，自己则只保留董事会主席职务。实际分工是，桑那本负责财务和行政事务，克洛克则负责销售方面，如餐厅的营运和与供应商打交道等。

1967年，因为与克洛克之间关于公司战略等方面的分歧以及自身健康问题两个方面的原因，哈里·桑那本从麦当劳公司退休，待遇是每年10万美元的退休金。由于哈里·桑那本认为他离开后的麦当劳会走下坡路而出售了他的股票，得到几百万美元，但是相比10年后麦当劳的股价，他的损失达上亿美元。一年后以与哈里·桑那本同样待遇退休的琼·马丁诺选择继续持有麦当劳的股票而成为了相当富有的人。

8.1.3 盖茨和乔布斯的合伙人

微软和苹果，盖茨和乔布斯，两个改变世界的公司，两个改变世界的人物，两个长年的死对头，有很多不同，也有很多的相同。两个公司都是由两位年轻人共同创始，白手起家从零做起的。两个公司都有一位共同创始人（艾伦和沃兹）早早离开公司，而坚持下来的另一位创始人（盖茨和乔布斯），成为公司、行业甚至是整个商业世界的灵魂人物。

对计算机编程的痴迷，把盖茨和微软的共同创始人保罗·艾伦（比盖茨大两岁、高两个年级）联结到了一起。1975年5月，艾伦和盖茨两人在新墨西哥州阿尔布科克合伙组建了“微型计算机—软件公司”。1983年艾伦离开了微软公司。

盖茨和艾伦创立微软之初是平分权益的，后来盖茨以自己为了公司而退学（盖茨确实是在艾伦的一再要求之下选择退学的）为理由，将两人的权益比例调整为盖茨64%，艾伦36%。1986年3月13日，微软公司股票上市，盖茨、艾伦和鲍尔默各自占微软股份的比例大约分别为43%、28%和7%。1987年时，盖茨被《福布斯》列为美国400富豪中的第29位，拥有22%微软股份的艾伦列第87位。

苹果电脑股份公司的前身是苹果合伙企业，存续了不到一年的时间。1976年4月1日，乔布斯和还在惠普公司工作的沃兹涅克达成了一份10页纸长的合伙协议，约定二人各自占有合伙企业45%的权利，余下10%的权利给予第三位合伙人，他们决定找个第三人的原因是，为了避免以后两人在重大问题上达不成一致意见会陷入僵局的情况。乔布斯通过给10%权利的方式拉来了他在阿塔里（Atari）公司的同事和朋友韦恩。

年轻胆大的乔布斯毫不担心负债经营，但是老练谨慎并且4年前经历过一次个人企业倒闭痛苦的韦恩却不愿意自己因此再次陷入财务困境。这样，在1976年4月12日，苹果合伙企业成立不到两周的时候，因为害怕乔布斯的负债经营会使自己债务缠身，韦恩以一次性800美元的价格让出了自己10%的合伙人权益。一年后，风险资本家进入、苹果电脑股份公司正式成立时，为了彻底了断其与苹果合伙企业之间的权利义务关系，韦恩又“意外”地收到了1000多美元，这使他非常激动。1977年1月3日，马库拉、乔布斯和沃兹涅克三人签署了文件，正式创建了苹果电脑股份公司。马库拉、乔布斯和沃兹各占30%的公司股份，另外10%为霍尔特所有，霍尔特是个优秀的电力工程师，被乔布斯拉来解决电源问题。

8.1.4 合作创业的惠普之道

惠普成功的首要因素应该说是两位创始人之间的互相认可、互相支撑与平等合作。惠普公司的前四十年都是在两位创始人的共同和直接领导之下。惠普两位创始人之间的伙伴关系不是由物质利益和合同来锁定的，而是由相互之间的认可和志同道合来维系并持续深化的。在创业成功、共同管理惠普十几年之后，帕卡德和休利特还于1952年开始合伙经营几处牧场，以加深两人以及两个家庭之间的相互了解和友谊。每一个人都可以完全代表着两个人的“合伙精神”一直持续到他们离开惠普公司。

惠普创始人“一山二虎，平等合作”精神最为明显的表现就是，两位合伙人都有过为国家服务而离开公司几年，回来后另一位诚心接纳，坚持着一如既往的平等关系。投掷硬币让休利特的名字排在了前面，但是惠普创业的早年时期实际是帕卡德发挥着主导性的作用，因为休利特从1941年到1946年之间在军队服役。1940年的惠普公司共有3个人、销售收入是3.4万美元，帕卡德独自领导公司经过战争时期的高速发展，达到了高峰时期的近200人和100万美元年销售额。但是，休利特退伍之后却可以“大摇大摆”地回到惠普公司（帕卡德《惠普之道》），并且于休利特重回公司不久之后的1947年8月18日，两个人把他们经营了8年的合伙企业变成了股份公司。帕卡德任总裁，休利特任副总裁。22年之后的1969年，帕卡德也因出任美国国防部副部长而离开了惠普公司，惠普公司在休利特单独领导之下也经历了几年的良好发展。但是，1971年，帕卡德重回惠普公司后，仍然是顺利自然地被选做董事会主席。

对于合作创业者，能够像休利特和帕卡德这样成为终生伙伴，缔造一段传奇佳话，可说少之又少。但是，只要遵循一些基本的公平处事方法和公司治理规则，与不再合适的原合作者好合好散，发掘新合作者，同样可以缔造出一个持续卓越的伟大公司。

8.2 集体创业：卓越领导人的产生

相比个人创业者和合作创业者的企业，集体创业者的企业取得成功，更为彰显企业组织、公司制度和治理安排的重要性。

8.2.1 七家著名的集体创业企业

1850年，美国运通公司创立，为避免恶性竞争，由三个快递公司合并而成，公司最大股东只占股本总额15%的比例。公司控制权置于整个董事会之手，组成董事会的7位成员来自三个前身公司，相应形成了三个派别。为了保持三派之间的权力平衡，还规定了一个董事会特别委员会制度，在董事会做出决策之前，要将重要问题交给一个特别委员会处理，这个委员会由各派别的各一人组成。

1856年，安德·瓦伦博格联合72人作为股东在斯德哥尔摩创立了Enskilda银行，这是斯德哥尔摩的第一家私人商业银行。尽管安德·瓦伦博格本人只认购了Enskilda银行5%的股份，但却被任命为管理董事（首席执行官），他的权力基础不是个人财富和资本，而是他的能力和关系网络。

1870年，普鲁士国王批准了其股份公司章程，德意志银行正式成立。提出组建德意志银行的是私人银行家Adelbert Delbr ü ck和自由主义政治家及货币专家Ludwig Bamberger，认购德意志银行股份的包括德国一些领导性的银行家在内的总计76人，他们提供了德意志银行最初成立时的总计500万泰勒股本（talers，当时欧洲流行的一种银元，500万泰勒约等于1500万马克）。

1872年，5名威斯康星商人集资3万美元，以合伙制形式注册成立了金伯利—克拉克合伙企业，这就是今日世界纸质消费品行业领导者金佰利公司的起源。5位创始人都没有什么造纸业经验，他们决定进入造纸行业的动因来自当地于1864年成立的一家造纸厂的成功。

1899年，意大利图林布瑞洛咖啡馆，是当时时尚和精英人士的聚会场所，作为新生事物的汽车，是这些人显摆和讨论的一个重要对象。他们的讨论逐渐具体，何种品牌的汽车具有生命力，是应该向少数富人提供豪华型汽车，还是应该发展大众型汽车？应该采取什么样的形式组织这种生产呢？最后，布瑞洛咖啡馆里的八位意大利绅士决定共同组建一个公司“图林汽车设计和销售公司”，不久后他们将公司名称改为“图林意大利汽车制造公司”，简称FIAT——菲亚特。

1902年，五位创始人签署了公司章程，共出资5000美元，每人1000美元占1000股，在美国明尼苏达州双港镇创立了明尼苏达矿业和制造公司，即3M公司。五位合伙人中，有一位律师、一位医生、两位铁路经理和一位肉铺老板，并无一人有矿业和制造业的经验。他们的创业冲动来自当时该地区正因为矿藏而繁荣。

IBM是1924年由一家原名为C–T–R的公司改名而来。1911年正式成立于美国纽约州恩迪科特的C–T–R公司是由三家公司组成的，公司的名称也是由此而来。C是全美计量器公司，T是制表仪器公司，R是国际时间记录公司。这三家公司中，国际时间记录公司由弗林特于1900年创建，全美计量器公司是弗林特收购多家计量器公司后合并而成的。制表仪器公司，奠定IBM核心业务领域——信息处理的公司，是由美国统计学家霍列里斯于1896年创建的。

8.2.2 从创始股东中产生卓越领导人

宜家、沃尔玛、亚马逊等个人英雄企业主导者从一开始就很清楚；微软、苹果和Facebook那样的合作创业企业，很快产生了一位主导者，并演变为了个人英雄企业。惠普长时期里保持着两位合作创业者之间的平等合伙，在企业转型为职业经理人主导的企业之后，两个创始家族还长期保持着相同的公司股份。相比之下，集体创业企业中主导者的产生则是一个更复杂的过程，也有着多种不同的路径。

相对简单的一种方式是如金佰利那样，随着时间的演化，开始就相对地位高，并且又是最后还健在的创始人及其家族逐渐占据了公司的主导地位。金佰利的5位创始人中，约翰·A.金伯利出自当地望族，自己经营一家杂货店，并与父亲一起经营一家当地最大的面粉厂。查尔斯·B.克拉克是当地一个五金店的合伙人。第三位创始人巴布科克是金伯利家族杂货店和面粉厂的合伙人。第四和第五位，沙塔克和怀廷都是推销员出身。1880年，为了避免商业风险带来太大的个人资产风险，金伯利–克拉克合伙企业改组为有限责任制的“金伯利与克拉克公司”。公司股本40万美元，约翰·A.金伯利、克拉克、巴布科克和沙塔克各持有面值1000美元的100股股份。怀廷在金伯利–克拉克合伙企业成立后不久就退伙离开。四位所有者兼管理者每人都亲身参与公司管理，分工不同但工资都是4000美元。约翰·A.金伯利出任公司总裁，巴布科克任副总裁，克拉克任公司秘书，沙塔克任会计。1906年，因为创始人离世引起所有权情况变化，重新组建了资本额为200万美元的“金伯利—克拉克公司”取代此前由几位合伙人共同投资创立，但是法律上各自独立的金伯利克拉克公司、阿特拉斯纸业公司和特鲁拉纸业公司。此时，公司创始人只剩下了金伯利1人，另外3人已先后去世：克拉克（1891年）、沙塔克（1901年）、巴布科克（1905年）。

相对复杂一点的方式是如瓦伦伯格集团那样，是经过努力和争夺，从创始股东中产生一位主导者，往往是公司创始时的股东兼经理人。安德·瓦伦博格虽然只是72位股东之一，但其5%的持股已经相对是大股东，并且出任首席执行官。为了实现强有力的家族控制要有股权和人员两个方面。因为5%的股权比例太低，致使自己的很多主张不能得到有力的支持，安德·瓦伦博格将自己的股权比例提高到了20%。人员方面，安德·瓦伦博格在其儿子昆特·瓦伦博格年仅21岁时就吸收进了银行董事会和执行管理层。1886年安德·瓦伦博格去世后，昆特·瓦伦博格子承父业，接任了Enskilda 银行首席执行官的职位。昆特·瓦伦博格也是一方面继续努力，将家族股份从20%提高到了40%，另一方面劝说他本想从事法官职业的弟弟老马库斯·瓦伦博格（1864—1943）放弃自己的职业理想，进入家族银行。

与瓦伦伯格类似的是菲亚特。菲亚特创立时的出资人有8个，但是实际管理者是乔万尼·安杰利一世。到1906年前后，菲亚特已经从最初的150名员工发展到了约有1500人，当年利润总额达200万里拉。乔万尼·安杰利开始不满于仅仅是股东之一，他要强化自己对公司的控制。这一年，菲亚特的股票开始上市交易，股票市值总额约900万里拉。由于快速增长的盈利，菲亚特股票深受追捧，股票价格很快从初始的每股100里拉上涨到每股1885里拉，几位创始股东经不住财富暴涨的诱惑，抛售股票退出了公司，而富有远见的乔万尼·安杰利一世则趁势买入，扩大了他的持股份额。目前，安杰利家族持有菲亚特20%左右的股份。

8.2.3 从经理人中产生卓越领导人

金佰利、瓦伦伯格和菲亚特是创始时的股东兼经理人成为了公司主导者和关键领导人，美国运通、德意志银行和3M公司则是经理人成为了公司主导者和关键领导人。在一定意义上，IBM公司也是这种模式。

美国运通的第一位主导者和强势领导人威廉·法戈也是美国运通公司创建时的股东之一，不过他最早是以经理人身份加入组成美国运通的前身公司中的，因此他最初的起点是经理人。在1850年韦尔斯公司、巴特菲尔德–沃森公司和利文斯顿·法戈公司三家竞争者合并组成美国运通公司时，韦尔斯选择了守势。他虽然担任总裁，但实际退出了业务管理，只是承担一种力量平衡的角色。但是1867年与商人联合快递公司合并组成资本金高达1800万美元的新美国运通公司后，威廉·法戈成为了美国运通公司历史上第一位强有力的领导人。亨利·韦尔斯于1842年把威廉·法戈带入了快递行业，并向威廉·法戈出售了西部线路的股份，使威廉·法戈在美国运通公司组建时也成为了创始股东之一。亨利·韦尔斯在面对巴特菲尔德的强力竞争时，选择妥协、合并，促成了美国运通公司的创建。威廉·法戈在面临商人联合快递公司的强力竞争时，也同样选择了妥协、合并，促成了一个规模更大的新美国运通公司的出现。但是，和亨利·韦尔斯不同的是，威廉·法戈在公司合并之后，加强了自己对公司的控制。

德意志银行的第一位总裁（管理董事会发言人）是格奥尔格·冯·西门子。自1870年开始，直到其去世的前一年（1900年），一直担任这一职务。格奥尔格·冯·西门子是西门子电气创始人的侄子，但出任德意志银行总裁完全是出于个人能力，完全属于是德意志银行的职业经理人。到1900年，在西门子的领导之下，经过三十年的时间，德意志银行成为了德国最大的银行，并在向世界最大银行进军。

3M从一项判断错误的采矿决策开始，能够成功转型为一家卓越的高科技企业，有董事会制度的作用，有后续投资者的坚持等因素，但是最重要的是从公司助理簿记员做到公司总裁，在3M公司服务59年的麦克奈特的作用。1907年5月，未满20岁的麦克奈特受聘于3M公司担任助理簿记员。1909年，麦克奈特成为3M公司的第一位成本会计，两年后出任芝加哥销售办公室主任。1914年，升为主管公司生产和销售的总经理，越过了两位更为年长和更有经验者。1916年29岁的麦克奈特出任了公司副总裁，并最终于1929年正式就任3M公司总裁。1916年，公司创立14年之后，实现了每股6美分的首次分红。同年，麦克奈特创建了公司第一个质量实验室，由此开启了3M注重产品质量、创新和研发的成长历程。麦克奈特不是3M公司的创始人，但他是3M公司创新机制的缔造者，以他终生的3M职业生涯塑造出了一家将创新变成系统和可重复过程的公司。他也因此成为2003年《财富》杂志选出的美国有史以来十位最伟大的CEO之一。

老沃森受聘C–R–T公司，缔造出IBM，与麦克奈特一样，是职业经理人成为卓越缔造者和关键领导人。不过，老沃森的起点比麦克奈特要高一些。弗林特很像通用汽车公司的创建者杜兰特，通过收购而创建了企业，但却没能很好进行整合和有效经营。组成C–T–R的三家企业原领导人相互不合作，公司很快陷入困境。弗林特年事已高，并且要比杜兰特更有自知之明，他积极主动寻找职业经理人帮他管理企业。1914年，C–T–R公司董事会聘请老沃森出任总经理，老沃森得到的待遇是年薪2.5万美元，价值3.6万美元的1200股C–T–R公司股票（占公司股份比例不足1%），和公司完税及分红后利润的5%。当时C–T–R公司的状况是：公司成立时发行的1000万美元股票只有300万美元的市场价值，只有400万美元年销售额，却背负着600万美元的长期负债。这种经营困境下，股东和董事会没把老沃森要求的5%利润分红当作什么大事，而十分看好公司产品、并认为良好的推销会使公司起死回生的老沃森却对此十分看重。就是这个5%的分红比例使老沃森随着IBM公司的成功而在20年后的1930年代成为了美国收入最高、“日进1000美元”的明星经理人。

相比个人英雄企业和合作创业企业，集体创业企业一开始就股权相对分散，没有人能够完全凭借股权主导公司，只有靠能力实际领导公司创造价值才能站得住。这类公司中，有效董事会从一开始就很重要。无论最终是创始股东之一，还是职业经理人成为公司的主导者和关键领导人，都有一个试错过程，都需要有通过公司董事会进行的选择与裁决。麦克奈特把3M公司发展得声誉卓著，他自己却默默无闻。这一鲜明对比，刺激了《基业长青》两位作者的高瞻远瞩公司和对照公司比较研究，并得出如下论断：伟大公司无须伟大构想，更无须魅力型伟大领袖，公司组织本身才是终极创造。

8.3 合力与持续创业

一人创业、两人合作创业和多人集体创业之间的区别，是创业之初作为公司创始人的人数不同。合力与持续创业，与一开始就明确地两人合作创业或多人集体创业不同，这类公司的最后成功创立和缔造，是经过多人和一连串事件之后才有的结果。传统企业中，这类公司的一个典型代表是可口可乐。当代企业中，特别是IT和高科技行业中，这类公司很多，英特尔、金山和Twitter，可以说是三个典型。

从一人创业、两人合作创业到多人集体创业，天才的因素越来越少，规则的作用越来越大，而最为彰显组织规则作用的创业类型是合力与持续创业。

8.3.1 可口可乐英豪

可口可乐公司的百年成功，是从彭伯顿发明可口可乐饮料开始，到坎德勒收购可口可乐专利、创建可口可乐公司，再到伍德罗夫把可口可乐公司缔造为一个强大的企业帝国的合力与持续创业过程。

最初的可口可乐是一种专利药剂和冷柜饮料，发明人约翰·彭伯顿是那个游医时代的一位医生和药剂师。1855年12月，在提炼“可口可乐”这种据称具有很多医药功效的药剂饮料有了眉目之后，彭伯顿与另外四人合伙成立了“彭伯顿化学公司”。但是1887年彭伯顿个人申请了“可口可乐”专利，并瞒着其他合伙人将可口可乐专利权卖给了其他人。彭伯顿化学公司马上陷入了一系列的诡计、欺骗和混乱之中。多方争夺，几经周折，最后尘埃落定的结果是，可口可乐专利权落到了艾萨·坎德勒的手中。

艾萨·坎德勒，不是彭伯顿那样的发明家，却是一位“推销”高手。1888年坎德勒控制了可口可乐的专利权之后，开始经营可口可乐。1890年，坎德勒加大了对可口可乐的宣传，销量比上年增长了4倍，这使他下决心放弃药店生意，全力投入到可口可乐之中。1892年1月29日，可口可乐股份公司正式组建，有关可口可乐的专利权、商标权等各种纷争问题全部解决，可口可乐的业务开始迅速发展起来。

可口可乐公司及各种其他投资的成功，使坎德勒成为亚特兰大举足轻重的人物，并于1916年12月当选为亚特兰大市长。1917年12月，身体状况欠佳的坎德勒夫人露茜担心她死后家族财产会被坎德勒后娶妻子控制或者会被坎德勒捐赠出去，劝说坎德勒把他所持可口可乐公司股票转给了他的孩子们。1919年8月，时任佐治亚信托投资银行行长的欧内斯陆·伍德罗夫主导的一个财团，以2500万美元的总价，从坎德勒的孩子们手中收购了可口可乐公司的全部股份。原注册地在佐治亚州的可口可乐公司被重组为注册地在特拉华州的可口可乐公司，8月26日可口可乐公司股票公开上市。1923年4月，欧内斯陆·伍德罗夫的儿子罗伯特·伍德罗夫出任了可口可乐公司总裁，领导可口可乐公司60年，是产品发明人彭伯顿和公司创始人坎德勒之后，可口可乐的第三位英豪：帝国缔造者。

可口可乐的历程表明，伟大公司的成长，第一是产品和营销体系，第二是法律支撑，第三是资本和金融，创造性地综合运用好这三种武器需要一组人才。

8.3.2　英特尔的创立

与绝大多数改变世界的伟大公司都有一个伟大的缔造者不同，英特尔公司是一连串创业事件和一组优秀人才连续合力而为的结果。

1955年，“晶体管”发明人之一，诺贝尔物理学奖获得者肖克利在硅谷建立了肖克利半导体实验室。包括诺依斯和摩尔在内的八位年轻科学家从美国东部陆续到达硅谷，加盟肖克利实验室，这可以说是导致英特尔诞生的一连串事件的最初起点。

尽管满怀发财的愿望，科学天才肖克利却毫无管理和经营才能。一年之中，实验室没有研制出任何像样的产品。1957年9月18日，以诺伊斯为首，包括摩尔在内的肖克利的叛帮八人组，决定一起出走并共同开创新事业——将他们在肖克利实验室里被否决了的集成电路研究项目进行下去。在投资银行家洛克的撮合下，八人组与发明家谢曼·菲尔查德达成了协议，在仙童摄影器材公司旗下创建仙童半导体公司。仙童半导体公司是硅谷创业投资第一案例，公司创始人和投资者之间的力量对比完全向投资者一方倾斜，没有后来出现的那些创始人保护措施，而这埋下了诺伊斯和摩尔再次出走，创立英特尔的种子。

双方合作协议的基本内容：菲尔查德提供150万美元资金，由八人组成立一家半导体子公司，八人组每人只需出资500美元，享有公司部分股权。但有一个附加条款，如果公司成功了，菲尔查德有权在五年内用300万到500万美元的预定价格买回八人组的公司股权。这意味着，投资方承担了失败的全部风险，但同时设定了一个公司十分成功情况下创始人们的收益上限。1959年，在公司成立还不到两年的时候，菲尔查德以300万美元价格行使了对八人组股票的购买权，八人组每人获得了25万美元的收益。创始人股权被母公司回购之后，自主权相应被削弱到，利润也被转移到母公司，公司进一步的发展开始无力。1961年八人组中的3人离职。最后到1968年，因为诺伊斯没有如愿升任母公司的首席执行官，八人组中剩下的最后两人诺伊斯和摩尔一起离开仙童半导体公司。

离开肖克利并在仙童半导体一起工作了11年之后，诺伊斯和摩尔决定继续一起干。洛克非常高兴并帮助诺伊斯和摩尔筹集到了创办新公司所需要的资金。洛克之所以很高兴帮助他们，一是因为他们在业界已经确立起来的极高声望，二是他们自己愿意每人拿出24.5万美元（约为当时他们个人总资产的十分之一）向新公司投资。洛克自己要投资30万美元，并负责另外筹集25万美元以上的资金。洛克只用了两个下午的时间，向25个人打了电话，就完成了筹资工作。这25人中包括八人组中的另外6人，他们的认股价格是5美元一股，诺伊斯和摩尔的认股价格是1美元一股。诺伊斯和摩尔合计持有英特尔三分之一以上的股份。1968年7月16日，英特尔公司正式成立。洛克出任了英特尔公司的首任董事会主席，诺伊斯任首席执行官，摩尔任总裁。葛洛夫于1963年在摩尔的邀请下加入了仙童半导体公司，自愿跟随摩尔加入了英特尔公司，任营运主管。

诺伊斯、摩尔和葛洛夫被称为英特尔的“三驾马车”。诺伊斯代表英特尔的精神，被尊称为“圣人”，引领着企业发展方向。摩尔是英特尔的心脏，出类拔萃的技术天才。葛洛夫则是英特尔的拳头，“偏执狂”，用铁腕管理着公司。在一个技术驱动的公司里，灵魂人物、核心人物及铁腕执行型人物都很重要，但最重要的还是这些精英人物之间的有效合力和持续接力。

从可口可乐到英特尔，以及Twitter和金山，他们共同的一个特点是通过多人的合力作用，持续并且可能跨越很长时间的努力，最终把一种发明或是一个创意，变成了有市场价值的产品或是服务，并进而缔造出来了一个可持续发展的公司。

8.4　惠普之道：一山二虎，平等合作

惠普公司（Hewlett-Packard Company），以比尔·休利特（Bill Hewlett）和戴维·帕卡德（Dave Packard）两位公司创始人姓氏命名，从1939年的一个单车车库里以538美元资金起步，成长为这个信息时代里全球营业规模最大、产品种类最多、服务范围最广的IT企业。惠普创业时的车库1989年被加州政府标为硅谷起源地和历史名胜，2007年4月20日被列为美国国家历史名胜（National Register of Historic Places）。

到2009年为止的70多年的时间里，惠普公司经历了两位创始人、两位内部经理人、两位外聘职业经理人共六位CEO的领导，经历了创始人的退出和经理人的接班，经历了公司管理层与创始人后代——家族股东的冲突，还有IT行业有史以来最大的两次并购。可以说，惠普的演变历程，就是美国现代高科技企

业创立与治理结构演变的一面镜子。

8.4.1 1930年：斯坦福大学的两位新生

1930年秋天，戴维·帕卡德和比尔·休利特同时成为了斯坦福大学新生。

帕卡德，1912年出生于科罗拉多，父亲是律师、母亲是中学教师。帕卡德自小喜欢数学和自然科学，玩炸药、组装无线电，喜欢体育运动。1929年随父母到加州旅行的帕卡德参观了斯坦福大学后，便决定申请斯坦福大学读电机工程。父亲可以帮助他支付一部分学费（一个季度114美元），不足部分由自己暑期打工挣。帕卡德在大学一年级时是斯坦福与加州大学田径比赛中得分最多的学生，但后来因为占用太多时间，影响学习而不再参加体育比赛，以致田径教练非常不高兴。大学假期里，帕卡德做过很多种打工工作，包括帮助寻找金矿的矿工拉矿石，在砖场当装卸工，也在建筑公司的公路修筑项目中工作过，还做过把大冰块切成小冰块后卖到啤酒馆的事。

休利特，1913年出生于加州，父亲是医生，毕业于霍普金斯大学，后来是斯坦福医学院教授。休利特的算术和数学非常好，但是患有阅读困难症。

帕卡德在斯坦福大学的业务爱好者无线电台认识了新的年轻教授特曼（特曼的父亲是位教育学家，斯坦福-比内特智力测验的发明人）。1933年春季，特曼邀请帕卡德去他的办公室，建议他大学最后一年学习他的无线电工程学毕业班课程。特曼的无线电工程学讲义后来成了著名的教科书《无线电工程学》。

在特曼的课上，帕卡德、休利特和后来也成为惠普经理班子成员的波特（在惠普公司做了30年的生产经理）和奥利弗（后来担任惠普公司的研发主管，是惠普实验室的创始人）四人成为了好朋友。四人拟订了一个毕业后自己创业的计划。但是1934年毕业时，帕卡德得到通用电气公司的工作机会，大萧条时期的工作很难找，特曼教授也鼓励他去，告诉他在通用电气这样的公司工作一段时间可以学到很多对以后创业有用的东西，这样，他们的创业计划就往后推迟了。休利特则继续攻读研究生，1936年从麻省理工学院（MIT）获得了电子工程硕士学位。

8.4.2 1939年：惠普合伙企业的创立

1937年8月23日，仍在通用电气公司工作的帕卡德和从MIT拿到工程硕士学位后回到加州的休利特举行了第一次正式的创业会议，形成了一份名为“创业计划的初步组织规划和初步工作纲要”的会议记录。讨论的产品设想包括高频收音机和医疗设备，还强调“我们要做出一切努力，赶上新出现的电视机技术”。新公司的名字确定为“工程服务公司”。

1938年夏，特曼为帕卡德争取到了一个斯坦福的研究生名额，每年有500美元奖学金（当时帕卡德在通用电气的工资是每月不到90美元）。通用电气给了帕卡德无薪假期，但是一年以后的1939年6月，帕卡德从通用电气正式辞职。

这样，大学毕业四年后又重新走到一起的帕卡德和休利特，于1938年在加州帕洛阿尔托（Palo Alto）的爱迪生大街367号找到了一个两层楼房，已经结婚的帕卡德租用底层，单身汉休利特住在后面的一个小房间，一个能够容纳下一辆汽车的车库成为了他们公司的车间，以538美元（休利特的一点现金和帕卡德的一个二手西尔斯—罗巴克钻床）开始了他们的创业历程。该年秋季，为了做好自己创业的知识准备，帕卡德在斯坦福参加了商业法律和管理会计两个培训班，这使他受益匪浅。

这时的帕卡德和休利特，两个想要在一起创业的朋友，还没有决定自己究竟应该研制和生产什么产品，便主要从事一些他人委托的研究性项目，比如用休利特研制出的一种音频振荡器生产一种琴，研制一种用电脉冲活动肌肉的体育锻炼器材，还有为观象台设计一种变频发动机调节器，为保龄球馆设计一种计分装置，等等。这些活动为他们带来了早期的些许收入。他们以前的朋友、大学时期计划要共同创业的波特在从事空调设备推销工作，收入颇丰，没有加入他们的行列，但经常让帕卡德和休利特为他的空调设备设计一些控制装置。

经过约半年时间里一起做一些零散业务，他们对各自的才能有了更为具体和清楚的认识——休利特擅长产品设计，帕卡德长于生产制造。1939年1月1日，两人正式签订了一项合伙协议，休利特出钱买了一些部件和工具，帕卡德投入了自己先前拥有的钻床设备。两人通过投掷硬币决定谁的名字排在前面作为合伙企业名称，休利特赢了，休利特—帕卡德——惠普合伙公司（Hewlett-Packard partnership）正式诞生。

两位伙伴对于做什么只有一个大致、但是一致同意的设想：他们都看不起通过简单模仿而赢利的商业行为，他们要通过创新性的研究和技术应用来获得商业利润。惠普公司推出的第一个产品是音频振荡器，一种供声学工程师测试使用的电子测试装置，是以休利特在特曼教授的实验室所做研究成果的基础研制出来的。当时通用无线电公司（Ganeral Radio，并非通用电气公司）生产的同类产品的价格是400美元，而惠普公司的产品售价在100美元以内。

1939年晚些时候，特曼安排时任AT&T公司研发副总裁的哈罗德·巴特纳参观了惠普的音频振荡器。巴特纳很看好他们的产品，并向他们提供了500美元，协助他们申请了专利。迪斯尼公司是惠普音频振荡器的最早客户之一。

创业第一年的惠普公司，帕卡德和休利特两个人，取得了5369美元的销售额和1563美元的利润。

8.4.3 1947年：合伙企业转为股份公司

1940年惠普承接了一个为AT&T生产一种飞机着陆系统仪器里用的固定频率振荡器项目。货物发出很久没有收到款项，到了公司马上就要发不出工资的时候，帕卡德给其老朋友AT&T高管哈罗德·巴特纳打电话，马上得到了货款。后来当巴特纳从AT&T退休后，帕卡德马上把他聘请为了惠普公司的董事。巴特纳几乎认识全世界所有电子公司的人，他成为了惠普公司最好的董事之一。

与AT&T的交易，使帕卡德认识到公司需要资金来拓展业务。他们先找了当时加州最大的银行——美洲银行，申请500美元的贷款，对方审查公司后要求要有应收账款抵押才能给500美元的贷款。于是帕卡德又去找了当地的一家小银行——帕洛阿尔托国民银行，帕卡德在向该银行总裁做自我介绍时，对方还记得他是斯坦福的一位运动员。该银行总裁听完介绍后，询问了一些问题，然后马上就给了500美元的贷款。

1939年秋季，特曼介绍了当时惠普公司竞争对手通用无线电公司的创办人伊斯特汉来惠普公司访问，在帕卡德担心竞争会使双方关系不太融洽时，伊斯特汉却表示，两家竞争是好事，尤其是对于新技术产品来说，两家公司同时推出，会使顾客更加信任该产品。以后的时间里，通用无线电公司和惠普公司这两家竞争对手的人之间建立了很好的朋友关系。1940年，惠普公司有3名员工，实现了3.4万美元的销售收入。

1941年休利特应征入伍，直到1945年二战结束之后重新回到惠普公司。由于惠普公司大部分产品的购买者是军事单位和防务承包商，这使惠普公司在二战期间获得了很快的发展，销售收入很快达到了100万美元，战争结束时，员工人数达到了200人。惠普公司从通用无线电公司学来了一种业绩奖励计划，如果生产超过定额，则给每位员工按其基本工资的比例发放奖金。通用无线电公司的计划是用在工程师身上，惠普将其扩展到了全体员工。战争时期，美国法律冻结了公司工资，但是惠普公司可以继续执行其以前制定的业绩奖金做法。

这一时期中，惠普在休利特发明的音频振荡器之后，设计出了波分析器和一些畸变分析器，并研制出了功率更大的音频信号发生器以及真空管电压表等等产品。惠普的产品虽然各种各样，但都是围绕计量和检测音频频率电路的。这反映了惠普的战略：制造一系列互相补充的产品，而不是涉足互不相关的领域。

二战期间，为了加州的电子公司争取到更多的承包军务工程的机会，帕卡德组织了一个电子企业协会，这个协会于1950年代末发展为西部电子生产厂家协会，并于1978年更名为美国电子协会（AEA）。

1945年二战结束使公司业务急剧下降，惠普普通员工数量减少，但是尽力留住了得力骨干，并且积极聘请了一些战时参加过重要研究实验室工作的优秀工程师。这些人在战后关键时期帮助惠普公司研制了一些战后急需的新产品，后来都在公司担任了重要职务。

1947年8月18日，经营了8年之后，帕卡德和休利特把他们的合伙企业变成了股份公司，帕卡德任总裁，休利特任副总裁，并已经建立起了自己的高级经理团队，生产、财务和营销各有专人负责。1947年的惠普公司，有111名员工，39种产品，85万美元的销售收入。1948年，惠普公司128名员工，实现了220万美元的销售收入，为全体服务5年以上的员工建立了养老保险计划。1950年，公司在员工数量上恢复到了战时达到的最高水平200人。公司选择修建了多功能式建筑物作为厂房，原因是万一日后公司经营不下去，可以把它当作超级市场租出去。

1950年代初期，朝鲜战争的爆发，又给惠普公司带来了一次快速发展的机会。业务规模连年翻番，公司产品品种达到了100多种。1956年，惠普公司发展到901名员工，2000万美元销售收入。

惠普公司与特曼合作进行了一个研究生计划：斯坦福工程专业的研究生，一方面进行研究生工作，同时为惠普公司设计和制造产品。这一计划下的一位名为巴格利的研究生，为惠普公司研制出了一种电子计数器，后来，以此为基础开发出来的计数式频率计及相关产品，成为惠普公司最为成功的一类产品，累计销售额达到数十亿美元。这一研究生计划后来称为优秀人员合作计划，惠普公司的合格人员可以带薪到斯坦福读硕士、博士学位，惠普公司还支付学费。这项计划使惠普公司可以从全美各大学中招揽优秀的工程专业毕业生。

1950年代初期开始，在特曼的推动下，斯坦福把其靠近帕洛阿尔托的一部分校园地皮划出来579英亩，用于创建斯坦福工业园。1956年，惠普公司开始在斯坦福工业园租地修建厂房和办公设施，一年后就成为了斯坦福工业园的最大租户。

8.4.4 1957年：惠普公司公开发股与上市

成长于大萧条时代的帕卡德，从在帮他律师父亲整理文件的过程中看到了很多企业因为抵押贷款而失去资产。惠普坚持自我融资和内部融资，利润再投资和职工股票购买计划成为惠普发展的主要资金来源。

1957年11月6日，惠普公司进行了首次股票公开发售。帕卡德和休利特将他们所持300万股惠普公司股票的10%以每股16美元的价格对外出售。该年还增发6万股新股，作为红利分配给职工，同时提供5万股股票供职工自愿购买。

所有工作6个月以上的员工自动获得公司的股票赠予，并有资格参加公司的股票期权计划。首次公开发售之后，惠普股票在场外市场交易。1959年，惠普正式实施了员工股票购买计划。1961年3月17日，惠普公司股票在纽约股票交易所正式挂牌交易，同时也在太平洋股票交易所挂牌交易。惠普股票在纽交所上市当天的早上，两位创始人因为乘坐地铁不熟悉路线，竟然迟到了几分钟时间。帕卡德选择公司上市的目的有两个：一是扩大公司的所有权，特别是职工的所有权；二是为了方便，通过换股等方式收购其他公司。1957年，惠普生产的产品品种达到300种以上，年销售额2800万美元。

1957年，惠普公司召开了有20名经理人员参加、首次在公司办公场所之外（距离公司约70英里的一个旅馆）举行的会议，制定了著名的惠普“公司目标”。最初的目标有6个，后来经过修订，1966年惠普公司正式对外了公布了含有以下7个指标的惠普“公司目标”：利润、顾客、业务领域、发展、员工、管理和公民义务。目前惠普仍在其网站的显著位置上放置着最新版本的惠普“公司目标”：客户忠诚度、利润、市场领袖、成长、对员工的承诺、领导能力和全球企业公民。措辞有所改变，但基本内容和精神实质是完全一致的。

在以信任、合作、发挥员工主动性为主要精神的惠普之道下，惠普从1958年开始正式实施一种高度分权的业务小组结构。每一产品小组成为一个从开发、制造到销售全面负责的自我持续组织。每当达到1500人之后，就会再分离出来新的业务小组。惠普公司的这一分部制的分权结构尝试首先从是从研发部门开始的。从事产品开发的90名工程师被划分到4个产品开发小组，每个小组集中力量研制一组相关产品，各有一名高级工程师负责，向奥利弗汇报工作。奥利弗是斯坦福大学特曼无线电课程班上约定毕业后要创业的四人之一。1952年，惠普公司从贝尔实验室把奥利弗挖过来，出任负责公司研究与开发工作的副总裁。这四个产品研发小组分别是：计数式频率计和相关仪器，微波设备，音频和视频产品，示波器研发。惠普长期以来最为成功的打印机部门就是在这样一种分权结构和高度自治的状态下成长起来的。惠普分权模式的管理结构一直持续到1999年，从公司外部引入首席执行官之后才发生改变。

休利特：鼓励下属研发的“戴帽子过程”

第一步：热情的帽子，认真倾听创新者的想法，适当的地方惊讶、赞赏，温和和一般性的问题。

第二步：询问的帽子，尖锐的问题，对创新者的思路进行彻底的探讨，详细的问答，不做最后决定。

第三步：决定的帽子，严格的逻辑推理和最后的决定做出。

即使是最后的结果是否决了一个提议，创新者也得到了满足感，能够保持创新的热情。

8.4.5 从创始人到职业经理人：惠普公司的CEO继任过程

1947年转为公司制企业之前，帕卡德和休利特之间基本是以帕卡德管理见长、休利特技术见长的一种家庭式、商量着来的管理状态。二战期间则完全是由帕卡德作为合伙人在管理公司。1947年转为股份公司之后，正式确定了帕卡德任总裁、休利特任副总裁（1957年开始任执行副总裁）。到1964年，惠普公司成立25周年的时候，帕卡德出任公司董事会主席兼首席执行官，休利特出任公司总裁。帕卡德于同年成立了由其夫妻名字命名的基金会。惠普公司的日常管理开始主要由休利特作为总裁来负责。1968年休利特也创建了由其夫妻名字命名的基金会。

1969年，帕卡德出任美国国防部副部长，从惠普离职。休利特出任惠普公司首席执行官兼总裁，独自打理公司。三年之后的1971年，帕卡德从国防部离职，重回惠普，担任公司董事会主席，休利特继续担任公司总裁兼首席执行官。1977年，休利特辞去总裁职务，任命45岁、工程师出身的约翰·杨（John A·Young）担任公司总裁兼首席运营官。当时约翰·杨是公司董事和负责惠普仪器、公司系统和部件部门的执行副总裁，1958年加入惠普。1978年，休利特又辞去了首席执行官职务，由约翰·杨继任惠普公司首席执行官。作为惠普内部成长起来的第一位职业经理人，约翰·杨领导惠普公司15年，把惠普公司发展成了计算机产业的领导者。

1978年，65岁的休利特从首席执行官的位置上退下之后，一直担任惠普公司执行委员会的主席，直到1983年就任惠普董事会副主席一职、公司执行委员会主席由约翰·杨担任为止。1987年休利特辞去董事和董事会副主席职务，作为惠普公司名誉董事，直至2001年1月12日去世。

1992年，约翰·杨60岁退休。51岁、同样是工程师出身的路·普拉特（Lewis E. Platt）出任总裁、首席执行官和董事。普拉特1966年加入惠普，自1987年开始担任公司执行副总裁。1993年81岁的帕卡德从公司董事会主席位置上退休，普拉特又当选为公司董事会主席。作为第二位惠普公司内部成长起来的职业经理人，普拉特领导惠普公司继续成长，并于1999年分拆了其测量和部件业务，成为独立的上市公司——艾捷仑技术（Agilent Technologies）。

帕卡德于1993年从公司董事会主席职位上退休的时候已经是81岁了，之后担任名誉主席，直至1996年3月26日去世。1995年，帕卡德出版了《惠普之道》。

普拉特领导下的惠普公司虽然依旧在稳步前进，但是面对互联网企业迅速崛起的冲击，1999年时惠普公司董事会意识到了危机，惠普需要变革。1999年7月，为了进行应对21世纪的企业再造，惠普创立60年、经历了四位电子工程师出身的首席执行官之后，首次从公司外部了引入一位非工程师出身的首席执行官，卡莉·菲奥瑞纳（Carly Fiorina）。菲奥瑞纳于1999年7月出任惠普公司总裁兼首席执行官，并于2000年9月22日兼任惠普公司董事会主席。

菲奥瑞纳领导惠普进行了内外两方面的变革，对内改变了过去高度分权的业务分部结构，对外开始了一场基于单一概念HPINVENT的新的品牌推广运动，强调公司发明和创新的历史。2001年9月4日，惠普与康柏公司达成一项总值高达250亿美元的并购交易，并在两位惠普创始人家族人员作为股东（合计持股约18%）均反对的情况下，争取机构投资者（美国机构投资者服务公司ISS，及德意志银行等）和其他股东支持而获得了IT产业有史以来最大一次并购活动的成功。

2005年2月，菲奥瑞纳从董事会主席和首席执行官位置离职，公司CFO维曼（Bob Wayman）出任代理首席执行官。5月，同样是非工程师出身的NCR公司前首席执行官马克·赫德（Mark Hurd）出任惠普公司董事、总裁兼首席执行官，并于2006年9月被任命为公司董事会主席。在赫德的领导之下，惠普公司继2007年在打印机、个人电脑及软件领域进行了一系列的并购之后，又于2008年8月，以139亿美元收购了电子数据系统公司（EDS）——IT产业史上第二大的合并交易，使惠普成为了目前全球高科技产业里销售收入最大、产品种类最多、服务范围最广的企业。

8.4.6 惠普创业与公司治理转型成功的三个要素

综观惠普的成功创业与公司治理转型，主要是三个要素的作用。

首要因素应该说是两位创始人之间的互相认可、互相支撑与平等合作。惠普公司的前四十年都是在两位创始人的共同和直接领导之下。惠普两位创始人之间的伙伴关系不是由物质利益和合同来锁定的，而是由相互之间的认可和志同道合来维系并持续深化的。在创业成功、共同管理惠普十几年之后，帕卡德和休利特还于1952年开始合伙经营几处牧场，以加深两人以及两个家庭之间的相互了解和友谊。每一个人都可以完全代表着两个人的“合伙精神”一直持续到他们离开惠普公司。

惠普创始人“一山二虎，平等合作”精神最为明显的表现就是两位合伙人都有过为国家服务而离开公司几年后，回来后另一位诚心接纳，坚持着一如既往的平等关系。投掷硬币让休利特的名字排在了前面，但是惠普创业的早年时期实际是帕卡德发挥着主导性的作用，因为休利特从1941年到1946年之间在军队服役。1940年的惠普公司共有3个人、销售收入是3.4万美元，帕卡德独自领导公司经过战争时期的高速发展，达到了高峰时期的约200人和100万美元年销售额。但是，休利特退伍之后却可以“大摇大摆”地回到惠普公司（帕卡德《惠普之道》），并且于休利特重回公司不久之后的1947年8月18日，两个人把他们经营了8年的合伙企业变成了股份公司。帕卡德任总裁，休利特任副总裁。22年之后的1969年，帕卡德也因出任美国国防部副部长而离开了惠普公司，惠普公司在休利特单独领导之下也经历了几年的良好发展。但是，1971年，帕卡德重回惠普公司后，仍然是顺利自然地被选做董事会主席。

二是创始人对自身及家族成员作用的清醒认识及对公司做到一定规模、自身能力有限之后，交由经理人管理这一典型企业成长路径的正确认识并切实地将之付诸实践。两位创始人所坚持的“走动管理”“目标管理”“开门政策”和业务分部结构等，使惠普工程师在公司内部就锻炼出了像一个独立企业家那样思考和行事的习惯与能力。同时，两位创始人对家族后代进入董事会的角色，也做出了明确的限定“就是增加点色彩，不能过分介入”，这才使后来的惠普董事会能够独立做出外聘首席执行官并强力支持外来首席执行官改造惠普的行动。

上面两个要素是惠普公司内部的，第三个要素则是惠普外部的，来自资本市场和法律法规两个方面的美国分散股权公司治理系统的有效支撑。这种支撑的力度在菲奥瑞纳对抗创始人家族股东、取得惠普与康柏合并成功的过程中有着充分显示。是美国机构投资者服务公司基于自身独立研究所做股东投票建议（很多机构投资者是自动按此建议投票的）帮助菲奥瑞纳在关于合并案的惠普股东大会上取得了微弱胜利，同时也是富有经验的专门处理公司治理纠纷问题的特拉华州衡平法院只用3天时间迅速审理了休利特的儿子瓦尔特·休利特所提出的关于菲奥瑞纳“收买”德意志银行投票的诉讼案，使事件能够迅速告一段落，从而不致影响合并过程的推进。

惠普的增长历程：主要公司治理事件

	销售收入	单位	员工人数	主要公司治理事件
1939	0.5369	万美元	2	创立合伙企业
1947	85.1287	万美元	111	转为股份公司，帕卡德任总裁
1957	2800	万美元	1,778	首次公开发行股份，柜台交易
1961	8790	万美元	5040	纽交所挂牌
1964	1.26	亿美元	7092	帕卡德任主席兼CEO，休利特任总裁
1969	3.26	亿美元	15,840	休利特出任CEO
1978	19	亿美元	42,376	约翰·杨出任CEO
1992	164	亿美元	92,600	普拉特出任CEO
1999	420	亿美元	84,400	菲奥瑞纳出任CEO，分拆Agilent
2002	566	亿美元	141,000	并购康柏
2005	867	亿美元	150,000	赫德出任CEO
2007	1043	亿美元	172,000	并购多家公司
2008	1184	亿美元	321,000	并购EDS

数据来源：惠普网站及《财富》500强排行榜。

8.5 微软：创业与转型

比尔·盖茨从哈佛退学创业，在其律师父亲看来"一个甚至都不存在的领域里"缔造出了微软公司。牢牢地一手掌控微软25年之后，盖茨退居二线，支持鲍尔默领导微软向成熟公司转型。盖茨创业和微软转型这两段历程，都是非常值得借鉴的。

8.5.1 少年英才

比尔·盖茨（Bill Gates）生于1955年10月28日，父亲是位律师。1968年，盖茨就读的西雅图湖滨学校决定租用计算机时间、开设计算机课程——通过电传打字终端机连接到附近通用电气公司拥有的数据设备公司生产的PDP-10型小型计算机上。对计算机编程的痴迷，把盖茨和微软的共同创始人保罗·艾伦（比盖茨大两岁、高两个年级）联结到了一起。

1971年秋天，艾伦进入华盛顿州立大学，主攻计算机科学，但是仍然对用计算机解决实际问题更感兴趣。1972年，艾伦和盖茨两人花费360美元买了英特尔公司刚出产的8008芯片，做成了一个最简单的能够编制程序分析交通数据（一些包含交通流量信息的打孔纸条）的"机器"，创建了一家"交通数据"公司。小有收益后不久，由于美国联邦政府决定免费提供类似服务而寿终正寝。

1973年秋天，盖茨进入了哈佛大学，攻读法律。这时已经在一家公司担任全职编程员的艾伦经常在晚上或周末来看望盖茨，讨论计算机的发展动态及创建一家计算机公司的问题。

8.5.2 创立微软

1974年4月英特尔公司推出了可供使用者编制程序的8080芯片。艾伦提出了如何迎接这一挑战的问题，他对盖茨说，"我们必须为8080编制一个BASIC语言"。

最先用英特尔8080芯片制作出微型计算机的人是艾德·罗伯茨。罗伯茨于1968年在新墨西哥州阿尔布科克市创建了微设备和测量系统公司，生产计算器。正当德州仪器公司在计算器市场上把微设备和测量系统公司逼近破产边缘的时候，罗伯茨抓住英特尔8080芯片的机会，生产出了世界第一台微型计算机——阿尔泰（Altair）。罗伯茨以每片75美元、正常价格三分之一的优惠价格从英特尔公司批量购进8080芯片，组装成微型计算机后以每台397美元的价格出售。阿尔泰计算机广受欢迎，但并不是每个购买者都能使用机器语言编制程序来操作它。为这个世界第一台微型计算机编制BASIC语言的市场机会出现了。

1974年12月，艾伦在看到《大众电子》杂志上关于阿尔泰计算机的报道后，立刻跑去找盖茨。他们决定为这种微型计算机编制BASIC语言。BASIC语言是约翰·凯曼尼和托马斯·科茨于1964年创制的。交通数据公司使用8008芯片的经验，在湖滨学校学习使用BASIC语言时所积累的知识，使艾伦和盖茨信心满满地以交通数据公司的名义给罗伯茨打电话，声称他们已经能够让BASIC语言适用于阿尔泰计算机。这时，他们其实还没有见到过8080芯片和阿尔泰计算机。但是这两位计算机天才，通过在PDP-10型计算机上模拟出阿尔泰的8080微处理器的方式（艾伦是这方面的高手，花两周时间解决了这一问题），编制出了可使用于阿尔泰计算机的BASIC语言程序（这项工作主要是由盖茨完成的）。1975年2月，艾伦带着他们的成果，去新墨西哥州阿尔布科克市接受微设备和测量系统公司——真实的阿尔泰计算机的检验，结果是顺利运行了。

BASIC语言的适用，对阿尔泰计算机来说意义重大，罗伯茨准备立即订货，但是盖茨想要继续做些改进再推向市场。1975年5月，罗伯茨聘请艾伦到微设备和测量系统公司软件部任负责人。这年暑假，艾伦说服盖茨来到阿尔布科克，为了便于谈判，两人就地在新墨西哥州阿尔布科克合伙组建了“微型计算机—软件公司”。目标是为阿尔泰计算机及很快将会在市场上出现的其他微型计算机开发计算机语言。为微设备和测量系统公司开发适用于其阿尔泰计算机的BASIC语言，是微软公司的第一单业务，双方所签订的合同——软件所有权归开发者，软件购买者仅有使用权，不能复制转售等等——成了软件专利合同的典范，盖茨的法律知识在这里起了重要作用。

8.5.3 起飞

1975年秋季开学时候，盖茨回到了哈佛，在继续读书的同时做着微软公司的工作。尽管经历了盗版侵害等一类的问题，但是微软公司的BASIC语言产品逐渐打开了市场。1976年4月和5月，盖茨先后雇用了两名他在湖滨学校时的同班同学。这时的微软公司还没有自己的办公室，盖茨在哈佛读书，艾伦在微设备和测量系统公司软件部工作，两位雇员则是一位在自己公寓工作，一位在艾伦办公室里为微软工作。

1976年8月，盖茨又通过张贴广告方式雇用了另外两名程序员之后，微软公司才正式在阿尔布科克市区租了四间房作为办公室。1976年11月，艾伦辞去了微设备和测量系统公司的工作，12月盖茨从哈佛退学，两位创始人开始全力投入微软公司工作。1977年春天，有2名创始人和4名程序员一共6人的微软公司搬进了阿尔布科克双圆中央塔楼第八层由5个房间构成的一个套房里——微软公司从此开始起飞。

但是如果没有美国健全的商业法律，正要起飞的微软，马上会被折断翅膀。1977年5月22日，罗伯茨将他的微设备和测量系统公司卖给了加州波特克公司。罗伯茨对波特克公司宣称，微设备和测量系统公司已经根据合同规定付给了微软20万美元，拥有了全部权利。这引起了关于BASIC 8080语言专利权的法律诉讼纠纷，整个案件持续了半年时间，1977年12月微软胜诉。纠纷期间，法庭责令微软不能动用销售BASIC 8080语言所得款项，微软财务上相当困难。但是胜诉以后，微软就再也没有为钱发愁的问题了（《微软的崛起》P56）。

在BASIC之后，微软于1977年7月推出了FORTRAN，随后又推出了COBOL和Pascal等等。1978年微软公司已经在微型计算机语言市场上占据了统治地位，实现盈利100万美元，拥有员工13人。1979年1月，盖茨和艾伦把公司搬回了老家华盛顿州。1980年7月，IBM公司开始和微软谈判，委托微软为IBM计划推出的个人电脑开发操作系统及其他软件。1981年8月12日，IBM公司宣布了其第一台个人电脑的诞生，微软公司的MS-DOS也同时面市。

1982年微软曾雇佣了一位名为康恩的人为总裁，但是仅仅11个月之后就被解雇了。1983年艾伦离开了微软公司，盖茨找来曾任坦迪电脑公司副总裁的休利出任微软总裁。休利为微软公司建立起了一套管理制度，尤其是加强了财务和行政管理。休利的主要使命是“把比尔·盖茨解放出来”。在他看来，由于盖茨试图管理的部门（他要负责管理所有的开发部门）太多，工作效率受损。盖茨还有些虎头蛇尾，一个项目尚未善终，又会启动一个新的项目。1984年8月，微软进行了一次内部重组，设立了操作系统和应用软件两个大的部门，每个部门内部各设技术组和管理组。1980年加盟的鲍尔默领衔操作系统部，聘请来苹果公司前市场部主任柯尔主管应用软件部。由此盖茨可以专心他的特长：设计新产品。他的任务被限定为宏观层次上设计软件产品以及决定整个软件产品的发展方向（《微软的崛起》P229）。1987年微软公司超过莲花软件公司，坐上了第一大软件公司的宝座。

8.5.4　公司上市

微软也和苹果一样，1975年最初成立时是两位创始人的合伙企业。1981年6月25日，进行了一次私募后改制为公司。

盖茨和艾伦创立微软之初是平分权益的，后来盖茨以自己为了公司而退学（盖茨确实是在艾伦的一再要求之下选择退学的）为理由，将两人的权益比例调整为盖茨64%，艾伦36%。招揽鲍尔默加盟时，给了5%的权益。为了吸引人才进入公司，微软常常提供优惠价格购股。这样，到1985年时，虽然公司的控制性股权仍旧掌握在盖茨和艾伦这两位创始人手中，但是已经有一位外部投资者大卫·马奎特持股6.2%，和大量员工持有公司股份。盖茨想尽量推迟公司上市时间，但是预计到1987年公司的股东人数将会超过499人这一美国法律规定的私人和公众公司界限。

外部投资者马奎特和职业经理人休利于1985年4月向盖茨提出了公司上市建议，盖茨经过几个月的踌躇之后，于他30岁生日的第二天，1985年10月29日，在董事会上做出了公司上市的决定。盖茨对微软公司上市的一个主要担心是怕公司高管套现离职。最后，盖茨是在得到了公司高管们的支持和如下承诺——公司高管们一致同意在公司股票上市后，如果出售股票也最多不超过他们所持股票的10%——之后才做出了上市的决定。决定上市之后，微软公司用

19个指标，按5分制，给他们初选的8家投行和高科技投资公司打分，高盛公司名列第一入选为主承销商。

1986年3月13日，微软公司股票上市，首日公司市值6.61亿美元。此时盖茨、艾伦和鲍尔默各自占微软股份的比例大约分别为43%、28%和7%。1987年时，盖茨被《福布斯》列为美国400富豪中的第29位，拥有22%微软股份的艾伦列第87位。

8.5.5 鲍尔默领导微软转型

盖茨无疑是一位技术天才，但在对市场和管理的认识上也有独到之处。盖茨知道，微软公司需要有像鲍尔默这样非技术出身的智囊人物，来帮助公司把软件变为成功的产品。盖茨曾表示，“把鲍尔默引入微软，是我做出的最重要抉择之一”。

史蒂夫·鲍尔默，1956年3月18日出生，父亲是二战后移居美国的瑞士人，母亲是犹太人。鲍尔默1973年进入哈佛，二年级时认识了同为哈佛二年级学生的盖茨。两人都是数学疯子和拿破仑崇拜者，一见如故，成为至交。1980年6月，盖茨以5万美元加5%股份的筹码把鲍尔默纳入麾下，成为微软公司的第11名员工，担任盖茨的助理。

2000年1月13日，微软公司宣布盖茨辞去首席执行官职务，鲍尔默出任微软首席执行官，并于1月27日进入微软董事会。盖茨继续担任董事会主席，并新加一个首席架构设计师头衔。此前的1998年5月，鲍尔默已经就任微软公司总裁，接管了公司日常运作。盖茨从1975年微软创立以来，一直担任微软公司首席执行官，在他同时代的公司创始人都已经纷纷离开自己的企业很久以后，盖茨依然掌管着微软。

自1998年鲍尔默出任总裁起，盖茨和鲍尔默两位就开始紧密地一起处理公司事务。他们努力进行每周一次为时一小时的面谈，但由于各自繁忙的旅行日程，他们一年也就能实际会面20多次，两人都喜欢随时给对方发个电子邮件。鲍尔默刚开始担任首席执行官的时候，他和盖茨之间，很像是一种双首席执行官状态。但是经过一段时间的磨合与调试后，盖茨和鲍尔默两人逐渐进入了一种更加明确的分工状态。鲍尔默负责制定企业远景规划并在总体上管理公司，管理流程和组织，在合适的位置上安排合适的人。在这些方面，盖茨的意见很重要，但是要由鲍尔默来做出最终决策。但是关于产品开发决策，盖茨的意见总是占上风。这一点跟宜家创始人坎普拉德很相似，不过盖茨是仍然担任董事会主席并兼任首席软件架构设计师，而坎普拉德是作为公司顾问拥有关于产品开发的一票否决权。盖茨掌握所有技术事务，包括研发及任何根植于技术的重大商业战略。

在回答《商业周刊》“你是否认为鲍尔默带来的一些变化使微软不那么像你的公司了”这一问题时，盖茨说：“你知道，这不是我的公司。”抓住自己最擅长的，其他的放手，这是盖茨的治理智慧。在鲍尔默的领导之下，微软实现了从创业型公司成为成熟型公司的转型。2002年7月开始整个微软公司重新划分为7大业务板块，每一板块有自己的总裁和职能部门，具有相当大的自主权。2003年1月6日，微软公司宣布分红，结束了其长期以来实际存在着的不分红政策。2003年夏，微软又结束了其长期以来主要靠股票期权激励的做法，改用受限股票激励，企业文化导向上相应地从追求爆发、暴富和不计代价的成功，转型为了可信赖和长期可持续增长，以及事业与家庭、企业与社会之间的平衡导向。

一家公司要长期可持续成功，存在两种途径：一种是改变身居最高职位的人，另一种是希望那些最高领导人发生转变。盖茨和微软公司也许可以算说这两种方法同时用了，鲍尔默出任首席执行官领导微软组织转型，盖茨则一方面只专注于微软的技术方面，另一方面从“挣钱机器”转型为了“花钱机器”，把自己的精力更多地投入到了慈善活动中。

8.6　英特尔的起源、转型与管理传承

与绝大多数改变世界的伟大公司都有一个伟大的缔造者不同，英特尔公司是一连串创业事件和一组优秀人才连续合力而为的结果。

8.6.1 肖克利的叛帮八人组

肖克利（W·B·Shockley）1910年生于伦敦，3岁随父母迁往加州，获麻省理工固体物理学博士学位。二战结束后，贝尔实验室开始研制新一代的电子管，肖克利为负责人。1947年肖克利的两位同事布兰坦（Walter Brattain）和巴丁（John Bardeen），发明了“晶体管”。肖克利因此与巴丁及布兰坦共同获得了1956年诺贝尔物理学奖。

随着晶体管技术的成熟和商业价值显现，肖克利于1955年回到老家圣克拉拉谷——硅谷，建立了肖克利半导体实验室。他从前在加州理工学院读书时的化学教授阿诺德·贝克曼，在斯坦福研究区开办了一家制造科学测量设备的公司贝克曼仪器公司，为肖克利创办公司提供了财力支持。包括诺依斯（N·Noyce）和摩尔（R·Moore）在内的八位年龄全在30岁以下并学有所成的年轻科学家从美国东部陆续到达硅谷，加盟肖克利实验室。

尽管满怀发财的愿望，科学天才肖克利却毫无管理和经营才能。有硅谷之父之称的特曼曾评论说：“肖克利在才华横溢的年轻人眼里是非常有吸引力的人物，但他们又很难跟他共事。”肖克利态度傲慢，总像对待小孩子一样对待这些青年才俊。一年之中，实验室没有研制出任何像样的产品。门徒们提议研究集成电路，也遭到了肖克利的拒绝。1957年9月18日，八人一起离开肖克利实验室。人才走光之后，肖克利实验室发展无力，1960年卖给了克莱维特实验室，1965年又被转卖给了AT&T，1968年关闭。肖克利的发财梦破灭后，弃商就教，1958年开始在斯坦福大学兼课，1963年到斯坦福大学做教授。1989年肖克利去世。

8.6.2 八人组创业：仙童半导体公司

以诺伊斯为首，包括摩尔在内的肖克利的叛帮八人组，决定一起出走并共同开创新事业——将他们在肖克利实验室里被否决了的集成电路研究项目进行下去。但是没有公司能够一下雇佣他们这样的八个人，投资银行海顿斯通公司（Hayden Stone & Co.）的洛克（Arthur Rock）建议他们成立自己的公司。

在洛克的撮合下，八人组与发明家谢曼·菲尔查德（Sherman Mills Fairchild）达成了协议，在仙童摄影器材公司旗下创建仙童半导体公司（Fairchild Semiconductor）。仙童摄影器材公司是1936年从菲尔查德1920年创办的航空摄影公司中分立出来的。

仙童半导体公司是硅谷创业投资第一案例，公司创始人和投资者之间的力量对比完全向投资者一方倾斜，没有后来出现的那些创始人保护措施，而这埋下了诺伊斯和摩尔再次出走并创立英特尔的种子。双方合作协议的基本内容：菲尔查德提供150万美元资金，由八人组成立一家半导体子公司，八人组每人只需出资500美元，享有公司部分股权。但有一个附加条款，如果公司成功了，菲尔查德有权在五年内用300万到500万美元的预定价格买回八人组的公司股权。这意味着，投资方承担了失败的全部风险，但同时设定了一个公司十分成功情况下创始人们的收益上限。

1957年底仙童半导体公司正式成立。1958年1月IBM公司给了他们第一张订单。到1958年底，已经拥有50万销售额和100名员工。1959年诺伊斯和得克萨斯仪器公司工程师克比（J.kilby）同时发明了集成电路（经过长时间的法律争执之后，1969年法院最后判决集成电路是一项同时的发明，仙童和德仪双方签订了相互授权协议）。发明集成电路使仙童半导体公司名声大振，1959年，在公司成立还不到两年的时候，菲尔查德以300万美元价格行使了对八人组股票的购买权，八人组每人获得了25万美元的收益。

创始人股权被母公司回购之后，自主权相应被削弱到，利润也被转移到母公司，公司进一步的发展开始无力。1961年八人组中的3人离职。最后到1968年，因为诺伊斯没有如愿升任母公司的首席执行官，八人组中剩下的最后两人诺伊斯和摩尔一起离开仙童半导体公司。人才大量流失之后，仙童半导体几经努力，无力回春，被卖来卖去，相比其流失人才们所创建的那些公司（英特尔及AMD等），已经从半导体行业的领头者变成了无名小卒。

8.6.3　创立英特尔

离开肖克利并在仙童半导体一起工作了11年之后，诺伊斯和摩尔决定继续一起干。这时，当初为八人组和菲尔查德牵线的洛克已经从纽约到了旧金山，并成为著名的创业投资家。洛克非常高兴并且是轻轻松松地帮助诺伊斯和摩尔筹集到了创办新公司所需要的资金。洛克之所以很高兴帮助他们，一是因为他们在业界已经确立起来的极高声望，二是他们自己愿意每人拿出24.5万美元（约为当时他们个人总资产的十分之一）向新公司投资。洛克自己要投资30万美元，并负责另外筹集25万美元以上的资金。洛克只用了两个下午的时间，向25个人打了电话，就完成了筹资工作。这25人中包括八人组中的另外6人，他们的认股价格是5美元一股，诺伊斯和摩尔的认股价格是1美元一股。诺伊斯和摩尔合计持有英特尔三分之一以上的股份。

1968年7月16日，英特尔公司正式成立。关于为什么没有像惠普那样用其两位创始人原本希望的那样，用他们两人姓氏的组合（Moore Noyce），来为新公司命名有两个说法：一是这个名字已经被一家连锁酒店抢先注册，二是发音像是更多噪音（more noises）。关于INTEL这一名称含义也有两个说法：一是集成电路（integrated electronics）两个单词的缩写，二是英文智慧（intelligent）一词的开头字母。

洛克出任了英特尔公司的首任董事会主席，诺伊斯任首席执行官，摩尔任总裁。葛洛夫（A · Grove）于1963年在摩尔的邀请下加入了仙童半导体公司，自愿跟随摩尔成为了英特尔公司的第三位员工，任营运主管。如果以葛洛夫是公司第3位员工的角度来看，他是“英特尔创办人之一”。但若以所有权来说，因未受邀以1美元价格认购股份，则是首位员工。

8.6.4 英特尔的“三驾马车”

诺伊斯、摩尔和葛洛夫被称为英特尔的“三驾马车”。诺伊斯代表英特尔的精神，被尊称为“圣人”，引领着企业发展方向。摩尔是英特尔的心脏，出类拔萃的技术天才。葛洛夫则是英特尔的拳头，“偏执狂”，用铁腕管理着公司。

诺伊斯1927年12月12日出生于美国艾奥瓦州登马克（Durlington）镇，父亲是公理教堂的牧师。诺伊斯1953年获麻省理工学院物理学博士学位。作为英特尔的主要创始人和首任CEO，诺伊斯奠定了英特尔平等主义的企业文化，办公室没有隔墙，包括诺伊斯在内所有人都用一样的工作台。1974年诺伊斯卸任之后，摩尔正式出任英特尔公司总裁兼首席执行官。诺伊斯开始游离于公司的日常经营之外，摩尔和葛洛夫主导公司的经营管理。1990年6月3日，诺伊斯因游泳时突然心脏病发作而去世，享年62岁。

摩尔1929年1月3日出生在美国加州旧金山，父亲没有上过什么学，是个小职员，母亲也只有中学毕业。1950年摩尔获得加州大学伯克利化学学士学位，1954年获得加州理工大学物理化学博士学位。技术出身和作为摩尔定律发明人的摩尔比其他人更能体现英特尔公司的商业模式：以技术起家，靠创新成长。从1970年代初期推出主打产品存储芯片开始，诺伊斯和摩尔领导下的英特尔公司成为了存储芯片领域里的世界领先公司。但是日本5大电气公司从1976年开始联合进军大规模集成电路领域，并于1981年12月拿出了远远领先于英特尔公司的存储器芯片产品。

1985年的一天，从1979年开始出任英特尔公司总裁的葛洛夫与公司董事会主席兼CEO摩尔讨论公司困境。他问："如果我下台了，另选一位新总裁，你认为他会采取什么行动？"摩尔犹豫了一下答道："他会放弃存储器业务。"葛洛夫说："那我们为什么不自己动手？"1986年，公司提出新的口号"英特尔，微处理器公司"。

1987年葛洛夫接替摩尔，出任英特尔公司第三任CEO，摩尔继续任职英特尔公司董事会。2001年，72岁的摩尔从英特尔公司董事会退休。这是因为在1968年创建英特尔时，摩尔就规定了72岁强制退休的制度。他可能对这项规定有些许后悔，但还是严格遵守了。

8.6.5　创始人之后的管理传承

葛洛夫1936年9月2日出生于匈牙利布达佩斯一个犹太人家庭，1956年苏军进入匈牙利时乘军舰逃到美国，进入了纽约城市大学。葛洛夫曾以铁腕手段、严格管理（125%解决方案及迟到签名制度）来应对日本人在存储器领域里的挑战。但最终还是靠从存储器向微处理器的战略转型而成功躲避了日本人的挑战。葛洛夫领导英特尔成为了致力于生产微处理器的计算机产业领导者。1998年葛洛夫当选《时代周刊》年度人物。面对网络的兴起，以及个人健康原因，葛洛夫选择了急流勇退，1998年5月将CEO职位传给了时任公司总裁克雷格·贝瑞特（Craig Barrett），开始只任董事会主席。

贝瑞特1939年8月29日生于加利福尼亚州旧金山，拥有斯坦福大学材料科学博士学位，著有40多篇学术论文及有一本名为《工程材料原理》的教科书。贝瑞特1974年作为一名技术开发经理加入英特尔公司，1992年当选为英特尔公司董事，1993年被任命为运营总监，1997年成为英特尔公司总裁。1998年贝瑞特出任第四任CEO后，成功地将英特尔的微处理器进行了市场细分，迫使其竞争对手在低价市场上无法兴风作浪，并开始推动英特尔公司从微处理器生产企业向互联网构件生产企业的第二次重大战略转型。2005年5月，保罗·欧德宁（Paul Otellini）出任英特尔公司第五任CEO，贝瑞特转任董事会主席，到2009年5月正式退休。英特尔公司开始由独立董事担任董事会主席，不再总是由前任首席执行官担任董事会主席。

欧德宁1950年10月12日出生于美国旧金山的一个意大利裔家庭，1972年毕业于旧金山大学，1974年获加州伯克利大学MBA学位后，应聘进入英特尔。2002年欧德宁以总裁兼首席运营官的身份进入了公司董事会，成为了二号人物。2005年8月开始，作为英特尔公司第一位非工程师出生的CEO，欧德宁推动英特尔的进一步转型：除微处理器外，进入多个不同的领域，包括消费电子、医疗卫生以及无线通信等。公司口号也从Intel Inside换成了Leap ahead。欧德宁还推动了英特尔与苹果公司的合作，不再固守其长期以来与微软、戴尔之间所形成的互补型企业联盟。为了推动英特尔的战略转型，欧德宁不惜大规模裁员，甚至放弃了英特尔公司坚持很久的双负责人政策（two-in-a-box，每个管理岗位上安排两人，通常是一名技术出身和一名商业出身）。

但是欧德宁的职业生涯是从英特尔开始的，他完整继承了源自诺伊斯和摩尔的英特尔企业文化：平等主义和创新主导。欧德宁24岁以名校MBA身份走出校门后首选英特尔的原因有二：英特尔平等主义的企业文化和招聘新毕业生的用人政策。直到今天，英特尔公司包括CEO欧德宁在内的每个员工都有一个同样的工作台，没有人有一个单独的办公室。欧德宁还强调，摩尔定律仍然有效，英特尔要继续坚持持续不断自我淘汰的技术创新。

英特尔公司的历程表明，在一个技术驱动的公司里，灵魂人物、核心人物及铁腕执行型人物都很重要，但最重要的还是这些精英人物之间的有效合力和持续接力。

8.7 可口可乐英豪：从彭伯顿、坎德勒到伍德罗夫

在2010年《财富》世界500强名单中，有两家公司的名称中含有可口可乐这四个字。一家是排在第245名的可口可乐公司（the Coca-Cola Company），14万人；一家是排在第404名的可口可乐企业公司（Coca-Cola Enterprises Inc），7万人，总部都在亚特兰大。可口可乐企业公司主要是从事可口可乐瓶装业务，是一家独立的纽交所上市公司（CCE），可口可乐公司持有其35%左右的股份。2011年7月7日的最新榜单中，可口可乐企业公司因为将其北美地区业务卖给了可口可乐公司而不再位居500强之内。可口可乐公司2010年营业收入351.19亿美元，利润118.09亿美元。营业额排名第255名，但利润排名第32名，在通用电气和英特尔之前。

从1886年开始，可口可乐英豪们由一瓶饮料创生出两个世界500强企业，其中值得我们借鉴的东西实在太多，我们选取可口可乐饮料发明人彭伯顿、可口可乐公司创始人坎德勒和可口可乐帝国缔造者伍德罗夫作为关注重点。

8.7.1 发明人约翰·彭伯顿

最初的可口可乐是一种专利药剂和冷柜饮料，发明人约翰·彭伯顿是那个游医时代的一位医生和药剂师，在他开始进行发明可口可乐的实验时，已经54岁了。彭伯顿1831年出生于佐治亚州，1850年毕业于佐治亚南方植物医药学院。1855年开始，彭伯顿与不同的合伙人合作经营药店，赚了一些钱财，但却没有积蓄下来——不是用于做发明新药物的实验，就是馈赠给了亲友。

在提炼"可口可乐"这种据称具有很多医药功效的药剂饮料有了眉目之后，1855年12月，彭伯顿与贩卖彩印机的鲁滨逊和多伊，及他的一位老搭档霍兰等四人合伙成立了"彭伯顿化学公司"。彭伯顿投入其技术和实验室，鲁滨逊和多伊投入他们的彩印机，霍兰投入了资金，四人平分股权。鲁滨逊想出了"可口可乐"这个名字。1886年5月29日，他们在《亚特兰大日报》上打出了可口可乐的第一幅广告："可口可乐，可口！清新！快乐！活力！该新潮饮料含有神奇可卡叶和著名可拉果成分。"

1887年6月6日，彭伯顿个人申请了"可口可乐"专利，6月28日获得了专利权。随后，7月8号，彭伯顿瞒着其他合伙人将可口可乐三分之二的专利权卖给了其他人。彭伯顿化学公司马上陷入了一系列的诡计、欺骗和混乱之中。彭伯顿又向其他人再次出卖可口可乐专利权，彭伯顿的儿子又介入争夺。多方争夺，几经周折，最后尘埃落定的结果是，可口可乐专利权完全落到了艾萨·坎德勒的手中，他总计为此支付了2300美元。彭伯顿于1888年8月16日去世，享年57岁。他的独子酗酒，6年后死去。他的遗孀后来成为乞丐了其一生。

8.7.2 公司创始人艾萨·坎德勒

艾萨·坎德勒，1851年12月30日出生，由于美国内战，坎德勒几乎没有受过什么正规教育。1870年，坎德勒作为药店学徒开始了他的职业生涯。1877年3月，还不满26岁的坎德勒和霍尔曼共同买下了他们老板霍华德的一个柜台。坎德勒还不顾霍华德的反对，娶了这位前老板的女儿露茜·坎德勒。1881年，坎德勒买下合伙人霍尔曼的权益，第二年又与霍华德合伙开药店。1886年，坎德勒又买下了霍华德的权益，成立了艾萨·坎德勒公司，经营药酒、碘酒一类的专利药剂。

坎德勒不是彭伯顿那样的发明家，却是一位"推销"高手——顾客不满意保证退款。1888年坎德勒控制了可口可乐的专利权之后，开始经营可口可乐。1890年，坎德勒加大了对可口可乐的宣传，销量比上年增长了4倍，这使他下决心放弃药店生意，全力投入到可口可乐之中。

1892年1月29日，可口可乐股份公司正式组建，公司股本总额为10万美元，划分为每股面值100美元的1000股。坎德勒以其所拥有的可口可乐专利权作为出资，占500股。从与彭伯顿化学公司纷争之后，开始帮助坎德勒的鲁滨逊占10股。1892年，坎德勒为了筹集资金，把余下的490股出售给了两个投资者。

有关可口可乐的专利权、商标权等各种纷争问题全部解决，股权和财产边界都界定清晰的可口可乐公司正式成立之后，业务开始迅速地发展起来。不过在其前20年里，设于亚特兰达的公司总部的人数都没有超过30人。

这时候的可口可乐公司实行薄利多销，不是把饮料直接出售给消费者，而是出售浓缩原浆给分销商和冷饮柜台商。为了鼓励经销商们多卖可口可乐，1897年制定出了一套按销售数量给经销商回扣的方案——当时可口可乐原浆的价格是每加仑1.50美元，经销商卖出100加仑会得到每加仑0.05美元的回扣，卖出2000加仑及以上会得到每加仑0.25美元的回扣。

这时坎德勒的两大得力干将是多布斯和鲁滨逊。多布斯是坎德勒的侄子，17岁就开始为坎德勒工作，现在负责可口可乐公司的销售。鲁滨逊则是从彭伯顿化学公司时代就开始了其可口可乐生涯的，现在负责广告。

8.7.3　可口可乐瓶装授权：世界上最愚蠢也是最聪明的合同

早期的可口可乐只是出售原浆给冷饮柜台，由冷饮柜台调制成杯出售。1899年7月21日，在律师兼商人托马斯和怀特海德两人的持续劝说下，坎德勒与他们签订了瓶装可口可乐的授权合同。这份600字的合同约定可口可乐公司按每加仑1美元的价格向托马斯和怀特海德两人供应原浆，并提供宣传品。坎德勒并不看好瓶装可口可乐的前景，他的想法是，瓶装成功了的话，可口可乐公司可以卖出更多的原浆；失败的话，可口可乐公司也没有1分钱的损失。合同没有约定时间期限，并只是象征性地收取了1美元的授权费。合同也没有约定随原浆配料成本改变之后，如何调整原浆价格。在随后的半个多世纪里，双方围绕这份合同产生了大量的法律纠纷，最终可口可乐公司花费上千万美元买回了这份1美元发出去的“瓶装授权”。但是，另一方面，就是基于这样一份简单的合同，在可口可乐公司没有任何先期投入的情况下，诞生出了最终改变可口可乐业务结构的瓶装体系。可以说是托马斯和怀特海德这两位律师出身的商人，把可口可乐带给了大众百姓，也同时塑造了美国商业特许权授予体系的原型。在由此发展出来的可口可乐瓶装商体系中，最终诞生出了也是世界500强企业之一的可口可乐企业公司。

8.7.4 创始人家族的退出

尽管坎德勒坚持认为可口可乐是一种高级的冷饮柜台饮料，但是他很随性地发出的瓶装授权，却开启了可口可乐的平民化和大众化浪潮，并由此给他带来了滚滚财富。用这些财富，坎德勒创建了坎德勒投资公司，购买大量地产，并创建了中央金融信托公司等。可口可乐公司及各种其他投资的成功，使坎德勒成为了亚特兰大举足轻重的人物，并于1916年12月当选为亚特兰大市长。

坎德勒的长子霍华德·坎德勒，在1899年21岁时就加入了可口可乐的推销员队伍，1916年1月接替坎德勒，出任可口可乐公司总裁。这时有财团提出要以2500万美元的价格收购可口可乐公司，但是握有绝对控制性股权的坎德勒不同意。1917年12月，身体状况欠佳的坎德勒夫人露茜担心她死后家族财产会被坎德勒后娶妻子控制或者会被坎德勒捐赠出去，劝说坎德勒把他所持可口可乐公司股票几乎全数转给了他的孩子们（他本人只保留了7股）。

从一开始就帮助坎德勒打理可口可乐事务的侄子多布斯，对于后进入公司的堂兄弟霍华德掌管公司，难免心有不服。1919年8月，由于多布斯从中撮合，时任佐治亚信托投资银行行长的欧内斯陆·伍德罗夫为幕后主谋的一个财团，以2500万美元的总价，从坎德勒的孩子们手中收购了可口可乐公司的全部股份。在孩子们已经签署了出售合同之后，坎德勒才知道这一结果，虽然震惊不已，但已无力挽回。这时坎德勒已经从亚特兰大市长的位置退下，可口可乐公司又被孩子们背着他卖出去了，在孤独中度过了十年之后，1929年去世，享年78岁。

原注册地在佐治亚州的可口可乐公司被重组为注册地在特拉华州的可口可乐公司，8月26日可口可乐公司股票公开上市。多布斯出任公司总裁，霍华德任董事会主席，但是实权掌握在由欧内斯陆·伍德罗夫、斯特森（收购财团重要成员之一挚信信托银行的副行长）和多布斯等3人组成的一个“投票表决权受托人”小组手中。

欧内斯陆·伍德罗夫总想实际操控可口可乐公司，甚至想把由瓶装授权所产生出来的一个庞大的可口可乐瓶装公司和众多瓶装厂，都通过换股统一重组在一个庞大的可口可乐公司之中。多布斯不堪摆布，双方频繁冲突。1920年7月，刚担任总裁一年时间的多布斯被罢免，董事会重新任命霍华德为总裁。霍华德的总裁位置坐到了1923年4月，欧内斯陆·伍德罗夫的儿子罗伯特·伍德罗夫——掌控可口可乐半个多世纪的可口可乐帝国缔造者出任接替了他。虽然霍华德作为可口可乐公司的董事和顾问（顾问委员会主席），为可口可乐公司服务到了1957年去世为止，但是在所有权和控制权这两个层面上，作为创始人的坎德勒家族都已经从可口可乐公司退出了。

8.7.5 帝国缔造者：伍德罗夫

罗伯特·伍德罗夫，1919年从坎德勒家族手中收购了可口可乐公司股权的欧内斯陆·伍德罗夫的长子，1889年12月6日出生。经过几份不太顺利的工作之后，罗伯特·伍德罗夫找到了怀特汽车公司推销员的工作，并很快干到了副总裁的位置，年薪7.5万美元。作为怀特公司副总裁，罗伯特加入了佐治亚信托银行董事会，在1919年的可口可乐公司重组中购买了一些可口可乐公司股票。在1923年可口可乐公司董事会对霍华德感到不满，提出要以3.6万美元年薪聘请罗伯特·伍德罗夫出任总裁时，标准石油公司也要聘请罗伯特·伍德罗夫出任总裁并许诺25万美元的年薪。由于手中握有当时市场表现不好的3500股可口可乐公司股票，为了收回这笔投资，罗伯特·伍德罗夫决定接受可口可乐公司总裁的工作。罗伯特·伍德罗夫提出，要拥有完全自由的作为总裁的决策权，即不能像他的两位前任那样受欧内斯陆·伍德罗夫的干预和操纵。从1923年7月正式上任开始，罗伯特领导可口可乐公司60年，是产品发明人彭伯顿和公司创始人坎德勒之后，可口可乐的第三位英豪：帝国缔造者。

罗伯特·伍德罗夫上任可口可乐公司总裁之后，把一种近乎军事化的精确严密的管理模式，运用到了这个基本上仍是家族式管理的企业中，坚持每一方面都运用规范的程序和步骤。伍德罗夫推动可口可乐生产的标准化，建立冷饮柜员培训学校和瓶装商标准化委员会。从1920年代可口可乐就开始向海外发展，但并不很成功。真正让可口可乐走向全球的是第二次世界大战。珍珠港事件后不久，伍德罗夫就下达了一项特别命令：不管美国军队在什么地方，也不管公司要花多少成本，一定要让每个军人只花5美分就能买到一瓶可口可乐。二战之后，可口可乐公司继续在全球扩展。可口可乐每到一个国家，都首先找一个有经济实力和政治影响力的当地社会名人做瓶装商，然后把主要雇员送到美国进行8个月的全面培养。

1955年，65岁的罗伯特·伍德罗夫宣布退休，只是担任了一个公司新创立的金融委员会的主席职务，但是事实上直到1985年3月7日以近96岁的高龄去世为止，伍德罗夫都实际掌管着可口可乐公司的大政方针，他是事实上的“老板”。这期间，可口可乐公司经历了比尔·鲁滨逊（1955—1958）、李·塔利（1958—1962）和保罗·奥斯汀（1962—1971）和查里斯·邓肯（1971—1974）和卢克·史密斯（1974—1979）等多位总裁。其中，只有保罗·奥斯汀在一定程度上担当起了公司真正总裁的角色，并且在1974之后作为董事会主席还实际掌管着可口可乐公司的重要事务。但是最后的结果仍然是，罗伯特·伍德罗夫出面要求奥斯汀退位。1981年3月，董事会任命罗布托·戈伊祖塔达出任可口可乐公司董事会主席兼首席执行官。

8.7.6 改革者与继承者

罗布托·戈伊祖塔1931年11月8日出生于古巴哈瓦那。1954年进入哈瓦那的可口可乐公司，1964年到亚特兰大可口可乐公司总部工作。耶鲁大学毕业、化工专业出身的戈伊祖塔虽然搞了次1985年4月推出新可口可乐那样著名的失败尝试（遭遇消费者强烈抵抗，不到3个月后宣布回复老可口可乐的生产），但是成功地领导了可口可乐推出了很多新产品，并最终通过收购和重组等方法，解决了历史遗留下来的可口可乐瓶装厂商问题。1986年，由可口可乐公司自己拥有的瓶装厂和收购来的瓶装厂商组建可口可乐企业公司。可口可乐企业公司随后又对其他瓶装厂商又进行了一系列的收购，进入了世界500强。

1994年7月，罗布托·戈伊祖塔向董事会推荐了道格拉斯·伊万斯特担任公司总裁和首席运营官，戈伊祖塔继续担任董事会主席和首席执行官。伊万斯特从1984年开始担任可口可乐公司首席财务官。正是这位伊万斯特采用了控股49%的模式，解决了可口可乐公司对瓶装厂商的管理控制问题。

1997年10月18日，还不到65岁的戈伊祖塔因肺癌去世。在戈伊祖塔领导可口可乐的16年多时间里，可口可乐公司的市值从43亿美元增长到1450亿美元，可口可乐软饮料的全球市场份额从35%上升到50%。

戈伊祖塔去世之后，伊万斯特出任可口可乐公司董事会主席兼首席执行官，他没有任命一位副手——总裁兼首席运营官，而是直接面对6大业务主管。上任伊始，伊万斯特似乎得心应手，但是运气不好，赶上了东南亚金融危机引起的全球市场衰退，可口可乐股价暴跌等，1999年12月，可口可乐公司董事会宣布伊万斯特将于2000年4月退职，56岁的道格拉斯·达夫出任公司总裁兼首席运营官，并将于伊万斯特退职后继任其董事会主席兼首席执行官的职位。

可口可乐公司现任董事会主席兼首席执行官穆泰康（Muhtar Kent），1978年加入可口可乐公司。在1999年离开到2005年5月重回可口可乐公司之间，担任一家名为Efes饮料集团的大型上市公司总裁兼首席执行官。2006年12月开始担任可口可乐公司总裁兼首席运营官，2008年7月1日开始出任首席执行官，2009年4月23日开始兼任董事会主席。

由一瓶饮料缔造出两个世界500强企业，可口可乐的历程表明，伟大公司的成长，第一是产品和营销体系，第二是法律支撑，第三是资本和金融，创造性地综合运用好这三种武器需要一组人才。

GREAT COMPANIES
INNOVATION, GOVERNANCE AND SUCCESSION
伟大的公司
创新、治理与传承

第9章
从创始人到经理人

从公司制度诞生的第一天起，人们就没有停止过担心能否信赖职业经理人按所有者—股东的利益行事。拥有公司的“委托人”和管理公司的“代理人”之间的潜在利益冲突，贯穿于公司的历史之中。从早期的磨坊到今日的互联网公司，股东们不断地努力寻找一种能够将经理人利益与自身利益一致起来的方法，但是经理人通常都是设法逃避。公司治理，这一广大股东与公司经理人之间的“战争”，也是今天全球金融和经济危机情景中的一幕重头大戏。

在美国，公司的影响最大，反对公司这一“掠夺财富的犯罪分子”的抗议之声在20世纪初时曾达到一个高峰——摩根遭遇国会有关“货币阴谋”问题的调查。可是，还没等到社会控制住那些强盗式资本家的时候，仍然是缺少责任的另一类恶棍——经理人已经控制了公司。有意思的是，这一转变正是这些“强盗资本家”们之间合作的结果——摩根买下卡内基的钢铁公司，起用职业经理人管理。

笔者研究过的案例企业中，除荷兰东印度公司之外，历史最悠久的是花旗，创立于1812年；最年轻的公司是2004年创立的Facebook。从公司控制模式看，这些公司大致可以分为创始人控制、家族控制、大股东控制和市场控制。所谓市场控制就是股权分散和董事会独立之下的职业经理人控制，也可以说是经理人控制。

9.1 自主放手与外部压力：职业经理人制度的成长路径

从文化传统上来说，中国从政府官员到企业管理者，都不乏“庸者下、能者上”机制。在政府官员选拔上，还发展出来了一套长期领先世界的科举制度。相比之下，在企业管理者方面，虽然一直有着东家基于信任而选拔掌柜的优良传统，但是没有进一步发展出一套有效的职业经理人制度。

职业经理人制度是公司治理进步的结果，而非原因。从1860年到1870年前后，几个主要发达国家相继颁布了新的公司法规，引入“股东有限责任、董事会集中管理”的现代公司治理制度，然后经过几十年的发展，到1900年前后，大量的第一代创始人退位时，兴起了职业经理人接班这一做法。这个时候，这几个发达国家的大股东权力限制和中小股东权利保护等法律已经很健全，公司运作中董事会也已经完全到位，跟随创业者的经理人们也正好成熟到了能够继续领导公司前进的程度，创始人可以放心地退居二线、享受自己创业成功的果实了。有效的公司治理，能够保证不再介入经营的公司股东享受到公司经营的成果（当时最低的要求就是常规性的年度固定分红），而基本不必担心公司财产会被经理人偷窃或者分享不到公司经营成果。

中国的状况是，大股东的权力没有受到严格的限制，小股东的权利没有得到有效的保护，董事会更是没有真正到位，不介入经营的股东享受公司经营成果（年度固定分红）不仅没有形成常规，而且是“稀有现象”。这种情况下，如果企图在公司治理上搞“跨越式发展”，让外来的经理人完全掌控公司，其结果可想而知：即使不会“公开造反”，也肯定是“吃里扒外”，让创始人和投资者都成为“弱势群体”和“不幸的股东”。

9.1.1 大亨时代：职业经理人制度的萌芽

职业经理人的本质含义就是“拿薪水的公司管理人员”，因为早期的公司股东自己直接管理公司，往往是作为经理的薪水和作为股东的收益不作区分，后来逐渐有没有股权的经理人走上高级管理岗位，得到相应高额的薪水，人们才把这种人概括为“职业经理人”，就是以“经理人”（从事公司管理工作的人）为职业的人。

老范德比尔特1877年去世后，威廉·亨利·范德比尔特在继承了他的95%财产的同时，也接替了他在各家铁路公司的总裁职位。1883年，威廉·亨利·范德比尔特从其所有的总裁职位上退下，安排他的儿子担任董事长，将负责日常管理和业务运营的总裁职位交给了有经验的职业经理人。范德比尔特家族从铁路公司的退出实际从他去世后的第三年就开始了。1879年秋天，威廉·亨利·范德比尔特想要兑现他从父亲手里继承下来的纽约中央铁路公司75%的股份，委托摩根公开发售，这使纽约中央铁路公司的控制权转移到了董事会手里，摩根自己也在董事会中占了一席。后来美国政府出台法律限制家族可以持有的铁路公司股份最高比例，进一步加速了范德比尔特家族从铁路公司的退出步伐。

洛克菲勒是创业者、领导者和管理者三重典范。标准石油公司首创了委员会制度，有效地把公司的众多分支企业整合为一个整体。委员会制度的核心是公司执行委员会，该委员会负责向直线主管人员提出建议，同时拥有重大开支和重要加薪的批准权。执行委员会下设多个专门委员会，分别负责运输、输油管道管理、国内贸易、国际贸易、生产制造和采购等事务。从1896年开始，洛克菲勒已经不再从事具体业务的管理，也不再出席公司总部的午餐例会。虽然名义上洛克菲勒还是标准石油公司的总裁，但实际行使总裁职责的人是公司副总裁阿奇博尔德。洛克菲勒唯一的儿子，小洛克菲勒于1897年从布朗毕业之后，开始到标准石油公司工作。由于不赞同阿奇博尔德的管理方式，并且个人更有兴趣于慈善和公益事业，1910年1月1日，小洛克菲勒从标准石油公司辞职。

钢铁大王卡内基一直只是其钢铁公司的大股东，主要通过信件方式提出建议和意见。实际从事管理工作的是他的合伙人和聘任的经理人。对于优秀的经理人，往往都要给予股份，并最终将其晋升为公司的合伙人。卡内基钢铁公司向董事会为中心、职业经理人管理的真正现代公司转变是在出售给摩根、重组为美国钢铁公司之后完成的。

9.1.2 金融大亨助力职业经理人走上舞台

摩根对经理人价值的认识是超越时代的，其对经理人的启用和任用都堪称楷模。组建联邦钢铁公司时，最初加里因为不愿意放弃自己7.5万美元的律师职业收入而拒绝摩根让其担任总裁的提议，摩根告诉他“这个我们会处理好，会体现你的价值”。当加里进一步问到谁来当新公司的董事时，摩根答道，“你可以自己选择董事会成员，任命执行委员会，挑选自己的工作人员，决定自己的工资。”摩根式治理，作为投资银行家把管理重组作为实现企业财务和资产重组效益的关键手段，在帮助所有者—创业者退出的同时，也催生和推进了美国公司中引进职业经理人管理的制度革命。

3M公司提供了企业自主和自然地从股东（投资者）—经理人逐步发展到职业经理人的经典案例。3M公司首任总裁由最初五位投资者中的布赖恩担任，1905年公司重组后新进入投资者奥博担任第二任总裁，但是很快于1906年由另一位新投资者奥德伟接任。1909年奥博第二次出任总裁，在位20年。1929年，由公司内部成长起来的麦克奈特接替奥博，成为3M公司第一位由职业经理人担任的总裁。麦克奈特担任总裁20年之后，到1949年转任董事会主席，任董事会主席到1966年。1966年之后麦克奈特担任董事会名誉主席到1972年。1966年开始，3M公司进入了5年左右一届的有序更替时代。这些人在出任到最高职位之前，多数都是前任总裁，职业升迁路径基本是总裁、运营总裁或美国业务总裁——总裁兼首席执行官——董事会兼总裁及首席执行官。

9.1.3 市场控制下的职业经理人制度

资本市场控制下的现代职业经理人，与古典大亨时代的职业经理人不同。古典大亨时代的职业经理人本质上还属于“助手”，其与大亨之间的关系类似于中国历史上的东家与掌柜的，东家已经决定了干什么，掌柜的具体去干。用现代术语说，就是大亨建立了企业并确定了公司的战略和大政方针，职业经理人负责具体的落实和执行。

现代公司职业经理人的“东家”则是董事会和股东会，职业经理人的权限可以很大，可以对公司的战略和大政方针有实质性影响。现代职业经理人与管理主义时代的职业经理人也不同，管理主义时代公司控制权市场不发达，股东处于被动地位，经理人是公司的王者。现代公司的“东家”——投资人，在外部以资本市场的力量控制着公司，在内部则成为了推动公司终结创始人—经理人、引入职业管理的主要力量。谷歌和Facebook可谓是两个典型。

谷歌的两位创始人选择要以少数股权“同时”接受凯鹏华盈和红杉资本两家风投，其用意就在于防范只有一家注资时，风投的势力过于强大。即使这样，谷歌还是遭遇了来自风险资本的“管理”压力。在决定注资之初的1999年上半年，两家风投就提出了对佩奇和布林两位创始人管理经验缺乏问题的担忧，要求公司逐步招聘包括首席执行官在内的高级管理人员，但是被两位创始人抵制掉了。到了2000年，风险资本家加紧了对谷歌聘请首席执行官和高级管理人员的催促。但是佩奇和布林对于风险资本家倡导的“职业管理”这一套从内心里不太信任，担心会破坏以工程师为主的谷歌文化。他们面试了15位以上的候选人，没有一个能让他们满意的。聘请首席执行官的事情一直没有进展。2000年12月，一直热衷于为谷歌寻找首席执行官的凯鹏华盈合伙人杜尔把埃里克·施密特介绍给了佩奇和布林。2001年3月，施密特出任谷歌公司董事会主席，并于8月被聘为谷歌公司首席执行官。

Facebook公司的情况也大致如此。扎克伯格虽然兼任首席执行官，但他是一种保持距离型的控制。2007年10月，接受微软投资、完成了第四轮融资之后，在董事会成员布雷耶的要求之下，扎克伯格从谷歌挖来了谢丽·桑德伯格出任Facebook的首席运营官。2008年3月，40岁、身为两个孩子母亲的桑德伯格开始到Facebook上班，为扎克伯格这个当时23岁的男孩子打工。来了新的“总管”，扎克伯格给自己放了1个月的假，一个人独自背包做了一次环球旅行。桑德伯格帮助公司找出了一套新的广告业务模式，并对公司管理的基础架构进行了重组，许多年轻的公司元老选择了离开公司，另行创业。

9.1.4 家族控制下的职业经理人管理：冲突与磨合

由于资本市场的相对落后，以及其他一些法律（基金会制度）和历史（传统贵族）原因，欧洲国家公司的股权集中度比较高，特别是双重股份制度的普遍存在，使很多欧洲国家公司的创始人家族长期保持着对公司控制。美国只有福特和沃尔玛等少数公司是这种状态。但是，或者由于创始人后代的内部矛盾，或者由于高度的市场竞争，人才成为企业制胜关键，这些创始人家族控制的公司，也都普遍引入了职业经理人管理。保持创始人家族控制的情况下引入职业经理人，要比资本市场控制和投资人压力下的职业经理人引入，情况复杂得多，也需要一个更长时间的磨合与制度建立过程，保时捷和沃尔玛可以算是两个典型。

始创于1931年的保时捷，直到1972年，控制着公司的姐弟两个家族之间合作很好，在所有的大事情上，费里·保时捷（公司创始人的儿子）都是与他的姐姐路易丝共同商量着决定的。但是随着家族第三代加入公司，开始矛盾重重。费里·保时捷的管理权威时常遭遇来自他外甥费迪南德·皮尔希（路易丝的儿子）的挑战。最后费里·保时捷和路易丝达成协议，全部家族成员退出公司管理层，不再介入日常事务。解聘费迪南德·皮尔希（后来成为了大众汽车的CEO），同时把所有家族第三代成员都从公司高层管理职位上调离。费里·保时捷自己也退出高层管理职位，交由职业经理人负责。1984年4月，保时捷公司股票上市，但是对外部投资者发行的是没有投票权的股份，所有有投票权的股份都掌握在家族成员手中。

1992年9月，魏德金出任了保时捷公司管理董事会发言人职位，1993年6月，正式升任保时捷公司管理董事会主席。保时捷公司的管理决策开始由管理董事会完全掌控，而不再是像以前那样，多数关键管理决策实际由股东家族成员坐镇的监督董事会做出。从1972年改制为股份公司、家族人员退出日常管理开始到文德林·魏德金上任之前的所有公司总裁（管理董事会发言人或主席）都被提前解雇。魏德金是保时捷公司1972年开始引进职业经理人管理二十年之后，首位能够长期在职并且带领公司取得了辉煌业绩的总裁（管理董事会主席）。一方面是得益于其作为机械工程专业出身的经理人，在生产管理和车型决策等方面的内行，以及彻底执行能力；另一方面是其卓越的外交才能，协调两大股东家族关系及股东家族与劳工之间的关系，得到关键人物支持。

1974年开始，56岁的沃尔顿虽然仍是沃尔玛公司的董事长兼总裁，但开始将日常管理责任交给40岁的罗恩·迈耶——负责财务和分销，和45岁的费罗尔德·阿伦——负责商品经营。公司开始产生罗恩·迈耶和费罗尔德·阿伦两大派系，加上迈耶明确提出由他负责管理沃尔玛公司、否则将辞职的要求，沃尔顿不想让罗恩·迈耶走人，便决定由罗恩·迈耶出任沃尔玛公司董事长兼首席执行官，费罗尔德·阿伦任总裁，沃尔顿任董事会执行委员会主席，承担监督和检查职责。

但是，一方面沃尔顿没有做到真正放手，另一方面罗恩·迈耶和费罗尔德·阿伦之间的派系斗争问题没有真正解决，30个月之后的1976年6月，沃尔顿重新出任沃尔玛公司董事长兼首席执行官。沃尔顿想让罗恩·迈耶留下来担任副董事长兼财务总监，但是罗恩·迈耶没有接受。罗恩·迈耶——财务总监、数据处理经理和分销中心负责人离职，一批高级管理人员也随之而去。在应对罗恩·迈耶的离职风波中，沃尔顿破格提拔了一位年轻人杰克·休梅克为经营、人事和商品部执行副总，又导致更多的经理人员离职，以至高级管理人员中总计有三分之一的人离职。这种局面甚至使沃尔顿自己都一度对公司前景失去信心，但是凭借其从创业开始就对招揽人才加盟格外重视所积累起来的“后备人才库”，沃尔顿很快渡过了这场人事危机。折价杂货连锁店风云人物、被沃尔顿视为零售业天才之一的戴维·格拉斯加入了沃尔玛，负责财务和分销，并进入了公司董事会，使公司恢复了正常秩序。

杰克·休梅克和戴维·格拉斯之间，虽然还是存在竞争，但是保持在了良性状态，没有演变为沃尔顿所痛恨的状态——把同事之间工作上的竞争变成“个人之间的私事”。1978年杰克·休梅特开始担任公司总裁和经营主管，戴维·格拉斯负责财务。1984年，戴维·格拉斯出任总裁和经营主管，杰克·休梅特转而负责财务。1988年，沃尔顿进一步将首席执行官职位交给了戴维·格拉斯，杰克·休梅特（个人不想在沃尔玛干到退休年龄）从管理层退职，但仍为公司董事。

尽管有人事地震等，但是整个1980年代，沃尔玛保持了持续强劲的增长。1992年4月5日，在其74岁生日后数日，沃尔顿因癌症离世。1992年4月7日，1978年加入了沃尔玛董事会的沃尔顿长子罗布·沃尔顿出任沃尔玛公司董事长。沃尔顿的小儿子吉姆·沃尔顿于2005年也加入了沃尔玛公司董事会。在职业经理人管理之下，沃尔玛继续高歌猛进，从美国最大零售商发展成为了世界最大企业。

9.2 从沃森到彭明盛：职业经理人缔造IBM帝国

电脑的历史，就是IBM的历史，谈电脑，不能不谈IBM。以电子器件划分的四代电脑中的前三代都以IBM公司的电脑作为标志产品。比尔·盖茨说，“IBM才是计算机行业的真正霸主，毕竟是它一手栽培了我。”

尽管有人把IBM称作“沃森王朝”，但是IBM从来就不是沃森家族的企业。沃森父子缔造IBM帝国的身份是职业经理人，沃森父子之后的IBM又已经经历了六任职业经理人的领导，依旧保持着IT行业领导者的地位。

9.2.1 IBM的起源：发明家、金融家和职业经理人

IBM（International Business Machines Corporation），国际商业机器公司，1924年由一家原名为C–T–R（Computing–Tabulating–Recording Company——计算–制表–记录）的公司改名而来。C–T–R公司正式的历史始于1911年，创建者是弗林特（Charles Ranlett·Flint）。

弗林特出身于一个造船商家庭，起家于船运和国际贸易，涉足包括军火投机等很多行业。弗林特一共组建过20多家托拉斯企业，其中包括美国橡胶公司、全美淀粉公司等。后来成为IBM的C–T–R公司是他组建最晚同时也是效益最差的一个托拉斯企业。

1911年6月15日正式成立于美国纽约州恩迪科特的C–T–R公司是由弗林特自己创建及收购来的三家公司组成的，公司的名称也是由此而来。C是全美计量器公司（Computing Scale Company of America），T是制表仪器公司（Tabulating Machine Company），R是国际时间记录公司（International Time Recording Company）。这三家公司中，国际时间记录公司由弗林特于1900年创

建，全美计量器公司是弗林特收购多家计量器公司后合并而成的。制表仪器公司，奠定IBM核心业务领域——信息处理的公司，是由美国统计学家霍列里斯（H.Hollerith）于1896年创建的。霍列里斯发明了被应用于1890年美国人口普查的自动制表机，可以对通过在矩形卡片上打空而记录的信息进行累计和分类处理，可以说是最早的“商业计算机器”，是现代计算机的前身。

弗林特很像通用汽车公司的创建者杜兰特，通过收购而创建了企业，但却没能很好进行整合和有效经营。组成C–T–R的三家企业原领导人相互不合作，公司很快陷入困境。但是弗林特年事已高，并且要比杜兰特更有自知之明，他积极主动寻找职业经理人帮他管理企业。1914年，弗林特聘老沃森为C–R–T公司的总经理，并全力支持由老沃森启动的“IBM创业历程”。

9.2.2 老沃森：职业经理人的典范

老沃森，托马斯·约翰·沃森（Thomas.J.Watson）生于美国纽约州北部的一个贫困农民家庭。老沃森说“一切始于销售，若没有销售就没有美国的商业”。这也正是老沃森自己的人生经历：17岁走入社会，第一份工作是替一家五金店老板走街串巷推销缝纫机。一次酒吧里的沉迷使老沃森丢失了他的马车和马车上的缝纫机。这次经历使老沃森终身滴酒不沾，并使IBM公司形成了事实上的禁酒规则。

1896年，22岁的老沃森加入了推销员待遇比较高的全美现金出纳机公司（NCR），该公司老板帕特森是“美国商业销售之父”。老沃森在帕特森手下的这份从推销员干到二把手的工作，既是老沃森职业经理人事业的成功起点，也是老沃森诸多管理思想和做法的源泉。

1903到1907年之间，老沃森通过暗中代理NCR公司经营二手收银机而获得了自己第一次的事业成功。这家名为沃森二手收银机公司背后的实际老板是帕特森，主要目的就是进入二手收银机行业然后从内部将其捣毁。因为那些独立的二手收银机经营者影响了NCR公司新型收银机的市场。这段历史后来被以违反《反垄断法》起诉，形成了老沃森背负一生的绝不能违犯法律的强烈意识，以至使其掌舵IBM时期因为担心触犯反垄断法律而错过了收购施乐复印机技术的历史机遇。

1908年，老沃森被提升为NCR公司的助理销售经理，并于1910年进一步升为销售经理，负责管理NCR公司200多个办事处里的900多名推销员，他已经成为公司中仅次于帕特森的第二号人物。但是好久不长，1913年12月，专横粗暴、并且非常疑心的帕特森以5万美元的补偿解雇了老沃森。在NCR干了18年，已经40岁了的老沃森，在离开NCR那天对随他一起被解雇的朋友说："这里的全部大楼都是我协助筹建的。现在我要去另外创一个企业，一定要比帕特森的还要大！"

1914年5月，C–T–R公司董事会聘请老沃森出任总经理。老沃森实际担负的是总裁职责，但是因为他身上还背负着一项反垄断法方面的未决罪名（NCR公司打击二手收银机经营者、垄断收银机市场案，一审判决有罪，正在上诉），根据双方协议，只有当法院免除老沃森的罪名后才给其总裁名义（一年以后上诉法院驳回了初审法院的裁定，该案以和解告终，老沃森也被董事会正式任命为公司总裁）。

老沃森就任C–T–R公司经理得到的待遇是年薪2.5万美元，价值3.6万美元的1200股C–T–R公司股票（占公司股份比例不足1%），和公司完税及分红后利润的5%。当时C–T–R公司的状况是：公司成立时发行的1000万美元股票只有300万美元的市场价值，只有400万美元年销售额，却背负着600万美元的长期负债。这种经营困境下，股东和董事会没把老沃森要求的5%利润分红当作什么大事，而十分看好公司产品、并认为良好的推销会使公司起死回生的老沃森却对此十分看重。就是这个5%的分红比例使老沃森随着IBM公司的成功而在20年后的1930年代成为了美国收入最高、"日进1000美元"的明星经理人。

1917年，在整合C–T–R公司在加拿大的三家子公司成为一家公司时，老沃森就采用了国际商用机器公司这个名称，并决定以后所有海外公司都采用这个名称。1924年2月14日，在自己正好50岁的时候，老沃森决定将C–T–R公司本身也更名为国际商用机器公司，简称IBM。从此，老沃森领导下的IBM一路高歌猛进，沃森与IBM甚至成为了"同义词"。到1930年代末，IBM公司的销售额增长到3950万美元，利润达到910万美元，超过其他 4 家同类型大公司的总和，成为全美最大的商用机器公司。

9.2.3 小沃森：富二代接班人的炼成

小沃森，小托马斯·约翰·沃森，老沃森的长子，老沃森进入C-T-R公司的同一年（1914年）出生。青少年时期是个纨绔子弟，学习成绩很差，1937年勉强从布朗大学毕业后进入IBM公司工作。但是经过二战时在美国空军服役（1942年到1945年底）的历练，彻底变了一个人。小沃森于1946年初重返IBM，从执行副总裁柯克的助手做起，1951年担任执行副总裁，1956年5月担任总裁，开始全面执掌IBM，到1971年因心脏病住院时接受医生建议，辞去了IBM的总裁和董事长职务。

表面上看来，小沃森似乎是很平常的子承父业。但是IBM不是家族企业，老沃森不断买入IBM公司股票，但其持股比例一直没有超过5%。老沃森在培养小沃森成长过程中，可以说是尽职尽责、费尽心思，但是小沃森发现自己能力的地方却是在IBM的外部——参战，他自信心的一个主要来源是老沃森所惧怕的一项活动——飞行（老沃森不敢乘坐飞机，小沃森酷爱驾驶飞机）。

小沃森在IBM的工作是从推销员做起的。面对着紧抓权力不放、顽固甚至偏执的老沃森，小沃森在IBM的每一次升迁和权力获取都是完全要靠斗争才能得来。沃森父子之间争执最严重的事项有三个。最大的争执是二战后IBM业务主攻方向的战略选择问题，老沃森要坚持传统的打卡机（他认为全世界对计算机的需求量不会超过5台），小沃森决意要进军电子计算机领域（当时刚刚起步的电子计算机领域由推出了世界第一台电子计算机“埃尼亚克”的雷明顿–兰德公司领先）。与这一战略选择相关的一个争执就是IBM要不要增加负债来为计算机开发融资。老沃森一向执行财务保守战略，只用利润进行再投资，但是这远远不能满足电子计算机业务开发的需要。小沃森要积极为计算机业务发展融资。第二个主要争执是关于美国政府起诉IBM的打卡机业务垄断市场，要求IBM向其他企业授权生产可以与IBM打卡机兼容的卡片，老沃森不愿意和解，小沃森愿意和解。第三个主要争执是老沃森将IBM的海外全部整合到IBM世界贸易公司独立运作，交由小儿子迪克·沃森管理直接向老沃森汇报；小沃森认为这影响了IBM公司的整体协调运作。

后来的结果证明，小沃森是对的。小沃森坚持推动的电子计算机业务，最终使IBM站在了电子计算机行业的制高点。也正是因为对电子计算机业务前景更为看好，使小沃森不像老沃森那样把打卡机业务看作是IBM的命根子，从而乐于与政府和解，尽快结束反垄断诉讼，使公司能够全力向电子计算机领域进发。迪克·沃森后来被小沃森调回IBM负责计算机制造部门，想要培养他接班。但是因为工作不力，迪克·沃森退出了对IBM最高职位的竞争，1970年从IBM离职，出任美国驻法大使。

1956年底，小沃森召开高层经理会议，制定了著名的威廉斯堡计划，为IBM建立起了正式的组织结构，实施适当的分权管理。老沃森跟老福特一样，坚决反对公司存在任何书面和正式的组织结构图，喜欢把一切大权都掌握自己手中，亲身走到车间和工人身边发现问题，随时发出命令。小沃森不像老沃森那样大权独揽，把副手当作秘书使用，而是与其副手们分享权力，并且同时拿出其所得公司利润分红的三分之二与副手们分享。IBM从此不再是由一个“总裁”来管理，而是由一个13人组成的高层经理团队来管理。

在接下来的15年中，小沃森领导下IBM成为了“蓝色巨人”，为股东们创造了前所未有的财富。1999年《财富》杂志把小沃森评选为20世纪最伟大的商业领袖之一。

9.2.4　沃森之后IBM的内部经理人成长

本来在迪克·沃森离开IBM之后，弗兰克·克里（Frank.Cary）是小沃森培养的IBM接班人，但是意外的心脏病发作使小沃森要在1971年年仅57岁时候提前辞去总裁职务，打乱了他的接班人培养计划。时任公司首席副总裁、成功领导IBM公司大型机360系统项目的里尔森（V·Learson）时年58岁，距离60岁退休还有18个月的时间，接任了小沃森的总裁和董事会主席职务。小沃森仍然担任IBM董事会执行委员会主席到1979年。

里尔森哈佛大学毕业，1935年加入IBM公司，从推销员干到总裁。里尔森制定出IBM公司的领导退休制度，并且在1973年他18个月任期届满后主动辞职，把IBM公司总裁和董事会主席职位交给了弗兰克·克里。弗兰克·克里是斯坦福大学企业管理硕士出身，担任IBM总裁和董事长到1981年。接替弗兰克·克里的是约翰·欧佩尔（John Opel），正是这位欧佩尔与比尔·盖茨认识，把为IBM开发个人电脑操作系统（DOS）的任务交给了刚起步没几年的微软公司。欧佩尔任期内，IBM推出了IBM PC（1981年8月12日），并且对外开放技术标准，放弃了IBM长期坚持的独自制造所有硬件软件的策略，催生了一个IBM PC兼容机产业。

1986年艾克斯（J.Akers）接替欧佩尔担任IBM总裁和董事长。艾克斯任内，IBM受到了其开放技术标准所催生的兼容机企业的围剿，面临危机。1987年IBM重走“封闭技术标准”路线，推出IBM PS/2电脑应对兼容机，结果遭遇惨败。1993年艾克斯提出辞职，危机中的IBM首次从公司外部也是IT行业外部请来了郭士纳。

9.2.5 郭士纳挽救蓝色巨人之后，IBM重回内部炼成经理人之路

郭士纳（Louis V·Gerstner），1942年出生于纽约，1963年获达特茅斯学院工程技术学士学位，1965年获哈佛商学院MBA学位。1993年4月1日，郭士纳就任IBM董事长兼首席执行官。就职IBM之前，郭士纳的从业领域是战略咨询（麦肯锡）、旅游服务与信用卡（美国运通）和食品烟草（RJR纳贝斯克），全无IT行业经验。

经过与200家IBM重要客户的接触和对IBM问题的深入调查，郭士纳否决了此前艾克斯提出的把IBM分解为几家小公司的方案，并改变了IBM的业务模式，使其经营重点从硬件制造转向提供服务。1995年IBM以35亿美元的价格收购了莲花（Lotus）软件公司，成功进入企业服务市场。两届任期之后，2002年，功成名就的郭士纳又从IBM内部挑选了自己的接班人彭明盛（Samuel Palmisano）。

彭明盛1972年从霍普金斯大学毕业后就进入了IBM，从销售员做起。21年的历练之后，1994年彭明盛到IBM全球服务（IBM Global Services）部门的前身——IBM的外包业务子公司ISSC（集成系统解决方案公司）担任负责人。这个部门帮助大型客户管理整个IT系统，是郭士纳拯救IBM的一个关键。全球服

务部门以客户利益为最高宗旨，经常使用IBM竞争对手的产品，这使IBM其他部门期望通过服务业务增长带动销售的愿望受挫，产生抵触情绪。为此，IBM重新安排了经理层的薪水，让他们的收入更多地与公司整体业绩挂钩。

全球服务业务的成功使彭明盛登上IBM总裁、首席执行官和董事长的宝座，也使IBM的业务成长不再依赖自身的硬件制造。2004年IBM把其全球个人电脑业务整体卖给了联想，这使联想当年一跃成为全球第三大电脑生产商，但却只使IBM 2005年的销售收入（911亿美元）比2004年（965亿美元）减少了5.6%（54亿美元）。2008年，尽管全球金融危机的威胁继续存在，但IBM的收益依然保持稳定上升，实现销售收入1036亿美元，税前利润167亿美元。

纵观百年，完全是职业经理人缔造了IBM的辉煌历史。能够做到这一点，除了外部有效的投资者保护环境之外，以下三个内部因素也有重要作用。一是IBM起源于金融家弗林特主导下的多家企业合并，成立伊始股权就十分分散，没有人能够完全凭借股权主导公司，只有靠实际领导公司创造价值的能力才能站得住。二是沃森父子及后续经理人都一直恪守“尊重员工、为客户服务和创造股东价值”的公司治理原则。三是除老沃森和郭士纳之外，历任首席执行官都是从业务员做起，经过内部培养而成长起来的，这使IBM形成了一种自下而上的自我成长的组织惯性。

9.3　谷歌：创始人与职业经理人的共同治理

2011年1月21日谷歌宣布，从4月4日起，佩奇出任首席执行官，这将结束两位创始人和外聘经理人三人共同执政的格局。一个非同寻常的三人执政架构在过去的10年中，非常有效地领导谷歌取得了辉煌的成功。虽然谷歌选择了放弃，但是这一三人执政架构，特别是其中所蕴含的创始人与职业经理人的“共同治理”精神，仍然值得我们总结和借鉴。

9.3.1 起步与融资

1998年，比尔·盖茨回答《被谷歌》一书作者肯·奥莱塔“你最害怕哪种挑战”的问题时回答说，“我害怕有人在车库里进行全新的发明。”这个时候，拉里·佩奇（Larry Page）和塞吉·布林（Sergey Brin）正在硅谷的一个地下车库里，做着这样的事情。

佩奇和布林都出生在1973年，都出自书香门第，都曾就读于以自由放任为特点的同一所小学。布林出生于苏联，6岁时（1979年）随父母移民到美国。佩奇出生于美国，1995年进入斯坦福大学，在迎新会上认识了布林。1998年，以他们攻读计算机科学博士学位所做出的研究成果——互联网搜索引擎，共同创建了谷歌公司。研究生宿舍成为了谷歌的办公室，计算机和服务器也都放在这里。

与Facebook可以通过开放注册学校的数量来控制流量和服务器压力，从而使其早期可以不需要太大的资金投入不同，谷歌的搜索引擎起步阶段就要处理巨大的数据流量，从而一开始正式运作就需要比较大的资金投入。经斯坦福计算机科技教授乌尔曼介绍，佩奇和布林认识了通过网景公司发了财的天使投资人施拉姆（Kavitark Shriram）。施拉姆最初建议他们出售技术，他们接洽了几家公司，但是没有成功。其中包括创立于1995年，当时已经上市了的雅虎公司。相对改进搜索相比，当时雅虎更想成为一个门户网站。谷歌致力的是快速提供给用户满意的搜索结果，使用户能最快地离开谷歌，而雅虎想要把用户更长时间地留在他的围墙花园之外，从而可以有更多的广告收益。谁能发明后悔药，一定会成为世界首富。老沃森和杨致远一定都会花巨资购买：前者当年拒绝了送上门的施乐，后者则是没有收购谷歌。

1998年9月7日，首批融资后的谷歌公司正式成立，佩奇担任首席执行官和首席财务官，布林出任总裁和董事长。施拉姆提供了25万美元的天使资本，成为了谷歌最早的三位董事之一。其他的原始投资人包括太阳微系统公司创始人，思科公司首席执行官，斯坦福计算机教授切瑞顿以及亚马逊创始人贝索斯，四位投入总计为100万美元。谷歌公司以每月1700美元的价格，租下了两间地下车库和同样位于地下的两个房间。

1999年6月，经过几个月的艰苦谈判，谷歌与硅谷的两家著名风投公司，凯鹏华盈和红杉资本达成了注资协议：以谷歌1亿美元的估值，两家风投公司共同向谷歌投资2500万美元。为了保持控制和公司的独立性，这次融资中，谷歌两位创始人坚持的原则是出售股权比例不超过25%，两家风投公司要一起进入，不接受哪家单独进入。

2000年，美国互联网泡沫破裂，高科技股票崩盘，雅虎公司股票一度从每股119美元跌到4美元。但是，对于当时还没有上市的谷歌来说，却是个机会：大量人才变得唾手可得。

9.3.2　风险投资人压力之下的职业经理人引入

施拉姆对谷歌和泰尔对Facebook的态度很相似，作为天使投资人，给予公司创始人以极大的信任和支持，扮演一个只是提出咨询意见而没有硬性干预的良师益友角色。但是风险资本却不同了，他们往往具有更为强烈的“资本意志”。谷歌的两位创始人选择要以少数股权“同时”接受凯鹏华盈和红杉资本两家风投，其用意就在于防范只有一家注资时，风投的势力过于强大。但是即使这样，谷歌还是遭遇了来自风险资本的“管理”压力。在决定注资之初的1999年上半年，两家风投就提出了对佩奇和布林两位创始人管理经验缺乏问题的担忧，要求公司逐步招聘包括首席执行官在内的高级管理人员，但是被两位创始人抵制掉了。

到了2000年，谷歌已经成为了大多数专家眼里最好的搜索引擎，但是由于一心只要打造最好搜索引擎的佩奇和布林对于承接广告一直非常谨慎，谷歌的收入增长缓慢，亏损居高不下。风险资本家加紧了对谷歌聘请首席执行官和高级管理人员的催促。但是佩奇和布林对于风险资本家倡导的“职业管理”这一套从内心里不太信任，担心会破坏以工程师为王的谷歌文化。他们面试了15位以上的候选人，没有一个能让他们满意的。聘请首席执行官的事情一直没有进展。2000年12月，一直热衷于为谷歌寻找首席执行官的凯鹏华盈合伙人杜尔（Doerr, L · John）把他的朋友、时任Novell公司董事会主席兼首席执行官的埃里克 · 施密特（Eric Schmidt）介绍给了佩奇和布林。

施密特出生于1955年，也是书香门第，拥有普林斯顿大学本科和加州伯克利大学的硕士及计算机科学博士学位，是屈指可数的能够使用工程师语言的职业经理人。1982年毕业之后，施密特先在施乐工作一段时间之后，于1983在太阳微系统公司就职，并最后成为该公司的首席技术官。1997年施密特离开太阳微系统公司，出任Novell公司的首席执行官。2001年3月，施密特出任谷歌公司董事会主席，并于8月被聘为谷歌公司首席执行官。谷歌开给施密特的价码是25万美元工资以及年度业绩奖金。股票授予包括两个部分：以每股0.5美元的价格授予约1433万B级普通股，以每股2.34美元的价格授予约43万C级优先股。

9.3.3 “三架马车”的磨合与有效运作

施密特的加入使谷歌形成一个比较独特的权力结构：施密特任董事长兼首席执行官，佩奇任产品总裁，布林任技术总裁。施密特、佩奇和布林三人将作为一个团队来工作，如果两位创始人出现分歧的话，施密特将扮演打破僵局的人。对于任何重大决定，他们三人必须达成一致。即使在美国这样一个不仅是技术创新层出不穷，公司管理结构上的创新也是层出不穷的国家里，人们对于施密特加入谷歌之后所形成的这样一种权力结构也是难于理解的，出现了施密特是奴才、宠物总裁和没有高自我等的一些说法。

即使是董事长兼首席执行官，但是施密特不能对公司的两位创始人发号施令，他不得不去劝说。这时的谷歌面临着一种复杂和紧张的力量平衡：急于推动公司赚钱的风投代表杜尔（凯鹏华盈）和莫里茨（红杉资本），专心打造谷歌成为最好搜索引擎的两位创始人，夹在中间的施密特，居中调停的施拉姆。为了消除紧张局面，让两位创始人和施密特三人之间能够有效协同地领导谷歌，杜尔又请来了他最好的两位朋友之一的坎贝尔担任“教练”。当时61岁的坎贝尔还真是教练出身，曾任哥伦比亚大学橄榄球队的主教练，时任财捷集团的董事会主席，还是苹果公司的两位联席领导董事之一（实际就相当于联席董事长，因为苹果公司是由两位联席领导董事行使董事会主席职权的，另一位是雅芳董事长钟彬娴）。

2001年夏末，坎贝尔开始每周花两天时间到谷歌做顾问工作。他除了参加谷歌的董事会会议之外，还参加每周一进行的数小时的谷歌行政管理会议，并经常与谷歌高级管理人员进行一对一的会晤，以提出评估意见，调节管理纠纷，携手达成一致。尽管是风投方推荐过来的，但是经验丰富、情商巨高的坎贝尔得到了谷歌董事会、创始人和施密特及其他高管们的信任，成为了"三驾马车"的润滑剂。坎贝尔有效地推动了施密特和两位创始人之间的有效协同工作，同时也帮助避免了公司在发展壮大时往往会产生的钩心斗角。布林说："我们能够避免钩心斗角的原因之一就是坎贝尔。当问题出现时，他心甘情愿居中调节。"坎贝尔大致的时间分配是苹果公司10%，财捷和谷歌各35%。谷歌公司的第268号员工、推动谷歌广告业务取得巨大成功的前谷歌广告主管、现Facebook首席运营官谢丽·桑德伯格，当年也是由坎贝尔引进到谷歌的。

60多岁的坎贝尔教练，40多岁的职业经理人施密特和30来岁的两位创始人，形成了一个老中青三代结合的"领导集体"。有了施密特做董事会主席兼首席执行官，两位创始人可以更为专注地做他们自己感兴趣的事情。用布林的话说："我们非常幸运，因为我们有我们两人再加上施密特，我们能够选择关注的事情，这是一种难得的奢侈。"尽管三人之间有重叠，但是产品总裁布林更为关注"终端用户的体验"，而技术总裁佩奇则更为关注"技术开发进行到了哪一步"。

在2004年上市时，对于这种独特的三驾马车式管理结构，谷歌是这样描述的。施密特担负首席执行官的法律职责，同时主要负责管理公司副总裁和销售机构。布林主要负责工程和业务交易，佩奇主要负责工程和产品管理。所有三人都要拿出相当的时间负责公司的总体管理和其他各种事项。为了及时决策，三人会每日碰头，沟通一下有关公司业务和各自对一些重要问题的想法。三人之间高度地相互信任，一些决策由他们中的一人做出，但会在随后很快知会另外两人。三人意见相左的事情，一定是重要的问题，这时他们会扩大人员范围来讨论这一问题，最终达成一致意见。

2008年，当被问到谷歌最成功的里程碑是什么的时候，风险投资者杜尔回答说："最成功的里程碑就是佩奇、布林和施密特认定他们要一起工作。他们学会了互相适应，这不是一朝一夕就发生的。坎贝尔在其中帮助很大，我也起了点作用。"坎贝尔于2009年因为谷歌和苹果之间在手机操作系统业务上利益冲突而离开谷歌（此前的苹果和谷歌之间董事兼职比例很高，包括施密特也是苹果的董事）。三驾马车运作的结果众所周知，施密特、佩奇和布林共同带领谷歌一步一步走向了辉煌。今天，我们已经不能再只是把佩奇和布林这两位创始人看作是“老板”，而把施密特看作是“打工者”了。

9.3.4 “被迫”上市与分类股份设置

美国法律规定股东超过499人之后的一年之内必须转为“公众公司”，即使不上市也要对外公布财务报告。需要对外公开财务报告是许多公司不愿意上市的一个主要原因，怕因此被竞争对手掌握一些公司的重要信息。谷歌在2003年股东人数超过了这一门槛，本不想让公司上市的佩奇和布林（除了担心泄密之外，他们还憎恶华尔街规则：要让投行赚一大笔和迫于季度报告的短期市场压力），不得不选择让谷歌上市。

谷歌要首次公开发行，一个新矛盾产生了。两位创始人拒绝听从专家或者施密特以及另外三名董事（施拉姆、凯鹏华盈的杜尔和红杉资本的莫里茨）的意见。他们要采用一种“科学”和更加公平的方法，通过一种拍卖机制确定价格和分配股票，而不是让投资银行家来确定价格和把股票分配给他们青睐的客户。为了保护他们珍视的谷歌“核心价值”（当然，我们也可以说就是为了保住控制权），他们决定公司要设置分类股份制度：出售给公众的是A类普通股，每股1个投票权；两位创始人和施密特及公司高管保留的是B类普通股，每股10个投票权。两位风投董事对此强烈反对，施拉姆居中不想表态。两位创始人不愿让步，并为此专门向人咨询了实行分类股份制度的《华盛顿邮报》公司、《纽约时报》公司、出版《华尔街日报》的道·琼斯公司以及巴菲特的伯克希尔—哈萨维公司的情况。最后还是请坎贝尔出面说服两位风投董事与创始人保持了一致。

为了让两家风投及其他投资者放心，佩奇和布林写了“一封来自公司创始人的信”，与招股书等文件一并呈交美国证券交易委员会备案。这封信中，两位创始人表示，谷歌不是一家传统习惯（conventional）的公司，他们更为关注的是用户而不是投资人，他们坚持关注用户更有利于股东的长期利益。对于设置分类股票制度的目的他们也直言不讳："随着股票的易手，这种结构的主要作用是，可以给予我们的团队，特别是布林和佩奇，对公司重大决策和命运日益重要的控制权。" 根据谷歌2004年第三次修订版公司章程，谷歌公司的授权资本结构为：60亿股A类普通股和1亿股B类普通股。A类股份每股一个投票权，B类股份每股10个投票权。在分红等其他方面，两类股份同股同权。

2004年8月，谷歌股票通过一种竞价机制、绕过投资银行直接面向公众首次公开发行其A类普通股，募集资金19.2亿美元。谷歌A类普通股股票在纳斯达克上市交易，B类普通股股票不公开发行，也不公开交易。佩奇和施密特及一个约10人组成的高管团队到纽约参加了仪式。布林留在公司工作，他拒绝参加的理由是："这将传递出错误的信号"。在布林看来，这只是一个普通的工作日，首次公开发行并不是为了发财，而是为了谷歌的发展。自上市开始，两位创始人每年都会写给年度股东大会"一封来自公司创始人的信"，这构成谷歌年报的一个重要部分，不过内容不再是解释谷歌独特的高层架构和分类股份设置，而有关谷歌公司发展的重要事项。

谷歌上市时，前几大股东持股比例情况是，佩奇和布林两位创始人合计持有32%，施密特持有6.1%，红杉资本9.9%，凯鹏华盈8.7%，施拉姆2.2%。投票权方面，佩奇、布林和施密特控制37.6%的投票权，整个管理团队加上董事会成员控制61.4%的投票权。谷歌还扩展了董事会规模，新增了斯坦福大学校长John Hennessy、基因技术（Genentech）公司首席执行官Art Levinson和英特尔公司总裁兼首席运营官Paul Otellini三位董事。2004年12月31日，全体高管和董事拥有谷歌68.2%的投票权。施密特、佩奇和布林三人持有49.8%的B类股份和47.2%的投票权。到2009年底为止，16到17位的谷歌高管和董事会成员一直控制谷歌70%左右的投票权，其中施密特是接近10%，佩奇和布林都是接近30%。

谷歌的两类股份及高管和董事的投票权比例 当年年底数字 2004～2009

当年年底数字	2004	2005	2006	2007	2008	2009
高管和董事投票权%	68.2	78	73	70	71	70
#施密特、佩奇和布林%	47.2	69	66	67	68	68
持有B股比例%	49.8	84	85	88	90	90

续表

当年年底数字	2004	2005	2006	2007	2008	2009
A股流通在外数 亿股	0.96	2.03	2.28	2.36	2.40	2.44
B股流通在外数 亿股	1.79	0.93	0.81	0.77	0.75	0.74
B股股东人数（次年2月）		148	136	111	105	90

资料来源：Google annual report 2004—2009。

9.3.5 后“三人执政”时代的谷歌公司治理

因为环境变迁（Facebook的挑战？）和自身发展到了一个新的高度和阶段，谷歌需要对调整自己的高层权力架构以应对变化。2010年底，施密特、佩奇和布林三人经过长时间的讨论之后达成了一个新的共识决定：过去10年里三人平等地参与决策这种三驾马车的管理方式在共享智慧上确实有好处，他们将继续在三人之间讨论重大决策。但是为了建立更为顺畅的决策流程和更为明确三人各自的责任，要在公司高层进行更为清晰的职责划分。2011年1月21日，在发布第四季度业绩报告的同时，谷歌宣布将从2011年4月4日起由佩奇接替施密特出任谷歌的首席执行官，负责公司的日常管理。布林不再担任产品总裁一职，将以联合创始人的头衔将时间和精力放在战略项目上，特别是新产品的开发。佩奇将从布林手中全面接收控制权，同时负责谷歌的产品开发和技术战略。

对于卸下首席执行官职务，只担任谷歌的执行董事长一职，施密特似乎如释重负，在Twitter上发布一条微博说：“再也不需要像大人操心孩子一样关心日常运营了！”在谷歌新的高层架构下，施密特给自己的职责定位是：“作为执行董事长，我将关注我能带来最大价值的地方。从外部来说，是负责并购交易、合作伙伴、客户和更广泛的企业合作、政府沟通和技术领导，鉴于谷歌的全球影响力，这些都将日益重要；从内部来说，我将担任拉里和谢尔盖的顾问。”佩奇则表示，“过去10年，施密特领导谷歌取得了卓越的成果。世界上没有第二个人，作为首席执行官能够像施密特这样，在如此坚持己见的公司，创始人还深深介入的情况下，仍然能够把公司运营得如此精彩。施密特是位卓越的领导人，我从他那学到了很多东西。他的劝告和努力，对于我将开始承担的新角色是无价之宝。”

从谷歌公司的声明及施密特和佩奇各自的表态来看，谷歌在高管职位配置上的变化以及各自职责范围的调整，突出了佩奇的地位。佩奇是谷歌的联合创始人，谷歌搜索引擎赖以胜出的一个关键特性就是对搜索结果的“佩奇排名”。佩奇作为谷歌首席执行官，无疑会比施密特作为首席执行官，更多地发挥其“个人意志”。但是，如果我们宣告“三人执政”时代已经正式结束，也许还为时过早。从过往的历史来看，佩奇绝不是一个喜欢独断专行的人，他曾常说一句话是“管理是一件没有多少技术含量的事情”他应该会是个民主和分享型的管理者。

谷歌的投票权结构：当年股东大会召开前数据（2007—2010）

		2007	2008	2009	2010
施密特	持B类股%	13.3	12.4	12.5	12.7
	占投票权%	10.3	9.4	9.5	9.5
布林	持B类股%	35.6	38.0	38.9	38.6
	占投票权%	27.7	29.0	29.4	29.0
佩奇	持B类股%	36.2	37.3	38.2	39.3
	占投票权%	28.2	28.5	28.9	29.6
杜尔	持B类股%	3.7	3.1	2.9	2.6
	占投票权%	2.9	2.3	2.2	2.0
高管及董事合计	持B类股%	93.0	91.4	93.1	93.2
	占投票权%	72.5	70.0	70.6	70.2
	人数	17	16	17	16

资料来源：Google proxy statement 2007—2010。

9.4 山姆.沃尔顿：打造沃尔玛的法宝

在人类几千年中均以小店主为主导的零售世界里，山姆·沃尔顿（Sam Walton）打造出了世界第一大公司——沃尔玛百货有限公司（Wal-Mart Stores Inc），向世人展示了一幅关于公司能力的宏伟画卷。

9.4.1 从小城镇和加盟店开始创业

1918年3月29日，山姆·沃尔顿出生在美国南部的一个农场主家庭。成长于大萧条时期的沃尔顿，从高中时期开始就送报纸赚钱。上大学时，沃尔顿主要是靠送报纸赚钱支付自己的学费及生活费。送报纸一年可赚4000到5000美元，同时还在餐厅当服务员，换取免费的一日三餐。

1940年6月3日，沃尔顿从密苏里大学毕业。曾打算到宾夕法尼亚的沃顿金融学院继续深造，但是因为无法凭借打工积攒够学费而放弃了。于是，毕业刚刚3天之后，沃尔顿应聘到了当时美国零售业龙头J.C.彭尼公司的一家分店工作，月薪75美元。在彭尼公司工作了18个月之后，1942年初，沃尔顿报名参军。1945年从军队复员之后，沃尔顿决定投身零售行业。

1943年情人节那天，沃尔顿和父亲是律师、银行家兼牧场主的海伦结婚。结婚后的两年时间里，他们搬了16次家。在1945年沃尔顿决定找个合适的地方开店创业时，海伦表示“现在我将跟你到任何你想去的地方，只要你别让我住在大城市里。对我来说，有一万人的城镇就够大了。”这一因素导致早期的沃尔顿，不在任何1万人以上的城镇里开设商店。

沃尔顿做店主的生涯是从加盟一家地区性零售商巴特勒兄弟公司开始的。该公司旗下有两个特许经营商店系统——由小型百货商店组成的“联合百货店”和由杂货店组成的“本·富兰克林商店”。

1945年9月1日，经过在本·富兰克林商店的两周培训之后，沃尔顿自己的第一家商店、位于约有7000人口的阿肯色州纽波特镇的一家本·富兰克林特许加盟店开张了。沃尔顿是以自己的5000美元积蓄和从岳父那借的2万美元，总计2.5万美元的价格买下这家店面经营权的。这是个典型的美国旧式杂货店，50英尺宽，100英尺深。沃尔顿通过自己寻找更低价格的货源、打折销售及其他一些新鲜的促销手段（在商店门口外设置爆玉米花机和冰淇淋机），把这个小店经营得红红火火，两年半时间还清了岳父的2万美元借款，从而拥有了完全属于自己的商店。

沃尔顿接手该店时年营业额约7.2万美元，第二年营业额就提高到了14万美元，第三年达到17.5万美元。到第五年的时候，年营业额达到了25万美元，年利润在3万到4万美元。沃尔顿的商店成为本·富兰克林加盟店中首屈一指的商店。但是，经验不足的沃尔顿在该店的房租契约中没有加入五年期满之后有权继续续约的条款。结果，房主说什么都要收回房子，导致沃尔顿不得不把该店的经营权、货架和存货等以很便宜的5万美元价格卖给了房主，房主将该店转给了他的儿子经营。

9.4.2　本顿维尔镇东山再起

1950年，32岁的沃尔顿带着转让纽波特的本·富兰克林店所得5万多美元，开始四处寻找开设自己新店的地址。最后在本顿维尔镇买下了当时年营业额只有3.2万美元的一个杂货店。为了扩大面积，以99年的租期（不再是5年租期）租下了隔壁的一个理发店，打掉隔墙，开成了当地的“巨型商店”——50英尺宽，80英尺深。当时，自助销售在美国刚刚萌芽，沃尔顿的这家商店成为了全美国第3家实行自助销售的杂货店。1950年7月29日，该店开始在《本顿县民主党人报》上第一次做广告——沃尔顿的廉价商店“重新开张大甩卖”。该店自称为“沃尔顿的廉价商店”，但实际还是一家本·富兰克林加盟店。该店迅速大获成功。

为了扩大生意，也为了分散风险，不把鸡蛋全放在一个篮子里，1952年沃尔顿在本顿维尔南部的菲耶特维尔镇买下了一个新的小店——只有18英尺宽和15英尺深，但是这家商店开成了名副其实的“沃尔顿廉价商店”，不再是一家本·富兰克林加盟店。也是从该店，沃尔顿开始雇佣职业经理人帮助他打理商店，并开始形成与商店经理“合伙”的经营理念。沃尔顿以1%利润分成为筹码，从竞争对手公司TG&Y挖来了菲耶特维尔沃尔顿廉价商店的第一任经理威拉德·沃克。威拉德·沃克的原老板对他说，“一无所有的百分之一还是一无所有”，但是沃克相信并跟定了沃尔顿，并且在以后借钱购买了沃尔玛公司股票，使自己相当富有。

本顿维尔和菲耶特维尔两家商店的成功，激励沃尔顿把所赚到的钱都投资到了开设更多的新店之中（其中一些是富兰克林加盟店）。所有这些商店都是以独立的合伙企业形式组织的，合伙人有沃尔顿的弟弟巴德，沃尔顿的父亲，妻子海伦的两个兄弟，甚至他的孩子——把他们送报挣的钱投资进来。沃尔顿给雇佣的经理人员在新开商店中有一定限度的投资额。基本做法是，比如一家需要投资5万美元的商店，聘请来的店经理可投入1000美元，占2%的权益比例。为了方便巡视自己的各个商店，节省开车赶路的时间，沃尔顿于1957年花1850美元买了一架时速可达100公里的两座飞机。驾机巡视商店及飞行勘测新店开设地址，成为了沃尔顿领先于对手十年的制胜招数之一。沃尔玛最早的100多家商店地址，都是沃尔顿和其弟弟巴德（Bud Walton）亲自经过飞行勘测选择的。

9.4.3 开设沃尔玛百货商店

从1945年算起，通过分别与不同人合伙、各自独立存在方式运作了15年之后，1960年，沃尔顿共有15家商店。但是因为每家商店的规模都太小，营业额总计才140多万美元。而且由于多是本·富兰克林加盟店，进货渠道和折价销售策略，都受到一些限制。沃尔顿开始设想开设单体规模更大，并且是真正廉价销售的商店。

沃尔顿决定在本顿维尔南的一个比本顿维尔规模大很多的罗杰斯镇开设第一家“沃尔玛”商店。沃尔顿投入95%、弟弟巴德（Bud Walton）投入3%、将负责管理该店的经理唐·惠特克投入2%。该店选择“沃尔玛（WAL-MART）”作为名称的原因是：一要表现出这是沃尔顿的廉价商店的意思，二是只有7个字母可以节省制作招牌的费用。相比之下，以前的Ben Franklin名称有11个字母，招牌制作者要按字母数收费。沃尔顿还让在该店招牌的两边分别写上“低价销售”和“保证满意”，这成为了以后沃尔玛的两条重要经营哲学。这家沃尔玛的第一家店于1962年7月2日正式开张。此时沃尔顿44岁，已经在商店经营领域打拼近17年。

在沃尔玛商店创立之后的一段时间里，沃尔顿同时经营着三种类型的商店：挂名富兰克林的加盟店，冠名沃尔顿的杂货店和沃尔玛商店。但是，随后逐步撤销了前两类商店，并以沃尔玛商店取而代之。许多年里，这些商店的总部只有沃尔顿一个人负责，每家商店由店经理负责。沃尔顿到处查看自己的商店，考察竞争者的商店，并为自己的商店招揽人才。早期沃尔玛的商店经理们，像唐·惠特克和威拉德·沃克等这样一些人，都是实干家出身，没有一人是大学毕业，并且这些人也不希望沃尔顿雇佣大学毕业生。这一点很像亨利·福特，早年要到福特汽车公司工作，大学毕业者要装作自己没有上过大学。

第一家沃尔玛商店的营业额为100万美元，比沃尔顿此前开的那些杂货店（营业额在20万到30万美元之间）大了一些，但是当时已有别人的商店营业额在200万美元。沃尔顿和他的合伙人在这第一家沃尔玛商店埋头苦干了两年多，凭借永远比别人低20%的价格逐渐发展起来，并开始从罗杰斯镇向外扩张。

沃尔顿开设的那些富兰克林加盟店只是低价销售某些商品，但是沃尔玛商店则是真正和全面的低价销售。1962年是廉价销售开始在美国兴起的一年，至少有四家大公司开设了廉价销售商店，其中包括美国廉价销售商店的早期领导者凯玛特（K-mart），沃尔玛在当时实在是小得非常不起眼。甚至在五年之后，凯玛特有250家分店，沃尔玛只有19家，凯玛特销售额达到8亿多美元，而沃尔玛只有900万美元。

企业和个人以及国家一样，都有其发展的路径依赖性。沃尔顿没有足够的资金，想成为一家大公司子公司（说服巴特勒兄弟公司支持他开设廉价商店）的想法也未成。一定程度上是不得不选择从罗杰斯这样的小镇上开始。如果说，最初是沃尔顿的妻子海伦不愿意住在人口1万人以上的大城市，使沃尔顿在小城镇开始了自己的开店创业历程，而创建沃尔玛商店之后，凯玛特等大公司对小城镇的忽视，又给沃尔玛在小城镇发展和壮大提供了大好机会。1970年代，凯玛特不会到人口5万以下的小城镇开店，而另一家强有力的廉价商店竞争者吉布森百货的开店标准也是在1万到1.2万以上人口的城镇。沃尔玛则是对人口在5000以下的小城镇都照开不误。在这种“农村包围城市”的思想指导下，沃尔玛在开始向大城市发展时，也采取了一种先在大城市周围一定距离内开设分店、然后静候城市向外发展的战略。这种战略使沃尔玛在整个1970年代获得了飞速的发展，商店数量从1970年的32家发展到1980年的276家，商店数量增加带来营业额增加，也带来公司利润从1970年的120万美元提高到了1980

年的4100万美元。

9.4.4 重组32家商店，创立沃尔玛公司

1969年，沃尔顿已经有18家沃尔玛百货商店和14家杂货店，总计32家商店，78名合伙人和投资人。在这32家中的每一家，沃尔顿和其家人都绝对控股，为此，沃尔顿个人背负了大约200万美元的债务。不堪重负的财务负担，迫使沃尔顿打算让沃尔玛上市。

沃尔顿的长子罗布（Robson Walton）从哥伦比亚大学法学院毕业之后，在一家法律事务所工作，被聘为沃尔玛公司的法律顾问。他的首要任务就是审查沃尔玛各店的合作协议，研究将独立的32家商店统一为一家公司的重组上市方案。最后决定将各店合伙人的权益全部转换为沃尔玛公司的股份，然后对外发行20%的股份，将公司上市。

经过重组之后，沃尔顿家人（夫妻及3个孩子）持有75%，沃尔顿的弟弟巴德持有15%，余下10%为一些亲戚和高管所持有。关于最难办的各店股份的价值问题，并没有对每家店一一进行价值评估，而是采用了简单的账面价值办法。但是每位合伙人和股东都爽快地在协议上签了字，并在后来也都很高兴当时的明智决定。1969年 10月31日沃尔玛百货有限公司（Wal-Mart Stores Inc）正式成立。

1970年10月1日，沃尔玛公司股票首次公开发行，场外市场交易（1972年转为纽约股票交易所交易）。首次公开发行30万股，每股面值15美元，以16.5美元的价格溢价发行。总计有包括机构投资者和熟人在内的约800名投资者购买了沃尔玛公司的股票。不用说，这些沃尔玛首次公开发行的投资者和那些将商店合伙权益转换为沃尔玛公司股票的人，都发了大财。1970年时以1650美元购买100股沃尔玛股票，经过9次配股之后，1990年将变成5.12万股，市值300多万美元。

首次对外发行之后，沃尔顿家人持有的沃尔玛公司股份从75%下降到了61%。但是，他们从此偿清了个人的所有银行贷款，并且再也不需要个人借钱来维持沃尔玛公司的运作了——公司能自我发展并解决自己的资金问题。

9.4.5　与家人及员工的双重合伙：沃尔顿的独特治理之道

沃尔玛能够从一个人口不足1万的小镇起步，发展成为全球第一大公司（雇佣人数及销售额），与其创始人的经营哲学及其一套有特色的公司治理做法高度相关。

沃尔顿的父母经常争吵，这使他形成了埋头工作和重视家庭和谐的强烈个性。沃尔顿仿照其岳父的做法，并按其岳父的建议，在沃尔玛发展壮大之前，就成立了一个全体五位家人（夫妻二人和三个孩子）各占20%比例、平等合伙的沃尔顿企业，由沃尔顿企业持有沃尔玛公司的股份。家人定期就沃尔顿企业的事务开会，做出决策。通过这种安排，沃尔顿即把财产在其增值之前就转让给了孩子从而避免了高额的遗产税，又可以合理有效地统一家人作为股东对沃尔玛公司的意见。

除通过沃尔顿企业，把家人当作合伙人之外，在沃尔玛公司中，沃尔顿把经理和员工也都当作“合伙人”，并切实采用了一套“合伙”做法。沃尔顿认为，一些公司的失败是由于他们不把顾客当回事，不努力搞好店面管理，不端正服务态度。归根结底是因为公司没有真正关心自己的员工。如果要求店里的员工能为顾客着想，那就应该先为员工着想。因为员工们会不折不扣地以管理层对待他们的方式对待顾客，你越与员工共享利润，流进公司的利润就会越多。1971年以前，是经理人员有利润分享，从1971年开始，所有在沃尔玛工作一年以上，以及每年工作1000小时以上的员工，都可参与利润分享。与此同时，沃尔玛还实施了一个员工购股计划——员工以工资扣除方式以低于市场价格15%的折扣价格购买公司股票。

分担责任和分享信息，是任何合伙关系的核心。要赢得员工的真正合作，仅仅口头承诺不行，甚至是仅仅利润分享也不行，还要在管理上真正落实员工参与。用沃尔顿的话说，你必须给予同仁责任，信任他们，然后才是检查他们。沃尔玛的每家商店都定期向全体员工公布该店的利润、进货、销售和减价情况。沃尔顿相信，与员工分享信息的好处要远远大于信息因此而泄露给外人可能带来的副作用。沃尔玛抵制工会遭遇了很多批评，但事情的另一面是，沃尔玛能够长期地有效对抗工会，与其把员工当作合伙人、有一套完整的员工利润分享措施密切相关。

9.4.6 家族掌控之下的职业经理人管理

1974年开始，56岁的沃尔顿虽然仍是沃尔玛公司的董事长兼总裁，但开始将日常管理责任交给40岁的罗恩·迈耶——负责财务和分销，和45岁的费罗尔德·阿伦——负责商品经营。公司开始产生罗恩·迈耶和费罗尔德·阿伦两大派系，加上迈耶明确提出由他负责管理沃尔玛公司，否则将辞职的要求，沃尔顿不想让罗恩·迈耶走人，便决定由罗恩·迈耶出任沃尔玛公司董事长兼首席执行官，费罗尔德·阿伦任总裁，沃尔顿任董事会执行委员会主席，承担监督和检查职责。

但是，一方面沃尔顿没有做到真正放手，另一方面罗恩·迈耶和费罗尔德·阿伦之间的派系斗争问题没有真正解决，30个月之后的1976年6月，沃尔顿重新出任沃尔玛公司董事长兼首席执行官。沃尔顿想让罗恩·迈耶留下来担任副董事长兼财务总监，但是罗恩·迈耶没有接受。罗恩·迈耶——财务总监、数据处理经理和分销中心负责人离职，一批高级管理人员也随之而去。在应对罗恩·迈耶的离职风波中，沃尔顿破格提拔了一位年轻人杰克·休梅克为经营、人事和商品部执行副总，又导致更多的经理人员离职，以至高级管理人员中总计有三分之一的人离职。这种局面甚至使沃尔顿自己都一度对公司前景失去信心，但是凭借其从创业开始就对招揽人才加盟格外重视所积累起来的“后备人才库”，沃尔顿很快渡过了这场人事危机。折价杂货连锁店风云人物、被沃尔顿视为零售业天才之一的戴维·格拉斯（David Glass）加入了沃尔玛，负责财务和分销，并进入了公司董事会，使公司恢复了正常秩序。

杰克·休梅克和戴维·格拉斯之间，虽然还是存在竞争，但是保持在了良性状态，没有演变为沃尔顿所痛恨的状态——把同事之间工作上的竞争变成“个人之间的私事”。1978年杰克·休梅特开始担任公司总裁和经营主管，戴维·格拉斯负责财务。1984年，戴维·格拉斯出任总裁和经营主管，杰克·休梅特转而负责财务。1988年，沃尔顿进一步将首席执行官职位交给了戴维·格拉斯，杰克·休梅特（个人不想在沃尔玛干到退休年龄）从管理层退职，但仍为公司董事。

尽管有人事地震等，但是整个1980年代，沃尔玛保持了持续强劲的增长。商店数从1980年的276家发展到1990年的1528家，销售额和利润则分别从1980年的12亿美元和4100万美元，增长到了1990年的260亿美元和10亿美元，成为全美国最大的零售商。1992年3月17日，时任美国总统布什和夫人亲临本顿维尔，在沃尔玛公司总部礼堂向沃尔顿颁发了总统自由奖章。1992年4月5日，在其74岁生日后数日，沃尔顿因癌症离世。1992年4月7日，1978年加入了沃尔玛董事会的沃尔顿长子罗布·沃尔顿出任沃尔玛公司董事长，并至今仍然担任这一职务。沃尔顿的小儿子吉姆·沃尔顿（Jim Walton）于2005年也加入了沃尔玛公司董事会。

戴维·格拉斯作为接替创始人沃尔顿的沃尔玛公司第二任总裁兼首席执行官，领导沃尔玛到2000年，李斯阁（Lee Scott）出任沃尔玛公司第三任总裁兼首席执行官。2009年，麦道克（Mike Duke）接替李斯阁出任沃尔玛公司第四任总裁兼首席执行官。在职业经理人管理之下，沃尔玛继续高歌猛进，从美国最大零售商发展成为了世界最大企业。

管理学大师汤姆·彼得斯说，“除了亨利·福特之外，山姆·沃尔顿就是20世纪最出色的企业家。”沃尔顿在商业零售领域里，彻底实行了亨利·福特在汽车制造领域里所实行的“大规模”和“低价格”战略。完全彻底地为普通大众服务，为普通大众节省每一分钱，使山姆·沃尔顿成为了与亨利·福特并列的20世纪最伟大的两位企业家之一。

9.5 保时捷：家族控制与职业管理

文德林·魏德金，一代汽车英杰，家族控制钢丝上的保时捷舞者，起家于生产管理，陨落于资本运作。

9.5.1 费迪南德·保时捷

费迪南德·保时捷（Ferdinand porsche，1875—1951），青年时代就是个发明家，在1900年的巴黎国际博览会上展出了他的一项创新——把电动马达装置于汽车前轮。作为技术主管在奥斯托—戴姆勒股份公司工作17年，以及其他一些工作经历之后，1931年4月25日，费迪南德·保时捷决定自立门户，在德国斯图加特开设了自己的设计室——名誉机械工程博士F·保时捷有限责任公司，从事发动机与飞机制造设计与咨询业务。公司的另一位主要股东是费迪南德·保时捷的女婿安东·皮尔希（1894—1952），同时担任公司的法律顾问。儿子费里（Ferry Porsche，1909.9.19—1998.3.27）和女儿路易丝（Louise Porsche，1904.8.29—1999.2.10，安东·皮尔希的妻子）也先后加入了公司。1948年6月8日，第一辆保时捷跑车——356/I型跑车诞生，该年年底公司共有200名员工。

9.5.2 姐弟两大家族共治下的保时捷

把保时捷从一个设计室和小型手工加工车间发展成为汽车制造厂和世界著名跑车品牌的是费里·保时捷。两位家族第二代之间合作很好，在所有的大事情上，费里·保时捷都是与他的姐姐路易丝共同商量着决定的。但是随着家族第三代加入公司，开始矛盾重重。费里·保时捷的管理权威时常遭遇来自他外甥费迪南德·皮尔希（Ferdinand Karl Piëch，路易丝的儿子）的挑战。最后费里·保时捷和路易丝达成协议，全部家族成员退出公司管理层，不再介入日常事务。解聘费迪南德·皮尔希（后来成为了大众汽车的CEO），同时把所有家族第三代成员都从公司高层管理职位上调离。费里·保时捷自己也退出高层管理职位，交由职业经理人负责。富尔曼和布拉尼茨基共同成为了家族外的公司最高管理者。

与此同时（1972年），保时捷有限责任公司改制为股份有限公司。10位股东是费里·保时捷、路易丝和他们两人各自的4名子女。股份平均分配，每位各占10%。费里·保时捷担任监督董事会主席（此后一直在公司监督董事会任职到1993年，主席职位由其儿子接任），路易丝为副主席。从此开始，保时捷和皮尔希两个家族通过家族委员会共同治理保时捷公司。

1984年4月，保时捷公司股票上市，但是对外部投资者发行的是没有投票权的股份，所有有投票权的股份都掌握在家族成员手中。这一设置帮助家族保持了对公司的绝对控制，同时保持了公司的独立，这是创始人费迪南德·保时捷提出的要求。路易丝的长子恩斯特·皮尔希因为在地产投机生意中的巨额损失要变卖自己所持10%保时捷股份，为了避免被家族外人获得，其他9人共同出资购买了这部分股份。

9.5.3　职业经理人魏德金

从1972年改制为股份公司、家族人员退出日常管理开始到文德林·魏德金（Wendelin Wiedeking）上任之前的所有公司总裁（管理董事会发言人或主席）都被提前解雇。包括富尔曼（1972年）、舒茨（1981年）、布拉尼茨基（1988年）和伯恩（1990年）等。

魏德金1952年出生，1972年入读莱茵—威斯特法伦高等技术学校机械制造专业，1978年作为制造技术方向的注册工程师毕业，随后于1983年又获得了工程学博士学位。同年，魏德金进入保时捷公司生产和材料技术部工作。1988年10月魏德金跳槽到滚珠轴承生产商格律克公司任技术主管，两年后升任管理董事会主席。1991年保时捷公司聘请魏德金接替他以前在保时捷时上司的职位，出任生产和材料经济部主管。魏德金回到保时捷公司担任生产主管之后，拜丰田为师，进行合理化改革，大力整顿和改进生产流程。1992年9月，魏德金出任保时捷公司管理董事会发言人职位。之所以被聘为管理董事会发言人而不是管理董事会主席，是因为资方——控股家族，和劳方——企业职工委员会和产业工会都觉得魏德金还太年轻（不足40岁），不能像他的前任那样个人掌控太大权力，需要更多地由管理董事会成员集体行使权力。1993年6月，魏德金正式升任保时捷公司管理董事会主席。保时捷公司的管理决策开始由管理董事会完全掌控，而不再是像以前那样，多数关键管理决策实际由股东家族成员坐镇的监督董事会做出。

魏德金是保时捷公司1972年开始引进职业经理人管理二十年之后，首位能够长期在职并且带领公司取得了辉煌业绩的总裁（管理董事会主席）。一方面是得益于其作为机械工程专业出身的经理人，在生产管理和车型决策等方面的内行，以及彻底执行能力；另一方面是其卓越的外交才能，协调两大股东家族关系及股东家族与劳工之间的关系，得到关键人物支持。

保时捷公司曾在1988年时聘请麦肯锡公司给提出了整套的改革建议，但是一直没有铁腕型人物将其彻底贯彻。调整企业结构，按日本方式进行生产。组织经理及员工代表出外考察，同时聘请日本生产管理专家现场培训。管理层与劳方（企业职工委员会和产业工会）达成了就业协定，通过自愿离职等方式大幅裁员，制造厂中几乎每4人中便有1人离去。供应商也在整顿和培训之列，部件供应商从1000多家减少到了300家左右。基于引进丰田生产管理方法所获得的成功经验，1994年还成立了保时捷咨询有限公司，为一些中型企业提供持续改进方面的咨询服务。精益生产的效果是明显的，1997年，一辆911型跑车的生产时间缩短了40%，这在劳工成本高昂的德国自然会带来巨大的财务效益。

9.5.4 钢丝上的舞者

为家族企业打工的职业经理人都要面临着家族股东的挑战。作为保时捷公司的职业经理人，要面临着两个控股家族，同时作为德国的股份公司还要实行劳资“共同决策制”，这使保时捷公司的职业管理之路尤其坎坷。魏德金能够把位置坐稳并领导保时捷走上中兴之路，与其卓越的关系协调能力，获得两大股东家族及劳工方面的共同支持是分不开的。

魏德金上任之时，保时捷处于困境之中，两大家族股权相当、利益一致，都看好魏德金。特别是，皮尔希家族的代表人物费迪南德·皮尔希此时已经坐上奥迪公司的总裁宝座，正在争当大众公司总裁的努力中，非常支持魏德金执掌保时捷的帅印。基于“目前的主要问题已经不是斗争，而是共渡难关”的认识，魏德金在得到两大股东支持的同时，努力获得了企业职工委员会，特别是公司监督董事会中的员工代表们的支持。魏德金把“共同决策制”融入了公司的策略形成过程之中，遇到重要事项会直奔职工委员会办公室，同委员会主席磋商，并与职工委员会主席之间建立起了电话热线。

但是世上没有牢不可破的盟约和平衡关系。保时捷公司这种创始家族持有全部有投票权股份，只上市交易无投票权股份的架构，在有利保持公司控制和屏蔽资本市场并购威胁及短期业绩压力的同时，也有其自身的隐患。保时捷与大众之间的收购与反收购争斗，在很大程度是保时捷和皮尔希两大家族矛盾的产物。

保时捷创始人费迪南德·保时捷实际也是大众汽车的技术之父，大众汽车史上最辉煌的甲壳虫车原型是费迪南德·保时捷设计的。1972年在保时捷公司内与费里·保时捷儿子巴茨·保时捷之间的权力争斗败北之后，费迪南德·皮尔希转入奥迪公司，一路攀升，于1993年出任大众公司的管理董事会主席，2002年以后出任大众公司监督董事会主席。

保时捷公司方面，从1992年开始在魏德金领导之下一路高歌猛进。在费里·保时捷之后，他的小儿子沃尔夫冈·保时捷（Wolfgang Porsche）担任监督董事会主席，一直鼎力支持魏德金。并且随着家族关系的演变，保时捷和皮尔希两大家族之间所持保时捷公司有投票权股份的比例也发生了变化，从以前的平等持有变为了保时捷家族持有62%，皮尔希家族持有38%。

2005年开始，保时捷通过美林证券和德意志银行等逐步收购大众公司股份。2007年3月保时捷对外公布收购计划时，已经持有了31.5%的大众汽车股份。但是由于金融危机的爆发，保时捷分步收购大众的计划没能在2008年底如期完成。2009年7月，大众公司开始反向收购保时捷。2009年8月，由于收购失败并导致保时捷欠下百亿欧元债务，魏德金被迫辞职。鉴于魏德金的功绩，保时捷给予了5000万欧元的解聘补偿。

9.6 雀巢：全球公司，全球人治理

没有美英德法日意等国公司那样强大的母国市场支持而成为最全球化的领先者，从瑞士小镇上的一种婴儿麦乳粉开始发展为在五大洲建有400多家工厂，销售额的98%来自国外的食品巨头，雀巢最好地诠释了公司的“全球公

民”身份与能力。

9.6.1 亨利·雀巢

亨利·雀巢（Heinrich Nestle，后改为Henri Nestl é，1814.8.10—1890.7.7），1814出生于德国法兰克福，是14个孩子中的第11个。雀巢的父亲继承了家族生意——玻璃匠，这项家族生意已经传递了五代。1833年雀巢全家移民瑞士，定居沃韦（Vevey）——日内瓦湖畔的一个小镇，至今仍是全球食品巨头雀巢集团的总部所在地。

1836年亨利·雀巢结束了四年的药剂师学徒生涯之后，于1839年获得了官方许可，进行药剂实验，可以开药方和出售药品。为了便于沃韦地区的法语人士识别，他把名字从Heinrich Nestle改为Henri Nestl é。在开发出起家产品婴儿麦乳粉、创建雀巢公司之前，亨利·雀巢涉猎过很多行当，包括油菜籽产品、照明用坚果油、利口酒、朗姆酒、苦艾酒和醋，以及苏打水、矿泉水和柠檬水等。

已经无法准确知道，亨利·雀巢是从什么开始其婴儿食品研制的。应该是以下几个因素刺激了他的兴趣。家族中很高的婴儿死亡率，14个孩子中一半在成年之前死亡；药剂师出身；妻子是一位慈善医生的女儿，熟知婴儿的高死亡情况。1860年代中期，亨利·雀巢用牛奶、面粉和糖混合制作出了婴儿牛奶麦片粥，作为母乳的替代品，给那些缺乏母乳喂养的孩子食用。他还和一位营养学家朋友合作，去除了面粉中不易被婴儿消化的酸和淀粉。

1867年，亨利·雀巢创立了育儿奶粉公司，以他的名字Nestle为其产品的品牌名称，并以鸟巢图案为商标图形。他用这种产品养活了一个母亲严重病患没有母乳的男婴，这使他声名鹊起。“亨利·雀巢的牛奶麦片”（法语Farine Lactée Henri Nestlé，英语Henri Nestlé's Milk Flour）被人们迅速接受，很快畅销欧洲。1868年，亨利·雀巢育儿奶粉公司在巴黎、法兰克福和伦敦设立了销售办事处，并在随后的五年内就扩展到了南美和澳大利亚。1874年亨利·雀巢以100万法郎售价将公司转让给了他的商业伙伴，过上了退休生活。1890年，亨利·雀巢因心脏病去世。

亨利·雀巢在创立公司短短七年之后就转手卖掉了，但一直被雀巢公司尊为创始人，用雀巢公司董事长Peter Brabeck-Letmathe的说法：亨利·雀巢为公司提供了名称、标识和第一种婴儿食品，还有态度和价值观：实用主义、灵活性、乐于学习、头脑开放，尊重他人和其他文化。亨利·雀巢家族因政治迫害以及社会不安定而从德国逃亡到了瑞士，这也奠定了雀巢公司如同瑞士这个国家一样的“性格”：安定、专心，政治中立，小产品大世界。在亨利创建雀巢公司的时代，沃韦这个小镇中是个国际性的富人度假胜地，“法国人的生活方式、瑞士人的秩序理念和国际化的思想”交融在一起。今天的雀巢公司，则是以其产品推动着一种全球趋同的饮食和生活方式。

9.6.2 雀巢公司

雀巢公司的正式官方历史是从1866年算起的，这比亨利·雀巢正式创立其雀巢育儿奶粉公司的时间要早一年。根据雀巢官方网站中关于公司历史的说法，1866年一对美国兄弟查尔斯和乔治·佩吉在瑞士卡姆（Cham）创建英瑞（Anglo-Swiss）炼乳公司，开设了欧洲第一间炼乳工厂。经过几十年相互之间的激烈竞争之后，1905年，英瑞炼乳公司和雀巢育儿奶粉公司合并，取名雀巢英瑞奶品公司（Nestl é and Anglo-Swiss Milk Company）。

1914年第一次世界大战爆发，鲜奶缺乏，迫使公司产品几乎全部是本地销售。1918年，战争产生了对奶制品的大量需求，主要是政府订单。为了跟上市场增长，雀巢在美国收购工厂，到战争结束时，已经在全球拥有40家工厂。1920年代经济萧条，雀巢经历了一段困苦的时期，但是仍旧能够持续发展。1925年通过收购进入了巧克力领域，1938年推出了雀巢咖啡。第二次世界大战期间，雀巢董事会成员和高级管理人员转移到了美国，管理西半球及大英帝国和海外的雀巢业务。二战影响了雀巢咖啡的推出节奏，却加速了它的推广步伐。美国参战之后，雀巢咖啡和可口可乐一样，随着美军走向欧洲和亚洲。二战之后，雀巢开始了一个大发展时期，数十种新产品上市，并开始进行大量并购。1947年收购Maggi，1948年推出Nesquik，1949年改为现名雀巢食品公司。1974年，入股欧莱雅，雀巢第一次在食品业外涉足。

2006年在迈克尔·波特的帮助之下，雀巢引入了“创造共享价值（Creating Shared Value）”的概念，不仅仅是为股东，同时也为社会创造价值，才能长久兴盛。2009年开始，雀巢每年举办一次创造共享价值论坛，并设立了“创造共享价值的雀巢奖”，支持那些在营养、水和农村发展方面的创新性项目。按雀巢官方说法，在创造共享价值过程中，“我们需要为运营公司所在地的人民创造价值，这包括为我们供应原材料的农户、我们的员工、我们的消费者以及我们运营公司所在的社区。作为创造共享价值的必要条件，我们将信守承诺，遵守所在国家的法律和国际规范，保障可持续性发展，彰显我们所承担的责任，确保我们的经营行为有益于环境保护，社会公平，并切实可行地在经营中得以实现。”

雀巢集团的食品和软饮料等主营业务分地域管理，有欧洲区、美洲区和亚洲大洋洲及非洲等三个大区。2011财政年度，这三大区域销售额所占比重分别是欧洲31%，美洲45%，亚洲、大西洋洲及非洲24%。水、营养和健康科学等为全球管理业务。此外，还有一些控股和参股企业，包括与通用磨坊和可口可乐的合资企业，在中国的银鹭和徐福记两家控股企业，以及雀巢与其创始人家族同为大股东的欧莱雅。

9.6.3 全球公司，全球人治理

雀巢公司股份在瑞士证券交易所上市，同时有ADR在美国通过花旗集团进行柜台交易。按股东国籍分，持股最多的是瑞士人（接近40%），其次是美国人（接近30%），英国人、德国人、挪威人、法国人和比利时人各自持有5%左右。从股东身份类型来看，机构投资者占比例接近80%，个人投资者占比例略高于20%。

雀巢公司在完整年度结果公布之后的几周之内，会召开年度股东大会，一般在4月份。2012年度股东大会与2012年4月19日在瑞士洛桑召开，由2689名股东出席，出席会议的股东代表了公司总股本的38.689%，和公司股份表决权的61.134%。

作为一家全球化的领先公司，雀巢承受着来自全球的各种治理压力，这

要求其在公司治理上的高度透明和合规。在雀巢公司网站的投资者页面里，从公司章程，到董事会规章、董事会委员会章程以及公司治理报告等都是一应俱全，并且时时修订。

特别值得一提的是，雀巢公司每年都会发布一份公司治理报告，通常包括以下内容：集团结构和股东，董事会，管理委员会（Executive Board），薪酬、持股和贷款，股东参与，审计师和信息政策，等等。雀巢公司还有单独的薪酬报告，描述公司薪酬政策，薪酬报告定期在股东大会上单独提交给股东审议批准。

董事会是雀巢公司的最高治理机构（The Board is the ultimate governance body of the Company），负有对整个集团的最终监督和管理权（responsible for the ultimate supervision of the Group）。董事会照管公司没有被法律、公司章程和内部规章规定为属于公司股东大会或者其他治理机构权力范围的所有事项。

公司章程规定董事会人数不能少于7人，目前董事会有来自7个国家的15名成员，其中瑞士7人，法国2人，美国2人，奥地利、比利时、印度、荷兰等4国各1人。董事会下设四个委员会，分别为主席和公司治理委员会，薪酬委员会，提名委员会和审计委员会。董事长Peter Brabeck-Letmathe，是公司前任CEO。雀巢董事任期也是三年一届，但是各位董事届期起始和终止年份并不一致。

除首席执行官Paul Bulcke之外，雀巢公司董事会中所有其他成员均为非执行董事。Peter Brabeck-Letmathe是积极董事长，除担负对整个集团的指引与控制职责之外，还指导雀巢健康科学公司、雀巢与欧莱雅的合作等事项。除Peter Brabeck-Letmathe之外，所有的非执行董事也都是独立董事，不是前任管理层成员，也与公司没有重要业务关系。除Peter Brabeck-Letmathe和Jean-Pierre Meyers 两位都同时是雀巢和欧莱雅的董事之外，不存在其他的连锁董事关系。

在董事会的授权之下，雀巢公司的日常管理由管理委员会负责，目前共有14名管理委员会成员，来自8个国家，其中美国4人，瑞士3人，加拿大2人，比利时、德国、西班牙、法国和印度等5国各1人。

作为全球公司，雀巢已经不仅仅是体现在股东基础和销售额分布上，而是在董事会和管理委员会（高管）成员的国籍分布上也充分体现出来了，来自10个国家的29名成员在集体控制和管理着雀巢公司。

迈克尔·波特把母国市场支持作为全球公司成长的一个重要条件，雀巢无疑是一个这方面的反例，雀巢一路都是在克服着各种反全球化的阻力之中前行。

雀巢公司董事会和管理委员会成员的国籍分布

国籍	董事会15人	管理委员会14人
瑞士	7	3
美国	2	4
法国	2	1
比利时	1	1
印度	1	1
奥地利	1	
荷兰	1	
加拿大		2
德国		1
西班牙		1
10个国家	7个国家	8个国家

资料来源：根据雀巢公司年报和治理报告整理。

GREAT COMPANIES
INNOVATION, GOVERNANCE AND SUCCESSION
伟大的公司
创新、治理与传承

第10章 家族企业的传承与控制

家族企业和现代公司是两个层面的问题，是两个并列的概念。家族企业由家族创办，就像国有企业由国家创办一样，是由股东身份来决定的。现代公司或公司制企业本身基本规则是一样的，无论是家族企业还是国有企业改制为公司制，都是要按公司制的基本规则来办事。

家族企业因“家族因素”的存在而面临更为复杂的公司治理问题。一是家族企业受到家族成员代际传递的影响很大，需要妥善安排家族财产和企业控制权的传承；二是当家族企业规模做大时，难免有股权分散的过程，那么如何保持家族对于企业的合理控制？

10.1 家族企业传承的三种类型与家族控制的三种程度

中国的家族和民营企业正普遍面临着一个向第二代传承的问题。在这一传承的过程中，企业控制结构的不稳定会直接带来企业经营的不稳定、混乱甚至是崩溃。一些行业龙头企业控制结构的不稳定已经不仅仅是企业自身的问题，而是社会的问题，甚至是涉及经济体系的安全与稳定的问题。

10.1.1 家族企业传承的三种类型

传承是家族企业不可回避的问题，能否保证企业所有权与管理权的平稳传承对于家族企业的稳定与发展是非常关键的。家族企业的传承大致有如下三种类型。

第一种是中国人普遍觉得比较理想的子承父业或者女承父业。这里有个关键问题是，子女是否有能力和兴趣来管理企业？能力会占一半，但如果没兴趣，强迫他去接管企业，造成个人不幸福也是不值得的。如果既有能力又有兴趣，那就可以培养。这种情况比较理想，但能真正成功做到的超不过20%。像三井那样的传统日本的家族企业集团的传承经验表明，有时候"女"承父业比子承父业还更靠谱，因为儿子可能能力不足，而女儿则可以招选有能力的"女婿"来承继父业。日本可以将女婿招为养子、改姓入赘的传统，进一步加强了这种承继方式的可靠度。

第二种是保持一种积极的引导，保持一定的控制和管理。这要自己培养职业经理人。像有些公开、高薪招聘等，十之八九招来骗子。真正需要的是经过二三十年工作考察的人。如果黄光裕当初选择的是一直跟着他工作的人，那么背叛他的概率会下降很多。当然，利益上也是要给他足够回报。越会分享的公司创始人，越能保持其对公司的长期控制。国外的家族企业没有一定要从家族选择接班人的，往往只是出任董事会职务。他的总裁绝对是与全球竞争公司不相上下的。

第三种就是公司股权多元化，家族财产的投资也多元化，你在市场中挑选优胜者，以实现家族财产的保值增值。这也是一个很理性的选择，不一定非要家族接班人来继承，也不一定非要保持家族的控制不可。

10.1.2 创始人控制权的保持与丧失

公司能否相对顺利地完成治理模式转型和公司控制权的转移与传承，既取决于公司外部的公司法律体系完善程度和资本市场深度，也取决于公司内部的治理机制安排，公司创始人的偏好与选择、创始人的家庭和家族情况，以及公司业务发展机遇，等等。

无论是如宜家那样从小本生意逐渐积累起来，还是如星巴克那样靠融资起步，创始人控制都是公司的起点。谷歌、Facebook、ZARA和优衣库等目前还是这种状态。能够保持住公司控制权的创始人，要比较幸运，更要非常精明。

首先公司的业务发展要比较好，能产生足够和可持续的现金流，以使创始人不必为了挽救企业于财务困境而被迫出让控制性股份或让出控制性权力，从而导致自己出局，如杜兰特。杜兰特于1908年创建了通用汽车公司，1910年就因公司财务危机而使公司控制权落入了银行家之手。1916年，夺回通用汽车公司的杜兰特，没有吸取教训，再度大举扩张，再度陷入财务危机，于1920年彻底失去了自己创建的公司。

能够像宜家那样一直自我积累而发展起来当然是非常好，如果不得已而融资，则最好未雨绸缪地同时进行一些相应的制度设计，如谷歌和Facebook的双重股份设置，上市前签署原始股东将投票权委托给公司创始人行使的协议等这样的制度安排。思科公司（1984年创立）的创始人莱恩和桑迪夫妻，不仅没有在引入风险资本时（1987年），进行创始人的控制权保护设计，反倒在1988年5月为了争取风险资本方（红杉资本）支持他们赶走公司的职业经理人CEO而将自己的股份投票权委托给了投资人红杉资本的瓦伦丁，这使他们在公司上市仅仅半年后的1990年8月，因与公司经理人团队的冲突和投资人支持了经理人团队而被迫离开了自己创建的公司。

一般而言，如果想保持对企业的绝对和完全控制，那就不要股权分散，更不要上市。理论上说，只要持股低于50%，就有失去控制的可能。如果想既上市又保持控制，那将是一个非常大的挑战。这时候，公司章程规定，如谷歌那样的分类股份设置，以及对董事会人选的控制，如像Facebook那样，把对方派出董事的人选作为考虑是否接受注资的一个重要条件等，这些具体的公司治理机制安排就非常重要，中国企业往往不是很重视这一点。

此外还有非常重要的一点，这也是国美之争给我们的一个重要启示，就是在公司融资和股权分散的过程中，除了股权结构之外，还有一个股东构成对公司控制的影响。股权稀释到什么程度，还能保持控制，这在不同的股东构成条件下是不一样的。就是选择接受注资的时候，要看准对方是谁和对方的战略意图。在国美之争中，如果对方全部都是真正的中小股东，而不是很容易采取一致行动的海外大基金，那陈晓就彻底没戏。所以在英美国家，10%~20%的股权就能保持住对公司的控制，就是因为它的对方彻底分散了。黄光裕持股30%多还险些失去控制，这个教训就是，若想在推进股权分散的同时保持公司控制，就要筛选并选择那些很难联合在一起的股东，作为你的股票出售对象。

10.1.3　创始人离世之后：家族控制的三种程度

创始人离世之后，公司继续受家族控制，如福特、沃尔玛、欧莱雅、贝塔斯曼、米其林、丰田、保时捷、菲亚特、美津浓和三星等等，这是很多企业都会走的一条道路，只是各自的走法、家族控制的方式和控制程度都不同。

一个极端是拒绝股权分散，保持家族的完全控制，就像贝塔斯曼、博世和宜家等。贝塔斯曼的第五代传人为了避免公司上市，不惜缩减公司业务、出售著名的BMG（贝塔斯曼音乐集团），以购回财务困境时不得已转让出去的25.1%的公司股权。米其林家族为了保持控制地位，不惜承担无限责任，采用了一种两合股份公司体制（只有承担无限责任的股东，才有权选举公司管理层人员），是法国三个坚持这种独特结构的公司之一。不过，即使是这类公司，虽然企业所有权一直是集中的，但它有一套办法引进职业管理。一般来说是通过家族基金会，让投票权和财产权分开，行使投票权的人是家族核心成员和一些有能力的职业经理人。

比这种严格控制做法稍微向前迈进一步的是，家族企业转化为股权开放的现代公司，但家族保持一定比例的股份，同时努力实现公司管理权也在家族内代代相传，如菲亚特和美津浓。家族可能只持有20%到30%的股权，但依然保持对企业的控制。这样的企业遵守所有上市公司的基本规则，只是它的创始家族作为股东对公司重大的战略性问题和公司董事会的换届一直有一个积极甚至是决定性的影响。安杰利家族控制下的菲亚特是上市公司，并且目前只持有20%左右的股份。但是安杰利家族秉持其一贯的“绝不让菲亚特落入他人之手”的信念。乔万尼·安杰利一世的座右铭是：把我的事业延续下去，保护好遗产，挑选合适的人，率领家族进入下一代。实际控制着爱立信、阿里斯顿等全球著名公司的瑞典沃伦堡集团可以说是这方面的典范。

家族控制再宽松一点，也更常规且公平合理一些的做法是把家族股份传承和企业管理权传承分开安排，家族保持股份控制，企业实行职业化管理，如沃尔玛和欧莱雅。山姆·沃尔顿“与员工及家人双重合伙”的治理之道，和欧仁·舒莱尔“财产继承与企业管理分开安排”的传承之法，使“家族掌控之下职业经理人管理”的沃尔玛和欧莱雅，在作为行业领袖企业持续发展的同时，也给创始人家族继续创造着巨额的财富。与此类似，由于企业内部崇尚实力主义，丰田、佳能等公司创始家族的后人实际是竞争上岗的，企业管理权在职业经理人和家族后代之间往往是轮番交替。

再进一步的就是企业彻底走向股权分散化，家族对企业没有任何影响了，强生等美国的很多公司都是如此。

10.1.4 创始人离世之后：新的大股东或者是职业经理人

有些公司创始人和创始人家族倘自觉或被迫退出公司的话，公司的控制权则将流向大股东或者经理人，或者经由新的大股东之后再流向经理人，这主要取决于公司能否顺利地实现股权的高度分散化。

创始人离开之后，很快实现了股权分散化、经理人控制的有通用电气、雀巢、惠普、索尼、ASICS等公司。另外一些公司则是直接流向了新的大股东手里，如古奇和宝马等。

能够实现股权分散化并成功建构起来一套职业经理人体制的公司虽然不少，但是规模已经大到难以有新的控制性大股东产生，或者公司已经做出了如通用电气和雀巢那样的一种坚持立足于高度分散的股东基础并从公司内部治理制度安排上做出了限制新大股东（控制性投票权）产生的战略性选择的公司，还是凤毛麟角。

有公司在经过了股权分散、经理人治理之后，因为业务发展不顺或公司陷入困境需要救助等原因，又重新回到了新的大股东控制模式，如西尔斯。王石在万科已经摆脱了原大股东控制，股权相当分散了之后，又自己主动选择了华润成为新的大股东，以背靠大树好乘凉。

尽管公司控制的实际情况千变万化，控制模式也是千种万种，但是综观主要发达国家的公司治理模式演进，主体线条是从创始人到经理人的治理转型，并且这一治理模式转型很有几分像似鲤鱼跃龙门。笔者做过案例研究的中国公司中，只有新浪算是完成了从创始人到职业经理人的治理转型，万科和金山是创始人控制，国美处在创始人和经理人的控制冲突之中，余下的公司尚都处在大股东控制阶段，有的连形式上的董事会机能都不够健全。

可以说，王石和万科的案例有相当的代表性，中国公司对越过治理转型这一龙门的愿望缺乏、信心不足。鲤鱼跃龙门，需要鲤鱼自身强健，能够跃得过去。也需要龙门别太高，别高到跃过去成龙也会精疲力竭而死。还有跃门成龙之后要有足够广大、可以自由遨游的大海。这座龙门就是进入资本市场的通道，龙门之后的海洋就是真正的资本市场。中国现在不仅是这座龙门太高，同时有人把守，决定谁有跃过去的资格，同时，龙门之后也不是一片自由的海洋，而是一个内海或只是个湖。

公司控制模式的演化

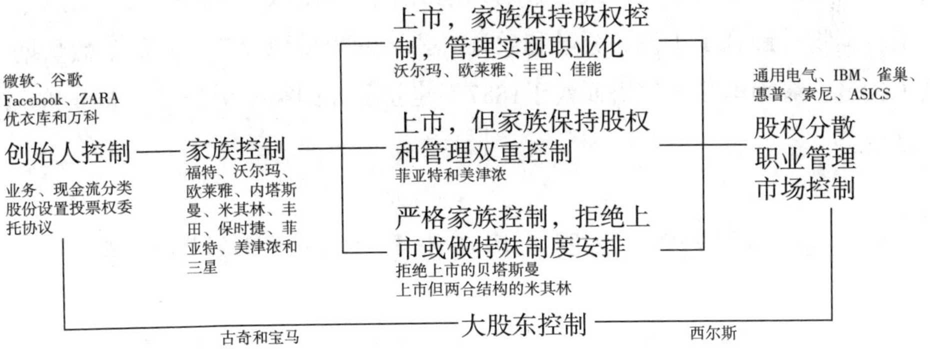

10.2 贝塔斯曼：五代传承与治理转型

现代贝塔斯曼帝国缔造者莱恩哈德·摩恩曾有让企业摆脱家族控制、引入职业经理人体制的想法，但是安然的破产泯灭了他的这一想法。他想让贝塔斯曼摆脱家族企业的局限性，又不想迈向上市公司体制，为此他进行了一系列的探索，尽管其最终结果尚难评定，但是这一探索的过程已经非常值得我们研究。

10.2.1 子承父业：从卡尔·贝塔斯曼到海因里希·贝塔斯曼

1835年7月1日，一场盛大的传教节的前一天，44岁的印刷商卡尔·贝塔斯曼（1791—1850）在德国居特斯洛创建了以其本人名字命名的图书印刷公司（C. Bertelsmann Verlag）。尽管起步时期的贝塔斯曼公司实际只是一个出版宗教读物的小作坊，但是可以说，从其创始人卡尔·贝塔斯曼开始，就奠定了一套严格的道德标准。卡尔·贝塔斯曼热心公益，兼任居特斯洛教会会长和市政委员。他把一套以企业推动道德进步和社会发展的理想，和贝塔斯曼公司一起，直接传给了他的儿子海因里希·贝塔斯曼（1827—1887）。

1849年，作为第二代所有人，22岁的海因里希·贝塔斯曼接管了拥有14名员工的贝塔斯曼公司。随着公司吸纳其他出版商和出版领域的扩展——从单一的宗教读物扩展到了小说、哲学和教育，公司的规模稳步壮大，员工数量增长到了60名。海因里希·贝塔斯曼于1887年建立了德国第一个公司养老金和残疾人基金。

10.2.2 乔汉纳·摩恩：贝塔斯曼落入"外姓"之手

海因里希·贝塔斯曼有两儿一女，但是两个儿子早年夭折，只剩下唯一的一个女儿弗里德里克·贝塔斯曼（1859—1946）。1881年，弗里德里克·贝塔斯曼与一位牧师之子乔汉纳·摩恩（1856—1930）结婚。

乔汉纳·摩恩毕业于由卡尔·贝塔斯曼所创办的居特斯洛新教高级中学，从1874年开始在贝塔斯曼当学徒。1887年，海因里希·贝塔斯曼去世，乔汉纳·摩恩成为了贝塔斯曼公司的股东。此时已经协助海因里希·贝塔斯曼工作了十四年的乔汉纳·摩恩还不能得到海因里希·贝塔斯曼遗孀、他的岳母的完全信任。到1896年，乔汉纳·摩恩最终成为贝塔斯曼公司的第三代所有人。在他的领导下，宗教读物再度成为贝塔斯曼的出版重点，1910年员工人数达到80人（当时居特斯洛的人口总数为1.8万人）。乔汉纳·摩恩在继承了贝塔斯曼公司的同时，也完全承接了创始人卡尔·贝塔斯曼的理念：用宗教读物促进道德进步、用企业发展促进社会公益。在1910年公司成立75周年庆典时，乔汉纳宣布了贝塔斯曼公司的员工带薪休假制度，尽管一年只有三天，但却是开创历史先河的举措。

10.2.3　海因里希·摩恩：信任重用“外人”和公司管理的现代化

1910年，乔汉纳·摩恩的儿子海因里希·摩恩（1885—1955）进入贝塔斯曼公司协助父亲工作，并成为公司的股东之一。1918年，海因里希·贝塔斯曼接手了贝塔斯曼公司部分业务的管理。1921年，由于身体原因，乔汉纳·摩恩将贝塔斯曼公司交给了海因里希·摩恩全权管理。此时的贝塔斯曼拥有84名员工，年收入70万马克。

作为贝塔斯曼公司的第四代所有人，海因里希·摩恩领导贝塔斯曼渡过了1920年代早期德国的恶性通货膨胀时期（1923年底时公司只剩下了6名员工）和后来的世界大萧条时期。海因里希·摩恩为贝塔斯曼公司的销售、会计和成本核算等建立了新的基础，使贝塔斯曼走上了管理现代化的轨道。

战略头脑、见识和自身身体条件限制等因素共同促进了海因里希·摩恩时代贝塔斯曼公司管理上的进步与现代化历程：充分授权和引入外部人才。海因里希·摩恩患有哮喘病，医生建议他“最好长期住在山区，从那里领导公司”，他听从了这个建议。但是如何解决居住地远离公司办公地情况下的公司管理问题？海因里希·贝塔斯曼通过充分授权激发员工的责任感和团队精神等等，这些现在看来并不算新鲜的领导模式，在当时却是革命性的。

在海因里希·摩恩的完全信任和充分授权下，一位不仅是“外姓”，而且是“外人”的弗里茨·威克斯福斯（Fritz Wixforth）开始走上了贝塔斯曼的舞台，并成为了贝塔斯曼公司发展史上非常重要的一位人物。弗里茨·威克斯福斯不像公司创始人卡尔·贝塔斯曼以及摩恩家族人员那样具有虔诚的宗教信仰，坚决反对饮酒，他是个“俗人”，他不拒绝使用酒作为一种交际和庆祝手段。弗里茨·威克斯福斯出任销售总监，引进了巨幅彩色海报、特殊橱窗排列和新奇包及有奖销售等图书促销方式，为贝塔斯曼在其传统的宗教出版物市场之外，打开了一个小说和流行读物的更为广阔的大众市场。到1939年第二次世界大战爆发前，贝塔斯曼公司员工总数达到了400人。

随着战争的爆发，贝塔斯曼公司开始提供一系列武装部队特别版书籍，在遍及欧洲的各个地点印刷自己的产品。1943年，贝塔斯曼成为生产量最大的出版商。1945年3月，在英军对居特斯洛的一次空袭中，贝塔斯曼公司大部分设施被摧毁，但是印刷机器幸免于难，因而得以在战争结束之后立即重新开业。

10.2.4 莱恩哈德·摩恩：第五代传人和战后贝塔斯曼的新生

海因里希·摩恩有四男二女，接班的是他的第五个孩子、三儿子莱恩哈德·摩恩（1921—2009）。长子战死波兰，次子成为苏联战俘，被关押到1949年。莱恩哈德·摩恩于1943年5月在非洲被美军俘虏，在美国堪萨斯的俘虏营里度过了两年半时间，1945年11月回到居特斯洛，作为第五代传人加入了贝塔斯曼公司。在战后重建和申请各种经营许可证的过程中，莱恩哈德·摩恩逐步接替了其父亲海因里希·摩恩的角色。两年后的1947年，海因里希·摩恩正式对外宣布移交公司管理权，26岁的莱恩哈德·摩恩开始掌管贝塔斯曼公司。

也许是由于理念认同和自身经验有限两个方面的原因，莱恩哈德·摩恩继续沿用由其父亲所创的“充分授权”的领导模式，并且又进一步将其发展成一套完整的贝塔斯曼企业精神：分权经营、责任授予、伙伴型领导和公司社会责任，并于1960年形成了一套完整和成文的“贝塔斯曼原则和企业结构”。

海因里希·摩恩的得力干将、仍任销售总监的弗里茨·威克斯福斯继续帮助莱恩哈德·摩恩扩展贝塔斯曼公司的业务。他和邮购书商约翰尼斯·瑟德逊首创了书友会的想法。1950年6月1日，“贝塔斯曼书友会”诞生。书友会的箴言是“在引导民众接近图书的同时赚钱”。书友会的客户直销模式是一个巨大的成功，成为了贝塔斯曼的制胜法宝。莱恩哈德·摩恩在战俘营里的朋友鲁道夫·温多夫（Rudolf Wendorff）创立了一个百科全书团队，打造出了一个贝塔斯曼的百科全书品牌。1960年代开始，贝塔斯曼的图书俱乐部迅速遍布欧洲，业务范围也开始多元化。1960年代中叶，甚至还建立了一座养鸡场，并一直保留直到1972年。1970年代之后，贝塔斯曼主营业务的发展脉络开始清晰：书籍、杂志、音乐和电影、电视。

音乐方面，1956年建立贝塔斯曼乐友会，开始出售唱片。1958年创立了Ariola品牌和Sonopress刻录工厂。Ariola在20世纪60年代是德国最成功的音乐品牌。1986年，收购了音乐品牌RCA。1987年，全世界范围内的音乐业务被整合进总部位于纽约的贝塔斯曼音乐集团（BMG）。2002年，接管世界最大独立音乐公司Zomba，进一步加强了BMG的地位，使之成为世界第三的音乐发行公司。2004年7月，BMG同索尼音乐合作，成立索尼贝塔斯曼（纽约）音乐公司，贝塔斯曼持股50%。

杂志和书籍出版方面，1969年，贝塔斯曼以25%股权参股了汉堡出版社古纳雅尔，开始涉足杂志领域。到1973年，贝塔斯曼由小股东变成了控股股东。此后，贝塔斯曼先后收购了西班牙出版社Plaza & Janes，以及美国出版社矮脚鸡图书（1980年）和道布尔戴（Doubleday）（1986年）。1998年7月，贝塔斯曼收购美国兰登书屋出版社，将其与矮脚鸡和道布尔戴合并，成立了新的出版集团——兰登书屋公司，美国也随之成为贝塔斯曼最重要的市场之一。

电影和电视方面，1964年，从德意志银行购进UFA的股份，开始涉足电影和电视行业。1984年，古纳雅尔和贝塔斯曼将他们的电子媒体业务合并成汉堡UFA电影公司。UFA对第一家德语私人电视频道RTL拥有40%的股权。RTL迅速发展成为欧洲最成功的自由电视频道（靠广告筹资）。1997年1月，贝塔斯曼将UFA电影公司与卢森堡电视公司（简称CLT）合并，CLT-UFA成为欧洲最大的电视公司。2000年，CLT-UFA和英国公司皮尔逊电视台合并成立了RTL集团，囊括了十个欧洲国家的22个电视频道和18个电台。RTL集团是欧洲市场上自由电视和电视制作的领头羊。

2001年，贝塔斯曼以换股方式接管了RTL的大部分股权，进一步巩固了电视业务。贝塔斯曼以自身25.1%的股权（但只带有25%的投票权）与比利时投资公司Groupe Bruxelles Lambert （GBL）换取了RTL集团30%的股权。2002年1月，贝塔斯曼又从皮尔逊手中收购了RTL集团22%的股权，加上此前通过UFA所持RTL股权，贝塔斯曼在RTL集团的股权上升到90%。RTL集团成为贝塔斯曼最大的子公司，也是贝塔斯曼旗下的第一个上市公司，在数个欧洲股票交易所上市。

10.2.5 莱恩哈德·摩恩领导下的贝塔斯曼治理结构转型探索

到1950年代末，贝塔斯曼已经从一家中小型企业发展成为一家大型企业。再经过1960年代公司的多元化发展和规模扩张，原来的企业体制框架已经不适应贝塔斯曼业务发展的需求。1971年4月，莱恩哈德·摩恩把贝塔斯曼转变为一家股份有限公司（AG）——贝塔斯曼集团，并根据德国股份公司法，建立健全了管理董事会、监督董事会和股东大会等德国模式的现代公司治理架构。

最初的贝塔斯曼集团管理董事会由莱恩哈德·摩恩（主席兼首席执行官）、赫伯特·穆萨普特（技术运营）、鲁道夫·温尔多夫（出版）和曼弗雷德·费歇尔（公司、法律和财务）等四人组成。监督董事会由乔德·巴修里斯（Gerd Bucerius）担任主席（他曾以所持古纳雅尔的股票与贝塔斯曼换股成为贝塔斯曼的股东之一）。随后的1972/73财年，管理董事会扩展，吸收了赫曼·霍夫曼（Hermann Hoffmann）（企业）和汉斯·佐普（Hans Zopp）（俱乐部业务）。1981年，担任贝塔斯曼集团管理董事会主席和首席执行官10年之后，莱恩哈德·摩恩在其60岁的花甲之年辞去了管理董事会主席的职务，转任监督董事会主席。

贝塔斯曼集团的领导人更替

监督董事会主席	任职时间	管理董事会主席	任职时间
乔德·巴修里斯（Gerd Bucerius）	1971—	莱恩哈德·摩恩（Reinhard Moln）	1971—1981
莱恩哈德·摩恩（Reinhard Moln）	1981—*	曼弗雷德·费歇尔（Manfred Fischer）	1981—1983.3
		余思乐（Mark Wossner）	1983.4—1998.10
		托马斯·密德霍夫（Thomas Middelhoff）	1998.11—2002.7
		冈特·蒂伦（Gunter Thielen）	2002.8—2007.12
冈特·蒂伦（Gunter Thielen）	2008.1—	哈特穆·奥斯特洛夫斯基（Hartmur Ostrowski）	2008.1—

注：德国公司“监事会”完全不同于中国公司的监事会，实际执行着英美公司董事会的职能，为避免误解我们译作“监督董事会”；德国公司的“董事会”完全由管理层人员组成，实际执行管理职能，我们译作“管理董事会”，该会主席实际承担着英美公司首席执行官的角色。

* 这期间至少有过格尔德·舒尔特-希伦（Gerd Schulte-Hillen）任监督董事会主席，但因与家族冲突而于2003年底辞职。查不到这期间监督董事会主席接替情况的详细资料。

资料来源：根据贝塔斯曼集团网站和网上搜索资料整理。

目前贝塔斯曼集团管理董事会由5人组成，包括主席兼集团首席执行官哈特穆·奥斯特洛夫斯基、集团首席财务官瀚韬（Thomas Rabe），和来自集团主要成员公司的三位高管。包括罗尔夫·布克（Rolf Buch），欧唯特集团管理董事会主席；马库斯·杜尔（Markus Dohle），兰登书屋管理董事会主席兼首席执行官；哥哈德·蔡勒（Gerhard Zeiler）RTL集团首席执行官。

贝塔斯曼集团监督董事会由来自贝塔斯曼集团内外的共13人组成

	职务	外部职务
	贝塔斯曼内部职务	贝塔斯曼外部职务
莱茵哈德·摩恩（Reinhard Mohn）	名誉主席	
冈特·蒂伦（Dr·Gunter Thielen）	主席，贝塔斯曼基金会主席兼CEO	
J ü rgen Strube	副主席，贝塔斯曼管理公司股东	巴斯夫集团监事会主席
Wulf H·Bernotat		E·ON集团首席执行官
Helmut Gettkant	贝塔斯曼企业工会成员	
Ian Hudson	贝塔斯曼管理层代表委员会主席；兰登书屋英国公司副CEO	
Karl-Ludwig Kley		默克集团管理董事会主席
Hans-Joachim Körber		思科公司董事
Joachim Milberg		BMW集团监事会主席
Brigitte Mohn博士	贝塔斯曼基金会Deutsche Schlaganfallhilfe主席,贝塔斯曼基金会董事会成员	
克里斯托夫·摩恩 Christoph Mohn	Lycros Europe N·V·前首席执行官（贝塔斯曼持有股份）	
莉兹·摩恩（Liz Mohn）	贝塔斯曼基金会副CEO兼理事会副主席，贝塔斯曼管理公司董事会主席	
Erich Ruppik	贝塔斯曼企业劳资联合委员会主席	
Lars Rebien Sørensen		Novo Nordisk A/S总裁兼首席执行官

资料来源：贝塔斯曼集团网站及网络搜索补充。

贝塔斯曼集团虽然转变为了股份公司，但是一直没有上市，并且没有任何上市的打算。秉持劳资合作理念的理想主义者莱恩哈德·摩恩试图找到一种既不同于传统的家族控制企业模式，又不同于通过上市而使股权分散化、由公众持有和资本市场控制的企业所有权模式。

1977年，莱恩哈德·摩恩建立了非营利组织——贝塔斯曼基金会（Bertelsmann Stiftung）。1993年，莱恩哈德·摩恩将其所持贝塔斯曼的大多数股份转移到贝塔斯曼基金会，使贝塔斯曼基金会成为了贝塔斯曼公司的最大股东。“公司的资产应有别于个人可以随意处置的资产”，他这样解释这非同寻常的一步。1999年1月，莱恩哈德·摩恩又将他的投票权转移到了贝塔斯曼管理公司（Bertelsmann Verwaltungsgesellschaft，BVG）。贝塔斯曼管理公司的股东共有8人：贝塔斯曼监督董事会的主席、监督董事会的另一位成员、贝塔斯曼管理董事会的主席、贝塔斯曼持股的一家公司的管理层成员、一名员工代表和三名摩恩家族的成员。贝塔斯曼管理公司控制着贝塔斯曼集团74.9%股份所拥有的75.0%的投票权，此时另外25.1%的股份和其25%的投票权掌握在比利时GBL公司手中。

2006年7月，为了避免比利时GBL公司将其所持贝塔斯曼集团股份公开上市，从而使贝塔斯曼集团本身由私人控制的股份公司转为公众股份公司，贝塔斯曼集团出价45亿欧元回购了这部分股份。贝塔斯曼集团重新回到了没有外部股东的股份结构：贝塔斯曼基金会持有76.9%，摩恩家族持有23.1%。现在这两部分股份的表决权全部由贝塔斯曼管理公司持有。

10.2.6 贝塔斯曼能否真正走出可持续发展的第三条道路

虽然从传承上来看是贝塔斯曼的第五代，但是莱恩哈德·摩恩几乎是从二战之后的一片废墟上重新建立起贝塔斯曼，并一路领导贝塔斯曼发展成为今天这样一个媒体帝国的。

目前贝塔斯曼集团的主要业务包括制作媒体内容、提供媒体服务及销售媒体产品。贝塔斯曼集团下辖欧洲最大的电视广播集团——RTL 集团（卢森堡），全球最大的图书出版集团——兰登书屋（Random House）（纽约），欧洲最大的杂志出版公司——古纳雅尔（Gruner+Jahr）（汉堡）以及提供媒体服务的欧唯特（Arvato）（居特斯洛）和通过俱乐部与网络形式在全球媒体产品零售市场中遥遥领先的直接集团（Direct Group）（居特斯洛）。

贝塔斯曼的集团架构

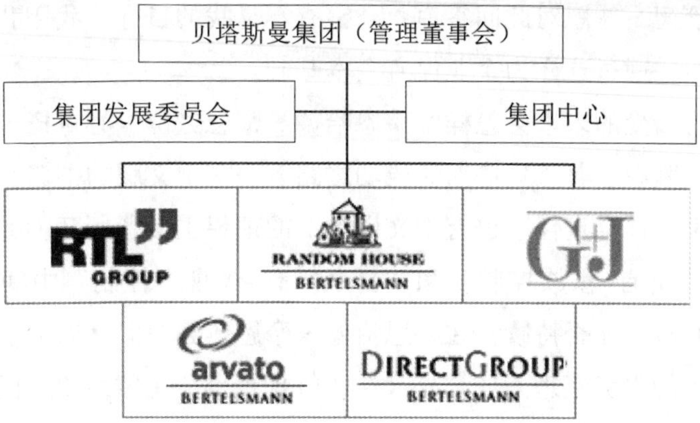

资料来源：贝塔斯曼集团网站。

RTL集团是上市公司，贝塔斯曼持有其90.3%的股份，余下9.7%为公开交易股份。兰登书屋、欧唯特和直接集团均为贝塔斯曼100%持股的全资子公司。古纳雅尔由贝塔斯曼集团和雅尔家族（Jahr family）共同持有，贝塔斯曼占74.9%，雅尔家族 占25.1%。

贝塔斯曼集团业务遍布全球50多个国家，员工人数近11万。2008财年贝塔斯曼集团收入161亿欧元。按业务分类的收入构成是：RTL集团35.0%，兰登书屋10.4%，古纳雅尔16.8%，欧唯特30.2%，直接集团7.6%。按地区分类的业务构成是：美国11.7%；德国36.3%，欧洲（除德国外）47.7%，其他国家4.3%。

2009年10月3日，88岁的莱恩哈德·摩恩去世。贝塔斯曼集团首席执行官哈特穆·奥斯特洛夫斯基在一份声明中说："贝塔斯曼为失去一位德高望重的企业领袖而沉痛默哀。我们将与莱恩哈德·摩恩的家人，尤其是他的遗孀莉兹·摩恩以及他的孩子们共同面对未来。"

2000年，莱恩哈德·摩恩在回顾其毕生成就时说，"没有哪家德国企业以我称之为企业文化的这种哲学，取得了如此大的成就，特别是一家传媒企业。美国人的大企业也没能做到这一步"（《贝塔斯曼背后的家族》P369）。是否真的是独特的企业文化带来了贝塔斯曼的成功，我们无法验证，但我们看到，为了坚持他的信念，莱恩哈德·摩恩拒绝了使自己成为世界首富的机会。据估算，如果1993年莱恩哈德·摩恩没有把所持68.8%的贝塔斯曼股份转给贝塔斯曼基金会，而是将其保留下来，并公开上市，他将是比比尔·盖茨还富有的人。莱恩哈德·摩恩对此回答道："富有不是我的目标。我用我的财富建立这个基金会，并通过这样为企业保有资本基础。"

但是贝塔斯曼的未来会怎样？莱恩哈德·摩恩这位一心宣扬"合作制胜"（莱恩哈德·摩恩所著《贝塔斯曼成功之路》一书中文版的书名，他的另一本著作"企业家的社会责任"也有中文译本）的理想主义者所开创的贝塔斯曼这种介于"家族所有–家族控制"和"公众所有–经理人控制"中间状态、以文化取胜的企业模式能否持续？在莱恩哈德·摩恩还健在但是退出了管理一线那些年里所发生的强势经理人或"外人"（管理董事会主席兼CEO托马斯·密德霍夫及监督董事会主席格尔德·舒尔特—希伦，分别于2002和2003年因公司领导方式或战略方向问题与摩恩家族冲突而离职）与家族控制之间的权力斗争，已经预示出了贝塔斯曼当前这种制度安排的不稳定性。

摩恩家族通过成立贝塔斯曼基金会及将所持贝塔斯曼股份的大部分转移到贝塔斯曼基金会名下，从财产所有权上削弱了贝塔斯曼的家族企业特征，但是在控制权（投票权）上并没有实质性的放松，并且通过贝塔斯曼管理公司掌握全部投票权等一些复杂的安排，使贝塔斯曼的实际治理和控制结构变得非常模糊和不容易理解。

由贝塔斯曼集团管理董事会主席兼首席执行官转任贝塔斯曼监督董事会主席、同时是贝塔斯曼大股东——贝塔斯曼基金会主席兼首席执行官的冈特·蒂伦，是个没有很大开拓性的老好人似的角色。贝塔斯曼现任监督董事会成员里，莉兹·摩恩应该是决定贝塔斯曼命运的比较重要的人物，她是贝塔斯曼基金会副CEO兼理事会副主席，并是实际掌握贝塔斯曼全部股份投票权的贝塔斯曼管理公司的董事会主席。莉兹·摩恩是莱恩哈德·摩恩的第二任妻子，比莱恩哈德·摩恩小二十岁。莱恩哈德·摩恩共有6个孩子，他和莉兹·摩恩的孩子克里斯托夫·摩恩是贝塔斯曼13名现任监督董事会成员之一。对于贝塔斯曼集团，莉兹·摩恩公开的言论和行为都显示出她是一个坚定的摩恩家族控制权的捍卫者。为了维护家族控制和"贝塔斯曼文化"，似乎宁肯牺牲贝塔斯曼进一步发展成为一个顶级全球企业的前景，退回到一个地区性公司的状态，也在所不惜。

尽管想要让贝塔斯曼走出“家族所有和家族控制”弊端，却又拒绝“股票上市、股权分散和职业经理人管理”的莱恩哈德·摩恩，也许只是做了一场尚难说是有确切结果的试验，但我们仍然要向他对公司治理制度的这种探索表示由衷和崇高的敬意。

10.3 米其林的独特结构与家族领导

米其林已经延续一百多年并且业绩辉煌，但是其法律形式上的两合公司结构，在有利于保持家族控制并让管理人能够更为尽责的同时，也会面临家族人才短缺或断裂问题的挑战。相比之下，也许还是美国那种高度自治的公司治理系统中，像谷歌和Facebook那样，通过分类股份设置等来保持公司控制来得更为灵活和便利一些。

10.3.1 小厂新生

米其林公司源起于米其林两位创业先祖安德烈·米其林（Andre Michelin, 1853—1931）和爱德华·米其林（Edouard Michelin ,1859—1940）母亲（阿代勒Adele, 1829—1898）娘家的家族工厂（他们的父亲于勒·米其林，Jules Michelin,）是个海关职员和画家）。这个家族工厂的历史最早可追溯到1831年，1886年陷入危机之后，阿德勒请其工程师出身的大儿子安德烈·米其林帮助拯救公司，安德烈则又拉来了已经从事绘画职业的弟弟爱德华加盟。

1889年5月28日，爱德华·米其林和安德烈·米其林将这个家族企业重组更名为米其林合伙公司（Michelin et Cie）。公司的主要业务是生产橡胶弹球和一种由织布和橡胶制成的马车和自行车刹车块。橡胶弹球是家族小厂的传统产品，刹车块则是安德烈·米其林的一项发明，申请了专利并在1889年的万国博览会上获得了铜奖。相比当时市场上的铁质刹车块，这种刹车块没有令人难以忍受的噪音，并因此而取名为“无声刹车块”。

10.3.2 充气轮胎

苏格兰人汤姆森（Robert William Thomson）于1845年最早提出充气轮胎的想法，并获得了专利，但太早于时代而仅仅是有个专利，很快被世人遗忘。1888年12月7日，另一位苏格兰人邓禄普（John Boyd Dunlop, 1840—1921）申请了“世界上第一个充满空气的橡胶管”的专利。邓禄普虽然建立了自己的公司，但也没有从他的发明中获利（经营不善，卖掉了事），只是史上留名了——邓禄普公司，至今仍是一家巨型轮胎企业。1891年，米其林发明了可拆卸轮胎，由此开始，米其林公司从一个生产刹车块和橡胶弹球的乡村小厂，成长为世界轮胎巨头。

米其林可拆卸轮胎的最大优点是修复方便，把爆胎修复时间从几个小时缩短到了十几分钟。为了推广这种可拆卸轮胎，米其林兄弟在申请了专利的同时，积极参加甚至组织自行车比赛。为了证明米其林可拆卸轮胎的修复方便性，爱德华·米其林曾在比赛路段上偷偷撒下钉子。在自行车轮胎取得成功之后，米其林兄弟于1894年在当时全法国不过几百辆汽车的时候，就开始着手开发汽车充气轮胎。汽车轮胎的前身产品是轻便车轮胎——当时巴黎的出租马车。为了推广充气轮胎，米其林培训了一些修理工，在巴黎大街巡视，以便随时为出问题的充气轮胎马车提供技术帮助。

10.3.3 车轮滚滚

米其林公司从1894年开始设计、研发汽车轮胎。为了推广充气汽车轮胎的概念，米其林还是首选参加汽车比赛。在1895年6月举行的一次1200公里的汽车比赛中，由于没能说服一个汽车制造商愿意在其参赛汽车上使用米其林轮胎，米其林公司买来两辆汽车并自己制造一辆汽车装上米其林轮胎参赛。其中一辆配备了很窄的米其林轮胎的参赛汽车，米其林自己公司里也没有人愿意驾驶，兄弟只好亲自上阵。这辆车是上百辆参赛车中在规定的100小时之内到达终点的最后一名——第九名，由于中途频繁更换轮胎而被取缔资格。但是，对于米其林来说，这却是胜利，证明了米其林充气汽车轮胎的可信性。

1896年2月，米其林汽车轮胎开始投放市场。1897年1月的一次汽车比赛中，米其林的充气橡胶轮胎相比当时的铁皮轮胎或扎满绷带的橡胶轮胎，显示出了无可置疑的优越性。到1912年，米其林在赢得了大部分法国及国际的重要车赛之后，宣布不再花费巨资参赛，而是专心制造小轿车轮胎，降低制造成本。但是，米其林通过广告及各种活动所进行的宣传推广活动层出不穷。其中包括著名的米其林轮胎人形象宣传，出版米其林地图和米其林指南，树立公路路标，等等。

从可拆卸的自行车轮胎开始，米其林的产品创新持续不断。奠定米其林轮胎霸主地位的创新是X轮胎的发明。1946年6月4日，米其林为其X轮胎——辐射状骨架轮胎申请了专利，这项技术比其竞争对手至少领先10年。X轮胎于1949年投放市场，使当时只有固特异十分之一大的米其林开始迅速成长为与其比肩的轮胎巨头。这个时期的米其林，由于拥有雪铁龙汽车公司，不仅可以不像早期那样先要费力地说服汽车厂商使用自己创新性的轮胎产品，而且可以为了发挥新型轮胎的优越性能，让汽车适应轮胎（1935年米其林接管了处于破产边缘的雪铁龙汽车公司。雪铁龙创建者安德烈·雪铁龙是位天才的革新者，但在财务管理上过于冒进。皮埃尔·米其林出任了雪铁龙总裁。米其林控制雪铁龙40年，在1974到1976年间分阶段将雪铁龙公司出售给了标志公司）。

米其林在1974年成为全球第三大轮胎制造商，1978年上升到第二位，从1990年代开始成为全球第一大轮胎制造商。目前，全球前三大轮胎企业之间差距不大，竞争十分激烈。2001到2004年米其林连续四年坐头把交椅，但是2005年这一位置被普利司通夺走。

10.3.4　独特结构

1889年米其林兄弟正式创立米其林公司时，沿用了其前身家族企业于1863年开始采用的法律形式——合伙公司或两合股份公司，并且一直坚持至今，是法国三个坚持这种独特结构（有承担无限责任的合伙管理人，同时公司股票又在公开市场上市）的大型公司之一。这是一种类似“有限合伙制”的公司形式，公司股东分为无限责任股东和无限责任股东两种，无限责任股东承担管理职责，有限责任股东拥有知情权，可以对公司管理事宜提出质疑，但不能直接担负公司管理职责。

在1886年米其林兄弟开始加入公司时，他们兄弟及其母亲合计占有公司股份约19%，在获得他们一位姨妈（占有23%股份）支持及经过1889年的增资和重组之后，米其林家族占有公司股份56%。爱德华·米其林和他的孩子们共占有公司22%的股份，爱德华·米其林成为公司唯一的管理合伙人。由于股东的权力有限，米其林公司的合伙管理人具有一种远远超过普通公司经理人，甚至是接近普通公司董事会和股东会的权力。

由无限责任股东和有限责任股东共同组成的两合股份公司，在法律结构上具有一种明显的优势。无限责任股东在担负无限责任的基础上可以牢固掌握公司的管理权力，这保证了公司的稳定，不会受到恶意收购的威胁。与此同时，它又与普通公司一样，可以在公开市场上发行股票和融资。1951年米其林公司股票上市，现在是巴黎证券交易所的巴黎CAC40指数（Cotation Assist é e en Continu 40）公司之一。

10.3.5 家族领导

创始人爱德华·米其林1940年去世，领导公司42年。这位公司缔造者，把米其林从一个家族小厂发展为一个全国性的大公司。爱德华·米其林的两个儿子分别在1932年和1937年，都是只有34岁的时候，分别因为飞机事故和汽车事故而去世。1940年爱德华·米其林去世之后，他的女婿罗伯特·皮瑟（Robert Puiseux, 1892—1991）肩负起米其林的管理职责，直到第二位米其林英才弗朗索瓦·米其林（Francois Michelin）接班为止。弗朗索瓦·米其林是爱德华·米其林的直系长孙，1926年出生，1955年成为共同管理人和皮瑟的副手，1959年开始全权掌管米其林。弗朗索瓦·米其林领导米其林的近半个世纪中，米其林从轮胎业世界第十的位置上升到了第一。

1999年，在全权领导米其林40年之后，也许是不愿意任职时间超过他的祖父，弗朗索瓦·米其林宣布退职，由其儿子爱德华·米其林（二世）接班。爱德华·米其林（二世），1963年出生，1989年进入米其林公司，1991年成为米其林集团的管理合伙人，1999年正式接班，全权掌管米其林。尽管第三代领导人弗朗索瓦·米其林还在世，但米其林家族的第四代领导人爱德华·米其林（二世）还是给米其林公司带来了一股清新之风。最为明显的一个变化是，米其林开始对股东利益给予更多的关注。弗朗索瓦·米其林从来不关心米其林的股票价格变化，而爱德华·米其林（二世）每天上班的第一件事就是看看米其林的股票价格。一向神秘和家族色彩浓厚的米其林，开始逐步走向公开和透明。

2006年5月26日，爱德华·米其林（二世）驾驶游艇在海上遇难，米歇尔·贺立业（Michel Rollier）出任米其林集团总裁（总管理合伙人）。米歇尔·贺立业，也并非“外人”，他的父亲弗朗索瓦·贺立业是弗朗索瓦·米其林姨娘的儿子。父母相继去世之后，只有10岁的弗朗索瓦·米其林由这位姨娘带大，他们二位是一起长大的兄弟。并且在1991年退休之前，弗朗索瓦·贺立业担任了24年的米其林管理合伙人。米歇尔·贺立业1944年出生，1996年9月加入米其林，任首席法律官和财务运营总监，2005年成为集团的管理合伙人。爱德华·米其林（二世）遇难前20天，米其林的另一位管理合伙人刚刚退休，爱德华·米其林（二世）又突然遇难后，米其林就只有米歇尔·贺立业一位负无限责任的管理合伙人了。

10.3.6 驶向何方

2007年5月11日，米其林集团股东大会修改了公司章程并首次任命了两位不负无限责任的管理合伙人，财务部经理米瑞东（Didier Miraton）和研发及工业性能部经理盛纳德先生（Jean-Dominique Senard）。这两位米其林历史上首次出现的不负无限责任、任期五年可以连选连任的管理合伙人和负有无限责任的总管理合伙人贺立业共同肩负米其林集团的领导职责。

贺立业也许会像皮瑟一样，在“代为掌管”米其林的同时，要培养米其林家族的下一位直系继承人接班。但是，不负无限责任的管理合伙人的出现，也许会给米其林公司的管理结构带来一种新的变化，使其与米其林家族之间渐行渐远。

10.4 驾驭宝马：家族控股企业的匡特模式

与贝塔斯曼、保时捷等在一个行业里从创业到发展成为世界级公司这类常见企业家族不同，堪称德国最成功企业家族的匡特家族，从纺织逐步发展到蓄电池、药品、化工和汽车等多种不同领域，从来不用自己的名字作为产品商标或企业名称。家族控股、职业管理，各公司完全独立，匡特家族始终在幕后工作。

10.4.1 起点

埃米尔·匡特1849年出生于一个贫苦人家，1865年16岁时开始在德雷格纺织厂做学徒。1880年埃米尔·匡特与德雷格的女儿成婚，此时德雷格已经去世，工厂属于德雷格的妻子和其5个孩子。1883年，埃米尔·匡特和他的一位妻弟合伙买下了工厂。几年后这位妻弟生病退出，埃米尔·匡特成为了独立的工厂主。

匡特家族第二代的领军人物也是匡特企业帝国创建者的京特·匡特出生于1881年。埃米尔·匡特把儿子作为自己事业的接班人精心培养，在京特·匡特还不满20岁的时候，花120万马克买下了一家新织布厂，交由京特·匡特管理。匡特自家织布生意兴隆，同时加上联姻因素（京特·匡特于1906年娶了一位机械制造厂老板的女儿，他的妹妹于1910年与一位织布厂老板的独生儿子结婚），京特·匡特在纺织行业的影响日渐增长。

通过签订合作协议、组建原料采购共同体等方式，京特·匡特成为了一位重要的纺织行业领导者。在第一次世界大战期间，京特·匡特组织德国纺织业为军队提供物资。在这一过程中，京特·匡特扩大了自己的结交范围，同时也把目光投向了更广泛的行业领域。1920年代德国的大通账时期，京特·匡特成为了一个成功的股票投机商。当时德国利用货币贬值机会大肆进行股票投机的顶尖人物施廷内斯，在其高峰时持有4554家公司的股份。基本手法就是利用银行贷款收购公司股票，然后用贬值的货币支付债务和利息。京特·匡特的高明之处是没有满足于投机获利，而是获取控制权后，进入企业，领导企业发展。这几乎成为了匡特这个德国最成功企业家族的一种商业模式。

10.4.2　入主AFA

通过收购股票进入企业，担当支持和领导角色并长期持有股份传给后代，这一匡特家族企业模式的第一个范例是由京特·匡特在蓄电池厂股份公司（AFA，Accumulatoren Fabrik Aktiengesellshaft）身上完成的。

AFA由商人穆勒在1887年创立，利用当时出现的一种新发明生产蓄电池。20世纪初开始，AFA就成为了具有世界级影响的蓄电池生产厂商。1922年，京特·匡特开始悄悄收购AFA的股票，1923年6月出任AFA的监督董事会主席，匡特企业家族开始走出纺织领域，进入了第二个发展阶段。

京特·匡特作为大股东和监督董事会主席进入AFA时，已经70多岁的公司创始人穆勒还健在，并每天到公司上班。穆勒没有孩子，把京特·匡特看作是合适的事业继承人，两人相处融洽。京特·匡特对AFA的介入越来越深，AFA的业务日益兴旺，取代织布厂成为匡特家族的核心资产。1938年，京特·匡特甚至从监督董事会主席改任管理董事会主席，直接担负行政领导职务。AFA在二战之中是德国潜艇所用蓄电池的主要供应商，与此同时京特于1928年出任监督董事会主席的柏林–卡尔斯鲁厄工厂原为德意志武器和弹药厂，是德国最大的军工企业。京特·匡特成为第三帝国时期最积极和最活跃的企业家，发了不少战争财。

二战结束之后德国一分为二，严重通货膨胀迫使西德于1948年货币改革，负债持有大量公司股票（戴姆勒–奔驰汽车的重要股东之一）和不动产的京特·匡特再次受益，为家族下一代经济上的进一步成功奠定了优良基础。1954年12月30日京特·匡特去世，享年73岁。

为了避免兄弟反目、家族纷争，京特·匡特在遗嘱中规定，家族财产作为整体平均留给两个儿子：赫伯特·匡特和哈拉尔德·匡特，两兄弟根据各自才能和兴趣，分管不同领域里的企业。赫伯特出任AFA的管理董事会主席，哈拉尔德出任监督董事会主席；在卡尔斯鲁厄工厂的分工则是正好反过来。京特·匡特还为两位儿子安排了两位重要经理人作为他们各自的助手，这四人共同组成最高领导委员会，共同商议决定有关整个“家族企业集团”的重大事项。

10.4.3 驾驭宝马

今日匡特家族所控企业中最耀眼的明星当属宝马汽车，这一战果是匡特家族第三代领军人物，京特·匡特之子赫伯特·匡特所取得的。

京特·匡特留下来3.85%的戴姆勒·奔驰公司股份。匡特兄弟看好汽车产业，1955年时增持戴姆勒·奔驰公司股份到9%。但是匡特兄弟没有另一位大亨——弗里德里希·弗利克（Friedrich Flick，1883～1972年）的可支配资金多，没有赢得这场奔驰争夺战。弗里德里希·弗利克把其被迫出售煤炭和钢铁资产所得资金投入到了戴姆勒·奔驰公司，持股达到25%，与此前的第一大股东德意志银行所持戴姆勒·奔驰公司股份一样多。匡特家族作为第三大股东，不能实际控制戴姆勒·奔驰公司。尽管持股收益丰厚，但这不符合匡特家族的企业运作模式。恰巧在这个时候，收购宝马公司的机会出现了。

宝马（BMW）全称巴伐利亚汽车制造厂，1916年3月成立。与管理良好、盈利丰厚的戴姆勒·奔驰不同，宝马管理不善，尤其是车型决策连连失误，1956年亏损600万马克。赫伯特·匡特开始悄悄收购宝马公司的股票和可转换债券。

1959年12月9日，宝马公司股东大会，讨论由公司大股东、实际控制者德意志银行提出的重组方案：由戴姆勒·奔驰公司收购宝马公司。但是，这个从大股东到监督董事会和管理董事会一致同意的方案，却遭遇了宝马公司中小股东们的激烈反对。尽管公司陷入困境，但是中小股东们不希望宝马公司被戴姆勒·奔驰公司收购从而失去独立性。本来以近四分之三股份投票权而信心在握的大股东没有想到中小股东方的代理律师利用德国股份公司法中的一项有利中小股东的规定而成功阻击了这次股东大会。根据公司法规定，如果公司公布的上年度财务报表中有差错，则10%的少数表决权就可以决定股东大会延期。律师指出，宝马上年度财务报表中列入了一种新车型（BMW700）的全部研制费用，而没有按照规则分年摊销。股东大会中断，致使由戴姆勒·奔驰公司收购宝马公司的方案不能在戴姆勒·奔驰公司大股东弗利克（此时已经持有40%股份）规定的最后期限之前如期通过，就等于拒绝了戴姆勒·奔驰公司的收购建议。

既是戴姆勒·奔驰公司股东也是宝马公司股东的赫伯特·匡特全程目睹了这次宝马公司股东大会的政变过程，下定决心自己要出手接管这家困境中的公司。对于想要像企业家一样发挥作用又非常喜欢汽车工业的赫伯特·匡特，宝马公司是个非常合适的机会。赫伯特·匡特在让戴姆勒·奔驰公司总裁那林格尔试驾宝马BMW700型样车，得到了“这种车可以生产”的评价，又找到巴伐利亚政府负责人表示要接手宝马公司，也获得了支持。但是，一方面是要避免同时在两家竞争性公司的监督董事会任职（赫伯特·匡特是戴姆勒·奔驰公司监督董事会成员），另一方面也是比较喜欢在后台发挥作用，赫伯特·匡特没有直接任职宝马公司监督董事会，而是作为大股东提名了他非常信任的两个人，律师威尔克和注册会计师塞姆勒，任职宝马公司监督董事会。

1960年12月的宝马股东大会通过了新的公司整顿方案，决定发行新股。一直以来作为宝马公司后盾的德意志银行这回不愿意担负宝马新股发行的承销协调人了。赫伯特·匡特找到两家相对弱小的银行——特林克奥斯银行和法兰克福银行协助承销，自己担任协调人承担吃进全部剩余股份的责任，这在德国经济史上是史无前例的。所幸赫伯特·匡特的决心给了中小股东们充分的信心，535万马克的新股只有10万没有被认购。

以后赫伯特·匡特用出售父亲留下的其他一些企业的股份所得的钱，又陆续增持了宝马公司股份，到1969年初时达到绝对控股地位。1969年9月赫伯特·匡特决定起用36岁时开始为匡特家族企业工作、现年41岁的金海姆出任宝马公司管理董事会主席。金海姆这位当时德国汽车公司里最年轻的管理董事长，领导宝马一路高歌，从1970年的15亿马克销售额增长到1993年的300亿马克。1992年，宝马公司在销售额上首次超过了梅赛德斯－奔驰公司。

10.4.4 分分合合

赫伯特·匡特和哈拉尔德·匡特二人，和睦相处，一直遵守京特·匡特遗愿：兄弟二人财产份额平分、一体化管理。不幸的是，1967年，哈拉尔德·匡特45岁时因飞机失事去世，留下了38岁的妻子英格·匡特和从2个月到16岁大的5个女儿。1970年英格·匡特开始向赫伯特·匡特提出分割财产。赫伯特·匡特自己将来也会留下妻子和6个孩子，他们13个人继承人能对公司的发展达成一致意见吗？经过长时间的商谈和评估之后，匡特第三代的两家之间分割了财产，各自管理。此时匡特家族持有奔驰15%的股份，绝大部分归了哈拉尔德（英格）·匡特家，宝马公司的股票则全数归属赫伯特·匡特家。

1974年，匡特家族所持奔驰股票转让给了科威特国王。赫伯特·匡特让出了奔驰公司股票之后，接过了宝马公司监督董事会主席的职位。赫伯特·匡特于1982年6月2日因病去世。为了避免子女们因争夺财产而引起矛盾，赫伯特·匡特在其去世前几年就开始精心制定方案、分配财产。他的三次婚姻所生6个子女各自得到了自己的财产。

匡特家族第四代成员已经不像第三代两兄弟那样财产捆绑在一起，而是各自名下有各自的财产。但是他们可以自愿选择运作上的“一致行动”。哈拉尔德·匡特的五个女儿把她们的财产放在了一起，由一家属于她们自己的资产管理公司管理。

宝马公司股票则至今一直留在匡特家族，主要是在赫伯特·匡特最后一次婚姻所生一儿一女手中。1997年，赫伯特·匡特34岁的女儿苏珊·克莱藤和30岁的儿子斯特凡·匡特同时被宝马公司股东大会选举为监督董事会成员。

10.5 安杰利：菲亚特和意大利家族资本主义

掌握着国美公司三分之一以上股权的黄光裕遭遇了控制权危机，只有20%左右股份的安杰利家族却牢牢保持着对菲亚特集团的控制。秉持“绝不让菲亚特落入他人之手”信念的安杰利，是如何做到这一点并成为意大利家族资本主义标杆的？以史为镜和他山之石都可以加深我们对创始人控制公司问题的理解。

10.5.1 图林意大利汽车制造公司：诞生于咖啡馆的造车梦

菲亚特帝国的创始人是乔万尼·安杰利一世（Giovanni Agnelli 1866-1945），1866年8月13日出生于意大利小镇菲拉·佩洛莎（Villar Perosa）的一个很有名望的农场主家庭，在其5岁之时，其年仅40岁的父亲病逝。1889年，乔万尼·安杰利一世以骑兵中尉的军衔从摩那德军事学院毕业。从在军校学习时，乔万尼就对工程和物理感兴趣，毕业后就在佛罗那建立了一个小工作室，研制发动机。现在瑞典的斯福克（SFK）滚珠轴承厂是乔万尼当年所创建的第一个工厂，当时名为瑞福（RIF）。在瑞福公司的生产走上轨道之后，乔万尼聘请了一位总管，负责打理瑞福公司及乔万尼的农庄。乔万尼自己开始梦想制造汽车，为此，1891年乔万尼到了图林。

布瑞洛咖啡馆，当时时尚和精英人士的聚会场所，作为新生事物的汽车，是这些人显摆和讨论的一个重要对象。他们的讨论的逐渐具体，何种品牌的汽车具有生命力，是应该向少数富人提供豪华型汽车，还是应该发展大众型汽车？应该采取什么样的形式组织这种生产呢？1899年7月1日，布瑞洛咖啡馆里的八位意大利绅士决定共同组建一个公司："图林汽车设计和销售公司"，不久后他们将公司名称改为"图林意大利汽车制造公司"，简称FIAT——菲亚特。菲亚特的正式成立时间比福特汽车公司的正式成立时间早4年，菲亚特的初始资本金额80万里拉，也比福特的1万美元（当时约合5万里拉）多出很多。

10.5.2 乔万尼·安杰利一世：缔造菲亚特帝国

菲亚特创立时的出资人有8个，但是工厂的实际管理者始终是乔万尼·安杰利一世。到1906年前后，菲亚特已经从最初的150名员工发展到了约有1500人，当年利润总额达200万里拉。乔万尼·安杰利开始不满于仅仅是股东之一，他要强化自己对公司的控制。这一年，菲亚特的股票开始上市交易，股票市值总额约900万里拉。由于快速增长的盈利，菲亚特股票深受追捧，股票价格很快从初始的每股100里拉上涨到每股1885里拉，几位创始股东经不住财富暴涨的诱惑，抛售股票退出了公司，而富有远见的乔万尼·安杰利一世则趁势买入，扩大了他的持股份额。

菲亚特股票的交易火爆，遭到监管机构的怀疑，1907年图林市检察院开始就乔万尼·安杰利一世是否编造了虚假财务报告、操纵菲亚特公司股票进行调查。到1908年8月，由于检察机关的严重怀疑，乔安尼·安杰利一世和菲亚特公司行政委员会的全体成员不得不集体辞职。但是再一年以后，检察机关拿不出乔万尼·安杰利一世有罪的证据，乔万尼·安杰利以公司总裁的身份重返菲亚特公司，这时公司的主要股东只剩下包括他自己在内的3位了。乔万尼到底是如何最终做到独揽菲亚特大权的，已经是历史之谜。意大利，也跟中国一样，是个关系型社会。许多人认为乔万尼·安杰利的"菲亚特股票运作"最终无罪，可能与他和在1892年到1921年之间曾5次出任意大利总理的乔万尼·吉奥利提过从甚密有关。

乔万尼·安杰利一世重返菲亚特之后，凭借与政府的密切关系，菲亚特得到了快速发展。随后的第一次世界大战中，菲亚特又赚得盆盈钵满。这时，菲亚特已经成为意大利最成功的企业之一，全国排名第三。

10.5.3 卓越的"管家"：瓦雷塔领导下的菲亚特

乔万尼·安杰利一世认为血浓于水，非常期望他的亲生儿子能够继承家业。但是他唯一的亲生儿子，埃多阿尔朵·安杰利（Edoardo Agnelli 1892—1935）的表现却很令他失望：一个连自己（生活放荡）和自己的妻子（同样放荡）都控制不了的男人怎么能掌管家族和家族企业的命运呢？更不幸的是，1935年7月，年仅43岁的埃多阿尔朵死于飞行事故。

1945年4月，在意大利进行清算法西斯罪行的"国民解放委员会"，宣布乔万尼·安杰利一世和他的大管家瓦雷塔有罪，并要没收菲亚特集团。但是最后，由于美国等西方同盟国的斡旋，1945年秋，安杰利家族与国民解放委员会最后达成了协议：由安杰利家族的大管家瓦雷塔执掌菲亚特管理大权，乔万尼·安杰利一世放弃墨索里尼于1923年授予他的终身议员身份。

1945年12月16日，菲亚特帝国缔造者，乔万尼·安杰利一世病逝于家中，留给他的子孙们总计约10亿美元的遗产。去世前指定了他的孙子，吉安尼·安杰利（乔万尼二世）为家族首脑和继承人。家族大管家瓦雷塔和年仅24岁的吉安尼·安杰利两人“三言两语”决定菲亚特人事安排的对话成了安杰利家族成员一直津津乐道的故事。瓦雷塔：“我的孩子，事情很简单，只有两种可能性。”吉安尼：“请您告诉我吧！”瓦雷塔：“要么你当董事长，要么我当。”吉安尼（松了口气）：“OK，那就您当吧！”瓦雷塔上任菲亚特董事长，吉安尼任副董事长并兼任瑞福滚珠轴承公司的董事长。

瓦雷塔，1883年出生，比菲亚特创始人乔万尼·安杰利一世年轻17岁，比预定的家族接班人吉安尼·安杰利年长28岁。瓦雷塔先接受过会计师培训，然后从高等商业学校专业，并于1909年创建了自己的管理咨询公司。1921年，乔万尼·安杰利一世将瓦雷塔招入麾下。瓦雷塔从1946年开始担任菲亚特董事长，直到1966年。在瓦雷塔领导的20年中，菲亚特成为了意大利最强大和最举足轻重的企业。

10.5.4　吉安尼·安杰利（乔万尼二世）：重振家族掌控

在瓦雷塔掌管菲亚特的年代里，年轻的吉安尼·安杰利虽然也参与公司重要事务的管理和决策之中，但是却将很大部分精力放在女人和足球上。不过他的足球，也是安杰利家族的事业，吉安尼·安杰利从1946年开始接任安杰利家族拥有的尤文图斯足球俱乐部主席，直到1966年开始担任菲亚特集团董事长为止。

尽管是职业经理人瓦雷塔实际管理菲亚特，但是安杰利家族还是菲亚特的王国。1962年，赫鲁晓夫在莫斯科接见时任菲亚特副董事长的吉安尼时曾说，“别的意大利政治家来来去去，您却将永远强大。”瓦雷塔和吉安尼之间的关系是既相互尊重，却又在心理上矛盾重重，但对菲亚特创始人乔万尼一世的敬佩联系着他们两人。

1966年，瓦雷塔已经83岁高龄，而吉安尼也已经45岁。菲亚特董事长的接班人问题已经必须提到议事议程上了。瓦雷塔并不看好吉安尼，他一直在寻找自己的接班人，并一再表示：在领导岗位卓有成效地工作10年以上的人都有希望成为候选人。他希望菲亚特的“传统”能够传承下去，瓦雷塔所坚信的这个传统是“任人唯贤”，而并非除“安杰利”不二的接班人传统。瓦雷塔最为看好的一个接班人是他的忠实助手波诺，已经在菲亚特工作了40年，从工人晋升为高级经理。

但是，就像20年前，被菲亚特创始人、他的爷爷乔万尼一世指定为家族继承人的吉安尼决定放弃董事长职位而让瓦雷塔感到意外一样，现在，在瓦雷塔准备让其忠实助手波诺接班的时候，一直没有明显表现出强烈愿望的45岁的吉安尼出乎瓦雷塔意料地提出了接班人安排的话题。又是一段非常简单明了的对话，解决了菲亚特的管理大权交接问题。吉安尼：“我想现在菲亚特需要新鲜空气，企业急需确立新的方向。”瓦雷塔：“听起来不错，那么，您认为该由谁来实现这一切呢？”吉安尼：“我想，现在该轮到我了。”瓦雷塔：“好吧，那您去找波诺，自己告诉他您的决定。”吉安尼：“没问题。”两个小时之后，波诺得知了此事，他就像菲亚特忠实的士兵一样，一如过去几十年来遵从乔万尼一世和瓦雷塔的决定一样，他也接受了乔万尼二世——吉安尼的这一决定，为这位新的菲亚特董事长工作。1967年，瓦雷塔去世。

吉安尼从瓦雷塔手中接管菲亚特，使菲亚特重回安杰利家族控制之后，对菲亚特集团的管理层进行了年轻化调整，并开始给予经理人员更多的授权。吉安尼把一直在菲亚特法国公司任职的弟弟乌姆贝托·安杰利（Umberto Agnelli）调回了集团总部任公司总裁和副董事长。波诺后来也成为了公司的副董事长。吉安尼的奋斗目标是：实现祖父的愿望，使菲亚特成为国际市场上的重要一员。

安杰利家族并不排斥职业经理人，支持忠实管家瓦雷塔领导菲亚特二十年，但是对于野心过大、有越俎代庖之嫌者则是毫不迟疑地赶走。1975年菲亚特陷入财务困境，以至无法支付股息。吉安尼聘请了一位危机专家贝内德提（该人名列意大利《世界报》评选“意大利经济界希望之星”，其中包括后来成为意大利首富，并出任意大利总理的贝卢斯科尼）。吉安尼买下了贝内德提的公司，并承诺给他5%的菲亚特普通股，这样，贝内德提就可以成为仅次于安杰利家族的菲亚特第二大股东。贝内德提进入菲亚特之后，拿出了一套整顿管理层、停止投资和裁减人员的方案。但是很快，因为贝内德提公开宣称他不想仅仅做一名菲亚特的雇员，并被怀疑打算通过他人在幕后收购菲亚特24%的股份（此时安杰利家族持有菲亚特的股份比例是25.71%），以达到成为菲亚特新主人的目的，在其上任仅仅100天之后就被解聘。

10.5.5 家族接班人难产，却仍能保持家族控制

安杰利家族似乎有明显的隔代遗传特性。吉安尼的儿子和他的父亲一样：忧郁、另类、孤僻。2000年11月15日，这位菲亚特掌舵人吉安尼·安杰利的儿子、已经被指定为接班人的埃多阿尔朵·安杰利从80米高的高架桥上跳下身亡。第四代安杰利中，现在有希望接班的是吉安尼的侄子、乌姆贝托的儿子小乔万尼。小乔万尼出生于1964年4月19日，毕业于美国布朗大学。小乔万尼匿名以普通员工的身份从菲亚特的底层干起。

1993年菲亚特陷入困境时，曾经求助于意大利美迪奥银行救助，并为此同意了银行方面提出的条件：由公司职业经理人罗密提（Cesare Romiti）担任董事长到1997年，然后由吉安尼的侄子小乔万尼接任，吉安尼改任名誉董事长。1995年，31岁的小乔万尼已经是菲亚特集团和控股公司IFI的董事。但是，不幸的是，1997年12月13日，年仅33岁的小乔万尼因为癌症而英年早逝。菲亚特一时又成了“没有王储的王国”。六天之后，菲亚特名誉董事长吉安尼宣布任命他不满22岁、1976年出生的外孙约翰·艾尔坎（John Elkann）为董事会成员。在年轻的约翰·艾尔坎能够接管菲亚特管理大权之前，菲亚特将由时任总裁、安杰利家族的老友弗莱斯科（Paolo Fresco）掌管。1998年罗密提退休，弗莱斯科出任菲亚特董事长。1999年，菲亚特百岁之时，在第五任董事长、职业经理人弗莱斯科领导之下，取得500亿欧元的销售收入，占意大利国内生产总值的5%。

2003年1月24日，吉安尼去世，享年81岁。紧急时刻，前些年已经从政、出任意大利参议员的吉安尼的弟弟乌姆贝托·安杰利出任菲亚特执行委员会主席，2月，就任菲亚特董事长。但是2004年5月，乌姆贝托病逝，Cordero Montezemolo出任新的菲亚特董事长，约翰·艾尔坎（John Elkann）出任副董事长，Sergio Marchionne出任菲亚特集团首席执行官，并于2009年菲亚特收购了克莱斯勒之后兼任克莱斯勒的首席执行官。Sergio Marchionne1952年出生，

拥有加拿大和意大利双重国籍。2010年4月21日，吉安尼的外孙约翰·艾尔坎（John Elkann）出任菲亚特集团董事长。

目前菲亚特的董事会既是家族化的又是国际化的。1975年出生的安德瑞·安杰利（Andrea Agnelli）自2004年5月30日开始担任菲亚特集团董事。印度塔塔集团第四代传人拉坦·塔塔（Ratan N·Tata）自2006年开始担任菲亚特集团独立董事。

10.5.6 安杰利与意大利的家族资本主义精神

根据2003年时的一项统计，在各国规模最大的100家公司中，属于家族所有的，德国是17家，法国是26家，意大利是43家。1998年，意大利大约60%的企业属于家族企业，雇员人数少于9人的企业中则有95%的企业属于家族企业。可以说，意大利是家族资本主义的魁首。

家族资本主义是意大利的脊柱。除了汽车业的安杰利家族是意大利股市上的第一大家族企业之外，橡胶业的皮内利（pirelli）家族占第二位，电脑业的奥利维提家族占第三位，体育服装和体育器械业的贝内通（benetton）家族占第四位。此外，化工业是蒙特卡提尼（montecatini）家族，能源业是艾迪松（edison）家族，冶金业是奥尔兰多（orlando）家族，等等。

很多意大利的家族企业坚持不上市。佛罗那市农业大王弗罗内希在其89岁时立下遗嘱，决定把公司的三个部门分别遗留给三个儿子。三兄弟劝说父亲对企业进行现代化改造以适应全球市场需要时，老头说："要是你们把公司带入股市，我就把你们的眼睛挖出来。"

安杰利家族控制下的菲亚特是上市公司，并且目前只持有20%左右的股份。但是安杰里家族秉持其一贯的"绝不让菲亚特落入他人之手"的信念。乔万尼·安杰利一世的座右铭是：把我的事业延续下去，保护好遗产，挑选合适的人，率领家族进入下一代。

吉安尼——乔万尼·安杰利二世一向推崇意大利家族资本主义思想，喜欢把"资本主义始于家庭"这句话挂在嘴边。在吉安尼·安杰利去世（2003年1月24日）后，隶属菲亚特集团、在国际F1汽车大赛赫赫有名的法拉利车队决定从2003年赛季开始，所有法拉利的赛车车型将以GA——吉安尼·安杰利名字的开头字母来命名。

今天，菲亚特集团（Fiat S.p.A.）除了在汽车领域里拥有菲亚特（100%）、玛莎拉提（100%）、法拉利（85%）和依维柯（100%）之外，还涉足很多其他领域。"菲亚特"已经超出了汽车的概念，成为意大利文化、意大利式生活的一部分。

意大利人认同、支持和崇敬那些创建了伟大企业的家族，并以他们为自豪。1895年乔万尼·安杰利一世当选为其老家城市菲拉·佩洛莎的市长，并且一直担任该职务直到1945年去世。在乔万尼·安杰利去世后，菲拉·佩洛莎的居民们又选择了他的孙子吉安尼接替他，担任菲拉·佩洛莎的市长，一直到1980年。

在菲亚特创业之初，图林有33万人。现在，图林和热那亚、米兰，共同构成了意大利的工业金三角。在图林，每个家庭都与菲亚特息息相关，"只要安杰利家族一切顺利，我们大家的日子就都好过"。

安杰利（Agnelli）在意大利语中是名词Agnello的复数形式，本意为羔羊，似乎正好象征着安杰利就是菲亚特和意大利家族资本主义的牧羊人。

10.6 欧莱雅：合理传承与企业稳定

行业龙头企业控制结构的不稳定已经不仅仅是企业自身的问题，而是社会的问题，甚至是涉及经济体系的安全与稳定问题。欧莱雅创始人欧仁·舒莱尔只有一个女儿，但却通过将财产权与管理权分开的一种"合理传承"安排，让欧莱雅能够在其过世后的半个多世纪里持续稳定地向前发展。

利利亚娜、雀巢与欧莱雅之间的稳定的三角结构，为家族企业在保持家族所有—家族控制和转向机构投资者主导—职业经理人控制这两种模式之间，提供了一种中间道路或说是第三条道路——家族和真正的战略投资者共同稳定持有—内部成长的职业经理人管理。

10.6.1 欧仁·舒莱尔：化学家兼经济学家缔造欧莱雅

1881年3月20日，欧仁·舒莱尔出生在他父母开的面包店的后院，巴黎第6区寻南街124号。欧仁·舒莱尔的父母生活很艰苦，共有过5个孩子，但是只有欧仁·舒莱尔一个存活下来了。成长在面包店的家庭里，欧仁·舒莱尔小时候“又是学徒又是小学生，后来是工人兼大学生”。中学毕业后，由于家庭经济困难，舒莱尔曾做过卖布头的流动商贩。但是几年后他又继续求学，并于1904年从巴黎化学专科学校（现为巴黎国立高等化工学院）毕业。毕业后，欧仁·舒莱尔先在索邦大学为奥热教授做助手，后又转到法国中央制药公司，奥热教授是该公司实验室主任的顾问。

1907年，28岁的欧仁·舒莱尔应巴黎一家理发店的邀请，开始研究染发。在自己家的厨房里研制出来了第一代合成染发剂。1908年3月24日，舒莱尔申请了专利。他开始晚上研制产品，白天就一家一家理发店地跑去销售。1909年7月30日，欧仁·舒莱尔正式创立了欧莱雅的前身——法国无害染发剂公司，并正式以“欧莱雅”为注册商标。舒莱尔通过他的一位表兄说服了一个小有积蓄的会计，安德烈·斯佩里，成为了拥有20%股份的合伙人（直到该人1936年去世一直如此）。从此，舒莱尔有了个大一点的办公地点，并且开始雇佣销售代理人。此后，直到1957年去世，欧莱雅一直在欧仁·舒莱尔的领导之下，逐步发展壮大为一个企业帝国。

欧仁·舒莱尔是个“6000小时连轴转先生”，用他自己的话说，“就是一个能够每天工作16小时，每年工作365天的人，没有星期六，没有星期天，没有节假日”。这位精力旺盛的企业家，至少有6本书和10多本小册子出版。包括《第二份工资》《经济革命》《工资与产量》《走向合理经济》和《能量税》等。在1941年出版的《经济革命》一书中，舒莱尔写道：“一个真正的老板，首先而且特别要有个性……是一个平和的竞争者，这个人永远闲不下来，永远对他的现状不满意，永远为明天着想……他被内心无法抗拒的动力推动着，这动力好似一个内心深处的魔鬼……对他来说，最理想的莫过于：行动……一个真正的老板要有战士的灵魂，只有在战场上他才完全感觉得心应手。”这些，可以说就是他自己的写照。

10.6.2　欧仁·舒莱尔的传承之法：财产继承与企业管理分开安排

欧仁·舒莱尔作为化学家发明了染发剂而成为了企业家。作为企业家，舒莱尔强调企业要在提高产量的同时提高工人的工资，可以说是“分享经济”思想的领先者，不过，他自己用的是“合理经济”这一概念。那么，对于他一手缔造的欧莱雅企业帝国的传承，他又认为如何安排才算“合理”呢？

欧仁·舒莱尔从来没有想过把欧莱雅的大权交给他唯一的孩子——女儿利利亚娜，他明确表示：“我从来没有说过要取消遗产的继承。儿子们总是要继承遗产的，可他们不能继承管理。我再说一遍，将军的儿子不见得一定是将军，不要因为你是老板的儿子所以你就一定是老板”。

1957年，在他去世之前，欧仁·舒莱尔选择了一位已经跟随他15年之久、1948年成为欧莱雅二把手的弗朗索瓦·达勒作为接班人。欧仁·舒莱尔甚至把达勒写进了他的遗嘱中：“我指定所有财产的遗赠承受人首先是我的女儿利利亚娜；假如我的女儿在我之前辞世，则为我的女婿安德烈·贝当古先生；假如我的女儿和女婿在我之前辞世，则为弗朗索瓦·达勒先生。”这时的利利亚娜35岁，她服从父亲的决定。在舒莱尔的葬礼上，欧莱雅财产权的继承人利利亚娜请欧莱雅企业管理权的“继承人”、其父亲指定的欧莱雅公司新总裁站在她的旁边。达勒回忆说，她“拿起我的手，一言不发，握在她的手中。我们之间的命运纽带就这样紧紧地连在一起了。”

欧仁·舒莱尔在去世前三年（1954年）时曾说，“我永远不会成为富人……我曾经以为可以聚敛很多财富……我们的世界正在改变，在不远的将来，人与人之间的差异将只表现在道德与精神层面上。”1963年，在欧仁·舒莱尔去世六年之后，欧莱雅股票上市，使他的女儿利利亚娜·贝当古成为了法国最富有的女人。

利利亚娜在作为家族企业的欧莱雅组织中成长，也成为了她父亲思想和精神的继承者和维护者。作为欧莱雅的主要所有者、大股东，利利亚娜把企业管理的权力托付给了别人，却一直记挂着自己作为大股东的角色，妥善地行使其所有权的力量，关注而不具体介入，更不会无故干涉企业的管理和实际运作。

利利亚娜·贝当古知道如何聚集一批杰出的管理人才，把父亲遗留下来的产业发展壮大。她和她的丈夫安德烈·贝当古，女儿和女婿四人都加入了欧莱雅的控股公司——Gesparal控投公司的董事会。安德烈·贝当古任主席，利利亚娜和达勒任副主席。贝当古夫妇及其女儿女婿也在欧莱雅董事会担任重要角色。

利利亚娜出席欧莱雅公司的各种重要活动，“露出资本家的笑容”。除了作为“第一夫人”角色之外，她还在公司投入很多精力并了解市场上的情况。公司总裁经常给她汇报集团主要领导人的情况，他们的优点、缺点，等等。欧莱雅的总裁总是强调，最大股东对公司的永久性支持非常重要。从1963年达勒带领欧莱雅上市，1974年与雀巢公司的资本合作，1995年收购美宝莲，在欧莱雅公司管理层决定进行这些大动作时，都得到了利利亚娜作为大股东的支持和同意。

10.6.3 利利亚娜：富二代的责任

在利利亚娜·贝当古看来，金钱带来的是更多的责任，而不是攫取。“我可以对一幅画产生由衷的喜爱；可这幅画，我没必要把它摆在家里，挂在别处也照样很好……人们给予我的最好礼物就是他读过的书。如果他加了注，那就再好不过了！”“人与人之间的关系，是金钱买不来的。友情、对生命的鉴赏、健康，才是最有价值的。所有不能用金钱买到的都是最贵重的。”

以利利亚娜·贝当古的富有程度，完全可以再更多收购一些企业的股份。然而她从来不想在欧莱雅和雀巢以外拥有任何企业的股份。她不会去意气用事地斗富，甚至不会在正常的商业竞争中意气用事。在竞购法国一家名贵葡萄酒企业时，当竞争者把出价提到合理价位之上时，利利亚娜·贝当古马上退出了。一旦谈生意变成一种较量，贝当古夫妇便会急流勇退，这一直是他们的行事风格。他们完全可以决定把财产全部卖掉，移居到纳税不严格的国家去享清福，因为他们在法国每年要交大笔所得税。但他们选择了回报养育他们的土地，照顾好自己的一份家产。这是只有世代相传的富人家族才具备的精神。

利利亚娜·贝当古的丈夫安德烈·贝当古一直在从政，曾经拒绝了出任法国卫生部长的任命，因为他怕这会与欧莱雅公司发生利益冲突。

10.6.4　与雀巢合作：欧莱雅股权控制的中间道路

1963年欧莱雅上市，家族一直保持控股，没有遭遇来自资本市场的并购威胁。但是到了1960年代末和1970年代，法国出现左倾倾向，出现了来自政治上的威胁。1972年6月，法国共产党和共和党通过了共同政府纲领，要“打破大资本家的统治”，预备对大多数企业进行国有化。在这种背景下，为了避免欧莱雅被法国政府国有化，时任总裁达勒提出了与一家非法国企业合作的建议，得到了利利亚娜的支持。

经过长时间谈判，1974年3月，欧莱雅与雀巢最终达成股权合作协议，并获得了法国政府的批准。利利亚娜·贝当古和瑞士雀巢公司共同通过一个名为Gesparal的持股公司控制欧莱雅53.7%的股份。利利亚娜·贝当古及其家族成员和瑞士雀巢公司分别持有Gesparal公司51%和49%的股份。这样，二者分别间接持有欧莱雅27.39%和26.31%的股份。作为交换条件之一，利利亚娜获得雀巢4.06%的股份，成为雀巢公司最大的个人股东。目前，利利亚娜和雀巢各自持有欧莱雅的股份比例分别是31.0%和29.8%，双方合计持有的欧莱雅股份从53.7%增加到了60.8%，但是双方的力量对比仍然是51%比49%。利利亚娜持有的雀巢股份后来减持到了3%以下，因为1988年11月开始雀巢规定了单一股东能够持有的股票及投票权份额上限为3%。

在欧莱雅与雀巢达成股权合作协议的时候，法国刚出现了所谓的“Roussel Uclaf公司症”。Roussel Uclaf是法国医药研究的顶尖企业，在其最大股东逝世之后，因为其继承者没有能力解决接班人的权力移交问题，而被德国Hoechst公司控制了，法国人眼睁睁看着自己的顶尖企业转让给了外国人，感觉国家遭受了很大的损失。因此，法国政府在批准欧莱雅与雀巢的合作协议时附加了限制条件：20年之内（到1994年3月为止），双方均“不得以任何方式出卖、转让或者抵押”Gesparal的股份。

截至2009年12月31日，欧莱雅的股权结构为：利利亚娜·贝当古及其家族31.0%，雀巢公司29.8%，国际机构投资者21.3%，法国机构投资者9.4%，个人股东5.4%，库存股份2.4%，欧莱雅员工0.7%。

10.6.5 欧莱雅的管理层权力交接：股权稳定则公司稳定

在一百多年的历史中，欧莱雅一直有一个大股东，而且一切事务的进展都是以此为前提的。即使在法国，这种大股东股权的持久性和公司自身管理人员的稳定性都是了不起的。在欧莱雅，权力的移交总是平稳地进行，不会引起任何波澜，并且掌权人能够长久地坐在权力的宝座上，带领欧莱雅进入到一个新的高度。除了创始人之外，欧莱雅只有过四位总裁。

欧莱雅创始人之后的四位总裁都像创始人一样，在同一个企业里完成了他们的职业生涯。他们分别是：弗朗索瓦·达勒，扩张主义者，在他27年的任期内（1957–1984）欧莱雅的销售规模从1.5亿欧元上升到30亿欧元；夏尔·兹维亚克，达勒的研究人员和同代人，一位过渡总裁（1984–1988）；林塞·欧文中（Lindsay Owen–Jones），一位征服者，在他的领导（1988–2006）之下，欧莱雅真正实现了国际化；保罗·阿贡，2006年接替欧文中，开始担任欧莱雅首席执行官（欧文中退任非执行董事长）。

达勒1918年出生，比创始人舒莱尔小31岁，1942年24岁时应聘进入欧仁·舒莱尔于1928年收购来的梦皂公司（Monsavon）工作，1948年出任舒来尔的副手，1957年接任舒莱尔，成为欧莱雅的第二位总裁。到1984年达勒从欧莱雅退休时，他已经在欧莱雅度过了42年。像创始人妥善安排了达勒作为欧莱雅的接班人一样，达勒也妥善安排了自己的接班人：只比他小四岁的兹维亚克担任四年过渡总裁，然后由欧文中接任。兹维亚克1945年进入欧莱雅工作，从事研究工作，出版了一部长达617页篇幅的《毛发处理的科学》。

林塞·欧文中，欧莱雅的第四任总裁，毕业于英国牛津大学，1969年23岁时在欧莱雅找到了他的第一份工作——推销员，1988年开始担任总裁。如果说欧莱雅集团大股东把守着法国第一大富翁的地位，那么欧文中则是法国享有最高薪水的公司总裁，2000年他的收入是法国航空公司总裁收入的16倍。

2006年，执掌欧莱雅长达18年之久的欧文中退居二线，由董事长兼首席执行官改任非执行董事长。接替欧文中首席执行官职位的是保罗·阿贡（Jean–Paul Agon）。保罗·阿贡于1978年加入欧莱雅成为一名推销员，三年后成为欧莱雅希腊运营部门的领导人。此后又历任碧欧泉（Biotherm）的全球董事，欧莱雅美国公司总裁。保罗·阿贡是法国人，欧文中是目前欧莱雅董事会中唯一一位非法国人。欧莱雅的管理权力重新回到法国人之手。

在2010年福布斯全球上市公司2000强排行榜上，欧莱雅集团以243.65亿美元销售额、24.99亿美元利润、333.79亿美元资产和630.53亿美元市值的综合实力排在第152位，第153位是麦当劳。在上榜的64法国企业中排在第13名，达能、家乐福均在其后。中国只有中国工商银行、中国石油、中国建设银行、中国银行、中国移动、中国石化、中国交通银行和中国招商银行等8家排在欧莱雅前面。

GREAT
COMPANIES
INNOVATION, GOVERNANCE AND SUCCESSION
伟大的公司
创新、治理与传承

第11章
公司控制与治理模式转型

公司治理转型与公司控制模式演进，是公司制企业在按照公司治理基本规则，应对自身及外部各种条件变化而进行的一种适应性调整过程。

11.1 公司治理：跨越转型陷阱

11.1.1 什么是公司治理转型

在中国当前的商业环境和语境下，谈公司治理转型，要首先将之区分为两层含义。一是要建立健全真正的公司治理，真正按公司制企业的基本规范去做。这个层面上的“公司治理转型”，或者更准确说是现代公司治理机制的有效建立，是公司治理转型的真正基础。二是规范运作的公司制企业，随其规模扩张或各种因素变化而自然演进出来的公司治理转型问题。

没有上述第一个层面上的公司制企业基本治理规范为基础，就谈不上第二个层面上的公司治理转型。第二个层面上的真正的公司治理转型，已经无关法律规定，无关公司治理运作的一些基础规则。公司治理转型，是公司制企业在按照公司治理基本规则，应对自身及外部各种条件变化而进行的一种适应性的调整过程。正是公司治理基本规则，为公司制企业提供了进行这种适应性调整的可能。

简单说，公司治理的基础规则就是股东有限责任和董事会集中管理这两条。公司治理转型的核心内容和两条主线则是股权分散和职业管理。如果没有有限责任和董事会集中管理，公司股权很难分散，股东不可能退出公司管理，职业管理也就无从谈起。因此说，公司治理基础规则是公司治理转型的前提条件，没有公司治理基础规则，就谈不上公司治理转型。

中国当前很多公司，在公司治理基础规则缺位的情况下，追求公司治理转型，是皇帝还在的情况下搞丞相负责制，无论如何都还是人治，是关键人治理，而不是法治，不是公司法人治理规则下的职业管理。

11.1.2 公司股权和控制的四种形态

在笔者深入研究过的近百家企业案例中，最重要和普遍的两条主线是，公司从创立、成型到成熟过程中，公司股权从集中走向分散，公司控制权从创始人转移到经理人。不是所有的公司都能走到股权分散、职业管理这一步，股权分散、经理管理也并非就是公司治理先进，但是，随着公司规模扩大和公司历史增长，股权分散和职业管理，往往是多数公司所不得已的选择。

股权分散和职业管理往往相伴发生、同步发展，但是二者之间并没有必然和必须一致的联系。从逻辑和历史两个角度上看，股权集中还是股权分散，股东管理还是职业管理，都有如下四种组合：A.股权集中，股东管理；B.股权集中，职业管理；C.股权分散，股东管理；D.股权分散，职业管理。

这里的股权集中和股权分散，我们大致可以按第一大股东持股比例20%左右为分界。股东管理就是主要股东直接出任主要经理人职位，职业管理则是职业经理人出任主要经理人。即使职业经理人因股权激励或是并购等因素而持有公司少数（非控制性）股份，也可以看作是职业经理人。如，老沃森出任IBM前身公司总裁职位时，获得了5%的分红权，但他是职业经理人角色。斯隆因其所创办的轴承公司被通用汽车收购而加入通用汽车，陈晓因其所创办永乐电器被国美电器收购而加入国美电器，但二人后来成为承继公司主要经理的角色，都是职业经理人。

ABCD四种公司治理模式都有典型代表。

A类股权集中、股东管理的公司就是古典型企业，是绝大多数公司的起点，也是绝大多数中小企业的现实状态，创始人拥有、控制并直接管理企业。

B类股权集中、职业管理的企业，则是主要发达国家之外的世界大多数国家的公司治理状态。中国的绝大多数公司，无论国有还是民营，都可以归入到这一类里。世界著名公司中，德国的贝塔斯曼集团可以说是这类公司的一个典型代表。

C类股权分散、股东管理的企业，典型代表是欧洲的一些传统家族企业和美国的一些新兴高科技企业，前者如意大利的菲亚特和法国的米其林，后者如谷歌、脸谱、亚马逊，以及比尔·盖茨退出公司管理之前的微软，与退市之前的戴尔电脑。腾讯和阿里巴巴也可以归入此类。

D类股权分散、职业管理的企业，是目前世界顶尖大公司的主流模式，但最为典型的是美国的通用电气、IBM、苹果，瑞士的雀巢，日本的索尼等。中国公司中，新浪是这种状态，金山和万科都已经比较接近，但还都不能完全算是这种模式。

11.1.3 公司治理转型的两条主要路径

在上述公司股权和控制的四种形态中，我们大致可以把股权集中、股东管理作为起点，而把股权分散、职业管理作为目标来界定公司治理转型的过程。这样的公司治理转型过程，理论上就有三种路径：①从股权集中、股东管理直接转变为股权分散、职业管理；②从股权集中、股东管理转变为股权集中、职业管理，再转变为股权分散、职业管理；③从股权集中、股东管理转变为股权分散、股东管理，再转变为股权分散、职业管理。

但是，在现实中，上述第一种路径很难实现，成功的案例很少。1901年摩根财团收购卡内基钢铁公司后组建美国钢铁公司，以及1892年摩根主导下的爱迪生通用电气公司和汤姆森—休斯敦公司合并后组成通用电气公司，可以算是两个比较靠近的例子。但是，这两个案例的共同特点是，虽然法律上公司股权是一步到位似的分散了，但是摩根及其合伙人作为股权分散后众多股东（也就是摩根的客户们）的代理人，在很长时间内都拥有着公司的控制权，也就是我们说的金融大亨取代了实业大亨。与此同时，这两个企业在其实业大亨时代的后期，都很大程度上引进了职业管理。卡内基作为占其钢铁公司一半股份的大股东，主要通过信件方式对公司管理提出建议和意见。实际上，向摩根提出收购卡内基钢铁公司、组建美国钢铁公司建议，并且出任了美国钢铁公司首任总裁的人就是时任卡内基钢铁公司总裁的斯瓦布。因此，我们也可以把从卡内基钢铁公司到美国钢铁公司的治理模式转型路径，近似地归结为上述第二种路径，即先实现了股权集中、职业管理，再实现了股权分散、职业管理。

如果不考虑理论上存在，实践上很难也很少发生的上述第一种公司治理转型路径的话，我们可以把上述第二种和第三种路径看作是公司治理转型的两条主要模式或说是两种模式。第一种模式是保持股权的集中和稳定，优先实现职业管理，这是欧洲家族企业的主要模式，可以称之为欧洲家族企业模式。第二种模式是优先实现股权的分散和流动，这是美国企业所普遍采用的模式，可以称之为美国上市公司模式。出现这两种公司治理转型模式上的分野，主要原因在于欧洲和美国在企业资本积聚和资本市场发达程度的差异。

欧洲由于长期的封建历史，有很多贵族和富裕家族存在，在开始工业化和发展现代公司的时候，这些富裕家族可以提供相对充裕的原始资本供给，使企业对资本市场的依赖程度不高，企业可以在保持股权集中和稳定的情况下发展和壮大起来。随企业规模的扩大，在人才方面的需求，迫使这些企业不得不引入职业管理。美国继承了欧洲的思想文化，但是没有欧洲那样的贵族和富裕家族。从工业化和现代公司起步时期起，美国企业就需要通过资本市场融资，才能很快地发展和壮大，这使美国形成了很好的股权文化，对股权分散持开放心态，甚至是积极拥抱股权分散。

11.1.4　公司治理转型和控制模式演化的大股东（和创始人）陷阱

能够实现股权分散化并成功建构起来一套职业经理人体制的公司虽然不少，但是规模已经大到难以有新的控制性大股东产生，或者公司已经做出了如通用电气和雀巢那样的一种坚持立足于高度分散的股东基础并从公司内部治理制度安排上做出了限制新大股东（控制性投票权）产生的战略性选择的公司，还是凤毛麟角。有公司在经过了股权分散、经理人主导之后，因为业务发展不顺或公司陷入困境需要救助等原因，又重新回到了新的大股东控制模式，如西尔斯。王石在万科已经摆脱了原大股东控制，股权相当分散了之后，又自己主动选择了华润成为新的大股东，以“背靠大树好乘凉”。

公司能否相对顺利地完成治理模式转型和公司控制权的转移与传承，既取决于公司外部的公司法律体系完善程度和资本市场深度，也取决于公司内部的治理机制安排，公司创始人的偏好与选择、创始人的家庭和家族情况，以及公司业务发展机遇，等等。资本市场越发达，社会和法律对中小股东的保护越充分，公司在股票市场上的价值越大，股权融资要比债权融资更容易，并且成本更低，公司股权就会越分散。这种情况下，阻碍公司走上股权分散进程的就是大股东。如果大股东限于其自身的眼界或者偏好，宁愿公司发展缓慢也要把公司牢牢掌控在自己手中，公司就会停在“大股东陷阱”之中，走不上股权分散之路。

贝塔斯曼集团是这方面的一个典型。2006年7月，为了避免比利时GBL公司将其所持贝塔斯曼集团股份公开上市，从而使贝塔斯曼集团本身由私人控制的股份公司转为公众股份公司，贝塔斯曼集团出价45亿欧元回购了这部分股份。中国主板上的很多公司，虽然已经上市，但是仍然处在大股东陷阱之中，难以自拔。创业板公司相对要好一些，已经出现了很多创始人和大股东持股低于20%的公司，进入了“股权分散—股东管理”的阶段。

阻碍公司转型的大股东陷阱不仅仅表现在拒绝股权分散上，也可以表现在拒绝职业管理上，或者说是，把职业管理限制在一个有限的范围之内，拒绝进一步走上“市场控制—经理人主导阶段”。这类公司很多，特别是在欧洲大陆国家，甚至也可以把日本包括在内。从瑞典沃仑堡集团到德国的汽车家族，从法国的米其林到意大利的菲亚特，以及日本的丰田集团，等等，大股东或创始人家族都对公司管理层人选有相当大的控制权。美国也存在这种情况，不过程度要比欧洲和日本轻一些，性质也有所不同。美国主要是在新近成长起来的高科技企业中，存在通过投票权信托和分类股份设置等手段维持的创始人控制。但由于美国资本市场和职业经理人市场的高度发达，这些企业在创始人离去之后，基本不会继续存在严格的创始人家族控制。

康佳集团为我们提供了一个大股东陷阱的最新案例。2015年5月28日，康佳公司股东大会选举出来的公司新一届董事会中，4位由公司大股东和原董事会提名的董事候选人落选，中小股东提名的4位董事候选人当选，占了7个董事席位的多数。这样一个新董事会，一经股东大会选举产生，就能够立即到位，能够被有关各方所接受，可谓是中国公司治理的一个重大进步，同时也预示着中国公司治理的一种“新常态”。可是，这个中小股东占多数的董事会仅仅运作了4个月。2015年9月29日，中小股东推荐当选的董事、监事辞职，康佳集团董事会和监事会都重回大股东控制状态。

中国人的思维总是偏好集中，以为集中起来才安全。比如，所谓涉及国计民生的行业要保持国有，可是集中起来的国有，不还是要由官僚体系选择出来的一些个人来具体掌管吗？一旦这个人不可靠，其危害力是巨大的。其实，集中是更危险的，越是分散的才越安全。当年，范德比尔特家族控制美国铁路，美国政府出于国家安全考虑，强令其将所持铁路公司股票专售给公众。高度分散的公众持有才是最安全的。精英意识作怪之下的官员，会口口声声老百姓，但实际最看不起百姓；精英意识作怪之下的公司管理者，会口口声声中小股东，但实际最看不起中小股东。在公司股权结构选择上，惧怕分散，实际就是一种精英意识在作怪。

万科没有继续推进股权分散，有审批制的中国资本市场上一直存在着严格的公司再融资限制这方面的原因，但也有当事人的认识问题。股权分散的市场中公司，只要不是业绩实在太差，像万科这样的公司，完全有机会通过修改公司章程，引入一些市场化的合同治理机制，来抵御敌意并购，保护公司管理层的职位稳定和利益。万科靠上了华润之后，就没有在这方面进行相应的制度设计。可以采用的办法很多，如，按投票权不同进行的分类股份，按任期不同进行的分类董事，公司股东权益保障计划，经理人控制权变更条款以及单一股东及代理他人行使的最高投票权比例限制条款，等等。

11.1.5　公司治理转型不是一个简单和单方向的直线过程

虽然我们在理论上把公司治理转型总结为从股权集中、股东管理开始，通过先股权分散再职业管理和先职业管理再股权分散两种路径，走向股权分散、职业管理的过程，但是实践上，不能教条地认为这是一个单向、直线和必需的过程。我们前面给出的公司治理转型的一般性定义是，“公司制企业在按照公司治理基本规则，应对自身及外部各种条件变化而进行的一种适应性的调整过程。”

作为一个适应性的调整过程，就是根据企业自身及外部条件变化而进行的一种相机选择，就是说，虽然公司治理转型的总体大势是从股权集中到股权分散，从股东管理到职业管理，但是具体到一个企业，一个企业的具体时点上，也存在着反向选择的合理性。分散了的股权可以重新集中，退出了管理的股东可以重新回归公司管理，至少在一定的时间期限内，这可以是一个企业在公司治理上的有效选择。

1903年福特汽车公司成立时有12个股东，亨利·福特持股25.5%，因为股东之间的矛盾和纠纷，经过1906年1919年的两次收购，到1919年变成了亨利·福特本人持股58.5%、福特的儿子持股41.5%的完全家族企业。

创建于1886年的西尔斯公司，早在1920年代就实现了股权分散、职业管理，甚至是经理人主导。可是，2005年高盛出身的兰伯特作为对冲基金经理和投资人，推动凯玛特和西尔斯—罗巴克的合并，出任董事会主席掌控公司。2013年兰伯特进一步任职到了经理层，董事会主席兼首席执行官，本来要保持距离的投资人变成了所有权与经营权融合的股东—经理人。

2013年10月，戴尔公司私有化完成，迈克尔·戴尔以其原有戴尔公司16%的股份和新投入资金，控制了私有化后戴尔公司75%的股份。戴尔公司从股权分散、股东管理的公司反向转型为了股权集中、股东管理的公司。出现这种选择的主要原因是公司创始人、主要股东和华尔街之间，在对公司潜在价值和最佳战略方向的看法上出现差异。

11.2 公司控制：凭据、机制与模式

作为一种人为事物，公司法人自身并没有头脑，更没有心灵。无论通过何种机制，公司总要由自然人控制。作为公司终极控制者的自然人，无论是单

人、多人还是众多，他们所依据的规则和凭借的机制不同，则形成了不同的公司控制模式。

11.2.1　控制凭据：从所有权到管理能力

股东主权已经是现代公司的基础规则，所有权由此成为公司控制的起点。但是，随着资本市场的发展和公司股权的分散，出现了公司的控制权与所有权之间的分离趋势，管理能力成为了比所有权更重要的公司控制凭据。最早系统揭示了这一趋势的米恩斯对公司控制权状况从完全依靠所有权的控制到没有所有权的控制进行了五级分类：几乎完整的所有权，主要控制权，通过法律机制的控制权（金字塔、无表决权优先股或普通股、表决权信托），通过股份的小部分控制权，和管理层控制权。

美国由于缺少欧洲国家（包括英国）那种传统贵族和富有家族，从工业化开始时期就主要通过资本市场融资，走在了公司股权分散的前沿。到1930年代，美国公司的主流模式就已经是股权高度分散，公司实际控制凭据从所有权演变为管理能力了。从终极控制权看，1930年美国最大的200家公司中，有88家是管理层控制，46家是少数所有权控制，41家是法律手段控制，10家是多数所有权控制，12家是私人所有权控制。从大股东持股比例看，1938年美国最大的200家公司（包括上市和非上市的全部公司）中，有42家（占21.0%）大股东持股比例在50%-100%之间，37家（占18.5%）大股东持股比例在30%-50%之间，47家（占23.5%）大股东持股比例在10%-30%之间，13家（6.5%）大股东持股比例在10%以下，61家（占30.5%）公司无大股东（《公司治理的历史》第599-600页）。

日本上市公司也与美国公司无异，股权高度分散，很少掌握公司控制权的第一大股东存在，更很少有母公司存在。根据东京证券交易所发布的《东证上市公司治理白皮书2015》，在截至2014年7月14日的全部3114家东京证券交易所上市公司中，只有9.0%的公司第一大股东持股比例在50%以上，高达56.2%的公司第一大股东持股比例不足20%。在全部东证上市公司中，有629家、占总数18.4%的公司存在控制性股东。所谓控制性股东是指，是上市公司的母公司，或者是自身及与其近亲合计持有上市公司多数投票权的大股东。81.6%的东证上市公司既无母公司也无控制性股东存在。

11.2.2 控制机制：从大亨工具到精英网络的连锁董事

根据David Bunting在《美国公司网络的形成》一书中所做的研究，到1816年纽约市的主要银行和保险公司已经紧密地通过董事互相连锁在一起了。连锁程度最强、出任董事职务最多的董事是那个时代的主要资本家，通过董事席位最大程度地保护他们自身的利益。在1900到1920年之间，由于反垄断法的实施和进步主义运动，以及随美国第一代实业大亨和金融大亨们的离去或逝去，他们的后代或者他们选定的其他接班人，都无法完全承继他们那么大的影响力和控制力。相应地，董事连锁程度在下降。

从1960年代开始，特别是到了1980年代，公司受到了巨大的社会压力，要求通过增加女性和其他种族成员，而使董事会成员多样化。虽然公司董事会里仍然坐着所有者、金融顾问和法律顾问，但是现在增加了公司高管、前政府官员、妇女和有色族群人员。公司圈子的“小世界”是由人际联系和已经加入一个或多个公司董事会的人的专业能力相结合所构成的。这产生了一个不是因为要加强公司间联系（实现某种战略意图）而是因为拥有解决董事会所面临的那些问题的经验而加入两个以上公司董事会的连锁董事圈子。判断连锁董事产生于董事个人关系还是公司关系的一个标准是，一位董事去世或离职之后是否会有从同一联系密切公司中选聘一位新董事来承接这种关系。

历史上，连锁董事被用作战略目的，把公司联结在一起实现所有者的经济利益。今天，连锁董事往往是董事会多样化和选择合适与有能力的人出任董事所带来的一种附带结果。

很多公司领导人，并不仅仅是坐在他们自己的公司，参与他们自己的事务。通过在诸多董事会的会议中相聚，这些连锁董事们发展出了一种社会关系和凝聚力，形成了一种有关运用他们经济权力的共享观念。多重董事往往在不同产业的企业里拥有利益，因此会更多地从整个公司企业界利益角度出发考虑问题，较少限定在具体一个公司的视野之中。但是，另一方面，这些人往往来自于富裕阶层，交往的也是上层社会，也多是从公司层级中往上爬的，因此其价值观更为阶层内部化，个人倾向上更为支持工商企业界的利益。多重董事往往会比其他董事更多地出任政府顾问委员会、非营利组织和基金会董事会成员等职务，作为公司阶层的“内部圈子”人员，他们具有更大的影响力。

即便绝大多数董事可能都不是因为公司之间要相互合作的战略原因而被选来的，但是连锁董事网络仍然具有一定的组织间效应。连锁董事会所构成的关系网络，是公司间相互学习的通道，使各董事会之间可以通过那些能够获得多家公司内部信息的多重董事共享信息，使一种新思想或新方法很容易地从一个公司传递到另一个公司。连锁董事会还使公司能够通过联合使用权力而提高影响力，采取一致行动，追求共同目标。帮助公司通过减少竞争和增加协调，从而获得对工人和消费者的更大权力。相比托拉斯、卡特尔和其他垄断形式，连锁董事会还具有更为灵活和更少透明，从而也更少受到公众质疑的优势。

11.2.3　控制模式光谱：从美欧两个极端到居中的日本

由于资本市场的高度发达，英美公司普遍股权分散，很少控股股东存在，公司由职业经理人主导。欧洲大陆国家中则是普遍存在着控制性股东，一般是公司创始家族，通过双重股份制度，持有决定性的公司投票权，职业经理人属“高级打工者”，需要得到控制性股东的支持才能站稳。日本既没有像英美国家那样高度发达的资本市场，也没有像欧洲大陆国家那样普遍存在着的双重股份制度，其公司的职业管理程度（职业经理人对公司的主导程度）弱于英美国家，但强于欧洲大陆国家，公司创始家族对公司的控制程度则弱于欧洲大陆国家，但明显强于英美国家。

当然，这只是一个大致的分类。在现代公司的世界里，由于其基本治理规则的全球一致性，主权国家的影响日渐减弱，治理模式上出现趋同化，这种总体分类学只能是一种简化和近似。国家之间的区别只是在于，从股权（及投票权）高度分散、毫无创始家族影响、完全由公司控制权市场和经理人控制的一个极端，到股权（就上市公司来讲主要是投票权）高度集中、创始家族强力控制、职业经理人处于辅佐地位的另一个极端，这两个极端之间的公司数量分布情况存在差异。

就全球来说，处在“股权分散—经理人主导”这一端的代表性公司是通用电气、雀巢和索尼，分别属于美国、欧洲和日本。如果扣除公司股票尚未正式在公开市场上市和公司创始人仍在并实际控制着公司这两点之外，华为已经可以算是处于这一端的一家代表性公司了。华为公司股权已经高度分散，有六万多公司员工持有公司股权，创始人任正非也只持有百分之一多点儿的公司股份，没有控制性股东存在，也没有人能仅凭借股权控制公司。

处在另一个极端的最有代表性的公司当属法国的米其林。米其林家族为了保持对公司的绝对控制，不惜承担无限责任，将米其林公司注册为一种两合公司，家族持有承担无限责任而法定拥有公司管理权的股份，对外发行的是没有公司管理权的有限责任股份。其次是德国的贝塔斯曼，创始家族为了保持控制权拒绝公司上市。再次，可说是德国的保时捷，用足了德国法律中公司最多可以对外发行50%无表决权股份的规定。

日本公司没有欧洲大陆国家那样极端的家族控制。即使是二战前日本的财阀家族，也都是通过层层控股等方式来提高创始家族对整个集团的控制力，而不是直接通过双重股份制度、两合公司（可以看作是一种极端的双重股份制度）或拒绝上市的方式来保持创始家族的控制。与此同时，日本公司中的职业经理人，虽然没有达到美国一些公司中那样的主导性地位，但是他们对公司的控制力和实际影响力，都要远远高于欧洲公司。除索尼等极少的公司之外，日本公司更多地都是处在一种创始家族和职业经理人之间“平等合伙”的状态，可谓“共生型治理”。

11.3 法人董事和集团下属企业治理问题

11.3.1 问题的提出

《国务院关于推进国有资本投资、运营公司改革试点的实施意见》（国发〔2018〕23号）规定“国有资本投资、运营公司对所持股企业行使股东职责”，“通过股东大会表决、委派董事和监事等方式行使股东权利”；同时规定“国有资本投资、运营公司董事长、董事（外部董事除外）、高级经理人员，原则上不得在其他有限责任公司、股份有限公司或者其他经济组织兼职”。

需要明确的一个问题是，这里的“其他”公司或经济组织，是否包括国有资本投资、运营公司所投资（持股）的对象企业。我理解，应该是不包括投资对象企业。如果包括投资对象企业，则应该对投资对象企业和非投资对象企业做出区别对待，如严格禁止到非投资对象企业或经济组织兼职，而对在投资对象企业的兼职，做出一些兼职个数和能否取酬及如何取酬等方面的具体规定。禁止在投资对象企业兼职，还是并非禁止，而是做出具体兼职规范，对国有资本投资、运营公司将来的实际运作模式走向会有重大影响。

进一步的问题是，这里的“兼职”是否包括兼任董事和监事。如果包括兼任董事和监事，这一禁止兼职规定就更不能适用于国有资本投资、运营公司的投资对象企业了。委派董事和监事，是国有资本投资、运营公司控制其所持股企业，实现其战略意图和国有资本保值增值的重要手段。如果禁止国有资本投资、运营公司董事长、董事（外部董事除外）、高级经理人员到所持股企业兼任董事和监事，国有资本投资、运营公司只能从公司中层和公司外部寻找委派到所持股企业的董事和监事人员，会严重削弱国有资本投资、运营公司改革试点目的的实现。

事实上，国有资本投资、运营公司将和现在那些已经肩负国有资本投资和运营职能的国有集团公司同样的一个“问题”：集团委派到下属企业和持股企业的董事、监事人员到底是以其个人身份出任该职务的，还是作为集团法人的代表人出任的？

中国现行公司法没有明确规定董事是否可以由法人担任，相关资格要求都是针对自然人的，可以合理地认为按中国现行公司法规定任职的董事都是由自然人担任的董事，而不是由法人担任的董事（即法人董事，具体履行董事职责的自然人只是法人董事的自然人代表）。但是实际运作过程中，特别是在大型国有企业和集团公司下属企业中，集团公司“委派董事”的现象比比皆是，并且这类董事的实际履职中，其在所任职董事会的投票决策权往往归属于其委派单位，集团公司董事会、总裁或是相关职能部门，而不是归属于董事本人。

实践中，这种做法被称为“先走内部程序，再走法定程序”，就是通过集团内部程序，由集团（法人）拿出意见，再由具体任职的董事按法定程序到董事会上进行投票。这是通过所谓内部程序否定了相关董事作为自然人，以其个人身份出任董事的法定身份。作为法人的集团通过内部程序剥夺具体任职董事的个人决策权，由集团法人实际行使董事权力，事实上就是集团作为法人在担任董事，属于事实董事，或说是影子董事。按现代公司治理规则，事实董事和影子董事，是要实际承担相应法律义务的。

解决这种公司法上没有明确规定和实际运作中又有合理需求的冲突，需要深入研究一下法人董事的问题。

11.3.2 法人可否担任公司董事

理论上，关于法人能否成为公司董事，是一个法人的权利能力问题，有肯定说、否定说，和不能担任担当业务的董事（内部董事、执行董事）但可担任不担当业务的董事这三种说法（《韩国公司法》第24页，上海大学出版社2011年12月第1版）。实践中，主要发达国家公司法规定上也有三种情况，即准许、禁止和未明确。

明确准许法人担任公司董事的国家有英国（2016年10月以前）和法国，明确禁止法人担任公司董事的国家有美国、加拿大、德国和日本，未明确规定的国家有意大利。1946年的《中华民国公司法》和台湾地区现行公司法都准许法人担任公司董事。

《英国2006年公司法》第154条规定，私人公司必须至少具有1个董事，公众公司必须至少具有2个董事；第155条规定，公司必须至少具有一个自然人董事，如果一个自然人作为独体法人或者因一个职务而担任董事职务，该要求被满足。第163条和第164条，分别对个人出任董事和法人出任董事两种情况下的董事登记册中所要包含的详细内容做出了规定。但是2016年10月开始，英国公司法增加了第s156条，禁止非自然人担任公司董事（s156A），除非经内政大臣（Secretary of state）特别许可例外（s156B），同时提供了12个月的过渡期（s156C），即到2017年10月底前要完成解聘非自然人董事，或由自然人董事替换掉非自然人董事的工作。

法国准许法人担任公司董事，并有相应做法上的很多值得借鉴的具体规定，我们下面专门讨论。

美国没有联邦层面的公司法，被美国很多州公司法作为样板的美国示范公司法和美国多数公司注册所在州的特拉华州公司法都有明文规定公司董事必须是自然人。美国商业公司法（修订版示范文本）第8.03条第（1）款规定“董事会必须由一个或多个自然人组成”（《美国公司法规精选》第67页，商务印书馆2004年10月第1版）。美国《特拉华州普通公司法》第141条第（二）款规定“公司董事会应当由一人或一个以上的自然人组成”。

《加拿大商业公司法》第105条和《安大略商业公司法》第118条都规定，董事必须是自然人（《加拿大重要商业公司法和证券法》第31页、第248页，中国对外经济贸易出版社1999年9月第1版）。

实行纵向双会制的德国股份公司，其上层的国内通常译为监事会的机构，实际相当于单层董事会制公司中的董事会，其监事实际就是董事。德国股份法第100条“监事的个人条件”明确规定“监事只能是具有完全行为能力的自然人”（《德国商事公司法》第112页，法律出版社2014年1月第1版）。

意大利跟中国一样，公司法没有明确规定是否可以任命一个法人为公司董事。由于这一缺乏，意大利律师和法院一直在争论，法律是否禁止一个法人被任命为一家公司的董事。近年意大利国内，支持法人可以担任公司董事的声音日益强烈。

主要发达国家中，唯有日本的监事会设置公司在实行一种跟中国公司法规定类似的平行双会制结构。日本的委员会设置公司则是实行英美模式的单层董事会制。历史上的日本公司法，也跟中国公司法一样，没有对法人是否可以担任公司董事做出明确规定，但在实践中由于公司注册部门不支持法人担任公司董事，而使法人董事没有发展起来。但2005年的日本新公司法有关董事资格的第331条第1款明确规定法人不能出任公司董事，第335条规定法人不能出任公司监事（《日本公司法典》第167页、第170页，中国法制出版社

2006年3月第1版）。

为了便于公司对外投资、加强对外投资控制和降低对外投资风险，1946年的中华民国公司法在取消了有关大股东投票权硬性限制，提高公司作为有限责任股东对外投资占自身股本比例限制的同时，还准许公司自身成为其所投资对象公司的董事和监察人，“公司得为他公司之董事、监事，但需指定自然人充其代表”。现行台湾公司法保留了1946年公司法中的“法人董事”概念，“政府或法人为股东时，得当选为董事或监察人。但须指定自然人代表行使职务。”同时提供了另一种选择，“政府或法人为股东时，亦得由其代表人当选为董事或监察人，代表人有数人时，得分别当选”。（第27条）为了便于政府或法人股东对公司的控制，同款中规定，“第一项及第二项之代表人，得依其职务关系，随时改派补足原任期。”

11.3.3 法国公司的法人董事

关于法国，有国内文献把其纵向双会制公司下层的管理委员会理解为了董事会，得出单层董事会制公司董事可以由法人担任、纵向双会制公司董事不能由法人担任的不准确结论（毛亚敏《比较公司法研究》第178页，中国法制出版社2001年11月第1版；梅慎实《现代公司机关权力构造论（修订本）》第332页，中国政法大学出版社2000年5月印刷）。法国民法典第二卷《商事公司与经济利益合作组织》第225-20条规定单层董事会制的公司，法人可以担任董事，这里的董事和英美单层董事会制下的董事是完全一样的。第225-76条规定纵向双会制公司上层的监事会，可以由法人担任监事，这里的监事就相当于单层董事会制中的董事，而不是中国和日本那种平行双会制中的监事。在纵向双会制公司下层的中文误译为董事会的机构，实际是个管理委员会，而不是个真正的董事会。这个管理委员会是个执行机构，不能由法人来担任其成员。

法国民法典第二卷《商事公司与经济利益合作组织》第225-20条和第225-76条还分别对法人担任单层董事会制公司董事和纵向双会制公司监事（实际也是董事）的一些具体实行问题做出了规定。第225-20条规定：“法人得任命为股份有限公司的董事。法人接受该任命时，应当指定一名常任代表。常任代表的履职条件、其应当承担的义务以及可能承担的民事责任、刑事责任，均如同是以个人名义担任董事，且不影响其代表的法人承担连带责任。如法人调换其常任代表，应同时委派接替人”（《法国公司法典（上）》第102页，中国法制出版社2007年1月第1版）。第225-76条规定：“法人可以被任命为监事会成员。法人在受任命时，应当指定一名常任代表，该代表如同其本人担任监事会成员一样，承担相同的义务，负相同的民事和刑事责任，且不因此而影响其代表的法人承担责任。在法人撤换其代表时，应同时委任接替人”（《法国公司法典（上）》第131页，中国法制出版社2007年1月第1版）。

在商事公司法的实施法令之股份有限公司的领导与管理中，又有如下具体规定。第102条规定：“法人被任命为监事会成员时，由其指定的常任代表的任职期限与该法人委任该人为代表的期限相同。如法人免除其常任代表的委任职务，应当立即用挂号信通知公司，并向公司通报其新人常任代表的身份。法人的常任代表死亡或辞职的情况，亦同”。第103条规定：“法人常任代表的指定与停止履职，应当如同该人是以自己名义担任监事会成员一样，履行公告手续。”（《法国公司法典（上）》第458页，中国法制出版社2007年1月第1版）。

第225-21条规定，“同一自然人不得同时在5个以上注册住所在法国本土的股份有限公司的董事会里担任董事职务”，但是此规定不适用于法人的常任代表。同时也不适用于如下情况：根据法律、法规规定，其任职不获取任何报酬的董事；至少有20%资本为另一公司持有的公司的董事，同时是该另一公司的董事、管理委员会成员或监事会成员。与此同时，1人在由其担任董事的公司实行控制的公司里担任的董事或监事会成员的职务也不计算在内。在由同一公司实行控制、其股票没有上市的各公司里担任的董事职务，仅计算为一个职务，但以这种名义担任的董事职务不得超过5个。

法国这些有关法人董事的法律规定，为集团类公司对其所持股公司、特别是其实际控制公司委派董事和监事常常会面临的一些难题，如：委派单位的法律责任和出任董事、监事（作为代表人）的个人之间的责任分担问题，集团委派董事、监事人员的兼职数量限制问题，等等，提供一些有益借鉴。

11.3.4 法人董事的利与弊

理论讨论和立法规定都是肯定、否定和不置可否三种情况，充分说明了法人董事是个实践性很强、利弊参半和因时因地而异的问题。让一个法人实体出任公司董事，会导致很多问题，正因此，这种制度安排的总体历史发展趋势是从准许到禁止，如英国和日本的情况。

法人出任董事、指定自然人代表充任，大大方便了法人股东的意志贯彻，可以根据自身需要和自身意志改变随时撤换其自然人代表，这有利于法人股东对所投资公司的控制，但减弱了投资对象公司的法人独立性，使其治理结构出现问题。

法人董事的代表人或者代表法人股东的董事，与普通董事有所不同，实际会导致董事会人员身份上的割裂，影响董事会作为一个整体的作用发挥。实际如何追究这类非正常董事的个人责任，也是一个棘手的问题。缺少对董事个人的责任追究，就难以有效震慑和抑制有限责任类公司的冒险甚至是不法行为。

除对刑事处罚之外，在民事责任上，任命一个法人董事并不是一种躲避董事责任的方式。各国公司法都规定董事对公司富有诚信和勤勉责任，如果一个法人被任命为公司董事，要与自然人一样地负有这种责任，这也就意味着公司可以向该法人提起因董事责任问题而招致的公司财产损失赔偿诉讼。

英国修改历史上准许非自然人董事存在的法规、要求非经特别许可所有董事都必须是自然人的一个重要原因是为了回应OECD和G20国家有关公司所有权和控制结构的披露要求，提高公司透明度。英国禁止法人董事的最初立法是《2015年小企业和雇佣法案》（Small Business, Enterprise and Employment Act 2015）。

法人董事禁令纳入公司法之后，在英国注册的公司（包括英格兰、威尔士、苏格兰和北爱尔兰）的所有董事都必须是自然人。违背这一禁令的董事任命将会无效，并且违法。对于现有的法人董事，规定有一年的过渡期，新规则施行一年后，所有现有的法人董事都将不能再任董事。对于董事必须是个人这一新规则，英国政府将会有权特准例外。对于包含有大型上市公司或大型私人公司在内的集团架构，以及慈善和信托组织，可以例外。另外一种例外情况是，如果一个法人的董事全是自然人并且其董事构成和董事个人的详细信息都是公开可得的，这个法人可以出任公司董事。

从英国准许经批准后例外的两种主要情况——大型集团架构和法人本身足够透明——来看，法人董事之所以实际存在，有其合理性和有利的一面。准许法人成为公司董事，提供了灵活工具以应用于诸多不同场合。可以特别注册成立目的只是为了做其他公司董事的空壳公司。跨国公司可以注册成立一种专门机构，出任其在所有准许法人担任董事的国家的子公司的董事。如果构造合理，这可以使集团对分/子机构的管理更为流畅。

对于中国的现实情况来说，特别是将要成立国有资本投资、运营公司和现有那些国有大型集团公司，可以以集团公司本身或者集团内的一个专门法人机构作为集团子公司、集团持股公司的董事和监事，无论出台法人董监事的具体法规如何规定，更换这些法人董监事的自然人代表总要比更换董监事人选所需要的备案和公告手续简单和便利一些。如能进一步像法国公司法典那样，对法人董事的更多具体事项做出明确规则，肯定会比现在这种没有明确法规，而实际存在"法人董事监事"现象的灰色状态要好。

11.4　西尔斯：创始人、经理人和投资人的百年轮回

尽管沃尔玛后来居上，但西尔斯才是美国近现代商业景观的象征。100多年的西尔斯发展历史，是一部商业连续剧，一场从创始人到经理人的接力表演。

11.4.1　里查德·西尔斯：从业余小贩到公司创始人

里查德·西尔斯（Richard W·Sears）出生于1863年12月7日，父亲是位铁匠，以制造马车为业，曾一度富有，但最终因一项畜牧场投资失利而损失了其5万美元的全部财富。因此，里查德·西尔斯从很年轻的时候就要开始工作以

帮助维持家庭生计。学习了电报技术后，里查德·西尔斯开始在铁路工作，并最终成为明尼苏达州北雷德伍德的一名火车站代理。因为家庭负担较重，里查德·西尔斯要做些副业增加收入。

1886年的一天，他发现当地一位珠宝商拒收了一箱收货付款的怀表。在得到发货钟表厂商的同意后，里查德·西尔斯收下了这箱怀表，并很快将其转卖给了他的火车站代理伙伴们，进而开始了他的钟表邮购业务。半年之后，里查德·西尔斯从铁路公司辞职，在明尼苏达州的明尼阿波利斯（Minneapolis）创建了西尔斯钟表公司（R·W·Sears Watch Company），这时他还不满23岁。

1887年，里查德·西尔斯将公司搬到了芝加哥后，雇用了看到广告来应聘的钟表匠罗巴克（Alvah C·Roebuck，1864–1948），负责维修。1888年，为了满足从加拿大来的订单需求，里查德·西尔斯在多伦多开设了公司办事处。虽然公司业务发展不错，但是里查德·西尔斯于1889年以7.2万美元的价格卖掉了将西尔斯钟表公司。

1891年，发了一笔小财，刚刚过了一周退休生活的里查德·西尔斯，又找到罗巴克商讨重新合作，这样，两人于1892年合伙组建了罗巴克公司（A·C· Roebuck Inc），1893年重组更名为西尔斯—罗巴克公司（Sears, Roebuck and Co.）。这一名字一直沿用到2005年，与凯玛特（Kmart）合并重组成西尔斯控股公司（Sears Holding Corporation）为止。

重新组建了西尔斯—罗巴克公司后，两位创始人雄心勃勃，邮购产品的范围从以前的钟表和珠宝等少数产品迅速扩展到缝纫机、自行车、运动商品和诸多其他商品。1894年的公司邮购目录达到了322页厚，1895年进一步达到了532页厚，这本邮购产品目录“大书”直到1993年才停止印发。

1908年，由于糟糕的健康状况，里查德·西尔斯退出了公司的日常管理活动，不再担任公司总裁，只任公司董事会主席。1914年9月28日，里查德·西尔斯去世。

11.4.2 罗巴克：从合伙人到雇员和公司形象大使

罗巴克（Alvah Curtis Roebuck），被列为西尔斯—罗巴克公司的共同创始人，但实际是从前身公司西尔斯钟表公司的雇员做起，在公司重组为西尔斯—罗巴克公司后成为合伙人的。罗巴克1864年1月9日出生，只比西尔斯小1个月。罗巴克从小开始就对机械很感兴趣，16岁时已经自学成为钟表匠。22岁时罗巴克在一家珠宝店得到了一份工作。第二年，为了更快发展和挣更多钱，他开始浏览报纸上的招聘广告。1887年4月1日，罗巴克看到《芝加哥日报》上的一个招聘钟表匠的广告，两天后里查德·西尔斯决定聘用他为钟表维修师。

1893年作为里查德·西尔斯的合伙人，罗巴克成为了西尔斯—罗巴克公司的共同创始人。但是仅仅经过两年的快速发展之后，1895年，罗巴克就因为个人兴趣转变而要求里查德·西尔斯买下了他的股份，不再是西尔斯—罗巴克公司的股东，但将其姓氏留在了公司的名称之中，并一直与里查德·西尔斯和公司保持着良好的合作关系。

在里查德·西尔斯的要求之下，罗巴克作为雇员继续负责了几年公司的家庭娱乐部门，包括钟表、珠宝、眼镜以及后来增加的留声机、幻灯机和电影机等。1899年罗巴克从公司辞职后，创建了自己的电影放映机制造公司，西尔斯—罗巴克公司是其最好的客户之一。1909年到1924年间罗巴克出任了爱默生打字机公司的总裁，并发明了名为Woodstock的改进型打字机。在佛罗里达度过几年半退休生活之后，由于在1929年股票市场大危机中的财务损失，罗巴克被迫回到了芝加哥。1933年，罗巴克重新加入了西尔斯-罗巴克公司，把他的时间主要用在了撰写公司历史上。

1934年9月，一位西尔斯商店经理请罗巴克出席他的商店开业庆典。此后几年中，罗巴克像个明星一样，在全国巡回出席各地的西尔斯商店开业庆典。罗巴克重新回到公司总部的办公室后，全力投入了公司早期史的撰写之中，直到1948年6月18日去世。对于没有坚持留在西尔斯—罗巴克公司所损失的财富，罗巴克从未公开表示过后悔。

11.4.3　罗森沃德：从供应商到接班人

1895年，由于罗巴克退股，里查德·西尔斯向纳斯鲍姆（Aaron Nusbaum）出售了一部分公司股份。纳斯鲍姆作为公司的新股东把他的内弟罗森沃德招进了西尔斯—罗巴克公司。罗森沃德（Julius Rosenwald，1862—1932）出身于一个服装店之家，1885年与一位堂兄弟合伙创建了一个男装厂，里查德·西尔斯很偶然地成为了该工厂的客户，因此也较为了解罗森沃德。

罗森沃德和里查德·西尔斯能力互补，相辅相成。销售、广告和推销是里查德·西尔斯的强项，但他不善管理公司。里查德·西尔斯了解农民，理解他们的需求，更会写广告语。工厂出身的罗森沃德可以更有效地处理订单，给里查德·西尔斯的感性销售添加上了理性管理。从1895年到1907年，公司的年销售额从75万美元，高速增长到了5000万美元。1908年，里查德·西尔斯辞去总裁职务后，1896年开始担任副总裁的罗森沃德成为了公司的第二任总裁。

虽然西尔斯和罗巴克是公司的创始人，但是把西尔斯—罗巴克公司做强做大并给予了公司第二次生命的是罗森沃德。1906年，因为需要额外资本，里查德·西尔斯和时任副总裁兼司库的罗森沃德决定进行IPO，公开出售公司普通股和优先股，使西尔斯—罗巴克公司成为了公众公司。

罗森沃德坚信，公司的主要目标必须是对顾客负责，诚实低价销售合格产品，会有更多的人购买。作为邮购公司，要让顾客相信你的产品质量，要首先自己把好进货质量关。为此，1911年成立了公司实验室，对纳入邮购目录的产品进行质量检测。为使顾客放心，罗森沃德为西尔斯—罗巴克公司确立了“保证满意，不满意全额退款”原则。

第一次世界大战之后，西尔斯—罗巴克公司一度陷入严重的财务困境中。罗森沃德用其总计价值2100万美元的个人财产将公司从破产的边缘拯救了出来。1922年，西尔斯·罗巴克公司重新获得了财务健康。罗森沃德1924年从总裁位置退下，将其主要精力用到了慈善事业上。凯特（Charles Kittle）接任了罗森沃德的总裁职务，罗森沃德继续担任董事会主席，直到于1932年去世。罗森沃德的长子雷辛·罗森沃德（Lessing Rosenwald）在其去世后接任了董事会主席职务，直到1939年。

11.4.4 伍德：职业经理人塑造现代西尔斯

罗伯特·伍德（Robert E · Wood，1879—1969），1900年西点军校毕业，

1919年复员后，加入了当时的邮购巨人蒙哥马利沃德公司，从商品部经理做到公司副总裁。1924年，伍德转投西尔斯—罗巴克公司，担任副总裁，从此开始了作为职业经理人塑造现代西尔斯的30年历程，把西尔斯从主要面向农村人口的美国最大邮购商，转变为了一个世界最大的零售商。

在里查德·西尔斯创业的时代，美国三分之二的人口生活在农村，邮购是他们购物的主要途径。但是，随着汽车和公路的发展，西尔斯的农村顾客不再限于通过邮购购买物品。与此同时，农民也开始进入工厂。1900年美国农村人口仍然大于城市人口，但到1920年则已经反过来了。连锁商店的发展开始侵蚀了西尔斯的邮购业务。1914年全美有2.4万家连锁店，15年后超过了15万家。

伍德推动西尔斯从邮购商扩展为零售商的推动者，是西尔斯的实体店零售业务之父。1925年伍德在西尔斯公司位于芝加哥的邮购工厂旁边试验性地开了一个零售店，非常成功。随后在当年就迅速又开了7家新店。到1927年，伍德已经开设了27家零售店。随后，西尔斯的零售店面逐年迅速增加，1928年192家，1929年319家。1931年西尔斯的实体店零售销售额首次超过了邮购销售额，实体店销售额占到了公司1.8亿美元总销售额的53.4%。

由于实体零售店的巨大成功，伍德于1928年1月在公司第三任总裁凯特去世之后，坐上了西尔斯—罗巴克公司总裁的宝座。1939年，伍德接替了罗森沃德长子雷辛，出任第四任董事会主席，领导公司度过了第二次世界大战。在许多公司都在节省每一分钱的二战原料配给制期间，伍德领导西尔斯研究和预测战后的人口和经济形势。1945年销售额超过了10亿美元，1946年开始在城市郊区兴建大型商店。从1945年到1953年，销售额翻了近3倍。1954年伍德因身体原因不再担任董事会主席职务，但仍留任为公司董事。1968年，伍德又从公司董事职位退下后，被公司聘为董事会名誉主席。

在伍德领导期间，西尔斯—罗巴克公司于1916年开始设立的雇员储蓄和利润分享退休基金得到大力发展。伍德视此为其一生在商业事项上的最大骄傲，在其于1969年去世时，该基金成为西尔斯的最大股东。西尔斯—罗巴克公司对员工权益和福利的重视始自其创始人里查德·西尔斯，1907年就建立了雇员带薪休假和折扣购物制度。1931年，伍德在设立了公司全资的全州保险公司（Allstate Insurance Company）时，又设立了公司雇员的团体生命保险。

11.4.5 伍德之后西尔斯的管理传承与业务发展

伍德之后，西尔斯—罗巴克公司再没有产生能够在位几十年的卓越领导人，进入了公司领导人的平稳接替状态。从1886到1954年的前68年中，西尔斯-罗巴克公司共有过四位董事会主席，平均在位17年。从1954到2005年与凯玛特合并这51年中则共有过10位董事会主席，平均在位5年。以上任年份记，依次为1954年Theodore Houser，1958年Fowler McConnell，1960年Charles Kellstadt，1962年Austin Cushman，1967年Gordon Metcalf，1973年Arthur Wood（与前面的罗伯特·伍德没有关系），1978年Edward Telling，1986年Edward Brennan，1995年Arthur Martinez，2000年Alan Lacy。缺少强势人物持久领导，五年左右一换届，前任唱罢后任登场，整个公司呈现出了一部庞大机器的自我惯性运转状态。

1969年，在山姆·沃尔顿将其32家商店重组为沃尔玛公司准备上市和大展宏图，雷·克洛克以公司22.5%股份为代价获得150万美元助推麦当劳公司起飞的时候，西尔斯-罗巴克公司领导者们的兴奋事项却是兴建新总部大楼。耗时四年，最终于1973年落成的西尔斯大厦，20世纪的世界第一、至今仍是世界第八的高楼，成为了这家公司从因时而变、锐意进取转为骄傲自大和故步自封的象征。幸好，1992年，西尔斯-罗巴克公司能够因危机而清醒，决定搬出这座大厦，开始整顿、重组和自我救赎。

导致西尔斯-罗巴克公司在1990年代初期陷入困境有两个方面的原因。一是自沃尔玛等新兴零售商的崛起夺走了一定的市场份额；二是西尔斯-罗巴克公司自身过于热衷并购，扩张和发展金融等其他业务，忽略了在其传统主营的零售业务领域里随时代变化而进行业态创新。

1980年，西尔斯—罗巴克公司开始进行集团重组，零售业务划入西尔斯商品集团。1981年保险业务归入全州保险集团。随后，随着一系列并购活动的进行，西尔斯-罗巴克公司旗下陆续形成了添惠（Dean Witter）金融服务集团，Coldwell银行和房地产集团等等。1985年推出了发现（Discover）卡。

1993年西尔斯将器全资子公司添惠金融公司20%的股份进行了IPO，并将留持股份分配给了西尔斯-罗巴克公司的股东，使添惠金融分离出去，成为独立的添惠发现公司（Dean Witter, Discover & Co.）。同年，西尔斯—罗巴克公司又对其全资子公司全州保险的20%股份进行了IPO，这是到当时为止美国历史上最大的IPO。1995年，西尔斯—罗巴克公司又将其所持全州保险的剩余股份分配给了公司股东，使全州保险也分离了出去。经过这些运作之后，西尔斯—罗巴克公司的股东们现在拥有了三家独立和互无关联公司的股份：西尔斯—罗巴克公司，全州保险公司和添惠发现公司（后成为摩根士丹利添惠公司）。此外，还卖出了Coldwell银行和西尔斯抵押银行等一系列其他业务，使公司重新回到了其主营和核心的零售业务上。

1992年，决定重回零售业务后，西尔斯商店开始接受威萨、万事达和美国运通等主流信用卡。1993年，停止印发100多年历史的邮购产品目录“大书”，并启动了西尔斯的柔性一面（Softer side of Sears）运动，开始从传统的以硬性产品为主、主要面向男性顾客的定位，向同时经营柔性产品、兼顾女性顾客的定位转变。1999年网络商店Sears.com开通，完全可以视为现代网络版的邮购产品目录，西尔斯-罗巴克公司再一次实现了因时而变。

11.4.6　投资人变股东—经理人：兰伯特能否让西尔斯重放光芒

2005年，经过两个公司股东会的批准，西尔斯-罗巴克公司与凯玛特公司合并成为西尔斯控股公司（Sears Holdings Corporation）。虽然合并后公司名称采用了西尔斯，但实际是凯玛特方面的人士主导者新公司。兰伯特（Edward S. Lampert），凯玛特的董事会主席，出任合并后新公司西尔斯控股公司的董事会主席，凯玛特的总裁兼首席执行官Aylwin B. Lewis 成为合并后西尔斯控股公司的总裁兼首席执行官。2011年2月，此前担任了6个月时间西尔斯控股公司董事会顾问的Lewis D’Ambrosio被任命公司总裁兼首席执行官。短短两年之后的2013年3月就离职了，兰伯特成为西尔斯控股公司的董事会主席兼首席执行官。

1962年出生的兰伯特，也许会成为西尔斯控股公司的新一代强势和可持续领导人。他是西尔斯和凯玛特合并的幕后推动者。通过他的ESL 投资公司持有凯玛特53%的股份，持有西尔斯－罗巴克15%的股份。兰伯特出生于律师家庭，但因父亲早逝而成为苦孩子，要和里查德·西尔斯、罗巴克一样早早地勤工俭学，帮助维持家计。1984年兰伯特从耶鲁大学经济学专业本科毕业后，作为实习生到了高盛，然后在高盛的企业风险套利部门，直接在鲁宾的手下工作。1988年，兰伯特从高盛离职，创建了ESL投资公司（ESL为其姓名的首字母简写）。兰伯特的投资风格是“集中价值”，被称为下一个巴菲特。他通常选择3到15只股票，持有几年时间。合并凯玛特和西尔斯，使兰伯特名声大震。

兰伯特入主凯玛特的途径是在凯玛特陷入破产境地时购买其债务，然后以债权人身份帮助凯玛特进行破产重组，在2003年凯玛特以美国破产法第十一章的重整方式新生之后，成为了公司董事会主席。兰伯特随后对凯玛特进行了业务重整，实现盈利。凯玛特股价从15美元上涨到109美元，这使兰伯特的投资大获其利。

高盛出身的兰伯特作为对冲基金经理和投资人，推动凯玛特和西尔斯—罗巴克的合并，出任董事会主席掌控公司，聘请职业经理人打理公司，已经很有几分当年摩根整顿铁路公司的风范。现在，投资人兰伯特进一步任职到了经理层，董事会主席兼首席执行官，本来要保持距离的投资人变成了所有权与经营权融合的股东-经理人，能否让西尔斯重新回到有核心灵魂人物、强势持久领导的因时创新、锐意进取状态，还需要我们拭目以待。

20世纪的公司发展的主流模式总体来说是，创始人成为产业大亨后让位给投资人和职业经理人，生成了一批股权高度分散、缺乏核心人物掌舵的企业。这给21世纪的一种公司发展新模式提供机遇：投资人入主那些业绩不佳、股价低迷的股权高度分散企业，进行管理和业务整合，并成为新型的产业大亨。

11.5 LVMH：奢侈品牌集合体的练成

从1987年路易·威登和酩悦·轩尼诗合并开始，在短短二十多年的时间里，将60多个世界著名品牌收于旗下，成为全球第一大奢侈品集团，路威酩轩

（路易·威登—酩悦·轩尼诗）展示了“资本整合企业”的威力。

11.5.1　各怀鬼胎：路易·威登和酩悦·轩尼诗的合并

路威酩轩集团旗下公司和品牌中，很多都有百年以上历史。酩悦香槟（Moët & Chandon）起源于1743年，轩尼诗（Hennessy）起源于1765年，路易·威登（Louis Vuitton）创建于1854年。1971年，酩悦与轩尼诗两大酒厂合并，组成了酩悦·轩尼诗（Moët Hennessy）酒业集团。1987年路易·威登与酩悦·轩尼诗合并，组成了路易·威登—酩悦·轩尼诗集团。

在组建路威酩轩集团的时候，路易·威登和酩悦·轩尼诗两家百年家族企业均已实现了职业化管理，是两家企业的职业经理人主导，将企业合并在了一起。但是，这两位职业经理人都没有想到，他们努力的成果，已经成为了别人猎取的目标。

路易·威登历史悠久，声名远播，但是直到1977年实际还是个家族控制的中小企业，员工不到100人，销售额不过7000万法郎。这一年，已经65岁的拉卡米耶在其岳父过世之后，临危受命出任了路易·威登的总裁。主要因为“暴富”起来的日本人的追捧，此后十年中路易·威登紧凭手提袋这一种产品就实现了几十倍的收入增长。1984年路易·威登股票上市，家族股份比例开始迅速下降。

酩悦·轩尼诗的总裁舍瓦利耶是个纯粹的职业经理人，1969年加入酩悦酒庄。1987年时，创始家族持股已经下降到了22%，投票权也下降到了33%，公司遭遇被并购的威胁。

在法国巴黎银行的撮合之下，惧怕公司被并购而失去控制权的舍瓦利耶和担忧公司产品单一风险的拉卡米耶（日本市场占销售额的三分之一，哪天日本人突然不喜欢LV手袋了怎么办），两位本不相识的人走到了一起。1987年6月3日，路易·威登和酩悦·轩尼诗合并，LVMH正式宣告成立。LVMH成为控股路易·威登和酩悦·轩尼诗的集团公司，舍瓦利耶出任集团公司总裁，拉卡米耶出任集团战略委员会主席，但是二人此时作为集团下属子公司的原公司位置不变。

路易·威登和酩悦·轩尼诗在实际运作中，各自相当独立，没有实现很好的业务整合和协同，有两位经理人的问题，也有两个创始家族的问题。酩悦·轩尼诗的创始家族属于贵族，路易·威登家族则是平民出身。两个家族之间心理和文化上的不相容，及两位经理人之间的矛盾和权力争斗，为贝尔纳·阿尔诺的入主提供了契机。

11.5.2 入主路威酩轩：贝尔纳·阿尔诺的资本魔力

贝尔纳·阿尔诺（Bernard Arnault）1949年出生于法国的一个中等家庭。父亲是个上门女婿，于1950年开始接手管理其岳父萨维内尔于1926年创建的家族企业费雷—萨维内尔公司，主要业务是帮人建造厂房。

贝尔纳·阿尔诺从巴黎综合理工大学毕业后，就以工程师的身份进入了家族企业。1974年，在继承了外祖母的遗产之后，贝尔纳·阿尔诺成为公司的主要股东，开始掌管家族企业。

到1980年为止，贝尔纳·阿尔诺的主要生意集中在房地产业，包括工业建筑、住宅建设、房地产经销和休闲房地产业等。此后，他的兴趣领域开始扩展到了报刊、连锁饭店等。

1984年底，贝尔纳·阿尔诺倾其全力收购了濒于破产的布萨克（Boussac）集团。吸引这位房地产企业家的并不是布萨克集团的纺织主业，而是其旗下的一个明珠——迪奥（Dior）。由此开始，贝尔纳燃起了追逐世界著名品牌的“激情”。

迪奥品牌是1947年由企业家马塞尔·布萨克支持设计师克里斯蒂安·迪奥所创建的，贝尔纳·阿尔诺也想如法炮制，投资于优秀设计师，创建新品牌，但是没有成功，于是收购成为了他对品牌投资的选择。

1987年中，导致路易·威登和酩悦·轩尼诗匆匆合并的收购威胁，实际就来自贝尔纳·阿尔诺。两家公司合并后，两个公司创始家族合计持有新公司35%的股份和50%以上的投票权，似乎可以避免收购威胁和控制权旁落了。但是1987年10月的股灾和两家公司总裁之间的矛盾与摩擦，还是给了贝尔纳·阿尔诺收购和入主LVMH的机会。

1987年底，趁股价大跌之机，贝尔纳·阿尔诺开始吸纳LVMH的股票。与此同时，来自酩悦·轩尼诗的舍瓦利耶和来自路易·威登的拉卡米耶这两位经理人，开始各找同盟以图加强自己对LVMH的控制能力。将LV和MH合并到一起，组建了LVMH的舍瓦利耶和拉卡米耶二人不团结，内斗不断的最终结果是为他人做了嫁衣裳，二人一一出局，贝尔纳·阿尔诺入主LVMH。

1988年9月22日，LV和MH合并组成LVMH刚一年零三个月，贝尔纳·阿尔诺以29.4%的股权，把他父亲让·阿尔诺推上了LVMH集团监督董事会主席的宝座。尽管留任了集团管理董事会主席职务，但是舍瓦利耶这位法国当时著名的职业经理人内心已经十分明白，他现在面对着一个真正的股东，要求自己按照他的指令办事，还让自己做报告。他甚至对媒体表示："如果我回到35岁，绝不会选择与现在相同的职业道路。我会像所有的年轻人一样，尝试着自己创业。"

不甘心居于人下的舍瓦利耶，决定和同样想要重回自己独立王国的拉卡米耶联合起来，通过资本重组，将LVMH对LV和MH的持股从98%和100%下降到50%以下，重新获得各自的独立运营权力。方法是通过公开竞价，让威登家族买回路易·威登，酩悦·轩尼诗则由其长期的合作伙伴英国健力士收购，舍瓦利耶和拉卡米耶各自掌控自己的王国，把迪奥和变为路易·威登与酩悦·轩尼诗的少数权益股东的LVMH留给贝尔纳·阿尔诺。但是这一计划失败了。健力士公司董事由于担心个人的法律风险（此前与贝尔纳·阿尔诺的公司间有关于持股LVMH股份比例的合同约束，不得擅自单独增持）而决定停止收购。拉卡米耶则趁股价大涨，抛售了自己所持LVMH股票，大赚一笔而离场。

1989年1月13日，舍瓦利耶辞职，贝尔纳·阿尔诺出任LVMH管理董事会主席。

11.5.3 LVHM的扩张：资本整合企业

从迪奥开始，贝尔纳·阿尔诺爱上了奢侈品牌，自己培养太难、太慢，就收购。掌控LVMH之后，贝尔纳·阿尔诺的奢侈品牌收购步伐开始大大加快。

除LV、轩尼诗和迪奥外，LVMH集团旗下宝格丽、芬迪等60多个大大小小的奢侈品牌中，超过一半是通过并购而来。除在古奇收购战中败给了巴黎春天集团和对爱玛士的收购遭遇了创始家族的顽强抵制之外，贝尔纳·阿尔诺看上的品牌，几乎总能得手。

古奇集团第三代掌门人莫里吉奥·古奇将家族所持50%股份卖给投资集团之后，古奇集团走上了股权分散之路，经1995和1996年两次公开发售股份，从家族企业变为上市公司。1997年底，LVMH开始悄悄增持古奇股票。为避免公司被恶意收购，古奇管理层想通过修改章程，将单一股东的最高投票权比例限制在20%之内，但是遭到股东大会的否决。1999年1月，LVMH持有古奇的股份比例达到了34.4%，想要取得控制权，但不愿意全面收购。随后，古奇管理层推出了即刻向公司员工发行2000万股新股的ESOP计划，通过该计划可以使LVMH的持股比例下降到25.6%。LVMH将古奇告上荷兰法庭（古奇公司总部分设在意大利佛罗伦萨和英国伦敦，但注册地在荷兰阿姆斯特丹），法庭冻结了LVMH和古奇员工的投票权。在ESOP计划靠不住之后，古奇管理层找到了法国巴黎春天集团做白衣天使，定向增发新股，使巴黎春天集团以30亿美元投入占古奇42%的股份，LVMH所持古奇股份则相应从34%稀释到了20%。到2004年，巴黎春天集团已经持有古奇99.49%的股权，古奇使巴黎春天集团成为世界第三大奢侈品集团，成为LVMH的强有力竞争对手。

管理层的抵制使LVMH失手古奇，创始家族股东的联合则使LVMH对爱马仕的收购受阻。2010年10月，全球最大的奢侈品集团LVMH宣布已经收购爱马仕14.2%的股份，加上手头上的可换股衍生工具，总持股量达17.1%，成为爱马仕家族继承人以外的最大单一股东。2011年1月，爱马仕家族股东向法国证监会提出收购豁免申请，集合起50.2%的股份成立了一家控股公司，依靠“家族团结”来应对路易威登集团可能采取的进一步收购行动。可是，LVMH并没有罢手，2013年7月，LVMH增持爱马仕股份至23.1%。LVMH将会一直持有爱马仕股票直到爱马仕经营状况出问题或者爱马仕家族内部出现混乱时再继续出手。

11.5.4　保持对LVMH的家族控制

LVMH总部位于巴黎，在巴黎股票交易所上市，是巴黎CAC40指数成分股。

2009年底时，公司披露的唯一主要股东是贝尔纳·阿尔诺的家族控股公司（Groupe Arnault），持有LVMH 47.38%的股份，其中42.38%是通过迪奥公司持有的，5.00%是直接持有的。持有63.64% 的投票权，其中59.32%通过迪奥，4.32%为直接持有。

2012年12月31日，阿尔诺家族持有LVMH的股份比例是46.42%，投票权比例是62.65%。家族外股东持股53.58%，投票权比例是37.35%。阿尔诺家族之外持有LVMH股份的机构分布为，Bulgari家族2.5%，个人4.9%，法国机构投资者14.8%，外国机构投资者29.8%，库存股份1.6%。在外国机构投资者持股中，包括美国机构投资者9.1%，英国机构投资者6.4%，瑞典机构投资者2.7%，德国机构投资者1.8%。

2012年LVMH实现销售收入281亿欧元，净利润59亿欧元，销售利润率21%。归属集团的净利润为34亿欧元，每股净利润6.86欧元，每股分红2.90欧元，资产负债率17%。

贝尔纳·阿尔诺在2011年《福布斯》全球富豪榜上名列第4位，2013年降到第10位。贝尔纳·阿尔诺通过资本市场将一家一家的家族企业纳入自己麾下，却多次公开宣称，他要把LVMH保持在自己家族的控制之下。他的子女同他一样，从小为继承家族产业而接受教育，他很自信“阿尔诺家族的人比别人都聪明”。

全球化的今天，日本和中国这类后崛起国家中“具有文化自卑情结的暴发户们”追捧起了欧洲这些所谓奢侈品牌，使他们从“百年小店”成长为了巨型企业集团，这种状态还能持续多少年呢?

11.6　尼古拉斯·海耶克：缔造斯沃琪

尼古拉斯·海耶克用自己的资产投入来实际检验自己的研究结论和给客户

企业提出的建议，从咨询顾问变身投资者和企业家，缔造出了世界钟表巨人斯沃琪集团。

11.6.1 早期历练

尼古拉斯·乔治·海耶克（Nicolas George Hayek，1928.2.19—2010.6.28）出生于黎巴嫩的富裕家庭，父亲是位有美国学历和美国国籍的牙医。1949年，21岁的海耶克为了一位姑娘移民到了瑞士。这位名为玛丽安·梅茨格的姑娘，是从瑞士来到黎巴嫩，通过帮做一些家务而寄宿在人家里来学习语言和体验文化的互惠生。尽管玛丽安·梅茨格的父亲是瑞士的一个小企业主、开有自己的机械制造厂，但在身居黎巴嫩上层社会的海耶克父母看来，是不够门当户对的。叛逆的海耶克为了爱情，只身到了瑞士，在一家保险公司的财务部做实习生。

1951年，不顾父母的反对，海耶克与玛丽安·梅茨格结了婚。不久，岳父爱德华·梅茨格突发脑溢血入院治疗，岳母和妻子请求海耶克替为管理梅茨格机械制造厂。尽管这间工厂只有二十几名员工，并且在爱德华·梅茨格病愈重掌职权后，海耶克很快就离开了，但是这几年的历练使海耶克进入了机械制造行业，并积累了该行业里的一些重要人脉关系，为其之后的创业历程打下了重要基础。

1957年8月1日，海耶克通过贷款支付加盟费用，创办了美国人奈特创始的奈特—温德林咨询公司的瑞士分支，为机械制造行业提供咨询服务。经过六年时间的发展，积累起了足够的资金和客户群后，1963年，35岁的海耶克创建了自己的公司——海耶克工程咨询公司。海耶克工程咨询公司的主要业务是为钢铁企业及机械制造企业提供企业架构和重组咨询服务。

海耶克工程咨询公司能够迅速发展起来，得益于公司聘请到的一位重要专家，瑞士联邦理工学院教授罗伯特·杜勒。杜勒研制出了一种新的工艺，将用工业方法制出的纯氧吹进转炉中进行钢铁冶炼，至今世界上还有很多钢铁厂在应用这项技术。杜勒教授在海耶克工程咨询公司负责每份合同的技术部分。1970年代时，海耶克工程顾问公司曾接受过中国冶金部的委托，提供中国钢铁工业的重组方案。这家咨询公司的成功，使得海耶克有机会进入瑞士钟表业，从咨询公司变身为了投资者和实业家。

11.6.2 涉足钟表业

海耶克最初是以咨询顾问身份进入瑞士钟表业的。事情起因可以追溯到自1970年代开始的精工、西铁城等日本厂商在中低端钟表领域里发起的竞争，最终使日益退缩到了狭小的高端领域里的瑞士钟表厂商，在1980年代普遍陷入了亏损状态。1981年中国政府停止了此前每年一度的瑞士表大采购（《斯沃琪手表的创意魔法》第55页），可说是瑞士表市场萎缩的一个重要标志。

钟表业是瑞士的传统产业，历史可以追溯到18世纪，但是直到1930年代，瑞士的钟表业都处在以家族企业和手工作坊为主的状态。为了避免大危机对钟表业的冲击，1931年瑞士联邦政府出资支持了瑞士钟表工业公司（ASUAG）的建立，该公司的核心业务是生产空白机芯及其他核心部件，提供给瑞士国内的其他成品表厂商使用。支撑瑞士钟表业的另一家大公司SSIH（瑞士钟表总公司）则以生产成品表为主，旗下有欧米茄和天梭两大支柱品牌。

1980年代，ASUAG和SSIH两大瑞士钟表企业所属众多著名品牌中，除雷达略好之外，其他品牌如欧米茄、天梭和浪琴等均业绩不佳，甚至严重亏损。ASUAG和SSIH两大企业均陷入破产边缘，处于以瑞士银行集团（SBG）为首的几家银行控制之下。1980年6月，SSIH进行了资本重组，六家银行的债权转化为股权，瑞士银行集团的彼得·格罗斯出任了公司董事会主席。1981年3月，银行主导下的SSIH公司聘请海耶克工程公司提供企业诊断和咨询服务。1982年初，几家银行又决定聘请海耶克工程公司对ASUAG的问题进行诊断和分析。在海耶克工程公司对ASUAG开始诊断的同时，银行对ASUAG也进行了资本重组，包括联邦在内原股东持股比例均被消减8%。

1983年5月，根据海耶克工程公司出具的咨询报告，银行集团决定将SSIH和ASUAG这两大瑞士钟表公司进行合并，组建成瑞士微电机与钟表制造工业公司（SMH Swiss Corporation for Microelectronics and Watch-making Industries Ltd）。SMH就是今日的全球最大钟表企业——斯沃琪集团（Swatch Group

Ltd.），是从1998年改用斯沃琪集团这一名称的。

在几乎无人相信ASUAG和SSIH这两家摇摇欲坠的企业能够被挽救成功的情况下，海耶克的咨询报告却给出了一线希望。海耶克认为存在的两个主要问题是缺乏一致贯彻的品牌策略和没有实行自动化生产，瑞士钟表业是“沉睡的巨人”。根据海耶克的建议，SMH划分为成品表生产、零部件制造和新产品研发三个部门，业务发展开始渐有起色。

11.6.3 入主SMH

在成功经营咨询公司的过程中，海耶克已经积累起了约有2亿瑞士法郎的个人资产。现在，他想拿出一部分资产来投资实业。1984年夏，在一次与格罗斯的午餐闲聊中，海耶克问其银行客户中有哪家值得投资的企业正待出售。格罗斯愣了一会儿后，恍然大悟道，“我俩可真是笨蛋。这间新成立的钟表公司，它就符合你所有的设想啊！你对它是最了解不过的。你要是买的话，连SWOT分析都能省了”（《斯沃琪手表的创意魔法》第63页）。海耶克可以从银行手中买下大部分股份，银行也正想退出，完结这个麻烦的项目。思考了几天之后，海耶克觉得，这是一个实现自己成为实业家梦想的重要机会。海耶克在其咨询公司——海耶克工程公司的董事会上提出了这一问题，但是遭遇了他妻子玛丽安·海耶克在内的所有董事会成员的反对。但是海耶克还是决定进行这项投资，董事会不同意就不用咨询公司的钱，而用自己个人的钱进行。

1984年10月，海耶克告诉格罗斯，自己有兴趣投资SMH。1985年1月，海耶克与持有SMH股份的几家银行达成协议：在未来两年内，海耶克有权优先认购SMH公司最高限度为51%的股份。海耶克刊登广告征集合伙投资者，大富豪、大投资家史蒂芬·斯密德亨尼看到海耶克愿意拿出资产做风险投资，以证明自己对客户提供建议方案是正确的，决定参与投资。于是，他们两人首次各购入了7%的SMH股份。这项交易使SMH公司的市值达到了8亿瑞士法郎。1985年8月，海耶克又联合起了一个12人组成的投资团队，获得了SMH的多数股份（51%）。其中，他和斯密德亨尼以各出资4700万瑞士法郎的代价又共同获得了17%的股份。为了有位能够镇得住场面的人，海耶克力邀时任瑞士国内规模最大零售商米格洛集团主管的皮埃尔·阿诺德加入投资团队，出任SMH公司董事会主席。

集合众人之力入主SMH，作为核心人物和主心骨的海耶克，要保持住自己的控制权，主要做了如下安排。通过“联合投资合约”控制住股份：某一成员在对外转让股权时，其他成员具有优先认购权；团队成员中无人有购买意向时，才可以向外转让给第三方；而且此第三方要获得投资团队的认可。在董事会中，海耶克享有对企业管理事项的一票否决权。与斯密德亨尼达成协议，斯密德亨尼将其所具有关公司事务的投票权全权委托给海耶克行使。在入主SMH的初期，海耶克和斯密德亨尼两人每周都会一起就一些重要的事务进行磋商决策。此外，海耶克还拥有一项重要的信息优势：海耶克工程公司对组成SMH的两家公司（ASUAG和SSIH）都做过彻底的调查和诊断，获得了很多有价值的内部资料。

11.6.4 斯沃琪表的诞生

海耶克在各方都很悲观、ASUAG和SSIH均陷破产边缘的情况下，在其咨询报告中给出了唤醒“沉睡巨人”的希望，由此推动ASUAG和SSIH合并，诞生了SMH。海耶克还阻止了悲观的银行家们将欧米茄品牌这一SMH旗下明珠出售给日本人。海耶克对SMH的前景报以乐观态度，并将个人资产的四分之一左右投入了SMH，是对自己研究结论的自信，是看到了SMH集团中所潜藏着的金子和有待挖掘的潜力。

今天占瑞士出口手表数量一半多的斯沃琪手表就是这块金子。斯沃琪表的构想和研制要追溯到1978年，一位钟表业外人士——昂斯特·托姆克，进入原ASUAG旗下机芯公司ETA担任总裁。托姆克曾接受过ETA钟表课程的培训，但是没有进入钟表行业，而是进入了大学医科专业，毕业后在一家制药企业——英国的比彻姆制药公司工作，先在研发部门，后转任欧洲区市场部经理。具有超越现有行业思维的托姆克认识到，瑞士钟表业要保住自己的高端市场，一定要夺回低端市场，因为机芯和零部件生产要有规模效益，就要有一定规模的成品表生产。失去低端市场会带来机芯和零部件生产的困境，放弃机芯和零部件生产则会丧失技术诀窍和技术支配权，从而造成整个瑞士钟表产业的衰落风险。

托姆克不顾瑞士钟表业的卡特尔限令——不许机芯企业生产成品表，下令ETA公司技师研制出了超薄型的DT表。这种超薄手表，相比传统又厚又重的瑞士手表，有了个全新的形象，但是售价要达到4万瑞士法郎，还是很昂贵，上不了批量，解决不了其机芯生产所需要的成品表规模问题。1979年10月，托姆克召集公司相关人员会议，提出了以下的产品设计要求：手表的生产成本不能超过10瑞士法郎——当时生产一块机芯要花费20–30瑞士法郎；手表必须是完全的瑞士制造——不考虑到劳动力便宜的国外生产；必须具备防水功能，不设售后服务，实行全自动化设备生产。托姆克不是工程师，但他从消费者角度提出了产品要求，这与乔布斯要求工程师按他认为理想电脑所应具备的尺寸和厚度来设计很相似。

1980年3月，两位年轻的工程师一份让托姆克很满意的设计，托姆克背着公司董事会，在自己的权限范围内分期分批地批准了项目启动资金，直到1981年初公司董事会才知晓此事。1981年圣诞节前夕，样表做了出来，这就是随后被定名为“Swatch”（斯沃琪）的创新性产品。这里的S有“瑞士”和“第二个”双重含义。斯沃琪表通过一系列的创新性设计，将所用部件数量从传统手表的至少91个减少到了51个。这款表的研制和设计，让ETA公司申请到了7项专利。1982年夏，统一售价为50瑞士法郎的斯沃琪表开始投放市场。随着产量的上升，每只斯沃琪表的生产成本降低到了10瑞士法郎以下，一只简洁设计的经典斯沃琪手表生产成本甚至可以低至5瑞士法郎。到1985年，海耶克入主SMH的年份，斯沃琪表的每月产量达到了100万只。

11.6.5 缔造钟表帝国

托姆克推动了斯沃琪表的诞生，但是基于斯沃琪表这块基石，进一步打造出了一个涵盖众多知名品牌的钟表帝国、世界第一大钟表企业——斯沃琪集团的人是海耶克。1986年6月，海耶克正式出任SMH公司董事长兼首席执行官，托姆克出任总裁，负责机芯制造及所有的成品表品牌。

在有了斯沃琪这个低端市场品牌的成功之后，海耶克给托姆克下达了一个新的任务：将欧米茄重新打造为瑞士钟表的领航品牌。随后，又对浪琴品牌进行了重整。托姆克领导下的集团所有成品表品牌均业绩突出，他满心希望能够出任集团首席执行官。1991年中，在出任集团首席执行官的希望落空之后，托姆克离开了SMH公司。导致托姆克离职的原因中，除托姆克的强人个性和海耶克的强人个性之间的"两强冲突"这一原因外，重要投资人斯密德亨尼也看不惯托姆克有些"粗野无理"的个性。但是，斯密德亨尼与海耶克之间的伙伴关系也没有持续多久。斯密德亨尼一直敦促海耶克确立公司接班人，海耶克却迟迟不表态。斯密德亨尼通过把自己持有的记名股票与海耶克交换成不记名股票后，悄悄地退出了公司，包括其董事会席位。海耶克成为了公司最大股东，并按自己的意志重新提名了公司的董事会成员（包括他的女儿）。

全权掌控SMH集团之后，海耶克开始加速打造他的钟表帝国。现在他需要一个比欧米茄还要高端一些，能够与劳力士、百达菲丽相抗衡的奢侈表品牌。他不愿意花费高价去竞购那些市场成功售价过高的现有品牌。斯沃琪集团以欧米茄品牌创始人路易斯·布兰特的名字推出了自己的奢侈表品牌，没有获得成功。在与沃达丰集团接洽收购其旗下拥有万国、郎格等品牌的钟表企业曼内斯曼时，斯沃琪集团出价不敌历峰集团。

1992年，机会来了，斯沃琪成功并购了宝珀。宝珀表是瑞士最古老的钟表品牌，始创于1735年。实际上，宝珀先前曾是SMH前身企业SSIH的旗下品牌。在宝珀表困境之际，SSIH将其收购，但是并没有成功进行重振，成为生产量为零的空品牌。1982年殴米茄的市场主管比弗意外发现了集团拥有这个历史悠久的品牌，以1.8万瑞士法郎的价格从SSIH公司买下了这个品牌。比弗与拥有一家以自己名字命名的机械机芯制造厂的皮杰特合作，成功发展起来了宝珀品牌。10年后，企业员工达到130人，销售额达到5000万瑞士法郎。为了让企业能够依靠一个大企业集团的支撑而得到更好的发展，比弗找到了海耶克。海耶克欣然以3000万瑞士法郎的价格买下了宝珀，并随后又同样以3000万瑞士法郎的价格买下了皮杰特机芯制造公司。

1993年，海耶克又以3亿瑞士法郎的价格从投资集团（Investcorp）手中买下另外一个奢侈表品牌——1775年始创于巴黎的宝玑。当时的宝玑公司负债累累，经营困难，海耶克亲自出任其董事长、首席执行官、市场营销主管以及产品生产和研发主管，经过四年的努力，使其起死回生。之后，海耶克继续进行了一些钟表品牌收购和业务扩张，包括1994年收购始创于1845年的德国格拉苏蒂，以及为C.K.生产定制手表，推出斯沃琪、宝玑和畋米茄等品牌的饰品。海耶克领导下斯沃琪集团业务扩张，虽然成功者居多，但其中也有些失败的尝试。试图推出斯沃琪汽车及进入电信制造业均以失败收场。

11.6.6 海耶克的遗产与斯沃琪集团的治理架构

2010年6月28日，海耶克在他斯沃琪集团总部办公室工作时突然心脏衰竭猝死，享年82岁。据估计，2010年时，海耶克的个人财富总计约为39亿美元，在世界富豪中排名第232位。

对于当年曾让其投资伙伴斯密德亨尼非常不满并因而退出的接班人问题，现在可以看得很清楚了，海耶克不相信职业经理人，他把他的企业帝国交给了他的子女。海耶克家族现持有39%的斯沃琪集团股份，他的女儿和儿子分别出任了斯沃琪集团的董事长和首席执行官。

海耶克的女儿尼亚拉·海耶克（Nayla Hayek）出生于1951年，1995年加入斯沃琪集团董事会。2008年，尼亚拉·海耶克开始负责斯沃琪与蒂芬尼（Tiffany）合作的蒂芬尼钟表公司。2010年5月12日出任集团副董事长，2010年6月30日出任董事长。2013年，斯沃琪收购了美国顶级钻饰品牌 哈里·温斯顿（Harry Winston）的珠宝和手表业务后，尼亚拉·海耶克又出任了哈里·温斯顿的首席执行官。

海耶克的儿子尼古拉斯·海耶克二世（G· Nicolas Hayek, Jr.，简称Nick Hayek，尼克·海耶克）出生于1954年，1994年加入公司。2003年成为斯沃琪集团的首席执行官——执行集团管理委员会（Executive Group Management Board）主席，2010年加入集团董事会。

尼亚拉·海耶克的儿子马克·海耶克（Marc A· Hayek），从小跟随外祖父老海耶克长大，现在掌管宝珀、宝玑和雅克德罗三个品牌以及斯沃琪集团的巴拿马、加勒比和中南美洲地区业务。

除海耶克姐弟两人之外，斯沃琪集团董事会还有4位成员，6人全部是瑞士公民。董事会负责公司的总体管理、战略和监督。运营和执行职责则授权给公司的“执行集团管理委员会（Executive Group Management Board）”。这个执行集团管理委员会共有包括主席尼克·海耶克在内的8人组成，马克·海耶克也是该委员会的成员。在执行集团管理委员会之下，还有一个集团管理的扩大委员会（Extended Group Management Board），为执行集团管理委员会提供支持。

今日斯沃琪集团旗下成品表品牌包括：Swatch（斯沃琪）、Breguet（宝玑）、Blancpain（宝珀）、Glashutte（格拉苏蒂）、Omega（欧米茄）、Longines（浪琴）、Rado（雷达）、Hamilton（汉米尔顿）、Tissot（天梭）、Calvin Klein（卡尔文·克莱恩）、Certina（雪铁纳）、Mido（美度）、Pierre Balmain（皮尔·巴尔曼）等等。还拥有世界上最大的空白机芯制造及供应厂商ETA SA。

GREAT COMPANIES
INNOVATION, GOVERNANCE AND SUCCESSION
伟大的公司
创新、治理与传承

第12章
管控危机：董事会的角色

现代公司中，维持组织稳定性和长期可持续发展的核心动力来自董事会。董事会是由全体股东付费，在有关部门的监管规则之下，按照兼顾各类利害相关者利益的原则，指导和管理公司日常运作的机构。股东之间、股东与经理人、员工及公司其他利害相关者之间，总是存在着从战略、理念到利益等各个方面的矛盾和冲突。董事会作为现代公司治理的核心机制，要保持独立性，要调停并化解不同股东及股东与经理人之间一些不可避免的利益矛盾与冲突，维护公司的稳定和公司作为一个整体的有效运作。

12.1 危机中的董事会与董事会的危机管理

在这个危机频发的时代，很多董事会没有为危机做好准备，甚至就从未讨论过公司面对重大危机时的应急行动计划。无论危机源自何处，董事会都负有责任，要有效行动，保持公司能够在危机中前行。

12.1.1 应对危机，董事会要真正到位并随时在位

健全的公司治理，必须要关注的是，在灾难和危机等紧急状态下，需要董事会的决策时，公司董事会必须能够真正到位并随时在位，不能找不到、联系不上公司董事会。

董事会的真正到位，首先需要法律上董事义务和责任追究体系的到位，然后是全体董事管理公司权力的到位（职责的落实，董事选举董事长和董事会

选聘首席执行官），再后才是董事会本身如何更好地运作的问题（行为上的到位）。只有这义务、权力和行为的三个到位，董事会才算真正到位。

董事会到位之后，还要“随时在位”。为了保证董事会职能上的“随时在位”，需要设置执行委员会在董事会闭会期间代行董事会的权力，还需要通过紧急状态下的管理规则，设置“紧急状态下的董事会会议”机制。就是在极其特殊的紧急状态下，正式的董事会成员构不成董事会会议的法定人数时，公司在场的哪些人按什么顺位，补足董事会会议需要的法定人数，召开紧急状态下的董事会会议，行使董事会的权力。

从正常情况下在董事会闭会期间代行董事会职权的董事会执行委员会，到紧急状态下按公司紧急状态规则组成“紧急状态下的董事会”，都可以说是公司治理制度上的“应急预案”，是保证作为公司管理机构的董事会可以真正到位并随时在位而设立的两级应急机制。并且，由此一方面可以避免外在原因导致的需要董事会作为而董事会无法作为的情况，另一方面也为根除“先斩后奏”“将在外军命有所不受”等一类的经理层“越权行为”提供了制度保障。

12.1.2　灾难和危机等紧急状态下的董事会

应对紧急状态的基本规则是，公司可以采纳一个“紧急状态下的管理规则”，在这一规则中要规定一个可行的，在紧急状态下，需要召开董事会而全部或者一些董事联系不上，正常董事会无法召开时，公司的哪些人、按照什么样的一个顺序，可以作为紧急状态下的董事，补足董事会，召开紧急状态下的董事会会议，行使董事会的权力。

中国公司法和公司实际运作中，在这方面目前还是一个空白。美国特拉华州公司法中有关“紧急状态时的公司章程和权力安排”值得借鉴。特拉华州公司法中规定了公司可以采纳紧急状态管理规则的情形，紧急状态管理规则中要包括的主要条款等。

《特拉华州普通公司法》第一分章“公司组成”第110节“紧急状态时的组织细则和紧急状态时的其他权力”规定：任何公司的董事会都可采纳紧急状

态组织细则，该细则可以制定适应紧急环境的，可操作而又必需的条款，这些条款可包括：（I）董事会或其属下的一个委员会可以在紧急状态细则中规定的那种条件下和方式下由任一位公司雇员或董事召开；（II）参加了这样的会议的董事，或者由紧急细则规定的更多一些的人数便算是法定人数；以及（III）在紧急状态发生之前，董事会要批准一个名单，名单中指明一批公司的官员和其他人，他们都按先后次序在名单中被排定，当由紧急状态细则规定的，或是在批准上述人员名单的决议中规定的条件下和时间内要召开有法定人数的董事会时，上述名单中的人员应被视为是董事，他们应依照排定的先后次序补足法定的董事人数。

在和紧急状态细则不相冲突的范围内，公司的组织细则在紧急状态中仍然有效，当紧急状态一结束，紧急细则的效力也应终止。除非在紧急状态细则中另有规定，在紧急状态中的董事会会议通知只发给有可能参加会议的董事并利用当时可行的手段来发通知，包括在报刊上或在广播中通知。

在紧急状态时，在被要求董事会有法定人数时，当时在场的公司官员，除非在紧急状态组织细则中另有规定，应当被认为是可以参加董事会以求达到法定人数的董事。他们应当按级别次序，在同一级别中则按年资次序，参加进去。如果公司没有一个事先拟订好的紧急状态下替补董事会成员的名单，则是在场的公司高级管理人员先按级别再按年资的次序来补足董事会的法定人数。公司董事、高管甚或普通雇员按紧急状态管理规则采取行动，召开紧急状态董事会和行使董事会权力，不应承担任何责任，除非是故意的错误行为。

IBM公司在其管理章程中规定，董事会可以设立一个特殊的成员及任期都可以不确定的应对紧急状态的委员会，实际就是我们所说的“紧急状态下的董事会”。其具体规定是：“董事会可以设立一个成员及任期不确定的委员会，该委员会的成员资格、法定人数、会议方式及运作方式等不受本管理章程规定的约束。当发生重大灾难或全国性紧急状态时，董事会由于成员死亡、丧失行动能力或无法召集全部或部分董事而无法采取行动时，该委员会应当并且可以行使董事会管理公司事务的一切权力，包括授权使用公司印鉴和填补董事会空缺。该委员会在授权范围内采取的行动视为董事会的行动。”

12.1.3　董事会的公司危机与风险管理职责

良好公司治理不能预防所有危机，但优秀的董事会至少能够通过一些措施使公司风险最小化，帮助公司降低消极事件带来的不利影响，预防其演变为危机或灾难。当危机发生时，良好的公司治理有助于公司有效应对，使损失最小化。

大多数危机是逐步形成的，在问题演变为全面危机之前，会有预警信号。董事会成员负有特别注意的责任，非执行董事更要发挥其特殊作用。非执行董事不像执行董事那样密切接触企业运营、对公司情如指掌，但这使他们更容易看到异常现象和新趋势，能够更早地认清形势、发现危险。

许多公司危机本身就源自公司治理问题，如：股东之间的利益冲突，股东与管理层之间的公司资源使用冲突，董事会与管理层之间的人员更替和继任冲突，董事之间的个人恩怨、利益或潜在动机冲突。冲突不可避免，但需要以建设性的方式处理，冲突失控就会变为危机。

董事并不一定要为所有的公司财产损失的结果负责，但是如果这种损失是由于缺乏一套有效的公司内部控制系统而导致的，董事则会被追究责任。为了确保公司运作各个层面上的合规性，及时发现任何可能的不合规行为，董事会或其审计委员会要确保一个有效的“警哨程序”（Whistle-blower procedure），让雇员和其他人能够报告他们发现的不良或欺诈行为，以使董事会能够早采取纠正行动。

公司面临重大危机，董事会需要立即深度介入。在危机应对中，董事会要处理好其与管理层的关系变化。严重危机情形下，管理层原有的决策权会临时被董事会掌控，沦为董事会详细决策的执行人，甚至其职位也被董事会成员替代。这些变化可能会引发管理层的各种反应：故意扭曲对行动方案的理解，破坏董事会的决策；或保持沉默，不向员工作任何有关危机应对行动方案的解释等等。

在正常情况下没有发挥作用的董事会在危机中更不会有效运行。董事会在危机中的表现取决于其在危机前是如何运行的。危机往往会强化董事会的决策程序、行为模式，以及董事会与管理层的互动关系。如果在危机前，董事会仅仅是“橡皮图章”，那么在危机期间董事会将更加无用：高管们会非常忙碌，无暇关注董事会、向其提供信息、寻求建议和支持。如果在危机前董事会就有效运作，其重要性将在危机中进一步提高：董事会会议更频繁，信息流动会增加，汇报要求会调整，会比平时更关注现金流和流动性。

在董事会无效的情况下，公司面对危机时，要么管理层不顾监管或章程的规定，掌管董事会的权力，做出必要的决策；要么股东通过股东大会决策或人格力量控制公司。如果股东人数少且早已参与公司管理时，可能会有效。由管理层或股东来应对危机，效果如何关键取决于掌权股东的经验或管理层的能力，以及其与危机发生的关系（他们自身可能就是危机的根源）。这些选择的风险都会更高，最好还是未雨绸缪，建立起良好稳健的公司治理体系和有效有力的董事会。

12.2 董事会如何管控创始人危机

世界充满不确定性，公司遭遇危机很正常，遭遇创始人危机也很正常，否则就不会有那么多的公司创始人和创始人家族出局了。这里的一个特殊难题是，由于分级股份制度的兴起，使一些公司创始人在股份投票权上保有了对公司的绝对控制权。在这种情况下，如果创始人在自身导致了公司危机的情况下，还是顽固地坚持拥有对公司的绝对控制权，公司就很难办了。

12.2.1 创始人出局，公司可以继续正常发展

正常情况下，无论是创始人自身出现问题还是创始人能力所限使其已经不能继续领导公司，创始人所任管理职务都是可以被一个正常运作的公司董事会所替换掉的。这方面曾引起广泛关注的中国企业第一课，是2001年新浪公司董事会解除其创始人王志东的首席执行官职务。1998年底，王志东与姜丰年共同创建新浪，并于1999年3月聘任沙正治出任首席执行官。半年时间之后，沙正

治离职，王志东出任首席执行官。但是在任不到两年时间，2001年6月王志东就被新浪公司董事会解除了首席执行官的职务。

公司发展过程中，包括创始人出局在内的各种各样的矛盾和冲突本身都不是问题，关键是有没有一个董事会投票这样的明确、权威的决策中心和裁决机制。三位创始人的连续出局，都没有阻挡住Twitter作为一家独立公司的发展步伐。从创始人、员工到投资人和用户，作为一种相互作用但以董事会为核心——谈判、妥协和集体决策中心——的公司治理系统缔造了Twitter。在从Odeo公司的一个项目中发展出Twitter公司的过程中，作为Odeo公司主要创始人的诺阿·格拉斯已经出局了（主要是被项目负责人杰克·多西挤出局的）。作为Twitter创意提出者、项目负责人、首任CEO和联合创始人的杰克·多西，正式在CEO职位上的时间（2007年4月到2008年10月）也仅一年半时间（主要是被投资人罢黜的）。这还没有完，作为Twitter早期唯一投资者和公司主要创始人的埃文·威廉姆斯，在公司第二任CEO的职位上也仅仅坐了两年时间（2008年10月到2010年10月），就被公司投资者和董事会罢黜了。

创始人要保持住公司控制权，首先需要公司的业务发展比较好，能产生足够和可持续的现金流，以使创始人不必为了挽救企业于财务困境而被迫出让控制性股份或让出控制性权力，从而导致自己出局，如杜兰特。杜兰特于1908年创建了通用汽车公司，1910年就因公司财务危机而使公司控制权落入了银行家之手。1916年，夺回通用汽车公司的杜兰特，没有吸取教训，再度大举扩张，再度陷入财务危机，于1920年彻底失去了自己创建的公司。杜兰特两次失去通用汽车公司时的情形几乎一样，轻率地大举扩张，产品库存积压，管理不善，缺乏控制。

12.2.2　天才的创始人，未必是优秀的公司管理者

天才发明家爱迪生，作为通用电气公司创始人却是失败的。1878年摩根公司支持爱迪生成立了爱迪生电灯公司，共计30万美元的股份，爱迪生占50%，另外50%由投资者认购。1889年5月，设在新泽西州、注册资本1200万美元的爱迪生通用电气公司成立。1892年爱迪生通用电气公司与汤姆森—休斯敦公司

合并成为通用电气公司，合并后资产为5000万美元。虽然爱迪生的名气很大，但是爱迪生通用电气公司的效益没有汤姆森–休斯敦公司的效益好，两个公司股东的股份分别以一比一和三比五的比例换成新公司的股份，并且是汤姆森–休斯敦公司的总裁科芬成为了新公司——通用电气公司的总裁。爱迪生不满公司名称中没有了自己的名字，并且股权也被稀释为不再是最大股东，在仅仅出席了一次董事会会议之后就离开了通用电气公司，继续自己的发明事业。

思科是互联网基础设施市场上占绝对优势的公司，如果没有思科的路由器，也许就不会有互联网。但是思科的两位创始人，自己没有能从一个卓越的创业者转型为团队领导人和优秀管理者，从而自己跟不上思科公司的前进步伐而出局了。1990年2月16日，思科上市，红杉资本持股23.5%，两位创始人莱恩·博萨克和桑迪·勒纳各自持有13.8%的思科股份。思科上市仅仅半年之后，1990年8月28日，在6名副总裁以集体辞职相威胁的要求之下，思科董事会解聘了桑迪·勒纳，随后莱恩·博萨克自己辞职。1990年底，思科的这两位创始人抛售了所持思科股票。

丰田汽车创始人丰田喜一郎，也是天才创始人而非优秀管理者，从而成为公司陷入财务困境时出局的一个重要案例。1930年3月，丰田喜一郎占用丰田自动织机公司的一角，开始研制汽车。1937年8月28日，丰田自动织机公司把汽车部独立出来，组建成立了丰田汽车公司，丰田喜一郎以执行副总裁身份实际负责丰田汽车公司的管理工作。1941时，丰田喜一郎正式出任公司总裁。战后经济萧条使丰田汽车公司于1949年底陷入困境。1950年初，日本银行名古屋分行出面组织银团贷款拯救丰田汽车公司，条件是要求公司裁员，并将销售部门变为独立的销售公司。由于自感愧对被要求“自愿退休”、占员工总数26%的2146名员工，丰田喜一郎“引咎”辞职。

12.2.3 乔布斯的出局与回归，都是董事会的自主决策

1977年1月3日，马库拉、乔布斯和沃兹涅克三人正式创建了苹果电脑股份公司。马库拉出任苹果首任董事长并请来斯科特出任了苹果公司的首任总裁。1981年3月，因为财务困境、大幅裁员等原因，斯科特被迫辞去了总裁和CEO

职务，马库拉由董事长改任总裁兼CEO，乔布斯则接替马库拉出任苹果公司第二任董事长。

乔布斯一直想自己出任总裁，并且毫不怀疑自己完全有这个能力。但是苹果公司董事会中只有他自己一个人这样认为。1983年4月，斯卡利出任苹果公司总裁兼CEO。斯卡利对乔布斯有些崇拜，任由乔布斯控制公司，作为总裁兼CEO并没有真正掌握公司管理。乔布斯沉迷于技术和新产品研发，而对公司管理混乱和销售日益恶化的状况认识不足。

到了1985年4月11日，由苹果公司上市开始一直担任董事的一位投资者罗克牵头，董事会决定让斯卡利全权掌握公司。在董事会的全力支持下，斯卡利对公司进行了一系列的机构重组，乔布斯除了董事长职务之外，对公司具体部门和重要事务不再有任何直接管理权（最初是保留了一个新产品开发部副总裁的职务，后来干脆是一个更空的“新产品构想者”职务）。乔布斯试图进行“宫廷政变”式的反击，但是没有取得成功。斯卡利先是要求全体管理人员当着乔布斯的面投票表示是支持乔布斯还是支持他，后又逐一征询公司董事的意见，要求解聘乔布斯。整个这场权力斗争持续了5个多月，1985年9月17日，乔布斯向苹果公司董事会提交了辞呈。

乔布斯在被迫离开苹果之后所创建的NeXT公司拥有苹果公司需要的操作系统技术（以此为基础研发Mac OS X），1996年12月20日苹果公司收购了NeXT公司，乔布斯作为特别顾问重新回到苹果公司。1997年7月，乔布斯以1美元的薪酬出任苹果公司“临时”CEO，一直“临时”到2001年1月，被正式任命为苹果公司的CEO。在乔布斯的领导下，通过iPod、iTune和iPhone等一系列新产品的成功推出，苹果电脑公司已经转型一家消费电子类产品公司，并于2007年去掉了公司名称中的“电脑”字样，正式改名为苹果公司（Apple, Inc）。

从乔布斯（自身担任董事长并是公司大股东）先前败给斯卡利和后来赢了阿米利欧（董事长兼CEO）的两次苹果权力斗争中我们都可以清楚地看到，是董事会中的多数派支持决定胜负。不管你是谁，创始人、大股东或董事长兼CEO，公司内部领导权配置的最高决定者都是多数派董事。董事会的权力到位，有董事会的裁决机制，多大、多激烈的公司内部权力斗争，都可以和平解决，不会因权力斗争而使公司瘫痪以至分崩离析。

12.2.4 分级股份增加了创始人危机的管控难度，但也并非无解

21世纪以来，分级股份制度被美国高科技公司用来保护公司创始人。公司创始人团队保有一种具有更高投票权比例的股份，对外公开发行的则是投票权比例更低的股份。除持有高投票权比例的股份之外，增强创始人特权方式还有上市前签署原始股东将投票权委托给公司创始人行使的协议，等等。这些制度安排有力地保护了公司创始人，缓解了来自华尔街的短期市场压力，使公司创始人能够按照自己的战略意图领导公司。但是问题的另一面就是，如果创始人管理无能或是出现问题，公司董事会很难按常规程序及时解聘创始人的管理职务。

思科公司（1984年创立）的创始人，不仅没有在引入风险资本时（1987年），进行创始人的控制权保护设计，并且在1988年5月为了争取风险资本方支持他们赶走公司的职业经理人CEO而将自己的股份投票权委托了投资人，这使他们在公司上市半年后的1990年8月，因与公司经理人团队的冲突和投资人支持了经理人团队而被迫离开公司。从思科公司角度看，这使董事会能够不受创始人特权束缚，及时替换管理层，为公司引入最合适的领导人。

在存在创始人特权的情况下，如何避免创始人特权的不利影响，使公司董事会能够在必要的情况下解除创始人的管理层职务，以免公司陷入创始人危机？在出现违法、违规等问题的情况下，外部监管力量的及时介入可以提供一种救济手段，如特斯拉公司创始人马斯克因为一条不当twitter，招来监管层介入而被迫放弃董事长职务。如果像思科公司创始人或是当年的乔布斯那样，并没有什么不当行为，但是管理能力不足致使公司问题重重，公司内部治理机制（股东会和董事会）上能有什么样的制度安排可以发挥作用呢？

绝对的权力导致绝对的腐败，创始人特权也跳不出这个陷阱。一个可行的办法是，在公司创设分级股份制度以及公司投资者与创始人签订投票权委托协议时，附设约束条件，创始人违反这些附设条件时，剥夺其相关特权。另一个

办法是，创设类似紧急状态下的董事会那样的公司章程条款，在出现创始人危机的情况下，通过特别委员会行使正常情况下的董事会权力，从而绕开创始人特权对公司行为的约束。

12.3 古奇家族：从内讧不已到惨淡出局

同在家族资本主义盛行的意大利，安杰利家族的第五代成员保持住了对菲亚特集团的控制，但是古奇家族却在第三代就彻底失去了古奇集团。古奇在短短几十年内从一个小店铺和家庭作坊成长为国际顶级时尚品牌，可谓是商业史上的奇迹之一。古奇家族在因为内讧而引入私人股权资本（PE）仅仅四年之后就彻底失去了古奇集团，也可说是为企业创始家族提供了一个异常惨痛的教训。

12.3.1 古奇欧·古奇：白手起家创建古奇公司

古奇欧·古奇（Guccio Gucci，1881–1953）不到20岁的时候，在佛罗伦萨经营草帽生意的父母破产。古奇欧出外打工，在伦敦一个高档饭店拿着微薄薪水、干着繁重劳动，但是却借此机会用心观察和琢磨那些上流社会的富人们的行头，大衣箱、手提箱以至帽盒等都是真皮制作的。在外游历数年、回到家乡佛罗伦萨之后，古奇欧先是在一家古董店打工，后应征入伍，退役后在一家名为Franzi的皮具公司工作，并升迁到其罗马分公司经理。

皮具公司的工作使古奇欧对皮革的挑选和加工有了很深的经验积累。同时，他娶了一位父亲是裁缝、自己也是裁缝的妻子。1921年的一个星期天，夫妻俩在散步时看上了一个待租的小店。古奇欧用自己的积蓄加上借来的一笔钱创建了第一家古奇店：古奇欧·古奇皮箱店（Valigeria Guccio Gucci），后更名为古奇欧·古奇独资公司（Azienda Individuale Guccio Gucci）。虽然有过一些困境，但是整体上来说，古奇欧的生意是蒸蒸日上。

12.3.2　老子控制、儿子冲锋：古奇帝国的构建

1925年古奇欧20岁的长子艾度·古奇（Aldo Guccci）开始帮助父亲打理家族生意。在其保守父亲的表面反对和暗地支持下，艾度·古奇于1938年在罗马开设了古奇分店，并获得了巨大的成功。在艾度最初提出到罗马开设分店的想法时，古奇欧的回答是："你想到过这么做的风险？想想那需要多大一笔投资吧，我们去哪弄那么多钱？去找银行吧，看看他们会不会贷款给你。"但是背着艾度，古奇欧悄悄地找了几位银行家，希望他们能够支持艾度的计划。

除艾度之外，古奇欧的另外两个儿子也在家族企业里工作，但是大哥艾度承担着火车头的角色。艾度与古奇欧一样秉持质量至上的理念，他的座右铭是"价格会随着时间而被淡忘，但品质会永驻人心"。到了1950年代初期，古奇箱包已经成为高贵身份与幽雅品位的象征。艾度提出了到纽约开设古奇店的想法，古奇欧仍然是惧怕风险的控制者角色："如果必须这样做的话，那你就去冒险吧！你可以去银行试试，看他们愿不愿意为你冒险。或许你是对的，毕竟我已经老了。也许我的想法已经过时了，我只相信自己种出来的果实才是最甜的。"1953年11月，艾度以6000美元的资本，成立了古奇美国公司，新公司被授权在美国市场使用古奇商标，这是古奇公司首次授权其商标在海外使用。

在纽约古奇店开业15天之后，72岁的古奇创始人古奇欧因心脏病突发去世。这位古奇帝国的创建者，同时也是古奇家族裂痕的始作俑者。他让三个儿子平分财产，而把自己的女儿、三个儿子的大姐排除在外，理由仅仅是因为她是一个女人。意大利并没有女人不能继承财产的法律规定，只是古奇欧认为，古奇的家族事业不能让女人插手。尽管这位52岁的女儿是古奇欧最大的孩子，一直在古奇店里忠心耿耿地工作，并且是她的丈夫在1924年古奇商店濒临破产时拿出自己的积蓄救助了古奇欧。

12.3.3　艾度·古奇：成功的创建者，失败的掌控者

古奇欧去世后，继承了古奇全部财产的三兄弟把古奇的业务分成了三块，各自具体管理一块：艾度负责海外市场，1907年出生的法斯卡（Vasco）负责

佛罗伦萨的工作，1912年出生的罗多佛（Rodolfo）负责米兰分店。但是古奇事业仍然是作为一个集团来整体运作的，两位弟弟对大哥很信服，一切由艾度放手去做。

这位古奇家族第二代的掌门人艾度·古奇是营销高手，擅长开疆拓土，把古奇打造成了一个国际性的时尚帝国；但是却没有很好地控制住家族内部的利益冲突和矛盾。艾度的长子乔吉欧于1969年在罗马自立门户，开设了一个“古奇精品店”，好在1972年古奇精品店并入了古奇家族事业，仍由乔吉欧管理。给古奇家族事业带来更大麻烦的是艾度的二儿子宝洛。

1970年代初期，古奇成功在美、欧、亚三大洲确立了品牌地位，成为了身份地位的象征。1971年为了加快扩张步伐，艾度曾提出改变其父亲确立的家族要牢牢控制公司所有权原则、通过出售40%股权让公司上市的想法，但是遭遇其两个弟弟的坚决反对。两个弟弟还决定，至少100年内，不对外出售公司股权。但是实际的演变却脱离了他们的初衷，家族内部的纷争导致了外部人的进入。

1974年古奇创立者的二儿子法斯卡死于肺癌。法斯卡没有孩子，其持有的三分之一古奇股权应由其妻子继承。为了保持古奇的家族所有权，艾度和罗多佛提出用现金替代股权，法斯卡的妻子同意了，这样艾度和罗多佛各持有古奇50%的古奇股份。艾度拿出10%的古奇股份平分给了他的三个儿子。艾度这么做的初衷是想让他的三个儿子能够早些加入古奇的管理决策中来，平分给三个儿子也很公平，但是他没有想到的是，这样一来，他的任何一个儿子如果和罗多佛联合起来都将持有53.33%的股份，将在公司决策中拥有压倒性的优势。事实上，也正是这一点导致了艾度后来在家族纷争中失去了对古奇的控制权。艾度的二儿子宝洛利用这3.3%的股权掀起了巨大的古奇家族内部纷争。

在法斯卡死后，宝洛负责起了佛罗伦萨工厂的管理工作，同时他利用自己的股东身份频频介入罗多佛负责的米兰的业务，引起罗多佛的强烈不满，将其打发到了纽约，1978年又将其从意大利古奇公司开除。宝洛先是利用发展古奇香水公司来反击罗多佛。由于此前成立的古奇香水公司股权分配是艾度、罗多佛和艾度的三个儿子五人各占20%，把古奇公司的资源用于香水公司的发展，则会使罗多佛的利益受损。后又利用自己在纽约的人脉关系，自创P·G（宝洛·古奇的缩写）品牌，与古奇对抗。在涉及公司利益的大问题上，艾度站在了罗多佛一起。1980年艾度又把宝洛从古奇美国公司解雇。宝洛一怒之下，将古奇公司告上法庭。双方在法庭上对抗的同时，也打起了贸易战：古奇一一警告其供应商如果发现他们与宝洛有业务联系，将立即终止合作关系。此后，除1981年底和1982年初一段短暂的和解之外，宝洛与古奇之间一直诉讼和对抗不断。1995年底，宝洛死于肝炎，1996年由破产法庭裁定古奇母公司以370万美元买下P·G品牌的所有权。

12.3.4 莫里吉奥·古奇：借外力平内乱，家族出局

1983年5月，一直与艾度父子平分古奇的罗多佛死于癌症，其唯一的儿子莫里吉奥·古奇（Maurizio Gucci）继承了他50%的古奇股份。35岁成为古奇最大股东的莫里吉奥，是第三代古奇家族成员中唯一的大学毕业生（法律专业），自有一番抱负，要对古奇进行现代化改造。为了取得大于50%的公司控制权，他找到了一直与古奇对抗的宝洛，获得了宝洛的支持。1984年10月，莫里吉奥出任古奇公司董事长，聘请艾度为公司名誉总裁。与此同时，艾度陷入了在美国逃税的官司，于1985年底将自己所持40%的古奇股份转让给了宝洛之外的两个儿子乔吉欧和罗贝托，使他们两位各持有23.33%的古奇股份。

艾度因为逃税被判入狱，增强了宝洛对莫里吉奥的报复心。在纷繁的诉讼之争中，一项“伪造罗多佛股权转让签名”的指控，曾使莫里吉奥逃离意大利，不过最终莫里吉奥被判无罪。为了摆脱艾度孩子们的股权控制，莫里吉奥通过摩根士丹利找到了一家由阿拉伯人内米尔·克达（Nemir Kirdar）于1982年创建的名为“投资集团（Investcorp）”的私募股权投资基金，双方签订了一份主要内容为重塑品牌知名度、实现专业化管理和通过收购家族其他成员股份统一股东意志的协议。摩根士丹利出面代表投资集团收购莫里吉奥之外的家族成员股份。他们首先从宝洛的3.3%入手，于1987年10月以4000万美元的价格将其买下。这3.3%的股份已经可以使联合在一起的莫里吉奥和投资集团掌

握古奇控制性的股份，让艾度的另外两个儿子乔吉欧和罗贝托如果不甘于小股东的地位，就只能卖掉股份了。到1988年6月，投资集团经过摩根士丹利共从宝洛、乔吉欧和罗贝托手上收购了47.8%的古奇股权。罗贝托保留2.2%，是希望能与莫里吉奥合作掌控古奇，在发现合作无望的一年之后就放弃了。到1989年4月，投资集团最后从艾度手上收购了所持古奇美国公司17%的股权之后，投资集团掌握了整个古奇集团50%的股份，莫里吉奥持有另外的50%。84岁的艾度，不得不和儿子们一样走出了古奇的大门，将自己打拼了一辈子的江山，卖给了一家金融机构。

1989年6月开始，彻底平息了家族内讧的莫里吉奥，在投资集团支持下，开始了重振古奇的种种努力。可惜，莫里吉奥既没有艾度那样凭直觉管理公司的才能，又缺乏系统、理性的管理方法，还顽固地拒绝投资集团聘请专业人士管理的提议，致使古奇债台高筑，最后双方矛盾升级到了必须有一方退出的程度。莫里吉奥有心但是无力收购投资集团的股权。1993年9月，在莫里吉奥引入投资集团驱逐走他的大伯和三位堂兄弟四年之后，不得不以1.2亿美元的价格将自己所持50%的古奇股权卖给了投资集团。古奇家族彻底从古奇集团出局。卖掉古奇之后，莫里吉奥创建了一家小公司。1995年3月27日，在新公司尚无起色的时候，莫里吉奥被他两个孩子的母亲、他的前妻雇凶枪杀。

投资集团在完全掌控了古奇之后，起用了索尔负责管理，福特负责设计，古奇开始增长和盈利。1995年和1996年古奇两次公开发售股份，投资集团共进账24亿美元。投资集团退出，古奇股权高度分散，招来了法国路易·威登-轩尼斯的恶意收购威胁。古奇选择了法国巴黎春天集团（Pinault Printemps Redoute, PPR）为白衣使者。到2004年，巴黎春天集团持有古奇集团99.49%的股权。古奇使巴黎春天集团晋升为世界第三大奢侈品集团。

古奇这一姓氏随古奇品牌在世界流传，但是已经与古奇家族的人员毫无关系。从“利用外资”到“被外资利用”，古奇家族谱写了企业创始家族的一曲悲歌，值得我们深深凭吊。

12.4 思科：从夫妻店到上市公司

思科是互联网基础设施市场上占绝对优势的公司，如果没有思科的路由器，也许就不会有互联网。思科从夫妻店开始，经历了创始人的被赶出局和频繁的管理层更换，但是这一切都没有阻挡住思科公司的步伐，演绎了一曲矛盾和冲突之中的前进之歌。

12.4.1 开始于一个爱情故事

思科可说是一个互联网企业的传奇，思科的创立过程则是一个爱情故事的传奇。计算机科学博士莱恩·博萨克（Len Bosack）和统计学研究生毕业的桑迪·勒纳（Sandy Lerner）都在斯坦福大学就职，分别负责管理斯坦福计算机科学系和斯坦福商学院的计算机设施，经朋友介绍相识。当时还是局域网兴起时代，各种局域网在斯坦福各自为政，没有形成统一的校园网。莱恩和桑迪这对都是计算机发烧友的恋人所共同烦恼的一件事情是，他们各自所在系的计算机网络之间不能相互通信，他们无法相互发送电子邮件。

在到斯坦福工作之前，莱恩曾在DEC公司就职，对DEC-20计算机情有独钟。1980年代中期，在DEC决定从DEC-20转向VAX计算机时，莱恩离开了DEC公司，来到斯坦福大学。莱恩曾努力寻找风险投资支持，制造DEC-20的仿制产品，但以失败告终。随后莱恩成为了计算机科学系的项目负责人，负责为DEC-20计算机建立一个以太网界面。这个时候，毕业于斯坦福大学物理系、时为电子工程系系统程序员的柯克·拉菲德加入到了莱恩的DEC-20以太网界面开发工作中来。为了能让斯坦福大学的各个局域网相互连接起来，他们决定采用多协议路由器作为解决方案。当时斯坦福大学的研究员比尔·耶格尔（Bill Yeager）已经发明了一种多协议路由器。莱恩和柯克得到了耶格尔的源代码，柯克对之进行了易于使用者操作的一些改良，并加上了IP协议，这个软件就变成了思科的互联网操作系统（IOS）。

12.4.2　自家客厅里的公司

桑迪和莱恩已经结婚，桑迪非常有激情和动力要将这种路由器商业化。但是他们要创建自己公司的想法，遭到了斯坦福大学的反对。斯坦福大学允许学术人员为了商业目的而对自己的研究成果进行开发，但是不允许其他员工这么做。莱恩和桑迪决定不顾斯坦福大学的反对，冒着可能会被起诉的风险——在斯坦福大学看来思科的路由器是靠它的资金研发出来的，继续前行。1984年下半年，莱恩和桑迪夫妇带5美元到旧金山政府秘书处注册了思科系统公司。采用“思科”（Cisco）这个名字是桑迪的主意，取自英文旧金山（San Francisco）的后五个字母，她还仿照旧金山金门大桥的形象设计了思科公司的标志。莱恩和桑迪夫妇自家的客厅是思科公司的第一个总部兼制造车间。

莱恩和桑迪迫切需要风险投资，但是他们总计找了75家风险投资企业，都没有成功，没有人愿意向一个在客厅里制造路由器、并还很可能会遭到知名大学起诉的小企业投资。思科的起步资金主要来自一些私人借款、信用卡透支以及莱恩卖掉自己所持DEC公司股票的所得。为了让刚刚起步的思科公司维持运转，桑迪还继续为别的公司工作了几个月。最早的5名员工——桑迪、莱恩、柯克、格雷格·萨茨（工程师）和理查德·特罗亚诺（负责销售），在没有一分钱工资的情况下为思科工作了三年。最终与柯克结婚的女士是早期被招聘进来协助制造第一台路由器的员工。1986年3月，思科卖出了第一台路由器产品。7月，莱恩和柯克辞掉了斯坦福大学的工作。

到了1986年11月，思科公司的收入达到了每个月25万美元。他们凑钱买下了思科公司的第一个正规办公地点，搬出了莱恩和桑迪夫妇的客厅。1987年年初，思科的创业者们意识到他们需要具有专业水准的企业管理者。1月，桑迪选择了比尔·格雷夫斯（Bill Graves）担任思科的第一位首席执行官。格雷夫斯是位物理学家，在思科CEO的职位上坚持了16个月。3月，思科公司任命了第一位CFO，劳埃德·恩布里（Lloyd Embry），他为思科工作了两年多的时间。4月，格雷夫斯与斯坦福大学达成了和解协议：思科要将其总收入的3%（但不超过15万美元）交给斯坦福大学，作为使用其路由器软件的许可费用。与斯坦福大学之间知识产权争议的解决，扫除了影响思科发展的一个最大阴影。这笔当时对思科来说似乎是“天价”的费用，现在看来连九牛一毛都算不上，以至有人认为这是“世纪之偷”。

思科的起步可以说相当艰难，但是相比中国的创业者们还是非常幸运的。思科系统公司可以从5美元注册起步，并且在两位创始人自家客厅里运营两年多。仅仅最低注册资本和办公场所要求这两条，就可以让“中国的思科”胎死腹中。

12.4.3 红杉资本入主，瓦伦丁出任董事长

1987年春，通过一位律师的介绍，思科公司联系上了从1974年开始就担任红杉资本常务合伙人的唐·瓦伦丁。在瓦伦丁看来，“这是一家没有管理可言的创业公司，但他们有非常好的想法”，并且在其产品的知识产权问题上还与斯坦福大学之间存在着纠葛。但是瓦伦丁还是决定向思科投资，因为思科的技术比瓦伦丁所熟悉的其他公司要先进得多。红杉资本向思科投资250万美元，得到思科29.1%的股份。思科创立三年，估值达到860万美元。1987年7月结束的财政年度中，思科的利润为8.3万美元。

尽管红杉资本在思科占29.1%的股权比例，低于两位创始人的持股比例（桑迪和莱恩各自持有思科17.6%的股份，合计35.2%），但是红杉资本要对公司的日常运营进行控制，这自然会遭到两位创始人的抵制。瓦伦丁在第一次见到桑迪时就曾直言不讳地说：“我听说你就是思科一切问题的根源”，桑迪反驳道：“没有我就没有思科”。瓦伦丁坚持认为，要为思科引进专业的管理方法，否则它将永远无法走出苦苦挣扎的创业阶段。加强销售力量是当务之急。1988年1月，在瓦伦丁的主导之下，思科以9万美元年薪和5.1%的股份，聘请了特里·埃格——思科的第17名员工，出任首任销售副总裁。

这时思科的内部管理还是处在两位创始人（莱恩和桑迪）和职业经理人（CEO格雷夫斯和CFO恩布里）之间的激烈冲突之中。两位职业经理人认为自己有责任也有权告诉两位创始人应该如何运营一家企业，但是两位创始人却不这样认为。作为让瓦伦丁同意解雇格雷夫斯的交换条件，桑迪和莱恩把他们拥有的合计35.2%股份的投票权交给了瓦伦丁，这使瓦伦丁在思科拥有了64.3%

的股份投票权，也为日后这两位创始人的“被赶出局”埋下了祸根。

在主要由工程师构成的思科公司里，负责销售的特里·埃格，发挥着巨大的实际管理职责，他要“管理”那些工程师们，以确保他们让产品包含他已经许诺给客户的那些特性。甚至在推选瓦伦丁出任思科首任董事长的问题上，他也发挥了重要作用。在决定解聘格雷夫斯的董事会会议上，埃格表示，没有CEO也没有董事长，会让人对公司感到困惑。瓦伦丁问埃格：“那你认为应该怎么办？”埃格回答：“你是我们当中最出名的人，我想推举你当董事长。”瓦伦丁环顾四周，问大家是否有不同意见。没有听到有人表示异议后，瓦伦丁说道：“好，那我就是董事长了。”

12.4.4　摩格里奇奠定思科基础架构

1988年5月，思科聘请了一位硅谷的沙场老将查克·萨特克利夫（Chuck Sutcliffe）替代格雷夫斯。这位第二任CEO属于“老好人”，任职6个月，并没有有效地解决思科的内部矛盾。倔强、苛刻的桑迪也许已经理解了公司需要专业管理人员的道理，但实践上却不想屈服于这个管理层。1988年11月的时候，思科还只有35名员工，其中12名是工程师，有些头重脚轻，需要结构调整。瓦伦丁找来了一位合适的人选担当思科公司的领导角色：约翰·摩格里奇（John Morgridge，1933年出生）。摩格里奇既有管理经验，又有高科技知识。瓦伦丁想让摩格里奇带领思科公司上市。上市被当作了一个树立共同目标和转移内部矛盾的手段，因为这时候的思科内部，上市是唯一没有任何争议的事情。

摩格里奇，这位思科公司第三任CEO上任之后，除了要面对脾气火暴、对人苛刻的两位创始人之外，还要面对因为出色销售业绩居功至伟、我行我素而又深得董事会支持的埃格。桑迪是个情绪皇后，用一位思科前首席技术官的话说：“她的体内有一种狂野的能量，当这种能量被聚集起来的时候是惊人的。但她没有丝毫的容忍力，随时会大喊大叫。无论什么事情，她都要发表高见。”甚至投资人瓦伦丁都感到，“和她一起工作是非常艰难的。她的处事风格非常生硬，带着一种完美主义者的态度以及非常苛刻的对抗主义手法，而且丝毫没有宽恕之心。”（《思科风暴》第79页）。莱恩也非常缺乏沟通技巧，有时也会对潜在客户大喊大叫。好在他们的这些矛盾冲突，似乎并不是因为私心私利，而只是对公司业务问题的看法不同。桑迪为了客户的利益会毫不犹豫地开火。如果埃格认为他会得到一个订单，也会毫不犹豫地向别人开火。瓦伦丁甚至曾让摩格里奇聘请一位“公司的精神医生”，帮助处理思科内部的冲突局面。

在红杉资本公司的帮助下，思科聘请了很多高级管理人员，接管原来由工程师负责的一些商业性事务。这些人包括：戴夫·林，1988年12月出任思科首位生产副总裁；爱德华·科泽尔，1989年3月成为思科的市场扩展经理；约翰·博尔杰，1989年6月成为思科的第二任首席财务官。摩格里奇着力加强了思科的“团队建设”。当时的风险投资者普遍反对给创始人和工程师之外的员工股票期权，但是摩格里奇努力说服了瓦伦丁接受这一做法，使思科成为硅谷最早给大量非管理层和非技术员工股票期权的公司之一。

12.4.5 公司上市与创始人出局

在摩格里奇领导的一年多时间里，思科从1988年11月时的一个只有35人、其中12人为工程师的创业性小公司发展成为了1989年12月时拥有172名员工、35名工程师，生产部（42人）、销售和市场部（45人）、客户服务部（32人），和财务及行政部（20人）等各关键职能部门建制齐全的成型公司。1989思科的营业收入和利润分别达到了2766万美元和418万美元。1990年2月16日，思科上市。此时红杉资本持股比例为23.5%，两位创始人莱恩·博萨克和桑迪·勒纳各自持有13.8%的思科股份。

但是，在思科上市仅仅半年之后，1990年8月28日，在包括销售副总裁特里·埃格、生产副总裁戴夫·林和首席财务官约翰·博尔杰在内的6名副总裁以集体辞职相威胁的要求之下，思科董事会解聘了公司创始人之一桑迪·勒纳，随后已经于1988年与桑迪分居了的另外一位创始人莱恩·博萨克自己辞职。1990年底，思科的这两位创始人抛售了所持思科股票。莱恩·博萨克于1991年创建了自己的新公司：XKL，从事计算机I/O和底版研究。

从公司控制权配置角度来看，1988年5月，为了争取红杉资本方瓦伦丁支持赶走公司首任职业经理人CEO格雷夫斯，桑迪和莱恩把自己的股份投票权委托给了瓦伦丁，为两年半后他们自己被公司赶走埋下了祸根。但是“赶走”桑迪的主要力量是思科管理团队成员。董事长瓦伦丁、CEO摩格里奇原本是支持桑迪的。实权人物销售副总裁埃格很欣赏桑迪重视客户权益而置身事外，但是在看到她对一位重要客户发火之后，决定加入反对者的阵营。因此，从一定意义上说，是思科的两位创始人，尤其是桑迪，自己没有能从一个卓越的创业者转型为团队领导人和优秀管理者，从而被快速行进的思科列车甩出去了。十几年之后，思科的这两位创始人，仍然拒绝《思科风暴》（2003年出版）作者罗伯特·斯莱特的采访要求，可说是怨气不消。

12.4.6　董事长与首席执行官的职责分工

美国公司普遍是董事长兼任首席执行官，但是在1995年到2005年底之间长达10年的时间里，钱伯斯是作为首席执行官与公司董事长、前任首席执行官摩格里奇共同分享思科公司的最高领导权的。他们之间这种权力分享安排，非常值得我们借鉴。

1991年1月，由埃格介绍，经过瓦伦丁、摩格里奇等多人的反复面试之后，钱伯斯（John Chambers）以高级副总裁的身份加入了思科公司。面试时瓦伦丁对钱伯斯说：“如果你真的像你自己以为的那么出色，那你为什么要去一个形势一片大好的公司，或者一个已经成熟的公司呢？你应该去一家准备好了要起飞的公司。”钱伯斯1949年出生，1974年获得西西弗吉尼亚大学法学博士学位，一年后又拿了印第安纳大学的MBA学位。从1976年开始，钱伯斯先在IBM工作了6年，后又在王安实验室工作了8年。这两段工作经历，使钱伯斯对高科技公司营销工作的重要性，尤其是顾客偏好改变会给高科技企业带来致命打击这一点有着深刻的认识。即使高科技企业也同样不能痴迷于一种技术路线不放，要随时准备着迎接新技术的挑战。瓦伦丁认为，钱伯斯曾经在一家大公司（IBM）工作过，然后又去了一个规模小一些、严格以销售为导向的，但后来却倒闭了的公司（王安实验室）。如果我们能够找到一个曾经经历过失败而且知道自己为什么会失败的人，那么与一个从未有过这种经历而且仍然非常自以为是的人比，前者对于我们来说是一笔更加宝贵的财富。

1994年6月钱伯斯被任命为执行副总裁。1995年1月31日，摩格里奇卸任思科总裁兼首席执行官，改任思科董事长，原董事长瓦伦丁改任副董事长。钱伯斯接替摩格里奇，担任思科总裁兼首席执行官。此前摩格里奇已经在逐步向钱伯斯转移权力了，正式就任之后，钱伯斯唯一新接手的领域就是财务。尽管就任了董事长并在公司保留了办公室，但摩格里奇故意与公司保持距离。为了让钱伯斯更为顺利地成为公司的新领导人，在钱伯斯就任思科首席执行官第一年的大部分时间里，摩格里奇都没有在公司出现过：1995年2月和儿子在越南度假3周，5月又开始用10周时间和妻子骑自行车穿越美国。

董事长摩格里奇通过承担一部分传统上由首席执行官负责的工作，分担了一部分首席执行官钱伯斯的职责。摩格里奇说，开始他也不知道作为董事长应该怎样帮助首席执行官工作。通过观察硅谷中那些董事长和首席执行官分任的公司中，董事长和首席执行官是如何分担角色的，摩格里奇发现有三类董事长。第一类是只管董事会工作和参加董事会会议，基本不管这以外的事情。第二类是把他们的时间花在争取一些重要客户上。第三类则是为他们自己找到了一些特定的工作。

摩格里奇给自己写了一份职务描述。作为思科公司董事长，他要专注于两项工作：作为思科公司与联邦及州政府的联系人，和作为思科公司的公众形象代表，如去给学校捐赠设备和资金。摩格里奇把他这两部分工作看作是与思科及其未来的盈利能力不可分离的。摩格里奇不在公司中担任运营性的角色，他甚至在设定董事会的议事议程方面都不发挥领导性的作用。他把这些都留给了首席执行官钱伯斯。摩格里奇像是完全摒除了会威胁很多权力分享安排的“自我”，他认识到钱伯斯把思科公司驾驶上了一个与他不同的方向，并且承认他的继任者干得更好。

在钱伯斯的带领下，思科公司飞速发展。1995年思科年收入仅为12亿美元，市值约104亿美元，2005年年收入飙升至248亿美元，市值达1210亿美元。2006年底，钱伯斯接替了摩格里奇的董事长职务，并继续兼任首席执行官。摩格里奇担任名誉董事长，他的工作重心转移到了思科基金会，以及慈善和教育事业方面。

12.4.7 管理层替换，但战略和文化延续

思科的管理似乎十分混乱，充满了内部纷争，但是这一切却没有阻挡住思科公司前进的步伐。一个明显的原因是思科系统公司是在正确的时间进入了正确的市场。作为第一家拥有网络解决方案的思科系统公司，其产品也有不足之处，但却比其他任何的产品都好，并且好得连其管理团队都无法摧毁它。

但是，在混乱和纷争的表面之下，思科的战略管理和企业文化也有其一直延续下来的种子。其中非常重要的一个因素就是创始人桑迪给思科的管理留下了一种最主要的财富：客户利益至上。

1988年，桑迪成为了可能是美国企业中第一个客户权益倡议副总裁。在硅谷那些工程师主导的公司中，工程师很容易向公司推荐那些他们自己想要开发的产品，而忽视客户的声音。桑迪要让他们谦逊，她要确保思科的工程师们知道客户想要什么。领导思科走上辉煌的钱伯斯一直在坚持由桑迪所倡导的客户权益倡导工作。钱伯斯在其出任思科CEO之后的首次董事会会议上迟到了20分钟，原因是他一直在与一位情绪激动的客户通电话。起初对他姗姗来迟很不满的董事们，在知道了是这一原因之后，都表示：无论何时，这都可以成为迟到的理由。作为首席执行官，钱伯斯把他一半以上的时间都花在客户身上，并将思科高级管理人员的奖金在很大程度上与他们的客户满意度指标挂钩。思科董事会上有四分之三的讨论内容是关于客户体验的。

钱伯斯之前，更换频率颇高的思科三任首席执行官，也有其各自的贡献。首任CEO格雷夫斯解决掉了思科与斯坦福大学之间的知识产权争议，仅在职半年的第二任CEO萨特克利夫承担了一个过渡角色，第三任CEO摩格里奇奠定了思科的团队结构和节俭文化。即使是在钱伯斯出任思科总裁兼首席执行官之后，摩格里奇还一直作为董事会主席，发挥着重要的掌舵作用。给普通员工股票期权是由摩格里奇开始推行的，钱伯斯坚持这一做法。到2000年底的时候，思科42%的股票期权是发给非管理层的普通员工的。让员工们享受到公司成长带来的财富，是思科确保员工忠诚度的一种有效方法。

强调团队精神、重视员工分享的企业文化，在思科成功的并购驱动公司战

略中也发挥了重要的作用。钱伯斯领导下的思科以成功并购著名，他为思科选择合作伙伴的原则是：如果我看到一家公司的总裁办公室大到可以打篮球，而员工则在条件恶劣的办公区域里拥挤着，那么我就知道这家公司不会有什么好的发展前途；你还要看股票期权在管理层和员工之间是如何分配的，如果所有的股票期权都归领导层所有，那么我们和他们是合不来的。

钱伯斯就任思科总裁不久，接待威萨国际的来访人员时，一进入会议室就向客人介绍说自己是思科的第四任总裁，他并不担心客人会觉得公司不稳定，而是用一张思科成长图表解释说，这是一件好事，思科成长的每一个阶段都需要拥有不同技巧和能力的不同类型的总裁。

经历了创始人出局和频繁的管理层替换，思科仍能以稳健的步伐高速前进，与其有个卓越并经验老到的长期投资者有关。瓦伦丁是硅谷最成功的风险资本家之一，也是一个难以对付的老板。为所投资企业配备总裁，合适的支持，不合适的及时替换。钱伯斯说："唐·瓦伦丁是我见过的最好的，也是最难以对付的董事会成员，他的名声就是走马灯式地换总裁。"但是干得好的总裁，却能得到长久和稳固的支持。2001年互联网泡沫破裂之后，思科瞬时从巅峰跌落谷底，陷入其有史以来最大的困境之中，媒体和华尔街认为钱伯斯应该为此负责，而瓦伦丁让钱伯斯不要理会这些，并对钱伯斯说："约翰，这里没有任何私人的因素。你只不过是"泰坦尼克号"的总裁而已。没有人会想到"泰坦尼克号"会沉没，从来没有人想过思科也会有跌倒的时候。"

12.5 谁缔造了Twitter？

联合创始人内部的冲突，创始人与投资人之间的冲突，三位创始人的连续出局，都没有阻挡住Twitter公司的成长步伐。那么是谁缔造了Twitter？是从创始人、员工到投资人和用户，作为一种相互作用但以董事会为核心——谈判、妥协和集体决策中心——的公司治理系统缔造了Twitter。

12.5.1 从Blogger到Odeo

埃文·威廉姆斯（Evan Williams，1972年3月31日—），出生于美国内布拉斯加州的一个农民家庭。高中毕业后只在内布拉斯加大学学习一年就弃学了。

1997年，埃文·威廉姆斯到旧金山在一家名为科技图书出版公司找到了一份撰写营销材料的工作，开始自学编程。随后到了硅谷地区，先后以合同程序员形式在英特尔和惠普工作了一段时间。之后，埃文·威廉姆斯认识了一个名为梅格·胡里安的女孩，一位程序员，他们决定要共同开办一家公司。这对恋人和他们的朋友，一共5人，在埃文·威廉姆斯所租公寓的客厅中创办了Pyra实验室，计划编写一款可以提高工作效率的软件。

埃文·威廉姆斯和一位员工构建了一个简单的内部日记网站，可以帮助Pyra实验室的员工跟踪记录工作进度。1999年夏，埃文·威廉姆斯对外发布了该日记网站，为之取名Blogger，就是博客，可以使没有电脑编程知识的人也可以创建网络日志。随着Blogger的流行，梅格从最初的并不看好变成了要全力掌控，埃文·威廉姆斯拒绝让位，一场权力斗争致使Pyra实验室的5人散伙了。剩下埃文·威廉姆斯自己继续支撑和打造着他的Blogger网站。2002年，Blogger已经拥有近100用户，靠着广告和用户捐赠，埃文·威廉姆斯已经能够雇佣一伙程序员，并以每月400美元的价格租下了一间16平方米的办公室。2003年2月，谷歌收购了Blogger。

诺阿·格拉斯（Noah Glass）是埃文·威廉姆斯经营Blogger时的邻居，一直在搞一个私人电台项目。诺阿·格拉斯编写了一款名为AudBiog的软件，就是语音博客，或叫播客。在埃文·威廉姆斯把Blogger卖给谷歌之后，诺阿·格拉斯说服埃文·威廉姆斯投资，创建了名为Odeo的一家播客公司。由于诺阿·格拉斯的妻子忍受不了Odeo公司在自家客厅里运作，诺阿·格拉斯不得不请埃文·威廉姆斯给予更多的资金投入。埃文·威廉姆斯答应再投入20万美元，并把他经营Blogger时的旧公寓给Odeo公司作办公室用，但是他要亲自出任Odeo公司的CEO。

埃文·威廉姆斯出任Odeo公司的CEO，引来新闻媒体和投资人的注意。2005年8月，查河投资公司和一些小投资者共同向Odeo公司投资了500万美元。可是，2006年初，苹果公司在其iTunes中加入了播客功能，以播客为核心业务的Odeo公司失去前景，马上陷入了困境。

12.5.2 创建Twitter

在讨论公司新方向时，杰克·多西（Jack Dorsey，1976年11月19日—）提出的“状态（你正在做什么）”概念引起了大家的兴趣，诺阿·格拉斯尤其兴奋，并为其起了Twitter这一名字。埃文·威廉姆斯在忙着召开董事会，建议把Odeo公司卖掉，但同时也对Twitter项目表示支持。为了最终确定是否正式启动这一新项目，公司特别举行了几次“创意马拉松日”活动，每次用一整天的时间，让每个人为公司出谋划策，但不要谈你个人该干的工作。

杰克·多西在应聘进入了Odeo公司之前，是一个自由职业的程序员。在他提出的“分享和更新状态”这一概念基础上，埃文·威廉姆斯和比兹·斯通（Biz Stone），提出了让每条状态的更新像博客一样有连续性，诺阿·格拉斯提出了加上时间标签并起了Twitter这一名字。可以说，是通过持续的头脑风暴和多人之间的思想碰撞，才使Twitter的概念成型。2006年3月21日，杰克·多西发出了第一条推文：刚刚创建了我的Twitter。这一天被确定为了Twitter的正式诞生日。

作为AudBiog播客软件开发者和Odeo公司创始人，诺阿·格拉斯急于抓住Twitter这一新项目，以拯救陷于困境的Odeo公司，可是他一方面没有资金从而不得不早已将Odeo公司CEO的职位让于埃文·威廉姆斯，并因此与埃文·威廉姆斯之间一直存在着公司领导权之争。另一方面由于他过于急躁和过度插手Twitter项目，致使创意人和项目负责人杰克·多西无法容忍。杰克·多西找到埃文·威廉姆斯，要求让诺阿·格拉斯不要插手Twitter，并下了最后通牒：“有他没我，有我没他”。

诺阿·格拉斯联系公司投资人和董事会成员，试图让董事会同意把Twitter项目分立出来，成为单独的公司，由他负责。但是，公司投资人已经对Odeo公司整个失去耐心，对Twitter项目也没有兴趣，只想尽快把整个公司卖掉，退出公司。要对Odeo公司这一烂摊子担起责任、并对的Twitter项目也有兴趣继续支持的只有埃文·威廉姆斯一人。2006年6月26日，埃文·威廉姆斯在征得董事会同意后，解雇了诺阿·格拉斯。诺阿·格拉斯作为Odeo公司创始人被赶出局，只得到了6个月的补偿金，和所持公司股份的6个月保有权。

埃文·威廉姆斯通过将其出售Blogger时所得谷歌股票兑现，偿还了Odeo公司外部投资者们的500万美元，将Odeo公司公司重组为Obvious孵化器公司，并专门拿出了100万美元用于培育Twitter。2006年9月，在旧金山的“爱之旅”音乐节上，Twitter网站正式亮相，公开注册，开始获得广泛注意。2007年3月11日，在得克萨斯州奥斯汀举办的“西南偏南”年度科技大会上，Twitter当选为博客领域年度最佳创业公司，知名度大升，随后的几个月里注册用户就达到了10万。

至此，Twitter作为拯救Odeo公司的一个点子，到Obvious公司所正式孵化的一个项目，到一个已经很有知名度的网站，已经需要建立起正式和独立的公司架构了。2007年4月，作为到目前为止唯一所有者的埃文·威廉姆斯决定，自己将保留公司70%的股权，聘杰克·多西为公司第一任首席执行官，给20%股份，比兹·斯通和杰森·古德曼每人得3%股份，余下4%股份分给工程师和新员工。同时确定，埃文·威廉姆斯、杰克·多西和比兹·斯通三人是公司的联合创始人。

比兹·斯通是2003年Blogger被谷歌收购，埃文·威廉姆斯还在谷歌工作的时候雇佣进入谷歌的。2005年9月，比兹·斯通为追随埃文·威廉姆斯，放弃了价值200多万美元的股票期权，从谷歌离职，加入到了埃文·威廉姆斯新创建的Odeo公司。杰森·古德曼是2002年26岁时，从普林斯顿大学天体物理学专业退学，以时薪20美元，加入了埃文·威廉姆斯的初创小公司，作为Blogger网站办公室主任处理杂务。杰森·古德曼也是Odeo公司7人董事会中埃文·威廉姆斯的少数几个盟友之一。

12.5.3 联合创始人之间的冲突

2007年7月，Twitter进行了A轮融资，以2000万美元估值从纽约著名风险投资人弗雷德·威尔逊（Fred Wilson）的合广（Union Square）投资公司融到了500万美元。Twitter网站注册用户人数和每天所发推文数都在高速增长，却没有任何收入，服务器不堪重负，网站经常崩溃。只醉心于网站开发，缺乏经营管理经验、甚至不具备基本财务知识的杰克·多西，和以自己的资金及名誉担负着公司最大责任的埃文·威廉姆斯之间，开始冲突不断。杰克·多西也缺乏领导才能，不会授权和调动员工的积极性。2008年4月，也许为了向埃文·威廉姆斯显示自己对公司的控制权，杰克·多西自行解雇了Twitter的核心程序员布莱恩，这使网站不稳定的问题越来越严重。

为了证明自己作为CEO的能力，杰克·多西自行尝试寻找投资者，为公司融资。但是，作为已经成功创业一次的名人和公司董事长和大股东，埃文·威廉姆斯自然要比杰克·多西更有优势和权力。2008年6月，Twitter以8000万美元估值进行了B轮融资，融资1800万美元，主要投资者是星火资本（Spark Capital）公司，还有亚马逊创始人贝佐斯。星火资本的合伙人毕吉恩·萨贝特·萨贝特（Bijan Sabet）和弗雷德·威尔逊成为公司董事会成员，并拥有重要话语权。

2008年7月，Twitter公司搬进了新的办公室。与此同时，在Twitter公司新投资人、董事弗雷德·威尔逊和Summize公司主要投资人、董事博思威克的推动下，Twitter收购了Summize。Summize是一种第三方工具，可以搜索Twitter用户的推文。Twitter收购Summize的有关文件刚刚签署之后，杰克·多西在与Summize的技术负责人格雷格·帕斯通了一通电话就自行决定任命格雷格·帕斯为Twitter公司运营总监，并直接发出了通知邮件。这一卤莽的行动，惹恼了埃文·威廉姆斯和公司董事们。埃文·威廉姆斯质问到：“你打算让某人来负责公司整个的项目和运作，不需要和我或董事会讨论一下吗？”。

公司的两大外部投资人及董事弗雷德·威尔逊和毕吉恩·萨贝特·萨贝特分别从纽约和波士顿紧急赶到公司，在与埃文·威廉姆斯商量后，决定解除杰克·多西的CEO职务。在征询意见时，作为联合创始人的比兹·斯通表示坚决反对，认为这样会导致公司分裂，并威胁说，如果杰克·多西出局，他也辞职。考虑这时的Twitter公司虽然规模还不大（还不到30名正式员工），但已经名声在外、广受专注，承受不了两位创始人同时离开的负面影响。妥协的结果是，董事会决定给杰克·多西三个月的宽限期，限其“三个月内解决所有问题并控制住公司”。

由于奥巴马尝试使用Twitter作为一种新的竞选宣传手段，Twitter的热度和重要性激增，而其内部管理和网站稳定性却跟不上，甚至出现过长达三十多小时的系统崩溃。更为严重并直接导致杰克·多西下台的事件是，受弗雷德·威尔逊和毕吉恩·萨贝特·萨贝特命令检查Twitter运行中断问题、拿出修复计划的格雷格·帕斯（任运行工程师）发现，Twitter没有数据备份，“如果现在数据库出现故障了，我们将会失去一切”，包括每一条推文、每一个用户，这使弗雷德·威尔逊怒火冲天。

2008年10月很快到来了。尽管杰克·多西极尽努力，但于事无补，Twitter内部管理上的一片混乱状态并无改观。弗雷德·威尔逊和毕吉恩·萨贝特——公司的两位外部投资者董事出面，代表董事会通知杰克·多西要卸任，由埃文·威廉姆斯出任公司公司第二任CEO。董事会权衡各方面影响之后，决定让杰克·多西转任名义上的公司董事长职务——只是个名义和对外说辞，杰克·多西可以出席公司董事会，但没有作为董事的投票权，他的投票权由埃文·威廉姆斯行使。杰克·多西的股票期权也还没有完全生效，因此将会被收回一部分。但是鉴于杰克·多西是公司创始人之一，董事会欣赏他的理念和贡献，决定给他多保留一些股票期权。

董事会在解除杰克·多西CEO职务上，之所以拖延几个月并最后还要给他董事会主席的名义和多保留一些股票期权，还有两个方面的原因。一是怕杰克·多西作为公司创始人投奔了竞争对手Facebook，会给公司带来极坏影响；二是为了平息另一位联合创始人比兹·斯通和公司元老杰森·古德曼对此事件的不满。事实上，杰克·多西在正式宣布“辞去”CEO职务的当天，就给扎克伯格打了电话，准备要转投Facebook。扎克伯格一直想要收购Twitter，对于雇佣实际已被扫地出门的联合创始人杰克·多西却兴趣不大，口头表示欢迎加盟，但是没有提供合适并能满足杰克·多西胃口的职位。杰克·多西认为自己拥有Twitter创始人的头衔，到Facebook应该有个产品副总裁职务，扎克伯格没有满足他。

12.5.4 出售，还是保持独立

埃文·威廉姆斯上任CEO之后，与杰克·多西的“牛仔”风格（不信任下属）完全不同，埃文·威廉姆斯给予员工充分的信任和授权，给他们一种自豪感，这使员工们非常忠诚。埃文·威廉姆斯和杰克·多西之间的另一个本质差异是对Twitter的发展理念及前景看法不同。杰克·多西固执于其“状态”概念，把Twitter主要看作是人们发布“我在做什么”的地方。而埃文·威廉姆斯则更看重“发生了什么”，更多地让Twitter承载其Blogger——博客的理念：点击按钮，向世界公开。从博客（Blogger），到播客（Odeo），再到Twitter，埃文·威廉姆斯的创业和投资行动一直围绕着给予人们平等发言权，帮助受到滥用职权侵害和没有权力的人站起来。

作为投资-创始人的埃文·威廉姆斯和作为点子-创始人的杰克·多西之间，最大的差异是对于Twitter价值、意义和前景的看法不同。杰克·多西急于将Twitter出售套现，埃文·威廉姆斯更想让Twitter作为实现人类更平等发言权的工具而独立发展。二者之间的这一差异,在面对从雅虎到Facebook的收购意愿以及美国前副总统戈尔等各路名人的控制性入股提议时的态度上明显表现出来。埃文·威廉姆斯在将Blogger卖给谷歌并随之进入谷歌工作一段时间之后发现，谷歌并不是要发展博客，使之作为人们平等和自由表达意见的有效工具，而是更感兴趣于通过投放广告来盈利。早在2007年6月，埃文·威廉姆斯还是公司的唯一实际投资者时，雅虎就提出了1200万美元的收购报价。

在杰克·多西被解除CEO职务前的最后几周里，扎克伯格已开始与其商谈Facebook收购Twitter事宜。杰克·多西打算出售，但是他还没有来得及推进此事就出局了。随后，扎克伯格转向游说埃文·威廉姆斯和比兹·斯通。2008年10月，埃文·威廉姆斯和比兹·斯通两位创始人一起去与扎克伯格会面，扎克伯格高高在上地让他们开价，并不真想出售公司的埃文·威廉姆斯给了个5亿美元的“天价”——距离Twitter按8000万美元进行的B轮融资仅仅三个多月，

扎克伯格却处之泰然地说，“这是个很大的数目”。

面对难以抵制“5亿美元”高价诱惑的Twitter投资者和董事会成员，埃文·威廉姆斯给出了选择不出售、继续独立发展的三个理由。首先，看似5亿美元的出价已经很高，但是埃文·威廉姆斯认为“Twitter是个10亿美元的公司”，甚至“比这还要多很多很多倍”。其次，对于Facebook的威胁——如果Twitter拒绝收购，Facebook将会发布类似产品将其摧毁，埃文·威廉姆斯表示“没有什么可信的威胁会造成Twitter的完全失败”。最后，对于扎克伯格的“你可以选择为伟大的公司工作”这一劝诱，埃文·威廉姆斯写到，“我不用Facebook，但我很关注Facebook的人员以及他们如何做生意”。

埃文·威廉姆斯认为，可以用手机短信和网页两种方式发布信息的Twitter，会成为使人们拥有平等发言权的最终工具，这是它的最大价值，而到了Facebook之手，会更倾向于成为企业的赚钱机器。2008年10月30日，在Twitter公司董事会主要成员都表态说，他们没有兴趣把公司卖给Facebook之后，埃文·威廉姆斯电话告知扎克伯格，“Facebook因为出价收购Twitter而值得尊敬”，但“Twitter想要保持独立发展”。

12.5.5　创始人出局

埃文·威廉姆斯担任CEO的两年时间里（2008年10月到2010年10月），Twitter高速增长。2009年2月，以2.5亿美元的估值进行了第三轮融资。3500万美元融资总额中的2100万美元来自标杆资本（Benchmark Capital），彼得·芬顿（Peter Fenton）进入公司董事会。2010年9月，Twitter进行了第四轮融资，融资额1亿美元，公司估值达到10亿美元。这正是埃文·威廉姆斯两年前拒绝Facebook收购时，他自己对公司的估值。

埃文·威廉姆斯无疑比杰克·多西更有管理才能，两年内把Twitter从一个初创公司成功地发展到了一个初具规模的公司。但他更是一个优秀的创业者，而不是一个优秀的大公司管理者，他自身也缺乏做大公司管理者的兴趣。在宣布Twitter有上市打算的时候，埃文·威廉姆斯已对华尔街日报表示，他没有兴趣继续领导一家上市公司。即使如此，Twitter公司的董事会成员们也没有等到埃文·威廉姆斯自愿让位，而是通过一场“政变”提前把他赶走了。

事情的起因有两个方面。一是作为创业型企业家的埃文·威廉姆斯，很自然地喜欢用自己的朋友，同时也更热心于产品开发、网站优化，而忽视了营收创造。到2009年12月，才由从谷歌聘请来的公司首席运营官迪克·科斯托罗（Dick Costolo）——也是埃文·威廉姆斯在谷歌就职时认识的一位朋友，帮助公司获得了第一笔收入2500万美元。迪克·科斯托罗通过与谷歌和微软达成一项协议，使二者的搜索网站可以检索到Twitter上的内容，由此分别从谷歌和微软获得了1500万和1000万美元的收入。

二是顶着公司创始人头衔并且名义上还是公司董事会主席的杰克·多西，一直在努力重返公司。在埃文·威廉姆斯、比兹·斯通两位全身心于公司内部事务的时候，杰克·多西在公司外部大造声势，频繁地以Twitter创始人身份出现在各种媒体上，精心地把自己塑造成了“第二个乔布斯”。自2009年2月的第三轮融资后，杰克·多西又得到了新的投资者董事彼得·芬顿的支持。

由彼得·芬顿推荐，Twitter董事会聘请了在硅谷鼎鼎大名的CEO教练（他本人也还真曾是一位橄榄球教练）坎贝尔，为埃文·威廉姆斯提供指导。这位坎贝尔在谷歌公司担任“教练”时，推动了经理人施密特和创始人佩奇、布林这三人之间的协同工作，同时也帮助避免了公司在发展壮大时往往会产生的钩心斗角，使谷歌的三驾马车式结构能够有效运转。可是在Twitter公司，这位公司CEO的导师却成了CEO的杀手。在杰克·多西和比得·芬顿密谋及暗中策动公司多位副总裁向董事会表达对埃文·威廉姆斯的不满等基础上，坎贝尔的撤掉埃文·威廉姆斯CEO提议，使当年主导董事会免掉杰克·多西CEO职务的另外两位投资者董事弗雷德·威尔逊和毕吉恩·萨贝特，也站到了杰克·多西的一面，同意免掉埃文·威廉姆斯的CEO职务。

2010年10月，Twitter公司董事会有7位成员：弗雷德·威尔逊、毕吉恩·萨贝特、比得·芬顿、杰克·多西、迪克·科斯托罗、杰森·古德曼和埃文·威廉姆斯。投票决定的最后结果是，埃文·威廉姆斯不仅要辞去CEO职务，董事会主席的职务也没有给他，杰克·多西任董事会执行主席。迪克·科斯托罗出任公司第三任CEO，埃文·威廉姆斯想转任公司产品负责人的想法也于2011年1月最后落空。创业者埃文·威廉姆斯不擅内斗，更是厌恶冲突和矛盾，由于他心慈手软，没有把杰克·多西彻底赶出局，并一直保留着杰克·多西的董事会主席名义，结果留下了杰克·多西重返公司管理层、自己彻底出局的祸根。在埃文·威廉姆斯离开Twitter半年多之后，公司另一位联合创始人比兹·斯通也离开了公司。

12.5.6 公司上市

迪克·科斯托罗在迪特律长大，密歇根大学计算机科学专业毕业，曾就职于安达信咨询公司。离开安达信咨询公司之后，迪克·科斯托罗先后创建了几家自己的公司，其中最成功的是名为FeedBurner、帮助博主整合他们博客的公司，2007年以100多万美元的价格卖给了谷歌。迪克·科斯托罗也正是因此而结识了埃文·威廉姆斯的。

迪克·科斯托罗出任了CEO之后，Twitter公司的发展步伐进一步加快。2010年10月，进行了第五轮融资，融资额2亿美元，公司估值达到37亿美元。2011年3月，Twitter在股权交易网站SharesPost将35000股的股票以每股$34.50元的价格进行出售，此时的公司价值为78亿美元。2011年8月和9月，Twitter公司以80亿美元的估值进行了两轮融资，各融4亿美元。2011年12月，又以84亿美元估值融资3亿美元。

2013年10月4日，Twitter发布公开招股书。IPO发行价26美元，发售7000万股普通股，融资18.2亿美元。11月7日，Twitter股票在纽约证券交易所上市。股票上市交易首日以45.10美元开盘，44.94美元收盘，较发行价上涨72.84%，公司市值达到245亿美元。

三位Twitter的用户，一位好莱坞的影星、一位波士顿的警察和一位慈善组织负责人，分别代表着Twitter在娱乐、政府和公益三个领域里的价值，敲响了开市的钟声。Twitter的三位联合创始人，埃文·威廉姆斯、杰克·多西、比兹·斯通，和现任CEO迪克·科斯托罗，四人并肩而立在交易大厅里。是这些人，再加上公司员工和投资者，共同缔造了Twitter。

在从Odeo公司的一个项目中发展出Twitter公司的过程中，作为Odeo公司主要创始人的诺阿·格拉斯已经出局了（主要是被项目负责人杰克·多西挤出局的）。作为Twitter创意者、项目负责人和首任CEO和联合创始人的杰克·多西，正式在CEO职位上的时间（2007年4月到2008年10月）仅一年半也出局了（主要是被投资人罢黜的）。这还没有完，作为Twitter早期唯一投资者和公司主要创始人的埃文·威廉姆斯，在公司第二任CEO的职位上也是仅仅坐了两年时间（2008年10月到2010年10月），就被公司投资者和董事会罢黜了。但是，这一切都并没有阻止Twitter作为一家独立公司的发展步伐。

公司的创立与发展过程中，各种各样的矛盾和冲突本身都不是问题，关键是有没有一个董事会投票这样的明确、权威的决策中心和裁决机制。

第13章
银行与金融机构的公司治理

金融机构公司治理至关重要，一方面是因为金融机构自身的治理是否良好影响到整个经济系统的安全，另一方面则是金融机构的业务中所自然蕴含着的对其他各种社会经济单位“现金流”的监督。尤其是对于制造业企业，金融机构承担着监控和参与治理的角色。金融机构自身治理水平提高，参与其客户或投资对象企业治理的能力也会提高，从而会促进整体公司治理水平的提高。

13.1 金融机构公司治理的特殊性与难点

金融业的一些特殊性带来了金融机构公司治理上的一些难题。这些特殊性中，如严重的信息不对称性，内涵于金融业自身的业务属性，但是另外一些特殊性，如过重的行业监管和过高的政府所有权，则是源于观念或利益而采取的政策选择的结果。

13.1.1 金融机构具有更严重的信息不对称性

信息透明是确定无疑对改进公司治理有效的因素。金融业严重的信息问题，削弱了一些标准公司治理机制，如股东和债权人的控制、产品市场竞争、公司控制权市场等机制。

对于一般公司来说，信息不对称主要表现在股东与公司之间。相比之下，金融机构的信息不对称问题要复杂得多。金融机构的内部和外部投资者之间，股东、债权人和大投资者、经理人之间有严重的信息不对称。

金融机构更为严重的信息不对称，与金融行业的产品和业务属性本身有关。非金融行业消费者可以付款即得到货物或服务。金融业消费者，如商业银行的储户，则是用现在付款得到一个未来的付款承诺。保险行业也是一样，在投保和赔付之间，有很长一段时滞。其他行业产品的质量问题，顾客可以很快发现，而金融行业产品，如贷款或是保险等的质量则可以隐藏很长时间。商业银行通常还可以通过发新债还旧债而轻易掩盖问题。

理论上说，商业银行的存在本身是因为，借款人要比放款人（商业银行）更了解他们的偿还能力。如果没有这种情况，所有的金融就都会是直接金融，或非中介化的金融。我们将只需要货币和资本市场，而不需要商业银行作为中介。存款人把需要付出高昂代价的收集和处理企业（和其他借款人）偿还能力信息的工作交给专家（商业银行），因此而处于相对银行管理层而言的在银行资产质量上的信息劣势地位（Ackerlof，G. 1970，“The market for ‘Lemons’: quality uncertainty and the market mechanism”，Quarterly Journal of Economics, Vol. 84, pp. 488–500）。

严重的信息不对称和部分储备制使商业银行具有不稳定倾向，存款人易于恐慌。多米诺骨牌效应又使单个银行破产带来其他银行的存款人恐慌，导致系统性银行危机或广泛的金融危机。系统性银行危机给纳税人带来极高成本，他们必须为银行的重组最终付款，而且银行放款能力受损会带来经济增长的损失。存款保险可以消除恐慌，但也同时消除了存款人选择最佳银行的激励，产生道德困境。无论显性还是隐性的存款保险，都削弱了商业银行股东和存款人在促进良好公司治理方面的作用。在存在利率竞争的情况下，固定费率的存款保险还会产生逆向选择，存款人被吸引到风险最高的银行——那些为储蓄提供比竞争者更高利率以求高增长的银行，这些银行会发放比竞争者所能接受的更高风险水平的贷款，以获得高于平均水平的回报。

13.1.2 政府所有权、寡头结构和监管

在非金融行业里，竞争是一种重要的公司治理机制。产品市场竞争会把表现不好、业绩不佳的公司驱逐出市场，资本市场竞争则会使优秀公司得到更大

的扩张机会，并购作为一种公司控制权市场的作用会使治理不善、业绩不佳的公司管理层被赶走。竞争程度和兼并市场有效性决定了公司治理的有效性。

但是在金融业，特别是银行系统，通常处于一种寡头竞争结构。寡头之间可以高度竞争，但经常有很强的激励进行共谋或其他非竞争性行为。寡头结构还会带来“大而不能倒”问题。大型金融机构知道，因为对经济的破坏及随之而来的社会成本，政府不会让他们倒闭，因而可能从事一些风险更高的活动。

金融行业里的垄断或说寡头竞争格局，以及更强的政府监管，都削弱了市场竞争的力量，无论是在产品市场上还是在资本市场上。在一个充分竞争的行业里，产品市场竞争就可以解决很大一部分公司治理问题，而在垄断或寡头结构的金融行业，则是基本不可能。

造成金融行业的垄断或寡头结构的一个重要原因是金融监管。从起源上说，金融行业垄断结构的形成，可能是这样一种信念的结果：金融业的更少竞争是一种值得的付出，因为有利于金融稳定。金融市场准入、金融业务监管、金融从业人员资格审核（股东、董事和高管）和退出监管（更难和更复杂的兼并审核和破产程序）等等，都在削弱金融行业的市场竞争程度。

严格的行业管制对金融机构的外部和内部治理机制都产生了一定的抑制作用。在公司内部治理方面，监管部门对金融机构参股比率、参股资格等方面的种种规制客观上限制了大股东作为监督者在内部治理中的作用。对产业资本进入金融行业的严格限制还强化了由于严重信息不对称导致的金融机构内部人控制问题。在金融机构高管由政府行政确定的情况下，内部人控制的背后又还隐含着政府控制的问题。

在公司外部治理方面，行业监管也极大地降低了市场竞争在金融机构公司治理中的作用。比如，监管部门对金融业（如商业银行和保险公司）投资领域和产品创新的严格规制降低了产品市场的竞争对经理层的压力；严格的行业准入和参股限制、复杂的核准程序提高了金融业的并购成本，降低了并购成功的概率，使接管和并购机制在金融机构治理中的作用大大降低；监管部门对金融业高级管理人员任职资格的审核与限制，在一定程度上也降低了经理人市场在金融机构治理中的作用。

当金融机构是国家所有时，所有者、市场或监管机构都不能提供有效的公司治理。特别是在管理国有金融机构的高级经理地位高于监管机构高层人员的情况下。政府既是监管者又是所有者时，两个角色之间会出现利益冲突。政府拥有银行的所有权可能会削弱银行的冒险行为，但是政府会以产业政策或是发展战略的名义，指令银行向他们优选的经济部门，或是政治上偏爱的借款人放款，这可能会引起一些偏差。采用国家所有权和公司监管解决公司治理问题的一个明显问题是，政府官员手中掌握控制权，而他们的积极性和动力不足。抑制金融监管者的寻租行为也是一个重要问题。监管者在其被监管机构就职的可能性，导致监管乏力。

13.1.3 金融机构公司治理的难点

金融机构有良好治理，管理人员有完善激励，会更有效率地配置资源，并在其所投资的公司进行有效的公司治理，也因此能更好地保障整个经济体有效配置资本，刺激投资和增长，并为货币和金融稳定做出贡献。但是金融机构特别是银行的特殊性质，带来了其公司治理中的一些特殊难题。

中小股东很难参与金融机构的公司治理。股东通过两种方式实行公司治理，对重大问题直接投票决议，通过选举董事会代表股东利益并监督各种管理决策。但是金融机构严重的信息不对称性以及搭便车问题，使中小股东很难并又很少积极性去参与金融机构的公司治理。

在非金融企业里，大股东和集中性的所有权是解决分散所有权下股东没有能力进行有效公司控制的一种重要的公司治理机制。可是在金融机构里，由于其自身特殊的资本结构，大股东会有更高的风险偏好，更容易牺牲小股东、债权人和其他利益相关者的利益。与此同时，政府通常又限制金融机构特别是商业银行所有权的集中和外部人员未经监管机构批准而购买大量的金融机构股份。对金融机构所有权的限制削弱了公司控制权市场在金融机构公司治理中的作用，对金融机构业务的限制则抑制了金融机构之间的竞争，使市场竞争无从成为一种有效的公司治理力量。

普通公司中，股东之外，债权人是重要的公司治理力量。可是在金融机构里，债权人的公司治理力量也受到了多种因素的削弱。相比非金融企业，金融机构通常缺乏大额和集中性的债权人。而且，金融机构的大额和集中性债权人也和大股东一样，容易获取控制权的私人收益，但会和大股东的风险取向相反，大债权人可能使公司放弃好的投资项目，转而选择风险极小的项目。金融机构普遍性地更多中小和分散债权人，中小和分散债权人有效行使公司控制取决于法律和破产制度是否有效，而金融机构的破产又会普遍受到更严的政府控制。

13.2 银行股东的双倍有限责任与董事的更高勤勉责任标准

在中国这种间接融资为主的金融体系下，商业银行承担着过重的长期资金贷款。商业银行的资金来源，主要是居民的储蓄存款，居民储蓄的目的是未来的生活保障，而不能冒很大风险去追求较高的资本投资收益。居民和企业之间在资本供求上的联系被割断了。银行一方面以固定利率承担了居民的资本市场风险，另一方面又为企业承担了投资风险。再加上前述金融机构的一些特殊性和公司治理难点，在商业银行身上表现更为明显，情况也更为严重，因此，中国商业银行的公司治理具有极端的重要性和特殊性。

中国在行业监管上，对商业银行要有比其他非银行金融机构有不同也更为严格一些的监管规则，但是在公司治理基础规则（股东责任和董事义务）上，对商业银行的要求，与对其他非银行金融机构的要求，甚至与对非金融企业的要求，都没有什么不同。美国历史上有90多年的时间里，对银行的公司治理基础规则——股东责任和董事义务，有与其他类企业不同的要求，就是对银行股东和银行董事及高管都有更高的责任标准要求，以防止银行用“别人的钱”过度冒险。

13.2.1 商业银行公司治理的重要性与特殊性

几乎在所有经济体中，银行都是主导性金融机构，企业和家庭都主要依赖银行提供金融服务。在所有国家，银行都是中小企业外部融资的主要来源，它们依赖银行获取外部融资。银行因此而在非金融企业的资本配置和公司治理上起着关键作用。银行在资本市场不发达的发展中国家起到更为重要的作用。即使在金融市场高度发达的美国，由于1999年修改了格拉斯–斯蒂格尔法案后，大多数商业银行都开始从事投资银行业务，以为他们的大型公司客户提供经纪和承销服务，变成了欧洲大陆那种全能银行模式，银行在非金融企业的公司治理中也开始扮演重要角色。

导致商业银行公司治理非常重要，又与一般公司治理不同的一个重要原因是银行的“流动性提供者角色”。银行只有相对很少的股权资本，通常是90%的债务资金，远远高于其他企业的水平。即使是在2008年全球金融危机之后，对银行业的资本要求有所提高，巴塞尔委员会对银行核心一级核心资本比率的要求也仅为7%。银行资产和债务之间时间期限上高度不匹配，债务是应约而取的储蓄存款而资产是长期性的贷款。通过持有流动性的资产和发行流动性的债务，银行为经济体系创造了流动性。但是这一职能也带来了一种“囚徒困境”和存款者的集体行动问题：银行不能同时满足所有提款者的要求。

银行股东一方面比一般企业股东享有更高的财务杠杆，可以以更少的自有资本控制更多的“别人的钱”，另一方面又缺乏一般公司股东利用“有限责任”过度冒险的行为会受到的来自其他固定收益权益持有人的抑制（包括公司管理层以及作为债权人的银行）。银行的这种特殊性导致其比一般企业有更高的道德风险（moral hazard），更强烈的风险偏好行为，因此对银行的股东、董事和高管要有远比一般公司更高的责任标准要求。这种更高的责任标准要求主要表现在两个方面：银行股东的双倍或多倍有限责任制度，和银行董事及高管的更高勤勉义务标准。

中国要对民营资本放开银行市场准入，大力发展民营中小银行，美国历史上行之有效的银行股东双倍有限责任制度和银行董事更高勤勉义务标准，不失为一种可以借鉴和采用的特种公司治理方式。

13.2.2 银行股东的双倍有限责任制度

为了控制银行股东的“道德风险”和过度冒险行为，美国历史上实施了90多年的银行股东双倍甚至多倍有限责任制度。尽管由于其资本市场的高度发达、银行公司股权的高度分散等原因，美国今天已经不再实行这一制度，但是对于目前刚刚开始向民营资本开放和进行股权多元化的中国银行业来说，这一历史上的做法，也许比其当今的许多做法，更有借鉴意义。

从19世纪前半期开始，美国许多州的法律，给银行股东施加双倍或者三倍责任，要求股东在银行破产时再付出与他们初始投资一样或者双倍的资金。1863年的美国国民银行法（National Banking Act of 1863），采纳了州法的这类条款：“每位股东在要其已投入资本之外，再承担与其所持有的股份面值相应的责任”。1864年增加了一条：股东们的这种责任是“平等、可计量，各自的”，也就是没有连带责任。这种规则安排导致银行股东要比只承担投入资本损失（就是我们通常所说的有限责任——股东以投资额为限对公司债务承担责任）的普通公司股东承担更大的责任。其目的就是防止银行的股东和董事从事过分冒险的运营，给予银行的债权人（储户）以比股东股本更多一点的东西做支撑。

1929~1933年的银行倒闭浪潮，导致这一双倍责任制度的“过重压力”，以至最终被放弃。原因是要追究大量的股东，并且他们很多已经处在严重的财务困境之中。1923~1929年间的经济繁荣使银行股份快速地在公众之中分散，这意味着其中很多人与失败的银行没有“内部人关系”，无论是家族关系，还是雇佣关系。很多在繁荣时期购买银行股份的人，没有认真地考虑过银行倒闭会带给他们潜在责任。这些因素导致反对双倍责任条款的政治呼声越来越大。1936年一位学者指出，双倍责任“非常有效地让很多并没有参与到银行的管理和控制中去的无辜的股东们破产”。到了1944年，当最高法院支持对一家因为附属银行破产而其控股公司的股东承担双倍责任的判处时，遭遇了大众媒体的广泛责难——而如果是在20年前则会受到广泛赞誉。支持取消双倍责任规则的理由是这样一种共识：双倍责任已经无法达到其预期目的。尽管有双倍责任，但是成千的银行倒闭，国家陷入空前的经济灾难。双倍责任尽管有着悠久的传统，看来还是不足以作为保护存款公众的有效手段。导致双倍责任规则废除的决定性因素是根据《1933年银行法》建立的联邦存款保险制度。当时，大多数人认为，存款保险制度是远比双倍责任制度有效的解决银行系统问题的药方。

1933年国会对新发行的国民银行股份废止了双倍责任规则。1935年开始，所有的国民银行股份，如果银行提前6个月公告终止，则可以废除双倍责任。到1953年，将近5000家国民银行中，除了25家之外，都发布了所要求的公告，选择废止双倍责任。国会废止了这极少数保留者的双倍责任，将近90年历史的国民银行的双倍责任制度寿终正寝。

13.2.3　银行董事与高管的更高勤勉义务标准

在废止银行股东多倍有限责任制度、代之以存款保险制度的同时，对银行董事和高管采用比一般公司更高、更严、更宽的勤勉义务标准这一抑制银行道德风险和冒险行为、完善银行公司治理的做法却得到了加强。

美国一般公司董事和高管纯粹因为勤勉义务而被追究责任的案例直到今日都很少，而确立银行董事“勤勉义务”民事责任的第一案是1891年的Briggs诉Spaulding。Briggs，布法罗第一国民银行的总裁，因为给他自己、家族成员及缺乏信用的第三方提供非法和不良贷款，致使银行破产。该银行的董事“没有对银行的管理尽心”，只是依赖总裁来执行和管理银行事务。经理和董事的错误行为以及没有“忠实和勤勉地履行他们的职责”给银行带来损失，他们因此而被起诉。在确定银行董事的“勤勉”标准上，法院认为，“董事在对银行事务的管理中必须尽到正常的勤勉和谨慎”，这要求“远远超过作为一个象征性的首脑”。Briggs案确立了“联邦注册和联邦保险的存款机构的董事‘失职’的联邦法律标准”。

此案之后，有关银行董事勤勉责任的案件出现了一个轮回模式。在银行破产很多的时期，或紧随其后，法院常常提高银行董事勤勉职责的标准，并相应降低“商业判断准则”的作用。此时，法院会放弃在有关普通公司董事责任勤勉责任案件中只看决策制定过程应用商业判断准则的一般做法，代之以看决策的实质内容和其导致的结果。1940年的Litwin v Allen一案，表明了法院对银行董事持有比非银行董事更高的勤勉责任标准。该案涉及的是股东对“担保信托公司”及其全资下属机构纽约担保公司董事们的衍生诉讼。该案中的问题在该银行与Alleghany Corporation间所进行的一系列的回购交易中董事是否违背了银行董事的勤勉职责。法院认为，对银行董事的勤勉职责要求要比对普通公司董事更为严格，因为银行要服务于公众利益，而不仅仅是其股东的利益。法院是以“适度谨慎的银行家”（reasonably prudent bankers）这一标准来衡量董事的勤勉职责履行情况的。法院认定“与谨慎的银行行为相比，这项交易是如此缺乏远见、如此充满风险、如此非比寻常和没有必要”。据此判处该银行董事们承担个人责任。

1980年代中期大量的银行和储蓄与贷款协会倒闭，又使对银行董事的勤勉责任执行了更高的标准。700多家储蓄与贷款协会和300多家银行倒闭，导致美国纳税人损失上千亿美金。有上百件银行和储蓄与贷款机构董事高管被诉案件，1300多人被控告，其中绝大多数被判有罪。这些案件中大多数的控诉主张是因为在一些不良贷款行为中董事们违背了其勤勉职责。

为了加强对欺诈或损害存款机构和存款人行为的民事和刑事法律制裁，以及提高联邦监管部门的执行力，美国国会在《1989年金融机构改革、复兴和实施法案》（FIRREA）中创立了联邦保险和注册的存款机构统一的董事勤勉职责标准。被保险存款机构的董事或经理，应对任何民事诉讼中的货币损失承担个人责任，包括由公司、代表公司或者在公司的要求或指令下提起的诉讼，这一诉讼可以是完全或者部分地为了公司的利益，针对“总体性失察”（gross negligence），包括任何类似行为，或者显示出（比总体性失察）更大程度地未尽到勤勉责任的行为，包括故意扭曲行为。

在提交董事会决策的事项上，董事有考虑其决策对银行安全和稳健的影响的法律责任。这包括：是否会削弱银行支付其正常到期债务的能力，是否明显增加银行的风险（以投资回报的变异度来衡量），明显降低银行的资本基础（基于风险计算和杠杆测试两种方式衡量）。

银行很少会像其他企业一样的方式面临流动性削弱状态，因为银行可以吸引新的存款人而获取现金。这使银行常常可以在直到其被监管部门关闭前，都可以偿付他们的债务。因此，银行董事会行为对银行负债比例、风险和收支平衡能力等的影响要比其对流动性的影响更为重要。在银行业，保护固定权益者利益的需要更为意义深远。比如：如果在分红则不能保证正常到期债务的偿还的情况下，则不能分红，如果实际分红了，董事们则要对分出去的金额承担个人责任。

13.2.4　中国应该对中小银行股东和董事责任设置更高的标准

在公司治理问题上，中国现在最需要的是完善公司制企业运作的基础制度环境，是向后看，把西方发达国家现代经济增长启动阶段就铺设好了一些市场经济下的公司治理制度基础补上，而不是一味地所谓向前看，实际是搬抄发达国家当前的一些属于修补和微调性质的公司治理流行做法。

中国中小企业，甚至整个制造业企业，都有融资难、融资贵问题，根本原因在于中国银行业的产业组织结构与制造业的产业组织结构严重不匹配。普惠金融，是解决边角和遗留问题的方法，对于解决中国目前这种普遍性、大规模的中小企业融资难、融资贵问题，并不完全适用。通过定向降准或说某种补贴等手段诱导现有银行贷款向中小微企业进行倾斜，也很难有很大的实际效果。而且这些手段都在一定程度上削弱了市场机制的作用。

中国要大力发展中小银行才能根本解决中小企业融资难、融资贵问题。大力发展中小银行，需要奠定坚实的银行公司治理基础，否则必然带来金融风险。中小银行公司治理的核心问题，是银行股东利用银行特有的高负债企业特性，把银行作为支持自身其他事业的融资工具使用，而无意于银行自身作为一个独立企业的健康发展。美国历史上的银行也是这个样子。1812年创立时花旗银行的董事会成员都是一些大商人，银行是他们为自己生意进行信用融资的工具，银行董事关联贷款“规模大、违约多”。以1814年2月为例，花旗银行全部750个客户中的12个即12位董事，从银行获得的贷款占银行全部贷款总额的四分之一。银行股东的双倍有限责任制度和银行懂事的更高勤勉义务标准，就是为了应对这种问题而产生的。

中国目前，可以一方面要按现行的国际银行监管和公司治理标准，如巴塞尔委员会《加强银行公司治理的原则》，对已经上市的大型银行进行公司治理改革和完善，另一方面，可以考虑对一些未上市的中小银行，特别是将会新设立的民营银行、各中小城市信用社改制的商业银行以及村镇银行等，借鉴美国历史上的银行股东双倍有限责任制度和至今一直在执行的比普通企业更高的银行董事勤勉责任标准，进行一种特别的公司治理基础规则设置。

13.3 优化监管，推动金融机构的自主性公司治理改革

由于严重的信息不对称性，监管在金融机构公司治理中发挥着重要的作用，但是过于严格的监管也会削弱金融机构公司治理的有效性。从改进金融机构公司治理的角度来说，应该是优化金融监管，而不是一味地强化金融监管。

金融监管的任务是加强公司治理、控制风险和制止掠夺，但金融机构的不透明加大了完成这些任务的困难。需要通过加强信息流动，直接减少金融业的不透明度，还需要完善的会计制度、审计制度和信用制度。监管的职责是，加强所有不同潜在监测者的能力并鼓励他们积极地监督金融机构的安全运行。加强监管的重点应是支持市场机制而不是取代市场机制或弱化所有者和市场参与者的职责。政府要控制自身那些阻碍市场机制监测金融机构的能力和积极性的行为，如降低国家所有权比例，降低存款保险水平，消除刚性兑付，等等。

金融法规、金融监管及其他相关外部法规，要防止金融机构的欺诈和不良行为，但更要给金融机构留下自由的空间，让公司各方当事人之间通过自由的谈判达成妥协，形成公司治理机制上的创新。健全有效的公司治理机制，要通过诸多具体的手段来在各方面之间建立起通畅的沟通渠道和解决争议的程序与规则。

13.3.1 优化监管，金融机构也是企业

公司治理不仅仅是规范运作。公司治理的根本意义在于公司价值和长期经营业绩的提高，任何形式上的规范都要服从于实际效益和良好行为的改进。以董事会为中心的现代公司治理本身就有“业绩”和“合规”两个方面的内涵，并且业绩要摆在首位。不能创造业绩的企业，其运作上的一切“规范”也都失去了意义。

公司规范运作，首要的是外部法律上的强制规范，公司的各个层面都必须遵守。过于强调公司内部治理上的“规范”含义，其实是一种舍本求末，导致过多的制衡，以至成为掣肘，实际还不能真正解决规范的问题。对付那些纯心作恶的人只能是以恶治恶，法律上给予严厉的处罚和监禁。企图通过加强公司治理上的内部制衡措施来解决那些纯心作恶问题肯定是徒劳的。

只看到公司治理的“规范”方面，导致我们对公司治理上的偏差，甚至进一步在公司治理和加强监管之间画上了等号。监管部门发布了整套的公司治理指导和规范意见，很多方面已经是“过度监管”了，直把“公司治理”变成了“治理公司”，使企业在公司治理机制的自主创新上很难作为。

在着眼于业绩的公司治理改进方面，股东、董事和经理都有发挥自身能动性的空间，也更多地需要公司自主性的公司治理创新，使公司治理创新成为公司发展和走向卓越的一股重要驱动力。

金融机构，特别是商业银行，几乎在所有经济体中受到了比其他行业企业更严格的监管。对金融行业进行更严格监管的一个通常理由是金融行业与非金融行业有所不同，但是托宾认为，“银行不同（特殊）是因为它们受到了不同的监管，而对银行进行不同的监管是因为它们的不同（特殊）”。

解决问题的办法不是政府干预金融机构经营，而是放开金融领域，解除过度的金融管制。金融业有其一定的特殊性，正如电信、航空、电力等也都有其特殊性一样。但是不能因这种特殊性而过度监管，而否定其作为一个产业的一般性。金融机构是一种有一定特殊性的企业，但它也必须要是一个企业，要真正按照企业的规则来运作。

13.3.2 更多关注战略，不能以加强公司治理的名义过度监管

据研究，在全部的公司价值损失中，只有很小比例是由于违规或董事会监督失败所造成的，近九成是由于公司战略或者运营失误导致的。我们需要回归到“董事”二字的本来含义上来恰当地理解公司治理。

近二十年来，全球范围内的公司治理改革议程都越来越不适当地由“合规”压力所驱动。全球有300多个公司治理准则，基于这些准则的“良好”治理做法，是否有效地防止了公司欺诈行为，还是个疑问。

董事会在满足监管规则上付出过多的时间和持续面对过高的压力，可能分散董事会对公司战略和运营事务的注意力，反倒增加了公司经营失败的可能性。过分严格和细致的监管规则，不仅使得公司为了形式上“合规”而必须付出庞大的成本，而且侵蚀掉了公司的风险承担倾向，减弱了公司的创新动力。

中国也出现了以加强公司治理的名义而过度监管的问题。加强监管有其积极的意义，但是监管不能越俎代庖，替代了公司治理。来自监管者、媒体、法律、股东等方面的约束不能把企业治理的自主权给消灭殆尽。

公司治理应该主要是公司董事会的责任，是公司董事会在公司股东、监管部门、外部审计师和媒体等各种外部约束下，通过提升公司治理水平，从橡皮图章、乡村俱乐部和代表性董事会发展为专业性董事会。比如关联交易的公平性、信息披露的质量，等等，都首先应该是公司董事会全体董事们集体的责任。全体股东委托董事会成员作为一个集体来经营管理公司的，有失公平性的关联交易发生，全体董事都负有责任。信息披露则是董事会在向全体股东们汇报工作，当然更是全体董事们集体的责任。外部审计师是公司聘请来帮助董事会改善财务报表质量的，外部审计师应该给董事会就有关如何更好地披露信息以专业建议，但是具体会计政策的选择等，还是董事会自身的责任。

董事会的根本职责就是确保公司经营方向和公司管理政策要与股东的利益一致，要以长期股东价值最大化为目标。公司监管是公司外部和政府部门的责任，公司治理是董事会的责任，公司管理是首席执行官及其以下经理人员的责任。

13.3.3 完善法规，发挥市场作用

中国金融机构公司治理形式改进多于实质改进，源于监管要求的改进大于源于市场压力的改进，原因有两个方面。一个方面是监管者方面急于求成，过度学习发达市场上的一些表面做法而忽略了很多系统性的要素。另一方面是市场发育迟缓，羁绊于一些改革初始时期设置的、目前已经完全不适应市场发展的条条框框，不能发挥出资本市场的完整功能。继续改进中国金融机构公司治理，特别是金融类上市公司治理，强制性标准的作用已经有限，下一步的主要动力应该来自多元化股东的积极行动和高度竞争的资本市场的压力。

资本市场有效性的决定因素很多，制度设计和监管政策是一个方面。中国资本市场的制度设计缺陷还没有完全得到改正，监管政策上还有很深的“主管部门”习惯。没有把公司看作是完全的自我负责的法律实体和市场行为主体，太多的事情是由监管部门作为“主管部门”来批准的。

废除金融垄断权力，废除公司股票和债券发行等方面的审批制度，废除公司IPO前股东人数不能超过200人的上限，等等，把公司股票融资和上市从特权变为权利，建立更加自由和竞争的资本市场。让企业在投资者前的融资竞争替换其发审委过会竞争，公司治理成为企业竞争优势的来源，得到企业的真正重视，才会得到真实的改进。

即使是在现行公司法和证券法的框架之下，通过改进监管导向，也可以在很大程度改进中国公司的治理实践。比如鼓励公司通过章程给予董事会更大的授权，同时加强监管层对董事责任的追究和惩处力度。宽松化发行审批制度，通过加快公司IPO、再融资及换股收购等方面审批速度，放宽审批条件，使发行审批制度逐渐趋向事实上的废除。

13.3.4 提高透明度，引导金融机构自主改进公司治理

信息披露是与公司自主改进公司治理、加强董事会责任、提高股东和其他利害相关者作用以及发挥资本市场完整功能等密切相关的，需要这几个方面在整体上形成一种相互促进关系，进而形成一种公司治理的自我增强机制。

发挥市场作用，需要一个高质量、高水准并有自觉因素的更好的信息披露。金融机构出于吸引投资者等目的，往往不及时披露风险信息，并可能通过复杂的金融产品创新和难懂的财务报告掩盖风险。金融机构账目和内部控制系统需要根据国际公认会计准则进行可靠的审计。

需要注意的是，信息披露可以到什么程度，而不至于损害金融机构收集和处理信息、进而减少信息不对称和风险的积极性。金融机构的生意是基于信息，而不仅仅是基于钱财。金融机构努力收集和处理的一些信息，具专有属性，过于详细的披露会使是其竞争者的其他金融机构搭便车，无需做出类似投入而获得这些有用信息，从而对该金融机构自身不利。

监管当局仅仅制订金融机构公司治理准则不行，更重要的是引导金融机构执行，并在执行中不断完善。最有效的引导方式是，对金融机构遵守公司治理准则的情况进行持续的跟踪、研究，并发布有关数据。

金融机构公司治理实践情况的数据收集、整理、研究和发布，可以对相关公司治理法规和规则的修订提供依据，可以为金融机构之间相互学习和自我改进公司治理提供指引，同时也有助于各种市场力量，如机构投资者和潜在并购者等，更有效地发挥它们的公司治理功能。

近些年来，发达国家朝向一个给予企业更多自主选择空间的方向改进公司治理。中国2006年修订的公司法，在加强公司自治方面有所进步，为企业自主改革公司治理提供了一定的法律支持，但是还需要资本市场竞争机制发挥作用，尤其是融资方面的竞争，才能激发企业经营者自主改进公司治理的积极性。只有资本市场成为企业资金来源的重要渠道，公司治理作为资本市场营销工具的作用得到充分认识的时候，企业才会真正有积极性自觉改进公司治理，向优秀企业的最佳公司治理实践学习。

推进中国金融机构公司治理的法律、法规和政策取向都应该是提升最低标准、强制落后者改进，同时增加企业自主选择的空间、鼓励领先者更为领先两个方面并重。要调整改进公司治理的“政策基调”，减少强制性的具体措施和治理机制安排，增加示范性和可选择性的制度安排。清理有关公司治理的法律和法规中一些僵硬的已经不合时宜的教条和框框，给金融机构的自主性公司治理改进和创新行为留出足够空间。有关立法和监管机构，也要在其作为“防止、限制和指令”者的同时，担负起保驾护航的角色。

13.4 花旗银行：200年的治理结构演变

花旗银行从一个“纽约城市银行”成长为全球银行的200多年历史中，经历过无数次的危机、并购与重组，可谓纷繁复杂。但其在一开始就强有力的董事会主导之下，从“所有者管理型企业”到“经理人管理型企业”的治理结构演变过程却是清晰可辨。

13.4.1 泰勒：从一群商人的银行转变为一个商人的银行

花旗银行的前身是成立于1791年的美国第一银行（First Bank of the United States）的纽约分行。1812年曾任美国第一任邮政署署长的塞缪尔·奥斯古德（Samuel Osgood）接管了因营业许可证到期而要关闭的美国第一银行的纽约分行后，将其重组为“纽约城市银行”（City Bank of New York）——花旗银行早期的正式名称。1812年6月16日，花旗银行以200万美元授权资本和80万美元实收资本在纽约州注册成立。

创立时花旗银行的董事会成员都是一些大商人，银行是他们为自己生意进行信用融资的工具，银行董事关联贷款“规模大、违约多”。以1814年2月为例，花旗银行全部750个客户中的12个即12位董事，从银行获得的贷款占银行全部贷款总额的四分之一。花旗银行这种“由一群商人拥有和为一群商人服务”的状态一直持续到了1837年，一场金融危机使花旗银行濒临破产边缘，当时的全美第一富豪、曼哈顿的房地产投资商阿斯通（John Jacob Aston）救助了花旗银行，并派其代表摩西·泰勒进驻花旗银行，出任董事。

泰勒是那个时代从赤贫到暴富、白手起家的一个典范。泰勒缔造了一个融工业和金融业于一体的庞大的商业帝国体系，有1家商业企业，5家铁路公司，包括花旗银行在内的3家金融企业，2家公用设施企业和1家通讯公司。泰勒从1837年到1856年之间担任花旗银行董事，1856年到1882年之间担任花旗银行总裁。作为一个商人和实业家，泰勒将花旗银行变成了“一个商人拥有和为一个商人服务的银行”。1856年泰勒将花旗银行由纽约州银行转变成了美国的国民银行，正式名称也相应地由“纽约城市银行”改为“纽约国民城市银行”（National City Bank of New York）。泰勒是1858年到1866年间成功铺设第一条大西洋海底电缆的公司的董事和司库。正是在这个时候，花旗银行采用了citibank这个8位字母的名称代码。泰勒1882年去世后，他的女婿、1869年开始担任花旗银行董事的佩恩（Percy R·Pyne）接替他，担任了9年的花旗银行总裁，直到1891年生病后，又转任董事到1895年。

1837年金融危机之中接手花旗银行的泰勒，留给花旗银行的一项重要遗产就是“一贯保守的财务策略”——现款战略（Ready money），这使花旗银行在以后的很多次金融危机中能够“你危我机”，踏过那些成批倒闭银行的尸体而大步前进。泰勒及佩恩主政花旗期间，美国有过1857、1873和1884年三次银行危机。每次危机中，花旗银行都因为安全可靠而声誉大增。1893年的金融危机使花旗以2970万美元资产成为纽约市最大的银行，并于1894年成为美国最大的银行。

13.4.2 斯蒂尔曼：首位董事会主席，打造职业经理管理结构

1891年11月17日，花旗银行董事会选择了一位41岁的商人詹姆斯·斯蒂尔曼（James Stillman）担任花旗银行总裁，是花旗银行成立79年来的第10位总裁。直到这时花旗银行的管理结构还是很简单，十几个各有自己生意的商人构成的董事会，专职高管只有一位总裁和一位出纳。斯蒂尔曼和泰勒相同的是都把花旗银行当作是支持其个人商业王国发展的工具，不同的是，泰勒是个实业家，也像个实业家一样地经营银行，斯蒂尔曼是个金融家，也以金融家的方式干实业。也许这一点不同，使斯蒂尔曼成为了启动职业经理人管理花旗银行的第一人。

斯蒂尔曼的父亲是花旗银行的客户，他父亲的合伙人都灵从1870年开始

担任花旗银行的董事，1890年，都灵去世后斯蒂尔曼替代他成为了花旗银行的董事。斯蒂尔曼担任花旗银行总裁之后，开始通过从其他股东手中购买和为花旗银行增资两种方式持续不断地增加自己持有的花旗银行股份，从105股（1.1%）起步，到1892年2月就增加到了616股（6.6%）。这些股份中的多数可能都是从佩恩手中购买的，因为同期佩恩持有花旗银行的股份数量从1245股减少到了753股。在那个没有成熟的职业经理人制度的时代，所有者管理公司，新管理者从原所有者手中购买大量股份，并从而变成新的所有者兼管理者，是一种很流行、也很合理的公司治理模式。它使那些要退休或者退位的企业所有者兼管理者能够兑现自己企业的价值，也使企业的新任所有者兼管理者能够得到对企业有控制权的股份比例。这种所有权和管理权的双重过渡，使企业的新管理者要照顾好原所有者的利益，同时把自己的利益也与所管理的企业连接起来。在1891年到1909年，斯蒂尔曼担任花旗银行总裁18年时间里，花旗银行在其起步很晚的投资银行业务领域里也奋起直追，领导和参与了大量的证券承销和企业重组活动。斯蒂尔曼在扩展花旗银行业务范围、像摩根一样重组了很多其他公司并坐镇其董事会的同时，也"重组和扩展"了花旗银行自己的董事会，用美国产业界的巨头替代了泰勒–佩恩家族企业的代表。

1909年，第97个年头，花旗银行董事会首次设立了董事会主席职位。斯蒂尔曼从总裁位置退下，转任董事会主席。可以说，花旗银行的董事会主席就是斯蒂尔曼为自己退居二线而创设的一个头衔。弗兰克·范德利普（Frank Vanderlip）当选花旗银行总裁。范德利普，已近百岁的花旗银行的第十一任总裁，是花旗银行的第一位钱德勒概念的"现代支薪经理"（modern salaried executives）——职业经理人。此前的花旗银行历任总裁都是以所有者的身份来担任银行总裁的，他们都持有花旗银行一定的股份，甚至就是第一大股东，因而都不在银行拿薪水。

范德利普上任花旗银行总裁，董事会主席斯蒂尔曼移居巴黎，二人通过电话和每周一次的信件保持联系。这个时候的整个美国商界，那些创业起家的产业大亨都开始逐步退出了对公司的日常管理，公司经理开始替代公司所有者做出财务决定，维系商业交易的大亨间的个人性关系开始逐渐变为机构之间的关系。范德利普作为总裁领导花旗银行十年，在美国国内发展中小企业客户，并为了给大客户（当时美国的实业公司开始大举进行海外扩张）提供良好服务而建立国际性的分行网络。1919年，花旗银行成为美国第一家总资产达到10亿美元的银行。1919年6月3日，因为获得花旗银行控制性股份的希望落空，范德利普辞职，斯蒂尔曼的儿子，已经于1918年在父亲去世后被董事会推选为花旗银行第二任董事会主席的詹姆斯·A·斯蒂尔曼，继任花旗银行的总裁。小斯蒂尔曼任职到1921年时因为花旗银行在古巴遭遇重大损失而辞职。

13.4.3 企业、股东和经理三方共赢：现代激励机制的建立

1921年，花旗内部成长的经理人、43岁的查尔斯·米切尔（Charles E · Mitchell）当选为花旗银行这个美国最大商业银行的总裁。聘任米切尔担任花旗银行总裁时，花旗银行董事会同时推选史文森（Eric P · Swenson）（德州的一个大地主和大企业家）担任董事会主席，但是明确了米切尔是花旗银行的“行政一把手”，董事会主席只是董事会的召集人。1929年，花旗银行成为世界最大的商业银行，这一年，米切尔从总裁位置退下后转任董事会主席到1933年。

范德利普因为不能像以前的银行总裁那样成为拥有控制性股份的所有者而离开，小斯蒂尔曼因为能力不足同时运气也不佳而没能像他父亲那样长期领导花旗银行。在不能拥有控制性股份而成为所有者的情况下，如何激励有能力的职业经理人为股东创造价值，成为了花旗银行继续前进面临的一个重要问题。为此，1923年花旗银行推出了一个名为“管理人员基金”（management fund）的奖金计划。计划的主要内容是对银行利润进行如下三个部分的分配：先按银行股东权益8%的比例提取银行超额储备，再按每股16%的比例对股东进行红利分配，最后按剩余利润20%的比例提取管理人员奖励基金，分配给副总裁及以上的高级管理人员。这一计划均衡考虑了所有者和管理者之间的风险与利益：所有者给管理者提供了薪水形式的报酬下限，管理者给所有者提供了一份最低分红比例的保障，然后再由所有者和管理者双方按80:20的比例分享剩余利润。

自米切尔开始，除1933年到1940年之间帕金斯（James H. Perkins）担任董事会主席之外，花旗银行的董事会主席总是由退下后的前任首席执行官担任，

首席执行官也都是由职业经理人担任。但是在有力的董事会领导和有效的激励机制之下，领导花旗银行的职业经理人们为股东创造了连续稳定的回报。1991年第三季度花旗银行出现8.85亿美元亏损，致使花旗银行股东自1813年开始季度分红以来，第一次没有得到每股25美分的季度分红。

13.4.4　从花旗银行到花旗集团，危机之后回归基本银行业务

1955年，总资产为68亿美元的花旗银行（当时的正式名称仍是“纽约国民城市银行”）收购了纽约第一国民银行（First National Bank of New York）。名称更改为“纽约第一国民城市银行”（First National City Bank of New York，FNCB）。1962年花旗银行150周年庆典时，其正式名称缩短为“第一国民城市银行”（First National City Bank）。1968年为了绕过限制银行活动的联邦法规，花旗银行建立了一个银行控股公司——第一国民城市公司（FNCC），除拥有当时名为第一国民城市银行的花旗银行之外，还从事商业行银行以外的业务活动。当时其他几家美国大银行，也都同样成立了类似的银行控股公司。1974年，为了获得广泛的消费者的认同，花旗银行的母公司“第一国民城市公司”正式改名为花旗公司（Citicorp），以更好地适应其全球业务。1976年“第一国民城市银行”也正式更名为花旗银行（Citibank）。

1998年花旗公司（Citicorp）和旅行者集团（Travelers Group Inc）合并为花旗集团公司（Citigroup Inc.），以6980亿美元总资产成为世界最大的金融服务集团，被经济学家杂志称为“全球金融超级市场”。花旗公司董事会主席约翰·里德（John Reed）和旅行者集团董事会主席桑迪·威尔（Sandy Weill）将作为联合董事会主席和联合首席执行官共同领导新公司。1999年11月由克林顿签署成为法律的美国金融服务现代化法案（FSMA），使花旗集团成为了第一家同时拥有银行和保险业务的金融控股集团公司。2000年，在权力斗争中输给了威尔的里德离开了花旗集团。威尔成为花旗集团唯一的董事会主席兼首席执行官。2002年10月1日，查尔斯·普林斯（Charles O. Prince）接替威尔出任花旗集团首席执行官，威尔继续担任董事会主席到2006年度股东大会。

在金融控股公司模式之下，在银行业务之外过度的业务范围扩张使花旗集团在2008年的金融危机中遭受了巨大损失。美国政府于2008年和2009年共计向花旗集团提供了450亿美元的紧急救助资金。其中的250亿美元按每股3.25美元的价格转换为花旗普通股后将占花旗36%的股份，在花旗集团发售了210亿美元新股份之后，政府的股权比例降为27%。花旗集团于2009年12月底偿还了200亿美元的政府救助资金。2010年4月26日，美国财政部宣布已经委托摩根士丹利开始出售其持有的花旗集团股票，首批15亿股。按目前的花旗集团股价推算，财政部所持有的花旗普通股将可获利约120亿美元。

2010年第一季度花旗集团取得了44亿美元、每股0.15美元的盈利，是自2007年第二季度以来最高的季度盈利。2010年4月12日，花旗集团首席执行官潘伟迪（Vikram Pandit）在欧洲央行金融体系政策委员会会议上表示，花旗集团公司计划将其资产规模较金融危机前的最高水平削减40%，将对业务进行彻底调整并回归基本的银行业务。花旗集团将不再试图成为提供多种金融服务的“超级公司”。在所有受到金融危机严重冲击的美国金融机构中，花旗集团的率先恢复与其积极自觉的董事会人员和治理结构调整不无相关。过去几年间，花旗董事会已经新晋八位成员。花旗一再表示感激纳税人支持花旗度过了2008年到2009年的困难时期。

花旗200年的历史演变中值得我们借鉴的经验与教训都很多，但是其中最重要的三点是：自始至终不变的以董事会为中心和对股东及利害相关者负责的治理原则，业务管理上股东退出与经理人接手的有序推进，以及保守稳健的财务政策。

13.5 德意志银行：正在消逝的德国模式

华尔街五大独立投行的消失或转型、“超级金融市场”花旗集团的危机与重组，似乎意味着德国模式的“全能银行”重新回来了。可是，作为昔日“全能银行”标杆的德意志银行自身却在转型之中。在2010年9月宣布拟配股80亿至90亿欧元之前，德意志银行是世界上少数几家自2008年全球金融危机爆发以来没有筹集过新资金的大银行之一，仅此一点也许就值得我们总结一下德意志银行成长与转型历程中的经验与教训。

13.5.1　一群私人银行家联合创立的股份公司制银行

1870年3月10日，普鲁士国王批准了其股份公司章程，德意志银行（Bank Deutsche Bank AG）正式成立。4月9日，德意志银行在柏林开始营业。最先提出组建德意志银行的是私人银行家Adelbert Delbr ü ck和自由主义政治家及货币专家Ludwig Bamberger。最初认购德意志银行股份的是包括德国一些领导性的银行家在内的总计76人，他们提供了德意志最初成立时的总计500万泰勒股本（talers，当时欧洲流行的一种银元，500万泰勒约等于1500万马克）。由于当时为德国外贸提供金融服务的主要是英国和法国的银行，创建者们取名德意志银行，是要表明现在开始将由德国银行承担这一角色。

1870年成立伊始，德意志银行的股票就在柏林股票交易所上市交易。1880年又在法兰克福股票交易所上市。1970年代以后，德意志银行开始陆续在一些国际大股票交易所上市：1974年巴黎股票交易所，1976年伦敦股票交易所，1978年布鲁塞尔股票交易所，1989年东京股票交易所，2001年纽约股票交易所。

1870年到1945年之间，德意志的总部一直在柏林。二战后德意志银行被分解，1957年3月2日，又重新走到一起的德意志银行把总部设在了法兰克福。德意志银行的第一个国内分行是1872年的洪堡分行和1886年的法兰克福分行。最早的国外分行是1873年建立的上海分行和横滨分行。

由于在纳粹统治时期，积极参与了“雅利安化”活动（没收及强制出售犹太人的财产和企业），德意志银行在1947年被分解为10家，1948年9月30日已由柏林迁至汉堡的德意志银行总部被撤销。1952年德国颁布《大银行法》，10家德意志银行的继承机构被整合成了三家：位于汉堡的北德意志银行，位于杜塞尔多夫的莱茵-威斯特法伦银行，和位于慕尼黑的南德意志银行。

德意志银行的分解，与战后日本的解散财阀不同。日本的解散财阀，强制收购了财阀家族的股权转卖给公众并禁止了原财阀家族成员和财阀企业的部分高管在企业中任职。这样，日本战后的原同一财阀系企业重新组合到一起，主要凭借的是一种文化和感情联系。德意志银行的股东和高管们，在这一分解的过程中并没有受到太大的实质损害。这也就使德意志银行的历史，没有被彻底地割裂。1952年起，三家源自原德意志银行的兄弟银行的董事们就总是一起召开管理董事会会议，致使法律上分割的三家，实际运作上已经融合为了一家。1957年，这三家银行正式合并为新的德意志银行，只是法律形式对实际存在的一种追认。

13.5.2 德意志银行的首位总裁：职业经理人西门子

德意志银行的第一位总裁（管理董事会发言人，行使近似于总裁的职责）是格奥尔格·冯·西门子（Georg von Siemens），担任这一职务三十年。到2002年阿克曼（Josef Ackermann）出任德意志银行董事会发言人为止，142年间德意志银行共经历有18位总裁。1967~1969年和1976~1988年，德意志银行有过两个双管理董事会发言人时期，这样实际是16任总裁。

格奥尔格·冯·西门子1839年10月21日出生，1870年开始，直到其去世的前一年（1900年），一直担任德意志银行管理董事会发言人。格奥尔格·冯·西门子是大名鼎鼎的西门子电气（当时名为Siemens & Halske，西门子-哈尔斯克公司）创始人Werner von Siemens的侄子，他父亲是律师和普鲁士王朝的文官。格奥尔格·冯·西门子进入西门子-哈尔斯克公司工作后，被委任负责有关建设从伦敦到加尔各达之间的印欧电报线路的谈判工作。这项工作中，年轻的西门子表现出来的卓越谈判能力引起了德意志银行的共同创始人Adalbert Delbr ü ck（传统私人银行Delbr ü ck Leo & Co.的总裁）的注意。这时，Delbr ü ck和Ludwig Bamberge正在致力创建德意志银行，并在寻找德意志银行的管理董事会成员。尽管到那时为止，西门子毫无银行从业经验，但是Delbr ü ck还是极力推荐他出任德意志银行的首任管理董事会发言人。为此，他们另外安排了一位富有经验的银行专家Hermann Wallich与西门子一起工作。

西门子是从一个完全不同的领域，带着极大的自信、精力和扩张计划，加入到德意志银行中来的。他与那些传统的主要立足于个人资本的私人银行家不同，他是个雇员，一个银行经理人，一种完全新类型的银行家。他给这些作为股东出资创建了德意志银行的私人银行家们，带来了一种完全不同的语言及行事风格。

到1900年，在西门子的领导之下，经过三十年的时间，德意志银行成为了德国最大的银行，并在向世界最大银行进军。德意志银行不仅超越德国所有的私人银行，也超越了另外几家与德意志银行同期成立甚或更早成立的德国的股份公司制银行，如由David Hansemann于1851年创立的德国贴现银行（Disconto-Gesellschaft），以及同为1870年创立的德国商业银行（Commerzbank）和1872年创立的德累斯顿银行（Dresdner Bank），成为了德国金融业中无可争议的第一。1929年德意志银行收购了德国贴现银行这家德国最早的股份公司制银行。

13.5.3 区域性全能银行的联合体

德意志银行的第一个办公地点，不过是柏林法国大街上一个出租屋中的几个房间。1870年到1880年间的第一个十年，德意志银行就从外贸银行发展成了全能银行，主要业务包括为德国外贸提供融资，德国国内的储蓄业务以及政府债券的发售等等。1880年代开始，为铁路融资成为德意志银行的一个重要业务，参与的项目包括北美（美国的北太平洋铁路公司）和整个欧洲。德意志还参与了电厂、石油公司等项目。

1887年开始德意志银行通过参与创建和改组一些大型工业企业，奠定了自己在工业领域里的地位。这些行动包括1887年爱迪生德国公司改组为德国电气公司，1890年创立德奥曼内斯曼钢管股份公司和1897年西门子-哈尔斯克公司改组为西门子股份公司。从此以后，主导和参与创建新企业一直是德意志银行的一项重要业务，其中包括德国很多著名公司，如汉莎航空公司、戴姆勒-奔驰股份公司，等等。除了参与初创之外，德意志银行还在一些生产企业陷入困境之时，通过实施“债转股”获取了大量的公司股权。

对于很多企业，德意志银行不仅仅是贷款人、股权投资人及拥有其监督董事会席位，德意志银行还为他们战略和管理咨询服务。1987年底，德意志银行收购了罗兰·贝格咨询公司75.1%的股权。德意志银行和罗兰·贝格咨询公司又合资成立德意志咨询公司，为中小企业提供咨询服务。随后德意志收购了德意志咨询公司的所有股份，并于1997年又收购了罗兰贝格20%的股份，持股比例达到95.1%。1998年，罗兰贝格的46位合伙人从德意志银行回购了90%的股份。

区域原则、集体问责制和关系银行业务共同构成了德意志银行成功的基础。一直到布鲁尔时代（Rolf–E. Breuer，第16任总裁，1997–2002），德意志银行都是强势诸侯模式，是由众多拥有独立权限的区域性全能银行组成的联邦。唯一由总部直接管理的上市、兼并和收购业务，也仅限于德国境内。各大分行之间是相互竞争而非合作，导致德意志银行整体上处于"高成本、低效率"状态。1980年代后期，为了协调整个集团的有序运营，设置了近30个有建议权但是没有决策权的集团协调委员会。

通过"合议——集体问责制"，德意志银行强化了组织机构的权力，实现了权力的去个人化，个人要完全献给组织，"银行就是一切，而你什么也不是"。在"合议——集体问责制"下，作为区域性全能银行联合体的德意志银行，实际掌握大权的"分行行长"并不是一个人，而是通常在2~6人之间的一个小组。对外行使如同管理董事会主席职权的德意志银行董事会发言人，也只是个管理董事会的代言人，在管理董事会决策时，仅有一票的权力，并无更多发言权。

13.5.4 向"多元化的专业银行"转型

从法律关系上看，德国公司中监督董事会和管理董事会共同行使着英美公司中董事会的职权，监督董事会任命和监控管理董事会。实际运作中，往往是管理董事会完全掌握公司管理大权。在德意志银行，导致这种情况的一个重要原因是劳资共同决定制带来的监督董事会成员的"专业水平下降"。用德意志银行第14任董事会发言人科珀（Hilmar Kopper，1989–1997）的话说：以前重要的事情要与监督董事会商讨，但是"自从引入了共决制后，德国的监督董事会就不再具有什么权威性了。大多数的工会会员对银行业务根本是一窍不通。我能从一个雇员代表身上期待什么呢，难道他能给我的信贷委员会提供好的咨询吗？他也许有这样的意愿，但是他缺少必要的专业素养”（施瓦茨《德意志银行》第27~28页）。

不过，在法律规定的巨大弹性空间内，德国企业也是一样具有一定的“人治”因素，就是法定公司机关之间的实际权力对比，会因为坐在相应位置的人员个人资历不同而有所变化。同样这位科珀，作为戴姆勒–奔驰公司监督董事会主席时，他对自己职责的认识则是：“如果监督董事会主席不认同企业高层的领导方式，他可以与管理董事会磋商。如果磋商没有结果，他就只能解散原来的管理董事会，然后重组一个新的管理董事会，除此之外别无他法。否则他就必须相信管理董事会对他说的话。”贝塔斯曼的莱恩哈德·莫恩在转任监督董事会主席之后，同样说过，“监督董事会主席，那可不是仅仅简单地监督监督而已，还要指导。”

无论如何，在德意志银行，因为全球上市、股权分散，并且一开始就是职业经理人当政，主导银行运营和管理的主要还是管理董事会和管理董事会发言人。

1989年，在第13任管理董事会发言人赫尔豪森（Alfred Herrhausen, 1985–1989）提出了德意志银行要放弃长久以来的区域性全能银行原则，按客户和产品重新划分德意志银行的组织结构。但是，这一冲击太大了，遭遇了包括管理董事会成员在内的强烈抵制，这一设想没有实施。赫尔豪森于1989年11月30日被谋杀。

1989年12月12日，科珀（Hilmar Kopper, 1989–1997）出任德意志银行第14任董事会发言人。科珀是从1954年作为德意志银行的学徒开始，一步一步成长起来的。1998年62岁（这是德意志银行规定的管理层人员退休年龄）的科珀退出管理董事会发言人席位（转任监督董事会主席职务），同样是从银行学徒成长起来的布鲁尔（Rolf–E. Breuer, 1997–2002）出任德意志银行第15任管理董事会发言人。

布鲁尔有些过渡人物的性质，领导德意志大转型的是2002年出任其第16任管理董事会发言人的阿克曼（Josef Ackermann）。瑞士人阿克曼货币银行专业出身，在瑞士信贷银行工作16年之后升至首席执行官。在担任瑞士信贷银行首席执行官三年之后，由于与董事会主席矛盾，1996年48岁的阿克曼离职。时任德意志银行管理董事会发言人的科珀邀请阿克曼加入了德意志银行管理董事会，负责投资银行业务。

2000年9月，在监督董事会主席科珀的策动下，德意志银行做出决定，2002年布鲁尔离职后，将由阿克曼接任德意志银行的管理董事会发言人职务。2002年5月22日的德意志银行年度股东大会上，阿克曼正式就任，成为德意志银行历史上第一位由外国人出任的管理董事会发言人。由于有监督董事会主席科珀的支持，阿克曼上任之后，开始对德意志银行进行大幅度的改革，他所参照的目标模式是当时正处在其顶峰时期的世界第一大公司、桑迪·威尔领导下的美国花旗集团。

在从可操作性上修正了赫尔豪森的设想之后，德意志银行开始着手进行组织结构转型。德意志银行不再是一个把总部当摆设的区域性全能银行的联合体。整个德意志银行划分为资产管理业务、商业银行业务和投资银行业务几大业务板块，设于法兰克福的总部负责全局掌控及战略性的问题。德意志银行从全能银行转型为多元化的专业银行之后。每个业务部门都单独为自己争取客户、争夺业务，收益不佳的业务无法再得到集团的资金支持。

根据德意志银行年报资料，2009年底，德意志银行在全球共有1964家分支机构，其中961家在德国境内；在全球共有7.7万名全职员工，其中在德国境内有2.7万。阿克曼领导下的德意志银行，以其上任之时处于顶峰的花旗集团作为榜样，但是金融危机使花旗集团遭遇重创，全金融模式宣告破产，花旗集团要回归更为传统的银行业务。德意志已经没有标杆可以比对学习，一切需要自己摸索。

13.5.5 “金融一产业综合体”：正在逝去的德国模式

德意志银行，从其诞生的1870年代开始，就成为了德国工业化的重要金融工具。直到1990年代，在工业企业里的参股行为，一直被视为德意志银行经济权力的一个重要来源，也是所谓德国模式——“金融一产业综合体”的标杆，但是目前已经不再完全是这种情况，或者至少可以说是在消解或逝去。

为了描述银行和企业密切联系在一起的状态，德国人自己曾经创造了一个“德意志联邦共和国股份公司”概念，就是一张通过交叉持股和交叉占据监督董事会或管理董事会的席位连接在一起的德国企业关系网。比如，1995年末，德意志银行跻身欧洲最大控股公司之列，所控股份包括：戴姆勒—奔驰公司24.4%的股份，安联公司10%，慕尼黑再保险公司10%，林德公司10%等等。2000年末，德意志银行持有戴姆勒—克莱斯勒公司的12%股份，大陆工业公司7.9%，海德堡水泥公司8.7%，霍尔兹曼股份公司19.6%，德国金属公司9.1%，以及南德糖业公司10.1%。2002年，德意志银行作为全能银行，涉足了金融业务的所有重要领域，德意志银行管理董事会成员担任其他公司监督董事会成员或者高管的数量接近2000人。

历史上，德意志银行投资入股工业企业的一个重要原因是，帮助德国企业抵制外来资本对德国企业的过度入侵。在这一问题上，德意志银行是德国工会的一个重要伙伴，在监督董事会上他们共同站在了德国企业家的一边。但是，近些年来，德国企业的足够强大使“抵制外资入侵”的必要性大为下降，德意志银行自身的国际化也使德意志银行更愿意将资金注入国外的高增长企业。为了在全球范围内更为有效地配置自己的股本投资资源，以及为了配合自身的战略性业务领域调整，德意志银行开始对德国国内的一些企业投资进行减持。如1995年持有慕尼黑再保险公司的10%股份，2002年出售完毕。1995年持有安联公司的10%股份，2002年初降至3.3%。持有南德糖业公司的股份也从10.1%降到4.8%。德意志银行拥有其他公司监督董事会席位的情况也已经远远不如1950和1960年代那么多。而且，即使德意志银行派了代表进入某一公司的监督董事会，也并不意味着，德意志银行会成为该企业的主办银行。

出现这一转变有全球市场机会，德国国内环境和德意志银行自身的宗旨和目标转变都有关系。要与其他全球性大银行竞争，德意志银行不能调集资源，抓住全球市场机会。在德国国内环境方面，随着德国的经济强盛，人们不再担心外资入侵问题，而是更为关注德意志银行是否会滥用其所掌握的巨大经济权力。德意志银行也越来越发现，占据企业监督董事会席位及大量信贷和股权投资的同时存在，也给其自己带来一些负效应。比如德国企业在并购和反并购的问题上就不再信任德意志银行，即便其建议十分中肯。有时，放贷者、股东、咨询顾问和监督董事会成员这四种角色会同时发生在一个企业里，这使德意志银行很难协调统一各方利益。有时为了维护公司形象，德意志银行不得不自己做出很大“牺牲”。1991年底，作为前东德的首家企业，萨克森乳品公司上市，德意志银行负责承销。结果1993年萨克森乳品公司就倒闭了。为了避免在证券承销的尽职义务上陷入法律纠纷及由此带来的形象和信誉损失，德意志银行不得不以市价从小股东手中回购了萨克森乳品公司的股份，总计支付了4000万马克（《德意志银行》第163页）。

对于德意志银行对工业企业的股权投资，是否控制了工业领域，德意志银行第13任管理董事会发言人赫尔豪森（Alfred Herrhausen, 1985–1989）曾经自我辩护说，“我们并不以在某家企业中占有多数股权为目标，更不会参与企业的经营”。德意志银行投资工业领域是出于如下三个原因：追求价值稳定的长期投资、业务关系的深化以及抵御外资入侵（《德意志银行》第41页）。德意志银行方面本身已经没有任何兴趣控制其他企业的监督董事会，是许多企业有这方面的要求，以期提高其监督董事会的金融技术水平。关于德意志银行控制企业的巨大权力来源的另外一个广为传播的说法是，德意志银行通过其证券托管业务而具有的代理股东投票权。这需要以股东给予托管机构以全权委托为前提，也就是说，决定权并不在作为受托机构的德意志银行一方。德国银行业的高度竞争和分散化，也使德意志银行对整个德国经济的影响和控制力“有限”。2003年，德国前五家最大银行所占的市场份额也才仅有20%，远远低于其他任何欧盟国家，更不能跟中国四大国有商业银行所占份额相比。

银行是个“寄生性”的行业，无法通过自我革新或是向其他行业转型来避免自己走向惨淡结局。银行业是服务机构，需要通过帮助其他公司创造利润而赢利。这一点上，德意志银行也毫不例外。如果说其历史上的成长是“寄生”于德国作为一个后进国家的工业化历程，从而形成了一种银行与工业企业之间多重结合的德国模式的话，那么今后，德国已经进入到后工业化的时代里，德意志银行已经不能再寄生于其国内工业企业，而是要与其他全球性大银行一样，在一个全球化的竞争格局中实现全球化的生存与发展。

13.6 瓦伦博格：积极所有权的典范

即使是在非常关注企业界情况的人士中，知道瓦伦博格集团的可能也很少，但是大都会知道ABB、爱立信、伊莱克斯、斯道拉恩索和沃尔沃等。这些著名公司背后，都有一个重要的积极所有者：瓦伦博格集团。

13.6.1 从安德到昆特·瓦伦博格：子承父业，家族控制

瓦伦博格集团已经延续到了第五代，家族企业王朝创始人安德·瓦伦博格（Andr é Oscar Wallenberg，1816–1886）是瑞典南部一位牧师兼主教的儿子。在做过一段时间的商船船员和海军军官之后，安德·瓦伦博格成为了一位国会议员和新闻撰稿人，与时任瑞典财政部长关系密切，致力于把英格兰式银行理念引入瑞典。

1856年，安德·瓦伦博格联合72人作为股东在斯德哥尔摩创立了Enskilda 银行。Enskilda意为私人，这是斯德哥尔摩的第一家私人商业银行。尽管安德·瓦伦博格本人只认购了Enskilda银行5%的股份，但却被任命为管理董事（首席执行官），他的权力基础不是个人财富和资本，而是他的能力和关系网络。

尽管是生逢其时，Enskilda 银行的发展并非一帆风顺。当时正是瑞典的工业化时期，工商企业需要引进技术、资本和国际关系，这些正是安德·瓦伦博格和他的Enskilda 银行所能提供的。但是，由于激烈的竞争，和1878到1879年间的经济萧条和金融危机，致使Enskilda 银行一度濒临破产边缘。Enskilda 银行是瑞典第一家打破原有银行业（瑞典银行）垄断的新兴银行，这刺激了其他一些银行的建立。其中一个重要竞争者是由在Enskilda 银行中与安德·瓦伦博格发生冲突的一批人退出后所建立的，这些人很不满安德·瓦伦博格的家长式管理。

Enskilda 银行通过吸纳近30个新股东和增资渡过了危机。这次危机使安德·瓦伦博格吸取了两个教训，由此形成了以后瓦伦博格集团发展中的重要特征。一是对银行要有强有力的家族控制，二是要严格执行保守的财务政策。

实现强有力的家族控制要有股权和人员两个方面。因为5%的股权比例太低，致使自己的很多主张不能得到有力的支持，安德·瓦伦博格将自己的股权比例提高到了20%。人员方面，安德·瓦伦博格在其儿子昆特·瓦伦博格（1853–1938）年仅21岁时就吸收进了银行董事会和执行管理层。1886年安德·瓦伦博格去世后，昆特·瓦伦博格子承父业，接任了Enskilda 银行首席执行官的职位。昆特·瓦伦博格也是一方面继续努力，将家族股份从20%提高到了40%，另一方面劝说他本想从事法官职业的弟弟老马库斯·瓦伦博格（1864–1943）放弃自己的职业理想，进入家族银行。

13.6.2 两代马库斯·瓦伦博格：瑞典的皮尔庞特·摩根

1911年昆特·瓦伦博格改任董事长（直到1938年去世），老马库斯·瓦伦博格接替哥哥出任Enskilda 银行首席执行官。昆特·瓦伦博格没有孩子，将其全部财产捐赠给了以他和他妻子名字命名的昆特和艾利丝·瓦伦博格基金会。Enskilda银行和基于Enskilda银行构造瓦伦博格家族控制企业系列的重任则落到了老马库斯·瓦伦博格和他的子孙们的肩上了。

在安德和昆特·瓦伦博格掌控Enskilda银行的时代，已经有通过参与重组和直接持股，介入产业公司的事例了。但是类似摩根那样介入产业公司，并由此形成了瓦伦博格系列企业帝国的是老马库斯·瓦伦博格和他的同名小儿子马库斯·瓦伦博格（1899–1982，本文以下称马库斯·瓦伦博格二世）。

瓦伦博格家族控制系列企业中，最早的成功事例包括今日世界压缩机产业主导企业Atlas Copco公司的前身Atlas，创立于1873年，于1878年成为瓦伦博格家族控制企业系列中的一员。瑞典Stora Enso（斯道拉·恩索）公司也于19世纪70年代成为了瓦伦博格家族控制企业系列中的一员。现为芬兰公司的斯道拉·恩索是欧洲至今仍在的最古老的私人部门公司，全球纸业和板材领导企业，其直接前身是一家铜矿，1288年开始运营，1347年得到皇家特许注册为公司。

老马库斯·瓦伦博格加入之后，参与产业公司重组、行使积极所有权成为了Enskilda银行的一项主要业务活动。为了支持瑞典工商企业的发展，老马库斯·瓦伦博格于1903年建立了欧洲最早商学院之一的瑞典斯德哥尔摩商学院，并派遣人员到欧洲和美国最好的商学院学习。老马库斯·瓦伦博格还作为发起人，出任了瑞典工业联合会的第一任主席。

没有瓦伦博格家族成员在关键时刻的参与和贡献，ABB（前身ASEA）和爱立信的成功也难以想象。ABB（前身企业）创立于1890年，1898年成为瓦伦博格家族控制企业系列中的一员；爱立信创立于1876年，1932年成为瓦伦博格家族控制企业系列中的一员。爱立信本来是瑞典另一位企业大亨伊万·克瑞格旗下的公司，金融危机中克瑞格集团崩溃，伊万·克瑞格本人于1932年3月自杀。

老马库斯积极参与工商企业发展的做法，被马库斯·瓦伦博格二世进一步发扬和光大。马库斯·瓦伦博格二世于1946年接替他的哥哥雅各布·瓦伦博格（1892–1980）出任了Enskilda银行首席执行官。在扩展瓦伦博格集团范围方面，马库斯·瓦伦博格二世的贡献最大，他曾出任三十多家公司的董事长，还担任更多家公司的董事。在马库斯·瓦伦博格二世的推动之下，Enskilda银行和Skandinaviska银行（斯堪地纳维亚银行）于1972年合并成为了今日的Skandinaviska Enskilda Banken AB（SEB，瑞典最大的银行，也是北欧最大的金融服务集团之一）。

13.6.3 投资控股，严密监督，职业管理

尽管第三代领导人马库斯·瓦伦博格二世于1972年出任了合并后银行SEB的董事长（到1976年后改为名誉董事长），但是瓦伦博格家族的股权比例大大稀释了。与此同时，本来计划几年之后马库斯·瓦伦博格二世的大儿子马克·瓦伦博格（1924–1971，1958年接替其父出任了Enskilda银行首席执行官）要接替合并后由原Skandinaviska银行首席执行官萨霍姆所担任的SEB首席执行官职位的，但很不幸的是马克·瓦伦博格于1971年自杀身亡。随后，SEB被Skandinaviska银行的人员和文化所主导，距离瓦伦博格家族的保守财务和集中控制传统越来越远。

在家族第三代领导人物马库斯·瓦伦博格二世还在世的时候，由于合并

后形成的SEB已经不像Enskilda那样能够完全自主地作为瓦伦博格家族控制企业系列的“管理中心”，瓦伦博格家族的投资公司开始逐渐发挥更大的作用。将投资公司作为集团运作和权力中心的是瓦伦博格家族第四代领军人物、马库斯·瓦伦博格的二儿子彼得·瓦伦博格（出生于1926年）。彼得·瓦伦博格在1982年父亲去世后，接任了投资公司董事长。彼得·瓦伦博格是SEB的董事会成员，但是在1984年萨霍姆退休后，彼得·瓦伦博格没有被选为SEB董事长，致使瓦伦博格家族和SEB之间的分裂更加剧了，瓦伦博格家族所占SEB股份也降低到了0.5%。直到1990年代，SEB遭遇危机，瓦伦博格家族又重新获得控制权，彼得·瓦伦博格的儿子、家族第五代两位领军人物之一的雅各布·瓦伦博格（二世，出生于1956年）于1997年出任了SEB董事长。1982年开始，主要是在家族第四代领军人物彼得·瓦伦博格的推动之下，投资公司开始替代银行成为瓦伦博格家族企业系列的“控制中心”。

瓦伦博格家族的投资公司名称Ivestor AB，官方译名为银瑞达，正式创立于1916年。当时是因为瑞典法律开始禁止银行直接持有公司股票，从Enskilda银行将其所持工业公司股份分立出来而成立了银瑞达公司。1917年银瑞达公司在斯德哥尔摩股票交易所上市。银瑞达公司和瓦伦博格基金会是瓦伦博格集团旗下公司的主要持股机构。对旗下公司管理与控制提供支持职能的机构，从过去以Enskilda银行为中心时代的银行统计部，变成了银瑞达公司。1999年时，银瑞达投资公司作为积极所有者控制着的核心控股公司有15家，其中包括6家《金融时报》1998年排名中的世界500强企业（括弧内数字依次为瓦伦博格占该公司股权比例、投票权比例和该公司的世界500强排名）：阿利斯康（5%—5%—43）、ABB（5%—5%—92）、沃尔沃（5%—2%—118）、爱立信（3%—22%—148）、伊莱克斯（4%—21%—274）和斯道拉·恩索（10%—24%—397）。目前，瓦伦博格集团旗下公司在斯德哥尔摩股票交易所上市公司总市值中占有近一半份额。

瓦伦博格家族第五代的另一位核心人物是马库斯·瓦伦博格（三世，出生于1956，马克·瓦伦博格的儿子），1999年开始出任银瑞达公司首席执行官。2005年雅各布·瓦伦博格（二世）出任了银瑞达公司董事长，马库斯·瓦伦博格（三世）则转任SEB董事长。

现在只有156名员工（2010年7月21日更新的该公司网站数据）的银瑞达公司即是瓦伦博格旗下那些核心控股公司的股东，也是SEB银行的股东，是整个集团的权力和控制中心。对于集团内各个公司，如ABB、爱立信和伊莱克斯，无疑都是跟其他上市公司一样的职业化管理。但是有一点不同的就是，瓦伦博格家族和银瑞达公司，通过分类股份制度设计等手段，保持着对这些公司的相对于其所持股份比例而言更大的控制权。目前被银瑞达列为“核心投资”有如下八家公司：ABB，阿斯利康（AstraZeneca），阿特拉斯科普柯（Atlas Copco），伊莱克斯（Electrolux），爱立信（Ericsson），胡斯华纳（Husqvarna），萨博（SAAB）和瑞典北欧斯安银行（SEB）。对于这八家核心投资企业，银瑞达掌握着重要的监管和控制权，并且通过相关公司的董事会确定和执行增值战略和计划。

控制权行使的主要表现就是为这些公司选择和撤换首席执行官，同时作为积极所有者与这些公司的首席执行官保持联系。作为积极所有者，不仅通过首席执行官，还通过外部资源获得公司信息。在需要时，瓦伦博格家族会毫不犹豫地运用权力实现改变和重组。但是在涉及运营中的角色和责任问题时，还是严格遵守公司的正式结构。银瑞达作为投资控股公司，“管理”那些控股和参股公司的一个非常有特色的方法是，让那些下属控股公司的优秀首席执行官们在55岁左右就卸下行政职责，出任银瑞达公司的董事和银瑞达下属控股和参股公司的董事长。

在全球经济一体化，尤其是资本市场规则越来越一致化的今天，瓦伦博格家族的一些控制手段，如投票权比例差异过大的分类股份设置等，遭遇到了英美投资者的一些挑战。但是瓦伦博格家族和银瑞达公司作为积极股东以“构造伟大公司”为己任的努力，对于目前的中国来说，是有很大借鉴意义的。

13.7　美国运通：向现代公司体制转变

没有董事会的强人体制，就是皇帝体制，可能会有成吉思汗那样一时的个人伟业，但是成就不出一个伟大并可持续的组织。强势董事会和平庸职业经理人组合的企业，很难对抗资本市场的短期压力，也很难具有产品开发上长远眼光，这是大多数股权分散上市公司的现状。美国运通的历史，则是一个董事会拥有终极决策权力，同时拥有企业家式经理人，二者有效组合在一起共同发挥作用的历史。

13.7.1 三个竞争公司合并，创建美国运通

美国运通公司创建于1850年，为避免恶性竞争由三个快递公司合并而成。

1830年代，波士顿商人威廉·哈恩登（William Harnden）在纽约创建了哈恩登包裹快递公司（Harnden's Package Express），经营纽约到奥尔巴尼之间的快递业务。1840年，在伊利运河航道上从事货物代理和票务代理的亨利·韦尔斯（Henry Wells）加入了哈恩登快递公司。

在说服哈恩登开设奥尔巴尼-布法罗快递线路未果后，韦尔斯劝说他的朋友乔治·波默罗伊（George Pomeroy）于1841年开设了经营奥尔巴尼-布法罗之间快递业务的公司。在投资人克劳福德·利文斯顿（Crawford Livingston）的支持下，韦尔斯接管了波默罗伊公司，更名为利文斯顿-韦尔斯公司（Livingston, Wells & Co.）。1842年，威廉·法戈（William George Fargo）加入了利文斯顿-韦尔斯公司。韦尔斯开设了由威廉·法戈负责管理的布法罗到芝加哥的快递线路。

1845年，哈恩登去世后，韦尔斯把纽约到奥尔巴尼的线路纳入到了他的经营范围，并把公司总部搬到了纽约市。1848年克劳福德·利文斯顿去世，公司名称改为了韦尔斯公司（Wells & Co.）。在此期间，韦尔斯把西部线路的股份卖给了威廉·法戈和克劳福德·利文斯顿的兄弟威廉·利文斯顿，并向约翰斯顿·利文斯顿出售了公司的部分股份。

韦尔斯公司快递业务的成功引来了竞争者的进入。1849年，马车运输商人约翰·巴特菲尔德（John Butterfield）和詹姆斯·沃森组建了巴特菲尔德-沃森快递公司（Butterfield, Watson & Co.）。经过一段削价竞争之后，双方开始议和。韦尔斯公司西部线路出售给威廉·法戈和威廉·利文斯顿后改组成立的利文斯顿·法戈公司（Livingston, Fargo & Co.）也加入了进来，三家公司合并成为了美国运通公司。

1850年3月美国运通公司创立，股本总额为15万美元，划分为1500股，每股100美元。巴特菲尔德以225股、占股本总额15%的比例成为公司最大股东。韦尔斯和威廉·法戈各约有100股。公司控制权置于整个董事会之手，既不能允许巴特菲尔德也不能允许威廉·法戈说了算。组成董事会的7位成员来自三个前身公司，相应形成了三派：巴特菲尔德和沃森，威廉·法戈和威廉·利文斯顿，约翰斯顿·利文斯顿、詹姆斯·麦凯和亨利·韦尔斯。为了保持三派之间的权力平衡，还规定了一个董事会特别委员会制度，在董事会做出决策之前，要将重要问题交给一个特别委员会处理，这个委员会由各派的各一人组成[①]。

亨利·韦尔斯出任公司总裁，巴特菲尔德为副总裁，威廉·法戈为公司秘书。韦尔斯出任，有其在快递业上资历最久的因素，但也有派系力量平衡方面的原因。三个公司在法律上合并为了一个公司，并且成立了对整个公司进行控制的统一的董事会，但是在业务层面上并没有完全整合。在东部地区经营的巴特菲尔德·沃森公司和韦尔斯公司合并为了一个实体，取名韦尔斯-巴特菲尔德公司（Wells, Butterfield & Co.），在西部地区经营的利文斯顿-法戈公司仍然保留独立身份。这就使控制东部地区业务的巴特菲尔德和控制西部地区业务的威廉·法戈成为了公司的两大实力人物，而亨利·韦尔斯则是双方都能认可的平衡性角色。

13.7.2 从威廉·法戈到詹姆斯·法戈，美国运通的家族统治时代

1867年，美国运通再一次面临1850年时的同样情况，出现了无法消灭掉的强有力竞争对手。这次是商人联合快递公司（Merchants Union Express）。在经过了一段时间的激烈竞争和协议停战之后，双方选择合并，组建了美国商人联合快递公司（American Merchants Union Express Campany），几年之后公司名字又改回为美国运通公司。

在1850年韦尔斯公司、巴特菲尔德-沃森公司和利文斯顿·法戈公司三家

---

① 《美国运通》第34页。

竞争者合并组成美国运通公司时，韦尔斯选择了守势。他虽然担任总裁，但实际退出了业务管理，只是承担一种力量平衡的角色。但是1867年这次与商人联合快递公司合并组成资本金高达1800万美元的新美国运通公司后，美国运通公司历史上第一位强有力的领导人出现了，他就是威廉·法戈。

亨利·韦尔斯于1842年把威廉·法戈带入了快递行业，并向威廉·法戈出售了西部线路的股份，使威廉·法戈在快递业拥有了自己的天地。亨利·韦尔斯在面对巴特菲尔德的强力竞争时，选择妥协、合并，促成了美国运通公司的创建。威廉·法戈在面临商人联合快递公司的强力竞争时，也同样选择了妥协、合并，促成了一个规模更大的新美国运通公司的出现。但是，和亨利·韦尔斯不同的是，威廉·法戈在公司合并之后，加强了自己对公司的控制。

由于主张合并而不是强硬竞争，威廉·法戈得到了合并双方的认同，出任了合并后新美国运通公司的总裁。在他的竞争对手们或病或亡而离开美国运通权力中心之后，威廉·法戈取得了对美国运通公司的绝对控制权，并结束了一个争吵不休的董事会对美国运通公司的控制。1869年，威廉·法戈的弟弟詹姆斯·法戈成为公司董事、助理财务官和快递运营总管，另外一个弟弟查尔斯·法戈成为美国运通公司西部区负责人，并于1875年也进入了公司董事会。威廉·法戈创建了有5位成员的公司执行委员会，负责公司政策制定，他本人和他的弟弟詹姆斯·法戈都是成员。

在巩固住对美国运通公司的控制之后，威廉·法戈本人把兴趣转向了铁路投资，他的弟弟詹姆斯·法戈担负起了实际管理美国运通公司的责任。1881年威廉·法戈去世之后，美国运通公司董事会推选詹姆斯·法戈出任了董事会主席。詹姆斯·法戈领导美国运通公司长达33年，奠定了作为一家金融机构的现代美国运通公司的核心产品和基础架构，并使美国运通公司从一家快递公司转型为旅行者服务公司。

美国运通公司从一家快递公司发展成为一家金融机构和旅行者服务公司，最初的起点只是现金承运。早期的银行私人支票只是为富人服务的，普通民众通过美国邮政局和快递公司直接递运小额现金，快递公司占据了主要的市场份额。美国邮政局为了防止邮递员窃取信件中的现金而创办了邮政汇票，这对快递公司的现金承运业务形成了严重挑战。

1881年，詹姆斯·法戈新官上任后首选的一把火就是决定创建运通汇票，以回应挑战。其实早在1857年，美国运通公司董事会上就提出了创建一个汇票系统的问题，但是当时公司董事会中的宗派斗争（任何新业务的引入都会意味着某一派系的权力增长），使这一创新性想法胎死腹中。1882年上半年，美国运通公司正式推出了汇票产品。1891年3月，美国运通公司推出了旅行支票。由于有汇票在先，美国运通的旅行支票一推出就有了信誉基础。旅行支票在汇票的基础上，把美国运通从一家快递公司转型为金融公司，又迅速转型为了一家国际性公司。

13.7.3　从泰勒到克拉克：美国运通的“经理人–企业家”

威廉·法戈和詹姆斯·法戈两兄弟结束了美国运通公司股东派系之间的争斗，建立起来了公司的强力领导体制，同时也把公司带进了家族统治状态。但是，美国运通公司的董事会并没有“名存实亡”，在詹姆斯·法戈老迈之际，董事会决定改变状态，选择一个新类型的公司领导人。

1914年6月，詹姆斯·法戈辞职，董事会任命泰勒（George Chadbourne Taylor）为公司新总裁。泰勒是从公司最底层一步一步走上来的典型快递人，董事会挑选泰勒，而不是已经在公司担任高级职务的詹姆斯·法戈的两个儿子——一个是副总裁兼首席财务官，一个是公司秘书和董事——是决心要让公司脱离家族统治状态。詹姆斯·法戈在1915年初去世之后，泰勒立即着手清洗了公司里的法戈家族成员。

泰勒鼓励公司经理们发挥企业家精神，进行了贸易、外汇交易、银行和旅行服务等方面的业务开拓。这些业务开拓，使美国运通公司在1918年因美国国家政策变化而失去快递业务（被并入了新成立的美国铁路快递公司）的时候，有了新的业务空间和继续存在与发展下去的根基。1923年11月年仅55岁的泰勒突然去世，接任者斯莫尔也是一步一步升迁上来的老快递人。但是斯莫尔的角色却是收拾残局，清理泰勒时代业务扩张中那些遭遇失败的领域。

斯莫尔非常看中旅行业务而轻视银行业务。旅行服务本身是不赚钱的，赚钱的是旅行支票。斯莫尔名义上领导公司到1944年1月70岁退休，但是实际上1933年时，就有新的大股东入主了美国运通公司。大萧条前夕，美国大通国民银行收购了美国运通公司高达97%的股份，但是还没有完全整合到一起的时候，大通银行的控制者、董事长兼CEO威京（Albert Henry Wiggin）因市场操纵受到指控，被迫离开了大通银行，并以其所持大通银行股票交换了大通银行所持的美国运通股票。威京通过其为最大股东的阿美瑞克斯控股公司（Amerex holding Company），成为美国运通公司的最大股东和控制者。

1933年，威京的亲信克拉克森（Robert Livingston Clarkson）成为美国运通公司的董事长兼首席执行官。斯莫尔虽然留任公司总裁，但是实际管理权力不大。威京和克拉克森提拔公司审计官拉尔夫·里德为执行副总裁，实际担负着首席运营官的角色。1944年里德正式出任总裁，开启了美国运通公司历史上的一个新时代。里德做出了美国运通20世纪中最重要的一项决定：创办美国运通信用卡。1958年10月10日，美国运通信用卡正式发行当天，发卡25万张，签约商家1.75万家[①]。

里德开辟公司业务的大获成功，使他自己那套集权管理体制不再适应公司的规模和业务发展需要。1960年4月，美国运通公司董事会聘任霍华德·克拉克出任总裁兼首席执行官，出任公司董事长的是拉尔夫·欧文。公司修改了章程细则，规定董事长不再是公司官员，没有执行权。霍华德·克拉克是美国运通公司历史上第一个被正式冠以首席执行官头衔的人，也是带领美国运通公司进入“现代世界”的人。克拉克时代美国运通公司发生了从外到内的体制上的重大转变。

13.7.4 转危为机：美国运通向现代公司体制的转变

美国运通公司自1850正式创立起，一直是非有限责任的合股公司，就是股东要对公司债务承担无限责任。这种体制给美国运通带来的一个好处是，不

---

① 《美国运通》第179页。

用受有限责任的股份公司那样严格的监管。但是，1963年11月，由于一个子公司——美国运通现场仓储有限公司的问题，美国运通公司遭遇了到那时为止其成立113年以来的一场最大危机。美国运通现场仓储公司以客户企业仓库库存为抵押品为其提供信用担保，客户企业凭此担保到银行去贷款。美国运通现场仓储公司公司最重要的一个客户联合植物油精炼公司，通过在其库存的大豆油油罐里注水的方式欺骗美国运通现场仓储公司为其做出了巨量的担保。东窗事发后，美国运通现场仓储公司要为其做出的担保承担的赔付责任高达1.5亿美元。

法律上直接承担责任的是作为子公司的有限责任制的美国运通现场仓储公司，美国运通公司可以选择让该子公司单独破产。但是这么做，美国运通公司就会得罪那些因其子公司的担保而给予贷款的银行，而美国运通的主要产品旅行支票，需要这些银行的合作。在这种两难的情况下，克拉克说服美国运通公司董事会同意，美国运通公司要承担起“道德的责任”，偿付这笔债务。可是，美国运通公司自身又是一家无限责任的公司，如果美国运通公司的财务能力不足以偿付，债权人可以追索到美国运通公司的股东身上。仅仅是这种可能性，就导致美国运通公司股票在几周之内暴跌了近50%。

到1967年大豆油事件最终完全解决时，美国运通已经在公司体制和内部管理体制两个方面都焕然一新了。公司体制方面，1965年美国运通公司改组为了有限责任制的股份公司。内部管理体制方面，因为克拉克专注于处理公司危机，各项业务事务完全由下属各部门经理人自主负责，形成了美国运通有史以来最为分权化的内部管理体制。更为重要的是，超越法律要求，承担起更高水准的道义责任，使美国运通公司在公众眼中的形象和信誉大幅提升，使其旅行支票的销售持续增长，使公司的盈利水平足以承担其最终实际偿付的款项。同时，这种责任承担，也使公司高管和员工感到骄傲和自豪，并也同样以敢于担负责任的积极姿态，有效行使分权化体制赋予的更多权力。

现代公司制度的两个核心标志是股东有限责任和董事会集中管理。美国运通165年的历史中，前115年都是一家无限责任的公司，但是从成立第一天起就是董事会拥有控制公司的最终权力。不过，前18年的美国运通公司董事会是个强势股东之间的利益平衡场所，1868年之后，美国运通公司开始成为董事会拥有终极决策权力，同时授权公司总裁全面负责的现代类型董事会管理体制。到1965年，美国运通公司才最终成为股东承担有限责任、董事会和首席执行官分别担负决策和执行层面最高责任，同时向整个经理层充分授权的现代公司体制。

构建起现代公司体制之后，美国运通业务上也开始一反保守传统，通过并购进行扩张。1968年，美国运通收购了消费员基金保险公司之后，重组为一家控股公司，克拉克出任董事会主席兼首席执行官。1977年克拉克退休，詹姆士·罗宾森三世（James D. Robinson III）继任。1981年美国运通与桑迪·韦尔领导的当时美国第二大证券经纪公司希尔逊公司合并。罗宾逊三世出身银行世家，但似乎缺乏雅量。后来成为花旗集团CEO的桑迪·韦尔和IBM公司CEO的郭士纳都接班无望而离开了美国运通。1993年哈维·葛洛柏（Harvey Golub）接任了罗宾森三世，2001年肯尼斯·钱纳特（Kenneth Chenault）接任了葛洛柏，现为美国运通公司董事会主席兼CEO。

2008年11月，美国运通向美国联邦储备委员会提出了商业银行业务申请并获得批准，成为继摩根士丹利和高盛集团之后，第三家在金融危机中转型成为金融控股集团的公司。目前美国运通公司的第一大股东为巴菲特的伯克希尔·哈萨维（Berkshire Hathaway Inc）公司，持股12.63%。

GREAT COMPANIES
INNOVATION, GOVERNANCE AND SUCCESSION
伟大的公司
创新、治理与传承

第14章
日本的企业集团与公司控制

日本是唯一一个跻身世界最发达国家之列的非西方国家，又是一个深受中国传统文化影响的国家。日本现代化进程中，公司制度特别是企业集团体系和公司治理机制是如何演变的，日本又是如何应对当前这场全球公司治理运动、积极进行公司治理改革的？对于中国当前的公司治理选择来说，正确认识日本经验具有极其重要的价值。

14.1 日本企业集团的概念

日本的企业集团可以说是一个世界经济之谜。各种看法，各种说法，都像是云中望月、雾里看花。这种感觉，不仅仅是中国人或者西方人等“外国人”才有的，就是日本人自己恐怕也是处于这种状态。

就先从我手头上一本日本有关企业集团概况的书说起。我先尽量直译书的全名：《图解最新最注目日本企业群组和系列关联会社——网罗6大企业集团和90个企业群组的特征和系列》。

这里有三个词汇与我们中文中的“企业集团”概念对应。第一个是所谓“企业群组”，其中的“企业”是日文汉字，跟中文含义一样，而“群组”原文是英文“group”的片假名音译。第二个是“系列关联会社”，这组日文汉字的实际意思就是指日本二战之后新兴起的那种“主办银行、综合商社和制造业企业”等各类企业通过交叉持股、经理会等方式联系在一起的一大群企业。第三个“企业集团”，日文汉字原文，被用来表示我们所称之的六大财团。日文中还有一个相关的词汇“财阀”，是指战前家族所有和控制的那些企业集团。

英语文献中有两个直接从日语音译过来用于特指日本式企业集团的概念，就是zaibatsu和keiretsu，分别是日文“财阀”和“系列”两个词的音译（实际就是日语的一种拼音）。

通过这些概念的介绍，我们大致已经明白了所谓日本式的企业集团，实际是不同历史时期、多种类别的企业间关系组合的一种很含糊的总称。我们大致可以按照其鼎盛和占经济体系主导地位的时期不同，把日本的企业集团划分为三大类：股权集中、家族控股的财阀企业，股权分散、交叉持有的“系列”企业和股权分散、多元持有的新型现代国际化企业。

14.2 日本的财阀：家族控股下的企业金字塔

从明治维新（1868年）日本走上兴盛之路开始，直到第二次世界大战日本战败为止，主导日本经济的企业组织是家族所有的财阀企业。

有关日本财阀的一个简单和广为接受的描述性定义是，财阀是一个由家族所有的混合经营企业集团，通过控股公司来控制，控股公司持有第一层子公司一个较大份额的股份，第一层子公司在以同样方式控制第二层的子公司，如此层层下去，形成一个企业金字塔。

14.2.1 明治维新以前的日本家族企业：住友案例

住友（始创于1590年）和三井（始创于1673年）是最老牌的日本家族企业财阀，兴起于明治维新之前的德川幕府时期（1603到1868年）。三菱的起步相对较晚，是从明治初期由岩崎弥太郎所创建的一个海运公司开始的。明治维新之前，日本处于发展缓慢的封建社会时期，住友、三井等这样已经持续了200多年时间的企业，还都是100%的家族所有。完整、严格的家族宪章为其企业治理的基本原则。

关于住友的起源时间有两个版本，《日本的企业集团和系列关联公司》一书说是1690年，而格拉克所著《联盟资本主义——日本企业的社会组织》一书说是1590年，并且含有从1590年到1690之间的一些简要历史。因此，我们相信格拉克的说法，住友的历史也就达到了400多年。根据各种资料，包括住友商事网站，我们大致可以理出如下一个逻辑上比较一致、基本可以确信的有关住友起源和早期成型过程的说法。

住有的起源商号也有两个。一是17世纪时期，住友政友（1585–1652）在京都创办的经营“书物和药”的商店——富士屋，二是大概同期，住友政友的姐夫苏我理右卫门（1572–1636）在京都创办的铜精炼和铜加工店——“泉屋”。苏我理右卫门因发明了一种从粗铜中提炼银的技术而生意兴旺。泉屋的标志，于1885年成为住友的注册商标，至今仍被住友集团和其核心企业作为标志。也正是这个“泉”分拆而成为今日住友企业集团“白水会”名称的由来。住友和苏我这两个家族生意合并为住友一家的因素是苏我理右卫门的长子住友友以（1607–1662），也就是住友政友的外甥，于1623年被住友家收养，并娶了住友政友的女儿，进入了住友家。住友友以在大阪经营了一个泉屋的分店，随着大阪取代长崎成为日本的主要商业中心，住友友以的泉屋最终吸收合并了住友政友所创办的富士屋和由苏我理右卫门创建，由其次子所经营的京都的泉屋。

住友友以于1652年成为住友家族的首脑，并使住友和苏我两家的产业合为一家，可以说是住友企业集团的真正创始人，或者说第一位最重要的人物。住友友以在大阪建立的炼铜厂，在整个德川幕府时期（1603–1867）的200多年中一直保持着日本炼铜工业中心的地位。并且直到今天，大阪仍是住友集团的“大本营”，住友集团的“三架马车”，住友银行、住友金属工业和住友化学工业等三家最核心的企业都在大阪。

14.2.2 明治政府推动日本家族企业成长为财阀集团

明治政府为日本的传统家族企业和当时新兴的家族企业成长为大型的财阀企业集团提供了第一推动力，否则难以想象，何以日本的家族企业能够如此强盛，成为国家经济的统治性力量。

明治维新中，日本政府出资兴办了大量的工矿企业，但这导致了政府大量负债。为了解决政府的财务负担过重问题，1880年明治政府大规模但同时也是低廉地出售“国有企业”。三井、三菱、住友等当时已经有一定实力的家族企业都从中购买了一些重要企业，从而各自掌握了一些日本的重要产业，如钢铁、煤炭、水泥、金属、机械、造船和纺织等。很多研究日本的学者认为，这是日本财阀的真正“起点”。正是这些产业，尤其是矿山，为这些家族企业的扩张、进入其他领域提供了持续稳定的现金流支撑。

如同中国的红顶商人一样，财阀家族与明治政府也发展出了类似的一种互相支撑、互相利用的互惠关系。如三井家族通过在最初几年的困难时期里大力支持了明治维新运动而得到政府的信任，承担明治政府的金库代理业务。这使其发展出了庞大的全国性的分支网络。三井物产，获得了日本国有煤矿优质煤出口业务的垄断经营权。当时这些煤出口到中国，利润十分丰厚。为此于1876年建立的上海办事处就是三井走出日本的第一站。

明治维新助推日本家族企业成长为财阀集团的另一个重要方面是，通过引进德国民法，为这些企业提供了一种新的组织形式——公司，从而能够更有效率并更低风险地吸纳资源。通过明治维新日本有了民法后，这些家族企业开始以组建新形式的企业——“公司”的方式从事新事业，进行业务扩张、引入优秀的家族外人才。与此同时，也开始吸收家族之外的股权资本，包括公众资本，但是家族保持控股地位。这样逐渐形成了最上层是家族，家族持有绝大多数股权的财阀总公司（本社），下面是一层、二层、三层，层层控股的企业金字塔。

14.2.3 财阀在战争中的扩张与其战后的解散

日本的财阀企业支持了日本的对外战争，也在日本的对外战争过程中更为迅速地壮大。仅仅从1937年到1945年这八年的日本战时经济时期，四大财阀资本总额占全部企业资本总额比例和四大财阀下属金融机构占全部金融机构资本总额比例就分别从10.4%和22.5%提高到了24.5%和49.6%，比例上翻一番，应该说是惊人的。

日本家族财阀企业的金字塔控股结构

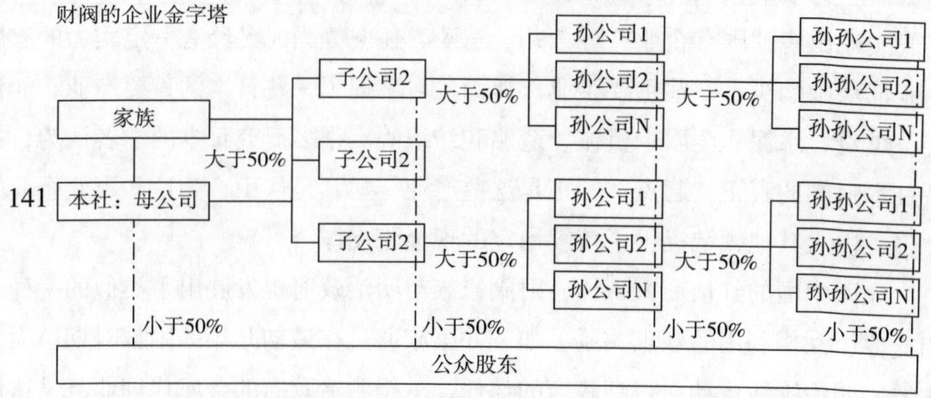

日本财阀企业在战时经济中的扩张

	1937年时的下属企业数	1946年时的下属企业数	1946年总资本占全日本企业资本的%
四大财阀合计	252	761	24.5
三井	101	294	9.4
三菱	73	241	8.3
住友	34	166	5.2
安田	44	60	1.6
另外六家财阀合计	197	439	10.7
日产	77	179	5.3
浅野	50	59	1.8
古河	19	53	1.5
大仓	51	58	1.0
中岛	–	68	0.6
野村	–	19	0.5
十大财阀合计	449	1200	35.2

资料来源：Randall Morck，Masao Nakamura，“Been There, Done That：The History of Corporate Ownership in Japan”，ECGI Working Paper。

八年战时经济中十大财阀下属企业数量从449家增长到1200家，增长了167%，其中四大财阀的下属企业更是从252家增长到761家，增长了202%。企业数增加最多的是住友，从34家增加到了166家，增长了388%，然后依次是三菱（230%）、三井（191%）、古河（179%）和日产（132%）。

二战结束后，美国占领军认为推动日本走上军国之路，并为战争提供了经济支持的就是日本的财阀，日本财阀因此而被强制解散。根据解散财阀委员会的定义，凡是财阀母公司（本社）持股10%以上的企业均属财阀集团内的企业，包括由财阀子公司再往下控股的企业。按此标准计量，三井、三菱、住友和安田等四大财阀的资本总额占全部企业资本总额约四分之一，四大财阀下属金融机构（包括银行、信托公司和保险公司）资本总额则占到全部金融机构资本总额的一半。

1945年二战结束时日本主要四大财阀的资本规模

	三井	三菱	住友	安田	合计
资本总额 百万日元	3061	2704	1667	510	7942
占全部企业的%	9.4	8.3	5.2	1.6	24.5
财阀金融机构占全部金融机构的%	13.9	13.1	5.4	17.2	49.6

资料来源：Takeo Hoshi and Anil Kashyap, “Corporate Financing and Governance in Japan”, P69, the MIT Press, 2001.

解散的方式是将财阀家族持有的股份卖给公众。从财阀家族向公众转让的股份总额超过了日本公司股本总量的40%。这导致战后的最初几年时间，成为日本公众持有企业股权比例最高的历史时期。个人持有日本公司股份的比例在1949年左右达到了70%的历史高点，持有公司股份的股东总数也从1945年的170万达到了1950年的420万。正是这种外部冲击下造成的股权分散，成为战后日本系列企业兴起的缘由。

14.2.4　开放股权：一个没有完成的向现代企业集团转变的过程

如果没有解散财阀这样的外部强加的制度冲击，日本的家族财阀企业会如何继续演变，这是我们非常感兴趣的一个问题。对我们理解企业集团模式演化的规律会很有帮助。

到了20世纪之后，在不放弃家族对企业绝对控制权的前提下，日本家族企业进行了更多的外部股权融资，以至日本的资本市场得到了高度的发展。1936年日本公司的股票市值总额达到了其国内生产总值的136%。即使是全球资本市场如此发达的今天，也只有美国和英国等极少数国家公司股票价值总额超过了其国内生产总值。日本历史上的这种家族企业和资本市场高度发达状态确实令人惊叹。除了股权集中度相对还是比较高之外，总体上可以说是一种股东至上和股东所有权主导的公司治理文化。

财阀家族除了对本社（就是控制财阀集团企业的总公司）和重要的第一层子公司保持着很高的股权比例之外，财阀整体对下属企业的控股比例下降趋势十分明显。从1929年到1943年之间，除安田之外，四大财阀中的三井、三菱和住友，财阀整体持有下属企业股权的平均比例基本都从50%以上下降到了30%多一点。安田对下属企业的持股比例保持在比较稳定的状态，是因为安田在这一期间没有像其他三大财阀那样大踏步地发展，其下属企业数增加很少。不过从1928年时四大财阀对其第一层子公司的控股比例来看，安田已经是最低的，只有48.1%，而三井、三菱和住友对其一级子公司的控股比例分别是90.6%、77.6%和80.5%。

财阀的下属企业和财阀持股比例及其变化情况

	1928年			财阀持有下属企业股份平均%	
	一级子公司个数	家族和总部持股%	财阀整体持股%	1929年	1943年
三井	6	90.2	90.6	51.0	31.7
三菱	10	69.4	77.6	52.5	35.2
住友	13	79.1	80.5	52.9	32.8
安田	12	31.7	48.1	46.4	58.3
古河	4	72.8	89.4	65.2	44.5
浅野	6	50.8	—	19.8	21.5
典型财阀企业所有权结构的变化1929年		股东人数　人		财阀成员持股%	
		1943年	1929年	1943年	
三井物产		31	15155	100	75.8
三井矿业		26	6912	100	84.8
三菱造船		23	6912	100	40.9
住友钢铁		14	7557	100	41.4

资料来源：Randall Morck，Masao Nakamura，“Been There, Done That: The History of Corporate Ownership in Japan”，ECGI Working Paper。

到1945年财阀被解散时，四大财阀企业集团中，三井和三菱的本社——

母公司也都已经不是100%的财阀持有。三井和三菱是家族、财阀的第一层下属企业和财阀外股东共同持有本社的股份。三井是三井家族持有63.6%的本社（三井合名）股份，加上第一层下属企业财阀总体持有64.5%的本社股份。三菱是家族持有47.8%的本社（三菱合资）股份，加上第一层企业财阀总体持有58.6%。这种股权集中控制的程度基本跟当前中国的上市公司差不多，应该是已经开放股权了。直到被解散时，住友和安田的本社股权仍然是封闭的。安田是家族100%持有本社（安田保善社）股权，住友则是家族持有83.3%的本社（住友合资）股权，第一层企业持有另外的16.7%。我们可以按外部人持有其本社股权比例给四大财阀的股权开放程度排个序：三菱、三井、住友和安田。财阀下属子公司和孙公司的股权开放程度要比母公司大很多。就对一级子公司的财阀控股程度来说，由高到低依次三井、三菱、安田和住友。二级子公司——孙公司的财阀控制程度由高到低依次是三菱、三井、住友和安田。

1945年四大财阀的所有权结构

	企业数	股份数	家族持有%	附属企业持有%	第一层企业持有%	财阀总体持有
三井	1	10,000	63.6	—	0.9	64.5
子公司	10	17,979	9.5	53.9	11.9	75.3
孙公司s	13	9,038	0.0	35.9	17.2	53.1
三菱	1	4,800	47.8	—	10.8	58.6
子公司	11	41,234	1.4	28.9	15.3	47.5
孙公司s	16	8,053	0.2	18.2	40.3	58.7
住友	1	600	83.3	—	16.7	100.0
子公司	17	34,312	8.4	19.5	16.6	44.5
孙公司s	6	5,325	0.5	12.7	30.7	43.9
安田	1	300	100.0	—	—	100
子公司	20	9,469	3.5	24.3	17.8	45.6
孙公司s	12	3,860	0.1	16.9	15.3	32.3

从到被解散为止日本财阀企业集团的所有权变化，已经可以看出其逐渐开放股权的趋势。如果没有解散财阀这一外部施加的激进制度变革，像三菱、三井这样的财阀企业集团也已经开始在母公司层面上扩大所有权开放程度，而

对子公司保持着较高程度的股权控制，逐步地向现代企业集团的治理结构模式方向转变。虽然这只是一种假想，实际会如何演变无从考察，不过我们可以简单地跟意大利做个对比。同样是法西斯，同样是战败国，二战前的意大利经济也是家族企业统治，但是没有引起美国人的痛恨，因此没有在二战后被强行解散。今天的意大利是大家族控制的大公司已经转为国际化的运作模式，剩余的则是汪洋大海一般的中小家族企业。如果没有解散财阀，日本大概也基本是这个样子，可能也就不会有我们下面要探讨的日本战后这种没有真正控制中心和总部的所谓“企业集团”了。

14.3 从财阀到系列企业：日本的公司控制之道

从第二次世界大战前的财阀（zaibatsu，由富有的家族控制的传统的日本企业集团）到战后的企业系列（keiretsu，通过交叉持股形成的日本企业集团），主银行系统，以至当今新出现的日式委员会制公司，总是有一种日本独特的公司治理方式存在其中，特别是在公司控制方式中。财阀和企业系列的基本目的都是保护企业关键人的控制权，前者中是财阀家族，后者中则是职业经理人。新近出现在日本的委员会制公司，至少到现在为止，像在日立集团和野村集团那样，也是被用来加强母公司对子公司控制的工具。

14.3.1 “系列企业”产生的历史与制度根源

战后日本银行主导、法人相互持股这一“系列企业”制度有其独特的历史和制度根源。

日本政府的战时统制经济措施废除了家族股东对企业的控制权，甚至一度以战时法令的形式废除了股东的分红权，企业经理直接听命于政府的计划官员，按战争需要组织生产。这直接奠定了战后股东退居二线、银行走向前台、经理和政府官员操控企业的所谓“日本模式”的心理和文化基础。解散财阀的举措，进一步割裂了明治维新开始积累起来的日本的股东主权文化和战后日本企业之间的联系。

战争和解散财阀这种“外部冲击”终止了日本的家族财阀企业按照其本来很强的股东主权主义的逻辑和逐步分散股权的路径完成其向现代国际化企业制度模式自然演变的过程，但财阀还是为战后日本新形成的“企业集团”——系列企业，提供了重要并不可或缺的制度和文化基础。

战后日本企业的交叉持股本身有相当一部分直接就是财阀的“遗产”。在主要靠自我融资，资本相对短缺而又要保持控制的情况下，财阀下属企业之间，已经存在着大量的相互持股现象。以被解散时住友的主要企业股权结构为例，可以充分说明这一状态。先看住友银行，除住友家族和住友本社分别持有11.3%和24.1%的股份之外，其他住友公司持有16.7%，这样合计起来就保持了52.1%的控股权。住友信托银行的主要股东则是住友银行，住友家族、本社和其他住友公司是其小股东，总计持有45%。住友起家产业和核心企业——住友金属矿产，股权控制比较严，家族直接持有53.4%，然后是住友本社持有26.6%，加上住友银行和其他住友公司总计100%，完全为财阀自己拥有。我们从住友的主要企业，都可以看到类似的持股结构。而在解散财阀的过程中，只是解散了本社，并把家族持有的企业股份转卖给了公众，但没有涉及下属企业相互持有的部分。

1945年被解散时住友集团企业的所有权结构

	股东				
公司	住友家族	住友本社	住友银行	其他住友公司	住友总持有量
住友本社	83.3				83.3
住友银行	11.3	24.1		16.7	52.1
住友信托银行	2.8	1.5	40.2	0.5	45.0
住友金属矿产	53.4	26.6	7.0	14.0	100.0
住友金属产业	4.3	20.9	6.8	8.7	39.7
住友电子	4.7	24.3	1.0	8.2	38.2
NEC	2.0	11.1	0.2	6.5	19.8
住友化学	7.3	17.5	0.5	6.2	31.5
住友重工业	7.2	21.0		69.0	97.2

资料来源：格拉克：《联盟资本主义》，重庆出版社2003年版，第118页。

解散财阀的结果，就是把上表中的住友家族和住友本社两个集中持有的股东变成了分散持有的公众股东。

公众可以在短时间内就持有大量股份，却难以在短时间内就学会做企业的股东。而且，由于战后日本普通民众非常贫穷，厌恶股票市场的风险，以至于1949年东京证券交易所重新开始运营之后，民众蜂拥而至出售股票。在大量的个人股东纷纷出售了所持股份之后，金融机构和非金融公司成为日本企业最重要的股东。这样一个公司股东结构在1960年代日本资本市场自由化时期又进一步得到了加强，很多日本企业正是从那个时候开始进行了股东安定化的运作。由此带来的一个结果就是，在日本形成了一种在金融和非金融公司之间长期稳定地交叉持股的新型股权结构。到了1991年，金融机构和非金融企业合计持有日本公司全部股票的比例达到70%，正好把1949年个人占有70%的状态翻过来了。

二战后日本企业构建起一套交叉持股关系，形成“系列企业”这种日本式的所谓“企业集团”，一定程度上是旧财阀企业以新形式“再生”。推动这种“再生”的要素主要有两个方面。一是这些企业之间业已存在的在前财阀中形成的历史联系，包括已经有的一部分交叉持有股份，和一种“父母不在了兄弟姐妹们要相互照应”这样的情感要素。二是由于解散财阀导致的高度分散和不稳定的公司所有权结构，这使经理人们感觉不适，产生构造新的可靠股东基础的要求，而且高度分散的股权结构带来了日本资本市场上的并购活动，迫使经理人们要采取一些可行的反并购和保持公司控制权的措施。

为什么面对股权分散和并购威胁，日本企业走上了交叉持股，而不是像美国企业那样采取一系列的反并购措施？这除了前财阀企业的交叉持股遗产及前财阀成员企业之间的情感联系等软性因素之外，还有法规方面的一些硬性因素。

日本战后于1947年开始实施的反垄断法限制法人相互持股比例，不能超过5%，这使美国公司抵御并购威胁的“白衣骑士”变成了日本公司的“兄弟姐妹众人齐上阵”。公司法禁止企业回购自身股票（对此从1998年开始为了实施股票期权等已经有过几次修改），这使日本企业不能像一些美国企业那样自掏腰包高价赎回敌意并购者所持股票（“绿色邮件敲诈”），而是必须由关系户企业来做。每个企业都持有一个较低比例的“系列企业”内兄弟企业的股份，这样既可避免违反反垄断法，又能够达到股东安定、阻断敌意并购威胁的目的。

让日本公司经理们认识到，企业之间形成交叉持股关系，可以有效地阻击公司袭击者的是1952年发生在一家前三菱财阀下属企业遭遇恶意并购的事件。一位叫作Kyujiro Fujinami的熟悉美式并购操作的日本商人，在收购了Youwa地产公司总计72万流通在外股份中的25万股之后，向Youwa地产公司提出了董事席位要求。Youwa地产战前是一家为三菱财阀企业集团管理地产和不动产的公司。为了帮助“遇难的兄弟”，三菱银行和其他由三菱总裁俱乐部成员掌管的公司共同出资支付“绿色邮件敲诈”，以每股1600日元买回了Kyujiro Fujinami持有的Youwa地产股份，这一价格几乎是此前股价（204日元）的八倍。因为法规限制企业自己回购股份，Youwa地产公司不能自己支付这个“绿色邮件敲诈”。三菱集团内部多家企业每家从Kyujiro Fujinami买一部分，还可以避免触犯反垄断法。

14.3.2 主银行和交叉持股形成的系列企业关系网

交叉持股推动了“系列企业”内成员企业之间一种长期、稳定和封闭性关系的形成与发展。在每一个企业系列内部，不仅仅是核心企业或其主银行，也包括那些普通的成员企业，都持有一定数额的归属于该企业系列的其他企业的股权。这种制度安排，塑造了整个战后日本公司治理结构的发展，可能也是日本式公司所有权和控制方式的一个最为重要和关键的特征。

一个“系列企业”通常由一些共享同样商号和标志的金融机构、贸易公司和产业企业组成。“系列企业”几乎涵盖了一半以上的日本最大200家产业企业和全部重要金融机构。6个最大的“系列企业”是三菱、三井、住友、芙蓉、第一劝银和三和。企业相互之间的交叉持股比例很低（通常在1%到5%之间），但是这种联系很普遍，特别是在“系列企业”之内。

2003年日本公司交叉持股金额结构（%）

		股份发行人			
		银行	企业集团	其他	总计
股份持有人	银行	0.0	2.9	0.1	3.0
	企业集团	1.2	2.3	0.3	3.8
	其他	0.1	0.8	0.0	0.8
	总计	1.3	5.9	0.4	7.6

来源：ニッセイ基礎研究所，2004，“株式持ち合い状況調査”2003年度版。

尽管银行被反垄断法排斥在了证券业务之外，但是他们在战后日本企业集团的形成中发挥了积极作用。家族对财阀的控制，变成了主银行对系列企业的控制。主银行不仅是系列企业集团业务资金的主要提供者，还扮演重要的支撑者角色，特别是在集团内企业陷入财务困境的时候。在战后的大部分时间里，主银行制度是日本最重要的公司控制机制。

与德国情况类似，日本的银行在传统上就与其客户保持着密切的关系。作为工业化的后来者，日本在其整个工业化的进程中形成了一种银行参与公司治理的商业文化。由于反垄断法对银行直接持有非金融企业股权不能超过5%的限制，日本银行在单个企业中所持股份要远远小于德国。但是，因为以国际标准衡量日本企业的债务融资水平非常高，同时向企业提供债权资金的日本银行，要比德国银行具有更为重要的作用。

日本非金融企业的资金来源，每年平均

	1990～1993		1994～1997		1998～2001	
	万亿日元	%	万亿日元	%	万亿日元	%
获取资金总额	86.2	100	53.0	100	37.7	100
内部资金	52.5	60.9	48.1	90.8	43.6	115.6
外部资金	33.7	39.1	4.9	9.2	–5.9	–15.6
新股发行	2.7		2.4		2.1	
债券	2.7		–0.8		–0.7	
银行借款	28.3		3.3		–7.3	

资料来源：Mitsuaki Okabe, 2004, “The Financial System and Corporate Governance in Japan,” Policy and Governance Working Paper Series, Keio University, Japan, No.17。

主银行制度的高峰期是日本从1950年代到1970年代早期的高增长时代。一些经验研究显示，在这一时期中，日本的公司治理主要是通过主银行来实现的，而不是通过股东和债券持有人角色。主银行的监督倾向于改进公司业绩，主银行监督和市场竞争是互补性的。

不过从1980年代开始，日本主银行的公司治理作用就明显下降。一个主要原因就是日本企业的融资方式发生了巨大变化。随着更多的企业偏好通过发行证券融资，银行借款开始减少。另一方面，因为不良资产的巨额增长，银行自身也变得不愿意再扩大其客户企业的信贷规模。

可以说，通过主银行制度和交叉持股形成的关系企业网——“系列企业”，是战后日本企业在其独特的历史、文化遗产和制度条件约束下所“生成”出来的一种在股权分散条件下①保持企业控制权的做法，是公司治理机制方面最为卓越的“日本创造”之一。

14.3.3　现代日本的六大“企业集团”

看一下“系列企业”形式下的现代日本所谓六大“企业集团”的形成和构成，尤其是其中直接起源于财阀并且延续了财阀商号的三菱、三井和住友，可以清楚地看出财阀的制度和文化遗产，尤其是前财阀成员企业经理们相互情感因素在其中的作用。

通常并称的所谓六大“企业集团”，实际上完全是两个类型。如果说三菱、三井和住友属于“父母早亡”之后遗留下来的“亲兄弟”们自然团结在一起的，芙蓉、三和和第一劝银，则属于模仿前者而形成的“结拜兄弟”。

前三井财阀成员企业经理们是在1946年6月，三井家族委员会刚被解散后马上就开始了他们定期的“午餐会”。住友和三菱的财阀成员成立其各自“总裁会”的时间也很早，分别是1949年和1950年。相比之下，芙蓉、三和、第一劝银等“新集团”，则是在日本战后银行主导的经济体制下逐步形成的。三和集团是在1967年由44家企业结盟而成，第一劝银“集团”的形成更晚，是在1977年由48家企业结盟而成。

---

① 我们习惯上笼统地说，英美模式是股权分散而日德模式是股权集中，这并不是一种很准确的说法。事实上，日本是这个世界上除了美国和英国之外，公司股权分散程度第三高的国家。

现代日本的六大“企业集团”

	组织	成员	时间	中心及核心企业
三菱	金曜会	28家	1950	三菱商事、银行、重工和电机；明治生命，旭硝子
三井	二木会	25家	1946	三井物产、不动产和樱花银行；三越，丰田
住友	白水会	20家	1949	住友银行、金属和化工；商社、保险、信托、NEC
芙蓉	芙蓉会	29家	1966	以旧安田系富士银行为中心；多系旧财阀企业
三和	三水会	44家	1967	三和银行；东洋信托、日本生命、东洋建设、帝人
第一劝银	三金会	48家	1977	第一劝业银行；伊藤忠、富士通、川崎制铁

“财阀遗产”成为三菱、三井和住友这三大集团比芙蓉、三和和第一劝银等另外三家凝聚力更强、更像是“一个集团”的根本原因。仅是他们主要核心企业共享来自前财阀、传承了几百年的同一“商号”这一点就是以银行为中心的新集团所不能比的一大优势源泉。而且，在成员构成和组织上，芙蓉、三和和第一劝银等也明显更为松散，主要是以作为其中心的银行的巨额融资为凝聚，与其说是“集团”，不如说是“互助会”或者“俱乐部”。这三家新集团，最多可以说是一种比较松散的金融性的企业战略联盟，各有一家大银行作为战略联盟中心企业。日立制作所同时加入了芙蓉、三和和第一劝银三个集团。这种自身已经成长为日本一个举足轻重的集团性质的企业，它与其所加盟的“集团组织”之间，只是一种友好关系，和更多方面资源的利用行为。

三菱集团

金曜会，每月第二个星期五聚会，日语星期五为“金曜日”。

三菱，可以说是日本的代表，起始于明治时代初期，创始人岩崎弥太郎，起步事业为海运，理念是“三菱与国家共同进步”。三菱起步晚于江户时代开始创业的三井和住友，但在明治、大正和昭和时代，三菱作为日本产业的核心取得了巨大的发展。重化工业是三菱的核心产业。

三井集团

二木会，每月第二个星期四聚会，“木”，日语的星期四为“木曜日”。

三井已经有300多年的历史，始于1673年三井高利在当时称作江户的东京日本桥创办的服装店“越后屋”（三越百货的前身）。1683年创办“两替店”（也就是中国的钱庄或者票号），开始发展金融业务。三井财阀在日本近代产业的兴起中发挥了举足轻重的作用。核心企业包括三井物产、三井不动产和樱花银行三家。三井物产和三菱商事，可以说是日本综合商社的两个代表。丰田汽车、东芝电器和日本制粉等属于三井集团。

住友集团

白水会，住友财阀起源的“泉屋”的“泉”字分拆为“白水”。

大阪是住友集团的“大本营”，住友集团的“三架马车”——住友银行、住友金属工业和住友化学工业等三家最核心的企业都在大阪。

芙蓉集团

芙蓉会。

与三菱、三井和住友比，芙蓉集团比较松散，是由安田、日产、根津、浅野、大仓、大建等旧财阀系企业，以旧安田财阀系的富士银行为中心组合而成的，因此有时又被称为富士集团。集团内核心企业包括：旧安田财阀系的安田火灾海上保险、安田信托银行、昭和海运、东京建物、安田生命保险等；旧日产财阀系的日立制作所、日产汽车和日本油脂等；旧根津财阀系的日清纺、日清制粉、东武铁道和日本精工等；旧浅野系的NKK（粗钢日本第二）和京浜急行电铁等；旧大建财阀系的丸红（综合商社）；旧大仓财阀系的大成建设，等等。

三和集团

三水会，每月第三个星期三聚会，日语星期三为“水曜日”。

三和集团也是一个比较松散的组织。起始于1967年44家成员的结社，以日本网点最多的三和银行为中心。三和银行处于大阪，主要集结了日本关西地区的企业。三和银行诞生于1933年，由三个小银行合并而成。

第一劝银集团

三金会，每月第三个星期五聚会，日语星期五为“金曜日”。

第一劝银集团与芙蓉集团、三和集团一样，主要是以第一劝业银行的巨额融资为凝聚，由48家企业为成员成立三金会而集结起来的。第一劝银集团的集结时间是六大集团中最晚的，1977年。形成三金会以前，有古河电工和富士通的古河三水会，川崎制铁等的川崎睦会，第一劝银、本州制纸等的十五社会，等等。走到一起的过程可谓曲曲折折。第一劝银集团中有伊藤忠商事（最大综合商社）、川崎制铁（薄板领先）、古河电气工业（最大电线厂商）和富士通（最大电脑厂商）等四大企业核心企业。其他核心企业还有日产火灾海上保险、大成火灾海上保险、富国生命保险、朝日生命保险、清水建设、川崎汽船、资生堂、西武百货店、日立制作所、富士电机、王子制纸、旭化成工业、神户制钢所，等等。

14.3.4 走向未来：公众持股公司主导的战略联盟

源自旧财阀的三大集团和以银行中心的三大集团所共同具有的主要特征就是主银行和交叉持股。但是这两个曾被作为其优势源泉的战后日本企业体制的主要特征，在日本高速增长时代结束和泡沫经济崩溃之后，都受到了普遍的诟病。这种诟病并不仅仅是来自美国，在日本企业内部，也形成了一股强大的反思和自主改革力量。正是因为缺少股东主权的约束和在银行的大力支持下，日本企业大量投资，大量购买地产和股票，吹起了地产和股票两大泡沫，既葬送了持续几十年的高增长，也带来了十几年的“迷失”和艰巨痛苦的调整。金融业失败、制造业保持胜利，这是很清楚的战后“日本模式”的结局。

事实上，我们以前所熟悉，甚至津津乐道意欲模仿的那些战后日本企业的传统体制特征，从主银行、安定股东、交叉持股到终身雇佣等，无一不在逐步地减弱和消解，以金字塔结构和交叉持股为特征的日本企业的高度集团化特征已经是过去时。

从1987年到2003年间，股权被交叉持有的日本企业比例从93%下降到了83%，也就是已经有接近20%的公司不存在交叉持股现象。交叉持股所占的企业股份比例更是大幅度的下降，银行通过交叉持股持有的企业股份比例从6.70%降到2.99%，产业公司通过交叉持股持有的企业股份比例从10.67%降到了3.76%。与此同时，安定股份占全部企业股份的比例也在大幅度并逐年地下降。1987年到2003年之间，日本企业总的安定股份所占比例从45.8%降到24.3%，也就是说日本企业平均已经有四分之三以上的股份不再是“安定”的了。尤其是金融机构，为了从过度扩张所带来的困境中解脱出来，大量出售所持企业股份，其所持有的安定股份所占比例已经从31.3%大幅度下降到了13.9%。相比之下，产业公司所持有的安定股份比例下降幅度比较小，只是从14.4%下降到10.3%。

也许现在就断言日本以银行为中心、通过交叉持股所形成的“系列企业”制度或说“关系企业网”已经宣告破败，还为时尚早，但是可以肯定的一点是，相比日本泡沫经济崩溃之前那段时间来说，银行在日本经济和企业系统中的地位与作用都在下降。

从制造业中成长起来的那些新兴大型国际化的日本集团企业，已经不再主要依赖银行融资，而是走上了全球资本市场，通过全球发股、发债来融资，并且由此成长为新型的日本企业集团。日立、丰田、索尼以及东芝、佳能、富士通等这些势力日益强大的日本集团企业，其运作模式已经完全不同于旧式财阀企业，也不同于经典的日本系列关联企业模式。以至一些日本学者认为研究这些国际化大公司的治理结构已经不能算是研究“日本的公司治理”问题了。这是我在日本亚洲经济研究所作“日本公司治理”研究项目的开题报告时，因为我计划研究的案例是这些国际化大企业而受到的最主要的一个责难。

1910年开始创业、1920年正式设立的日立制作所，是原属旧日产财阀系的企业。日产财阀形成的时间比较晚，与其他日本财阀有一个最大的不同点，就是从其开始就没有一个主导性的家族，起步就不是家族企业。近年来，日立的改革步伐很大，日立系统在全球有近20家上市公司，已经整齐划一地按照2003年日本修正公司法转变为了外部董事占三分之一以上的“委员会制公司”。日立制作所自身也是上市公司，并且是在全球主要市场均上市。日立制作所上市的交易所包括日本国外的5个——卢森堡、法兰克福、阿姆斯特丹、巴黎和纽约和日本国内的5个——东京、大阪、名古屋、福冈和札幌，共计在10个交易所有股票挂牌。日立股东总人数达41万，外国人持有其股权30%以上。

丰田汽车在日本国内的5个交易所和海外的纽约和伦敦2个交易所上市，股东总数34万人。作为日本“国际化”迈得最快、国际化程度最高的企业，索尼的股东基础就更为广泛了，在日本国内5个交易所上市，海外在纽约、太平洋、芝加哥、多伦多、伦敦、巴黎、法兰克福、杜塞尔多夫（诗人海涅的故乡）、布鲁塞尔、维也纳和苏黎世等11个交易所上市，股东总人数83万。

根据东京证券交易所发布的《东证上市公司治理白皮书2015》，在截至2014年7月14日的全部3114家东京证券交易所上市公司中，只有9.0%的公司第一大股东持股比例在50%以上，高达56.2%的公司第一大股东持股比例不足20%。11.4%的东证上市公司有母公司，7.0%的东证上市公司有控制性股东但无母公司，余下81.6%的东证上市公司无控制性股东。65.7%的东证上市公司子公司数量不足10个，只有2.7%的东证上市公司子公司数量超过了100个。

从传统的财阀企业，经过系列企业，走到目前的新型国际化企业阶段，因时而变的日本企业集团模式背后，可以发现日本拥有一个具有高度灵活性和适应性的公司治理系统，并且可能是这个世界上最有灵活性和适应性的一个。从二战前到二战后，从高增长时代到长期的停滞和现时代，日本的“企业集团”模式和公司治理景观已经随着时代而发生了根本性的改变。从家族控制到政府控制和银行控制，从股东控制到经理和雇员控制再到向股东控制的回归，从集中所有权到交叉持股再到分散的公众持股，日本在不同类型的“企业集团”和公司治理结构基础上都取得了卓越的商业和经济成就。

日本企业集团的三个时代与三种类型——财阀企业，系列企业，新型企业

	财阀企业	系列企业	新型企业
兴盛期	明治维新～1945年	1946年～2002年	2003年～
所有权	家族持有	交叉和稳定持有	公众持有
融资	自我融资	银行贷款	股票和债券发行
控制	创始家族	主银行和经理人	资本市场
结构	控股公司	公众公司	公众公司

续表

	财阀企业	系列企业	新型企业
董事会	家族委员会	内部人、大型董事会	外部人、小型董事会
雇员	家族导向	终生雇佣	市场驱动
目标	利润和家族财富	增长和雇员福利	股东价值

资料来源：Zhongjiyin, 2005, The Japanese Corporate Governance and Its Reform, VRF series 405, Institute of Developing Economy, Japan。

14.4 日本方式公司治理：股东、董监事与高管激励

14.4.1 日本公司治理中股东与员工角色的转变

（1）日本公司股权结构、股东构成和股东角色的变化

根据日本学者青木昌彦的理论模型，日本企业是股东和员工之间的一种联盟，而经理人居间协调和整合以尽可能平衡二者之间的利益。经理人位居日本公司治理的中心，这源起于日本战争时期政府废除了股东的权力，将公司置于政府计划的控制之下。战后又通过交叉与稳定的持股结构和终身雇佣制而得到强化。

但是，自高增长时代结束之后，日本的公司治理景观已经开始改变。从1990年代早期泡沫经济崩溃开始，股价的长期持续下降导致上市公司相互交叉持有和长期稳定持有的股份比例都显著下降。

伴随所有权结构的变化，股东结构也发生了改变。2003年商业银行持有上市公司股票的比例下降到了7.7%，而在1996年时该比例还高达15.1%。2003年，个人投资者持股比例上升到了20.6%，成为了比商业银行更为重要的股票持有者。外国投资者持股比例上升到了17.4%，并且呈现一种逐年增加的趋势。在个人和外国投资者持股比例提升的同时，产业公司的持股比例则从1991年的30%下降到了2003年的21.5%。

日本上市公司股份的持有者结构变化（%）

股东	1991	1996	2003	2003–1991
金融机构	43.0	41.1	39.1	–3.9
商业银行	15.7	15.1	7.7	–8.0
信托银行	9.8	10.3	21.4	11.6
人寿保险公司	12.0	11.1	6.7	–5.3
其他金融机构	5.5	4.6	3.3	–2.2
证券公司	1.7	1.4	0.9	–0.8
产业公司	30.1	27.2	21.5	–8.6
日本居民	20.4	19.4	20.6	0.2
外国人	4.7	10.5	17.4	12.7
政府	0.3	0.3	0.2	–0.1

资料来源：Hugh Patrick, 2004, “Evolving Corporate Governance in Japan,” Working Paper No.220, Working Paper Series, Center on Japanese Economy and Business, Columbia Business School, February 2004。

导致这一变化的一个重要原因是日本的银行和保险公司为了重建其资本基础和消除坏账，以及获取现金投入一些效益更高领域，大量出售一些业绩不良公司的股票。会计准则的改变，要求日本公司以市场价格替代购买价格计量其所持股票的价值，也是一个重要的原因。1990年代中期开始，日本的会计准则发生了很多改变，以市价计量金融资产是从2001年开始的。新的会计准则提高了管理的透明性，促使日本企业重组和卖掉其不良资产，他们已经不能继续对不良资产通过将其转移到关联公司中这类手法来进行隐藏。

（2）股东诉讼：日本公司股东已经不再安定

随着日本公司所有权结构和股东构成的变化，股东的影响力开始逐渐提高。从各个方面我们可以明显地观察到，交叉持股、安定股东和主银行系统等作为日本公司治理机制作用的持续下降，也同样可以观察到各种类型股东的影响力的持续上升，特别是来自个人投资者、机构投资者、外国投资者和中小股东的影响力在持续上升。

日本公司法——商法的修改，为加强股东直接和间接控制日本公司管理提供了一种重要的驱动力量。随着过去十几年来的一系列修改，日本公司法已经对积极的股东监控活动更为支持。1990年代加强股东权利的一个重要步骤是关于股东诉讼费用的一项法律修改。直到1993年日本法院对股东衍生诉讼是按索赔金额的比例收取立案费。1993年开始改变为按8200日元（约600元人民币）的固定费用收取，这扫除了股东通过衍生诉讼监控公司的主要障碍。在同一次法律修正中，还把有权检查公司账目所要求的股东最低持股比例从以前的10%调低到3%。从1950年到1990年的四十年间日本公司股东总计只提出了约20起衍生诉讼案件，而在1991到2000年间，有至少494起股东诉讼案件。

大和银行案是日本股东诉讼董事对公司承担法律责任的一个历史性的案例。大和银行纽约分行在美国国库券交易上损失11亿美元并被逐出美国金融市场，是1990年代后期最大的日本银行失败案之一。大和银行的股东起诉了公司11位现任和前任董事，控告他们失职，没有发现和向美国监管机构报告纽约分行未经授权的大笔交易，导致公司最后承受了将近15亿美元的交易损失和罚款。大阪地区法院判决董事失职，命被诉董事们赔偿7.75亿美元的损失。通过这一判例，以及在其他一些股东衍生诉讼案件中的决定，法院帮助教育经理人们有关尊重股东的合适行为。

（3）机构投资者和外部股东的影响日渐增强

就公司治理来说，日本国内的机构投资者传统上不起什么重要作用。但是，这也处于改变之中，因为机构投资者自身面临着来自他们的那些组合投资者的要求更高财务回报的压力。日本生命保险公司已经表示，为了得到更高的投资收益，他们将更多地关注他们是大股东的那些大企业的公司治理问题。日本公司养老基金协会发布了其治理指引，要求基金经理们在行使其股东权力的时候要评估信息披露、股利政策和公司治理情况。为此，对基金经理业绩的评估，也将在评估其财务业绩的同时，评估其在行使股东权力方面的表现。

外国机构投资者已经成为日本资本市场上的一个日益重要的角色。他们积极地参与公司股东大会，他们的影响力已经在市场上显现。与典型的安静的日本股东相比，他们代表着一种更为挑剔和更有批判眼光的股东基础。在全球最有影响力的公司治理专业服务机构——美国机构投资者服务公司的公司治理评价排名上，居于前列的日本公司都有一个共同的特征：高比例的外国所有权。而且，机构投资者服务公司自身，及其在日本设立的分支机构，对日本的机构投资者和专业的公司治理服务提供者如日本公司治理指数集团等，也有很显著的“示范效应”。

学术界一些严谨的经验研究成果也显示，直接融资比例的提高，交叉持股的消解和资本市场上外国投资者的进入，是日本企业改善公司治理和约束经理人的必要条件。1990年以后，外部大股东在公司治理上发挥了越来越大的作用，大股东的监控提升了公司的业绩。在这些大股东中，外国股东对日本企业业绩的影响十分明显，而那些传统的长期持有并稳定的股东如金融机构等，并没有显著改进日本企业的业绩。

（4）日本公司治理中员工角色的转变

股东地位的上升已经开始对传统日本公司治理中较强的员工角色构成了挑战。

与德国类似，员工是日本公司中非常重要的利益相关者。日本公司员工在有关工资和工作方式等范围很广的一系列公司事务中有重要影响。但是与德国及其他许多员工参与治理较深的国家不同，日本员工的角色不是由法律来硬性规定的。日本和美国、英国一样，没有任何正式和法定的参与公司管理的权利。日本员工没有任命董事会成员的权力，没有法定的工作委员会，也没有参与公司管理的宪法权利。

经济合作与发展组织成员各国公司员工参与公司治理的形式

国家	员工任命董事	法定的员工委员会	员工参与管理的宪法规定	国家	员工任命董事	法定的员工委员会	员工参与管理的宪法规定
澳大利亚	否	无	无	韩国	否	有	无
奥地利	是	有	无	墨西哥	否	无	无
比利时	否	有	无	荷兰*	否	有	无
加拿大	否	无	无	新西兰	否	无	宪法权利
捷克	是	无	无	挪威	是	无	无
丹麦	是	有	无	波兰	否	无	无
芬兰	否	有	宪法权利	葡萄牙	否	有	无
法国	否	有	无	斯洛伐克	否	无	无
德国	是	有	无	西班牙	否	有	无
希腊	否	有	无	瑞典	是	无	无
匈牙利	否	有	无	瑞士	否	无	无

续表

国家	员工任命董事	法定的员工委员会	员工参与管理的宪法规定	国家	员工任命董事	法定的员工委员会	员工参与管理的宪法规定
爱尔兰	否	无	宪法权利	土耳其	否	无	无
意大利	否	无	无	英国	否	无	无
日本	否	无	无	美国	否	无	无

注：*在荷兰，如果一项新的法案在上议院获得通过，员工将能够提名1/3的监督董事会。员工有权任命财政部持有股权的公司的董事会成员。国有企业必须建立员工委员会。

资料来源：资料来源：OECD, Survey of Corporate governance developments in OECD Countries。

日本企业中员工的较强作用，与日本以家为中心的文化传统密切相关，是在日本模式的管理实践中逐步形成的。日本管理模式的一个最重要特征是大型日本公司中基于终身雇佣制和年工序列制，主要从雇员中任命董事和经理。“终身雇佣制”是日本经济中非常著名的一个概念，是构成战后日本公司治理系统的一个重要方面。不过根据青木昌彦的观点，把日本企业与其雇员之间的稳定关系界定为“长期雇佣”，要比“终身雇佣”更为准确。而且这种长期雇佣只是存在于大企业中较高位置的男性雇员中，并不适用于绝大多数的普通员工。

传统上日本企业的目标不同于西方国家。西方国家公司的目标主要是为股东创造利润。日本公司中，一般把员工的需要放在优于股东的位置。但是事情正在发生改变。有很多因素影响日本公司中的长期雇佣做法。服务部门重要性的持续提高，劳动者构成的改变，主要是高龄和妇女就业的增加，带来了对弹性工作时间的需求。

另一方面，这些年来，来自股票市场的压力，已经迫使一些企业重构他们劳动关系。如果日本的不景气持续下去，将会出现不可逆转的终身雇佣制的衰落。持续的不景气产生了雇员和股东之间的零和状态，与非常紧张的冲突性关系。股东不能继续容忍企业把雇员作为剩余索取者对待。很多日本公司已经引入了像经济增加值（EVA）这类股东价值管理工具来衡量他们的业绩。

14.4.2　日本公司的董事会与监事制度

有关日本公司治理的绝大多数文献都将重点放在了主银行、终身雇佣和交叉持股等外部治理机制上，但是公司治理的日本特色在其内部治理机制上也有其明显的表现，特别是在董事会结构和经理人员激励机制方面。

（1）日本公司董事会和监事制度的基本构造

根据商法规定，传统的日本公司董事会制度由董事会（取缔役会）和公司监事（监查役）体系构成。公司董事和监事均由股东大会选举。董事的任期两年，监事的任期三年（2003年6月以后选出的监事任期四年），均可连任。

董事会选举一名或者多名代表董事（代表取缔役），代表董事可以代表公司，类似于中国公司的法定代表人。日本公司董事会拥有管理公司事务的最终权利，这一点与英美公司董事会相同。董事会负责做出公司管理决策，代表董事负责执行董事会的决策。董事会可以选出一名董事长（会长），一名总裁（社长），一名或多名副董事长（副会长）、执行副总裁（副社长）和高级管理董事（常务取缔役）。

日本的公司监事（监查役）对董事们管理公司事务的行为负有监督职责。监事有义务检查公司财务和经营报告。公司监事要出席公司董事会会议，但是没有投票权。股份有限公司必须拥有至少三名监事，监事们组成公司监事会（监查役会）。公司监事会负责制定公司审计政策和调查公司经营与资产情况的方法。公司监事会还要准备公司监事报告，批准公司监事和会计师事务所的提名。

（2）日本公司董事会与美国及德国之间的异同

我们可以从日本的公司董事会和监事体系中看到德国和美国两种模式的痕迹。在独立存在这一形式和作为一种与董事会相区别的公司机关设置这一点来看，日本公司的监事体系类似于德国的监督董事会，但是与德国模式不同的是，日本公司的监事并不负有管理决策责任，也没有权力任命和解聘公司董事和经理。实践中，由于日本公司频繁地设置公司董事会的非正式下属机构而形成了一个内部董事和外部成员混合的董事会结构，并且日本公司董事会负有管理决策责任，这些在一定程度上又表现出了英美单层董事会系统的特性。

日本商法只要求公司董事数量不少于三人，这一点与美国类似（特拉华州公司法是不少于一人）。但在实践中，日本公司的董事会演变成了一种与美国公司董事会完全不同的模式。几乎所有日本公司董事和监事都是内部人员，其中绝大多数又是公司职员。董事和监事头衔经常被用作对优秀职员的奖励。董事和监事都倾向于待在一个公司很长时间并且很少改变。这些做法导致董事会规模的膨胀和权力的平衡向着更有利于高级经理的方向倾斜。董事会的基本目标是追求增长和稳定，而不是利润最大化，更不是股东价值。

1029家东京证券交易所主板上市日本企业的董事会结构，1985

	董事会人数			执行董事人数		
	最小值	平均值	最大值	最小值	平均值	最大值
董事会总体	6	19.49	54	1	7.91	32
前银行家	0	1.08	23	0	0.54	6
前其他企业	0	1.83	15	0	0.98	8
前政府官员	0	0.53	11	0	0.30	8
现银行家	0	0.22	6	0	0.01	2
现其他企业	0	1.06	11	0	0.12	6

资料来源：Yoshiro Miwa and J. Mark Ramseyer, 2002， "Who Appoints Them, What Do They Do? Evidence on Outside Directors from Japan," Harvard Law School, Discussion Paper No. 374. 07/2002。

丰田、本田和索尼的董事会结构变化，1966–2004

	1966	1981	1995	1996	2004
丰田	18	35	60	55	27
本田	11	32	37	38	36
索尼	14	27	41	38	16

资料来源：Zhongjiyin,2005，*The Japanese Corporate Governance and Its Reform*, VRF series 405, Institute of Developing Economy, Japan。

（3）日本公司的董事会：形式不佳，实质有效

从国际标准来看，尤其是西方国家，通常把董事会的独立性看作是良好公司治理的一个最重要的要素，日本的公司董事会系统表现实在是太差了，在公司治理中没有任何积极作用。根据一家从1996年开始每年进行公司治理调查的专业机构——戴维斯全球顾问的公司治理指数衡量，在调查所涵盖的英国、美国、法国、德国、比利时、荷兰和日本等七国之中，日本一直处在倒数第一名。在10分制的董事会独立性评价方面，英国和美国通常以5分到6分居于领先地位，法国和德国处于3分到4分的范围，而日本通常都是0分。

但是在实际运行中，日本公司董事会是对公司业绩高度负责的。对于日本

公司董事来说，如果所负责的业务领域发展低于预期，常常会辞职。虽然日本公司董事会中外部成员的数量非常少，但他们却是日本系统中很有效的公司治理机制。科普兰和明顿（Kaplan and Minton, 1994）的一项研究表明，以股票回报、运营业绩和销售增长来衡量，日本公司中外部董事的任命，稳定和温和地提高了公司绩效。不管怎么说，这样的结果是好于英美公司中独立董事增加与公司绩效之间呈现不确定性关系的结果的。

14.4.3 日本公司高管人员的薪酬激励

（1）日本公司高管薪酬决定的基本规则

根据日本商法的规定，除非公司章程中已经做出了有关规定，日本公司支付给全体董事和全体监事的报酬总额要由股东大会决议来决定。这一报酬总额在每个董事之间的分配一般授权给公司董事会决定，监事之间的报酬分配则由监事们相互商讨决定（日本中小型公司有监事而没有监事会）。

日本公司高管人员的报酬一般由月薪、董事人员的年度奖金和经理人员的绩效挂钩奖金构成。董事人员的报酬一般是固定的，而经理人员的绩效挂钩奖金则是根据公司及个人的业绩来决定的。此外，根据日本企业的惯例，董事和监事退休时会得到一笔一次性的退休费。给予董事监事退休费的议案由股东大会批准，具体金额则由董事会和监事会确定。退休费金额一般根据退休人退休时的职位，作为公司董事或监事的服务年限，以及其对公司业绩的贡献来决定。

（2）日本公司股权激励工具的采用

从公司治理的角度看，有关高管人员薪酬的关注焦点是，高管人员薪酬在多大程度上是与公司业绩相关的，并通过这种相关性来使高管人员和股东的利益趋向一致。国际上最为常见的绩效挂钩高管薪酬方式就是股票薪酬，如受限股票、股票期权和长期现金计划，等等。从20世纪90年代后期开始，股票期权这类美国风格的高管人员激励方式开始逐渐被引入日本。一些日本公司在1997年日本商法改革使股票期权合法化之后开始授予高管人员股票期权。此前的日本商法与中国公司法一样禁止公司回购股票，从而因没有合适的股票来源而无法实施真正规范的股票期权。以股票期权作为一种激励手段来提升企业价值的做法受到了越来越多的日本企业欢迎。甚至像丰田汽车这样一些比较保守的、以传统的终身雇佣和年功序列制为荣的大企业，也开始引进股票期权和其他一些与绩效挂钩拉开薪酬差距的激励机制。

股票期权为公司薪酬机制创新提供了新的空间和灵活性。通过使高管人员和股东之间的利益一致化，股票期权也有助于提高股东对公司的监控水平。调查显示，1997年从零起步，到2001年就已经有463家日本上市公司向其高管人员发出了股票期权，约占日本全部上市公司的六分之一。但是日本公司的高管人员薪酬系统还是以现金支付为主导方式，日本公司仍然面临着一些传统观念的阻碍，不愿意像西方企业那样给予高管人员非常优厚的酬劳。

实际上，日本公司董事会比美国公司董事会在股票期权计划方面享有更大的自主权。在纽约股票交易所上市的公司实施任何种类的股票报酬计划，都必须获得股东的批准。而根据日本商法，公司实施股票薪酬计划的时候，如果其计划中的股票购买权利是以非常优惠的条件授予接受人的，除非该项股票购买权利同时授予了所有的股东，则必须获得股东大会上绝对多数同意的批准。该项批准只能适用于自批准日开始一年之内授出的股票购买权利。除此之外，日本公司的股票购买权利可以无需股东批准而以董事会决定的执行价格发售给任何人。

（3）日本公司高管薪酬的披露及其激励效果

既然无人知道酬劳公司董事和经理人员的最佳方式和最适金额，很多公司治理专家和机构投资者相信充分和翔实的高管人员薪酬信息披露是公司监察和良好治理的关键要素。随着商法的修改，一些日本公司从2002年开始披露其高管人员的薪酬总额和一揽子退休计划。根据日本新修改商法的规定，如果一家公司修改其章程以赋予董事会降低有关董事因股东诉讼而承担损失的责任限额的话，则需要在其财务报告中披露总体的高管人员薪酬情况。

与此同时，随着外国投资者和日本国内个人投资者的增加，来自资本市场上对高管人员薪酬信息披露的压力也在增长。人们期望更多的公司披露其给予高管人员的薪酬总额，但是还不知道这些公司何时能够开始披露其付给每一位董事个人的报酬金额。到目前为止，只有极少数的日本公司披露了其付给每位董事个人的报酬金额。不过已经出现了朝着这一方向转变的迹象。在2002年的索尼公司股东大会上，有27%股权比例的股东投票赞成披露每一位董事的报酬。但是索尼公司董事会拒绝了这么做。以美国的公司治理标准来看，这显示了日本公司健全公司治理还有很长的路要走。

无论如何，从实践层面来看，日本公司的高管人员激励系统是发挥作用的，并且有其自身的效果。凯普兰比较研究了日本和美国的公司高管人员报酬，其结论是这两个国家的公司高管人员报酬都与其公司股票绩效和当前现金流呈现正向相关关系①。这种相关关系的强度在两国公司之间相当类似，尽管美国公司高管人员要比日本公司高管人员拥有更多的股票和股票期权，并且日本公司高管人员与其美国同行相比，对公司收益降低更为敏感，而对公司股票绩效敏感度较低。铃木的研究证实，从20世纪90年代后期开始，日本公司高管人员持股发挥了激励作用，并且股票期权对公司业绩的影响在统计上是很显著的②。

14.5 丰田伟业：创立与传承

丰田家族四代人，先后在纺织和汽车两个产业里创立伟业，实现了家族事业的成功转型和持续辉煌。丰田佐吉，位列日本十大发明家之一、入选日本小学教材的发明大王，发明自动织机，缔造丰田纺织帝国，助推日本纺织业超越英国。佐吉之子丰田喜一郎，创建丰田自动织机公司汽车部，缔造丰田汽车公司，随后三代丰田家族人引领日本汽车产业比肩美国、称雄世界。

---

① Kaplan, Steven, 1994, "Top Executive Rewards and Firm Performance: A Comparison of Japan and the U.S.," Journal of Political Economy, Volume 102, No.3, 510–546.

② Hirotsugu Sakai and Hitoshi Asaoka, 2003, "The Japanese Corporate Governance System and Firm Performance: Toward Sustainable Growth," Research Center for Policy and Economy, Mitsubishi Research Institute, Inc.

14.5.1 发明大王丰田佐吉

丰田佐吉，1867年出生于静冈县的一个乡村木匠家庭，从小随父做些木匠活儿，并进一步跟丰桥的一位著名木匠学艺。1885年日本颁布了新专利法，不安分的丰田佐吉开始一心搞点儿发明创造。1890年参观了东京国际工业展览会后，丰田佐吉更坚定了自己的决心。静冈县盛产棉花，每家农户都有手摇纺织机。从东京回家后不久，丰田佐吉发明了自己的第一个产品，一种能够提高布匹质量和生产能力的手动织机，并于1891年获得专利。丰田佐吉在东京开设一家纺织公司，试图出售其织机。但是小型纺织企业买不起丰田佐吉这种比传统手摇织机昂贵的新型织机，大型纺织公司又多选择更为昂贵和进口的电动织机。

1893年，26岁的丰田佐吉决定要搞出自己的电动织机，于是他关闭了东京的纺织公司，回到家乡静冈县并成了家。1894年，儿子丰田喜一郎（1894.11.06–1952.03.27）出生，并发明出了可以利用外部动力驱动的自动回线织布机。丰田佐吉却遭遇了婚变，随后他搬到了当时日本的工业中心之一的名古屋附近居住。1895年，丰田佐吉在名古屋设立丰田公司，销售自己发明的织机。1897年进一步设计制造出来了“丰田式木制动力织布机”后，丰田佐吉与爱知县的一位纺织企业家石川藤八共同投资设立了“乙川棉布合资公司”。

1899年三井公司看上了丰田佐吉的发明，买断了这种织机的10年专营权，并在名古屋设立了专门生产这种丰田式织机的公司，聘丰田佐吉为总工程师。但是因为随后日本纺织业的萎缩影响织机的生意，公司砍掉了研究经费。1902年，丰田佐吉失望地辞职了，回去继续打理自己的丰田公司。1907年，在三井公司的要求之下，丰田佐吉解散了自己的丰田公司，加入三井公司主导投资、总资本为100万日元的“丰田织机公司”。但是，又因经济萧条，丰田佐吉希望保留大量研究经费而与其他投资者发生冲突，于1910年辞去了公司职务。

对外来资本失望后的丰田佐吉，到欧洲和美国游历和考察了一番之后，大大增强了对自己发明的织机的信心，回到名古屋后用自有资金创建了“丰田自动纺织公司”。丰田佐吉与三井公司的合作不欢而散，但却与三井公司驻名古屋办事处的经理儿玉成为朋友，儿玉协助建立了丰田自动纺织公司的纺纱厂。

为了加强与儿玉的关系，丰田佐吉将女儿爱子嫁给了儿玉的弟弟利三郎，并随后将利三郎招为“养子”，改姓丰田。养子丰田利三郎年长丰田喜一郎10岁，成为长子和继承人。这一安排，也许是使丰田喜一郎要孤注一掷搞汽车的原因之一。

丰田利三郎是个老于事故的生意人，在他的协助下，及借助第一次世界大战带来的日本纺织业繁荣机遇，丰田自动纺织公司的业务发展很快，并于1918年更名为“丰田棉纱纺织公司”，公司资本达到500万日元。丰田佐吉任总裁，丰田利三郎为经营主管，丰田喜一郎为公司技术人员。丰田喜一郎也有极高的发明天赋，和丰田佐吉一起持续改进丰田织机，他们于1925年完善了自己的全自动织机，并能实现批量生产。1926年丰田佐吉又以100万日元成立了“丰田自动织机公司。”1927年丰田自动织机公司推出的丰田G型自动织机，一名工人可以同时操作25台这种全自动织机。

1929年，丰田佐吉与当时已经占据世界纺织机械霸主地位70年之久的英国普拉特兄弟公司签订了一项授权协议，以10万英镑的费用许可普拉特兄弟公司在日本、中国和美国之外的市场上生产和销售丰田G型自动织机。这时，丰田佐吉已经由其织机的发明，创建起来了一个丰田“企业集团”：丰田棉纱纺织公司、丰田自动织机公司和上海丰田棉纱纺织公司，以及在棉纱纺织和自动织机两大公司周围的几个棉纱、织布和印染工厂。1930年，按资产规模排名，丰田棉纱纺织公司居日本第103位大企业位置，丰田自动织机公司居第191位。

1930年10月30日，63岁的丰田佐吉死于肺炎。1937年，丰田佐吉以“发明大王”身份进入日本小学课本。1985年，日本新专利法颁布100年之际，日本专利局确认，丰田佐吉是日本历史上最重要的十大发明家之一。丰田佐吉的自动织机帮助日本实现了其历史上第一次经济奇迹的一种重要部分：在纺织领域战胜了此前的霸主英国。1930年代末，日本占世界棉纺制品出口市场总额的39%，英国则从其1910年代的70%下降到了27%。

14.5.2 丰田汽车创始人丰田喜一郎

丰田佐吉在去世前对他的亲生儿子丰田喜一郎交代，“自动织机的研制是我毕生的事业。开头我一无所有，只有几个想法和一双手。你也应该有自己的毕生事业。我相信汽车制造事业值得一试。汽车在未来将是不可或缺的。为什么不能把汽车研制变成你毕生的事业呢？”（《现代资本主义——三次工业革命的成功者》第452页）。丰田佐吉的纺织和织机企业由丰田利三郎继承和管理，但他把普拉特公司付给的10万英镑（当时值100万日元）专利费交给了丰田喜一郎，这笔种子资金为丰田汽车奠下了第一块基石。

丰田喜一郎1920年毕业于东京帝国大学，获机械工程学位。1930年3月，占用丰田自动织机公司的一角，开始研制汽车。到1933年，丰田佐吉给的100万日元已经用尽。丰田喜一郎认为制造汽车的时机已经成熟，向丰田利三郎提出资金要求。最初遭到丰田利三郎的拒绝，但最后还是达成了一致。1933年底，丰田自动织机公司成立了汽车部。随后1934年和1935年，丰田自动织机公司的股东两次投票决定扩大公司股本，先是从100万日元扩大到了300万日元，又从300万日元扩大到了600万日元，新资金主要用于汽车部。

1935年5月，丰田自动织机公司的汽车部制造出了其A1型轿车的原型车。但是当时日本市场（主要是军方）需要的是卡车，于是丰田喜一郎决定以其A1型轿车发动机为基础，试制G1型卡车。1936年11月14日，丰田自动织机公司被日本通产省批准为正式注册的汽车制造商。1937年8月28日，丰田自动织机公司把汽车部独立出来，组建成立了丰田汽车公司。公司总资本1200万日元，有26位股东，包括家族成员、公司管理层人员以及三井公司。丰田利三郎出任丰田汽车公司首任总裁，丰田喜一郎以执行副总裁身份实际负责丰田汽车公司的管理工作。到1941年时，丰田利三郎改任丰田汽车公司的董事长，创始人和实际负责人丰田喜一郎正式出任公司总裁。

由于日本侵华战争，政府采购使丰田汽车公司一开始就盈利颇丰，并因此吸引来一些大型金融机构和贸易公司的资金投入。第二次世界大战期间，日本纺织业衰落，日本政府强制纺织公司合并，丰田纺织公司与其他公司合并后生产飞机配件，并于1943年被丰田汽车公司吞并。“丰田集团”由纺织和织机主导，转变为了汽车主导。二战结束之后，丰田汽车公司已经具有相当规模，拥有6个生产厂，并拥有丰田自动织机、丰田钢铁（1934年丰田自动织机成立的钢铁部，1940年独立成公司）、丰田机械（1941年由1937年时公司内部设立的机械工具厂独立成公司）和东海航空器材公司（1943年与川崎航空器材公司合资成立的）以及丰田物理化学研究所等一批关联和附属公司。但是丰田很幸运没有遭遇日本财阀企业同样的解散命运。占领军当局只是迫使丰田家族出售了家族成员持有的大量丰田股份，没有禁止家族人员担任丰田汽车公司的高管职务，丰田喜一郎继续领导丰田汽车公司。

1945年到1950年的日本战后经济萧条，终使丰田汽车公司于1949年底陷入困境。1950年初，日本银行名古屋分行出面组织银团贷款拯救丰田汽车公司，条件是要求公司裁员，并将销售部门变为独立的销售公司。由于自感愧对被要求“自愿退休”、占员工总数26%的2146名员工，丰田喜一郎“引咎”辞职。丰田喜一郎请当时任丰田自动织机公司总裁的石田退三出任了丰田汽车公司总裁，三井银行则调派了中川文夫任专务，协助石田退三工作。这个时候，“好运”再次降临丰田，朝鲜战争爆发，美军从丰田订购大量卡车，使丰田迅速扭亏为盈。

1950年，丰田汽车公司创始人丰田喜一郎辞职、请石田退三出任总裁有两方面原因，一是对公司裁员负责，二是为了增强银行的信心，当时实际有默契，就是等局势好转之后，仍由丰田喜一郎担任丰田汽车公司总裁。1952年3月27日，正准备要重新上任丰田汽车公司总裁、年仅57岁的丰田喜一郎却因脑出血突然去世。两个多月后的6月3日，68岁的丰田利三郎也去世了。这时候的丰田汽车公司，还只是生产卡车，丰田轿车梦要等后人来实现了。

14.5.3 丰田汽车公司的管理层传递

丰田家族只持有2%左右的丰田股份，与菲亚特和福特等相比，丰田汽车创始人家族对企业的控制要弱一些。从丰田汽车的管理层传递过程来看，丰田家族人员对丰田汽车公司一直以来也都有着重要的影响，但是按资历和能者上的机制要更明显一些。

1952年，在丰田汽车转危为安、蒸蒸日上之时，丰田喜一郎和丰田利三郎相继去世，本想还权于丰田喜一郎的石田退三只好继续担任丰田汽车公司的总裁。此时，丰田喜一郎的长子、1925年出生、1947年毕业于名古屋大学工学部丰田章一郎，刚刚加入丰田汽车公司工作。在丰田汽车里的主要家族成员是丰田英二。丰田英二是丰田佐吉的侄子，1913年出生，东京帝国大学工学部机械制造专业毕业后，接受丰田喜一郎邀请，进了丰田自动织机公司工作，受命在东京的芝浦“建立汽车研究所”，几乎可以说是丰田汽车事业的共同创始人。

继丰田利三郎和丰田喜一郎之后担任担任丰田公司第三任总裁的石田退三在位11年，期间丰田推出了非常成功的皇冠和花冠等车型。1961年石田退三退休，但是当时一直担任执行副总裁的丰田英二还只有48岁，因此丰田汽车公司第四任总裁的职位落到了另一位执行副总裁、1950年由三井银行派过来监管财务的中川文夫身上。1967年中川文夫去世，54岁的丰田英二出任了丰田汽车公司的第五任总裁。在丰田英二领导的15年里，丰田汽车公司一路高歌猛进，开拓美国市场并进而走向全球。1980年日本一举超过美国，成为世界最大的汽车生产国，丰田家族又在日本这次经济奇迹中发挥了关键作用。

1982年7月1日，1950年在银行的要求之下分离出去的丰田汽车销售公司，重新合并到了丰田汽车公司中，丰田英二“功成身退”，卸去社长的职务，改任董事长。接替丰田英二出任丰田汽车公司第六任总裁职务的是丰田章一郎，丰田佐吉的孙子、丰田喜一郎的长子，出生于1925年，1947年9月毕业于名古屋大学工学部， 1952年加入丰田汽车公司。丰田章一郎领导下的10年，丰田汽车公司也是蒸蒸日上。1992年丰田章一郎的弟弟，丰田喜一郎的次子丰田达郎出任丰田汽车公司的第七任总裁，丰田章一郎改任董事长。丰田达郎没有他哥哥那么幸运，任职仅仅三年，公司动荡不安。1995年，奥田硕出任丰田汽车公司的第八任总裁，成为丰田汽车公司历史上的第三位外姓人总裁，自1967年丰田英二担任总裁开始的28年来的第一位外姓人总裁。

奥田硕1932年出生，一桥大学商学部毕业后加入了丰田。1999年，又一位外姓人、1937年出生、毕业于东京大学法学院的张富士夫接替奥田硕，出任了丰田汽车公司第九任总裁。奥田硕出任董事长，丰田章一郎则由董事长改任名誉董事长。2006年，奥田硕改任公司最高顾问，张富士夫改任董事长，1964年加入、已经工作了42年之久的渡边捷昭出任丰田汽车公司第十任总裁。毕业于庆应义塾大学经济学系的渡边捷昭，以“成本杀手”著称，但是被看作是“过渡总裁”，在丰田章男能够接手之前主持工作。

丰田章一郎的长子丰田章男，是自丰田佐吉开始算起的丰田家族第四代，是丰田汽车创始人丰田喜一郎的长孙。丰田章男毕业于庆应大学，1984年进入到丰田汽车公司工作，到2000年开始出任董事的16年内，丰田章男从零开始，做过生产管理，推销过汽车。2002年升为常务董事，一年后再升为专务董事，2005年出任副总裁。2009年6月23日，丰田汽车公司举行董事会会议，正式批准52岁的丰田章男出任丰田汽车公司的第十一任总裁。渡边捷昭改任副董事长，董事长继续由张富士夫担任。

自1937年正式创立以来，丰田汽车公司的十一任总裁中有6位丰田家族人和5位外姓人，形成了一种交替：家族人（1937到1950年，两任）——外姓人（1950年到1967年，两任）——家族人（1967年到1995年，三任）——外姓人（1995年到2009年，两任）——家族人（2009年开始）的五个阶段。

丰田家族与丰田汽车公司之间的关系，展示出了一幅“既家族又现代”、不拘一格的企业画卷。如果丰田佐吉不是把其成熟的纺织产业交由养子-女婿丰田利三郎打理，并鼓励和支持亲生儿子丰田喜一郎在汽车领域开创自己的事业，如果丰田家族不是保持开放思维、善用有能力的外姓经理人员，丰田的故事不会如此精彩。

14.6 松下幸之助：向欧美学习

松下幸之助算不上多么富有，登不上“史上最富有人士”名单。但由一个24岁的青年创立、从区区200日元开始的松下电器公司，却是松下幸之助留在世上的一座雄伟丰碑。

14.6.1 少年历练

松下幸之助（1894.11.27—1989.4.27）出生于日本和歌山海草郡和佐村的一个农户家庭。出生时家境还算殷实，父亲任过村镇里的公职，大哥能上省城中学，家里有保姆。但是到松下幸之助6岁时，父亲投身米市失败，祖传的土地和房子都赔进去了，全家搬到和歌山市里，靠小生意度日。可是祸不单行，很快父亲新开的木屐店就倒闭了，大哥、二哥和二姐也相继因流感病逝。在松下幸之助小学二年级的时候，父亲一个人去了大阪打工，在大阪盲哑学校照顾学生和做杂务。

1904年11月，还不满10岁的松下幸之助也开始到大阪打工，在其父亲熟识的一家火盆店做学徒，主要工作是看孩子，偶尔磨火盆或者干些杂活，每半个月能得到5文钱的学徒工资。3个月后火盆店关门了，松下幸之助又转到了火盆店老板的一位朋友开的自行车店做学徒，主要工作是擦洗打扫，学习修理自行车和打打下手。

1910年大阪要开始在全市通电车，有了电车，自行车的需求会立即减少，而电气行业却非常有前景。已经在自行车店做了6年学徒、17岁的松下幸之助决定要换个更有前途的行当——让他姐夫帮助进入了大阪电灯公司。

14.6.2　艰苦创业

1910年10月，松下幸之助进入大阪电灯公司做见习工，最初的工作是给室内布线工程负责人做助手，推着装满材料的手推车跟在负责人后面跑，一天要去五六个地方干活。三个月后，松下幸之助就被破例提拔为工程负责人。

1918年春天，也就是开始独立创业前，24岁的松下幸之助已经晋升到了电灯公司的检查员，就是检查工程负责人的工作，这是所有工程人员出人头地的目标。但是松下幸之助已经不满足于这种轻松而又有权威的工作，因为他之前已经一直在研究新型灯泡插座。松下幸之助还曾经把自己做出来的新型插座拿给公司主管看，但是被否决了。不服气的松下幸之助很快提出辞职，要自己创业做插座。大阪电灯公司失去了一个重要的由内企业家驱动的公司成长机会，但由此诞生了一个新的企业——松下电器。

1918年3月7日，松下幸之助在大阪创立了“松下电气器具制作所”，准备自己生产灯泡插座。在自行车店和电灯公司合计近14年的工作经历，使松下幸之助积累下了足够丰富、有助创业的职场经验，但却并没有积累下来什么钱财。全部的创业启动资金不过是东挪西借来的几百日元，厂房就设在自己所住的平房里，人员只有松下幸之助、他以前的一位同事和他的内弟井植岁男等三人。井植岁男（1902—1969）是松下幸之助的内弟，1947年从松下离开后创立了三洋电机。

经过半年多的研究，1917年10月终于生产出来了少量产品，到电器店推销却一再碰壁，公司陷入困境，只剩下松下幸之助和井植岁男二人，松下幸之助把自己和妻子的和服都送进了当铺。幸好，到年底时候，接到了一个1000只电扇底座的订单，获得了80元的毛利，这是公司第一次获利。靠电扇底座，公司缓慢发展起来，并在大阪市内租下了新的厂房。在新厂房中，公司继续研究和生产灯泡插座。一款双灯泡用的螺旋式插座大受市场欢迎。

成功的偶然表象背后都有其必然。让松下幸之助事业起飞的产品——1923年推出的弹头型自行车车灯，正是他创业前在自行车店和电灯公司两段工作经历中所熟识的事物相结合的产物。当时人们使用的自行车车灯主要还是蜡烛或者煤油灯，虽然也有电池车灯，但是电池使用时间很短，只有两三个小时。经过半年多时间的研制，松下生产出了电池寿命可达30到50小时的弹头型自行车灯具。生产这种灯具，除了电池供应商之外，还要有木盒供应商。

为了满足木盒供应商所要求的最低订货量，只能冒险下了每月2000个木盒的订单。结果一下生产出了大量产品之后，本来预期会很好的市场反应并不存在，自行车商店都拒绝进货。结果，一方面形成了大量的产成品积压，另一方面因为有与木盒供应商之间的合同，还得继续生产。

情不得已，松下幸之助决定背水一战："为了让别人知道我们产品的价值，就到小卖铺去免费发放！"给大阪的几个小卖铺每家安装两三个车灯，并当场亮起其中一个，对店主说："我们的车灯可使用30个小时以上。如果产品受到好评，请帮我们销售，卖得放心，再付给我们货款。"（《自来水哲学——松下幸之助自传》第26页）。几个月之后，产品得到市场高度认可，每月订货数量达到四五千个。

1929年，再次遭遇产品积压危机时，公司主管与松下幸之助商量裁员，松下幸之助灵光一闪，决定"工人一个也不裁，但即日起生产减半，改成半天工作制，工人仍拿全天的工资。相应地，全体员工取消休假，大家一起努力销售库存商品。”结果，两个月的时间就销售掉了全部库存，恢复正常生产。

14.6.3 自来水哲学与事业部制

1923年推出的弹头型自行车灯使松下公司得到快速发展，1927年进一步推出了可以自行车和家居两用的便携方型灯具，开始使用National商标，同时开始制造电熨斗。1929年企业名称由松下电气器具制作所改为松下电器制作所。到了1930年，当家产品自行车车灯的月销量已经达到20万个，电池100万个。1931年，推出了松下收音机，并又收购了一家干电池公司。

1932年，创业已经14年的松下幸之助体悟出了一个“自来水哲学”，并将5月5日定为公司创业纪念日。所谓自来水哲学，用松下幸之助自己的话说，“就是消除世界贫困。水管里面的水固然有其价值，然而喝路边的自来水不用付费也不会受到责备，因为水资源相对丰富。企业的责任不正是让世界物资丰富以消除一切不方便吗？”

随产品线的扩展，1933年5月，松下实行了事业部制，就是按产品成立一个个独立核算、自主经营的事业部门，这在日本，以至整个世界都是比较领先的。1935年12月，松下幸之助将其个人名下的所有产业统一整合重组为了“松下电器产业株式会社”（Matsushita Electric Industrial Co., Ltd.）。

14.6.4 二战后重新出发：向欧美学习

由于二战期间参与为日本军方造船和飞机，松下电器公司也被认定为财阀企业受到盟军管制，资产、资金都被冻结。井植岁男承担了松下公司的军需生产责任而辞职，随后创建了三洋电机。松下幸之助被列为需要被解除职务的名单。松下公司1.5万名工人向政府和盟军司令部发起请愿，要求保留松下幸之助的职务。盟军司令部中有一些人对松下幸之助的经营理念和方法也颇为认同。最后，松下电器公司里所有高级职员的解职处分都被撤销了。

1950年7月17日松下公司召开了“紧急经营方针发表会”，松下幸之助发表了“经营重建声明”。为了确定公司经营的新方向，1951年1月18日，松下幸之助第一次出访美国。原本一个月的出访计划，最后变成了3个月。美国的繁荣和富裕深深刺激了松下幸之助，即使没有洗心，也是革了面。本来松下幸之助是板寸发型，到了美国发现人家都是长头发后觉得自己的板寸很土，就开始梳上了小分头。松下幸之助衡量日本和美国差距的标准是，通用电气公司的工人两天工资可以买一台自己公司生产的收音机，松下电器公司工人则要1个半月工资才能买一台自己公司生产的收音机。松下幸之助决心"一定要像美国一样"，回国后就召集公司员工说："让我们在日本也创造出那样的辉煌吧！"①

除了物质上的繁荣之外，让松下幸之助印象深刻的还有美国的纳税人意识。在一次感叹美国公共场所真干净时，同行人告诉他，"当然干净，我们就是为了这个纳税的"。这使松下幸之助"觉得自己第一次认识到了美国繁荣的原动力""民主主义就是繁荣主义""日本人向政府纳了税后，对政府如何使用这些钱根本不关心""如果日本也能够实现真正的民主主义，就一定会繁荣"②。

1952年10月，经过一年多的艰苦谈判之后，松下电器与荷兰飞利浦公司达成了技术合作协议。松下电器开始踏上了战后重建的征程。

14.6.5 人是最重要的因素，也是企业经营的根本目的

松下幸之助注重技术的引进、消化和自主研发，但技术本身不是他经营的目的，他最看重的是人。"松下电器公司是制造什么的，松下电器公司是制造人才的地方，兼而制造电气器具"。

1960年1月，松下幸之助在经营方针发表会上宣布："5年以后松下电器将采用五天工作制，同时薪水也不能比其他同行少，这将成为公司的基本经营方针。"5年后的1965年4月，松下电器开始推行五天工作制。

1967年1月，松下幸之助又提出："今后5年，松下电器要在保持稳定的情况下，在经营和工资上超过欧洲，赶上美国。"4年后，松下电器的工资

---

① 《自来水哲学》第51页

② 《自来水哲学》第54页。

水平就赶上了欧洲工资最高的德国，5年后成功超过了欧洲，缩短了和美国的差距。

松下幸之助为什么如此重视员工工资水平，以至把提高员工工资作为其企业经营的基本方针之一？这是他的社会责任感所在，也是他对经济活动内在关系的认识所致。“工资提高了，产品质量就会随之提高，日本的社会生活水平也就会相应提高——像公司这样的经济实体正是为这一目的而存在和活动的。”（《自来水哲学》第129页）。因此，松下幸之助被比作日本的亨利·福特，亨利·福特认为要让员工能够买得起其公司生产的汽车，公司才能大发展，从而实行了著名的日薪5美元制度。

为什么工资提高了，产品质量就会随之提高？这有供给和需求两个方面的因果联系。供给方面可谓是效率工资理论，工资高了员工的健康水平、素质和责任心都会提高，生产效率会提高，从而可带来更高的产品质量。需求方面，则是收入水平高了之后，人们选择更高质量的产品，高质量产品需求更大，低质量产品则会失去市场。

14.6.6　松下幸之助的遗产

1961年1月，松下幸之助辞去了社长（总裁），担任会长（董事长）到1973年7月，此后担任董事会顾问。1989年4月27日，松下幸之助因肺炎去世，享年94岁。

正规学历只有小学的松下幸之助一生注重内省、感悟，著述颇丰，成为“日本经营之神”，也有向松下国际财团和国际科学技术财团各捐赠1000万股松下电器公司股票，以及设立松下幸之助花之万博纪念财团等诸多慈善行为。但是松下幸之助留给世人最大的遗产还是作为公众公司的松下电器公司。1950年松下家族持有松下电器的股份已经下降到43.25%，1955年降为20.43%。1970年代进一步降至5%以下，1994年降为3.5%，不再是第一大股东。松下家族股权比例的快速下降，与松下幸之助有实现松下电器公司股份社会化、作为公众公司长久发展下去的企业经营理念相关，也与日本遗产税率很高有关。

松下幸之助只有一个女儿，没有亲生儿子接班，其接班人松下正治（本姓平田）是女婿，收为养子后改姓松下。找个有能力的女婿收为养子改姓接班，是传统日本家族企业中常见的一种做法，有时即使有亲生儿子，也会这么做。儿子是天定的，可能能力不足、兴趣不足，或者年龄不够等因素而不适合直接接班，女婿则可以广泛地“择优录用”，有时就是其经营中的重要助手。三井集团的历史传承中，“三井的女儿”就起着重要的作用。丰田佐吉也是将其纺织帝国交给了女婿-养子丰田利三郎，而没有交给自己的亲生儿子丰田喜一郎。

松下正治生于1912年，1940年进入松下电器公司工作。1961年松下幸之助辞去社长职务、只任会长，松下正治接任了社长职务。虽然淹没在松下幸之助的光芒之下，但是松下正治在职期间致力于海外网点建设，打下了松下电器国际化的基础。1977年，松下幸之助放弃家族传承思想，没有选择此前一直作为第三代接班人培养的松下正幸（1946年出生，松下正治的长子），而是选择了山下俊彦出任松下第三任社长。1986年，山下俊彦转任会长，谷井昭雄出任社长，松下电器的会长和社长两个最高职务都开始由外姓和经理人担任了。

2008年，松下电器成立90周年，公司董事会决定，从当年10月1日起，公司名称由原来的创始人姓氏加行业命名的“松下电器产业株式会社”改为由品牌命名的“パナソニック（Panasonic）株式会社”。12月19日，松下电器收购了三洋电机70.5%股权，成为日本最大及世界第二大的电机厂商（仅次于通用电气）。

在1996年的《财富》世界500强榜上，松下电器曾高居第19名，比通用电气还高1名。但在2013年榜上，松下电器排第83名，比通用电气（第24名）已经落后了59名。这与日本企业排名总体下滑有关，也与近年松下电器自身业绩不佳有关。相比此前各年松下电器在世界500强榜上的排名，2013年的第83名均为历史最低，2012年（第66名）、2011年（第50名）、2010年（第65名）、2009年（第79名）、2008年（第72名）、2007年（第59名）。

松下幸之助去世时的个人财产约5000亿日元（按1美元兑300日元算约合15亿美元，按1美元兑100日元算约合50亿美元），算不上多么富有，登不上“史上最富有人士”名单。但由一个24岁的青年创立、从区区200日元开始的松下电器公司，却是松下幸之助留在世上的一座雄伟丰碑。

GREAT COMPANIES

INNOVATION, GOVERNANCE AND SUCCESSION

伟大的公司

创新、治理与传承

第15章

日本的公司治理改革

比较一下中国和日本的现代化过程，我们可以发现一个基本的差异。日本从西方学习到了更多的现代化事物，但同时也保留了其传统。相比之下，中国学习到的现代化事物并不多，却更多地扔掉了传统。中国喜欢“破旧立新”，其结果往往是新的尚未立起来，旧的已经破坏和扔掉。日本的方式则是保持旧的同时树立新的，或用中国谚语可以说是“旧瓶装新酒”。同样的现象也出现在当今中国和日本的公司治理改革过程中。

15.1 日本公司的自主性公司治理改革

15.1.1 日本方式公司治理的优势与劣势

1980年代和1990年代早期的十几年中，公司治理替代了产业政策和日本管理模式，作为解释日本公司业绩的关键要素。日式公司治理被看作是发达经济体中有效公司治理的另一种选择，是可供发展中经济学习的一个样板。

一些研究者声称，日本方式的公司治理鼓励长期投资，这可以从公司增长和全球市场份额中得到回报。日式公司治理系统，通过缓冲外部资本市场的直接影响，给公司管理层提供了稳定性和自主权。这有利于公司创造和维持一种与雇员、供应商及顾客之间的有价值的长期关系。一些成功的日本企业，能建构起精锐和高技能的员工队伍，高效率的供应链系统，相当大的一部分原因就是其公司治理系统能够给这些利益相关者信心，让他们能够不受不可预期的资本市场的干扰，具有一种长期限的时间眼界。

日式治理系统可以在各种监督形式和干预上面实现成本节约。因为通过业务关系已经掌握了大量信息，从而在信息收集范围上节约了成本。交叉持股制度维持了连续性的业务关系，带来企业之间的一种分散的相互监督关系。公司管理层受到由供应商、顾客和资金提供者等各方面共同构成的一种复杂的监督与控制系统所约束①。

但是，随着1990年代以来日本经济的长期不景气，日式公司治理受到了严重质疑。许多学者认为，公司治理不佳是日本资本配置效率非常低的一种重要原因。传统的日本企业集团结构中，特别是由主银行执行的监督活动，更为关注的是投资，而不是外部股东的股权资本回报。密切的银行与企业关系，提高了借款企业可以获取的资金规模，可以带来高增长，但是却没有带来高盈利，因为银行会抑制企业在那些高风险与高收益并存的项目上的投入②。

日式公司治理系统中，公司重组水平太低。这一系统擅长扩张生产性资产，却不善于进行剔除、收缩和重组。因为这一系统致力于为管理层提供很高的自主权，并且压抑并购市场的成长，从而缺乏进行重组的正向激励，也缺乏进行重组的有效手段。主银行和母体企业，会干预其借款企业和下属企业，但是通常都只是在这个企业已经"起火"和急切需要重组的时候才会行动。Kang和Shivdasani发现，具有大宗股权持有人（block holders）的日本企业，在出现业绩下滑时，要比那些交叉持股、没有大宗股权持有人的日本企业，采取重组行动的速度更快③。但是，整个日本企业这种"业绩下滑—重组"的反应速度都要比美国企业慢得多。

15.1.2 高增长时期有效的公司治理系统不适合后增长时代

持续进行公司治理改革是日本自1989年泡沫经济崩溃之后，致力于从长期

---

① Prows, S. 1992, "The Structure of Corporate ownership in Japan," Journal of Finance, 47.

② Weinstein, D. E. and Y. Yafeh, 1998, "On the Cost of a Bank-Centered Financial System: Evidence from the Changing Main Bank Relations in Japan," Journal of Finance, 53, 635-672.

③ Kang and Shivdasani, 1995, "Firm Performance, Corporate Governance and Top Executive Turnover in Japan," Journal of Financial Economics, 38, 29-58.

的经济萧条之中恢复的努力之一。公司治理改革主张者认为，高增长时期有效的公司治理系统不适合后增长时代，如果不进行改革，日本企业将无法在全球市场竞争中取胜。

一些严重的公司欺诈事件引起人们关注日本公司治理系统中的制衡因素不足问题。1999年，野村证券的总裁和几名高管，因为向公司敲诈者（sokaiya）付钱而被判刑。这一事件影响到几乎所有的日本证券公司，许多其他公司的管理层承认他们也有公司敲诈者的问题。这一案件揭示出，日本企业界缺乏监督与制衡，需要建设一种制度，以确保公司合规、遵守商业伦理并提高管理透明度。

日本的银行危机，也引起人们怀疑日本银行执行公司治理角色的有效性。如果银行能够有效监督他们的客户，他们为什么会有这么多无法收回的不良贷款？

一种制度优势在环境变化以后可能会成为劣势。一种在一个时期里能有效发挥作用的制度，在内部和外部条件发生变化以后，可以不再有效。战后日本的公司治理制度，似乎就与此类似。这套制度在日本的高增长和“赶超”时期非常适合，当时日本与西方发达国家之间存在着有非常明显的技术差距，企业有着丰富的投资机会，国家的宏观和企业的微观经济目标也是相互匹配的。但是现在情况不同了，在整个经济和企业两个层面都面临着往哪投入和如何投入的高度不确定性，那套在确定性环境下有效的公司治理制度不再适用了。日本的公司治理系统需要重新设计，需要制度创新。

15.1.3 自主改革公司治理机制的缘由

与中国有很大的不同，日本的公司治理改革不是由政府推动的。日本的企业界在认识到其国内和国外竞争环境的变化之后，自觉主动地发起了一场公司治理改革运动。

有很多因素迫使日本企业改变其公司治理做法。长期的经济萧条，使日本资本市场和投资者对企业责任和业绩都有了更高的要求。导致日本资本市场胃口提高的具体因素很多，包括从1990年代以来股份回购、股票期权和控股公司制度的引入，以及金融市场的放松管制（大爆炸），等等。

此外，由于外国投资者数量和外国所有权份额的稳定增长，要求日本企业的管理要有基于国际标准的透明度。交叉持股比例的下降，也迫使日本企业要寻找替代性的股东。许多公司认识到，为了赢得新股东，他们必须在全球产品和资本市场上建立信誉，获得投资者的信任。

所有这些导致对投资者关系的关注，以及在财务报告、公司结构和年度股东大会等方面的更高透明度。更多的公司开始加强与外国投资者的联系，发布英语及其他外语版本的与股东年会有关的信息与资料，等等。

15.1.4　自主公司治理改革的主要内容及其领先者

日本公司自主性治理改革中最重要的一项内容是重新构造其董事会和执行系统。从1990年代中期开始，很多日本公司开始缩减其董事会规模。从平均来看，2002年时日本公司的董事会规模是15人，比三年前减少了25%。在缩减董事会规模的同时，很多公司都在其董事会中增加了外部董事，建立了新的公司治理机构——执行经理（执行役员）制度。到2001年5月，38.8%的东京证券交易所主板上市公司在董事会中增加了外部董事。由索尼公司在1997年首创的执行经理制度，很快就流行起来，到1999年就有200多家日本企业采用了这一做法。调查数据显示，2002年时，已经有71.4%的日本企业采用了执行经理制度。

主要日本公司自主改革后董事会规模的缩减

	改革前	改革后		改革前	改革后
Chugai Pharmaceutical	20	10	樱花银行	45	13
大荣	21	11	Seiyu, Ltd.	30	10
日立公司	30	14	索尼公司	38	10
日立造船	21	10	住友银行	39	18
日本航空	28	13	住友信托银行	27	12
Kobe Steel, Ltd.	38	9	Takeda Chemical Industries	29	16
三菱化工	38	8	Tokai Bank, Ltd.	32	10
三井互助人寿保险	24	12	Tomen Corp.	34	26
Nichimen Corp.	29	9	东芝公司	33	12
尼桑汽车	37	10	东洋信托银行	25	13

资料来源：Hiroyuki Takahashi, 1999，*Corporate Governance in Japan: Reform of Top Corporate Management Structure.*

索尼是日本公司中自主采用美式治理做法的领先者。早在1970年，索尼就建立了外部董事制度。1976年设置了“首席执行官”职位，1991年聘请了第一位非日本人外部董事。1997年索尼将其董事会规模从38人削减到10人，同时加强了外部董事的作用，建立了公司执行经理制度。1998年索尼建立了负责选聘经理层的董事会提名委员会和负责制定经理报酬的董事会薪酬委员会。2000年，索尼分离了董事长和公司首席执行官的角色。2003年日本公司法正式引入“委员会制公司”后，索尼便成为了日本第一批委员会制公司。

若干领先进行自主性公司治理改革的日本公司

日期	公司	改革内容
1997年5月	索尼	建立执行经理制度，减少董事人数，任命外部董事
1998年4月	东京电力	建立执行经理制度，延长外部董事强制退休的年龄限制
1998年6月	富士	建立执行经理制度，减少董事人数
1999年3月	富士施乐	建立外部董事任主席的委员会
1999年6月	小松	建立薪酬委员会
1999年6月	帝人	建立执行经理制度，减少董事人数，建立咨询委员会，强化监事职责

资料来源：Makoto Komiyama and Yukinobu Masaoka, 2002. “*Corporate Governance: A New Phase for Japanese Companies*,” NRI Papers, No. 47, May 1, 2002.

15.2 日本的公司治理新实验：委员会制公司

15.2.1 董事会结构：法律提供支持，企业自主选择

董事会构成和董事独立性问题是当前各国公司治理改革中一个共同的焦点，也是当今世界商业和学术界里最为热门的话题之一。世界各国政府和证券交易所都在介入公司董事会，强制施行一些有关董事会构成和董事独立性等传统上由公司股东和经理们自行安排的企业内部组织事务。

从董事会这一公司内部最重要的治理机关设置角度，美国、德国和日本正好是三种类型的代表：美国的单层董事会制度，德国的双层董事会制度和日本

的董事会—监事会平行设置制度。中国《公司法》规定的公司治理机关设置与日本最为接近。看看日本在当今这个全球性的公司治理改革运动中对其董事会制度进行了哪些改革对中国会有很直接的借鉴意义。

日本在有关董事会结构和构成方面则为我们提供了一个相当独特的改革方式与方法。根据2002年的日本商法改革（日本没有独立的公司法，公司法是其商法的一个部分），日本允许企业自由选择放弃日本传统模式的与中国公司法规定比较类似的股东会-董事会-监事会治理结构模式，转向美国模式的股东会—董事会—独立董事任职的董事会委员会这一当今世界多数大型企业的主流治理结构模式。根据改革后的新商法有关条款，选择董事会（日本汉字为取缔役会）模式改革的企业，可以废除原先依法必设的监事（日本汉字为监察役）制度，但必须在新模式的董事会下设立由独立董事任主席的审计、薪酬和提名等三个委员会。

日本两类治理结构的特征比较

	传统治理结构	新型治理结构
外部人员使用	至少两个外部法定监事，至少一个外部董事	至少两个外部董事
董事人数	至少10个	至少3个
股东诉讼对象	董事和法定监事	董事和法定经理
董事任职时间	最多两年	一年
委员会构建	重大财产委员会（至少3名成员），监事会（外部法定监事要占多数）	提名、薪酬和审计委员会（每一委员会至少3名成员，外部董事要占多数）
董事职责的性质	监督代表董事，决定运营政策，安排重大财产委员会的工作	监督法定经理，决定管理政策，任命委员会成员，任命法定经理
业务运营执行权	代表董事和其他董事	代表经理和其他法定经理

资料来源：Motomi Hashimoto, 2002, "*Commercial Code Revisions: Promoting the Evolution of Japanese Companies*," NRI Papers, No. 48, May 1, 2002.

15.2.2　委员会制公司的董事会委员会

正如日本赋予了选择董事会模式改革的公司一个新名称——“委员会制会社”一样，这种新的公司治理法定形式是与传统的日本企业形式和美国或者德国模式的企业形式都有所不同的。可以把日本的委员会制公司看作是日美企业治理结构联姻的结果。其与日本传统制度不同而与美国企业制度相同的是，委员会制公司要在其董事会中建立审计、薪酬和提名等三个委员会，其生成于日本企业制度自主改革而与美国企业制度不同的是，委员会制公司要建立法定形式的执行经理制度。

审计委员会的权限包括，监查公司董事和执行经理的行为与业绩，向股东大会提交聘任和解聘公司的会计师事务所的议案。审计委员会有法定责任审查公司的财务报告和执行经理业务报告，并向董事会提交其审查结果的报告。为保证财务报告的可靠性，审计委员会要监控会计师事务所，要提前得到会计师事务所的审计工作计划，防止会计师事务所受到经理层的影响。并且，一般由公司董事会管理章程规定，会计师事务所的报酬和会计师事务所提供审计之外的服务等都要有审计委员会的事先审批。审计委员会成员不能同时是公司执行经理、经理和公司或其任何分支机构的雇员。薪酬委员会的职责是制订包括董事和执行经理退休待遇在内的公司薪酬政策，并根据这一政策决定每一位董事和执行经理的报酬。提名委员会的中心职责是向股东大会提交有关董事任命和解聘的建议案。

所有这三个委员会的成员都必须是外部董事（社外取缔役）。日本商法上规定的外部董事的定义是：①没有具体运营公司业务，和②现在和过去都不是公司或其分支机构的执行董事、执行经理、经理和雇员。

尽管形式上审计、薪酬和提名三个委员会也都是董事会的内部机构，但是日本委员会制公司的这三个委员会是公司法上要求必设的公司机关，并且其决策不能被公司董事会推翻。这是日本委员会制公司治理结构上的一个独特之处。在美国，公司法并不干涉董事会的内部结构设置，有关董事会下属委员会的设置主要是由证券交易所的上市规则所要求的。董事会下属委员会的所有权力来自董事会。董事会自然有权接受或者拒绝来自其下属委员会的建议。此外，美国公司中并没有一种统一形式的董事会内部结构，事实上也是不同的公司拥有不同的董事会委员会设置。

15.2.3　委员会制公司的法定执行经理制度

在日本的委员会制公司里，董事会主要专注于有关重要管理政策和法律要求的重大事项的决策，同时监督董事和执行经理的职责履行情况。有关公司业务的决策制定问题，董事会通过决议将其绝大部分的权力授权给公司执行经理。

法定执行经理制度是日本委员会制公司的一个显著特性。这一制度安排实际是在公司董事会和公司经理之间设置了一个新的组织层次和法定机关。这是与美国企业制度不同的。美国公司董事会的主要职责是监控高层经理的行为和结果，确保公司整体利益。美国企业中在董事会和公司经理之间并没有另外一层法定机关。从功能的角度看，日本委员会制公司中的董事会和其执行经理之间的关系，在一定程度上与德国公司的监督董事会与管理董事会之间的关系很类似。

日本在公司法上将委员会制公司的董事会和执行经理之间做出正式的划分，其目的是要加强董事会的监督作用，并确保监督和决策制定职能的分开。董事会任命全部的执行经理。执行经理有权就董事会授权他们的事项进行决策。董事会还要在执行经理中任命一位或几位代表执行经理（代表执行役）。代表执行役的角色跟传统日本企业制度中的代表取缔役一样，每位代表执行役都有法定的权力一般性地在有关事务上代表公司。董事会还必须在代表执行经理中任命一位公司总裁和首席执行官。公司执行经理的任期为一年，但是没有连任期数的限制。一般情况下，执行经理人数的最大限度在公司章程中规定，如日立公司的章程中规定公司执行经理的最大数为40人。

事实上，如果要让我们对日本的委员会制公司这种新型企业治理结构做个简化理解的话，可以说，就是把传统上的大型董事会一分为二，主要执行监督智能的部分为新的董事会，主要执行业务经营职能的部分为新的执行经理。取消了公司监事制度，增加外部董事和由外部董事任职的董事会委员会承担监督和控制职能。传统上作为股东集体诉讼对象的公司董事和监事，变为公司董事和法定公司执行经理，传统上由代表董事和其他董事负责业务经营的执行，变为由代表执行经理和其他法定执行经理来负责。

15.2.4 转向委员会制公司：索尼、日立和野村

在新商法生效后的第一个公司股东大会季节——2003年公司股东大会上，有46家上市公司选择了改革，废除监事会，建立新模式的董事会和董事会委员会制度。2004年股东大会之后，有16家上市公司选择了董事会制度改革，2005年又有11家。此后开始很少再有日本企业选择转向委员会制公司。根据日本公司董事协会调查数据，从委员会制公司的这种法定形式可以采用开始，截至2008年一共有82家上市公司选择了从传统的监事会制公司转制为委员会制公司。期间，因为被并购、下市以及转回监事会制公司等原因，委员会制公司累计减少了12家，目前仍有70家日本上市公司属于委员会制公司。

日本上市公司中的委员会制公司数量（截至2008年10月27日）

	新增转制家数	累计转制家数	减少家数	转为非上市公司	转回监事会制	累计有效家数
2003	44	44				
2004	16	60	1		1	59
2005	11	71	3	2	1	67
2006	6	77	3	1	2	70
2007	3	80	3	1	2	70
2008	2	82	2	2		70

资料来源：日本取締役協会“委員会設置会社移行企業リスト（公開企業）”。

决定一个日本公司是否愿意向委员会制转移的因素，似乎不是人们起初所想象的是否同时在美国上市以及是否拥有较高比例的外国人所有权等那些直接影响公司治理的表面特征。行业倒是一种重要影响因素。与普遍缺乏兴趣转向委员会制公司的状态相成鲜明对照，电子行业中的主要公司都选择了转向委员会制。很多选择转制的公司表示，提高公司业务战略的决策速度以及加强对这些决策的贯彻与执行能力是他们转制的主要原因。特别是在电子行业，为了与迅速变化的市场保持同步，提高决策制定流程的效率以及分离战略决策与运营管理两种职能，已经变得非常关键。

日本71家委员会制公司的高层管理结构

董事会人数	人	8.2
董事会中的外部董事人数	人	4.0
董事会中外部董事占比例	%	48.5
提名委员会人数	人	3.5
提名委员会中外部董事人数	人	2.3
提名委员会中外部董事占比例	%	66.1
审计委员会人数	人	3.3
审计委员会中外部董事人数	人	2.6
审计委员会中外部董事占比例	%	78.0
薪酬委员会人数	人	3.3
薪酬委员会中外部董事人数	人	2.2
薪酬委员会中外部董事占比例	%	66.8
经理	人	10.8
代表经理	人	1.8
执行董事	人	3.0
执行董事占经理的比例	%	28.0

资料来源：数据引自Ronald Gilson and Curtis J. Milhaupt, 2004, “Choice as Regulatory Reform: the Case of Japanese Corporate Governance,” John M. Olin Program in Law and Economics Working Paper, Stanford Law School, No.282。作者计算。

实行美国式董事会制度的先行者是索尼和ORIX公司。索尼公司早在1997年就通过压缩董事会人数，引入外国人做独立董事，将原来日本式的庞大董事会中不再担任董事的成员转为执行经理，建立一个日本公司独特的董事会之外的公司执行经理委员会制度。这个执行经理委员会，在英文中也被称为执行委员会，但是该执行委员会与美国公司中一部分董事会成员构成的在董事会闭会期间代行董事会职权的执行委员会是两码事。其实日本公司的这个执行委员会就是一个委员会形式的中国公司的经理办公会。

紧随索尼之后，比较大张旗鼓地转向新型董事会制度的是日立公司和日立系统的20多家公司，包括日立化学、日立软件工程、日立信息系统等。根据日立公司年报，选择转向委员会制的主要目的是：①大幅度改进管理的速度；②更强有力的公司治理；和③更为透明的管理行为。在转制后日立公司的董事会中，有三个与公司法要求完全一样的委员会，有四名外部董事加入了日立董事会，有三名董事同时出任执行经理职务，董事长没有同时担任执行经理角色。

日立公司转为委员会制公司前的高层管理结构，1996～2002

	1996	1997	1998	1999	2000	2001	2002
董事会人数	33	32	30	14	14	14	14
代表董事	6	8	7		8		
公司监事	6	6	6	6	6	5	5

资料来源：日立公司年报，1996–2002。

日立公司转为委员会制公司后的高层管理结构，2003～2004

	2003人数	2004人数	会议次数
董事会	13	14	9
外部董事	4	4	
提名委员会	5	5	3
审计委员会	5	5	7
薪酬委员会	5	5	3
同时出任执行经理的董事	3	3	
执行经理	29	25	
代表执行经理	5	4	

资料来源：日立公司年报，2003–2004。

系列企业整体转向新董事会制度的还有野村系列的10多家企业，包括野村控股、野村证券、野村资产管理、野村信托银行、野村投资、野村投资者关系、野村研究咨询、野村企业服务，等等。

15.2.5 坚持传统的监事会制公司：丰田和佳能

日本商法提供给企业的是一种新的可供选择的董事会制度形式，有积极响应的，也有明确表示抵制的，更多的企业则是处在观望状态。如果没有安然事件引发的美国式公司治理制度危机，也许选择转向新型董事会制度的日本企业会多些。在日本国内，很多企业不愿意贸然转向新的董事会制度，与两个大声宣言坚持日本式董事会制度的企业这几年都取得了持续卓越的经营业绩有关。这两个明确表示拒绝美国式公司治理结构的企业就是丰田汽车和佳能公司。

丰田和佳能都是典型的日本式的董事会，人数众多，全部由经理层人员组成，并且坚持日本式的以职工为中心的公司概念和终身雇佣制度。这两个公司的总裁，都不是心胸狭隘的民族主义者，为民族自豪感而坚持日本特色。两位总裁都有长时间的海外工作经历，丰田总裁OKUDA（奥田）在菲律宾工作7年，佳能总裁MITARAI（御手洗）作为佳能美国公司的创建者和首席执行官在美国工作了23年。两位都从美国企业的管理中学来了很多有益做法，运用于日本企业。其中很明显的一个事例就是，这两个企业都是虽然坚持终身雇佣制度，但是都废弃了年功序列工资制度，引入了绩效薪酬制度。在丰田，业绩优秀者比其同样服务年限的员工年薪可以高出300万日元。在佳能，40岁的同样服务年限资历的员工之间薪酬差异可以达到100%。在这两位著名企业家看来，盲目引进美国式公司治理结构是存在很大风险的。股东利益至上，忽视员工利益，是由股票市场主导的目光短浅的做法，在将来人才短缺的时候要付出惨重的代价。

15.2.6　多数企业的选择：法律形式上不转，实际行为上转

日本公司中最为流行的公司治理改革方式是保留传统的平行设置公司监事和董事会制度的法律形式。但是与此同时，实际进行了多方面的改革，包括引进很多新的公司治理机制，比如缩减董事会规模，增加独立董事和独立监事，设立非法定的执行经理制度和一些非法定的董事会委员会等。最为普遍设立的非法定的董事会委员会是薪酬委员会和提名委员会。对于那些没有在法律形式选择转向委员会制公司的传统形式日本公司，没有必要设立董事会审计委员会，因为其公司监事会可以履行审计委员会的职责，并且可能更有效率，也更有权力。

即使像丰田这样最为坚持日本传统的公司——其总裁奥田曾公开表示反对美式公司治理，拒绝在法律上转型，但是也同样在实际运作上进行了大量改革。大幅度缩减了其董事会的规模，并且增加了外部监事。丰田也建立了“常务经理制度”，任命了44位不是董事会成员的执行经理。尽管丰田称其为“常务经理”（managing officer）而不是索尼称谓的“执行经理”（executive officer），但实际内容是一样的。

丰田的董事、监事和常务经理，2000～2004

	日本名称	2000	2001	2002	2003	2004
董事会	取締役会	56	75	59	27	27
董事长	会長	1	1	1	1	1
副董事长	副会長	1	2	2	2	2
总裁	社長	1	1	1	1	1
名义董事长和董事	名誉会長	1	1	1	1	1
执行副总裁	副社長	5	11	8	7	6
高级管理董事	専務取締役	9	7	5	14	14
管理董事	常務取締役	7	20	14		
董事	取締役	31	32	26	1	2
公司监事	監査役	5	8	6	7	7
外部监事	社外監査役					4
常务经理	常務役員					44

资料来源：丰田年报，2000—2004。

绝大多数日本企业更愿意在管理实践层面上学习美国企业的治理结构做法，而不愿意在法律形式上直接进行转换，这种情况出现的原因可能是多方面的，其中的一个重要因素可能是“面子”或文化问题。日本的企业经营者们一直都是很骄傲的，还要有很强的“惟我独尊”意识。他们不像美国经理人们那样一直要面对着强大的资本市场压力和同样很强大的产业工会压力。日本资本市场上很少“并购”，资本市场管不了“企业干部”，日本的工会是企业工会，虽然每年也有要求增加工资的“春斗”，但是往往流于形式。此外，喜欢把从外面学到的新的技巧、技术等融进自己的传统之中，“和体西用、洋为和用”等似乎已经成为了现代日本的一种文化。

15.2.7 日本的公司治理距离美国标准还有多远

经过这些年的改革之后，日本公司治理系统中正在采纳提高透明度、加强公司责任和股东保护等一些良好治理要素。但是因为文化传统、路径依赖以及其他因素的影响，日本公司治理还难以很快和很彻底地与国际标准（主要是美国标准）完全一致。

即使是那些采用了委员会制的日本公司，仍然还有很长的一段路程要走，才能达到美国公司的治理标准。形式上发生了很多的变化，但是实质上和内心态度上还很少变化。比如，日立公司的所有下属企业（2005年时全球共18家上市公司）都采用了委员会制，但是他们的全部外部董事都是来自其母公司——日立制作所有限公司本身。野村集团也是同样。

实质的改变将会很缓慢，因为日本公司管理层（与中国一样）习惯于对行政官僚做出反应，而不是对资本市场和股东做出反应。就是那些已经在美国纽约股票交易所上市了的高度国际化的大型日本公司，与同样在纽交所上市的美国公司相比，在公司治理实践上也存在着很大的差异。

纽约股票交易所的公司治理规则要求其上市公司董事会中绝大多数成员要是独立董事，并且建立完全由独立董事任职的审计、薪酬和提名等三个委员会（NYSE 2003）。但是像丰田、索尼和日立等这些已经在纽交所上市的日本公司，并没有任何能够完全符合纽交所标准的真正“独立董事”。纽交所还要求公司的非管理层的董事定期召开没有管理层人员参加的“非执行董事例会”，但是无论日本公司法，还是日本公司的章程或董事会规则，都没有这样的要求。

日本的委员会制公司中，董事会的委员会成员要绝大多数是“外部董事”。但是日本法律所规定的“外部董事”与美国概念的“外部董事”完全不同。根据一家独立的公司治理评级机构（Governance Metrics International）的调查，在构成日经指数的225家公司中，只有1家公司的董事会是真正独立董事占绝大多数的。在日经指数225家公司的所有3445名董事中，只有111人（3%）可以算作是独立董事。

不过，日本公司治理“国际化”的进程已经启动。至少在一定程度上，日本公司的治理实践开始向着美国模式趋同。特别是在董事会结构安排方面，现在可以对美日之间公司治理的趋同程度及其效果做个“市场检验”了。

15.3 日本公司董事会发展的新动向

15.3.1 日本公司的两种治理模式：监事会制和委员会制

日本在2002年的商法改革后，允许企业自由选择放弃日本传统模式的与中国公司法规定比较类似的股东会—董事会—监事会治理结构模式（监事会制公司），转向美国模式的股东会—董事会—外部董事任职的董事会委员会这一当今世界多数大型企业的主流治理结构模式（委员会制公司）。选择董事会模式改革的企业，可以废除原先依法必设的监事制度，但必须在新模式的董事会下设立审计、薪酬和提名等三个委员会。所有这三个委员会的成员都必须是外部董事。

根据日本公司监事协会调查数据，到2013年10月31日止，全日本一共有89家公司选择了委员会制公司形式。其中，上市公司57家，非上市公司32家。上市公司中，44家在东京证券交易所一部上市，3家在东京证券交易所二部上市，10家在日本的其他证券交易所上市。44家东京证券交易所一部上市的委员会制公司中，有9家是日立系企业。根据东京证券交易所发布的2015年度东证上市公司治理白皮书[①]数据，全部3414家东证上市公司中，监事会制公司3357家，占98.3%，委员会制公司57家，占1.7%。57家委员会制公司全部是在东证一部上市的公司，占东证一部上市公司总数的2.5%。其中，有25家公司为日经400指数股公司，占日经400指数股公司总数（400家）的6.3%。

推动日本公司采用委员会制形式的主要力量是外资。外国人持股比例越高，选择委员会制公司形式的公司比例越高。外国人持股30%以上的公司中有7.3%的公司选择了委员会制公司形式，外国人持股20%~30%和10%~20%的公司中，分别有3.6%和1.8%的公司选择了委员会制公司形式，而外国人持股不满10%的公司中只有0.6%的公司选择了委员会制公司形式。

---

① 東証上場会社 コーポレート・ガバナンス白書2015，http://www.jpx.co.jp/equities/listing/cg/tvdivq0000008jb0-att/white-paper15.pdf。

行业也是一个重要影响因素。与普遍缺乏兴趣转向委员会制公司的状态形成鲜明对照，电子行业中的主要公司都选择了转向委员会制。很多选择转向委员会制的公司表示，提高公司业务战略的决策速度以及加强对这些决策的贯彻与执行能力是他们转制的主要原因。特别是在电子行业，为了与迅速变化的市场保持同步，提高决策制定流程的效率以及分离战略决策与运营管理两种职能，已经变得非常关键。

15.3.2　董事会构成：从外部董事到独立董事的发展

绝大多数的日本公司拒绝了委员会制公司的法律形式，但这并不意味着他们拒绝进行强化董事会机能的公司治理改革。这一点，首先反映在了其董事会结构和运作方式的变化上。传统日本公司的董事会规模庞大，很少或基本没有外部董事，更谈不上独立董事。经过最近十几年来的公司治理改革和发展，聘请外部董事和独立董事的日本公司数量逐年增多。东证一部全体上市公司中，有外部董事的公司比例从2005年的35%逐年上升到了2015年的94.3%，有独立董事的公司比例也从2010年的12.9%逐年上升到了2015年的48.4%。

东证一部上市公司中有外部董事和独立董事的公司比例

年份	有外部董事%	年份	有外部董事%	有独立董事%
2005	35.0	2010	48.5	12.9
2006	41.6	2011	51.4	15.0
2007	44.0	2012	55.4	16.7
2008	45.2	2013	62.3	18.0
2009	46.3	2014	74.3	21.5
		2015	94.3	48.4

资料来源：東証上場会社における社外取締役の選任状況＜確報＞，日本交易所集团网站http://www.jpx.co.jp/listing/st ocks/ind–executive/。

日本的外部董事概念与美国的外部董事及英国的非执行董事等概念不同。美国的外部董事和英国的非执行董事基本就是独立董事。日本商法上规定的外部董事的定义是，①没有具体运营公司业务，和②在和过去都不是公司或其分支机构的执行董事、执行经理、经理和雇员。这使日本很多公司通过增加外部董事，来加强大股东和母公司对公司的控制力度，完全没有独立董事的含义。

2009年，东京证券交易所在其上市规则第436条之2中建立了独立董/监事制度。公司要从其外部董事和外部监事中任命至少一位为独立董/监事，并向交易所报告，由交易所确认其资格。在公司外部董事和外部监事中有多人符合独立董/监事标准时，公司可以自己决定是将他们全部还是从中挑选出1位或几位，作为独立董/监事向交易所报告。

根据东证公司治理白皮书2015中的数据，全部3414家东证上市公司总计12038董事和监事中，占62.5%的7526人为独立董/监事。平均每家公司有2.20名独立董/监事，其中监事会制公司平均有2.18人，委员会制公司平均有3.44人。有2058家、占60.3%的公司设立了2名或2名以上的独立董/监事。只有独立董事没有独立监事的公司329家，占公司总数9.6%，其中监事会制公司为272家。只有独立监事没有独立董事的公司1818家，占53.1%。1267家公司（37.1%）同时有独立董事和独立监事。

全体东证上市公司中，2012年外部董事超过董事总人数半数和三分之一的公司比例分别是2.2%和12.2%，2014年这两个比例分别为2.6%和13.4%，而均有明显提高。相比之下，董事会中独立董事过半数和过三分之一的公司比例上升趋势不明显。全体东证上市公司中，2012年和2014年均只有0.8%的公司董事会中独立董事所占比例超过了半数，独立董事超过董事会人数三分之一的公司比例略有提高，2012年和2014年分别为4.4%和4.5%。即使是在日经400指数股公司中，独立董事过半数和过三分之一的公司比例也分别只有3.3%和14.8%。

15.3.3 外部董事和独立董事发展的主要推动力量

日本公司法第400条第3款，要求委员会制公司的各个委员会都必须由外部董事占多数席位。委员会制公司中外部董事比例很高，多的达8人以上。日本公司法没有对监事会制公司提出外部董事方面的硬性要求，但是，监事会制公司中也出现了设置外部董事的倾向，没有外部董事的公司比例逐年下降。2008年时大多数（59.2%）的日本监事会制上市公司没有外部董事，到2014年这一比例下降到了三分之一多点（36.2%）。但是外部董事的人数并不多，2014年监事会制公司中外部董事的平均人数只有1.04人。外部董事人数为3人或3人以上的公司只有9.3%。38%的公司只有1位外部董事，16.5%的公司只有2位外部董事。

2012年以后日本监事会制公司外部董事人数增加的主要原因是应交易所监管要求增加独立董事。2012年有67.1%的监事会制公司没有独立董事，2014年这一比例下降到了54.2%。有1位独立董事的监事会制公司比例从2012年的21.4%上升到了2014年的33.8%，有2位独立董事的监事会制公司比例从2012年的7.7%上升到了2014年的8.5%，有3位及以上独立董事的监事会制公司比例从2012年的3.9%下降到了2014年的3.3%。3人的比例保持在2.5%未变，下降的主要是4人（从1.1%下降到0.8%）和5人及以上（从0.3%下降到0.0%）。

2012年以前，外部董事主要是大股东加强控制的一种手段。2008、2010和2012三个年度中，第一大股东持股50%以上的公司中，设有外部董事的公司比例最高，分别为53.3%、58.3%和63.2%，一直在一半以上。相比之下，第一大股东持股不足5%的公司这三年中设有外部董事的公司比例分别为37.7%、40.6%和48.9%，一直不足一半。2012年日本开始要求上市公司提高董事会和监事会的独立性，第一大股东持股不足5%的公司中设有外部董事的公司比例大幅提高到了2014年的73.1%，接近四分之三，并且一举超过了此前一直在设立外部董事方面领先的第一大股东持股50%以上的公司（71.1%）。

按第一大股东持股比例分组的6组公司中，选任独立董事的公司比例随第一大股东持股比例提高而依次下降，从第一大股东持股不足5%公司的63.9%，到第一大股东持股33.3%~50%公司的35.2%。不过第一大股东持股50%以上公司中该比例又略有提高，到37.%。这也许反映出，当股权控制比较牢固的时候，对董事会和监事会的控制可以稍微放松一些。

外部董事的平均人数反映出了与上述公司比例一样的趋势，就是除2014年之外，以前各年度中，随第一大股东持股比例提高，公司聘请外部董事的平均人数增加。2014年，由于独立董事的监管要求，独立董事增加，使股权分散公司的外部董事人数出现大幅度提高。这在独立董事平均人数上有明显的反映，就是随股权集中度（第一大股东持股比例）的提高，独立董事的平均人数明显下降。

推动日本公司外部董事和独立董事发展的主要市场力量是外国人持股。外国人持股30%以上公司的平均外部董事人数为1.86人，平均独立董事人数为1.46人，而外国人持股不足5%公司的平均外部董事人数和平均独立董事人数分别为0.85人和0.41人。外国人持股比例在30%以上的公司中，有高达86.5%的公司引进了外部董事。相比之下，在外国人持股比例不足5%的公司中，只有56.1%的公司引进了外部董事，二者相差30.4个百分点。这两组公司之间，在引进独立董事上的公司比例上差距更大，外国人持股比例在30%以上的公司中，有72.7%的公司引进了独立董事；外国人持股比例不足5%的公司中只有34.7%的公司引进了独立董事，二者相差38个百分点。

15.3.4 董事会的运作：人数、任期和召集人

除了改善董事会结构，增加外部董事和独立董事之外，日本公司中还普遍存在通过缩小董事会规模、缩短董事任期以及选择更恰当的董事会会议召集人等方式，来加强董事会，改善公司治理。

日本上市公司董事会人数逐年下降，已经完全不是过去那种动辄几十人的状态。2008、2010、2012和2014年全部东证上市公司董事会的平均人数分别为8.68人、8.35人、8.13人和7.50人，已经低于中国上市公司的董事会平均人数。东证一部公司规模大一些，董事会人数要多一些，2014年为8.61人，比东证二部（6.88人）高出近2人。按公司销售额分组的数据，可以看得很清楚，规模越大的公司董事人数越多。销售额在100亿日元以下、100亿~1000亿日元、1000亿~10000亿日元和10000亿日元以上的公司，2014年董事会平均人数分别为5.37人、7.43人、9.34人和11.58人。按公司人数和公司分/子公司数分组，也可以看出同样的趋势。

日本公司法第332条规定，监事会制公司董事任期两年，但公司可以通过章程或者股东大会决议缩短董事任期。缩短董事任期可以提高董事会的权威，也会使董事更多为公司利益考虑，从而改进公司治理。56.9%的监事会制公司

规定董事任期为一年，日经400公司中更是有高达73.0%的公司董事任期为一年。公司规模扩大、外国人持股增加和董事会中外部董事比例提高，都会推动公司缩短董事任期。销售额一万亿日元以上的公司中有79.0%的公司董事任期为一年，而销售额不足100亿日元的公司中只有40.3%的公司董事任期为一年。外国人持股比例在30%以上的公司中有69.4%的公司董事任期为一年，而外国人持股不足10%的公司中只有51.8%的公司董事任期为一年。有外部董事的公司中有64.2%的公司规定董事任期为一年，而没有外部董事的公司中只有43.7%的公司规定董事任期为一年。

日本没有会长和社长要分任的硬性要求，但是把谁负责召集和主持公司董事会会议作为公司治理状况的一条重要指标，并要求上市公司要在其公司治理报告中进行披露。84.4%的日本公司是会长兼社长并为董事会召集人，14.3%的公司是不兼任社长的会长为董事会的召集人。东证一部公司会长不兼任社长的比例要高一些（22.4%），日经400指数股公司中这一比例更高（38.3%）。随公司人数、销售额和分/子公司数的增加，由社长兼任公司会长（董事会召集人）的公司比例下降，会长和社长分任的公司比例上升。

15.4　日本公司内部治理结构的新发展

中国和日本具有类似的传统公司治理系统，就是监事会（中国）或公司监事制度（日本）与董事会平行并存。中日也拥有相似的商业文化背景，就是家族和关系网导向的商业文化。但是在近二十年来的同样是以英美模式为目标、强化董事会作用的公司治理改革上，中国和日本采用了不同的方式。中国是在原有的董监事会平行设置的基础上，比较硬性地嫁接英美模式的独立董事制度，日本则是给企业提供了更多的董监事会模式上的自由选择空间。

日本企业更倾向于保留监事制度，但同时进行董事会治理改革，在行为上向英美公司治理模式靠拢，和中国企业被动接受的结果差不多。

15.4.1 监查委员会制公司

日本自2003年起，采用了由企业自主选择其董监事会法律形式的公司治理改革方式，但是选择新设立的委员会制（即现在所称的提名等三委员会制）公司模式的企业不多。2015年日本又通过公司法改革，引入了一种简化版的委员会制公司，名为监查委员会制公司，不再是要求设立审计、薪酬和提名等三个委员会，而是只要设立一个类似强化版审计委员会的监查委员会即可。

根据东京证券交易所2018年7月31日发布的最新统计数据①，日本上市公司中主流的董监事会模式仍然是传统类型的监事会制公司，日文汉字名称为"監査役会設置会社"。在全部3598家东证上市公司中，监事会制公司为2637家，占73.3%。监事会制公司应设有董事会（取締役会）和监事会（監査役会，Kansayaku Board），监事会半数以上成员应为外部监事。

东证各板块公司中三种类型公司的比例

集计对象	社数	指名委员会等设置会社		监查等委员会设置会社		监查役会设置会社	
		会社数	比率	会社数	比率	会社数	比率
市场第一部	2099社	60社	2.9%	512社	24.4%	1527社	72.7%
		（−5社）	（−0.3%）	（+72社）	（+2.6%）	（+11社）	（−2.3%）
市场第二部	511社	3社	0.6%	161社	31.5%	347社	67.9%
		（+1社）	（+0.2%）	（+5社）	（+1.7%）	（−18社）	（−1.9%）
マザーズ	259社	4社	1.5%	48社	18.5%	207社	79.9%
		（+1社）	（+0.3%）	（+9社）	（+2.3%）	（+8社）	（−2.7%）
JASDAQ	729社	4社	0.5%	169社	23.2%	556社	76.3%
		（±0社）	（±0.0%）	（+6社）	（+1.5%）	（−29社）	（−1.5%）
全上场会社	3598社	71社	2.0%	890社	24.7%	2637社	73.3%
		（−3社）	（−0.1%）	（+92社）	（+2.1%）	（−28社）	（−2.0%）
JPX日经400	399社	35社	8.8%	60社	15.0%	3.4社	76.2%
		（±0社）	（±0.0%）	（+2社）	（+0.4%）	（−1社）	（−0.4%）

① "東証上場会社における独立社外取締役の選任状況、委員会の設置状況及び相談役・顧問等の開示状況"，2018年7月31日，株式会社東京証券取引所，下同。

提名等三委员会制公司，日文汉字名称为“指名委員会等設置会社”，是2002 年《商法》修订时设立的，2003年开始施行，但是一直不足百家企业采用。在全部3598家东证上市公司中，提名等三委员会制公司只有71家，占2.0%。提名等三委员会制公司应设有董事会、三个法定委员会——提名、薪酬和审计委员会（Audit Committee）。每个委员会由三名或更多董事组成，且多数成员应为外部董事。该类公司不设监事会。

监查委员会制公司，日文汉字名称为“監査等委員会設置会社”，是2015年《公司法》修订产生的。这种模式要比提名等三委员会制模式更受欢迎，在全部3598家东证上市公司中，监查委员会制公司有890家，占24.7%。监查委员会制公司应有董事会和一个法定的监查委员会（Supervisory Committee），由3名以上董事组成，其中过半数为外部董事。监查委员会拥有对董事（包括高管）任命和薪酬的监督职能。与提名等三委员会制公司一样，监查委员会制公司也不设监事会。

15.4.2　董事会构成：独立董事的发展

绝大多数的日本公司拒绝了委员会制公司的法律形式，但这并不意味着他们拒绝进行强化董事会机能的公司治理改革。这一点，首先反映了在其董事会结构和运作方式的变化上。传统日本公司的董事会规模庞大，很少或基本没有外部董事，更谈不上独立董事。经过最近十几年来的公司治理改革和发展，聘请外部董事和独立董事的日本公司数量逐年增多。

东证一部上市公司（2099家）中，有两名以上独立董事的公司比例从2011年的15.0%逐年上升到了2018年的91.3%，2018年日经400指数公司中有两名以上独立董事的公司比例更是高达97.7%，东证全部上市公司（3598家）中有两名以上独立董事的公司比例也达到了71.8%。特别是2015年日本新公司治理准则发布，极大地推动了日本上市公司中独立董事的发展。2014年时，东证一部公司中还只有21.5%的公司有两名以上独立董事，2015年则提高到了48.4%，2016年进一步大幅度提高到了79.7%。

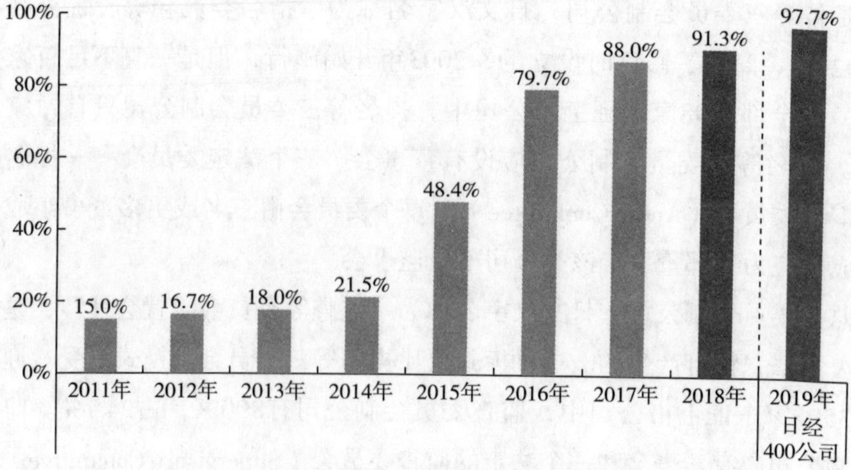

东证一部公司中有两名以上独立董事的公司比例

东证一部公司中，独立董事占董事会人数三分之一以上的公司比例也从2014年的6.4%快速上升到了2018年的33.6%。2018年，日经400指数公司中独立董事占董事会人数三分之一以上的公司比例达到了40.6%，东证全部上市公司中独立董事占董事会人数三分之一以上的公司比例也达到了28.2%。

15.4.3 董事会提名委员会的发展

董事会提名委员会是提名等三委员会制公司法定必设的一个委员会，但是对于监事会制和监查委员会制等另外两种公司则是自愿设立。2015年时，东证一部公司中共有10.5%的公司设有提名委员会，其中2.7%是提名等三委员会制公司法定必设的，7.8%是另外两类公司中自愿设立的。到2018年，自愿设立提名委员会的公司数量增加，导致东证一部公司中设立董事会提名委员会的公司比例达到了34.3%，即总计有三分之一多一点的东证一部公司设有董事会提名委员会。

在日经400公司中，设有董事会提名委员会的公司比例则高达61.2%，其中既有日经400公司中提名等三委员会制公司比例较高的原因，也有日经400公司更多自愿设立董事会提名委员会的原因。日经400公司中，法定必设提名委员会的公司比例为8.8%，比东证一部公司的2.9%高出近5个百分点；自愿设立提名委员会的公司比例为52.4%，比东证一部公司的31.4%高出21个百分点。

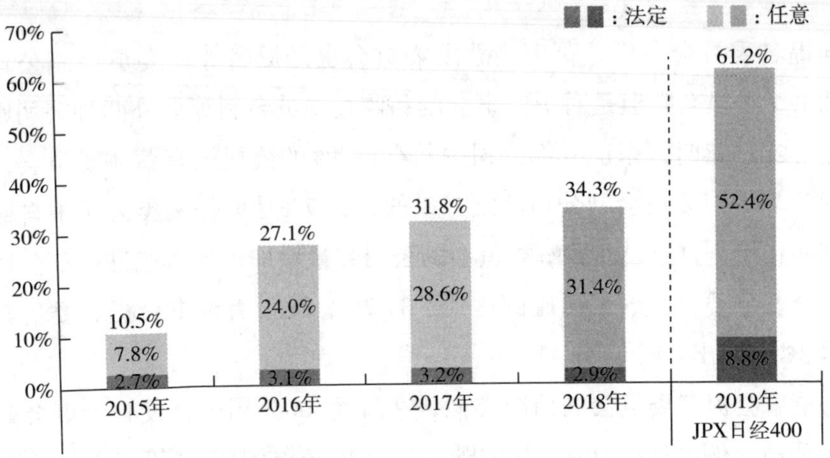

东证一部公司设立提名委员会的公司比例

由于法律要求委员会制公司董事会提名委员会成员要有过半数成员为外部董事，这使法定设立的董事会提名委员会的外部董事比例远远高于自愿设立的董事会提名委员会的外部董事比例。在所有法定设立提名委员会的公司中，13.3%的公司提名委员会成员全部为外部董事，71.1%的公司提名委员会成员中三分之二以上为外部董事，15.0%的公司提名委员会成员中外部董事过半数但不满三分之二。

自愿设立董事会提名委员会的公司中，也有超过一半的公司（52.7%）董事会提名委员会过半数成员为外部董事。在所有自愿设立董事会提名委员会的公司中，1.8%的公司提名委员会成员全部为外部董事，33.2%的公司提名委员会成员中三分之二以上为外部董事，17.7%的公司提名委员会成员中外部董事过半数但不满三分之二，38.7%的公司提名委员会成员中外部董事比例在三分之一以上、二分之一以下，8.7%的公司提名委员会成员中外部董事比例不满三分之一。

自愿设立提名委员会的公司，不仅在提名委员会成员构成上向法定提名委员会看齐，不断提高外部董事比例，在提名委员会运作上也在尽力看齐，越来越多地由外部董事担任提名委员会主席。2018年，在提名等三委员会制公司中，75%的公司提名委员会主席为外部董事，在自愿设立董事会提名委员会的公司中，43.9%的公司提名委员会主席为外部董事。

15.4.4 董事会薪酬委员会的发展

与提名委员会一样，董事会薪酬委员会也是提名等三委员会制公司法定必设的一个委员会，但是对于监事会制和监查委员会制等另外两种公司则是自愿设立。2015年时，东证一部公司中共有13.4%的公司设有薪酬委员会，其中2.7%是提名等三委员会制公司法定必设的，10.7%是另外两类公司中自愿设立的。到2018年，自愿设立薪酬委员会的公司数量增加，导致东证一部公司中设有董事会薪酬委员会的公司比例达到了37.7%，比设有董事会提名委员会的比例（34.3%）高出4.4个百分点。

与董事会提名委员会的情况类似，在日经400公司中，设有董事会薪酬委员会的公司比例高达63.7%，其中既有日经400公司中提名等三委员会制公司比例较高的原因，也有日经400公司更多自愿设立董事会薪酬委员会的原因。日经400公司中，自愿设立薪酬委员会的公司比例为54.9%，比东证一部公司的34.9%高出20个百分点。

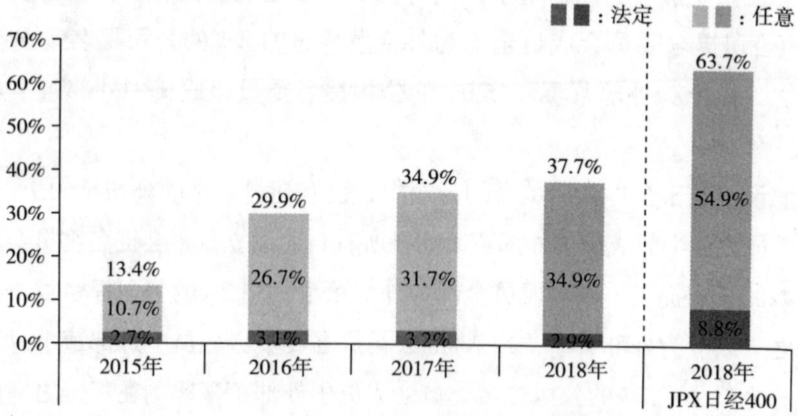

东证一部公司设立薪酬委员会的公司比例

与提名委员会情况一样，法定设立的董事会薪酬委员会的外部董事比例远远高于自愿设立的董事会薪酬委员会的外部董事比例。在所有法定设立薪酬委员会的公司中，23.3%的公司薪酬委员会成员全部为外部董事，61.7%的公司薪酬委员会成员中三分之二以上为外部董事，15.0%的公司薪酬委员会成员中外部董事过半数但不满三分之二。法定薪酬委员会的外部董事比例明显高于法定提名委员会的外部董事比例。

自愿设立董事会薪酬委员会的公司中，也有超过一半的公司（51.0%）董事会薪酬委员会过半数成员为外部董事。在所有自愿设立董事会薪酬委员会的公司中，2.3%的公司薪酬委员会成员全部为外部董事，31.8%的公司薪酬委员会成员中三分之二以上为外部董事，16.8%的公司薪酬委员会成员中外部董事过半数但不满三分之二，39.2%的公司薪酬委员会成员中外部董事比例在三分之一以上、二分之一以下，9.9%的公司提名委员会成员中外部董事比例不满三分之一。与法定设立提名委员会和薪酬委员会的提名等三委员会制公司不同，自愿设立提名委员会和薪酬委员会的公司中，薪酬委员会的外部董事比例略低于提名委员会的外部董事比例。

与自愿设立提名委员会的情况一样，自愿设立薪酬委员会的公司，也在薪酬委员会运作上向法定薪酬委员会看齐，更多地由外部董事担任薪酬委员会主席。2018年，在提名等三委员会制公司中，75%的公司薪酬委员会主席为外部董事，在自愿设立董事会薪酬委员会的公司中，43.9%的公司薪酬委员会主席为外部董事。这两类公司中，由外部董事担任薪酬委员会主席的比例，都和其各自的提名委员会由外部董事担任主席的比例相同。

东证各板块公司中设立提名和薪酬委员会的公司比例

集计对象	社数	指名委员会（法定・任意）		报酬委员会（法定・任意）	
		公社数	比率	公社数	比率
市场第一部	2099社	719社	34.3%	792社	37.7%
		（+77社）	（+2.5%）	（+87社）	（+2.9%）
市场第二部	511社	49社	9.6%	55社	10.8%
		（+2社）	（+0.6%）	（+1社）	（+0.5%）
マザーズ	259社	9社	3.5%	18社	6.9%
		（+2社）	（0.5%）	（+6社）	（+2.0%）
JASDAQ	729社	20社	2.7%	25社	3.4%
		（+7社）	（+0.1%）	（+8社）	（+1.2%）
全上场会社	3598社	797社	22.2%	890社	24.7%
		（+88社）	（+2.1%）	（+102社）	（+2.5）
JPX日经400	399社	244社	61.2%	254社	63.7%
		（+17社）	（+4.2%）	（+15社）	（+3.6%）

15.5 日本公司的股权结构与股东控制

现代日本上市公司已经既没有财阀式的金字塔持股结构，也很少系列企业式的交叉持股结构，而是股权分散、公众持股，很少有母公司和控制性股东存在。董监事会，特别是外部董监事和独立董监事成为日本公司的重要控制机制。

15.5.1 第一大股东持股比例很低

从股权结构上看，日本上市公司已经与英美公司无异，股权高度分散，很少掌握公司控制权的第一大股东存在。根据东京证券交易所发布的《东证上市公司治理白皮书2015》，在截至2014年7月14日的全部3114家东京证券交易所上市公司中，只有9.0%的公司第一大股东持股比例在50%以上，高达56.2%的公司第一大股东持股比例不足20%。

东证上市公司的第一大股东持股比例

（%）

比例	不足5%	5%～10%	10%～20%	20%～33.3%	33.3%～50%	50%以上
全体上市公司	7	23.6	25.6	21.7	13.1	9.0
监事会制公司	6.8	23.7	25.9	21.9	13.1	8.8
委员会制公司	19.3	22.8	12.3	12.3	10.5	22.8
日经400公司	14.8	40.5	19.8	11	7.8	6.3
东证一部公司	10.6	33.2	23.9	15.9	9.6	6.6
东证二部公司	3.9	20.6	27.9	24.4	12.5	10.8
分销售额　日元						
1万亿以上	23.1	49.7	11.9	4.9	4.2	6.3
1000亿到一万亿	8.4	35.1	25.0	14.5	9.4	7.6
100亿到一千亿	6.5	22.7	26.3	23.1	12.3	9.2
不到100亿	4.0	11.3	27.2	12.9	19.2	10.3

资料来源：东京证券交易所《东证上市公司治理白皮书2015》。

尽管按销售额分组的数据可以清晰地显示出，日本上市公司股权结构也是随公司规模的扩大而更加分散，第一大股东持股比例相应下降，但是中小上市公司的股权结构也是很分散的，并且也同样很少有控制性股权的存在。以销售额在1万亿日元以上和销售额不足100亿日元的两组企业为例，前者中23.1%的公司第一大股东持股比例不足5%，后者中则只有4.0%的公司第一大股东持股比例不足5%，二者差异很显著，接近六倍。但是，这两组公司间在第一大股东持股比例为50%以上即是否存在绝对控股者方面，差异则不是很大。销售额1万亿日元的公司中，第一大股东持股比例在50%以上的公司比例为6.3%，销售额不足100亿日元的公司中，第一大股东持股比例在50%以上的公司比例为10.3%，相差不到一倍。这说明，只要上市，就很少有保持绝对控股地位的第一大股东了。

为什么日本上市公司没有像中国沪深主板上市公司那样，第一大股东继续保持着绝对控股？可以说，日本上市公司和中国创业板上市公司一样，是自然成长起来的，在其上市前，公司创始人和第一大股东的持股比例就已经开始下降，并且很少有保持绝对控股的了。而中国沪深主板上市公司则由于改制上市的特殊起源，使其上市时仍是第一大股东拥有绝对控股地位。中国公司上市后仍然普遍存在第一大股东保持控股地位的情况有更深一层的原因：一是中国资本市场的非市场属性，公司再融资空间很小，股权结构固化；二是中国公司治理上董事会的不到位和权力不足，使绝对控股成为第一大股东保持公司控制权的一个优先选项。限制中国上市公司股权分散进程的中国资本市场的非市场属性，不仅表现在股份发行的审批制剥夺了公司股份发行的自主权上，还表现在投资者和监管者的双重不成熟上，二者合力把增发新股和减持——第一大股东持股比例下降的两个通道都给堵死了。

15.5.2 很少有母公司与控制性股东存在

中国上市公司不仅普遍存在绝对控股的第一大股东，并还普遍存在母公司。第一大股东不仅仅是作为股东，还作为母公司额外行使很多股东权力之外的公司控制权力。相比之下，日本上市公司中，很少有母公司的存在。

根据东京证券交易所发布的《东证上市公司治理白皮书2015》，在全部东证上市公司中，有629家、占总数18.4%的公司存在控制性股东。所谓控制性股东是指，是上市公司的母公司，或者是自身及其近亲合计持有上市公司多数投票权的大股东。在这629家存在控制性股东的公司中，有389家、占东证上市公司总数11.4%比例的公司有母公司存在；有240家、占东证上市公司总数7.0%比例的公司有控制性股东但无母公司，余下81.6%的东证上市公司既无母公司也无控制性股东存在。

在11.4%的有母公司存在的东证上市公司中，9.5%的公司母公司为上市公司，1.9%的公司母公司为非上市公司。这与中国普遍存在的非上市公司作为母公司控制上市公司的情况迥然不同。母公司为上市公司的情况，多产生于上市公司业务分拆，其进一步的发展往往是完全独立，即母公司把其所持下属上市公司股权出售，或者是直接分配给自己的股东。中国这种非上市公司作为上市公司母公司的情况，则往往是把下属上市公司作为母公司的所谓“资本运作平台”，完全无视其作为上市公司所应具有的独立性。

东证上市公司的控制性股东与子公司情况 占公司总数的百分比（%）

	全部公司	日经400	东证一部	东证二部
有母公司，母公司为上市公司	9.5	8.5	7.9	12.3
有母公司，母公司为非上市公司	1.9	0.5	1.0	2.4
有控制性股东，但无母公司	7.0	1.0	3.7	5.9
无控制性股东	81.6	90.0	87.3	79.4
子公司数量不足10个	65.7	14.3	44.6	87.5
子公司数量10个到49个	27.1	43.8	42.0	12.3
子公司数量50到99个	4.2	20.3	7.8	12.3
子公司数量100个到299个	2.3	16.5	4.4	0.2
子公司数量300个及以上	0.4	0.7	1.3	0.0

资料来源：东京证券交易所《东证上市公司治理白皮书2015》。

在上市公司自身很少有母公司和控制性股东存在的同时，日本公司的下属子公司数量也相对不多。65.7%的东证上市公司子公司数量不足10个，只有2.7%的东证上市公司子公司数量超过了100个。中国上市公司中，子公司数量超过10个的可谓比比皆是。跟日本相比，中国上市公司热衷于搞出很多子公司，和他们自身更多地都有母公司存在，背后的原因和道理可能是一样的。中国公司治理机制不成熟，公司董事会不到位、不独立、权力不足，股东控制公司的权力和空间都很大。母公司和控制性股东希望通过增加公司层次，层层控股，放大自己控制的资本规模。子公司和经理人则相应地希望增设子公司、下放管理权，扩大自己的可控空间。这种博弈的结果是中国公司实际控制权在经理层和大股东之间的摇摆和高度不稳定。

15.5.3 通过董监事会，特别是外部和独立董监事控制公司

日本公司从层层控股的财阀模式、交叉持股的系列企业模式，走到当今的这种股权分散、董监事会控制阶段，可谓是从量变到质变的一种革命性变化。减少甚至放弃对股权控制的依赖，更多地采用董监事会控制，需要实质性的公司治理机制建设。日本没有像中国这样由监管部门整齐划一和强制性地推进独立董事制度，而是企业自主进行董监事会治理改革。经过过去十几年的发展，目前日本企业已经完全把董监事会作为公司治理的核心了。

2012年以前，日本公司中的外部董事还主要是大股东加强控制的一种手段。2008、2010和2012三个年度，第一大股东持股50%以上的公司中，设有外部董事的公司比例最高，分别为53.3%、58.3%和63.2%，一直在一半以上。相比之下，第一大股东持股不足5%的公司这三年中设有外部董事的公司比例分别为37.7%、40.6%和48.9%，一直不足一半。2012年日本开始要求上市公司提高董事会和监事会的独立性，第一大股东持股不足5%的公司中设有外部董事的公司比例大幅提高到了2014年的73.1%，接近四分之三，并且一举超过了此前一直在设立外部董事方面领先的第一大股东持股50%以上的公司（71.1%）。

按第一大股东持股比例分组的6组公司中，选任独立董事的公司比例随第一大股东持股比例提高而依次下降，从第一大股东持股不足5%公司的63.9%，到第一大股东持股33.3%～50%公司的35.2%，不过第一大股东持股50%以上公司中该比例又略有提高，达到37%。这反映出，当股权控制比较牢固的时候，对董事会和监事会的控制可以稍微放松一些。

外部董事的平均人数反映出了相同趋势，就是除2014年之外，以前各年度中，随第一大股东持股比例提高，公司聘请外部董事的平均人数增加。2014年，由于独立董事的监管要求，独立董事增加，使股权分散公司的外部董事人

数出现大幅度提高。这在独立董事平均人数上有明显的反映，就是随股权集中度（第一大股东持股比例）的提高，独立董事的平均人数明显下降。

按第一大股东持股比例分组的设有外部董事和独立董事的公司比例

第一大股东持股	不足5%	5%～10%	10%～20%	20%～33.3%	33.3%～50%	50%以上
选任外部董事的公司比例 %						
2008	37.7	39.7	46.4	44.5	47.8	53.3
2010	40.6	46.6	46.2	46.1	51.2	58.3
2012	48.9	54.6	50.0	51.9	58.6	63.2
2014	73.1	68.1	59.9	59.5	61.4	71.1
选任独立董事的公司比例 %						
2012	35.0	44.3	31.0	24.0	23.6	24.2
2014	63.9	60.3	42.6	38.0	35.2	37.8

资料来源：东京证券交易所《东证上市公司治理白皮书2015》。

15.5.4 外部和独立董监事的来源

在母公司和控制性股权消解，董监事会是主要公司控制机制的情况下，董监事会成员，特别是其中的外部董监事和独立董监事的来源，成为决定实际公司治理状况的重要因素。

在全部东证上市公司的外部董监事中，金融机构出身者为995人，占总数的8.3%。其中独立董监事665人，占金融机构出身外部董监事总数的66.8%。665名金融机构出身的独立董监事中，独立董事173名，独立监事492名。金融机构指银行及保险公司，不含政府系统的金融机构。在全部东证上市公司的外部董监事中，官员出身的外部董监事为381名，占全体外部董监事的3.2%。其中，309人是独立董监事，占官员出身外部董监事总数的81.1%。其中独立董事135名、独立监事174人。这里的官员出身，包括国家公务员和地方公务员出身者，以及由政府官员转到金融机构者。

从不同来源的外部董监事被选为独立董监事的比例来看，在全部外部董监事中有62.5%的人是独立董监事的情况下，学者出身的外部董监事中有87.5%的人是独立董监事，然后依次是注册会计师（78.9%）、律师（76.3%）。来自其他公司的外部董监事中是独立董监事的人数比例最低，只有53.5%。

在全部监事会制公司外部董事中，来自母公司的外部董事所占比例为7.2%，来自关联公司的外部董事所占比例为9.8%。自身为大股东或在大股东公司工作的外部董事所占比例为11.7%。在全部监事会制公司外部监事中，来自母公司的外部监事所占比例为4.5%，来自关联公司的外部监事所占比例为5.1%。自身为大股东或在大股东公司工作的外部监事所占比例为3.8%。来自母公司、关联公司和大股东的外部董事和外部监事所占比例都处在下降态势，是上市公司母公司数量和控制性股东数量都在减少的反映。

但是在存在母公司的情况下，母公司人员出任下属上市公司外部董事和外部监事仍然是一种重要的公司控制手段。在有母公司存在的监事会制公司中，有51.0%的外部董事来自其母公司。在有母公司存在的委员会制公司中，有60.6%的外部董事来自其母公司。在有母公司存在的监事会制公司中，有37.2%的外部监事来自其母公司的。不过，即使是在这些有母公司存在的日本上市公司中，随着独立董监事制度的发展，来自母公司、关联公司和大股东的外部董事和外部监事所占比例也都处在下降态势，

总体看来，日本上市公司治理已经明显脱离了传统的母公司、大股东和关联企业集团化控制状态，其在股权分散、董监事会控制和职业经理人管理上，已经远远领先欧洲大陆，接近于美英水平。

15.6　中国可以从日本的公司治理改革中学到什么

15.6.1　关键是提高公司治理系统的灵活性和适应性

中国和日本具有类似的传统公司治理系统，就是监事会（中国）或公司监事制度（日本）与董事会平行并存。中日也拥有相似的商业文化背景，就是家族和关系网导向的商业文化。从普遍接受的公司治理原则和日本的公司治理改革经验总结出发，我们可以为中国的公司治理改革提出一些有价值的建议。

事实上，我们不可能设计出一个理想和最优的公司治理系统。每一种有效的公司治理系统都是从一个国家的商业实践和经济发展历史中衍生出来的，都有其自身的特性，只能就那个国家的那个特定时期来说是一种良好的公司治理制度。尽管没有解决公司治理问题的放之四海而皆准的“唯一最优解”，但是有一些共同的基本核心要素是任何有效的公司治理模式都要具备的。良好公司治理系统的最重要特征是其灵活性和对迅速变迁中的商业和经济环境的适应性。

最为重要的也许不是羡慕日本在其现代化的过程中如何在很多产业领域里战胜了西方强国，而是日本如何学习西方强项，并保持自己传统，在二者的结合之中创造出了现代日本企业的竞争优势。作者去参观过已经被作为国家级“重要文化财”保护起来的三菱创始人岩崎家族在东京的旧宅，是由一栋西式现代建筑和一栋日本传统建筑共同构成的，但是在其整体的设计和风格上，并没有什么不协调的感觉，甚至让你觉得这更有其独特的一种美。有容乃大，在认真虚心学习的过程中，自然地坚持自我，不卑不亢，这也许是我们今天的中国企业面对各种所谓先进模式时候的应有态度。

为了应对全球性的资本竞争和公司治理趋同运动，日本设置了一种新的公司类型——委员会制公司，在各种不同的公司治理结构中给企业提供了一种新的选择。这比中国强制性的公司治理改革方法要好得多。市场检验和企业在不同治理结构中的自由选择会为我们提供出比任何政策制订者或专家所能提供出的都更好的答案。

就日本的公司治理改革，特别是其董事会改革来说，在公司法方面做了两个最主要的修订。首先，日本保留了传统的平行设置公司监事的公司董事会制度，但是通过增加独立监事大大提高了公司监事的作用。其次就是设置了必须设立三个（或者是一个但监督权力更大的）法定下属委员会和法定执行经理的新董事会制度。尽管并没有很多的日本公司选择了法律形式上的董事会制度的正式转换，但是很多公司在实践中对其董事会结构进行了自觉和自主性的改革。

日本商法改革所提供的企业可以自由选择的公司治理结构模式，为我们提供了一个绝好的观察和研究机会。在没有法律限制、相同的企业经营环境和文化背景条件下，在公司治理制度的自然演化、发展和自由竞争中，平行制的董事会和监事会，和单一制的董事会（通过由独立董事任职的董事会委员会实行监督），这两种企业董事会制度模式之间，谁会是最后的优胜者？由于新制度刚刚推行十几年时间，而且根据制度改革的一般规律，往往是那些已经面临业绩不良问题的企业才会主动彻底改革，现在我们还无法从业绩比较上来判断两类董事会制度的竞争结果。

无论如何，我们已经可以得出的一个结论是，日本的“选择式”董事会制度改革方法，与中国强制性改革导致的目前“监事会”与“独立董事委员会”并存状态相比，避免了企业内部机关之间的职责冲突，也为企业在公司治理方面的自主性制度创新提供了更大的选择空间与更好的法律支持。在中国的上市公司中，独立董事和董事会委员会是中国证监会的监管规则要求必设的。与此同时，公司法仍然要求公司设立监事会，由此导致了传统的平行设置的公司董事会和监事会制度和董事会委员会制度并存和混合的一种治理结构。董事会审计委员会和公司监事会之间存在着职责上的冲突。再加上一些政治、行政性和文化传统性的因素，中国公司中存在着太多的“检查与制衡”机制，带来的结果是真正有效监督的缺乏和复杂的权力斗争。

15.6.2 以市场导向法规改革推动企业自主性公司治理创新

在公司治理改革方面，中国最应该从日本学习的经验是公司法修订方式与方向。日本的公司法修订是需求拉动性的，并且是朝向一个放松管制的方向改变。给企业提供更多的治理结构选择自由，更多可用的公司治理机制，和给企业自主的治理改革提供更多的法律支持。

相比之下，中国的公司法，即使经过了最新的修订之后，仍然更多的是监管和禁止性规定，缺乏对来自市场的特别是非国有部门的公司治理发展的哺育和支持性规定。

从公司法到有关部门的规则，中国在公司治理和运营方面是“过度监管”的。中国证监会经常担负起有如中国上市公司“总部”的角色，太多的事情需要中国证监会的批准。中国的国有资产管理部门，则是在出台法规和监管规则的同时，往往比通常上的大股东更多地介入到了公司的管理性决策中去。还有其他一些政府部门也会介入到公司治理中去。中国已经有太多的强制性的“治理标准”了，甚至有些是明显不合理和无效率的，但是公司没有选择权，只能遵守。在各种过度监管的挤压之下，中国公司已经没有了自主性治理改革和制度创新的空间。

发达国家的经济史和企业史无不表明，是竞争促进企业的制度创新和一些更为有效的治理机制的兴起。为了有效治理机制的发展，中国需要更多的是竞争促进政策（特别是在资本市场上），而不是直接的公司治理政策。既然我们不知道真正有效治理的最佳方式，为什么我们不能给市场竞争和企业的自由选择留下更大的空间。

在中国，最重要的事情是提高资本市场上的竞争和发挥资本市场的治理作用。关于公司治理的最佳方式，资本市场会比政府官员知道得更多。正如在日本，是金融市场上放松管制的“大爆炸”导致了企业更为偏好通过证券发行来融资，资本市场上对于股东价值的更强烈追求，银行在放贷上的收紧和交叉持股的持续消解。所有这些力量，迫使日本公司自觉自主地进行治理改革，加上随后的公司法修订，最终促成了公司治理上的一个系统性的创新。日本的公司治理改革经验告诉我们，重要的不是在各种不同的公司治理方式中选择一个最好的，而是能够有新的方式浮现和兴起。市场将会为我们选出一个最好的。

最后，但却最为重要的，也许不是羡慕日本在其现代化的过程中如何在很多产业领域里战胜了西方强国，而是日本如何学习他国强项，并保持自已传统，在二者的结合之中创造出了现代日本企业的竞争优势。

15.7 世界的索尼：股票和产品同步征战

索尼旗下全球共有1000多家公司，承担集团管理职责的是索尼株式会社。根据英国《金融时报》2010年5月31日发布的全球500强数据，索尼公司股票市值全球排名从2009年的231名上升到了182名；营业额794亿美元，全球第42

名；资产总额1197亿美元，全球第125名。

作为日本企业中产品及公司治理同步国际化的先驱，索尼公司的创业及治理转型过程非常值得我们学习与借鉴。

15.7.1　东京通信：怀揣梦想的创业

井深大（1908－1997），索尼公司的创始人，中学时期就是一个无线电爱好者。1927年进入早稻田大学。1933年大学毕业前夕，井深大参加东芝公司的招聘面试落选后，进入了一家名为PCL（图片化学研究所）的公司，因为该公司总裁植村泰二答应他可以做他想做的研究工作（井深大在大学时期已经是小有名气的发明家，“动态霓虹灯”获得巴黎世界博览会优秀发明奖）。几年后PCL公司开始制作电影，1937年，井深大的工作转到了植村泰二担任社长（总裁）、制作电影放映机的“日本光音”公司无线电部。1940年秋，无线电部从日本光音公司独立出来，成为日本测量仪器公司，人员构成为社长植村泰二、常务井深大和专务小林惠吾（井深大大学同学）。该公司最初的支柱产品是井深大发明的频率继电器，主要被用于海军潜艇上。在一次有关新兵器研制的战时军事研讨会上，井深大认识了索尼公司的另一位创始人，时任海军中尉的盛田昭夫。二战结束之后，井深大决定到东京发展。

1945年10月，井深大和几名原公司同事在东京日本桥现为东急百货时名白木屋的三层一个狭小的配电室创立了索尼公司前身“东京通信研究所”。最初是井深大用自己的存款给大家发工资。为了公司生存，起步业务是做收音机的修理和改造（日本战时为了防止民众收听敌台切除了民众收音机的短波），然后是开发了电饭锅以及真空管电压表等。真空管电压表成功打入了政府市场。

1946年，井深大决定将东京通信研究所改组为股份公司。井深大请已任东京工业大学教师的盛田昭夫加盟。盛田昭夫是已经经营酒业三百年的盛田家的长子，本应继承家族事业的，但是却得到了父亲盛田久作工门的许可，与井深大一起创业。1946年5月7日，以电信设备和测量仪器研究制造为目的、19万日元资本金的东京通信株式会社（股份公司）正式成立。出任社长的是井深大的岳父前田多门，前田多门为此辞去了文部大臣职务。前田多门请其朋友、战时曾任金融统制会理事的田岛道治帮助筹集资金。田岛道治请当时的帝国银行（1942年由三井和第一银行合并而成，现为樱花银行）会长（董事长）万代顺四郎支持。此时，井深大38岁，任取缔役（董事），负责技术部门；盛田昭夫25岁，任专务，负责营业部门。

井深大是在战后日本一片废墟之上，怀揣“技术报国”的梦想而创立东京通信工业股份公司的。“要充分发挥勤勉认真的技术人员的技能，建立一个自由豁达、轻松愉快的理想工厂”，这是井深大在公司成立之初写在《成立宣言》中的一句话。关于业务宗旨，井深大在公司开业仪式上说，“如果我们做和大公司一样的事情，是无法与其匹敌的。但是，未被开发的技术比比皆是。我们要做大公司做不了的事情，以技术力量为祖国振兴添砖加瓦”。

15.7.2 改名“索尼”：为了进军世界

1955年3月，东京通信工业公司开发出第一代晶体管收音机之后，为了打开美国市场，决定起用“SONY”这一商标。盛田昭夫带着样品到美国推销。美国一家大公司（布劳巴钟表公司）提出可以订购10万台，但是要用这家美国公司的商标，因为美国没有人知道“SONY”。但是盛田昭夫坚持要使用SONY商标，放弃了这笔大生意。对方说：“有谁会知道SONY呀，我们是经历了五十年，才成为世界知名产品的。”盛田昭夫回答说：“那么五十年前，又有几人知道贵公司的大名呢？我们公司与五十年前的贵公司一样，现在刚刚迈出五十年的第一步。五十年后我们也会把SONY变得与贵公司一样有名，所以这宗买卖是谈不成了。”1956年，东京通信工业股份公司成立十周年，资本金从19万日元发展到1亿日元，员工人数扩大到483人。

起用“SONY”商标三年之后，1958年，东京通信工业股份公司正式改名为索尼股份公司（SONY株式会社）。当时东通工的磁带录音机已经占到日本市场91%的份额，对于日本人来讲，东通工是一个很通用的名字。但是一心要将公司发展成为“来自日本的世界企业”的盛田昭夫坚持改名，因为东通工翻译成英语发音和含义都很晦涩。对于各种反对者关于改名目的的疑问，盛田昭夫的回答就是“为了进军世界”。并且盛田昭夫坚持就用“索尼股份公司”这样一个名字，不同意加上如电子等行业限定词。从这一点来看，盛田昭夫明显比乔布斯更有“宏图大志”，乔布斯在2007年，公司成立31年之后，将公司名称中电脑两字去掉，改苹果电脑股份公司为苹果股份公司。

15.7.3 索尼的全球化：股票与产品同步征战

1955年8月8日，东通工股票在东京证券交易所场外市场上市。同时开始在场外市场上市的公司还有日本航空、富士重工和本田技研。三年之后，1958年12月，索尼股票转为东京证券交易所一部上市。

1961年，日本政府从100多家申请者中，挑选和批准了首批发行美国预托存证（ADR）的16家公司，索尼位列之中，引起了很多质疑。同一批中其他公司像东芝、日立、八幡制铁、三菱商事、三井物产等都是创立于二战前的日本老牌优秀企业，只有索尼是战后才创建的、只有9亿日元资本的新兴小企业。但是索尼积极抓住了这一机会。1961年2月11日索尼董事会决定发行新股，并决定其中的200股以ADR的形式在美国公开发售。盛田昭夫认识到，“以前采取的从银行借款运转企业的所谓间接金融的方法已经不合时宜了，必须要从银行独立出来……这个目标可以通过证券市场来完成，而且不仅限于日本，我们可以在世界范围内融资。”

1961年6月，索尼ADR以日本ADR第一号的身份登陆美国资本市场。此次ADR发行完毕之后，索尼资本金增加到了21亿日元。1964年4月，索尼又第二次发行了300万股ADR。通过两次共500万股ADR的发售，索尼筹集了大约40亿日元资金。1965年索尼又向IBMD定向发行了50万股新股，筹资3亿日元，走在了日本企业引进外资的前列。

1970年9月17日，第一笔ADR发行十年之后，索尼成为纽约股票交易所的第1305家正式上市公司，是在纽交所正式上市的第30家外国公司，是日本公司在纽交所上市的第1家。作为全球最大的股票交易所，当时纽交所的上市公司市值总额占全球上市公司市值总额的75%。已经在纽交所上市的公司，几乎可以不经审查，就可以在加拿大和欧洲的股票交易所上市。在纽交所上市当天的记者招待会上，盛田昭夫表示，“这次上市，是索尼公司成为世界性企业的第一步。我们也想在欧洲上市，使索尼公司成为立足于世界的企业”。到1977年，索尼公司股票已经在世界10个国家的18个主要证券交易所上市，实现了几乎一天24个小时不间断地有索尼公司股票在某个交易所进行交易。索尼公司在产品和股票两个方面同步实现了国际化。

自率先在美国上市之后，索尼公司的股东多样化和股权分散化一直居于日本企业的领先水平。不过由于金融危机的冲击，索尼的外国人持股比例有所下降。2009年3月31日，索尼股东人数总计为761242名，其中外国人1394名，持有39.0%股份，而前两年外国人持有索尼股份的比例都在50%以上。

索尼公司的股东及股权结构（当年3月31日）

	2007		2008		2009	
	股份比例（%）	股东数（名）	股份比例（%）	股东数（名）	股份比例（%）	股东数（名）
外国人	52.7	1380	50.6	1371	39.0	1394
金融机构	19.8	269	21.5	297	25.4	269
个人及其他	23.1	624770	23.3	633045	31.0	755092
一般法人	3.3	4054	3.1	4108	3.6	4419
证券公司	1.1	81	1.5	124	1.0	68
合计股数	1002897264	630554	1004443364	638945	1004535364	761242

资料来源：索尼公司年报。

15.7.4 从出井伸之到斯特林格：职业经理人领导的索尼治理改革

从1946年创立到1995年出井伸之就任社长的索尼公司前50年时间里，共有5任社长，包括创立时期主要是监督和帮助者角色的井深大的岳父前田多门，以及创业时期就加入了公司的岩间和夫、大贺典雄，但是井深大和盛田昭夫两位创始人一直实际领导着公司，公司处在创始人管理的阶段。

从1995年开始，井深大和盛田昭夫退出管理层，在盛田昭夫会长（实际的CEO）之下已经担任12年社长（实际的COO）的大贺典雄决定转任会长而任命出井伸之出任社长。出井伸之是井深大女儿的同学，1960年从早稻田大学政治经济系毕业后就直接加入了索尼公司。1960到1970年代，出井伸之被索尼派往欧洲工作了10年，1980年代历任索尼的音响、计算机和VTR等事业总部的负责人，1989年出任公司董事。尽管如此，1995年出井伸之就任社长，还是相当震动日本企业界的。因为任命出井伸之为社长时，排在出井伸之前面的公司前辈有14位之多，这在讲究资历和按资排辈的日本是非常“不合常理”的。出井伸之大学的专业是经济学，是靠技术起家、视技术如生命的索尼公司的第一位非创业者，也非技术人员出身的领导人。

1995年3月22日的索尼公司董事会上，出井伸之被任命为社长。当时索尼陷入了过度扩张带来的财务困境，能够生存下去的概率不超过50%。索尼没有像IBM或者惠普那样在需要彻底变革的时候，从公司外引入新CEO，而是采取了从内部提拔的方式。尽管出井伸之在索尼内部已经属于“唱反调”角色了，但是难免会面临巨大阻力，不能像外来CEO那样可以无所顾忌地大刀阔斧地进行改革。

除了引进EBITDA（未计利息、税收、折旧及摊销前的收益）等新业绩评价指标以及终结DVD格式之争等财务和业务战略上的举措之外，出井伸之对索尼的公司治理机制进行了改革。首先对索尼最重要的海外公司——索尼美国公司进行了着眼于加强索尼总公司对下属公司的有效管理与监督的治理机制改革，包括迫使美籍总裁辞职，设立有外部董事的董事会，划分清楚索尼美国公司与索尼总公司之间的权利边界，等等。

在索尼总公司的治理改革方面，可以说出井伸之延续并进一步增强了索尼公司中早已存在的“国际化”做法。从1961年发行ADR开始，索尼公司一直处于日本公司中引入欧美治理做法的领先地位。索尼1970年开始设立外部董事制度，1976年正式设立了CEO职位，盛田昭夫任索尼首位CEO，使日本公司中开始出现CEO这类美式称呼职务和传统的日本公司职务会长、社长等并存的时代。盛田昭夫是1971时接任井深大任社长的（井深大改任会长），五年任期后社长由岩间和夫接任，盛田昭夫改任会长兼CEO，也就是董事长兼CEO，而社长相当于总裁兼COO。

1997年，索尼把40多人的董事会缩减到了10人，其中7人为执行董事，3人为外部董事，同时设立了董事会的薪酬委员会和提名委员会。索尼的董事会改革，开启了日本公司董事会自主改革的潮流，以至2003年修改后的日本新商法确认了“委员会制公司”这样一种具有新型治理结构的公司类型。

2000年，大贺典雄70岁，按索尼规定需要从会长职位退休。出井伸之转任会长兼CEO，安藤国威出任社长兼总裁，统扩日本市场，霍华德·斯特林格负责索尼美国事务。2005年出井伸之70岁从索尼公司会长职位上退休后，选择了霍华德·斯特林格接任会长兼CEO，中钵良治担任社长，安藤国威转任副会长。霍华德·斯特林格1942年出生于英国，1965年移居美国，1985年加入美国国籍。斯特林格早先做过美国哥伦比亚公司（CBS）的记者，1988年升任CBS公司总裁。1995年从CBS公司辞职，担任美国一家网络和有线电视公司TELE-TV的董事长兼CEO。1997年出任索尼美国公司的总裁。

为了比较彻底地离开，出井伸之自己只接受了一个“最高顾问”的头衔，并且说服自己一代的公司老人们一同退出，以给公司新一代领导人自由发挥的空间。

霍华德·斯特林格已经平稳掌管索尼公司将近5年。目前索尼公司15名成员的董事会中有12位为非执行董事。除霍华德·斯特林格外，还有Peter Bonfield（英国电信CEO）和Roland A· Hernandez（特莱蒙多CEO，美国的西班牙语广电集团）两位英美人。此外有一位华人谢正炎（麦肯锡高级合伙人）和一位女士内永ゆか子（日本企业家）。其他成员包括张富士夫（丰田董事长）、小林阳太郎（富士施乐CEO）等。从全球比较来看，在产生全球公司的主要发达国家中，日本企业的董事会和高管团队是最封闭的，索尼可以说是日本的“一个例外”。

15.7.5 盛田昭夫的精神遗产

1998年，去世的前一年，索尼创始人之一盛田昭夫（Akio Morita, 1921.1.26–1999.10.3），作为唯一的亚洲人，被美国《时代》杂志评选为20世纪20位最有影响的商业人士之一。

从井深大创立东京通信研究所开始来看，盛田昭夫是第7位追随者，所以作为索尼公司创始人，盛田昭夫始终排在井深大之后。但是从索尼公司的实际发展历程来看，可以说盛田昭夫是其最主要的缔造者。盛田昭夫曾出版了《学历无用论》和《日本制造》等书，引起了强烈反响。索尼公司专注于技术，但是不讲究学历和出身。从1991年开始，索尼在招聘应届毕业生时，在应聘报名书上隐去报名者的毕业学校。索尼公司还是日本企业中录用有经验者和录用外籍人士的先驱者，并把这看作是通过输入异体血液的方法来强化公司。

1980年代，日本企业独霸全球、不可一世的时候，盛田昭夫曾与石原慎太郎合著《日本人可以说“不”》，1987年在纽约的日本人聚会上盛田昭夫提出“美国应该进一步学习日本”。但是，在1993年盛田昭夫最后一次发表演说的内容是，“我们需要再次向美国学习。索尼曾经通过巧妙地引进美国的技术获得了发展，并在80年代终于超越了美国。然而我们绝不能满足于此。今天，我们仍然需要再一次向美国学习。”

索尼公司的两位创始人井深大和盛田昭夫，一个专注于技术，一个擅长于市场，并同时具有“立足日本走向世界”的志向和“不拘一格选用人才”的胸怀，这也许是所有创业及转型成功企业都应该具备的要素。技术报国，学历无用，但是学习重要，并且是要“学习学习再学习”，也许这是我们最应该从索尼的创业及转型历程中和盛田昭夫身上得到的启示。

索尼的主要领导人接替历程

时间	会长/董事长	社长	备注
1946年		前田多门	前田是井深大的岳父，井深大担任技术部门负责人；盛田昭夫担任营业部门负责人
1971年	井深大	盛田昭夫	
1976年	盛田昭夫	岩间和夫	井深大升任荣誉董事长；1976年6月，导入CEO制度
1982年	盛田昭夫	大贺典雄	岩间和夫逝世，由大贺典雄接任
1995年	大贺典雄	出井伸之	1994年11月，井深大就任“创立者-最高顾问”，盛田昭夫任创立者-荣誉会长。两位公司创始人退出经营层。
2000年	出井伸之	安藤国威	大贺典雄升任荣誉董事长
2005年	霍华德·斯特林格	中钵良治	首位非日籍最高负责人上任
2009年	霍华德·斯特林格	霍华德·斯特林格	中钵良治转任副董事长

GREAT
COMPANIES
INNOVATION, GOVERNANCE AND SUCCESSION
伟大的公司
创新、治理与传承

第16章 日韩企业的家族传承与职业管理

日本企业的家族传承与控制程度比美国略强，但远远弱于欧洲大陆国家。日本公司崇尚创始家族和职业经理人之间“平等合伙”，实行“共生型治理”。

16.1 共生、信任与家族的角色

16.1.1 共生型治理

“共生”是一个日本特有的概念，不仅体现在日本人的园艺和审美情趣之中，也体现在日本企业的管理和公司治理理念之中。这一理念对美国很多著名企业家也都有影响。惠普公司的办公楼前就立有一块“共生”二字的石碑。日本公司中，丰田和佳能可谓是“共生型治理”的两个典范。

丰田家族只持有2%左右的丰田汽车公司股份，与菲亚特和福特等相比，丰田汽车创始人家族对企业的控制要弱很多。从丰田汽车的管理层传递过程来看，丰田家族人员对丰田汽车公司一直以来也都有着重要的影响，但是按资历和能者上的机制都要更明显一些。

自1937年正式创立以来，丰田汽车公司的十一任总裁中有6位丰田家族人和5位外姓人，形成了一种交替：家族人（1937到1950年，两任）——外姓人（1950年到1967年，两任）——家族人（1967年到1995年，三任）——外姓人三任（1995年到2009年，两任）——家族人（2009年开始）的五个阶段。

作为一个企业名称，丰田早已经不是一个家族企业了，但是作为一个姓氏，丰田则依然是世界著名的企业家族。职业管理使丰田不再是一个家族企业，但是几个世代下来一直保持着的与其企业之间的密切联系，使丰田家族仍旧是一个企业家族。

佳能强调实力主义（不讲究学历）和新家族主义。佳能有劳动者财产形成制度、持股制度等一系列职工福利保障制度。佳能从1950年10月开始，实行了将利润对资本、经营和劳动三方（各占三分之一）进行分配的三分配制度。

佳能和丰田一样，创始家族对企业一直有着影响，但不是仅仅凭借股权的一种控制，而是从创始人与其创业元老及公司员工之间的一种共生关系，演化为了创始人家族与企业之间的一种共生关系。股权有继承、职位没继承，家族后代也和职业经理人一样，遵循凭能力和业绩“竞争上岗”的原则。

16.1.2　信任、授权和放手的力量

松下幸之助被誉为“日本经营之神”，他的经营理念在日本、中国以至世界范围内的影响，都要远远大于松下公司的影响。在放弃家族传承，启用职业经理人领导公司方面，松下幸之助也是一位先驱者。

松下幸之助只有一个女儿，没有亲生儿子，其接班人松下正治（本姓平田）是女婿，收为养子后改姓松下。找个有能力的女婿收为养子改姓接班，是传统日本家族企业中常见的一种做法，有时即使有亲生儿子，也会这么做。儿子是天定的，可能能力不足、兴趣不足，或者年龄不够等因素而不适合直接接班，女婿则可以广泛地“择优录用”，有时就是其经营中的重要助手。丰田佐吉也是将其纺织帝国交给了女婿-养子丰田利三郎，而没有交给自己的亲生儿子丰田喜一郎。丰田喜一郎是从丰田自动织机公司的汽车事业部开始创建起来丰田汽车帝国的。

1961年松下幸之助辞去社长职务（总裁），只任会长（董事长），松下正治接任了社长职务。松下幸之助担任会长到1973年7月，此后担任董事会顾问，到1989年4月27日去世。1977年，松下幸之助放弃家族传承思想，没有选择此前一直作为第三代接班人培养的松下正幸（1946年出生，松下正治的长子），而是选择了山下俊彦出任松下第三任社长。1986年，山下俊彦转任会

长，谷井昭雄出任社长，松下电器的会长和社长两个最高职务都开始由外姓和职业经理人担任了。

股权高度分散之下，优秀的经理人成就伟业需要有效资本市场和良好公司治理系统的约束与支持；股权不够分散，还有大股东、控股家族甚至创始人存在的情况下，优秀的经理人能否成就伟业还要取决于“老板”的眼光与胸怀。有些日本企业，没有像松下这样完全放弃家族传承，而是保持家族传承，但在公司管理上给予职业经理人以充分信任和完全授权，使职业经理人能够近似于美国公司经理人那样主导公司大展雄图。

伊藤洋华堂（Ito-Yokado）的老板伊藤雅俊任用铃木敏文，发展出来了一个日本第一、世界第五大的流通和零售企业集团7&I集团（旗下有华堂商场、7-11连锁店、千僖零售、崇光百货和西武百货等），可以说是与老沃森缔造IBM一样的职业经理人成就公司伟业的故事。

16.1.3 家族控制的美津浓与去家族化的ASICS

同一个行业的这两个日本企业之间，在治理模式上可谓是日本企业中家族控制和职业管理两个极端的代表。美津侬已经保持了四代的家族控制、家族人员直接参与管理，ASICS则是在创始人去世之后就走上完全的职业化管理之路。

ASICS公司的主要前身是1949年创立的鬼塚公司，1978年与另外两家体育用品公司合并成为了ASICS公司。1987年和1989年，三位创始人中的两位，都是自创建以来一直担任公司副社长的寺西光治和滔井一马，相继去世。灵魂人物鬼塚喜八郎还健在，并仍在担任社长，但要开始考虑接班人的问题了。

在经过15年时间的创始人担任社长、直接管理之后，又经过了16年的创始人任会长、职业经理人任社长状态，ASICS最终于2008年开始了完全的职业经理人控制和管理公司阶段。ASICS能够随着创始人的离去而平稳过渡到职业化管理时代，与其核心创始人鬼塚喜八郎的管理理念是分不开的。早在1959年，鬼塚公司创立十周年时，就开始进行了去家族化改造，向员工发行股份，员工持股比例达到70%，并提出了“劳动和资本一体化经营的命运共同体理念”。

美津浓创始人水野利八，从1906年到1969年，从创立到企业上市和分享股权，在位63年。创始人的儿子水野健三郎，从1969年到1988年，在位19年，领导美津浓成功进行了国际化。第三代水野正人（1998年到2006年）和水野明人（2006年开始），创始人的孙子，领导了美津浓的全球化时代。公司董事会中已经有了下一代的水野家人——水野英人。

16.2　新家族主义：佳能的共生型公司治理

关于佳能（CANON）名字的含义，有两种说法，一是观音（KWANON），二是大炮（CANNON）。作为一个公司名称，CANON就是CANON，到底是啥含义也许并不重要。但是，人们赋予这一词汇的两个含义，却正好象征了佳能的两种文化形象：作为“观音”，佳能倡导“共生”理念，并将之切实贯彻到了企业行为的各个层面；作为“大炮”，佳能出色地完成了其创业时所设立的“打倒莱卡”的梦想。

16.2.1　德国人能造照相机，日本人为什么不能？

1900年出生于广岛的吉田五郎，小学时候从哥哥那得到了一部照相机，十分迷恋，并将之拆开来再组装回去。成年后，吉田五郎进入了电影界，修理和制造电影放映机。为了采购电影放映机所用的原材料，吉田五郎经常到上海出差。在上海，吉田五郎受到一位美国商人的嘲笑：“你们日本人不是能够制造大军舰吗？怎么连这样一点小小机器都不能制造？为什么还要买我们的？”受到刺激的吉田五郎想，“放映机和比放映机还小的照相机，德国莱卡能够制造，我们日本人为什么就不能制造？”

吉田五郎试制照相机的想法得到了其妹夫内田三郎的支持。内田三郎从东京大学法学部毕业之后，进入了三一证券工作。内田三郎是在受到对其有知遇之恩的日本产业联合会统帅鲇川义介“在资源匮乏的日本，头脑里要经常想高科技的事业”的告诫之后，下定决心与吉田五郎一起搞照相机试制工作的。

1933年11月，吉田五郎和内田三郎，在东京麻布区六本木竹皮层大厦的三层共同创立了今日佳能公司的前身，“精机光学研究所”。这个所谓大厦，实际就是一个三层木结构的公寓楼。精机光学研究所租用了其三层的三个房间，其中两个房间为工匠宿舍，一个大点的房间为办公室兼装配工厂。内田三郎出任法人代表。1934年初，内田三郎任三一证券大阪分公司经理时的部下前田武南进入研究所，作为吉田五郎的助手，主持事务性的工作。1934年中，精机光学研究所制造出了日本第一代高级的35mm布帘式快门照相机。吉田五郎信奉观音菩萨，就把这个照相机命名为“KWANON”。1934年秋，内田三郎反对具有“观音”含义的“KWANON”这一名称，认为这“有损于集近代精密机械技术之大成的高级照相机的形象”。研究所再次研究了公司产品的商标问题，认为这一名字很响亮，并且有“判断标准”和“经典”的意思，最后于1935年正式以CANON为注册商标。

16.2.2 创立佳能公司：为了筹资，日本精机光学研究所公司化

1936年，已经成为日本最大光学仪器厂的精机光学研究所从东京六本木迁址到东京目黑，并改名为“日本精机光学研究所”。但是由于资金困难，为了筹集资金，1937年8月10日，日本精机光学研究所改制为精机光学工业株式会社（股份公司），资本金100万日元。公司没有设总裁（社长），而是由内田三郎出任代表常务董事，为最高经营责任者。日本的股份公司需要设监事，出任监事的就是后来实际缔造佳能帝国的御手洗毅。

御手洗毅出生于1901年，1925年毕业于北海道大学医学部。1929年御手洗毅到了东京，进入日本红十字医院妇产科工作。御手洗毅与内田三郎的哥哥三井再男（后来也成为佳能的董事，并出任了佳能中央研究院第一任院长）是把兄弟，并经常给内田三郎的夫人看病，因此与内田三郎很熟悉。从精机光学研究所时候开始，医生御手洗毅就给予了资金支持。御手洗毅被选为精机光学工业株式会社的监事，一方面是因为其自己是投资者之一，另一方面是因为

交际面广、筹资能力强。御手洗毅将其医生朋友（时任大石医院副院长的厚木学）、哥哥（御手洗信夫）及朋友（今井修三）等人都拉来成为了公司的股东。

尽管精机光学工业株式会社以100万日元的资本金注册成立，但是初期的实际到位资金只有40%，并且其中占有相当大比例的是过去研究所时代使用过的设备过高折价而来的实物投资。因此，这时的精机光学工业株式会社在财务上还是很困难的。就是在这样的一个基础上开始创业的精机光学工业株式会社，从1938年下半年创立仅仅半年多之后，就开始每年按投资5%的比例给股东分红。1947年，公司成立十周年，精机光学工业株式会社改名为佳能照相机株式会社，1969年改为佳能株式会社，沿用至今。

像佳能这样，创立时期根据业务领域取一个比较通用的名字，成功推出一个产品并打出品牌之后，采用商标名作为公司名，是很多日本公司的做法。索尼是由东京通信工业公司改用其商标名而来，夏普是由早川电机公司改用其商标名而来，奥林帕斯是由高千穗制作所改用其产品商标名而来。

16.2.3　御手洗毅医生：兼职总裁缔造佳能帝国

作为佳能公司重要发起人之一的御手洗毅没有作为董事从一开始就参与公司的经营，是因为他的医生职业也发展得如火如荼。1935年10月，御手洗毅成为国际圣母医院的妇产科主任，1937年5月，又获得了医学博士学位，有作为医生独立开业的打算。御手洗毅只是出任精机光学工业株式会社的监事，每个月只来开一次会就可以了。

由于内田三郎的一再邀请，从1939年7月开始，本职工作还是妇产科医生的御手洗毅出任了精机光学工业公司的董事。作为股东和董事，御手洗毅“兼职”性质地为公司做一些业务，但是其事业重心还是行医。1940年御手洗毅在目白市开设了医院。但是，1942年2月15日，日本占领新加坡之后，军方命令内田三郎到新加坡任占领区行政官，内田三郎把公司的事务交给了御手洗毅掌管。1942年8月14日的公司董事会提出御手洗毅担任总裁（社长），9月10日的临时股东大会做出了正式决定，御手洗毅成为了佳能公司历史上第一位正式的总裁（社长）。这样，御手洗毅开始了身兼两种不同职业的生活，每天早上5点起床，先到公司开会，然后于11点赶到医院。由于战时的民用照相机市场萎缩，御手洗毅领导公司开发了医用X射线照相机和双筒望远镜等军需用品。

1943年，内田三郎完成军方任务从新加坡回到日本后，虽然仍然具有经营公司的积极性，但是看到公司在御手洗毅领导下已经确立起了一套有效的运转体制，只好继续让御手洗毅作为社长（总裁）掌管经营职责，自己出任不掌管经营的会长（董事长）。1947年公司改名为日文片假名的“佳能照相机”之后，内田三郎看到公司的巨大变革，辞去了董事职务。

16.2.4 新家族主义：佳能的共生型公司治理

1963年，佳能在德国国际摄影器材展览会上成功展出了其自动对焦照相机之后，美国《先驱论坛报》报道说，“传统技术的、高质量的德国造这样的形象正在崩溃。其原因是工人缺少自尊心、劳动力不足和频繁地更换工作岗位”。在维持劳资合作方面，德国有法律保障的“劳资共治”型公司治理似乎还没有日本没有法律保障但有文化支撑的佳能这类公司所执行的“共生”型公司治理来得更为有效。

佳能强调实力主义（不讲究学历）、健康第一主义和新家庭主义。佳能有劳动者财产形成制度、持有股票制度等一系列职工福利保障制度。佳能不仅仅是使用职工，而且是与职工一起创造美好的公司。用御手洗毅的话说是“喜悦也好悲伤也好，一起同甘共苦”。佳能从1950年10月开始，实行了将利润对资本、经营和劳动三方（各占三分之一）进行分配的三分配制度。从1960年开始，探索缩短职工工作时间的方法，1966年开始完全实行每周五天工作制，这在日本企业中是很领先的（当时有松下电器也实行了五天工作制），甚至受到了日本经济联合会的批评。佳能倡导“三自”精神，自发、自治和自觉。1977年佳能调其美国公司经理回日本就任销售公司时，御手洗毅说：“委任你做这项工作，什么都不用说了，赶快上任去吧。”在佳能法国公司遇到一件难事犹豫不决时，御手洗毅说“按照你的自信去做”。

16.2.5 从御手洗毅到内田恒二：佳能的七任社长接替

1974年，由于石油危机的冲击，佳能照相机出口减少，以及开发台式电子计算器项目的失败，73岁的御手洗毅引咎辞去社长职务，提名前田武男（1962年任专务，1966年任副社长）担任社长，自己就任会长。但是御手洗毅和前田都有代表权。御手洗毅表示，“我自己有30多年的经验，能从最高点，也能从侧面对今后以社长为中心的一切业务提出各种各样的建议。今后，会长作为董事会的主席，主宰公司方针的决定、董事的任免。在对外方面，就股东和股份问题以及财务对策等也要由会长决定”。御手洗毅于1984年10月10日因肺炎辞世。

1977年前田武男病逝，贺来龙三郎出任佳能第三任社长。贺来龙三郎1926年出生，1954年从九州大学经济学部毕业后进入佳能。51岁就任佳能社长，这在当年日本大企业的社长中是非常年轻的。贺来龙三郎提出了佳能“创建优秀企业的构想”，并于1978年实施了事业部制。贺来龙三郎积极推动了佳能的经营多样化。贺来龙三郎认为：“美国的投机企业是在赚钱之后把公司卖出去，可是日本企业要对员工、顾客、股东以至全社会负责，所以日本企业要永远生存下去，绝对不能单打一地专业化经营，而是要多样化经营。”但是，佳能的多样化经营坚持三个铁的原则：一是要在已有的销售渠道和已有专业技术领域内多样化；二是只进行关联多样化；三是多样化经营要实行垂直统一领导。如果不能坚守这些多样化的原则，插手与自己无关的业务，名曰多样化经营，实为不务正业。

贺来龙三郎任佳能社长12年后退居二线，只任会长，由山路敬三出任佳能第四任社长。山路敬三（1927–2003）1951年毕业于东京大学物理专业，1989年出任佳能公司代表取缔役、社长。1993年，御手洗毅的长子御手洗肇，经过在佳能公司近二十年的历练之后出任了佳能第五任社长。御手洗肇于1938年出生，1973年获得斯坦福电子工程博士学位之后，1974年1月进入佳能公司。御手洗肇大力推进了佳能的LBP系列激光打印机。1995年8月31日，56岁的御手洗肇因肺炎病逝，董事会决定由当时59岁的副社长御手洗富士夫就任佳能第6代社长。御手洗富士夫是御手洗毅的侄子，御手洗肇的堂兄。1935年出生，

1961年于日本中央大学法政部毕业后加入日本佳能。御手洗富士夫上任后，引入了一些美式企业经营理念，使佳能不再唯技术至上，强调利润和现金流。不过佳能重视技术、视技术为企业发展原动力的传统并没有改变，长期坚持营业收入10%左右的研发投入。

2006年5月，御手洗富士夫退出社长职位，担任会长，照相机技术开发出身的内田恒二出任佳能第7代社长。内田恒二1941年出生，京都大学工学部毕业，1965年进入佳能。用美式高管职位用语来说，就是御手洗富士夫为佳能现任董事长兼首席执行官（会长、代表取缔役），内田恒二为佳能总裁兼首席运营官（社长、代表取缔役）。

佳能历任社长

年份	社长姓名	注释	治理类型
1937	内田三郎	未设社长职位，代表董事执行社长职能	创始人治理37年，1937–1974
1942	御手洗毅	开始正式设立社长职位	
1974	前田武男	御手洗毅出任会长	内部成长　外姓–经理人治理19年1974–1993
1977	贺来龙三郎	前田武男病逝	
1989	三路敬三	贺来龙三郎任会长	
1993	御手洗肇	御手洗毅的长子	内部成长　家族–经理人治理1993—
1995	御手洗富士夫	御手洗肇病逝	
2006	内田恒二	御手洗富士夫任会长	

16.2.6 佳能的股权与治理架构

佳能公司股票于1949年5月16日在东京证券交易所上市交易。佳能股票也在大阪证券交易所（1953年）和名古屋交易所上市。2000年佳能在美国纽约股票交易所上市。佳能的主要股东都是日本和美国的金融类的机构投资者。第一大股东持股6%，前十大股东合计持股32.1%。

佳能的主要股东

股东名称株主名	持股数量　千股	持股比例　%
第一生命保険相互会社	74649	6.0
日本信託服务銀行株式会社（信託口）	67840	5.5

续表

股东名称株主名	持股数量　千股	持股比例　%
日本Master信託銀行株式会社（信託口）	51665	4.2
Moxley and Co	50458	4.1
JP摩根大通银行380055	39866	3.2
Mizuho公司银行株式会社	25919	2.1
Sompo損害保険株式会社	22910	1.9
大通曼哈顿银行, N.A. London S.L. Omnibus Account	21863	1.8
State Street Bank and Trust Company 505225	20850	1.7
State Street Bank and Trust Company	19681	1.6
前十大股东持股合计	395701	32.1

资料来源：佳能网站。

尽管在股权结构上，佳能与非常美国化的索尼、甚至是美国公司也都无大差异，都是高度分散，都是以金融类机构投资者为主，但是佳能在公司治理结构上却是保持着非常鲜明的“日本特色”。

佳能没有像索尼等其他日本电子行业公司那样，在2003年日本新商法生效之后选择转向“委员会制会社”，废监事制度，引入独立董事制度。佳能选择继续保持监事制度，5名监事中有3名外部监事。佳能董事会则保持全部为公司内部人的状态，17人的董事会中外部董事人数为0。

按照美式标准衡量，佳能的公司治理很不“先进”——既没有独立董事，又在经过19年的外姓-经理人治理之后回归到了创始人家族-经理人治理的状态。但是佳能的业绩却很“不俗”。2009年，佳能的美国专利注册数量仅次于IBM、三星和微软，位居第四。佳能集团2009年度营业额达到348.83亿美元，员工168879人，分布在世界各地的控股子公司241家。美国《商业周刊》杂志2009年“全球最佳品牌”排名中佳能列第33位，美国《财富》杂志2009年“财富500强”中佳能营业额居第190位，净收入列第131位。英国《金融时报》2009年“全球500强”中佳能市值排第104位。

佳能七十多年持续稳定的成功发展历程表明：美式德式日式，都不是完美定式；坚持自我、努力学习，管用就是好式。

16.3 铃木敏文与7&I：信任与授权的力量

股权高度分散之下，优秀的经理人成就伟业需要有效资本市场和良好公司治理系统的约束与支持；股权不够分散，还有大股东、控股家族甚至创始人存在的情况下，优秀的经理人能否成就伟业还要取决于“老板”的眼光与胸怀。

16.3.1 意外转行，进入伊藤洋华堂

铃木敏文1932年出生于日本长野的一个主业为农业和桑蚕业的地主家庭，1946年入蚕业职业中学，6年后（1952年）考入中央大学经济系。1956年4月进入一家出版社（东京出版贩卖公司，现为东贩集团公司），先是在出版科学研究所做了三年的调查工作，然后转入媒体公关部，负责《新刊新闻》的编辑。

铃木敏文大学毕业时曾到洋华堂（伊藤洋华堂前身）参加过面试而没有被录用。1963年，已经在东贩工作了七年半之后，为了给自已想要做的一个电视节目拉赞助又想起了洋华堂，结果被招募成为了正式员工。当时的伊藤洋华堂刚开始连锁超市经营两年多，只有6家店铺，500从业人员。此时已经30岁的铃木敏文，对综合超市和整个商品流通行业都并无了解。但正是这种“门外汉”的状态，使他在日本的超市和商品流通行业掀起了重大变革，并一手缔造出了商业企业巨人7&I集团。

伊藤洋华堂起源于公司创始人伊藤雅俊的叔叔于1920年创建的家族企业。1958年伊藤雅俊接手家族事业，创立了洋华堂株式会社。1965年，公司正式更名为伊藤洋华堂（在日本开设店铺用名为该公司名的日文片假名，在中国开设店铺用名为华堂商场）。

铃木敏文从1965年开始兼任公司人事科长，负责招募员工。1968年成为人事部门和促销部门的经理。铃木敏文由于缺少销售和进货经验，反而没有被所谓行业常识，或说是陈规旧历所束缚，进而能够更大胆进行推动业务变革。1970年公司店铺发展到20家，从业人员超过2000人。

铃木敏文在离开东贩时，担任东贩公司的工会负责人，到了伊藤洋华堂成

为人事经理，并且是日本代表企业方请求降低工会经费的第一人。伊藤洋华堂创始人、社长伊藤雅俊从来没有做过工薪族，难于理解企业设立工会的必要。在认同了铃木敏文“工会是一面可以反映经营者状态的镜子”这一观念之后，同意设立了工会。在铃木敏文的力劝和努力之下，伊藤洋华堂于1972年在东证二部上市，第二年转到东证一部。

16.3.2 外行胆大，创建日本7-11

1971年39岁的铃木敏文晋升为公司董事。作为负责人，每年带领公司员工到美国研修，学习美国发达的流通业技术和经验。在去加州的路上，铃木敏文偶然发现了美国的7-11商店，惊讶于“美国还有这么小的超市”。这是由美国南方公司（Southland Ice Company）经营的便利店，当时在全美有4000多家。当时伊藤洋华堂在日本各地的店铺（大型超市）扩展，正遭遇各地小店主的激烈阻挠。如果把这种连锁便利店的模式导入日本，一定可以创造小型商店和大型超市共存共荣的典范。

雷·克洛克在发现麦当劳餐厅之后，没有直接复制，而是获取麦当劳兄弟的授权许可。铃木敏文也是一样，没有直接在日本复制7-11的商业模式，而是努力取得其所有者美国南方公司的授权许可。

从1972年5月开始，伊藤洋华堂努力与美国南方公司接触，但是对方无意扩展日本市场，对其不理不睬。直到1973年4月，在伊藤忠商事的一位朋友的帮助之下，伊藤洋华堂才得到了直接与美国南方公司高层接触的机会。1973年11月30日，伊藤洋华堂与美国南方公司正式签订了“地区经营服务和特许经营合约”，伊藤洋华堂以销售额0.6%的费用获得美国南方公司授予的特许经营许可，使用7-11的商号、商标和服务标志，在日本开设便利店。

由于伊藤洋华堂内部很多人反对，没有人愿意负责7-11项目，伊藤雅俊社长对铃木敏文表示，“既然你坚持这项事业，那么就由你来负责吧。”作为伊藤洋华堂的下属独立子公司，日本7-11公司注册资本只有1亿日元。伊藤社长还表示，“既然是成立新公司，自己负责运营，还是自己出资比较好。”这样，铃木敏文和几位重要下属个人也出了一部分资本金。1973年公司成立时名为Yorku 7，1978年改成“7-11日本”。1974年5月15日，日本7-11的1号店正式开业。到1976年5月，总店铺数已经达到了100家。

日本7-11，从美国南方公司拿来了厚厚的27本经营手册，但是除了会计系统，其他的部分在日本都没有什么用。美国7-11店主没有采购权，公司集中大批量采购后分配给各店铺，同样方法在面对更为挑剔的日本顾客后，导致大量库存积压。日本7-11进行了模式改革，赋予店主采购权，通过加强单品管理和小批量采购，有效降低库存，提高了商店效率。美国7-11是大范围开店，日本7-11则是在选择好的区域内贯彻高密度多店铺战略，这既有利于提高店铺在区域内的知名度，创造地域品牌，也有利于实现小批量进货。

为了实现小批量进货，日本7-11促进了日本的物流体制改革，实现共同配送。此前，日本是以工厂为主导的物流配送体系，生产厂家各送各的，以至日本7-11每家店每天的送货车多达70辆。在7-11连锁店的推动之下，1980年日本流通史上第一次实现了牛奶的共同配送。随后，7-11公司又进一步发展了共同配送体制，按区域设立了根据商品特性分四个温度段进行集约型共同配送的配送中心，每家店铺一天的送货车大幅度减少到了9辆。

1978年，日本7-11委托日本电气公司研发POS系统，并最终于1983年率日本零售业之先，在全部店铺里启用了POS系统。1979年10月，日本7-11公司成立6年后，在东证二部上市，又创下了日本历史上从公司成立到上市时间最短的纪录。

16.3.3 临危授命，缔造7&I帝国

在整个1970年代，在子公司日本7-11快速发展壮大的同时，母公司伊藤洋华堂的大型连锁商场业务发展也是顺风顺水，店铺数量从23家扩展到了120家。但是到1981年，伊藤洋华堂遭遇了利润下滑危机。铃木敏文临危授命，以7-11公司变革流通模式、加强单品管理和总部与店铺的沟通机制等经验成功改造伊藤洋华堂，迅速恢复了赢利能力，并于1977年升为伊藤洋华堂常务董事，1983年就任伊藤洋华堂专务董事，1985年就任伊藤洋华堂副社长。1990年，美国南方公司陷入困境，日本7-11公司反过来通过入股70%对其进行了救

助。1929年丰田佐吉授权当时已经占据世界纺织机械霸主地位70年之久的英国普拉特兄弟公司生产和销售丰田G型自动织机，上演了一次纺织机械邻域里的日英逆转，61年后又上演了一次连锁商业领域里的日美逆转。

美国南方公司诞生于1927年，最初是一家在全美各地开设连锁店铺的制冰公司。位于德州一个店铺的经营者，接受顾客建议，在售卖冰块的同时也开始销售一些面包和牛奶等食品，非常成功，被总部接受得到全面推广。1946年，店铺标榜从早7点开业到晚11点，并由此将店铺名称定为“7–11”。

南方公司由于过度多元化，进入了石油和房地产等，于1980年代中后期陷入困境。掌控南方公司的汤普森家族在经过了公司回购下市（1987年）、发行债券等努力无望扭转困境之后，于1990年将其位于夏威夷的58家7–11店铺整体转让给日本7–11，并提出了由日本7–11对南方公司进行股权收购的建议。收购了美国南方公司70%股份之后，铃木敏文对其7300多家店铺进行了管理和业务流程整顿。1999年南方公司更名为7–11公司（7–Eleven inc），并随业绩回升，于2000年7月在纽交所重新上市。

1992年10月，由于伊藤洋华堂涉嫌向总会屋（日本特有的一种“股闹”，通过在股东大会上闹事来勒索公司或者受雇公司参加股东大会以帮助公司达到某种目的）提供资金，伊藤雅俊引咎辞职，时任副社长但已经60岁正准备退休的铃木敏文再次临危授命，出任伊藤洋华堂的社长，并很快又兼任了会长。

2005年，作为子公司的日本7–11公司市值已经比其母公司伊藤洋华堂还高。为了便于集团管理，以及利用日本于2003年开始准许成立纯粹控股公司的法律便利，伊藤洋华堂进行了集团架构重组。2005年9月1日，7&I控股集团正式成立，伊藤洋华堂及其旗下各家公司通过换股收购等重新纳入了7&I控股集团旗下。铃木敏文自传中说，7代表集团的便利店、超市和餐厅等7大业务领域，I代表创新。但实际上，7也可以说是代表7–11，I也是伊藤洋华堂（Ito-Yokado）英文名称的第一个字母。

2005年11月，7&I控股完成了对美国7–11公司剩余股份的收购，使其完全成为了7&I控股集团内的子公司。2005年底7&I控股又从野村控股手上收购了千僖零售（Millennium Retailing）65%的控制性股权，并于2006年9月进一步收购了剩余股份，由此把崇光（Sogo）和西武百货也完全纳入了旗下，成为日本最大、世界第五的流通和零售企业集团。此外，7&I控股旗下还有Denny’s连锁餐厅，以及2006年8月购入的美国White Hen Pantry连锁商店等。现在全球每天会有2600万人在7&I控股集团下属的商店购物。

16.3.4 信任与授权的力量

铃木敏文已经82岁，仍然在担任7&I控股集团的代表取缔役（代表董事，类似中国公司的法人代表，但是日本大公司的代表董事往往不只1人，经常是有几个人的）、会长（董事长）和CEO。日本国际化的大公司一般会明确会长和社长（总裁）谁是CEO，社长为CEO的居多，但是7&I控股集团明确铃木敏文会长是CEO，是公司的最高经营责任者，而社长村田纪敏（同为代表取缔役）是COO，是公司的最高执行责任者。铃木敏文还担任其母校中央大学的理事长，其老东家东贩集团的副董事长，日本经团联会长，日本连锁协会会长等等一大堆职务，作为职业经理人可谓是登峰造极了，其半个世纪在一个企业里的持续努力，也算获得了超值回报。

铃木敏文自我评价到，“想说就说，想做就做，可能我这样的人在其他人手下做事，不出三天就会被解雇。”但是，他却在伊藤雅俊（引咎辞职、退居二线后一直担任公司的名誉董事长）手下与其携手走过了半个世纪，做出了创建7-11这等大事业，这与作为公司创始人和老板的伊藤雅俊的雅量是分不开的。伊藤雅俊本人处事甚是谨慎，但是在他充分了解和理解了铃木敏文的那些大胆想法之后，都会放手让其去做。

16.4 跑鞋王者ASICS：专注成就价值

ASICS的中文名有爱世克私（大陆）和亚瑟士（台湾）两种。耐克从ASICS的代理商和代工工厂发展为全品类的运动品巨人，ASICS则仍旧在跑鞋领域里称王。第一代创业者相继离世之后，ASICS走上职业化管理，股权也已高度分散，但是仍旧不改专注本色，坚守创始人树立的公司理念：好头脑寓于好身体，运动带来健康。

16.4.1 鬼塚喜八郎和鬼塚公司

鬼塚喜八郎（onitsuka kihachiro，1917–2007）与山姆·沃尔顿类似，都属于二战复员后进行创业的一代。沃尔顿投身于他于战前已经略有熟悉的商业，鬼塚喜八郎则从分析战后日本的市场需要出发。二战之后，日本想通过体育来激发青少年的精神和斗志，但是当时的孩子们想要运动却得不到运动鞋。1948年鬼塚喜八郎决定在这一领域里创业，先用一年多的时间考察学习了神户和长田地区的制鞋厂。1949年3月，鬼塚喜八郎在神户市创建了鬼塚商会，9月1日鬼塚商会重组为30万日元资本金、4名员工的鬼塚公司（Onitsuka Co., Ltd.），开始专业生产运动鞋。

鬼塚喜八郎虽然并没有什么制鞋经验，但他潜心于研究运动生理学，从公司起步就着力于创新。公司的第一双排球鞋诞生于1951年，率先采用了硫化橡胶鞋底。鬼塚喜八郎也从生活中汲取灵感，受章鱼吸盘的启发，他设计出了篮球鞋的鞋底，生产出了日本第一双专业篮球鞋，鞋底印有虎头，并由此形成了公司的商标。至今ASICS仍然是日本篮球鞋市场上占有率第一的品牌。1951年，一个穿着鬼塚公司跑鞋的运动员在波士顿马拉松中夺冠。

1953年在神户设立了虎牌橡胶工厂。1955年8月设立了东京鬼冢公司，负责日本关东及东北地区的销售。1957年虎牌橡胶厂并入鬼塚公司。1958年，神户鬼塚公司与其销售分支东京鬼塚公司合并为新的鬼塚公司（Onitsuka Co., Ltd.），原东京鬼塚公司的总部成为新公司的东京分部。1969年作为运动鞋工厂的鸟取鬼塚公司建立，后更名为ASICS山阴工业公司。

整个1950年代，鬼塚喜八郎持续地努力改进其为长距离跑步者提供的各种产品，Ekiden Marup是其第一款圆头马拉松鞋，虎牌马拉松袜（Tiger Marathon Tabi，足袋，大脚趾分开的后底短袜）具有多项创新。一款产品甚至引起了伟大的赤足马拉松冠军Abebe Bikila的兴趣，1961年首次穿跑鞋时就选择了鬼塚公司的神奇跑步鞋（Magic Runner）。1959年出产的这款跑步鞋，是鬼塚看到马拉松运动员脚上长鸡眼后开发出来，采用了几个排气孔来保持脚底凉爽，并用新的橡胶配方提供了良好的缓冲性能。为使鞋子更加舒适贴脚，鬼塚公司测量了不少于2万人的脚，以作技术资料参考。

1960年代开始，鬼塚产品在奥运会和各种世界级体育赛事日益常见。一些日本之外国家的顶级田径运动员也穿鬼塚虎鞋，在1964年的东京奥运会上穿鬼塚公司虎牌鞋子的运动员共获得了46块奖牌。澳大利亚的DEREK CLAYTON穿鬼塚公司首创尼龙鞋面跑鞋以2小时9分36秒的成绩打破了马拉松纪录。1964年《RUNNER WORLD》杂志公布的调查中，鬼塚虎鞋在测试的五个慢跑鞋品牌中名列榜首。1966年的一项市场调查显示，波士顿马拉松参赛者中有三分之二的人穿鬼塚虎鞋。日本马拉松运动员Kenji Kimihara穿神奇跑步鞋在1968年的墨西哥奥运会上获得了银牌。

1964年2月鬼塚公司股票在神户证券交易所上市，4月在大阪证券交易所二部上市，资本总额达到1.395亿日元。1972年5月，1972年鬼塚公司又在东京证券交易所二部上市，资本金达到6.7亿日元。1973年又在名古屋证券交易所二部上市，资本金达到8亿日元。1974年1月增发了80万新股，资本金达到10亿日元。5月，公司创立25周年，配发了20%的红利。1974年6月，鬼塚公司股票在东京、大阪和名古屋三个证券交易所同时由二部转入一部，成为主板公司。

1960年代鬼塚公司还开发出了第一双带有可换鞋钉的跑鞋（track shoes），这使参赛选手可以根据具体赛事和场地条件自行调整，并延长鞋的使用寿命。在经过数年收集一些顶级田径选手意见之后，鬼塚公司设立了“奥运产品线”。这一产品系列标志着ASICS商标（两条纵线和两条从足跟向前散开的横线交叉）的引入。这几条线除装饰性之外，还有加固作用。第一款带有这种条纹标识的产品为Mexico 66型，是在1968年墨西哥奥运会之前两年时推出的。这款鞋大受欢迎，在专业跑者之外获得了很大市场。Corsair系列慢跑鞋推出于1969年，设计宗旨是缓冲和舒适。Corsair系列的一个衍生品Cortes，就是今日运动品巨人耐克当年做代工起步时的第一批产品之一。1963，耐克公司（前身）还首次将200双鬼塚虎鞋进口到了美国。鬼塚公司是EVA（ethylene vinyl acetate）减震材料的最早使用者，1975年出现其Limber-Up XL训练鞋中。EVA现在已经被广泛使用于各种运动鞋中。到了1970年代，鬼塚公司成为美国最大的跑鞋生产商并且70%的著名运动员都在穿鬼塚虎鞋。

16.4.2　ASICS：运动成就健康

鬼塚公司专注在运动鞋领域里所取得的成就和其虎牌商标的成名，吸引了日本另外两个体育和运动用品公司的合作与加盟，成为鬼塚公司之外，ASICS公司组成的另外两个来源。一家是渔具及体育用品公司GTO，该公司的前身为寺西源三商店，由寺西治三郎创办于1895年，寺西家族后人、寺西源三商店振兴者寺西光治，将其改名GTO并在1975年领导公司在大阪证券交易所二部上市。另一家是运动服饰公司JELENK，由舀井一马在1962年创建，创建时资本金400万日元，员工137人。

1977年1月12日，三公司宣布平等合并，1978年7月21日合并完成，ASICS公司正式创立，共有7家缝纫厂。鬼塚喜八郎出任了合并后新公司ASICS的社长（总裁），寺西光治和舀井一马均任副社长。

ASICS名称是由拉丁谚语"好头脑寓于好身体"（Anima Sana in Corpore Sano）五个单词首字母构成的。取名AISCS反映了鬼塚喜八郎和其鬼塚公司的价值观：通过运动培养健康的青少年。鬼塚喜八郎是在与时任兵库县教育委员会保健体育科长的一位战友的交谈中得到启发而想到这个名字的。Anima Sana in Corpore Sano，源自是罗马帝国时代一位诗人、讽刺作家Juvenal的一首诗。

1981年ASICS公司股票在卢森堡证券交易所上市。1982和1983年又紧接着在新加坡和法兰克福及维也纳证券交易所上市。1988年，在巴黎证券交易所上市。

ASICS公司于1978年推出的Rota系列排球鞋，最先采用了具有吸收冲击功能的大底。该年还推出了作为Corsair 慢跑鞋后代的California系列，新增了鞋面反光功能。1980年莫斯科奥运会前，ASICS为代表团开发专用鞋，由于日本跟随美国抵制这届奥运会而没有派上用场，但最后在2004年春季推出的retro系列中用上了。1980年代早期，ASICS产品出口到了80多个国家，包括一些前社会主义阵营国家。为了减轻汇率波动风险及规避进口限制，ASICS开始在海外进行授权生产，包括美国（慢跑鞋）、以色列（训练鞋）、希腊和澳大利亚（训练服饰）。在1985年推出的Task XL-1系列中，ASICS设计师们着力于使跑步者的能量损失最小化，采用了掌状吸盘式的大底。

1987年，GEL减震胶开始出现在ASICS的Freaks慢跑鞋和Fable Radick篮球鞋上。GEL减震比EVA减震，可以使鞋子更轻，GEL使ASICS品牌备受跑步竞赛者们喜爱。1987年ASICS公司投入2700万美元在神户兴建了运动工程实验室。1980年代结束时，ASICS 的海外销售额达到了10亿美元。

1990年，AISICS推出了专业运动员使用的轻量耐用鞋。Marathon Sortie EX采用合成革和乙烷混合技术，以使鞋子更轻。第二年推出了中底稍厚一些的该鞋的消费者版本TARTHER。ASICS的一款产品是其总裁鞋，防静电的轻装鞋，以日本企业经理人为目标客户，售价达4.6万日元一双。

ASICS和其他日本制鞋商一样，要面对在其本土市场上遭遇耐克、新百伦和康威等国外品牌的挑战。1997年，ASICS推出了没有使用其ASICS商标的新鞋品系列。

1990年代后期，ASICS得益于其在美国跑鞋市场上品牌声誉。随着步行作为一种保持健康方式的兴起，ASICS开始将其品牌延伸到了步行鞋市场上。

ASICS保持着在田径领域里的竞争力，公司持续投入在以百分之一秒为测量单位的超级竞赛领域里开发新鞋。1996年推出Tiger Paw Cyberzero有后跟保护和支撑带。

1999和2000年ASICS推出了几款少年儿童运动鞋。SUKU2用粘带替代了鞋带，并给脚趾留下了很大空间。G.D.系列，以专门研究运动对儿童大脑影响的美国医生Glenn Doman的名字命名，该系列鞋的设计是模仿赤足跑的感觉，带有很强的缓冲、弹力和透气性。

2000年悉尼奥运会上，Naoko Takahashi穿ASICS公司特别为她开发的跑鞋赢得了女子马拉松冠军，她的一条腿比另一条腿短几毫米。Hitoshi Mimura，1967年加入公司的ASICS的主要技师制作了这双鞋及其他几位顶级运动员的专用鞋。

ASICS专注于跑鞋领域里的领先技术研究，拥有众多专利技术，如Asics-

GEL超强吸震胶、Asics-AHAR超级耐磨橡胶、Asics-DUOSOLE超级耐磨止滑大中底、Asics-SPEVA超级弹性中底、Asics-DUOMAX双密度防倾斜装置、Asics-TRUSSTIC 中底弹性防震片，等等。

在1992年巴塞罗那奥运会上，爱世克斯（Asics）成为奥运会有史以来第一家正式的运动鞋赞助商，这无疑是爱世克斯（Asics）的另一个新的巅峰时期。

16.4.3　公司治理：职业化管理，不改专注本色

1987年，ASICS公司的三位创始人之一、自ASICS公司成立起一直担任副社长的寺西光治去世。两年后的1989年另一位创始人、也是自公司成立起一直担任副社长的舀井一马也去世了。三位创始人中的灵魂人物鬼塚喜八郎还健在，并仍在担任社长。但是，鬼塚喜八郎也要开始考虑接班人的问题了。1992年，鬼塚喜八郎辞去已经担任了15年的社长职务，退居二线，担任会长（董事长），直到2007年9月29日因病去世（享年90岁）。

1992年，ASICS公司的第二代领导人开始登场，但是公司大方向仍在创始人、会长鬼塚喜八郎的掌控之下。在15年创始人担任社长、直接管理之后（1977年到1992年），又经过了16年的创始人任会长、职业经理人任社长状态，ASICS最终于2008年开始了完全的职业经理人控制和管理公司阶段。1992年三原圣治就任社长， 1996年高桥义行就任社长，2001年和田清美就任社长。2008年和田清美改任会长，尾山基就任社长。尾山基1951年出生，大阪市立大学商科毕业，1982年加入ASICS公司，2004年出任公司董事，2006年出任常务董事，2008年4月出任代表董事兼社长。

ASICS能够随着创始人的离去而平稳过渡到职业化管理时代，与其核心创始人鬼塚喜八郎的管理理念是分不开的。早在1959年，鬼塚公司创立十周年时，就开始进行了去家族化改造，向员工发行股份，员工持股比例达到70%，并提出了“劳动和资本一体化经营的命运共同体理念”。

截至2012年3月31日的2011年度，ASICS公司的资本金总额为239.72亿日元、员工总数为5906人，销售额为2478亿日元，远远算不上是全球性的大公

司，但却具有专注和国际化的鲜明特色。运动鞋占其销售额的73.8%，日本国内销售额只占总销售额的44%。ASICS的股权结构已经相当分散，与索尼这类日本顶尖的国际化大公司并无二致。2012年3月31日，ASICS共有12974名股东，前10大股东均为机构，主要是银行，第一大股东持股也只有4.3%的股份。分所有者类别看，外国法人等占37.05%，金融机构占35.13%，日本国内其他法人等占8.05%，证券公司占0.75%，政府及地方公共团体占0%，个人投资者占19.02%。

当前（2012年6月22日数据）ASICS公司董事会共有10名成员，包括董事、董事长和田清美，代表董事、社长CEO尾山基，三名董事常务执行经理，三名董事执行经理，两名外部董事。除上述进入董事会的执行经理之外，还有四位执行经理。监事会由4人组成，1名常勤监事、1名常勤外部监事及2名外部监事。9名内部董事报酬总额2.12亿日元，人均2356万日元；2名外部董事每人报酬500万日元；2名内部（常勤）监事报酬3600万日元，人均1800万日元；3名外部监事每人报酬1000万日元。这里值得我们注意的有两点，一是只有董事（包括外部董事）的报酬中有浮动部分，所谓业绩连动报酬，占报酬总额的10%左右，内部和外部监事均只有固定报酬；二是外部监事的报酬是外部董事报酬的二倍，这反映出日本保留监事会制度的公司中，内部控制和风险管理等委员会制公司董事会审计委员会的职责属于监事会的职责，因此外部监事的责任、风险和工作任务都要比外部董事重。

ASICS公司在努力践行“劳动和资本一体化经营的命运共同体理念”的同时，还努力通过把公司股东变为顾客，扩大其命运共同体的内涵。ASICS对股东有一套购买本公司产品的优待制度，2012年的具体政策是：持有100股以上但不足1000股者，给予购买公司产品有15%价格折扣的优待券5张；持有1000股以上但保有时间不足三年者，给予购买公司产品有20%价格折扣的优待券5张；持有1000股以上且保有时间三年以上者，给予购买公司产品有20%价格折扣的优待券10张。这种股东优待券可在公司直营店及指定代理店使用，可购买全部产品。此外，所有持有100股以上的股东，均可享受以折扣20%的价格购买公司股东优惠目录册中的商品。

16.5 美津浓：家族企业的百年传承

“美津浓”的日语发音和其创始人水野利八的姓氏“水野”发音一样，都是MIZUNO。在公司和商标以家族姓氏命名的同时，美津浓的公司治理也保持了家族企业的特性，106年的历程里，由前后三代共四位水野家族人士相继掌舵。

16.5.1 从水野兄弟商会到美津浓商店

水野利八1884年5月15日出生在日本岐阜县大垣市。7岁时，一场大地震摧毁了水野利八的家，第二年父亲由于过度劳累而去世。12岁时，水野利八从小学退学，到大阪打工。

1903年，19岁的水野利八看了京都三高（日本所谓“高等学校”实际是高中）棒球俱乐部的比赛后，被棒球的魅力吸引，决定要创办体育用品商店。1906年4月1日，水野利八和弟弟水野利三在大阪北区创立了“水野兄弟商会”（就是商店），销售棒球以及其他一些西洋杂品。棒球在日本如同乒乓球在中国一样，是国民性体育项目，有过服装店打工经历的水野利八，最终选择了从事棒球生意。1910年店铺迁移到大阪梅田新道，并正式更名为“美津浓商店”。

1911年，水野兄弟计划生产体育用品，开始主办大阪棒球赛（现日本都市棒球对抗赛的前身）。主办和赞助体育赛事，从此成为美津浓一直坚持下来的传统，这既是一种营销手段，也是一种社会责任。美津浓的经营理念就是通过提供优质的体育用品和振兴体育事业来贡献社会。1912年，创业六年之后，美津浓商店开始走出大阪，到东京开设了分店。从此开始，美津浓一步一个脚印地成长为了一个日本首屈一指的体育用品品牌。

1913年美津浓主办了关西学生联合棒球赛（现日本全国高中棒球赛前身），开始生产棒球和棒球手套。1914年设立堂岛工厂，开始全线生产体育用品。1917年设立梅田工厂，开始启用杯型商标。1918年开始销售跑步衣裤等多种多样的产品。1919年设立神户分店。1920年运动衫销售大增，并成为瑞典Sandstramski品牌的日本总代理。

16.5.2 从美津浓运动用品株式会社到美津浓株式会社

1923年，水野利八将美津浓商店变更为美津浓运动用品株式会社，并开始开发滑雪用品。1924年，名古屋分店和京都分店相继开设。1925年开始一场改称和制品为日本品、舶来品为外国品的广告运动。1927年在大阪淀屋桥修建了新总部，在东京、大阪、京都和神户同时组织了业余滑雪爱好者俱乐部。

1929年水野利八到欧美各国考察之后，决定美津浓要着力向体育用品制造方向发展，并劝导本来志在经营学的儿子水野健次郎报考了大阪大学理学部。继棒球和滑雪用品之后，高尔夫球用品成为美津浓新的重点业务领域。1935年美津浓开设了世界最大的高尔夫球用品商场。1937年，自信满满的美津浓体育用品公司带头反对日本对进口体育用品征收80%关税的议案。1938年，美津浓走出日本，在上海、北京、天津、青岛和大连开设了分店。1939年和1940年又相继设立了上海美津浓体育用品股份公司和满洲美津浓工业股份公司。随着业务领域的日益扩展，1942年去掉了公司名称中的“运动用品”四字，改为美津股份公司（株式会社）。1961和1962年美津浓股份公司先后在大阪证券交易所二部和东京证券交易所二部上市。

水野利八12岁开始打工，22岁开始创业，一直到领导美津浓公司在其本人77岁、公司创立55年之后成功上市。1964年，水野利八向公司全体员工每人赠送了25股美津浓公司股票。

16.5.3 家族第二代和第三代

1970年3月9日，美津浓公司创始人水野利八去世，享年86岁。在其去世前一年的1969年，水野利八将公司管理大权交给了儿子水野健次郎。水野利八由社长改任会长（董事长），水野健次郎就任社长（总裁），成为美津浓这个家族控制上市公司的第二代领导人。水野利八去世后，根据其遗愿和其捐赠的美津浓公司股票，创立了财团法人水野运动振兴会。

除曾涉足中国之外，水野利八的美津浓事业版图主要限定在日本国内。第二代领导人上任之后，首先把海外扩张的目光瞄向了美国，1970在洛杉矶设立了美津浓美国公司。1972年美津浓股票同时在东京和大阪两个交易所从二部转到一部。1979年，美津浓开始实行东京和大阪双总部体制（两本社制）。1987年，开始实行事业部制，整个集团划分为5个事业部。公司名称也统一为日本片假名“ミズノ”（水野、美津浓均为其对应汉字）。

1988年水野健次郎改任会长（到1999年去世），水野正人就任社长，家族第三代开始登场。水野正人1943年5月25日出生，1966年甲南大学经济学部毕业，1970年美国威斯康星州Carthage College理学院毕业，进入美津浓工作。进入家族公司工作10年后，1980年37岁的水野正人出任公司董事，1984年出任代表董事、副社长。

1988年水野正人出任代表董事、社长时是45岁，已经在公司历练了18年的水野正人担任美津浓社长到2006年（63岁），改任代表董事、会长，代表董事、社长职务交由他的弟弟水野明人担任。2011年水野正人从代表董事、会长职位退任。 水野明人1949年8月25日出生，1974年美国伊利诺依州卫斯理大学商学院毕业，1976年日本关西学院大学商学院毕业。1984年35岁出任美津浓董事，37岁常务董事，41岁专务董事，45岁董事、副社长。2006年6月，不满57岁的水野明人正式出任美津浓公司代表董事、社长。

16.5.4　公益基金持股，家族控制企业

美津浓的106年历程里共有三代四位领导人（社长）。创始人水野利八从1906年到1969年，从创立到企业上市和分享股权，在位63年。水野健三郎，创始人的儿子，从1969年到1988年，在位19年，领导美津浓成功进行了国际化。第三代水野正人和水野明人，创始人的孙子，领导了美津浓的全球化时代。水野正人，从1988年到2006年，在位18年。从水野利八创立到水野正人退任社长，从爷爷到孙子的水野家3人正好领导了美津浓100年。现在担任美津浓社长的水野明人63岁，已经在位6年。公司董事会中已经有了下一代的水野家

人——水野英人，现年39岁，任专务董事，负责大店销售、全球品牌开发、业务品类研究及开发等。

为了保持稳固的家族控制和代际传承，美津浓的股权分散进程相对缓慢。前10大股东中，有美津浓运动振兴财团（公益财団法人ミズノスポーツ振興財団）、美津浓公司（自持股份）和美津浓员工持股会。由水野家族捐赠美津浓公司股票创建的水野（美津浓）运动振兴财团，持有美津浓公司16.03%的股份，是水野家族对美津浓公司股权控制力的主要来源。

100多年历史的美津浓没有60多年历史的ASICS那样在管理上实现去家族化，同时在股权分散和股东分布上，也就没有ASICS那样的彻底和广泛。美津浓第一大股东持股16.3%，而ASICS第一大股东持股只有4.3%。美津浓只在日本国内的两个证券交易所上市，外国投资者持股20.89%；ASICS则是同时日本国内和海外的多家证券交易所上市，外国投资者持股37.05%。

美津浓的收入来源也没有ASICS的全球化程度高。ASICS的海外收入占比达到56%，而美津浓则是日本国内收入仍高达74.1%，还主要依赖其日本国内市场。导致这种差异的原因，除二者在股东基础和公司治理上的差异之外，还有二者之间业务专注程度不同。美津浓的业务种类繁多，从棒球（23.7%）、运动鞋（21.8%）、运动服饰（19.2%）、高尔夫（14.5%）到滑雪及户外运动（3.4%），还经营高尔夫学校和五人制足球场，以及受托经营体育设施等。而ASICS则是很鲜明地主营运动鞋，占其收入的比例高达73.8%。

截至2012年3月31日的2011年度，美津浓公司的资本金总额为261.37亿日元（ASICS为239.72亿日元），员工总数为5238人（ASICS为5906人），全球销售总额为1549.82亿日元（ASICS为2478亿日元）。两公司的资产和人员规模相当，但是美津浓的销售额比ASICS低三分之一。相比ASICS，美津浓在业务专注程度低的同时，还是个“重资产”公司。

16.6 柳井正与优衣库：企二代的创业典范

优衣库，日本迅销集团旗下的核心企业。1984年6月在日本广岛市开设的第一家优衣库服装店已于1991年因为亏损而关闭，但是优衣库的事业却已在全球开花。2012年底，迅销集团员工总数18854名，资本金102亿7395万日元，店铺总数2465家，销售额1万亿日元，是日本第一、世界前列，集制造和销售于一体的服装企业集团。

从一家小西装店到遍布全球的优衣库，从600万日元资本金的小郡商事到102.7395亿日元资本金的迅销集团，柳井正谱写了一曲日本企二代领导家族企业通过创新与转型进行第二次创业的华丽篇章。

16.6.1　以父为师：从叛逆到遵从

1949年3月，柳井正出生后的第二个月，其父亲柳井等正在日本山口县宇部市创办了一个绅士服装店（贩卖和定制西装的小店）。1963年5月1日，柳井等正在其绅士服装店基础上创立了资本为600万日元的小郡商事公司，这就是今日掌控优衣库帝国的日本迅销作为一家公司的正式创立日。

贩卖和定制西装，是柳井家族的传统生意。柳井等正就是在其伯父的西装店工作多年、积累够了经验和资本之后，开始自立门户创办自己的西装店的。但是柳井等正在有了一定的成就之后，不满足于服装店这种"小生意"，开始从事建筑业，后又投资于茶楼和电影院等生意。他的儿子柳井正则以西装小店为基础，通过创新（从定制到自助销售）和转型（从正装到休闲装），缔造出了一个世界级的服装企业帝国。

1971年3月，柳井正从早稻田大学政治经济学专业毕业，不仅没有把父亲的服装店放在眼里，甚至就没有看上商业零售业，认为自己不适合在商业零售业里发展。但是，在他自己折腾了几个月也没有找到满意工作之后，不得不接受了父亲的帮助：到JUSCO公司工作。JUSCO为日本第一大商业企业永旺集团的核心企业，在JUSCO的工作让柳井正体会到了大公司的运营模式，更是看到了自助销售这种与其家族西装店完全不同的销售方式。也许正是这一经历，孕育了柳井正接手家族西装店之后的创新意识，从而开拓出了优衣库事业。

16.6.2 子承父业：创新与转型

1972年2月，在JUSCO还没干到一年，年少轻狂的柳井正就辞职了。又无所事事了半年之后，1972年8月，柳井正被父亲召回家，继承家族服装店小郡商事。也许是因为西装店在其父亲眼里已经只是个小生意了，让柳井正接手后就基本不管了。满脑子新观念的柳井正，看到如此不景气的小店，把仅有的6名员工召集到一起开会，要集思广益谋求发展，没想到其中5名员工被柳井正所袒露的公司实情吓跑了。在店长也辞职了之后，父亲索性将公司账目和印章等悉数交给了柳井正，任其"自作主张"地发展。

柳井正于1972年9月就任小郡商事董事，在继续做其家族传统的男士西装生意同时，逐步发展出了女装和休闲装生意。但是最终缔造出优衣库事业的革命性变化发生在1984年。1984年6月2日，设在日本广岛的第一家优衣库服装商店正式开业，立即取得了巨大的成功。同年9月，柳井等正患上了脑出血，正式将小郡商事社长（代表董事兼社长，相当于中国公司的法人代表兼总裁）职位交给了柳井正。

小郡商事在柳井正接手之后，从男式西装店发展到了优衣库这种面向各种群体的休闲服装店，实现了服装店经营业态上从定制销售、营业员劝导销售到顾客自助销售的创新。顾客自助挑选，当时在日本服装业界是全新的销售方式，柳井正是从书店和音像店的经营方式中得到启发的。在这一表面上看起来很简单、没有什么了不起的变化背后，蕴涵着服装店关键成功要素的不同。定制销售情况下是服装店技师的手艺决定成败，营业员劝导销售情况下是营业员察言观色和推销能力决定成败，顾客自助销售情况下是商品品类、款式、质地、价格和摆放等决定成败。而这，又为优衣库发展出其自有品牌服装产品和进一步整合其服装产业供应链提供了激励和创新空间。

16.6.3 优衣库的发展步伐

小郡商事在家族第二代柳井正的领导下，大力发展顾客自助销售的休闲服装店优衣库，同时逐步形成了主要销售自有品牌产品的连锁服装超市企业模式。在自有品牌为主、以合理价格提供质量可靠的产品和连锁店销售模式这些特点上，优衣库和法国的大型体育用品专业超市迪卡侬很相似。

1994年4月公司直营的优衣库店铺数超过了100家。7月，小郡商事股份公司成功在日本广岛证券交易所上市。9月，柳井正就任社长十周年之际，小郡商事更名为迅销股份公司，从名称上体现出了作为一家服装企业所需具备的一个重要特性：商品要迅速销售出去，过季则要大减价。

公司上市之后，开始以更快的速度开店和发展。1996年3月，直营店铺数就达到了200家，与上市前的1994年4月相比，两年净增100家，总数翻了一倍。1997年4月，迅销公司在东京证券交易所二部上市。11月，直营店铺数超过了300家，这轮发展中净增100家店铺的时间缩短到了一年半时间。随后，步伐稍微慢了一点，到2000年4月直营店铺数量达到400家，净增100家店铺的时间是两年半。1999年2月1日，迅销公司股票从东京证券交易所二部转到一部，成为主板公司，已经不再是创业性和中小型公司了。柳井正的父亲，公司的创始人，在5天之后去世。

2000年，优衣库开始向海外发展，并开始了网上直售。优衣库的海外设店首选了英国伦敦，2001年9月开业。第二站则是中国上海，2002年9月开业。作为核心企业，目前优衣库的销售额占迅销集团总销售额的约85%，其中，海外优衣库销售额占集团总销售额的比重也已经达到16.5%。

16.6.4　迅销集团的公司治理

2002年11月，已经吹响国际化号角两年多的迅销公司在高管头衔上也引入了美式称谓，与此同时，柳井正试图退居二线，只出任代表董事、会长（董事长）兼CEO（首席执行官），推玉塚元一出任代表董事、社长（总裁）兼COO（首席运营官）。但是三年之后，2005年9月，柳井正还是重新出任了迅销公司的代表董事、会长兼社长，集日本企业的最高两职（会长和社长）于一身，直至今日。2005年11月开始，柳井正在担任母公司会长兼社长的同时，也担任核心企业优衣库的会长兼社长，直至今日。柳井正还同时担任着集团多家下属企业的董事长。

从最高领导人和最高管理者这一角度来看，迅销和优衣库还处在创始人直接控制和直接管理阶段。这一体制与目前迅销公司的发展阶段和股权分散程度及股东构成也是相适应的。柳井正作为优衣库和迅销公司的实际创始人，目前还是第一大股东，个人直接持有公司21.67%的股份，加上其他柳井家人持有的股份，总比例在30%以上。

在坚持两职合一的同时，迅销在董事会构造方面，走在日本公司前列，并且完全是在向美国领先公司看齐。用其公司自己的话说，“以成为世界第一大服装生产和销售企业为目标的迅销集团积极引进了现代公司治理系统，设立执行经理体制以保证决策和执行功能的分离。董事会的绝大多数成员为外部董事，以保证其独立性和监督职能的发挥”。迅销公司6名董事中5名为外部董事，其中4位为独立外部董事。4名独立董事中，有1位企业家（前大手综合商社领导人），1位非政府组织领导人，1位投行人士、并购专家，1位早稻田大学经营学教授。4名监事中3名外部监事全部为独立外部监事，1位会计师，2位律师（其中1位是专攻企业重组的律师）。2012年度迅销集团董事会共召开了13次会议，董事出席率为98.1%，监事列席率为97.4%。监事会也召开了13次会议，监事出席率为97.4%。

日本的委员会设置型公司要有法定的审计、薪酬和提名委员会等。迅销集团采用了监事会设置型公司这一组织形式，其董事会下设委员会属于没有法规要求的公司自愿行为。迅销集团设立了六个委员会，包括人事、公司社会责任、信息披露、IT投资、行为守则和企业伦理。监事会负责总体上的公司监控职责，监事要列席公司董事会会议，以及除IT投资委员会以外的五个公司委员会的会议。

迅销集团的六个委员会，是根据其职责不同，配备了包括公司董事、监事、执行经理和外部专家等不同来源的人员组成的。柳井正担任了公司IT投资委员会的主席，并是人事、CSR和信息披露等三个委员会的成员。除主席柳井正外，IT投资委员会的成员包括一位全职（常勤）监事和4名经理或外部专家，两位外部董事是IT投资委员会的观察员。CSR和企业伦理两个委员会的主席由公司CSR部门负责人担任，信息披露委员会主席由负责向交易所披露信息的负责人担任。行为守则委员会主席由公司总务和雇员满意部门负责人担任。

通过委员会的设置，将董事、监事、公司高管和外部专家集合到一起，共同商议公司的相关重要事项，提出政策建议，是迅销集团作为监事会设置型公司，在公司治理上的一个重要特色。

柳井正的优衣库事业和迅销集团治理安排，对于中国企业来说，可以有三个方面的启发与借鉴。一是作为家族企业接班人的企二代，要在继承的基础上通过创新和转型，引领家族企业进行第二次创业。二是在企业家作为大股东、公司实际控制人及实际管理者的情况下，也可以改进公司治理，用好外脑，广纳英才。三是在监事会和董事会并存的情况下，可以通过设立一些公司级别的委员会，让董事、监事、高管及外聘专家在关键事项治理上并肩作战。

16.7　三星：李氏王朝的传承与创新

从李秉喆到李健熙，从贸易和混合多元化到电子业突起，三星集团演绎的是一幅韩式财阀企业体制向现代企业体制发展的图景。

16.7.1　创始人的帝国

李秉喆（1910.2.12–1987.11.19），字湖岩，出生于韩国庆尚南道宜宁郡的一个地主家庭。1916年开始在其祖父创建的学堂文山亭学习汉学，1922年开始转入新型学校学习。1929年在中东中学校四年肄业，开始游学日本。1930年4月进入日本早稻田大学经济学专业学习，1931年9月因病退学回国。

1934年10月，24岁已育有二子一女的李秉喆在父亲的帮助下开始创业。1936年3月，李秉喆与人合伙在马山开设了一家碾米厂。由于受粮食行情变化的影响，碾米厂开业不到一年就亏本三分之二。总结经验之后，转向了粮食加工兼营粮食贸易。随后，趁土地价格低，李秉喆通过抵押贷款购买了大量土地，结果遭遇1937年9月中日战争爆发后政府终止土地抵押贷款影响，又一次大亏。

为了决定新事业方向，1937年10月开始，李秉喆到汉城、平壤、沈阳、北京和上海等地进行了为期两个月的旅行和考察。这趟旅行和考察带来了“三星”的诞生。1938年3月1日，李秉喆以30000韩元在韩国大邱市成立了“三星商会”，将韩国的干鱼、蔬菜、水果等出口到中国的北京和东北。不久之后，三星又拥有了自己的面粉和制糖厂，自己进行生产及销售。

此后，李秉喆的三星事业基本顺风顺水地发展和扩张了起来。1939年并购了朝鲜酿酒厂，1948年并购了朝鲜发酵厂。进入1950年代之后，李秉喆的事业版图开始加速扩张，陆续成立了三星物产（1951）、第一制糖（1953，现为一家独立的公司，不再隶属于三星集团）和第一毛织（1954）等公司，并都亲自出任社长。1966年创办中央日报（现已不再隶属于三星集团），1968 年创立高丽总医院（1995年更名为三星江北医院）。除自己创立之外，李秉喆还通过收购进入了更多的领域，如1958年收购安国火灾与海上保险（于1993年10月更名为三星火灾海上保险），1963年收购东方生命保险（于1989年7月更名为三星生命保险），同年还收购了东花百货（现为新世界百货，不再隶属于三星集团）。1966 年收购世韩造纸（于1968年8月更名为全州造纸，现已经不再隶属于三星集团）。从今天的结果来看，李秉喆所创建的这一系列公司中，最重要的当属1969 年1月13日成立的三星电子工业株式会社（1984年2月更名为三星电子）。

1970年代，三星在重工业、化学以及石化工业进行了大规模投资，诞生了三星重工业和三星石油化学（1974年）以及三星造船（1983年被三星重工业兼并）、三星综合建设（1995年被三星物产兼并）、三星精密机械（1987年更名为三星Techwin）和三星精密化学等。在大扩张的1970年代，三星旗下多家公司上市，包括第一制糖（1973年5月9日）、第一毛织（1975年5月6日）和三星电子（1975年6月25日）。

1979年2月27日，李秉喆的三儿子、三星第二代掌门人李健熙出任了三星集团的副会长，形式上开始了接班的过程，但是实际上直到1987年11月19日李秉喆去世，正式接任会长时，李健熙并没有实际介入决策，三星完全是创始人李秉喆一个人的帝国。

16.7.2　继承与创新

李健熙1942年出生，上有李孟熙和李昌熙两位哥哥，及李仁熙、李淑熙、李顺熙和李德熙四位姐姐，还有妹妹李明熙、弟弟李泰熙。在这么多的兄弟姐妹中竞争出位，可说是一波三折、十分不易。

韩国本是有着长子继承传统的国家，李秉喆也在1966年一度因为公司丑闻退出三星的管理一线，长子李孟熙被自然地当作了接班人。可是，李孟熙的能力没有得到李秉喆的认可，1969年借三星进军电子领域之机，李秉喆开始回到三星的管理一线。1973年，李孟熙离开了三星公司，直到李秉喆去世，父子二人也没有和好。次子李昌熙为了竞争继承权，给时任韩国总统朴正熙写告密信，揭露李秉喆逃税，被李秉喆“驱逐”出了韩国：只要我活着，你就别想再踏入韩国（《三星内幕：李健熙的传奇人生》第59页）。

我们事后从三星在李健熙领导之下取得了辉煌成绩来说，李秉喆的决策可谓是正确的。可是在当时做出这样一种有违惯例的决策，是需要魄力和胆识的。促使李秉喆这一决策的因素有多个方面，包括先给了长子李孟熙机会，但是李孟熙没有出色表现，以及次子李昌熙的背叛行为等，都给了保持忠诚并耐心等待的李健熙以出位机会。但是，最重要的还是李秉喆本人的企业理念，这是其能够成功创建三星帝国并能够为三星选好接班人的基石。

日本、韩国都和中国一样，太子之争是不断上演的王朝故事。企业世界里，为了减少太子之争的纷乱危害，日本和韩国都发展出了长子继承传统。理论上说，在难于判断兄弟之间谁更有能力、更合适继承企业情况下，长子继承是一种简单、清晰和避免纠纷的规则。李秉喆没有简单和不加思索地遵从长子继承这一传统，是其从商人思维转变为企业家思维，从一位成功的企业家转变为一位伟大的组织者的自然结果。

在被问到“您是想让自己的子孙来继承事业呢，还是要让三星一个组织流传下来呢”时，李秉喆的回答是：“如果我的子孙可以继承当然最好不过啦。但是这是不可能的。第一，最近的年轻人不喜欢生孩子，而且我们也不知道这些孩子适不适合做经营者。我希望的只是三星这个组织可以长存下去。”

关于长子继承这种“人们在很难做判断的情况下，通过制订一个明确规定并严格按规定执行来维持组织安定”的惯例做法，李秉喆认为，“如果判断的标准非常明确，也可以不遵循既有的模式喽。”把企业当作一个社会的组织，促进社会进步的工具，而不是完全当作个人赚钱工具，这样一种“公司”理念，促使李秉喆进一步得出结论：“而且一个人是不是把企业视为自己个人所有，也会使他做出不一样的判断。所以如果是法人公司，情况就会不一样了。公司虽然是我成立的，但不是我一个人私有的，而是属于每个股东、投身于此的工作人员、公司客户、购买商品的顾客等所有人的。换句话说，一家公司一旦成立，不管是谁成立的，它就不是个人的东西，而是属于社会的，是公家的东西了。这样看来，把长子继承的规则用于全民组织的做法是错误的了”（《三星之父李秉喆》第140页）。

李健熙可谓不愧父望。1979年就任副会长，在李秉喆身边静静观摩和学习了8年，1987年11月19日李秉喆去世后正式就任会长。1988在三星集团50周年的庆典上，李健熙宣布三星开始“二次创业”，成为世界级企业。李健熙进一步提出了二次创业的第二阶段，新经营时代。“新经营”是三星发展过程中决定性的转折点，整个公司以“质量第一”为基础重新进行定位。为了质量控制，任何员工只要在生产流程中发现不合格产品，都可以立即叫停整个生产线，直到问题得以解决。

李健熙时代三星的主要成就是电子，而电子这一方向的确立还是李秉喆的决策。1969年，三星在汽车和电子两个产业之间选择新方向的时候，李孟熙主张汽车，李秉喆主张电子，这可能也是李秉喆重新出山而李孟熙出局的原因之一。1994年李健熙新经营时代的三星还是搞起了汽车，但没有几年就破产了。

16.7.3 财阀体制的功过与前景

从李秉喆到李健熙，从贸易和混合多元化到电子业突起，三星集团演绎的是一幅韩式财阀企业体制向现代企业体制发展的图景。李健熙的长子李在镕（1968年出生）已经在三星历练十多年，但是能否最终成为三星集团的第三代掌门人并保持卓越，还是个未知数。

三星集团下属六十多家公司，其中有十几家是上市公司。统治者“集团会长”通过由智囊人员组成的秘书室（李秉喆时代）/结构调整本部（李健熙时代）和由下属公司总裁组成的社长团会议，进行集团统合。总体上来看，是将二战前日本基于股权和家族控制的财阀企业体制和二战后日本基于金融、业务关系和历史原因形成的集团模式（包括交叉持股形成的系列企业）结合在了一起。作为集团内企业之一的三星电子的崛起，与富士通从古河财阀中崛起，也很有几分相似。

日本通过解散财阀解决了旧式财阀企业体制的问题，通过金融大爆炸和公司治理改革又逐步解决系列企业的问题，现在日本企业的治理模式已经很清晰，跟美国模式之间也没有多少本质差异。相比之下，三星这类的韩国财阀企业集团未来会如何演化暂不清晰。但是我们基本可以断定的是，随着全球化的推进，传统家族式的控制模式和缺乏透明度的集团企业模式都面临着挑战。经营失败的自不必说，经营成功如三星集团，也同样面临着挑战。这种挑战来自家族、国家（社会）和全球竞争三个层面。

家族层面看，互联网时代各个国家的下一代之间都比上一代之间更为趋同，都会更为自主和独立。第一制糖、中央日报、新世界百货和全州造纸等三星集团中诸多企业的分离和独立，就是第二代兄弟姐妹之间分家和财产分割的结果。

国家和社会层面看，财阀体制的王朝特性及由此带来的政商连通和官商勾结，越来越遭到质疑，而不是支持。李秉喆因为走私等面对质疑而曾一度被迫宣布退居二线，李健熙则直接因为偷漏税等而被判刑，并不得不正式辞去会长职务。2000年6月，李健熙等33人因为一项不公平交易（为李在镕继承公司而安排的下属公司——爱宝乐园可转换公司债发行）被43名法学教授检举。

2005年10月13日，三星旗下第一企划和三星SDI等8家公司的一些中小股东召开记者会，控告这些公司为控股股东利益而损害了整个公司的利益。事件起因是，2000年32岁的李在镕从美国学成回国，5月到7月两个月内迅速创建了14家互联网公司，本意是想迅速建立声望，结果随互联网泡沫破裂而迅速衰败。李健熙为避免作为其继承人的李在镕的金钱及声誉损失，2001年7月安排上述8家三星下属公司参与收购了李在镕在这14家互联网公司的股份。李秉喆曾为李健熙作了如出一辙的事情，就是用三星电子收购了李健熙失败的韩国半导体公司。1974年12月，李健熙也是在32岁的时候，开始了第一项自己的事业，个人出资收购了该年初成立的韩国半导体公司50%的股份，并于1978年3月将之改名三星半导体。该公司志在生产芯片，但实际技术不行，最终于1980年末由三星电子接管。前后二十年，两件几乎同样的事情，父亲利用其控股股东地位以所控制的公司解救自己儿子的公司，以保护儿子作为继承人的声望，但是其他股东和社会的容忍度不一样了。

2007年10月29日，三星集团结构调整本部法务组前组长金永澈律师发布良心告白，揭露了三星利用假名账户管理秘密资金，用于贿赂政府官员和司法人员，以及操纵政治活动。一系列丑闻和违法行为，迫使李健熙于2008年4月22日辞去了三星会长职务，由其重要搭档李洙彬接任。8月14日，李健熙因逃税和非法债券交易等罪被判处有期徒刑3年，缓刑5年，另处罚金1100亿韩元。2009年底，韩国以鉴于作为国际奥林匹克委员会委员对韩国平昌市申办2018年冬奥会作用特殊为由，对李健熙进行了特赦（讽刺的是，国际奥林匹克委员会并不认账，处以“五年内中止参加国际奥委会所属委员会”的处罚）。2010年3月24日，68岁的李健熙重新出任三星集团会长职务。与此同时，李在镕也开始以集团首席运营官的身份高调亮相，似乎预示着三星集团的第三代即将开始。

也许，只是这些年来，三星集团业绩的突出延缓了其财阀企业体制必将解体的进程。事实上，众多三星集团内企业，真正突出和具有世界级水平的也就是三星电子，而三星电子本身的股权已经高度分散，高度国际化（外国人占50%以上），包含外部董事的董事会以及整个公司的透明度，都已经在向国际化大型现代公司看齐。

GREAT COMPANIES
INNOVATION, GOVERNANCE AND SUCCESSION
伟大的公司
创新、治理与传承

第17章
中国公司制度的百年演进

1904年1月21日，《钦定大清商律·公司律》颁布，比法、德、日、意等国现代公司法的颁布晚不过二三十年，但是革命的洪流打断了中国公司制度发展的历史进程。1994年7月1日，《中华人民共和国公司法》实施，现代公司制度再度回到中国经济舞台时，百年已逝。

从清公司律、1914年公司条例、1929年公司法和1946年公司法，到台湾地区公司法的历史发展，是现代公司制度在中国传统商事习惯下的缓慢引入和调试过程。这为中国改革开放后重新引入现代公司制度积累了丰富的经验和教训，使公司制度可以在这块实行了三十多年计划经济体制的土地上，能更快地落地、生根和发展。

17.1 1904年清《公司律》

中国传统几千年的企业制度发展中，大型企业一直是官办为主，民间企业则以家庭作坊为主。民间企业中有发达的合伙制度，也有“股份”的概念，但是均与现代公司制度的基本思想及核心概念无关。1904年1月21日，《钦定大清商律–公司律》颁布，首次把现代公司的概念正式纳入到了中国经济体系之中。

17.1.1 洋务运动中的公司探索

中国传统社会里，有国有家无个人。有刑法无民法，或说是刑民不分。从株连九族到父债子还，构成社会的基本单位是家，不是个人，家庭成员之间对家族外债负有无限连带责任。从《唐律》《大明律》到《大清律例》，祖父母或父母在，子女别立户籍、分异财产，都是重罪。

中国传统的合伙经营企业里，盈亏与共、苦乐均受，是一种基于人合的无限责任形式。其中的“股份”概念，也只是个人按所出人财物的比例分担风险和分享收益而已，并非基于有限责任的现代公司股份或股票概念，更没有企业作为独立法人与其组成人员之间财产和责任分离的概念。

在从1840年鸦片战争开始的列强冲击之下，特别是九省通商之后西洋公司的进占市场及吸纳华商入股等行为的影响之下，中国官方及民间均开始了发展“公司”的探索。

1872年上海轮船招商局成立，是中国人自己开办“公司”的历史起点。“官督商办公司”是西方法治-市场经济下产生的公司制度与中国传统官治-权力经济体系的一种对接。商办，商人出资，甚至发行股票，并设立股东会、董事会等公司机关；但是官督，“由官总其大纲”，官员实际掌控公司权力，股东会、董事会等完全虚置。

史学者们称这些官督商办公司为“准公司”，实际这些企业不仅不是有法人自治权利的现代公司，甚至也不能算是作为现代公司直接前身的“特许合股公司”。特许合股公司，虽然其成立需要获得皇家或者议会的许可，但是其成员作为出资人的权利是得到充分保证的，也就是他们能够自己选举产生董事和总裁，并且董事和总裁全权管理公司。

中国官督商办的洋务企业，如轮船招商局等，吸纳民间资本、学习西方公司运作，取得了一时的辉煌，但最终还是败于官之手——从名义上的官员监督演变为实际上的官员操办。相比之下，同样起始于航运的日本三菱，明治初期由岩崎弥太郎私人创办，则发展为至今仍为世界著名的大企业集团。洋务运动时期，中国民间资本也兴办了一些公司类企业，甚至在1880年代时兴起了一阵公司热，但是终因法制的缺乏和实际无法可依状态而不能发达起来。

17.1.2　从《公司律》到《公司条例》

1904年1月21日，《钦定大清商律-公司律》颁布，首次把现代公司的概念正式纳入到了中国经济体系之中。虽然这部公司法直接吸收了当时各主要国家公司法的概念，有些地方相比中国当时的商业实践过于超前，但还是对中国公司制企业发展起了极大的促进作用。据统计，1904年到1908年之间，每年根据《公司律》正式登记注册的公司数量都在50到60家①。

为了提高《公司律》的适应性，鼓励民间发展公司，1907年清政府官方和民间商会同时启动了商事习惯和商法调查，广泛收集民间商事习俗、规则和各地商会、商人对商法-公司律的建议和意见。历时三载之后，1910年底形成了民间版本的公司法建议稿——“商法调查案-公司律”。清农工商部（1903年成立商部，1906年更名农工商部）在商法调查案基础上整理出了“改订大清商律草案”，但还没有来得及颁布，清政府就被推翻了。不过，这一草案最后还是实际成为了中国历史上的第二部“公司法”——1914年1月13日由中华民国北京政府颁布的《公司条例》。之所以不称公司法而称公司条例，是因为未经立法程序，由农商部拟订后呈袁世凯大总统并以大总统令的形式颁布施行的②。

尽管实际施行时间不过七年多，但是大清《公司律》作为中国历史上的第一部公司法，给中国经济体系正式装置上了现代公司制度，并由此给中国社会嵌入了诸多前所未有的可谓是革命性的商业思想。其中一些现代公司制度的关键要素，中国至今仍未做到，仍需要去努力构建。

17.1.3 独立法人和有限责任

1904年的《公司律》并未明言公司是独立法人，但是在其有关条文中实际做出了这样的制度安排（以下有关公司律的条文内容均引自江眺著《公司法：政府权力与商人利益的博弈》一书附录中“公司律”，中国政法大学出版社2006年第一版）。1914年的《公司条例》则在其总纲之第三条中明确：“凡公司均认为法人”。

---

① 张忠民：《艰难的变迁——近代中国公司制度研究》，上海社会科学院出版社2002年第1版，第250页。

② 魏淑君：《近代中国公司法史论》，上海社会科学院出版社2009年第1版，第96页。

公司律把公司分为四种，合资公司、合资有限公司、股份公司和股份有限公司。其中合资公司和股份公司为无限责任公司，二者主要区别是股东人数，前者需至少2人，后者需至少7人。合资有限公司和股份有限公司为有限责任公司，二者之间也是有股东人数至少2人和至少7人的区别。无论有限或无限，合资公司和股份公司之间的区别是，能否对外公开招股。

作为股东要承担无限责任的合资公司，“如遇亏蚀，除将公司产业变售偿还外，倘有不足，应向合资人、附股人另行追补”（第31条）。第31条还进一步明确规定，“无限公司或铺户等欠账亏短可向股东、铺东追偿，并将已名下产业变售封抵”。

相比之下，有限责任对于股东的益处可谓十分明显。“股份有限公司如有亏蚀、倒闭、欠账等情，查无隐匿银两讹骗诸弊，只可将其股份银两缴足并该公司产业变售还偿，不得另向股东追补”（第29条）。

股东只要缴足其所认购的股份银两之后再无进一步的偿债责任，这在西方也是近现代才产生的革命性思想，对于父债子还、无限连带责任几千年的中国来说，更具有革命性。

股东有限责任之后，公司只能以其通过股东投资和自身经营所形成资产为限承担债务责任，这就自然蕴涵了除投资形成持股关系外，公司财产与股东个人财产之间分离，公司具有独立法人身份的基本含义。这对于国和家之外无个人的中国传统社会来说，也是一种革命性的想法。

有限和无限之间的选择，完全在于公司创立人的选择，选择有限者需在公司注册成立时明确声明，凡在注册时没有明确声明为“有限公司”，均作无限公司论。有限公司能够降低股东风险，利于公司招股，但同时有股东众口难调、众股东制约创办人权力的问题。为了便利于创办人实行更高程度的集权式管理，著名的荣氏家族各企业均在中国已经许可有限责任公司之后还是选择了无限公司形式。

中国今日凡公司均为有限，分有限责任公司和股份有限公司两类，分别近似于清公司律中的合资有限公司和股份有限公司。但是实际运作中并没有很好地把握和运用有限责任原则。部分中小和民营企业虽注册为有限责任公司，但是实际并没有实现公司与股东之间的财产和责任分开。公司难于融资，只好个人融资用于公司发展，结果经营亏本之后要搭上个人身家甚至性命。由于法律实施中的一些问题，有时也会实际不顾民营公司的股东有限责任，因正常公司债务而将公司股东控罪。

17.1.4 股东、股东会议与查账人

《公司律》在引入了股东有限责任这一革命性思想的同时，还特别规定了股东平等原则，这一点拿到今日中国公司运作的现实中来，也可以说是具有领先性的。“附股人不论官职大小，或署己名或以官阶署名，与无职之附股人，均只认为股东一律看待，其应得余利暨议决之权以及各项利益，与他股东一律均沾，无稍立异”（第44条）。这条规定，可以说是非常针对中国这种身份社会之官民不平等、社会阶层不平等的现实，具有革命性的意义。

关于股东会议，《公司律》的规定与现代公司法基本一致。公司每年要至少召开一次股东大会（寻常会议），提前15日发出会议通知。遇有紧要事件，可以随时召开股东特别会议。占总股本10%以上的股东（1人或多人合计）有权提议召开特别会议，“如公司董事不于十五日内照办，该股东可禀由商部核准，自行召集股东会议”（第50条）。对于股东知情权也有明确规定，“凡公司有股之人，股票用己名者，无论股本多少，遇有事情，准其赴公司查核账目”（第58条），只是要“先期三日函告”（第59条）。

《公司律》规定了一种“查账人”制度，与中国目前的监事制度类似，但不同。类似之处是，清公司律中的查账人和中国现行公司法中的监事，都是由股东选举，与董事处于平行职位的，也都不能与董事相互兼任。不同之处是，查账人至少2名，均是以个人身份执行其职能的，“查账人可以随时到公司查阅账目及一切簿册，董事及总办人等不能阻止，如有询问应即答复”（第84条）；现今监事制度中，监事除个人职权外，还要以监事会这样一种会议体形式行使集体职权。查账人制度，其实就是英国公司法中审计人制度的翻版。监事会制度则是中国在查账人制度基础上的一个创造。查账人制度与日本传统的监事制度类似，监事会制度则与日本2002年商法改革之后的监事制度类似，都与德国的“监事会”（监督董事会）制度无关。

17.1.5　董事、董事局与董事会议

《公司律》中最值得赞赏的是其董事制度设计，可以说比中国现行公司法中的董事制度更为接近现代公司机关设置上的董事会中心主义这一本质。

公司众股东公举董事，至少三人，至多不过十三人，组成董事局（第62、63条），这与现行公司法大同小异，只是现行公司法名之董事会，并根据公司类型给出了不同的董事会人数区间。董事会议按人投票也完全相同。清公司律规定董事需至少持有公司股份10股以上，也就是必须是股东才能出任公司董事，这是与中国现行公司法很大的一点不同。董事资格股规定是早期公司法的一个特征，那个时代公司刚兴，股权尚未高度分散，股东也未远离公司，更无独立董事制度。如果说股东会按股说话，是股东们按投入公司的资本数量来决策公司大政方针的地方，董事会按人说话，就是股东们按个人能力才识来进行公司日常和经营决策的地方。现代的独立董事主导的董事会，是资本市场高度发展后逐渐演变出来的，公司法上资格股规定的取消，则是对这种演变趋势的适应。就中国目前的公司发展和股权分散状态来说，特别是在众多的非上市公司中，还是要以股东为主构成的董事会才能发挥作用。

在董事会议有效规则方面，清公司律与现行公司法有很大差异。清公司律规定，“董事局会议如有三人到场即可议决各事”，到场董事多数同意可形成有效决议。现行公司法的规定是过半数董事出席方能举行会议，同意的董事占全体董事（是全体董事，不是仅出席会议的董事）的半数以上才能形成有效决议。清公司律赋予了董事和董事会议更大的自主空间，也与英美公司法的规定更为接近。美国特拉华州公司法关于董事会议的规定是，三分之一以上董事出席即可举行会议，出席会议的董事过半数同意即可形成有效决议。中国现行公司法的规定则更为严格，要包括没有出席会议者在内的全体董事的过半数同意才能形成有效的董事会决议。这一更为严格的董事会议有效规则，初衷可能是防止少数董事滥用权力，但是实际效果是增加了董事会议的难度，致使公司把董事会架空从而减少董事会议次数，董事会更少作为。

与董事会议有效规则差异相关的是，董事会权力空间差异。清公司律明确规定：“各公司以董事局为纲领，董事不必长住公司内，然无论应办应商各

事宜，总办或总司理人悉宜秉承于董事局”（第67条）。清公司律中没有经理的概念，总办或总司理人就是经理的角色。“公司总办或总司理人、司事人等均由董事局选派，如有不胜任及舞弊者，亦由董事局开除，其薪水酬劳等项均由董事局酌定”（第77条）。“公司寻常事件，总办或司理人、司事人等照章办理，其重大事件应由总办或总司理人请董事局会议，议定后列册施行”（第78条）。可以说，这是非常明确的董事会中心主义立法，充分体现出了董事会集中管理的公司制企业本质。相比之下的中国现行公司法，通过分别列举的方式，把公司管理权力在股东会、董事会和经理之间进行看似清晰实则混乱的划分，导致董事会迷失在了股东和经理之间，成为了一个难有作为的空架子。

清公司律在给予董事局职责上更大空间、行为（会议有效规则）上更大自由的同时，也对董事局设定了更高的运行（会议次数）标准。“董事局每一星期须赴公司会议至少一次，总办或总司理人可将应办各事向董事局请示，如有紧要事件，可请董事局随时至公司会议酌夺”（第95条）。中国现行公司法规定的董事会议次数标准是一年不少于两次，实际运作中也多不超过十次，可谓是差异巨大。这种差异背后的事实就是，董事会到底是不是公司的核心决策和领导机关。

17.2 1912年《公司条例》：对《公司律》的继承与发展

1914年1月3日，中国历史上的第二部公司法——中华民国《公司条例》颁布。从帝国到民国，政体发生变化，但是经体未改，发展公司、振兴实业的潮流没变。

17.2.1 公司条例对公司律的继承

中华民国成立，改变了国家政体，并没有改变经济基础，更没有改变自洋务运动开始形成的发展公司、振兴实业潮流。1912年3月10日中华民国总统令明确表示："现在民国法律未经议定颁行，所有从前实施之法律及新刑律，除与民国国体抵触各条应失效力外，余均暂行援用，以资遵守。" 晚清修订法律的成果得到民国政府的承认。

1914年颁布的中华民国北京政府《公司条例》共6章251条，篇幅上比清公司律（11节131条）大幅扩展，但这并不是民国政府"制订"出来的，而是清政府和民间商会共同努力的结果——清政府农工商部在1910年底民间版本公司法建议稿（商法调查案·公司律）基础上形成的改订大清商律草案–公司律。《公司条例》只对大清商律草案·公司律修正了十几条（魏淑君著《近代中国公司法史论》第95页）。公司条例和公司律一样，在引进西方公司制度的时候，努力与中国商业实践惯例相结合，以使公司制度能够得到实际有效的应用。

在1929年12月26日中华民国南京政府颁布的《公司法》于1931年7月1日开始实施之前，1914年1月13日颁布的《公司条例》一直沿用，期间只有1914年9月21日和1923年5月8日两次小的修改，主要涉及股款缴纳、官利支付和股东会召集等方面的条款。

由于构成《公司条例》主要内容的《改订大清商律草案·公司律》是《公司律》实施几年后，清政府和民间商会共同努力修订出来的，这使《公司条例》相比《公司律》更为体现出了一种本土化的立法理念：使起源于西方的公司制度更为适合中国企业习惯或说使中国民间商事习惯更好地容纳于国家的成文法规中。

17.2.2　《公司条例》对《公司律》的发展：法人地位和公司类型

公司条例对公司律最显著的一个发展是单列一条明示"凡公司均为法人"（第3条），这比公司律中要通过有关有限责任的相关条文体现出公司的独立法人地位来是个进步，对于公司独立法人的确立具有重要意义。但是，值得注意的一个问题是，由于公司条例主要是学习了德国商法和也同样是源自德国商法的日本商法，致使无限责任公司在公司法中也占有重要地位，并同样给予独立法人地位，致使独立法人地位与股东有限责任脱离关联，失去了公司独立法人地位的一个关键含义。在英美法系下，公司的独立法人地位和股东有限责任基本上是一件事。

公司条例也将公司划分为四种类型：无限公司、两合公司、股份有限公司和股份两合公司（第2条），相比公司律主要发展在于两合公司和股份两合公司。公司条例的无限公司相当于公司律的合资公司，二者的股份有限公司是相同的。公司律在将公司分为四种之后，没有再分别制订各自的规则，公司条例则对四种公司各自单独分章制订了相应规则，各种类型公司中股东责任是有限还是无限、公司机关设置等，都规定得非常清楚。

以四种公司在公司条例中所占篇幅来说，股份有限公司是最重的，133条；无限公司次之，71条；两合公司占17条，股份两合公司占18条。这四种类型公司中，只有股份有限公司是完全有限责任，即所有股东都是有限责任的，在此意义上说，今日中国公司法中所有公司均只能对应公司条例中股份有限公司这一种类型。公司条例规定"股份有限公司，应用7人以上为发起人"，实际就是不许7人以下的公司注册为全部股东均承担有限责任的公司类型。对于独立法人和现代公司股东责任概念都相对缺乏的国家来说，公司法对完全有限责任公司设定一个相对较高的门槛是有道理的。

公司条例规定的四种公司类型中有三种都是含有无限责任要素的。无限公司是完全的无限责任，即所有股东均要承担无限责任。两合公司和股份两合公司则是部分无限责任，即由承担无限责任的和承担有限责任的两类股东构成。两合公司和股份两合公司之间的区别是，前者直接由两类股东组建，后者可由至少1位承担无限责任的股东通过募集认股股东只承担有限责任的股份而创立。

17.2.3 公司治理机制：财产控制和业务执行权力的配置

公司条例规定的四种类型公司中，股份有限公司是唯一需要建立健全股东会、董事和监查人制度的公司，换句话说是唯一需要建立健全现代法人治理机制的公司。因为只有这种公司的所有股东都承担有限责任，都要受法人独立要素——股东和公司分开及股东个人权力和公司财产控制权、公司业务执行权要分开——的约束，而有无限责任股东存在的公司，主要由无限责任股东行使相应权力。

进一步说，在完全有限责任类公司中，无论是民国公司条例中的股份有限公司，还是今日中国之股份有限公司及有限责任公司，只有董事才是公司财产控制和公司业务执行权力的合理合法受托人。在无限公司和两合公司中，无限责任股东在财务上是股东的同时，承担公司财产控制和业务执行权力的受托人角色。今日中国公司治理中的一个关键问题就是，大股东在享受了有限责任，并且没有明确的法律上受托责任的同时，实际享受着接近于无限责任股东才能有的公司财产控制和业务执行权力。

公司条例中关于无限公司的第二章，共分设立、公司内部之关系、公司对外之关系、股东之退股、公司之解散、清算等6节，以总计71条的篇幅对无限公司的运作进行了规范。无限公司需2人或2人以上设立，可通过章程约定盈余分配比例，如无约定则按出资比例分配。各股东无论出资多少，均有执行业务的权力并负相应义务，但公司可通过章程约定只有某位或某几位股东负责执行公司业务。不执行业务的股东有知情权，包括稽查账簿、货物及信件。

作为股东要承担无限责任的无限公司，其与合伙制企业的差异，或说是其独立法人地位的主要体现是公司可以宣告破产，其和有限责任公司破产的差别是公司财产不足以抵偿债务时，可以先向股东追索，在股东也无能为力之后，再宣告公司破产（第72条）。

两合公司和股份两合公司的管理权力均配置给了无限责任股东，只有无限责任股东可担负公司业务执行责任，并且公司经理人的选聘也是由无限责任股东过半数议决的（第87条）。作为两合公司之有限责任股东，相比无限公司之不参与业务执行的股东，其最大的好处是没有无限连带责任。而且，作为有限责任股东，股份可以由子女继承而不影响公司存续和运作。这些差异背后的因素就是资合与人合的差异，无限公司本质上是属于完全人合性质、出资属于附属要素；两合公司则是无限责任股东以人合，要有个人能力，有限责任股东以资合，与个人能力无关。

17.2.4 人合因素下的公司治理机制：股东关系

中国诸多实际人合性质很强的中小型公司也都采取了有限责任公司的法律形式。这些公司不可能脱离股东对公司财产的直接控制，也不可能没有股东直接负责公司业务的执行，这使这些公司作为有限责任公司所必须设立的董事会，很难不成为摆设。如果对董事会运作的监管要求过高，显然不符合这些公司的实际情况。完全放任有限公司董事会流于形式，同时又没有类似无限公司和两合公司中那种对执行业务之股东的权力和义务的相应规则，和对所有无限责任股东的无限连带责任追究，导致公司实际控制人的风险有限，约束很小而收益可以很大。

无限公司制度下，不参与业务执行的股东对公司的监控权力和监控动力，都要远远大于有限责任公司下不参与经营的股东。在具有人合性质的中小企业中过度推行有限责任公司制度的结果就是，即使股东丧失了监控公司的能力和动力，又无法真正建立起董事会和监事会一类公司监控机制。更为严重的一个问题是，无限公司和两合公司制度下，股东有退出（退股）机制，而在有限公司制度下，除上市公司外，股东没有有效的退出机制，由此带来的“股东锁定”问题需要非常发达的公司法制和司法救济体系才能解决。

公司条例无限公司一章中有专节，并以该章总计71条中之6条规定了股东之退股问题。凡未在章程有特殊规定者，各股东可以于每期结账时退股，但要提前6个月声明（第42条）。此外，还可以由章程规定之事由发生、其余股东之全体同意、死亡、破产、患癫痫、除名等原因而退股（第43条）。退股制度在给不满意股东以正常退出通道之外，也给了公司清除违轨和未尽责股东的有效机制。根据第44条的规定，“股东之除名，以下列各款为限，由其余股东之同意行之，但非通知后，不得对抗该股东：一、应出之资本，不能照缴或屡催不缴者；二、违背本条例第二十八条第一项之规定者（竞业禁止条款）；三、执行业务或代表公司时，确有不正之行为者；四、非执行业务之股东，干预公司业务，滥用公司牌号、图记、银钱、货物者；五、不尽重要之义务者。”对于人合性质的公司来说，股东之间关系直接影响公司的业绩甚至成败，建立起清晰可循的股东和公司之间的双向选择机制至关重要。

17.2.5 公司治理机制：股份有限公司之大股东投票权限制

公司条例第四章股份有限公司共分十节，分别从设立、股份、股东会、董事、监察人、公司之计算（财务和会计制度）、公司债、变更章程、解散和清算等方面，以多达133条、占总条数一半以上的篇幅，对股份有限公司制度和运作进行了规范。

股份有限公司作为现代公司制度的核心，其宗旨是实现完全的资合，或说实现作为公司股东的人资分离。作为股东、出资者完全就是资的角色，与个人能力无关，公司的管理交由董事和经理，股东或其他人出任公司董事或经理，不靠资、全靠人，靠能力。要使人、使能力走上公司管理舞台，就要在一定程度上限制资的力量，以防公司进入“大股东陷阱”——大股东能力不足又不愿意放权，控制一切，致使公司永远发展不起来的半死不活状态。中国今日之诸多公司，之所以既难以改进公司治理、规范董事会、引入职业经理人，也难以有效壮大和发展的原因就在于此。

为了促进公司股权分散、防止大股东及收购者操控公司，通过公司章程设置单一股东所能持有的最高投票权比例，是发达国家公司法普遍许可、一些国际化大公司（如雀巢限制在3%）经常采用的做法。公司条例第145条明确规定，“公司各股东，每一股有一议决权，但一股东而有十一股以上者，其议决权之行使，得以章程限制之。” 这是对清公司律第100条的继承。清公司律第100条规定，股东会“会议时有一股者得一议定之权（如一人有十股者既有十议决权，依次类推）。唯公司可预定章程，酌定一人十股以上议定之权之数（如定十股为一议定之权或二十股为一议定之权，依次类推）。”公司律和公司条例，准许公司通过章程自行设定对一人持有十股以上股份的表决权做出限制，具体是否限制及如何限制没有规定。1929年颁布的中华民国《公司法》则对大股东的表决权直接提出了硬性限制，“每股东之表决权及其代理他股东行使之表决权，合计不得超过全体股东表决权五分之一。”100年前的中国公司法已经准许公司自行限制大股东的表决权，80年前的中国公司法已经明确限制大股东及其代理的投票权不得超过20%，可是今日中国之公司大股东以50%以上投票权牢固控制公司的还比比皆是。

17.2.6 公司治理机制：股份有限公司之董事与监察人

关于股东会和董事会之间的权利配置，就股份有限公司来说，公司条例和公司律也是一脉相承，遵循董事会中心主义原则的。只是直到1929年公司法规定“公司董事至少5人”之前，中国的公司法还没有关于董事人数的规定，并且“董事得各自代表公司（公司条例第158条）”，所以准确地说，应该是“董事中心主义”。

公司条例第101条明确规定：“发起人在认足股份总数时，应从速按股各缴至少四分之一以上股银，并选任董事及监查人。其选任方法，以发起人议决权之过半数决之。”也就是在公司创立过程中就要有董事的到位。在公司募集股份之“第一次银数缴齐后，发起人应速召集创立会”（第110条），创立会应有认股者及总股份之过半数到场，以议决权之过半数，决议一切事项（第111条）。发起人应报告设立各事于创立会（第112条），创立会应选任董事及监察人（第113条）。公司创立之后，“公司董事，由股东会就股东中选任之”（第152条）。

在控制公司财产和公司业务执行方面，公司条例给予股份有限公司董事的权力及相应义务，和无限公司中获任代表公司之股东或经理人完全相同：“董事得各自代表公司，本条例第28条、第31条、第32条、第33条，于董事准用之”（第158条）。具体内容是：竞业禁止（不得为自己或他人为本公司营业范围内之行为及附入同类营业之他公司为无限责任股东，第28条）；全权代表（凡关于公司营业事务，无论涉论与否，均有办理之权限，第31条；以章程或各股东之同意，所加于代表权之限制，不得对抗不知情之第三者，第32条）；和无过失免责（因执行其业务，所加于他人之损害，除由本人过失外，公司应任赔偿之责，第33条）。

公司监察人，也和公司董事一样，“由股东会就股东中选任之”（第166条）。公司条例之监察人制度和公司律之查账人制度也基本一致，只是公司律要求公司至少有2名查账人，而公司条例无监察人人数要求，并且规定“监察人有二人以上时，得各自行其监察权”（第173条）。公司条例规定“董事任期不得过三年”（第155条）、“监察人任期不得过一年”（168条），但都是

"任期届满后，不妨公举续任"。

与公司律有效促进了其随后几年的公司制企业发展一样，公司条例也有效促进了其后十几年的公司制企业发展。公司条例对公司律的合理继承和发展，保证了中国企业发展的稳定和连续，有效降低了大清帝国到中华民国的政体改变对中国企业发展的冲击。

17.3 1929年《公司法》和1940年特种股份有限公司条例

1929年12月26日，南京国民政府颁布了中国第三部公司法，但是生不逢时，随后的世界经济大萧条和日本侵略，都使这部相对成熟的中国公司法没有完全发挥出其本来应有的作用。

1929年公司法全文233条，包括通则、无限公司、两合公司、股份有限公司、股份两合公司和罚则等6章，总体结构和公司分类都与1914年公司条例基本一致。公司条例全文251条，分总纲、无限公司、两合公司、股份有限公司、股份两合公司和罚例等6章。由于合并和修改等，条数有所减少，但同时新增一些很有价值的规定。

南京国民政府还颁布了公司法的配套法规，包括《公司法施行法》和《公司登记规则》，均与公司法一同于1931年7月1日开始施行。

17.3.1 公司适用范围的扩展

1929年公司法，虽然在公司类型划分上，与1914年公司条例保持了一致，并同样对每种公司给予专章进行规范，但是对公司的基本定义进行了修订，使公司这种法人组织形式的适用范围得到扩大。

1914年公司条例第一条规定，"本条例所称公司，谓称以商行为为业设立之团体"。何谓商行为，《商人通则》具体规定了17种。1929年公司法界定公司为“以营利为目的设立之团体”，突出了公司的营利组织特性，不再有具体行为种类的限制。从“商行为”到“以营利为目的”的改变，一方面是因为当时民商法合编后，取消了商行为的概念；另一方面也与作为后引进公司制度的国家对公司制度本质的理解偏差有关。公司作为个人联合体而取得独立法人资格，这是西方从传统的“王权—个人”两级社会向现代“法人社会”转变的一个关键起点。英美国家公司的基本含义是经注册而具有独立于其发起人（捐助人）身份的法人组织，是从市镇、行业协会等传统集体组织中逐渐演变出来其基本思想和治理架构、最后经正式的法律创制而诞生的，其适用范围既不限于任何具体的“商行为”——从普通工商业到铁路、银行、大学、医院等均可成为公司，也不限于营利组织，非营利组织也同样可以注册为公司。非营利组织作为公司，与营利性商业公司（business corporation）的区别仅仅是没有股东分享红利，公司经营的目的是事业发展，而不是股东价值最大化。

从政治和法律的角度看，公司是在传统的皇权或王权政府与家族或家庭之间，构造出的一种居中的集体组织。随后随着现代政治结构、法治和市场经济的发展，公司在诸多领域里取得了主导性甚至是统治性的地位。只是在经济领域里，营利性商业公司的发展成就更为引人注目，后进国家最先受到冲击和最羡慕的也是西方强国的经济实力，这使后进国家首先看到、理解和接纳的公司就是营利性商业公司这种法人企业组织形式。从1929年公司法开始，中国至今仍然把公司这种法人组织形式限定在营利性机构范围之内，非营利性机构不能注册为公司。

17.3.2 认缴资本制：首次出资额比例提高

1929年公司法和1914年公司条例一样，实行的是认缴资本制，也就是说，股东在承诺认购总股数后，可以分期交纳认购股款。1914年公司条例规定第一次应缴股款的比例为不少于票面金额的四分之一，1929年公司法将这一比例提高到了二分之一。中国在2006年新公司法施行之前，实行的是实收资本制，也就是股东要一次交足全部股款，2006年新公司法开始施行认缴资本制。

要求股东更多更早缴纳所认购的股本总额，直至实行严格的实收资本制，本意是为了提高公司的实有资本实力，防止公司“虚假”声张资本规模，“骗取”第三方的信任，但是也会由此给公司股东和公司发展带来一些不必要的过度约束。股东能够通过高额认购而实际少缴或迟缴资本的方法来提高公司声望，本身并不是坏事，是市场信誉的表现。如1903年福特汽车公司成立时，大富翁贝内特以期票方式“投资”了5000美元。一年以后，贝内特用福特汽车公司给他的分红兑现了该期票。尽管贝内特并没有真实投入一分钱，但是福特汽车公司凭借贝内特的信用声誉大大增强了自己的购买力（参见笔者《公司的骨骼》第4章）。对于由此滋生出来的真的诈骗，只要给予足够的事后惩戒就可以了。因为法治不发达、事后惩戒力度不足以威慑住诈骗，是法治体系建设的问题，不能因噎废食。可以长出好庄稼的肥沃土地同样也可以长出茁壮的野草，需要的是提高除草能力，而不是把土地搞贫瘠。发达国家实行比认缴资本制还要宽松的授权资本制，给予公司更大的资本决策空间，也给予了公司董事会以更大的权力空间。在授权资本范围内，公司可根据实际经营需要发行或回购股份，既可避免公司资本不足，也有利于防止资本闲置，还免除了频繁变更注册资本的烦琐程序。

17.3.3　公司治理机制的完善：董事和监察人

1929年公司法延续了自大清公司律开始的董事会中心主义，但对董事会的组建和运作进行了进一步的细致规定，由此埋下了中国公司法过多介入公司董事会内部事务的“祸根”。1929年公司法规定“公司董事至少5人”，并规定当董事缺额达董事总数三分之一时，应立即召开临时股东会补选。大清公司律和1914年公司条例中都没有关于董事人数的规定。1914年公司条例规定“董事得各自代表公司”，也就是说公司董事均为公司法人代表。1929年公司法则规定：“公司得依章程或股东会之决议，特定董事中之一人或数人代表公司”。也就是说，公司董事需经公司章程或股东会会议授权才能对外代表公司。

中国现行公司法，不仅规定了公司董事人数下限，还规定了上限（根据公司类型分别规定了董事会的人数区间），并进一步将法人代表限定在了公司董事长、总裁或无董事会情况下的执行董事范围内（中国公司法规定股东人数比较少、公司规模比较小的可以不设立董事会，设立执行董事行使董事会职能）。公司法过多介入公司董事会内部事务，不仅侵害了公司的自治权力空间，实际也使董事会带有了更多的合规要素和形式主义色彩。发达国家公司法至今没有对公司董事会的规模等进行明确的规定，甚至可以说就没有中国这种公司法上的董事会概念。过于细致的董事会规定，反倒淡化了“公司由董事管理”这一实质特性。董事们，复数的董事，通过会议决定公司事务，这才是董事会的基本含义，至于具体多少名董事，应该是公司自己决定的事情。

在限定了董事个人公司代表权的同时，1929年公司法扩大了公司监察人的个人权力，规定“监察人各得单独行使监察权”，并且规定监察人对于监察事务，得以代表公司委托会计师、律师办理，由公司付费。

在股东对公司董事和监察人的监控权力方面，1929年公司法也比1914年公司条例提高了支持力度。公司条例规定了公司有权对董事和监察人提出控告，但是在董事和监察人不作为、又实际控制了公司的情况下，谁来代表公司提出控告呢？1929年公司法规定，“有股份总数十分之一以上之股东，得为公司对董事提起诉讼。”这是明确建立起了股东代表诉讼或说衍生诉讼制度。10%的股份比例限制，都和中国现行公司法一致。

17.3.4 公司治理机制的完善：股东的权利与退出机制

1929年公司法的两合公司一章中，明确了有限责任股东的“退出”机制。“有限责任股东遇有不得已之事故时，得经全体无限责任股东四分之三以上之同意退股，或声请法院准其退股”，这是对有限责任股东被“锁定”情况提供的一种救助，由此可以对执行公司管理职责的无限责任股东提供一种“准市场”压力。另一方面，无限责任股东也有将不履行出资义务或有不当行为的有限责任股东除名的权力：“有限责任股东有下列各款情事之一者，得经全体无限责任股东之同意将其除名：一、不履行出资之义务者；二、有不当行为妨害公司之利益者”。

1929年公司法对两合公司中有限责任股东的出资方式进行了比1914年公司条例更为明确的限定：“有限责任股东不得以信用或劳务为出资。”公司条例的规定是“有限责任股东仅得以银钱或别种财产为出资”。在防范风险方面，1929年公司法还对公司发起人股份转让进行了限制，“发起人之股份，在公司开始营业后一年内，不得转让”。中国现行公司法对公司发起人股份的禁止转让期限也是一年，并且进一步规定，公司公开发行股票前已发行的股份，在公司股票上市交易起一年内也不得转让，这些都是为了保护中小股东和普通投资者的利益。

1929年公司法对大股东的表决权直接提出了硬性限制，“每股东之表决权及其代理他股东行使之表决权，合计不得超过全体股东表决权五分之一。”这一规定非常领先，甚至可以说是过于领先了。在一国公司制企业以及一个具体公司的发展初期，难免有大股东的存在，也需要大股东以股东会上的投票权以及以董事身份更为积极地参与公司治理。在公司股权分散到一定程度、公司董事会的独立性也达到一定程度之后，公司会产生通过限制大股东投票权来保持独立性的内在需求，公司法上准许这些公司自己通过章程决定是否以及如何对大股东的投票权进行限制就可以了。1929年公司法对大股东投票权比例做出硬性的上限规定，是国民政府“节制资本”这一政治主张的体现，惧怕民间大资本通过控制公司而控制国民经济。

17.3.5　公司法人持股制度的引入

自1860年代现代公司法诞生、个人可以自由集资和组建公司开始，公司制企业发展了约30年之后，美国率先出现了现代控股公司。1889年新泽西州出台了《控股公司法》，允许企业按法律规定持有其他企业的股票及享有与普通持股个体一样的权利。随后1893年和1896年新泽西州又连续修改公司法，进一步明确和强化了“持有其他公司股份”的企业“可以行使所有拥有所有权的个体所享有的各项权利和特权，比如投票表决权”。到1899年，新泽西州开始准许纯粹控股公司的存在。在此之前，美国各州都是一般不准许企业持有其他公司的股票。这种法律规定的目的是通过严格限制企业持股行为而防止一个公司控制另一个公司，导致垄断。

中国在第一部公司法大清公司律颁布、公司制度发展25年之后，1929年公司法中首次出现了有关公司作为法人持有其他公司股份的规定："公司不得为他公司之无限责任股东。如为他公司之有限责任股东时，其所有股份总额，不得超过本公司实收股本总数四分之一"（第11条）。这是公司制度发展的重要一步，为公司通过兼并和收购进行产业整合等开辟了合法途径。如同美国是在企业联合和托拉斯发展起来之后出台了控股公司法案一样，中国1929年公司法有关公司法人持股这一条款的出现，也是适应公司制企业发展现实的需要。经过二十多年的发展之后，中国在1920年代，已经出现了一些大实业家通过设立总协调机构来统一管理其各相关企业的情况，如张謇家族及其相关企业设立的总管理处。这种总管理处或总务处形式的机构，在一定程度上起到了和洛克菲勒所创标准石油托拉斯那样的统一管理作用，以满足企业联合的需求。但是这种机构既非控股公司那样的独立法人实体，也不是托拉斯那样的通过委托授权所形成的严格合同关系，对"下属"公司的实际约束能力有限，主要还是依靠关键人或实际控制人的影响力发挥作用。

17.3.6 1940年特种股份有限公司条例

1929年公司法，继承了从1904年公司律到1914公司条例所树立的基本的"自由企业制度"精神，立法宗旨还是促进和规范民间民营公司的发展。但是随后的世界（全球萧条、政府干预兴起）及国内局势（日本侵华、抗战爆发）致使国民政府开始全力发展国有经济，政府机关作为发起人组建国有控股公司，希望能在充分利用社会资本的同时，又能保持政府的控制权。这与主要用于调整民营公司、"节制资本"的1929年公司法之间就产生了矛盾。其中最突出的两条是，公司发起人数要在7人以上和大股东及其代理行使的投票权合计比例不能超过20%。为此，1940年3月21日，国民政府颁布了《特种股份有限公司条例》。

特种股份有限公司是指，由政府机关组织，准许本国人民或外国人认股之股份有限公司。1929年公司法第87条规定，"股份有限公司应有七人以上为发起人"，特种股份有限公司发起人数不受此限制，这大大方便了国有控股股份公司的发起和设立。1929年公司法第129条规定："公司各股东每股有一表决权。一股东而有十一股以上者，应以章程限制其表决权。但每股东之表决权及其代理他股东表决权合计不得超过全体股东表决权的五分之一。”特种股份有限公司的公股行使表决权不受20%这一比例限制，这使国有资本的公司控制力得到提高，也方便了国有资本通过收购控制民营公司。

特种股份有限公司之董事、监察人名额，直接按照公股和非公股的股份比例来分配，代表公股的董事和监察人由政府机关指派，这实际使国有资本控股的股份有限公司的特性发生了一定程度的改变，从一种完全的资合变成了一种特殊的资合，原本责权利相同的公司董事和监察人开始分为两类，事实上不再完全具有同样的责权利，公股董事和监察人开始“高人一等”。这与今日中国的国有控股股份有限公司的状态非常相似：同一公司的董事和高管中，有中组部管的、国资委管的和市场聘的，身份大为不同，实际权力也就大为不同。

《特种股份有限公司条例》为国有资本的公司制企业发展打开了通道，1929年公司法的“节制资本”措施只是节制民间资本。在发展国有资本为既定国策的情况下，将国有资本和民间资本各自所发起设立的公司分开立法，应该说是个好事。尽管有国有独资公司专节及特别针对国有控股公司的一些分列条款，中国现行公司法将国有资本公司和民营资本公司合于一炉的做法，还是带来了很多的混淆，特别是因为有一些国有资本也要适用的特殊考虑，致使相应规定过细、过死，缺乏市场化和公司自治空间。

1930年代的战乱局面进一步加大了公司法落实的难度。大量非公司制企业冒用公司名义，也有大量事实上的公司不经登记注册而擅自成立。无论如何，1929年公司法对中国公司制企业，特别是对中国公司制度的发展还是起到了重要的促进作用。1928、1930、1931和1932年，全国新注册各类型公司数量分别为284家、275家、305家和204家。据上海工业企业的一项调查，1931年的1627家和1933年的1186家企业中，属于股份有限公司的企业数量分别为295家和332年，占比例分别为18%和28%[①]。

① 转引自张忠民《艰难的变迁——近代中国公司制度研究》，上海社会科学院出版社，2002年版，第85页。

17.4 1946年《公司法》

1946年4月12日，国民政府颁布了中国第四部公司法。从1904年公司律、经1914年公司条例和1929年公司法，到1946年公司法，尽管步伐缓慢，但毕竟在逐渐地完成着中国公司制度的现代化进程。

1946年公司法分共361条，篇幅上比1929年公司法的233条有大幅度增加。1946公司法包括定义、通则、无限公司、两合公司、有限公司、股份有限公司、股份两合公司、外国公司、公司之登记及认许和附则等10章，比1929年公司法多出了定义、有限公司、外国公司和公司之登记及认许等4章。同时，1946年公司法将处罚改在了相关条款之中，最后一章便由罚则改为了附则。

17.4.1 公司分类和定义上的改进

1946年公司法参照英美立法习惯，开篇先给出了关键词语的定义。“本法所称公司，谓以营利为目的，依照本法组织、登记、成立之社团法人。”在给出公司一般定义的同时，1946年公司法对其所认许的六类公司也都一一给出了明确的界定。

无限公司是由二人以上股东所组织，对公司债务负连带无限清偿责任。有限公司是由两人以上、十人以下的股东所组织，就其出资额为限，对公司负其责任。两合公司是由一人以上无限责任股东，与一人以上有限责任股东所组织，其无限责任股东对公司债务负连带无限清偿责任，有限责任股东就其出资额为限，对公司负其责任。股份有限公司是由五人以上股东所组织，全部资本分为股份，股东就其所认股份对公司负其责任。股份两合公司是由一人以上无限责任股东，与五人以上有限股份股东所组织，其无限责任股东对公司债务负连带无限清偿责任，有限股份股东以其所认股份对公司负起责任。外国公司是以营利为目的，依照外国法律或经外国政府特许组织登记，并经中国政府认许在中国境内营业的公司。

1946年公司法的公司类型划分，与1914年公司条例和1929年公司法，基本上是一脉相承、大致相同的。无限公司、两合公司、股份有限公司和股份两合公司，这四种公司类型是三部法律中都有的。1946公司法中的有限公司，则是源起于1940年的特种股份有限公司条例。1946年公司法首次将在中国境内营业的外国公司纳入了中国公司法的管辖范围之内，结束了大半个世纪的外国公司享有治外法权状态。

由于公司是个中国社会中的全新事物，公司立法又是德日英美的混合体，这使1946年公司法成为涵盖公司类型最多的公司法。从全体股东都要承担无限责任的无限公司，到部分无限责任股东和部分有限责任股东的两合公司及股份两合公司，再到全体股东都只承担有限责任的有限公司和股份有限公司，可谓是一应俱全，凡营利性公司或说商业公司（Business corporation）均涵盖在内。

无限公司没有现代公司的本质含义（股东有限责任），与传统社会中独资企业、合伙企业没有太大区别。股东有限责任，才有完整含义的法人独立，才有真正意义上的董事机关设置。两合公司和股份两合公司，基本可看作是从完全无限责任向完全有限责任的过渡形态，世界范围内长期坚持两合结构的大型公司屈指可数，代表性的就是法国的米其林公司。

只有完全有限责任的有限公司和股份有限公司，才具现代公司的本质含义。不过，目前世界各国的发展趋势都是通过增强股份有限公司制度设计上的弹性和适应空间，使中小型企业也可以采用股份有限公司的法律形式，从而使有限责任公司的法律形式没有继续存在下去的必要。

17.4.2　公司自治和自主权空间的扩大

1929年公司法，有三个配套和附属法规，即公司法施行法、公司登记规则和特种股份有限公司条例。1946年公司法则将这些有关公司的法规归纳合并为一体。有限公司和公司之登记及认许这两章的新增，就是这种合并的结果。

在法律文本更成体系和完善的同时，1946年公司法更多地给予了公司自治和自主决定空间。这与抗战中中国与英美结盟，共同对德日作战，因此更多受到英美影响有关。1946年公司法保留了最初源自德国和日本公司立法的体系结构，但是更多地纳入了英美公司立法的精神特质。

1945年3月，国防最高委员会通过的《修订公司原则》的五点内容中，除强调将已有各种有关公司法规冶于一炉、使之简单明了、切合实际之外，余下内容均可归为界定清晰公司权利、扩大公司自治空间。比如，“增强法律弹性，使大小公司均易于奉行，减少官厅干涉，使大小公司可自由发展。但提高公司负责人之责任，加紧取缔违法行为，将罚则分布于各条文后，俾公司负责人一望便知违反法律章程之后果，有所警惕”。还有，“在投资上一律平等。政府与人民、政府与外人、本国人与外国人间，无优越、亦无歧视之处。消除法律上不平等之恶习。政府与法人不但可为公司之股东，且可为公司之董事和监察人，一去以前政府或法人之代表人俨然以股东自居之僭越”。“以公司本身之国籍为国籍，不问其所构成股东之国籍”（转引自魏淑君著《近代中国公司法史论》第181页）。

相比1929年公司法，1946年公司法中公司自治和自主权空间扩大的两个最突出表现是有关股东投票权限制和公司对外投资限制的规定。1929年公司法中，出于所谓“节制资本”的考虑，对大股东的表决权直接提出了硬性限制，“每股东之表决权及其代理他股东行使之表决权，合计不得超过全体股东表决权五分之一”。1946年公司法则取消了这一硬性的比例限制，将公司是否需要及具体如何限制其最大股东的投票权比例，重新交给了公司自己，通过其章程自行做出。1946年公司法的这一改变，背后可能有保护国有资本控制权方面的考虑，因为该法同时取代了1929年公司法和1940年特种股份有限公司条例，但是毕竟没有再像以前那样对于主要是民营资本的普通股份有限公司硬性限制大股东投票权比例不得超过20%，而主要是国有资本的特种股份有限公司可以例外。

1929年公司法中首次出现了有关公司作为法人持有其他公司股份的规定：“公司不得为他公司之无限责任股东。如为他公司之有限责任股东时，其所有股份总额，不得超过本公司实收股本总数四分之一”。1946年公司法改为“如为他公司之有限责任股东，其所有投资额，不得超过本公司实收股本二分之一”，而且“投资于生产事业或以投资为专业者不在此限”。这大大提高了公司对外投资的自主空间，并且事实上给予了以投资为业的“投资公司”以合法地位。与上述有关大股东投票权限制条款一样，公司对外投资权限空间的扩大，可能也有扩大国有公司和国有资本对外渗透和控制力的因素，但是同样没有对国有公司和民营公司、国有资本和民营资本区别对待，民营公司和民营资本同样可以利用这些更大的公司自治和自主空间得到更快的扩张与发展。

17.4.3　公司治理机制安排：股东会

1946年公司法中，股份有限公司的主要制度安排都基本具有现代公司含义，只是个别地方还不够到位。

1946年的中华民国《公司法》完全贯彻了股份有限公司的“资本至上”规则。1929年公司法规定股东会议应有认股人过半数和代表股份总数过半数这两个过半数出席才能召开，这意味着仅仅几大股东出席，即使代表股份过半数也不能召开股东会。该规定与其限制单一股东的最高投票权比例不能超过20%一样，有“节制资本”含义，并从制度设计上就避免了“股东大会成为大股东会”。1946年公司法改为代表股份总数过半数出席，以出席股东表决权过半数之同意，便可形成决议。与此同时，1946年公司法取消了大股东投票权比例不能超过20%的硬性限制。这使从1929年公司开始法的“优待中小股东、促进股权分散”立法努力宣告终结。

当前发达国家中，由于存在发达的资本市场，股权的集中与分散已经完全是个公司创始人和主要股东的自主选择问题，与公司立法导向无关。只要公司法及证券法针对公司和大股东欺诈小股东问题，提供足够的防范和救济措施即可。但是在中国这样的资本市场非常原始、股权高度集中的国家，要促进现代公司制度的快速发展，立法上对大股东权力进行适当的限制还是很有必要的，否则将长期难以走出“大股东陷阱”，股东大会成为大股东会，甚至就是流于形式，只是大股东的橡皮图章。

17.4.4 公司治理机制安排：法人董事的问题

在取消有关大股东投票权硬性限制，提高公司作为有限责任股东对外投资占自身股本比例限制的同时，为了便于公司对外投资、加强对外投资控制和降低对外投资风险，1946年公司法还准许公司自身成为其所投资对象公司的监事和监察人，“公司得为他公司之董事、监事，但需指定自然人充其代表”。以现代公司治理的基本原则来看，法人出任公司董事如同历史上的董事资格股规定（必须是股东才能出任董事）一样，是不符合公司制基本逻辑和最佳公司治理实践的。法人出任董事、指定自然人代表充任，大大方便了法人股东的意志贯彻，可以根据自身需要和自身意志改变随时撤换其自然人代表，这有利于法人股东对所投资公司的控制，但减弱了投资对象公司的法人独立性，使其法人治理结构出现问题。

现代公司治理的一个基础逻辑是，股东享有有限责任和股份自由转让权利之后，公司享有独立法人地位，公司财产要由公司的法定管理机关——董事会集中管理，董事会成员要作为自然人承担公司违法行为的法律责任。对自然人董事的法律责任追究，是现代社会给予公司独立法人地位的基本要件之一，否则，将难以控制有限责任股东躲在独立法人背后的胡作非为，给社会带来灾难性的后果。

现代公司制度与生俱来的社会融资便利，使其很容易被老股东和公司董事、实际控制人合谋用来诈骗新股东和公众股东钱财。董事（会）作为公司法定机关的设置，以及相应的董事刑事责任追究——可以把董事送进监狱，是现代社会控制公司行为、给予其独立法人地位的前置条件。在“法人出任董事、指定自然人充其代表”的情况下，谁去蹲监狱？我们只能将自然人送进监狱，而不能将法人送进监狱。如果法人董事的自然人代表去蹲监狱，那他事实上就承担了公司董事的责任，就要相应给其公司董事的权力，也就成为了事实上的董事，“法人董事”成为无法落实的概念。如果不让自然人代表去蹲监狱，也就没有人去蹲监狱，社会就失去了对公司法人违法行为的终极威慑，公司法人的发展方向就不会是向善，而是向恶，也就不会有今日世界这样的公司发展。

17.4.5　公司治理机制安排：董事资格股

1946年公司法降低了股份有限公司的设立门槛。将发起人和董事的最低人数分别从1929年公司法规定的7人和5人降低到了5人和3人。同时，规定公司发起人及董事须半数以上，监察人中至少有1人，须在中国境内有住所。政府或法人为公司股东时，其所得指定为董事、监察人之人数，应按所认股额比例分配，以公司章程定之。

1929年公司法和1946年公司法，均规定董事和监察人，须为公司股东。这种董事资格股的规定，与大股东权力不受限制一样，实际弱化了董事会的能力，也使公司不能有效地通过董事会这一核心治理机制实现物资资本与人力资本之间的有效合作。有钱才能成为股东，股东才能成为董事，这使现代公司与传统企业相比所特有的两大优势——通过有限责任广纳资本和通过董事会及职业经理人制度广纳英才——中的“广纳英才”不能得到发挥。公司不能广纳英才来管理，反过来也会影响其吸纳资本能力，也就逃不出只能靠自身老本和慢慢积累而发展的传统企业羁绊。

1946年公司法中的有限公司，在股东责任方面与股份有限公司相同，与无限责任及两合类公司截然不同，但是在法人机关设置上则是居于中间地带。有限公司的管理机关设置，可以依据无限公司的规定，由股东执行业务，也可以依据股份有限公司的规定，由董事执行业务，二者必择其一。这种规定，看似很合理，并且也“切合实际”，但是割断了“股东有限责任与董事管理公司”这一现代公司的内在逻辑，也破坏了现代公司治理的基础规则。在由有限责任股东执行业务的情况下，谁来承担公司行为不端的法律后果——谁来蹲监狱？没有自然人为公司法人的不端行为蹲监狱不行，由执行业务的股东蹲监狱的话，那他事实上就是董事了，一个由股东直接出任的董事，还是不如直接规定“董事管理公司”。

中国现在的有限责任公司与1946年公司法中的有限公司很类似，现行公司法规定了这种公司的管理机构设置可以是董事会，也可以只设执行董事。这种执行董事，与设董事会下的公司董事，法律职责和义务都是一样的。实际上不如简单规定“公司由不少于1人的董事管理”，具体1人还是几人，由公司通过章程自定。

17.4.6 公司法的影响：公司制企业发展

1946年这部中国近代史上篇幅最大、内容最全的公司法，与作为清政府和民间商会共同努力的结果而于1910年底形成的“改订大清商律草案-公司律”一样时运不济。“改订大清商律草案-公司律”未经颁布，大清政府垮台；1946年公司法没有实施几年，国民党政府败走台湾。

改订大清商律草案-公司律由1914年公司条例所继承，1946年公司法则随国民党到台湾得以继续执行，还是各自都在一定程度和一定范围上发挥了作用，促进了中国的公司制度发展。

1904年公司律、1914年公司条例和1929年公司法，都在各自的适用时期内有效促进了中国公司制企业的发展。但是，相比之下，1946年公司法的影响力度更大一些。自1904年到1945之间，中国历年的新公司登记数从未超过500家。1946年的注册公司数量猛增至1600家，1947年上半年登记公司数量达到1256家。这有几个方面的原因。1946年公司法强化了公司登记制度，凡公司必须登记注册，否则不准以公司的名义营业，这使已经存在的一些事实上的公司开始正式登记为公司。1946年公司法本身的更为完善，更强的适用性，以及抗战胜利后从政府到民间的发展工商企业热潮，都使公司的兴办和登记注册数量大幅度增加。

截至1947年6月底，全国登记注册的公司总计为7804家，其中无限公司1138家，两合公司106家，股份两合公司20家，有限公司457家，股份有限公司6083家。股份有限公司已经成为中国公司制企业的主流形式。1949年新中国成立之初，全国约有130万家工商企业，99%为独资和合伙企业，公司制企业占约1%，总数为11298家。这些公司制企业的发展成果，都被计划经济体制消灭了。公司制企业重新回到中国经济舞台，要等到改革开放之后了。

GREAT
COMPANIES
INNOVATION, GOVERNANCE AND SUCCESSION
伟大的公司
创新、治理与传承

第18章 中国公司制企业的发展与艰难转型

对于中国人，“公司”这个词并不陌生，甚至有人将之追溯到了孔子和孟子的只言片语。公者，数人之财，司者，运转之意。积卑而为高，合小而为大，合并而为公之道，是谓公司。

无论如何，我们可以断定，作为与英语company一词对应的“公司”是中国自创，是少有的几个不是从日本这个二传手转过来的现代经济和商业用语。日本至今称公司为“会社”，韩国也是从日本引进了“会社”。

汉语中完整的“公司”一词使用，先是用于18世纪沿海对外贸易中的商业合伙关系，然后是用于英国东印度公司的中文译名。

现代含义上的公司概念进入中国，也不算晚。1865年颁布的《香港公司条例》中，公司这个词语的现代含义就确定了下来。1865年的《香港公司条例》允许上海的公司在香港注册，这使其实际的影响力超出了香港本身，辐射到了中国内地，也使“公司”的中国内地之旅正式踏上征程。

1865年《香港公司条例》与英国1862年《公司法》大同小异，这比法国（1867年）、德国（1870年）、日本（1872年）和意大利（1882年）等国颁布现代公司法的时间都要早。

即使是从1904年大清公司律的颁布算起，中国引入现代公司法的时间，也还不算太晚。可是至今中国的现代公司制度都没有发展成熟，公司治理和管理的现代化转型困难重重，更谈不上“公司”成为主导性的经济力量了。

18.1 半生不熟的中国“公司”

中国企业从传统的合伙经营模式向现代公司模式转型，在1865年香港公司条例颁布之时，就已经开始了，可是却至今没有真正完成。150多年过去了之后，“公司”在中国还是处于一种半生不熟的状态。

18.1.1 从礼仪到法律：公司法的有限影响

科大卫提出，中国商业的发展在很大程度上依赖于庇护制度，以及处于礼仪（而不是法律）规范之下的合伙关系。19世纪后半期，在西方的影响之下，这种结构开始发生转变。整个20世纪，中国一直处于这个转变的过程之中，直到今天还远远没有结束①。

最初的人类社会都是内部礼仪秩序、外部暴力秩序，商业世界也不例外。西方世界从17世纪爆发商业革命到19世纪爆发工业革命，逐渐抛弃了商业上的礼仪外衣，建立起来了一套以法律为基础的商业秩序。中国在16世纪就发生了商业革命，但却没有孕育出一套个人主义的意识形态，反倒是强化了礼仪的力量，并将作为一种政治统治工具的礼仪扩展到了商业领域。

明清时期的中国已经形成了契约传统，特别是在土地交易领域，商业合伙和经营领域里也出现了书面契约。但是这种契约行为主要存在于私人领域，是民间行为，没有现代意义上的商业法律。明清时期的商业仲裁者是行会，而不是衙门。行会制定行规，也代表其成员与外人和官府打交道。

商事诉讼都是附着于刑事诉讼之中，不涉及刑事犯罪的商事纠纷案件极为少见。这是因为没有独立和职业的司法体系，行政长官兼任法官，官府直接判案，对刑事案件不得不处理，因直接涉及到社会稳定，对民事纠纷则是一种厌烦的态度。发生民事争议告到官府，官老爷可以不分青红皂白，先各打五十大板。不是万般无奈，私了都要好于告官。长期缺乏可靠法律的条件下，中国人形成了一套不依赖法律，也不善用法律的生存之道和文化传统，不用说一直缺乏商业法律传统的中国内地，就是从英国治下香港的缓慢商业转型中也可见一斑。

1865年的香港公司条例，为中国内地的商业运作提供了一个新的制度架

---

① 科大卫：《近代中国商业的发展》第三篇“资本主义萌芽与近代经济变迁”，浙江大学出版社2010年版，第160页。

构，也为中国政府的公司法立法提供了一个范本。1904年大清公司律的起草者伍廷芳在香港接受教育，后又留学英国，在服务于清政府之前，他还任职过香港立法委员会。大清公司律颁布时，现代公司概念正式进入中国已经有了四十年的时间，公司相关事务已经有了一定的生成与发展。可是公司制企业模式还是没有被中国内地商事企业欣然接受，就是在香港也不例外。

只有在企业希望在家族之外拓展资本来源，或者希望通过“有限责任”的形式保护主要大股东的利益等时，他们才会感觉到有必要按公司法的要求进行注册。直到1903年，在香港公司条例颁布近四十年的时候，根据公司条例注册的公司数也只有386家。到1939年在香港正式注册的公司数量才达到1134家，其中703家为香港公司、130家为香港中国公司、301家为外国公司。香港中国公司和香港公司的区别是前者主要在中国内地经营，后者主要在香港经营。相比之下，日本1879年有153家股份公司，1882年有3336家股份公司，1902年发展到了8612家。

股份公司在日本的快速普及，有以下几个因素。一是公司这种制度下，股东承担有限责任、股份可以自由转让，更容易筹集资本。二是公司这种企业形式，在当时是与备受推崇的西方制度和技术相联系的。三是更容易获得人才，当时日本社会中的精英人物——前武士们，不喜欢在传统家族企业中工作。这三点原因其实可以归结到一点，就是日本明治维新全面引进了西方的现代法律体系，特别是民商法律，整个社会都存在着一种要向西方强国学习的氛围，日本启蒙思想家福泽谕吉直接提出了“脱亚入欧论”。

从香港公司条例到大清公司律，都同样提供了股东有限责任和股份可自由转让等公司制企业的优势要素，却没有对中国企业形成同样的吸引力。祖先崇拜文化下的中国人眼里，世间没有新鲜事。在面对一种新事物的时候，中国人的第一反应总是“我家也有嘛”，总要先从自己的老祖宗那里寻找根源。

中国传统社会里也确实存在着类似公司制企业所具有的那类优势要素。首先就融资来说，“治水社会”下高度发达起来的强势政府，能够通过行政手段有效解决一些庞大工程的建设问题，除长城这一代表作之外，还有高度发达的官窑等。民间手工业和商业发展的融资需求，则是通过家族和宗族制度得到了相当有效的解决。在人才方面，中国的科举制度无疑具有相当的优势，可以实现优秀人才的自下而上流动。企业经营中，家族企业的长期雇工和伙计，往往也能最终成为合伙人。这使中国的优秀人才既会热衷于科举考试（包括今天的高考和公务员考试）晋升，也不会拒绝进入传统文化下的家族企业发展。他们对体制依附和人身依附很习惯，公司制企业所提供的制度保障上的人身平等，没有成为他们的追求。

由于战乱不断，中国从1904年的大清公司律，到中华民国时期的几部公司法，都没有机会得到很好的贯彻和落实。即使没有战乱，这些法律能被落实到什么程度，也是一个疑问。香港到1960年代，公司注册的数量才开始猛增。原因有两个：银行要求公司使用一致的名称，企业为了使用银行服务而正式注册；欧美对香港的出口商品实行配额，必须是正式注册的公司才能得到这些国家的进口许可证。从这时候开始，随着管理和金融等各方面的新需求，名义或说正式结构上，传统家族企业逐渐被现代的公司结构所取代，但是这种公司结构还是在家族的控制之下，也没有割断与传统经营方式之间的联系。

18.1.2　无所不能的政府和适应力极强的宗族制度

中国可以用行政命令的方式修出长城，但却兴办不出同样规模的商业企业，这背后其实是同一个原因：自秦始皇开始，中国就要么是混乱，要么是一个“无所不能”的政府。在这个无所不能的政府之下，有一套发达且适应力极强的家族和宗族制度与其相互支撑。中文字面含义上的“公司”事务，在中国就是由政府和宗族以及其他各类集体组织等来完成的。

严复将穆勒的《论自由》翻译为《群己权界论》可谓是绝妙，中国的问题就是群己权界不分，公私规则不明。这背后的原因是一直没有建立起源自契约的权力，并用源自契约的权力约束住源自暴力的权力。不受约束的权力可以以公侵私，化公为私。

现代资本主义的发展起始于纺织。中国自元朝就开始使用手动纺织机械，却不仅没有首先发明现代纺织机械，甚至在引进和应用现代纺织机械上还滞后了100多年。西欧国家在18世纪下半叶和19世纪上半叶开始广泛应用蒸汽机。由于清政府对制造业的垄断，蒸汽机引入中国严重滞后。在欧美国家大规模实现工业化的19世纪60到80年代，中国只有江南制造局将蒸汽机用于制造枪炮。

中国的民用纺织工业直到19世纪80年代才开始引入蒸汽机。1882年，李鸿章获得“十年内只准华商附股搭办，不准另行设局”的专营权。但是李鸿章主导下的上海机器织布局磕磕绊绊，自1876年动议，到1890年才投产，1893年正欲扩建之时，又毁于一场大火。直到1895年李鸿章政途受挫之后，机器纺织才逐渐推广起来。

作为对比，我们看一下日本的情况。1867年出生的丰田佐吉，在1885年日本颁布的新专利法的刺激下，决定在纺织机械上搞点儿发明创造，并于1891年以一种能够提高布匹质量和生产能力的手动织机获得了他的第一个专利。1894年和1897年丰田佐吉又分别推出了自动回线织布机和动力织布机。此后，丰田佐吉的纺织事业一路发展，缔造出来了一个丰田纺织帝国，并以其1929年向占据世界纺织机械霸主地位70年之久的英国普拉特兄弟公司的丰田自动织机专利授权所得10万英镑奠下了丰田汽车帝国的第一块基石。

资本主义始于家庭，企业依据家族的原则创建并发展，商人以家庭、宗族和同乡关系为纽带组成业务网络，这在古今中外都没有本质差异。但是，凭借宗族或家族的纽带，中国人可以在一定范围内共同支配财产，这点中外大为不同。原因在于中国一直没有发展出成熟的个人权利概念。君叫臣死，臣不得不死，父叫子亡，子不得不亡。

在一个事实上不存在公司法的社会中，为了强化合作，将血缘关系和商业运作机制结合起来是至关重要的。从中国历史上看，宗族或家族是最有效的商业组织方式。以祖先的名义，宗族或家族共同支配财产带来了许多对资产进行管理和分配的方法，如各房之间有清晰的股份划分，发展出一种极其类似于股份制的经营结构。宗族还拥有一个管理结构，可以成功地规范其成员的行为，宗族财产可以各房轮值管理或者由才能比较卓越的一房进行统一管理等，以至科大卫把中国传统的宗族看作是公司①。中国企业的优势和劣势都与这个结构有关，其最为现代的表现就是所谓“分股经营”。名义上大家走到一起，组建成了一家公司，可是实际运作上，还是各位股东各管一块，各自为政。

---

① 科大卫：《近代中国商业的发展》，“作为公司的宗族”，浙江大学出版社2010年版。

18.1.3　先天不足的资本市场

中国的商业制度带来了16世纪到18世纪前所未有的经济增长，但同样的机制却不足以带动19世纪蒸汽机时代的规模经营。西方能够成功应对这场变革，是因为自16世纪开始，逐渐奠定起来了现代的银行、公司和商法基础。这些机制催生了有效的金融市场和层出不穷的金融工具，使得贸易和工业的大规模融资成为可能。

西方金融市场发展的三个阶段是国债、铁路股票和工业公司股票。与笃信上帝的西方人不同，中国人自古就并不排斥放贷生息，但却没有发展出一个有效的现代资本市场，这看起来似乎有些奇怪。但是只要简单地回顾一下历史，甚至只要看看今日还充斥着中国电视屏幕上的君君臣臣的宫廷剧，就可以找到答案。

中国之所以和欧洲出现了一个大分流，就在于政府对高级金融活动的遏制。在国家的权力可以不受限制的情况下，严格意义上的“国债”也就无从诞生。皇帝拥有至高无上的权威和所有权，普天之下莫非王土，皇帝事实上可以随意取得民间财产，正如一部电视剧里的台词，“对呀，朕为什么不能查抄他的家产呢？”明朝的盐引交易，本来很有希望发展成国债交易性质的第一阶段资本市场，但被具有无上权威的皇帝直接掐死了。

所谓盐引，是从14世纪末开始，明朝为了换取民间商人给其北方边境驻军运送粮食而发出的食盐专营权利券。具体做法是，商人先运送一定数量的粮食到北方驻军处，凭交粮条从朝廷换出盐引，再凭盐引到盐场换取食盐拿到市场上销售。由于从开始运粮到得到食盐销售要有长达两年的周期，就出现了粮商和盐商之间的分工，前者运粮得到盐引后，直接将盐引卖给后者，这就产生了一个盐引的市场。1617年，明万历皇帝废除了这种市场化的盐引制度——按市价的一小部分从持有者手中把盐引买回，同时将食盐专营权授予了当时已经出现的大盐商家庭。

从现代的观点看，盐引等于是政府发行的一种“债”，只是获得这种国债的方式不是直接以货币购买，而是通过粮食交易。盐引进入市场交易，等于是形成了一个国债市场。废除盐引和相应的盐引交易，代之以政府直接授权给大盐商，同时向大盐商索取“报效”，等于是终止了通过市场办法解决政府的“融资问题”。

西方资本市场发展的第二阶段是铁路融资。铁路从资本集聚上，跨越了普通工商业者资本的自我积累或是数量有限的亲朋好友集资，直接进入到了需要利用资本市场，从千千万万人手中融集资本的“公众股份公司”阶段；另一方面，铁路建设和运营所必需的统筹协调和专业人员管理，开启了现代型大企业的管理和内部控制模式。

中国的铁路发展直接受到了皇室的阻挡，铺好的铁路不让蒸汽机车牵引，而是用马拉，因为怕惊动了帝王的神灵。这跟英国当年严重阻碍了其汽车工业发展的红旗法案，很有一拼。率先发生工业革命的英国，在19世纪末和20世纪初，发展汽车工业上落伍了。英国的贵族老爷们害怕汽车轰鸣上路，惊动了他们座驾的马匹，使议会通过了一个红旗法案，规定汽车上路要在其前方由人举着红旗警示和引路。日本的第一条铁路，东京到横滨，1872年10月14日正式开通。年轻的明治天皇穿着传统宫廷服装参加庆典，并亲自乘坐首班火车从东京到横滨往返一圈。

当清政府着手进行铁路建设的时候，虽然允许各省通过股份制的方式筹集资金，但却无法形成使公司对股东负责的机制。1911年清朝政府在没有提供任何补偿的情况下将民办铁路收归国有，掐死了通过铁路股票而发展出的公众广泛参与的资本市场，也阻断了中国人通过铁路公司发展引入现代型大企业管理的道路。在二十一世纪的今天，中国还是通过政府机构推进了铁路建设，而没有主要通过资本市场解决铁路建设的资金问题。以铁路债券和股票交易为主的资本市场发展第二阶段，也就错过去了。

相比国债和铁路，工业对大规模融资的需求要小得多，工业融资可以通过化整为零和由小变大、自我积累而至少是部分地得到解决。西方国家是在通过国债和铁路融资而发展出来了一套资本市场体系之后，又用这套体系去解决工业化过程中产生的企业联合问题，进而直接创生了现代工业股票市场。换句话说，资本市场不是伴随工业企业由小变大而发展起来的，它是在现代工业发展起来之前就已经通过国债和铁路融资而形成了。中国在错过了国债和铁路融资阶段之后，试图直接以工业股票为主发展起来资本市场，其直接的一个结果就是这些工业企业的发展规模、经营模式，特别是其运作上的透明度，远远达不到资本市场有效发挥作用所需要的那种程度和高度。

18.1.4　从董事会到内部管理："还是老办法好使"

中国在错过了通过国债和铁路融资发展资本市场的同时，也错过了通过技术革命和铁路公司发展导入现代公司治理并促发现代企业管理革命的机会。

从传统的家族商号向现代的家族控股公司转变，企业的治理和内部管理结构也要发生改变，才能引到更多的投资者，这需要有合法真实的产权、公开透明的会计制度和有效的公司治理。但在中国的传统家族和宗族商业思维及家长制习惯下，搞公司，股份制可以有，但董事会不需要。

从宗族制度到传统合伙经营，中国商业实践中都不乏"股份制"的要素。四川自供的盐井合伙人所持有的契约代表着他们所持有的资本以及可分得的利润，并且是可以转让的，只是还没有一个可供这种契约公开转让的市场。

清末民初的一些公司已经引入了股份制，但是股东却很难对公司施加实际的影响。他们的股份要以"官利"的形式得到收益，实际是一种债权投资者。大部分公司的实际控制权都掌握在一些强有力的个人手里。资本市场没有改变中国家族企业的经营方式，而是促使家族企业采用了一些新的控制方式。

张謇的大生公司，包括一个经营纺织厂的股份公司，和几个合伙制的土地垦殖公司。张謇是纺织厂的创始人和大股东，也是垦殖公司的主要合伙人。对大生公司账目做过深入研究的伊丽莎白·科尔发现，"大生公司的破产，应主要归因于其经营方式和会计方式，它的融资手段一方面损害了整个企业的运作，一方面给张謇个人带来了利益。"大生公司的许多贷款都被转移到了张謇和他合伙人的私人账户。银行于1924年开始对大生公司进行账目审查，撤换了其部分管理层人员。

在中国的传统家族和宗族商业思维及家长制习惯下，董事会是无关紧要的，强有力的家长才是最重要的。我们可以看看被广泛视为中国近代企业楷模之一的大隆机器厂。大隆机器厂1902年由严裕棠、严裕棠的岳父以及一位名叫褚小毛的铁匠三人以7500两白银创建。严裕棠负责招揽生意，褚小毛负责内部管理，严裕棠的岳父不参与经营。1905年，褚小毛与严裕棠的岳父冲突，严裕棠买下褚小毛的股份。后来严裕棠又买下了其岳父的股份，将企业变为独资。1927年收购苏纶纱厂时，严裕棠建立了光裕公司，从1918年开始负责生产管理的长子严庆祥要建立一个由总经理和各公司经理组成的董事会，严裕棠不同意，以至严庆祥于1930年离职，还发表了一篇文章谴责他父亲的独断专制。1936年，光裕公司成立了董事会，主要成员是严裕棠和他的四个儿子，仅有一位非严家人担任董事。这样一个董事会也是不到半年就解散了。

今日中国稍具规模的企业都要普遍注册为公司。但是注册归注册，实际运作上可以完全不把公司法所要求的那一套董事会等内部治理机制当回事。一家拟上市公司，为了上市备案才正式成立了董事会，运作一年之后，大股东、老板、“大家长”决定不上市了，就直接把董事会给解散了。

现代化工厂并非由手工作坊演变而来，是19世纪上半期工业革命的产物。它所包含的除了雇佣劳动制度，还有用于生产管理的会计制度，以及以此为基础的内部统一调度和管理制度。西方现代大企业的发展源于铁路，铁路内在地要求统一管理和统一调度，不能分段承包经营。中国也是从1933年的国有铁路公司最先开始采用集中化财务管理制度的。

组织内部层层分包，是中国的历史传统，官府如此，民间如此，商业经营也不例外。本来大型新机器设备的使用，不仅可以使工人们集中在一起生产，建立统一的生产管理和财务控制体系，但是中国企业却还是按照传统习惯，以老办法行事。清代的造币厂，工人们不是直接受雇于工厂，而是受雇于炉头。炉头负责雇佣工人并支付工资。洋务运动中，那些看上去规模庞大的中国官营工厂，也并没有成为内部统一管理的现代企业，而是被分包给熟悉技术的工头，这些工头独立经营他们自己的生产作坊。

轮船招商局的总部和分支机构主要是以承包制的方式经营，各地的分支机构都承包给了当地实力较为雄厚的个人或团体。上海的总局并不能详细地掌握各地的经营情况，更无法有效地控制其账目。直到1933年刘鸿生上任国营招商局总经理，才初步建立起集中管理的财务制度。

承包制，在中国1980年代重新走向市场经济时，又一次发挥了重要作用。发展资本市场、推动公司治理、促进企业管理模式转变和产业革命，至今仍是中国面临的一项关键挑战。

18.2 中国传统合伙经营中的公司制要素

长期居于世界领先地位的中国，没有发展出现代公司，但是合伙经营却源远流长。发达、灵活和复杂多样的合伙组织形式，延缓了中国商人对现代公司制的内在需求，甚至成为中国现代公司制发展的一种阻碍因素。

18.2.1 中国古代的合伙经营

综观中国史上的合伙经营，可谓五花八门、形式多样，称谓也是不下十余种，包括：合本、同财、联财、相合、公家、合做、合最、合伙、合股、合资、公司等。

据有文献记载的历史，中国的合伙经营可以追溯到春秋战国时代，其中最有名的就是管仲和鲍叔牙的合伙经营生意。《吕氏春秋》载："管仲与鲍叔同贾南阳，及分财利，而管仲尝欺鲍叔，多自取。鲍叔知其有母而贫，不以为贪也。"富者鲍叔牙出资、贫者管仲出力，合伙经营生意，管仲不守约定份额多取利，鲍叔牙不与计较，被作为"佳话"流传。时至今日，中国企业中经理人贪占股东之利，也是不以为耻。

汉代时合伙人之间开始订有合伙经营契约。1973年出土的湖北凤凰山十号汉墓简牍中，有份"中贩共侍约"，史学者对其具体经营内容解读不一，但可以断定，这是一份合伙经营契约。

到唐代，合伙经营已经非常发达，有关商业的书籍中甚至有了关于合伙经营中利润分配问题的算术题。如《算经》中例题："今有甲持钱二十，乙持钱五十，丙持钱四十，丁持钱三十，戊持钱六十，凡五人，合本治生，得利钱二万五千六百三十五，欲以本钱多少分之，问：各人得几何？”[①]。

明代出现了标准的合伙契约格式，如明代《士民便读通考·合约格式》所载：“立合约人某某，窃见财从伴生，事在人为。是以两同商议，合本求利，凭中见，各出本银若干，同心揭胆，营谋生意。所得利钱，每年面算明白，量分家用，仍留资本，以为渊源不竭之计。至于私己用度，各人自备，不得支动店银，混乱账目。故特歃血定明，务宜共乐均受，不得匿私肥己。如犯此议，神人共殛。今欲有凭，立此合约，一样两纸，存后照用。”[②]。

清代合伙经营得到了进一步的发展，清中期以后中国的合伙经营甚至出现了向现代公司制逐渐演化的趋势。说合伙经营向公司制演化，主要是指其业务规模、企业作为一个经营实体的延续以及其实际的治理机制，而并非法律含义上的，其状态与英国自17世纪末开始到19世纪中期现代公司法出现之前那一百多年中出现的大型未经注册的合伙组织——事实上的公司十分类似。

发达的合伙经营创造了中国在传统经济时代里的世界领先地位，但是19世纪中期西方企业制度突变——现代公司崛起之后，中国传统的合伙经营就开始落伍了。

18.2.2 中国传统合伙与现代合伙制及公司制的异同

在清末变法图存、启动中国法律现代化进程之前，作为宗法社会之下的传统合伙经营，完全是一种民间合约行为，并非现代民商法律意义上的合伙制企业，更不是现代意义上的公司制企业，但其中却包括了现代合伙制中的一些要素，也包括了现代公司制中的一些要素。

现代合伙制企业是与公司制企业、个人独资企业并存的三大企业组织形式之一。简单说，合伙制和公司制之间的本质区别有三点：成员责任限度、管理权力配置和权益转让限制。合伙制下，合伙成员——合伙人承担无限连带责任，各合伙人均有管理权力，合伙人权益转让受到严格限制。公司制下，公司

① 转引自邹进文“古代中西商业合伙经营比较研究”，《商业经济与管理》1996年第2期。
② 载谢国桢《明代社会经济史料选编》下，第275 页。

成员——股东承担有限责任，管理权力归属董事，股东权益可以自由转让。介于这两种标准模式之间的是有限合伙、两合公司及无限责任公司等，区别是对上述三方面做出了不同的组合安排。

中国传统的合伙经营中，由于缺乏国家层面的立法支撑和规范，完全民间自发合作下产生了各种各样、不同形式的合伙安排。典型的有：资本合伙，就是合本的字面含义，把本钱放在一起，按照出资（本钱）比例分配利润；劳动合伙，大家一起干，按约定比例分享盈利；资本与劳动合伙，出钱者（银股）与出力者（身股）合作，按约定比例分享盈利。

资本合伙，具有表面上的“资合”性质，这使其与现代公司制企业有些接近。但是，由于没有国家法律层面上的有限责任制度和公司法人地位，资本合伙还是具有极大的人合性质，就是只有相互熟识和相互信任的人才能进行这种合伙，否则承担不起其中的道德风险。中国传统的一些大型家族合伙企业，事实上已经在传续到家族第二代或第三代时进行了家族内部的股份化了，比如晋商中山西太古曹氏和介休侯氏。曹氏始祖曹三喜明末清初开始在关内关外多处经营多种产业。曹三喜有七个儿子，将资产分为七份，但在商业经营上仍通过“总管理处”统一进行。介休侯万瞻自康熙时开始贩卖绸缎，发展到乾隆间年至其孙侯兴域时，侯家商业、地产积累已达百万两。嘉庆十三年（1808年）侯兴域将家产平均分给六个儿子。侯兴域去世后，长子、次子也相继身亡，六股家产由三子侯庆统一打理，后又有侯庆之子侯隐昌、之孙侯从杰统一打理，家族内各房在商号中都有其明确数额的股本①。

资本与劳动合伙，出钱的东家给出力的伙计分利，在一定程度上解决了传统合伙经营企业的人才问题，具有现代公司中股权激励机制的作用。一种极端形式的资本与劳动合伙，所谓领本经营，就是经营能力的人全权管理生意，出钱的人有事先约定的固定利率保障（所谓官利），实际具有相当程度上的“劳动雇佣资本”性质，跟现代形式的公司创始人与风险资本关系也有几分相似。

① 转摘自刘秋根：《中国古代合伙制初探》，人民出版社2007年版。

18.2.3 公司制引入之后的中国合伙企业

大型未经注册合伙组织这种事实公司的发展，以及与法国之间在企业发展上的竞争，促进了英国在国家法律上进行现代公司制度的创设，明确了公司是经政府的法律认许和注册成立的法人组织，具有独立的民事权利，以自身的法人财产对其债务承担责任，而作为公司成员的股东只以其投入公司的资本额为限对公司债务承担有限责任。这样就有效地降低了投资者的风险，使公司成员——股东的边界可以扩大到家族和熟人圈子之外，进而走向社会成为公众公司。

由于自然环境上的封闭和缺乏欧洲国家之间的那种竞争，中国大清政府没有跟上19世纪中期开始的现代商业和企业发展步伐，提供相应的民事和商业法律。在美国、法国、德国、日本和意大利都紧随英国，相继进行了现代民事和公司立法、步入现代企业发展阶段之后，中国的大清政府还在夜郎自大、自以为是、唯我独尊。在被迫打开国门之后，民间和一些开明高官开始共同努力探索现代公司制度，于是有了轮船招商局等“准中国公司”的诞生。直到1904年，中国第一部公司法——《大清商律·公司律》才正式颁布，1912年和1929年中华民国政府又相继颁布了中国第二部和第三部公司法。

有了现代公司法律之后，只有有限公司和股份有限公司才享有完全的有限责任，两合公司和有限合伙企业中的部分股东（有限责任股东和合伙人）享有有限责任，无限公司和合伙制企业的股东与合伙人都是无限责任，合伙制企业甚至是无限连带责任。只有投资人能够享有有限责任的企业组织，才能突破“人合”的边界，将融资的范围扩大到家族和熟人之外的整个社会和普通公众。

可是，习惯于传统合伙经营模式的中国商人对公司这种组织形式并不乐于接受。在公司制正式引入中国近二十年之后，中国商人们还是偏爱中国传统形式的合伙企业。根据1933年发行的《中国实业志》，浙江省总计1410家企业中，合伙企业占22.5%，仅次于合资企业所占26.7%的比例。这里的合资企业，实际也并不全是根据公司法组建的两合公司，其中混合着许多的合伙企业①。根据1933年发行的《上海机制工业》，在上海市的总计1883家工业企业中，合伙企业数量占企业总数的42.1%，合伙企业资本占资本总额的24.4%。合伙企业的数量最多（次之的是个人独资，占40.3%）的同时，资本规模也仅次于股份有限公司（企业数占15.0%，资本额占60.8%）②。

在公司法提供了无限公司、两合公司、股份有限公司及股份两合公司等多种企业组织形式之后，合伙企业还是最受欢迎，彰显出公司组织作为一种舶来品的“水土不服”。

一方面由于中国封建政府的专制特性和不作为，致使中国自身没有及时顺应大型工商企业发展需要而发展出一种自己的现代公司制度，另一方面一直在民间契约自治框架下以合伙形式发展的中国工商业者，没有积极性去学习和适用晚清与民国政府从国外搬来的现代公司制度。这种法律上的现代公司制度，和实际运作中的工商企业行为之间两张皮现象，实际至今依然存在。

18.2.4　具备有限责任要素，但无董事会机制

英国在最初讨论有限责任和创设现代公司制时，工商业者也是多有不支持态度的。他们认为，稳健的企业家不能通过家庭储蓄和企业收益筹集到必要的资金吗？有限责任会不会只是把商业风险强加给了供应商、顾客和贷款人？有限责任的支持者们认为，不允许商人采用如有限责任这样一种工具，其本身就是狭隘和违反自由精神的。如果人们愿意通过合同条款把他们的资本损失限定在一定数额，这在自然正义上是没有什么不妥的。

当时英国已经是一个经过了君主立宪的现代法治国家，法律准许的能做，法律不准许的就不能做，有限责任的法律准许就成为了一种重要的事情。正是在准许有限责任的同时，设置了董事和公司监察人制度等公司治理的基础规则，从而创设了法律意义上的现代公司。这种法律意义上的现代公司得到工商业者的普遍采用和拥护，实际还是此后几十年中大规模工业化和现代（工业公

①② 土肥武雄：《合伙股东责任之研究》，中国政法大学出版社2004年版，第14页，第15–19页。

司）股票市场发展的结果。

直到1930年代，甚至某种程度上的今天，中国还没有实现严格意义上的整个社会和经济活动的法治，诸多工商业者基于合约而自创、合理但并不合法的做法可以普遍存在而不会受到处罚，这就使中国工商业者可以不顾公司法律的制度规定，而在其传统形式的合伙经营企业中引入一些他们喜欢的事实上的公司制要素，比如有限责任，同时可以规避掉他们不喜欢的一些要素，比如董事会治理机制。

公司制最大的一个优势——有限责任，已经在中国传统合伙经营模式中部分地得到了。中国传统民间合伙经营中，按习俗和惯例，合伙人并没有对合伙企业债务承担现代合伙制企业那样严格意义上的无限连带责任。中国传统的合伙经营中，合伙人按比例分享合伙经营收益，同时也是按比例承担合伙经营损失。对于合伙经营中所欠债务，合伙人需在合伙财产之外拿出家产来偿付，也就是承担无限责任，但只是按比例承担相应份额，而不是相互连带的。并且，这类债务纠纷，在地方商会调解之下，合伙人往往只是“尽力承担”，债权人既会让步，也会最后承受部分损失。这在一定程度上，类似于现代的公司破产重整制度，只是没有国家立法层面上的清晰一致和全国统一的规则。另一方面，由于中国没有英国历史上那种残酷的债务人监狱制度，致使中国传统商事中的“无限责任”还是有个基本的人道的限度。

在中国传统合伙经营模式中，通过“身股”和“人力股”的创设，人才引进和职业化管理的问题也得到了部分解决。

公司制所要求的董事会集中管理——民主决策机制，一直在中国商业中没有得到重视，至今也是中国公司治理中的薄弱环节，并且是中国传统文化之下的商人们所普遍厌恶的。恰恰是董事这种治理机制的设置，才能使有限责任不会被滥用，中小投资人和债权人的利益可以得到一个基本保障。

18.2.5 古老而又现代的合伙企业

现代公司制度的法律创设，与传统合伙企业发展到一定程度所产生的内在需求有关，但并非是传统合伙企业的自然演化结果。只有市场在整个社会的资源配置中起决定性作用，从基础设施到大型重化工业均通过市场机制和直接融资解决，公司制才成为一种必然选择。

在股份公司成为大型工商企业主导形式的今天，合伙制和独资企业仍有其存在的必要，也有其重要价值。从独资、合伙到公司，各有其不同的法律属性、治理机制安排、活动边界和适用领域，可以说，它们都是“现代的”，也都是“现代企业制度”的一个构成部分。不同的创业者，不同的创业项目，同一创业者或项目的不同阶段，都可以在它们之中选择一种最适合的形式。独资可以变合伙，合伙可以变公司，公司也可以变合伙，合伙也可以变独资，它们之间是平行和并列的，并不能因其在历史上的出现时间早晚而做出谁现代、谁传统的评判。

苹果公司创立成立之初也是合伙企业，一年以后有投资者进入后才改为公司的。1976年4月1日，乔布斯和还在惠普公司工作的沃兹涅克达成了一份10页纸长的合伙协议，约定二人各自占有合伙企业45%的权利，余下10%给予第三位合伙人韦恩。1976年4月12日，苹果合伙企业成立不到两周的时候，因为害怕乔布斯的负债经营会使自己债务缠身，韦恩以一次性800美元的价格让出了自己的10%。1977年1月3日，马库拉、乔布斯和沃兹涅克三人签署了文件，正式创建了苹果电脑股份公司。马库拉、乔布斯和沃兹各占30%股份，另外10%为被乔布斯拉来解决电源问题的电力工程师霍尔特所有。为了避免日后可能产生的任何法律纠纷，苹果电脑股份公司以5308.96美元买断了原苹果合伙企业的全部权利，并将这笔钱的三分之一给了韦恩，以确认他不会对苹果股份公司有任何权利要求。

山姆·沃尔顿在1969年将其所拥有的32家改制为公司并上市前的二十多年里，也一直是以合伙制方式经营的。从1945年算起，通过分别与不同人合伙、各自独立存在方式运作了24年之后，1969年，沃尔顿已经有总计32家商店。所有这些商店都是以独立的合伙企业形式组织的，合伙人有沃尔顿的弟弟、父亲、妻弟，甚至他的孩子。沃尔顿还在每家商店给其雇佣的经理人员2%的权益。这样，32家商店共有78名合伙人和投资人，但在每家商店中，沃尔顿和其家人都绝对控股，为此，沃尔顿个人背负了大约200万美元的债务。不堪重负的财务负担，迫使沃尔顿决定将独立的32家商店重组为一家公司。将各店合伙人的权益全部转换为沃尔玛公司的股份之后，沃尔顿家人（夫妻及3个孩子）持有75%，沃尔顿的弟弟巴德持有15%，余下10%为一些亲戚和高管所持有。1969年 10月31日沃尔玛百货有限公司正式成立，1970年10月1日沃尔玛公司股票首次公开发行。首次对外发行之后，沃尔顿家人持有的沃尔玛公司股份从75%下降到了61%。但是，他们从此偿清了个人的所有银行贷款，并且再也不需要个人借钱来维持沃尔玛公司的运作了——公司能自我发展并解决自己的资金问题。

18.3 轮船招商局：从官督商办到公司

创办于1872年的上海轮船招商局是中国第一家“公司”，可实际上直到1904年《大清公司律》正式颁布之后数年，轮船招商局都迟迟没有作为一家公司正式注册，也没有一个股东选举产生的董事会来负责公司管理。在其创建27年之后和《大清公司律》颁布5年之后的1909年，轮船招商局才作为公司正式注册，并第一次组建了一个由股东选举产生的董事会。完全由董事会来实际管理公司，更要晚到大清覆亡之后才得以实现。

18.3.1 国家、商业与公司

现代国家的一个基本特征是政教分离、政商分离，直至政社分离。政商分离给予了现代公司这种居于传统的政府和私人家庭、家族及宗族之间的组织以成长空间。

美国在19世纪中期之前，一些州政府也曾普遍介入商业活动，创办银行、投资于公路、桥梁、运河和铁路，以及试办公私合营企业等，但是效率低下和失败很快使美国政府认识到，不该介入应属私人的商业领域。

日本在明治维新初期，政府投资兴建了一些示范工厂，但也很快就出售给了私人，这使日本公司在19世纪最后的一二十年里得到快速成长。

中国传统几千年里，一直有着政府介入商业活动的传统。经由太平天国起义而国力转弱的大清，为了应对西方“船坚炮利”的挑战，洋务运动中采用了“官督商办”体制兴办新式企业，以资“利用”民间资本。但是一直只想“利用”，不愿放手，甚至一有机会就要“收归国有”。如果不是要实行铁路国有化，大清政府的倒台还不会那么快。

中国人自己兴办的第一家“公司”上海轮船招商局，在经过了从1872年到1909年这四分之一世纪之久的“官督商办”之后，终于不再“官督”而“商办”。在其创建27年之后和《大清公司律》颁布5年之后的1909年，轮船招商局才作为公司正式注册，并第一次组建了一个由股东选举产生的董事会，在大清倒台之后才进入了“董事会全权管理”的真正公司状态，却最终还是在1933年被中华民国政府给国有化掉了。

岩崎弥太郎1870年以3艘轮船创建了他的三菱轮船公司，1885年与政府办的一家轮船公司合并为日本邮船会社，制订了类似于“官督商办”的企业章程，由政府保证利息、任命社长、副社长和理事，账目完全由农商务省审查。可是，到1893年日本通过了普通公司法之后，日本邮船会社就立即改组成了一个按公司法注册成立的完全商业公司，最终发展出了一个三菱工业帝国。

中国在计划经济时期走上了官办工商业的极致，直到最后接近经济崩溃、无以为继而走上改革开放之路，重新开始利用外资并准许民间工商业的发展。但是至今，政府重度介入工商业，亦官亦商、官商缠绕不清的问题依旧存在。

18.3.2　官督商办的渊源与含义

清末洋务运动时期，按官督商办体制开办的大型企业有十几个，按开办时间排列，较为著名的有轮船招商局（1872年）、开平煤矿（1877年）、上海机器织布局（1878年）、国家电报局（1881年）、漠河金矿（1887年）、汉阳铁厂（1896年）和大冶铁矿（1898年）等。

官督商办思想的直接来源是政府盐务垄断。从1617年明万历皇帝废除了市场化的盐引制度，代之以政府直接授权给其挑选出来的大盐商同时向这些盐商索取报效的盐纲制度之后，就形成了一种政府与商人之间“授予特许专利权——索取报效”的合作模式。在清盐务府的记录中，有大量官督商销、官运商销之类的字眼。盐务名义上是由地区或省政府在中央户部的名义上管理的，但是实际控制权掌握在总督和地方官员手中。晚清时期地方中央政府权势衰落、地方政权势力兴起，进一步促进了地方大员与大商人之间的庇护与合谋共生关系，形成了“官督商办”的制度环境。这些制度特征与19世纪中后期在通商口岸出现买办阶层和新资本来源相结合，就衍生出了官督商办的洋务企业。买办是官督商办企业的资本来源，也是其管理人员的来源。这些企业的管理人员通常具有官衔——买来的或者由更高官员推荐而获得，同时又是最大的股东之一。

日本明治维新时期的政府投资工商业有统一的政策和明确的政府资金来源，并且政府还给予新式工业企业以财政津贴。中国洋务运动这些地方大员庇护下的官督商办企业，如轮船招商局，最先是靠李鸿章的个人资金及借用军费开办起来的。没有规则明确的政府投资，又要依靠政府提供的专利权和免税优待等才有竞争力和对民间资本的吸引力（如轮船招商局享有运输漕粮的专利权，上海机器织布局享有机器织布和纱的10年专利权），这又为官僚的索取打开了方便之门。

由于没有任何工商法律，股东们不能依照法律反对苛捐杂税。他们仅有的保护者是有权力的官僚，这些官僚因为在公司得到特殊的利益而反对局外人的勒索。对于官督商办企业的管理者们来说，与其留下财物给掠夺者，不如自己分享其利。公司经常处于困难之中并向官方呼吁援助，其半官半商的管理者们的私人财富却在不断增长。

18.3.3 轮船招商局的创建

创建轮船招商局的最初想法来自容闳。容闳在1867年应江苏巡抚丁日昌之邀所写改革建议中，提出了组建一个股份制轮船公司的设想。公司不准洋人入股，是一个纯粹的华人公司，全部由华人自行管理和工作。而且为了保证它的成功，政府以特许其从上海到天津运输指定比例漕粮的方式给予年度津贴。但是，这一建议并没有得到有效的响应。只是和总税务司赫德的劝说一起，促进了清政府出台规则，准许中国商人拥有和运用洋式船只。在这个一切都要政府许可，没有许可你什么都不能做的国度，这都是一个重要进步。

直接导致轮船招商局诞生的力量来自因率领淮军镇压太平天国而崛起为晚清重要政治势力的李鸿章。为了应对保守派官僚要停止福州船政局造船的压力，李鸿章提出“华商集资组建轮船公司，由一官派经理指导之，并授予漕运专利以保公司利润。”在1872年12月23日给总理衙门关于建立中国轮船招商局的报告中，李鸿章明确提出了官督商办的基本概念：“目下既无官造商船在内，自无庸官商合办，应仍官督商办，由官总其大纲，察其利弊，而听该商董等自立条议，悦服众商。”

1872年8月，李鸿章指派浙江海运委员朱其昂和他的年轻幕僚盛宣怀为这个计划中的公司起草了章程。朱其昂本身是个沙船主，出身商人家庭，没有科举功名，但捐有官衔。其海运委员职务的职责是负责由浙江到天津的沙船运输漕粮事务。该年10月，受李鸿章令，朱其昂带着他弟弟朱其诏到上海组建了“轮船招商官局”。

为了使公司能够运转，李鸿章拿出私人资金5万两，并以7%的利息将直隶练饷13.5万两借给公司。1873年1月4日，轮船招商官局以在上海和天津的三艘轮船、仓库和码头，以及一项运输20万石漕粮的专利权，正式开始营业。朱其昂试图说服胡雪岩带头入股，但是没有得到响应。上海商人担心“官督”之下，商股权利无保。到1873年4月，只筹集到了1万两的现款和10万两的认购承诺。

18.3.4　买办管理时期的轮船招商局

严格说来，由于招募商股的不成功，由朱其昂任总办（或称督办）的轮船招商局还不是“官督商办”企业，而是如朱其昂为其所定的轮船招商官局这一名称所示，是一个官办企业。

朱其昂的总办职务只任职到1873年6月，李鸿章找到买办出身的唐廷枢替代了朱其昂，出任总办。朱其昂卸任总办职务后，仍留在轮船招商局负责漕运事务（直至1878年去世），可获得漕运总收入5%的佣金。船队和码头等交给唐廷枢管理。任命唐廷枢为总办的时候，将轮船招商局改组为官督商办，并从名称中去掉了“官”字。

1873年的改组，实际是轮船招商局作为股份制企业的真正组建，这时开始有唐廷枢、徐润（出任了会办，相当于总办的副手）等的大额买办资本进入。重新修订的公司章程规定将股份较大者公举入局作为商董（商人董事，与官董--官派董事相对应），在主要港口协助商总经营业务。每百股举一商董，于众董之中推一总董（或称商总）。商董各管理一个设在各港口的分局，由总局给予任命证书。

这些分局的商董，可以自聘其职员。各个分局除按月领取经费之外，从1879年起，每个分局可以留取其出口水脚收入的4%，和进口或转运水脚收入的1%。这种制度下，负责各分局的商董——重要股东，实际成为了轮船招商局的佣金代理人，他们与轮船招商局总局之间类似于承包关系，分局自身则像是个家族企业。

18.3.5 盛宣怀入主

盛宣怀虽从一开始就参与了轮船招商局的创建，但是直到1885年并没有成为主角。1872年8月，李鸿章指派浙江海运委员朱其昂和他的年轻幕僚盛宣怀为计划中的轮船招商局起草了章程。从1873年到1878年间，盛宣怀一直只担任会办（督办或主办的副手）。1879年盛宣怀被委任为天津河间署理兵备道（这是他获得的第一个正式行政职位），暂时离开了轮船招商局。1881年，盛宣怀在成为当年新成立的电报局督办的同时，开始大规模购买轮船招商局股票，为入主轮船招商局做着准备。

1884年底时，自1873年起担任轮船招商局总办（唐廷枢）和会办（徐润）的两位买办商人因挪用公款而被解聘，李鸿章委任了盛宣怀为轮船招商局督办（就是主办，因盛看重其官员身份，坚持被称作督办）。由于还有天津河间署理兵备道（获任于1879年，这是他第一个正式行政职位）及电报局督办等职务在身，并于1892年又升任了天津海关道（负责洋务、防务和关税征收），盛宣怀任职轮船招商局督办的1885年到1902年间，在上海主管日常业务的是变幻不定的会办。这些会办也一律地拥有官衔，并且由李鸿章根据盛宣怀的推荐而任命，如同今日的国企高管要有行政级别并由组织部门任命一样。

1885年盛宣怀出任轮船招商局督办后，制订了新章程，禁止大股东担任分局商董，除非他们是能力和财力都有保证的人。盛还命令公司的官员和雇员，包括各分局的商董，都不准接受薪俸和红利之外的其他报酬，禁止为私人目的借用公司资金，而且在他们任职轮船招商局期间，不能接受别的雇佣。但是效果有限，裙带关系形成了复杂的贪腐网络，两套账册现象普遍。尽管如此，盛宣怀任督办的1885年到1902年年间，是轮船招商局作为官督商办企业的鼎盛时期。

官督民办洋务企业的并非中央政府，一直是直隶总督兼任的北洋大臣监管。自创办以来，到1909年转归邮传部管辖为止，轮船招商局一直在北洋大臣的监管之下。1902年盛宣怀父亲去世，回家守孝，袁世凯以其自己的亲信替代盛宣怀出任了轮船招商局督办。盛宣怀再次夺回对轮船招商局的控制权，要到1907年了。

18.3.6　官督商办体制下的管理架构

根据费维恺的研究结果[①]，总体来看，官督商办体制下轮船招商局的基本架构可以分为三个层级：最上层是监督层，就是官方保护人；第二层是公司的股东与管理部门，包括股东，官董和商董；第三层是业务部门，包括设在上海的总局和设在港口城市的若干分局。

上海的总局分为航运、财会和总务三个部门，这三个部门的负责人加上总局和分局的管理人员共同构成了商董（或称商总）。大政方针性的事情掌控在公司的官董手中。官董通常有3人，一名总办（或称督办）和2名会办。在商董和会办之间时常会有兼职。官董由李鸿章（后来的袁世凯和邮传部）直接任命，商董由官董推荐后被官方任命。

---

① 费维恺著：《中国早期工业化——盛宣怀和官督商办企业》，虞和平译，中国社会科学出版社1990年第1版。

名义上拥有公司的股东，在1909年才正式成立了由股东选举产生的董事会之前，并没有作为股东参与决策的正式通道。最重要股东，如盛宣怀本身是作为督办发挥作用。次要一些的股东，可能是某个分局的实际“承包人”（佣金代理人）。也就是说，在股东和官董及商董之间是存在着交叉和重叠的。1909年开始由董事会掌握一些重要的政策性事情的决策。

公司的监督层——官方保护人，从李鸿章到袁世凯，最后是邮传部。在公司的保护人眼里，这种官督商办企业就是一个较小的官局，如同今日政府部门看待那些有着行政级别的国有企业一样。官董，是公司和它的保护人之间的联络纽带，这些人，从朱其昂、唐廷枢、徐润到盛宣怀，都是同时扮演着企业的“官督”和“商办”两种角色。

公司的业务经营由上海总局的总办和会办控制，这些人是最大的股东，并且大多数股东是这些人的亲戚和朋友。负责各个分局的人都是轮船招商局的股东，许多人原是买办。他们由总局任命，但是他们有自己雇佣的职员和码头工人。

18.3.7 从官督商办体制到公司制

中国政府相比其他发达国家在现代公司法的供给上明显滞后，与此同时中国的商人也缺乏对现代公司法的需求，对公司制企业形式的运用并不积极。

1908年底，《大清公司律》颁布四年之后，才共有227个公司依法在农工商部进行了注册。这其中实际有很多当铺、银号、小商店之类的传统企业，注册为了公司，但继续保持着注册前的经营方式。他们之所以注册，可能并非利用公司制的股东有限责任和董事会管理等制度优势，而只是试图利用《公司律》中的一些条文，来抵制官方干涉和苛捐杂税。不幸的是，号称中国第一家公司的轮船招商局，也是这种情况。轮船招商局作为公司注册，也是盛宣怀在其失去了通过官僚身份所具掌控权之后，才做出的一种选择。

1907年2月28日，盛宣怀组织召开了一个江浙股东大会，决定请求农工商部根据新公司法规定将轮船招商局作为一个商办企业注册。来自北方和中部各省的198位、代表已发行股份一半多一点的股东，在盛宣怀的上海静安寺路公馆出席了会议。会议选举出了一个由盛宣怀的亲信们组成的委员会，负责执行注册事宜。3月20日，在袁世凯任命的代理总办徐润的努力下，南派股东会议同意参加注册，他们向农工商部请愿，要求由徐润负责注册，还致电袁世凯，劝其不要委任其他官员。

但是，在袁世凯于1907年9月离开直隶总督的位置之后，盛宣怀可以通过徐润的继任者王存善（会办）和钟文耀（驻局总办）而行使自己对轮船招商局的控制权时，他又选择了保持轮船招商局的官督商办体制。

只有在官方保护不可靠的时候，才会寻求法律的保护。在盛宣怀是督办或者能够控制该职务任者时，他就更希望保持官督商办体制。当他不能通过招商局的管理者直接控制企业时，盛宣怀就会成为一个完全商办的支持者。他相信，作为该局的最大股东，他可以操纵这一商办公司的董事会，并通过董事会来操纵公司的经营。

18.3.8　轮船招商局董事会对抗邮传部

1909年4月，轮船招商局转归邮传部管辖（此前一直由北洋大臣管辖）之后，再次面对失去其控制力危险时，盛宣怀才开始真正站在股东角度，带领股东抗议，选择将公司注册。来自南北两方面的31位股东联合致电邮传部，要求设立一个由股东选举产生的董事会。1909年8月15日，代表31164张股票的732位股东，选出了一个9人的董事会，其绝大多数都是忠于盛宣怀的。盛宣怀得票4769张，第二多的得票1686张，第九位得票983张。盛宣怀当选为董事会会长。

股东们还起草了新章程，以取代1885年的旧章程。邮传部接受了这一章程，是对商办的一个重大让步，但是官督的性质还是保留了。邮传部保留委派官员担任正总办、副总办和会办的权力，并指定公司以禀文形式向邮传部汇报重要事项。

《大清公司律》明确规定董事会为公司权力中心：各公司以董事局为纲领，董事不必长住公司内，然无论应办应商各事宜，总办或总司理人悉宜秉承于董事局（第67条）；公司总办或总司理人、司事人等均由董事局选派，如有不胜任及舞弊者，亦由董事局开除，其薪水酬劳等项均由董事局酌定（第77

条）。邮传部成为《大清公司律》在大清第一家公司——轮船招商局得到落实的障碍。

股东–股东选出的董事会和邮传部–邮传部委任的总办会办，开始对抗。迫于邮传部压力，盛宣怀起初表示不能就任董事和董事会会长，给出的表面理由是与其邮传部职务冲突。盛宣怀于1908年3月被委任为邮传部右侍郎，但一直没有实际到任。股东们继续请愿，并诉诸公司律第44条规定，“附股人不论官职大小，或署己名或以官阶署名，与无职之附股人，均只认为股东一律看待，其应得余利暨议决之权以及各项利益，与他股东一律均沾，无稍立异”，邮传部最后同意了盛宣怀出任招商局董事和董事会会长职务。

1910年6月12日，第二届股东年会召开。选举一位总理和两位协理来执掌领导权。出席会议的股东有500多名，以压倒性多数选举盛宣怀为总理，公司前首脑邮传部左侍郎杨士琦和李鸿章的孙子李国杰为协理。但是邮传部拒不批准，并指责董事会以其自己的行为触犯了公司章程。邮传部声称，将轮船招商局归邮传部管辖的上谕，已经规定不准改变其原先在北洋大臣管辖之下的组织机构。盛、杨和李被迫辞职。实际上轮船商局已经脱离了李鸿章设定的模式。李鸿章在1891年规定的轮船招商局模式是“三（官）员三（商）董”联合管理。可是1910年时，占公司最高职位的6个人中，5位是官方委任者，仅有一位商董参与管理。

邮传部虽给予了断然拒绝的答复，但是为了缓和轮船招商局的控制权冲突也在实际寻求妥协。1910年8月14日，盛宣怀开始实际担任了邮传部右侍郎职务。这时，董事们再次向邮传部请愿，抱怨官方委派在公司管理中占优势造成管理失误，邮传部答复批准“三员三董”模式，并同意取消两名会办的局员地位，“以符本部此次批准董事会公呈所谓员不兼董，董不兼员之意”。

1911年3月26日，代表28917股的1753位股东在上海召开了第三次股东年会。盛宣怀因已于1911年1月6日升任邮传部尚书而没有进入董事会。这次会议使董事会的权力进一步正式化。9人董事会被称为“议事董事”，船舶、运输和财务三个部门的头头被称为“办事董事”，由股东推选的两位监察人被称为“查账董事”。

新修订章程又向董事会成为权力中心迈出重要一步。轮船招商局作为一个私人的商办企业在农工商部注册，邮传部可以委任两名官员（一名专司监察和一名兼办漕务），所有董事和办事董事都要由股东选举产生，所有关于公司经营的决议都要由董事会做出。如果邮传部监察员发现任何一位办事董事不胜任或者不诚实，可知照董事会撤换之。董事会可以自行免除不合适的办事董事，并可要求邮传部撤换他们认为不胜任或者不诚实的监察员。公司的船只和航线都要在邮传部注册，每年向邮传部递交一份财务报告。

1911年10月，辛亥革命爆发后，邮传部委任的官员离开了轮船招商局，公司的全部管理权终于完全落到了董事会手中。

1911年10月，盛宣怀亡命日本，但仍是轮船招商局的最大股东。到盛宣怀于1913年回国重掌权力为止，担任轮船招商局董事会主席的是南方派股东领袖伍廷芳（清公司律的起草人）。盛宣怀从日本回来之后，提出按日本邮船会社的模式改造轮船招商局的管理机构，并提出，由股东选出的董事会通过向三个主要职能部门各派一名董事会成员负责，执掌轮船招商局的实际经营权，以此将公司的管理权集中于董事会，完成向商办公司的演变。

18.3.9 盛宣怀与岩崎弥太郎，轮船招商局与三菱

且不说因为战乱和后来的巨大国家政治变革，我们不能将轮船招商局与今日之三菱集团相比，就是与当年的日本邮船会社相比，轮船招商局的发展，也如“中华帝国”一样，是“相对停滞”的。

从1874年的4艘轮船，发展到1876年的17艘轮船和1877年的33艘轮船（收购了旗昌轮船公司的资产），成为中国轮船航运领域里的老大之后，轮船招商局的船队规模就停止了发展，甚至出现萎缩，到1914年时只有30艘轮船。

岩崎弥太郎1870年以3艘轮船创建了他的三菱轮船公司，1875年得到日本政府无偿托付的13艘轮船。1882年日本政府又创办了一个运输公司，经过激烈竞争之后，1885年两家公司合并。政府对新公司的资本担保了8%的年息，挑选了一位武士森冈昌纯出任首任社长，并按政府的命令制订了类似于“官督商办”的企业章程。章程规定，在成立后的15年内，由政府保证利息、任命社长、副社长和理事，账目完全由农商务省审查。可是，到1893年日本通过了普

通公司法之后，日本邮船会社就立即改组成了一个在按公司法注册成立的完全商业公司。

1885年和1891年间日本邮船会社开始了远洋试航，到中日甲午战争之后，日本邮船会社已经定期航行于欧洲、美国和澳大利亚。轮船招商局则在1880年和1881年的两次尝试之后，就放弃了远洋航行的努力。

1886年日本邮船公司的63名船长中有37名是日本人，26名外国人；海员中是141名日本人，55名外国人；在轮船机师中日本人也比外国人多，日本人104名，外国人78名。相比之下，在1885年被列为轮船招商局船队职员的144名船长、大副和轮机师中，没有一个是中国人。到1893年，盛宣怀才制定了一个训练中国人以补充轮船招商局船只上的船长和轮机长职位，但未见成果。

岩崎弥太郎动员了他的全部财源与对手竞争，进而合并为日本邮船会社。盛宣怀把他大部分收入投资于传统行当，轮船招商局也一样，把它利润的大部分投资于传统的安全项目：土地和房产。除了常州、苏州和杭州的土地外，盛宣怀在上海租界内拥有价值1000万到2000万两的不动产，在江苏省的十余家当铺中拥有大量现金。1877年之后，轮船招商局的利润就没有用于扩大业务，增加的资产被用于主营的轮船业务之外。在它的船队还不引人注目的时候，轮船招商局就在上海和其他港口城市购置了大量的不动产，而且其中大多数都是与航运业务无关的。企业收入转为经营者的短期利润，使用公司盈余购买不动产，这是中国人的传统习性。原因在于中国缺乏对财产的法律保护，立即把利润投资于土地、房产和当铺，比让企业发展壮大更为可靠。

18.3.10 盛氏帝国的基石

盛宣怀游走在官商之间，亦官亦商，官职上出任过天津海关道和邮传部尚书，商业上同时掌管了晚清中国的铁路、电报、船运、纺织、煤炭、钢铁和银行等多个行业龙头企业，并是中国两所著名大学的创办者，事业面之广可称“世界第一”。但是，他成功于官商不分，也同样失败于官商不分，其中教训至今仍需要我们吸取。

盛宣怀（1844.11.4—1916.4.27）出生于江苏常州的一个官绅家庭，祖父盛隆是1810年举人，曾任浙江的一个知州，父亲盛康1844年考取了进士，曾任湖北盐法道。盛宣怀在1966年通过了秀才考试，但是1867、1973和1876年三次参加举人考试失败之后，放弃了科举之路。

1870年5月，应李鸿章的谋士扬宗濂之邀，盛宣怀进入了李鸿章的幕府，并很快成为李鸿章的经济事务代理人。李鸿章因率淮军镇压太平天国而崛起，是洋务运动的主导人物，盛宣怀则是其洋务企业事务的主要施行者。李鸿章因甲午战败而倒台之后，盛宣怀已经积累了一定的政治势力，同时又得到了另一位洋务运动主导人物张之洞的支持，使其能够继续活跃于晚清的政治和经济舞台。

盛宣怀的一个主要敌手是袁世凯。袁世凯和盛宣怀一样起始于李鸿章的幕府，盛宣怀从事经济事务，袁世凯则是负责练兵。袁世凯得势之后，给了盛宣怀重要一击，使其一度失去了对其事业支柱企业轮船招商局的控制权。作为轮船招商局的督办，虽没有天津海关道和邮传部尚书那样高的官级，也没有铁路公司督办和电报局督办那么重要的政治地位，但轮船招商局是盛宣怀政治影响力的来源之一，更是他诸多其他事业领域（如创办中国通商银行及南洋公学和北洋公学）的主要资金来源，可谓是盛氏帝国的基石。

与此同时，作为中国第一家“公司”的轮船招商局，其创办与体制演变，其官督与商办之争，其董事会与主管部门的对抗，盛宣怀在其中所扮演的角色与其所做出的选择，对于我们理解“公司”融入中国传统体制或说是中国传统文化如何适应现代公司制度——特别是其中的艰难与冲突，具有重要的借鉴价值。

18.3.11　以盛宣怀为镜

日本通过专利法保护了丰田佐吉这样的发明大王，从而在纺织业上超过英国。丰田佐吉支持儿子专心搞汽车，又在汽车业上成为世界霸主。

从李鸿章组建上海机器织布局（1882年）之始，到盛宣怀接手一场大火之后的上海机器织布局并将之重组为华盛纺织总厂（1893年），都要紧紧握住“只准华商附股搭办，不准另行设局”的“专利”权。法治国家和市场经济中保护发明者财产权的专利权，到中国变成了行政垄断者的“专门利益权”。

丰田佐吉临终时对亲生儿子丰田喜一郎交代，“自动织机的研制是我毕生的事业。开头我一无所有，只有几个想法和一双手。你也应该有自己的毕生事业。我相信汽车制造事业值得一试。汽车在未来将是不可或缺的。为什么不能把汽车研制变成你毕生的事业呢？”。盛宣怀临终前对儿子们说，他有三大遗憾，一是没有中举，二是没有当过知县一类的地方官，三是没有去过欧美。

盛宣怀的中国自强大计就是三个内容：练兵、理财和育才。他完全没有意识到政治问题，立宪政府与主要地方政府的关系问题。失去政治地位所受到的干扰，比直接攻击他的几个工业企业使他受到的干扰大得多。他的工业企业不如其家庭财富的一个来源重要，它们只是他在北京政治舞台中使用权力的一个基础。单纯地做一个工业巨头，即使达到了控制着数千万两（白银）资产的程度，在中国社会中，也不会给他一个与高级官员相等的地位。盛宣怀以铁路督办身份得到跪拜皇太后机会而三生荣幸，亨利·福特能经常与总统一起出去露营，甚至曾参与总统竞选。

中国官与商及民三个方面的因素，和他们共同构成的一个中国商业文化和环境生成出了“盛宣怀现象”。1889年，盛宣怀在评论一个工业学校将在10年内见成效的建议时说：“人民是痴呆的，10年是很快的。”

在关于为京汉铁路筹措资金的计划中，盛宣怀写道：总公司“原以招集商股为归宿，但华商须待工成利见而后来。臣经办轮船、电报，前事不忘”。在1899年11月18日的一个奏稿中，盛宣怀说：“有资财者皆好图一人一家之私利，即所谓朋充者不过数人合开一店而已。如泰西之股份公司，总不能畅行于中土，而权利极大之举不得不让外国人为之，甚可慨也。”

看来，盛宣怀不是不知道，更不是不想，像他同时代的西方企业家那样，完全通过股份筹集方式，集合民间资金，创办现代公司，而是大环境使之不可行。

18.3.12　盛宣怀的其他事业

1896年，盛宣怀接手了汉阳铁厂。汉阳铁厂作为官办企业由张之洞创办于

1899年，转让给盛宣怀后被改组为官督商办企业。1908年3月21日，盛宣怀将汉阳铁厂、大冶铁矿和萍乡煤矿合并组成了汉冶萍煤铁厂矿有限公司。这是一家股份有限公司，以完全商办企业身份在商部注册。时间上正好相合于该公司保护人张之洞离开湖广总督职位。

1897年在上海开办了中国通商银行，这是中国人开办的第一家现代银行。

1895年和1896年，盛宣怀分别在天津和上海建立了两所新式学校，天津的北洋公学和上海的南洋公学，今日之天津大学和上海交通大学（及西安交通大学）。两所学校的资金主要来自盛宣怀控制下的轮船招商局和电报局。

1896年，盛宣怀出任了新成立的铁路总公司督办，任职到1905年底。这十年中，形式上是在张之洞及随后几位直隶总督的监督下，实际上是盛宣怀完成了中国铁路体系的基础建设。

1911年5月，盛宣怀上奏建议将已经由各省绅商资本建筑但没有能力完工的铁路收归国有。盛宣怀的计划是，对各省铁路公司的股票，用部分现金加部分无息债券支付。这成为了南方各省份暴动的导火索。1911年10月10日的武昌起义宣告了清政府的倒台。10月27日，满清资政院弹劾盛宣怀，紧接着又做出了将盛宣怀处决的决议。盛宣怀躲到使馆区，潜往天津，逃去日本，直到1912年10月才返回上海。盛宣怀向民国政府贡献500万两，得到了豁免，重新收回了对轮船招商局、汉冶萍公司以及中国通商银行的控制权。

18.4　中国民办铁路公司的尝试

1911年清朝政府把民办铁路收归国有，掐死了通过铁路股票而发展出的公众广泛参与的资本市场，也阻断了中国人通过铁路公司发展引入现代型大企业管理的道路。

筹集公众股份，董事会管理公司，职业经理人担负执行之责，依公司法成立、按公司章程进行内部治理和运作，浙江铁路公司已经是一个“现代股份公司”了。是外部环境，政府不遵守自己制定的规则，公司赖以存在的“法”变了，使其失去了继续存在和发展下去的根基。

法律赋予公司法人生命，公司的存在和发展，需要真正的法治。真正的法治，不是政府依法管理社会，而是社会依法管理政府。政府依法为社会提供公共服务，但不能随意改变社会之法。

18.4.1 后发国家的铁路

现代社会从铁路的到来开始。一方面，铁路从资本集聚上，跨越了普通工商业者资本的自我积累或是数量有限的亲朋好友集资，直接进入到了需要利用资本市场，从千千万万人手中融集资本的“公众股份公司”阶段；另一方面，铁路建设和运营所必须的统筹协调和专业人员管理，开启了现代型大企业的管理和内部控制模式。

英国是第一个工业化国家，铁路的发展在工业革命之后，有着充足的私人资本，可以将整个铁路领域留给私人企业。对于后发展国家，铁路的建设要么是伴随着工业化，要么是在工业化之前，私人资本很少或是很小心，动员私人资金的机制也很缺乏，或者很初级。中国的铁路问题则更为复杂，不仅仅是资本筹集和管理控制等经济方面的问题，还首先是个如何对待铁路的文化问题，随后又成为“利权”名义之下的政治问题。

骄傲自大了几千年的“中央之国”，对西洋新生事物总是先要百般抵制，这与日本的全力仿效形成鲜明对比。中国的第一条铁路是1876年英国商人偷偷建成的淞沪短程铁路，在勉强维持了一年之后，被政府买去拆掉了。只有七英里长的第二条铁路（开平铁路）是李鸿章于1881年建成、用来运输唐山矿的煤，被迫用马来拉以避免反对（怕震动到了先皇的陵墓）。日本的第一条铁路，东京到横滨，1872年10月14日正式开通。年轻的明治天皇穿着传统宫廷服装参加庆典，并亲自乘坐首班火车从东京到横滨往返一圈。

对于现代巨型公司的威力，中国人的认识时间并不晚。梁启超在1903年时就指出，“不及百年，全世界之政治界，将仅余数大国；不及五十年，全世界之生计界将仅余数十大公司”。中国人的认识误差出现在现代巨型公司的生成机理上，以为通过政府之手直接做出大公司就可以了。这在铁路问题上，有着最为明显的表现，也有着最大的损害：既阻碍了中国铁路的发展，也阻碍了中国资本市场和中国公司制度的发展。

由于坚持铁路要政府控制，官府随意干涉民办铁路公司内部事务，并最终以不合理的价格收缴民办铁路，致使中国民间商业力量不能通过铁路公司而得到有效的历练和壮大。相比之下，日本在1872年到1882年的10年中，通过政府主办推动铁路发展，并给民间资本做出示范。随后民间资本开始大举进入铁路领域，到1898年时，私营铁路已经占到开通铁路总里程的77.5%[①]。在这样的基础上，1906年日本实行铁路国有化政策后，退出的民间资本还可以转入其他行业得到有效的发展。

18.4.2　商办铁路：斗争中产生

1889年张之洞提议修建京汉铁路，坚持要国家兴办。1895年，因筹集到的铁路资金被慈禧太后60寿辰挥霍或被转用于中日甲午战争后，清廷转而赞同民办铁路。但是京汉铁路经过区域的两位地方大吏张之洞和王文韶，都坚持铁路官办，商民可以参与，但必须是在政府的控制之下。

1896年张之洞提名盛宣怀出任新成立的中国铁路总公司督办，开始贯彻用外国贷款修筑铁路的战略。清廷没有建立起有效税收体系，政府财力软弱，又没有发展出国内资本市场，只有依靠国外借款。张之洞怀疑中国商人贡献资本的能力和愿望，也怀疑他们的道德和品质，为了保持对外国贷款修筑铁路的个人控制，他与外国银行直接谈判。官办铁路名义上是清政府的，实际上是外国人的，铁路建设由此成为了中外利权之争的政治问题。

1897年，湖南、湖北、广东三省绅商倡议集股修筑铁路，呈请设立湘粤铁路公司，张之洞与盛宣怀反对。在奏请向美国借款获准以后，盛宣怀立即通知驻美公使伍廷芳与美国美华合兴公司签订借款合同。1898年和1900年，清政府与美国美华合兴公司签订了《粤汉铁路借款合同》15款及《粤汉铁路借款续

① 斯蒂文·J·埃里克森著，陈维、乐艳娜译：《汽笛的声音——日本明治时代的铁路与国家》第8页，江苏人民出版社2011年第1版。

约》26款。

1903年底清廷颁布了《铁路简明章程》，向民间资本开放了铁路建设；1904又颁布了《公司律》，对合乎条件并完成注册的公司予以保护。中国民间资本开始进入铁路，并以公司的形式创立。1903年出现中国第一家商办铁路公司——潮汕铁路公司，由印尼华侨张煜南兄弟集股300万元创办。随后，湖南铁路公司、江西铁路公司和安徽铁路公司等商办铁路公司也都纷纷成立。

商办铁路是晚清民间投资最多的部门。截至1911年止，全国商办铁路资本总额为7200万元，相当于棉纺织业（2200万元）的三倍，接近于采矿业（3800万元）的两倍。在兴办商办铁路的全国16个省中，只有浙江、江苏、广东、湖北四个工商业相对繁盛省份所设的铁路公司，是完全以商股作资本的，其余各省都不能不以征租加税作为主要的集资手段，而以商股作为补充[①]。

这些商办铁路公司普遍规模都比较小，资本规模超过1000万元的仅有四川铁路、粤汉铁路和浙江铁路等三家。四川铁路集资以租税为主，商股为辅，管理上一直由官府直接委派人员，董事会、查账员和股东会等公司治理机制都无从谈起。官僚的贪腐和管理无能，使这个资本总额最大的所谓商办铁路公司"款悬路危"，从1903年到1911年8年间仅筑路10余公里。

在股本筹集上，粤汉铁路公司首创了以小面额股票、从广泛公众手中集资的现代方法。从1872年的轮船招商局，到1906年的启新洋灰有限公司，每股的金额都是100两银子，股票的面值过高，把中小投资者和大众排除在外了。商办粤汉铁路公司采取了小面额广泛筹资的方法——5元面值股票，并可按1元、1.5元和2.5元在一年半内分期支付。收回利权的政治运动中，通过唤醒民众的民族自豪感和对西方侵略的义愤，粤汉铁路公司的创办者们成功地组织起来了普遍的公众认股活动。1906年4月25日，郑观应当选为公司首任总办，6月21日获得了99年商办期限的官方批准。

粤路商股主要是华侨投资，负责集资的广东地方团体九大善堂的各善董、七十二行各行主，以代理人的身份加入了董事会。在政治运动中燃起了热情的股东们，在公司问题上也是宗派林立，内斗不断。小股东被动员起来，以人数

① 闵杰："浙路公司的集资与经营"，《近代史研究》1987年第3期。

多来恫吓反对派，伪造股票，挤满会议厅，以便吼倒和击败反对派。经理人和董事中的腐败接踵而来，于是当民办铁路公司丧失公众支持时，政府插手进来加以强力控制。自1906年开办，到1909年止，筑路仅45公里，耗款却达800万元。

相比之下，只有汤寿潜领导下的浙江铁路公司，在成功地进行了公众融资的同时，也遵照股份公司治理规范运作，并取得了有效的发展，成为民办铁路公司的典范。

18.4.3 汤寿潜与浙路公司

汤寿潜（1856—1917）1890年发表《危言》，提出了许多维新变法思想，是晚清著名立宪派代表人物。1892年会试中榜，在翰林院待了三年。1895年3月到安徽青阳上任知县，但不过三个月就辞官回乡了。

1905年7月24日，浙江绅商、全浙11府代表、京官同乡代表以及留日浙籍学生代表共161人在上海集会，公举汤寿潜为筹组中的商办浙江铁路公司总理，刘锦藻为副理。两天后，清廷商部奏准浙江绅商自办铁路；8月浙江铁路公司正式成立。汤寿潜和刘锦藻制定了《浙江全省铁路议略》《浙江铁路公司股东会章程》和《浙江铁路公司董事会章程》等。同时公开招股，募集资金。到1906年5月已集资400万元，当年10月，开始修筑从上海到杭州的铁路。

1907年，浙路公司也采用了粤汉铁路公司首创的小面额股票方法，从广泛公众中集资——也是5元面值的股票并可分5年分期支付。截至1910年底，浙江铁路公司在浙江全省11府和浙江省外的全国19个省分别筹集了787万元和162万元的股本资金。

按入股金额大小，浙江铁路公司的股东共分为三个等级。第一等级是投资5000元以上的股东，称为大股东，共333人，投资额计300万元，占公司资本总额1024万元（截至1912年）的29%。第二等级是投资100元以上、5000元以下的股东，称之为整股股东（因公司股票以100元为一整股）。整股股东共15997人，投资额为.万元，占公司资本总额的60%。第三等级是投资5元以上、100元以下的股东，称之为零股股东（公司股票以5元为一零股），或小股东。小股东总人数为51361人，投资额为128万元，占公司资本总额的11%[①]。

按大清公司律，浙江铁路公司股东选举产生了公司的11位董事和5位查账人。这11位董事和5位查账人都是持股5000元及以上的公司大股东，除1位董事外，其他人都是工商界人士。公司董事中有1位持股20万元，1位持股10万元，其他9人均持股1万元。公司5位查账人每人持股额都是5000元。公司总理汤寿潜持股1万元。

遵照清公司律，股东选举产生并实际都是公司大股东的浙路公司董事会是公司最高决策机构，公司总理承担行政职责。

汤寿潜依据日本铁路规章制度，拟出了《奏准商办全浙铁路有限公司章程》，具体规范了文书、建筑、营业、会计、庶务五个职能局的职责权限，对其中最易产生弊窦的承包科、材料科等对外经济交往部门，规定了严格的奖惩办法。汤寿潜以身作则，按公司章程办事。“守章程自总副理始。总副理有佚出于章程之外者，在职员可讼言也。公司亦无多求于职员，求各谨持此章程而已”。

浙路董事会成员以沪、浙两地工商业者为主，具有较深的企业经营阅历和经验，有能力为公司提出富有远见的战略方针，为公司遭遇的各种困难找到切实可行的纾解之策。浙路公司董事会议决通过的附设银行、铁路学校和开设煤矿三大战略决策，分别为公司发展中的资金、人才和燃料动力三大问题提供了有效的解决方案。这些都是其他民办铁路公司事先未曾考虑，以后打算实行而终未实行的。浙路公司于1907年附设浙江兴业银行，作为其股本接收、储存和金融周转的枢纽。浙江兴业银行第一期股本25万元，公司投资12.5万元，另招同额股本，由公司董事胡焕任总理。1907年铁路学校开办，设绘测、营业两个专科。1907~1908年间在浙江江山一带开设煤矿。

浙路公司董事会还为公司解决了材料采办这个中国商办铁路经营中的突出难题。盛宣怀控制的汉阳铁厂，是浙路公司的钢轨供应基地。浙路公司成立不久， 即向汉阳铁厂投资6.95万元。1907年，盛宣怀将汉阳铁厂、大冶铁矿、萍乡煤矿合并为汉冶萍公司，急需新招商股1.5 万元。浙路公司总理汤寿潜和董事

---

① 闵杰：“浙路公司的集资与经营”，《近代史研究》1987年第3期。

胡焕、沈铭清等人，均担任了汉冶萍公司新商股的发起人，在江浙大力招股。1907年，浙路公司又联合浙江籍汉口商人宋炜臣及汉阳铁厂，共同创办扬子机器公司，以制造钢桥、岔道、客货车厢等铁路建筑的各种配件材料。

1909年，沪杭铁路全线通车。其中浙路公司单独承筑的杭州至嘉兴一段，全长140公里，占沪杭全线的三分之二，相当于当时全国商办铁路通车里程的二分之一。杭嘉路段的建筑费用，包括机车在内，平均每公里3.7万元，创全国铁路建筑的最低成本。相比之下，官办的京汉线为6万余元，京奉线更高达9万余元。浙路公司的成功运营，使其在成为其他地方民办铁路公司榜样的同时，也同时成为清廷中那些"借外债，官办路"主张者们的眼中钉，汤寿潜也因此而被大清皇帝"越权"免职。"浙路既成，于是吾国之言路政者，始有把握。人人争攘臂而谋自办矣。孰知正唯以先人成功之故，乃深招政府之忌，痛心疾首，必欲破坏之而后快。"①

18.4.4 浙路公司对抗大清皇帝

最初清廷对汤寿潜和民办浙江铁路公司是持积极支持态度的。1898年中国铁路总公司督办盛宣怀曾与英商怡和洋行签订了《苏杭甬铁路草约》，这是浙江铁路公司的一个障碍。1905年9月23日，清廷发出上谕："浙江全省铁路，业经商部奏准，由绅民自办。所有前与英商订立苏杭甬草合同，著责成盛宣怀赶紧磋商，务期收回自办，勿得藉词延宕。"作为对公司倡办者的奖励，清廷还授予汤寿潜四品卿衔，总理全浙铁路事宜。

可是，由于英方压力，软弱的清廷没有能力完全废止借款协议。在英方压力和浙路公司的抵制之间，清廷选择了一种妥协方法，由邮传部借款，再转给铁路公司使用。这种借款办法实际上仍是把路权让于英商。浙路公司在杭州召开股东大会，抗议借款："款本足，无待借；路已成，岂肯押？"浙江旅沪同乡会又在上海召开拒款集股大会，上海的名伶、杭州的挑夫、绍兴的饼师乃至各佛寺的僧人和拱宸桥旁的妓女，莫不争相认购路股。浙路公司援引《公

① 闵杰："浙路公司的集资与经营"，《近代史研究》1987年第3期。

司律》第103条据理力争："公司有重大事件（如增加股本及与他公司合并之类），招集股东举行特别会议决行，限一个月复行会议一次，以实其事，议毕施行。"清廷曾以任命汤寿潜为云南按察使、江西提学使等办法将之调离，每一次都被汤寿潜拒绝，同时公司董事会也拒绝再选举其他人出任总理。

浙江铁路公司有富裕的浙江乡绅、商人及公众作为股东的支持，有富有经营管理经验的董事和查账人，同时幸有汤寿潜这样一位优秀的经理人，取得了成功。其他地方的民办铁路公司则没有这么幸运，要么如四川铁路公司那样，商股融集困难，要靠官府征租加税，从而徒有民办之名、实际落入官府控制，要么如粤汉铁路那样，股东内斗、形不成合力，董事会能力不足，公司缺乏合适、称职的经理人，从而公司发展缓慢。

在民办铁路发展的同时，官办铁路也在发展，并且总体上还是官办铁路发展得更快。1907年，邮传部完成了对各条官办铁路的整顿。从1908年起，各地的商办铁路公司开始成为整顿对象。6月25日，清廷上谕指出："近年来官办铁路皆能尅期竣工，成效昭著，而绅商集股请设公司，奏办有年，多无起色，坐失大利，尤碍交通。"对各地商办铁路限期完工，否则将改为官办。这一时期里，日本通过铁路国有化，快速完成了全国路网建设的做法开始成为清廷仿效的对象，官办铁路的说服力日增，"铁路之纵横四达，则非国家出以全力断难办到"。

1910年8月23日，清廷任命一直主张铁路官办的盛宣怀为邮传部尚书。汤寿潜认识到铁路国有化会加速到来的威胁，致电军机处反对该项任命，并指责盛宣怀为中国铁路发展缓慢的罪魁祸首。清廷大怒，立即发布一道上谕，指责汤寿潜"狂悖之极，著即行革职，不准干预路事"。邮传部下令浙路公司另定总理。浙路公司董事会集议此事，认为汤寿潜是浙路公司总理的最佳人选，朝廷无权撤换公司总理。全体董事及查账人致电邮传部，不接受朝廷的做法："浙路公司完全商办……按照《公司律》，总理之选举撤职，权在股东，朝廷向不干预……若使朝廷可以自由撤职，恐中国商办公司从此绝迹！"1200多位股东在上海召开股东特别会议，援引《公司律》第77条做出决议，皇上也无权解除正当选出的公司高级职员的职务："公司总办或总司理人、司事人等均由董事局选派，如有不胜任及舞弊者，亦由董事局开除，其薪水酬劳等项均由董事局酌定”。股东们集会不断，有些会议演变为群众示威，有一次群众示威人数达到一万多人。

浙路公司与浙江巡抚和省咨议局交涉。作为省的预备立宪团体的咨议局，同意浙路公司的看法，认为政府不能不顾自己制定的法律，特别是处于皇上正在鼓励立宪政府这个时候。巡抚最后也同意把咨议局的决定转给邮传部。邮传部于9月24日给了答复：铁路涉及国权，因而包括那些具有商办地位的铁路公司，都要按一种特殊关系，受政府约束，虽然《公司律》第77条给予私人公司以选举和罢免公司高级职员的权力，但铁路公司的总理和协理在选出后，仍由部里正式任命。邮传部议定：铁路公司是“官治公司”，解职的成命不能收回。浙路公司股东再次开会，选出了一个代表团上京陈情，但还是无功而返。这时，公司唯一可以依赖的权力——公众支持，却在逐渐消失。为防止突然爆发激烈的群众集会示威，政府又公布了一些新的公司丑闻，这些消息使公众的情绪由支持变为不满①。

1911年5月9日，清廷发布《铁路干路国有定策》：“昭示天下，干路均归国有，定为政策。所有宣统三年以前，各省分设公司、集股商办之干路，延误已久，应即由国家收回。”湖南、湖北、广东、四川等省掀起了保路运动。辛亥革命后，汤寿潜担任了两个月的中华民国浙江省都督，之后又接着经管铁路公司。1914年9月北洋政府把江浙铁路全部收归国有，汤寿潜的民办铁路梦彻底破碎。1917年6月6日，汤寿潜在家中去世，年仅61岁。

18.5 中国的公司之难：理不清的官商民关系

纠缠不清的官商关系让轮船招商局那样的官督商办企业落入官僚控制，充分调动起来了民众力量并成功实现了广泛公众融资的地方铁路那样的商办公司，也同样因为理不清的官商民三方关系而最终落入了官府控制。中国的公司

① 陈锦江著，王笛、张箭译：《清末现代企业与官商关系》，中国社会科学出版社2010年7月第1版，第147–151页。

发展，难在缠绕不清的官商民关系，结果是无论官办、商办还是民办，都无法创建起能从广泛公众手中融资并可长期持续发展的现代企业。

18.5.1 从官主到民主的现代公司

前现代社会的世界各国大同小异，君王及其代理人主导公共事务，普通民众作为君王及其代理人治下的“臣民”没有现代式的公民权利，他们必须依附于领主、父母官或者是乡绅与地主。

公司这种集体——集众多个人之力于一体——的组织形式，最初也是为权贵阶层所特有的一种工具，只是这回他们要用一种自愿参与和相对明确的合同关系来集合其跟随者。

荷兰东印度公司的投资者们与实际控制着公司的董事们之间的矛盾与冲突，和中国晚清那些官督商办或官商合办公司中的商人股东与实际控制着公司的官僚之间，甚至今日中国公司的广大中小股东与公司实际控制人之间的矛盾与冲突，有着极大的相似性。

清吴佐清在《中国仿行西法纺纱织布应如何筹办俾国家商民均获利益论》中指出，“官督商办之不能无弊也。夫泰西虽官商一体，然商务则官第保护之，维持之，不侵其权也。中国之纺纱织布局，若云官办，则实招商股，若云商办，则有总办、帮办、提调名目。抑有一二实事求是者汰去帮办、提调名目，而总办之名，则固居之不疑也。商民虽经入股，不啻途人，即岁终分利，亦无非仰他人鼻息。而局费之当裁与否，司事之当用与否，皆不得过问。虽年终议事，亦仿泰西之例，而股商与总办，分隔云泥，亦第君所曰可，据亦曰可，君所曰否，据亦曰否耳。”如果说，这是在描写今日中国之国有控股上市公司，似乎也没有什么不妥。

作为现代企业制度的公司，不是需经官方批准才能成立的传统特许公司，而是民众可自由组建并得到法律保障的普通公司。从特许公司到普通公司的发展，形式上保持了董事会控制的相同特征，但是实质上却从“官主”变成了“民主”——掌握公司管理权力的董事从官方任命变成了公司股东选举产生。

在所有权构成上，随着传统特许公司向现代普通公司的发展，以皇室、政府、达官贵人和大商人为主导逐渐变成了以白手起家的创业英雄和普通公众为主导，公司之“官”——董事和经理人——与政府之官员成为了两部分人，依据两种不同的规则、在两个不同领域里发挥作用。

清末的现代企业努力，从洋务运动到公司律颁布，之所以成效有限，都是因为没有解决好政府之“官”主导一切的问题。以税款所建事业为官办，完全由官主导；由社会融资所建事业，无论所谓官督商办还是官商合办，最后和实质上还是官为主导。就是一些名义上完全商办的事业，只要上了一定规模，引起了官的注意，也会通过各种途径变成官为主导。这是至今中国依然没有解决好的“官本位社会”问题，公司这种本应由民众自行组织起来的现代企业形式，只是官府甚至是高官个人用来吸纳社会资源达成其自身目的——以公共利益为名，但其中不乏官员私人的政治或经济目的——的一种工具。

18.5.2　从李鸿章、张之洞到袁世凯：作为一种官之工具的公司

历史上中国的官府并没有控制大部分国内市场和生产，其中有许多掌握在私人手中。在清代，仅有盐、铜、丝和瓷器是由国家垄断，而像茶、糖、谷、棉纺织等则几乎完全被私人拥有和掌握。也正是因此，中国能够在传统的几千年里生生不息，并长期居于世界领先地位。可是，在西方国家利用公司制度实现了现代型崛起之后，中国的传统优势遭遇了一种新型的挑战。

李鸿章通过其实际上含义不清而弹性极大的“官督商办”概念，创建轮船招商局（1872年），在英国的现代公司法诞生（1862年）仅仅10年之后，把公司制的股份融资要素正式引入了中国的经济体制内。但是，在公司的管理控制结构上，所有李鸿章治下的那些所谓新式企业，从轮船招商局到上海织布局，都没有任何现代含义上的“董事会管理公司”概念。名义上的“官督”变成了实际上的“官员管理”，名义上的“商办”变成了实际上的“商人只是出资无权管事”，可说是“民有官营”。完全是因为李鸿章具有优秀的中国传统式用人技巧，能够授权其所委派之人，并幸有盛宣怀这样的一代奇才，加之李鸿章强大政治力量所能给予的保护、官方补助和垄断地位，才使这几家洋务企业能

够有所发展。公司制度在这里所能发挥的作用，仅限于筹集到了买办资本，并在一定程度上利用了买办的人力资源和管理才能。

官督商办这种组织形式，是为了争取公众认购资本，最初得到了买办和其他个人投资者的积极响应，这使轮船招商局能够在1873年成功改组。名称上从“轮船招商官局”改为“轮船招商局”。尽管“局”字本身就有官府事业的含义，但去掉了一个“官”字，还是使其官味有所淡化。同时，引入了唐廷枢和徐润等买办出任管理人员，这使轮船招商局的“商办”特性有所体现。

但是随后的发展情况是，官府牢牢抓住对这些官督商办企业的控制，过分监督，引起私人投资者的不满和不信任，不愿意再提供新的投资。为了能够吸引商人投资，张之洞的洋务企业采用了一个新的说法——“官商合办”，可实际上张之洞比李鸿章还不放心商人管理，并对其所办洋务企业采取了更为直接的个人控制。为了保持个人的直接控制，防范经理人谋取私利，张之洞能把他创办的棉布厂从广州搬到他就任新职的武汉，把汉阳铁厂开设在紧靠着他衙门的地方——既不靠近煤矿，也不靠近铁矿。

对于公司制度的利用，张之洞和李鸿章一样，止步于融资。相比之下，袁世凯倒是大大地向前迈进了一步——在融资之外，还引入了董事会管理。袁世凯能够在利用公司制度上，比李鸿章和张之洞再往前迈进一步，虽是时代使然，即袁世凯是晚一辈的人物，但也与袁世凯自身直接参与了公司制度的基础——公司法在中国的正式引入工作有关。

1903年4月22日，光绪皇帝批准设立商部，高层开始重视商业发展：“通商惠工，为古今经国之要政。自积习相沿，视工商为末物。国计民生，日益贫弱，未始不因乎此。”朝廷命载振、袁世凯和伍廷芳（曾留学英国的法学家）筹组商部。根据上谕，成立商律馆，负责草拟一套商务法典，及拟订成立商部组织机构。9月26日，商部正式成立。商律馆后来成为伍廷芳主持的专署，汇集和翻译外国商法，以备在中国使用。1904年1月21日，颁布了《商人通例》9条和《公司律》131条。1904年6月15日，颁布《公司注册章程》18条，公司注册局随后开办。商律馆公布或协助起草的律令还有：公司登记法（1905年）、破产法（1906年）、专利权法（1906年）和商会律（1904年）等[①]。1914年袁世凯以中华民国总统身份签发的《公司条例》，内容基本是清政府没有来得及颁布的公司律修订版本。

18.5.3　袁世凯治下的商人与公司发展

1905年，袁世凯倡办北洋烟草公司，政府不任命督办，但将以董事会的成员出现，也不再称之为从李鸿章到张之洞都喜欢采用的“局”字，而是称之为公司。政府提供保护而不是干预。袁世凯还提供了2万两官银作为政府股份。合计3.3万两银的股票很快被包括商人和官员在内的私人认购。可惜的是，袁世凯对公司制度的利用也仅止步于此——融资和董事会管理，没有在有关公司债务承担和破产处置等方面进一步遵循公司制企业原则。

1908年，由于宗派斗争，北洋烟草公司经营停顿，宣布破产。总计10万两银的筹资结构为2万两政府股份、3.3万两私人股份、1万两银行贷款和3.3万两私人借款。公司清算时只省下约2.7万两银的资产。根据袁世凯的指令，用1万两银全数偿还了银行贷款，1万两银偿还了政府的2万两银股份，0.7万两银偿还了3.3万两银的私人股份，3.3万两银的私人贷款一两也没有偿还。在这里，没有任何公司或法律规则，完全只是一种势力斗争。银行能够得到全额偿付，是因为惧怕以后得不到支持。私人贷款作为债权的顺位本应该先于股权得到偿付，却被完全排除。股权资本中，政府的股份（50%）得到了远远高于私人股份（21%）的偿付比例——相比中国传统的公私合营企业破产后政府投资要第一顺位得到全额偿付，已经是袁世凯做出的重大“让步”了。袁世凯最初是要将还清银行贷款后的1.7万两银中的1.6万两用于偿还政府股份，只留给私人股东0.1万两，在遭遇私人股东的怨声载道和抗议之后，才又多划给私人股东0.6万两的。

在袁世凯的支持之下得到商业上成功的两个代表人物是孟洛川（1850–

① 陈锦江著：《清末现代企业与官商关系》，王笛、张箭译，第181页，中国社会科学出版社2010年7月第1版。

1939）和周学熙（1866–1947）。孟洛川在袁世凯任职山东巡抚时与之结交，把家族棉布生意扩展到了山东、北京、天津和上海的主要城镇，拥有24家瑞蚨祥分店。鼎盛时期，孟洛川旗下企业雇佣上千人，涉足棉货、药材、茶叶、手工织品、当铺等多种行业。孟洛川深谙中国传统的用人之道，他精心挑选两类人，一种是有才能的人，另一种是对他绝对忠心的人，然后把这两种人配成对分配到同一岗位上。在袁世凯衰败之后，孟洛川通过与显要军阀联姻等手段继续获得了政治支持，但最终于1926年因支持他的军阀衰落而衰落。

得到袁世凯的支持而得到了更大商业发展的是周学熙（1866–1947）。周学熙出身富裕官僚家庭，其父周馥曾官拜两江总督（1904年）和两广总督（1906年）。1900年，袁世凯作为山东巡抚时，委托周学熙创办一所现代学堂。1901年袁世凯出任直隶总督时，周学熙随之到天津，并很快从候补道台升为实任道台，接着升任盐运使，1907年升至直隶按察使。

1906年，袁世凯委托周学熙创办滦州官矿有限公司。周学熙设计了一套以官矿为名义的私人公司方案，因为作为官矿可以不受私人采矿公司的采掘范围（30平方里）限制。周学熙提交的章程中，列举了多项股东权利和公司对股东负有的责任。私人投资者可获得50%的利润，另外50%在政府和地主之间对等分配。公司选出一个15人的董事会，并选举产生总理和协理[①]。周学熙不再是“督办”，而是“总理”，不过这个总理职务还是先由袁世凯任命的。到1909年6月12日，才真正召开股东会议，正式由股东选举和认定了周学熙的公司总理身份。

为了保持控制，公司章程规定，总理和协理从董事中选出，每位至少要有每股为100两银的2000股股票。董事和两位监查人，每人至少要拥有1000股。拥有200股以上的股东，有权推荐一人，由公司根据其才能和条件而雇佣。持有5股者有权提建议，持有10股者有权投票，持有50股者有权做出提案。

周学熙还于1906年底，在重组一家旧水泥厂的基础上，创建了启新洋灰有限公司，这也是一家私人公司，而不是所谓官督商办或官商合办，但却同样作

---

① 陈锦江著，王笛、张箭译：《清末现代企业与官商关系》，中国社会科学出版社2010年第1版，第114页。

为一种实际上的官僚企业而享有一些特权。启新把利润用于再投资，获得巨大成功，但是这种成功也和那些官督商办或官商合办企业一样是得自垄断地位——直到1908和1909年都被农工商部确认为直隶唯一的水泥生产厂家，还包括向轮船招商局和北方国有铁路供应水泥的专营权等。公司股东是和滦州煤矿的同一拨人，其中包括了袁世凯家族。经理人、董事及其他股东等都是官僚，新股也被限制在这个圈子内。

盛宣怀是在后来才完成了身份转变，从洋务企业中代表官方的"官督"变成了积累个人财富的官僚资本家，周学熙则从一开始就以实际上的"官督"身份和特权，经营着官僚们的个人财富，使作为"强国大计"的洋务运动和官督商办，最终走上了官僚资本主义道路，也使中国的公司制度一直只是官府和权贵们的商业工具，没有惠及普通民众。

18.5.4　公司成为官僚资本资本主义下的敛财工具

19世纪末和20世纪初的二十几年，正是公司制从英国扩展到德、法、日、意等国，美国从古典企业和大亨时代向现代大型公众公司和职业经理人时代转型的时期，中国则从官督商办发展到了官僚资本主义。官僚们从代表政府监督，到把自己的资金投入，掌握经营权力，到最后完全主宰中国的所谓现代企业。

盛宣怀个人完成了整个过程，聂缉椝（1850—1911）由其儿子最后完成，张謇和周学熙迅速完成。对于盛宣怀来说，企业主要是政治工具，他用官僚式操纵代替良好经营判断，在那些明确地享有垄断和政府补贴的企业中可以获得成功，但在其他存在竞争的企业中则遭遇失败。对于周学熙和张謇来说，企业不再是个政治工具，企业的发展本身已经是目的，但是他们脱离不了政治。即使像孟洛川那样的原本纯粹的商人，也要卷入政治旋涡，才能有其企业的生存和发展空间。

中国始终有一种传统政治结构下的"官员自大狂"，皇帝老大他老二，别人都是愚昧和啥都不懂的，社会经济中的一切都要官来审批和控制。成立公司，要有无数的证和各种的前置条件，公司融资和上市就更是一种"特权"而不是权利，需有官府恩准才行。各种能做和不能做，时放时收没个准称，因人而异。张之洞在推选盛宣怀出任铁路督办公司时的一番话淋漓尽致地表达了一种过度的“精英意识”：“官不通商情，商不顾大局，或知洋务而不明中国政体，或易为洋人所欺，或任事锐而鲜阅历，或敢为欺瞒但图包揽而不能践言，皆不足任事。”盛宣怀也同样，在评论一个工业学校将在10年内见成效的建议时说：“人民是痴呆的，10年是很快的。”

在关于为京汉铁路筹措资金的计划中，盛宣怀写道：总公司“原以招集商股为归宿，但华商须待工成利见而后来。臣经办轮船、电报，前事不忘”。在1899年11月18日的一个奏稿中，盛宣怀说，“有资财者皆好图一人一家之私利，即所谓朋充者不过数人合开一店而已。如泰西之股份公司，总不能畅行于中土，而权利极大之举不得不让外国人为之，甚可慨也。”

可是造成这样一种状况的根源何在？中国商人不愿意露财，会烧毁账簿而不是写自传，他们怕的是什么？还不是怕官府的各种盘剥和掠夺吗？在同样面对各地兴起的半半拉拉、有待完成的铁路建设状况的时候，摩根用资本市场手段进行整合，并由此带来了现代公众持股公司和职业经理人制度的发展，盛宣怀则是上奏朝廷收归国有，并由此引发了导致大清覆亡的社会动乱，使他自己也成为了大清的罪人，险被问斩。

从官督商办到官商合办，皆因难以革除的政府控制而失败。到周学熙这样的官僚资本家横空出世后，名义上的政府控制，干脆让位于官僚个人和其代理人的个人控制。公司成为了官僚资本主义下的权贵个人敛财工具，普通民众和普通商人，日益与之远离，中国的铁路修建和重化工业发展等，也就日益无法通过市场化和真正的现代公司制方式去实现。

官僚居高俯看和统治，商人居中攀附而上。民众个人无权无力，只有在激发起群体行动时才有一种毁灭性力量。公司这样一种现代社会下，按照法律和市场规则集合个人之力的组织，始终不能在中国真正落地、生根和发展壮大。

GREAT COMPANIES

INNOVATION, GOVERNANCE AND SUCCESSION

伟大的公司

创新、治理与传承

第19章 中国公司的股东、创始人与职业管理

公司治理进步的核心属性是实践，规则可以还是那些规则，但公司治理实践发生了变化，才是真正的公司治理进步。

1994年开始实行的中国公司法已经明确规定了股东通过股东大会选举产生公司董事会，公司董事会选聘和解聘公司管理层，但是这一最基本的现代公司治理规则在落实之中，还面临着种种困难。

对于职业管理，创始人的公司发展模式和路径选择，公司所处行业、公司注册地和股票上市地等，都是比公司创立时间更重要的影响因素。

19.1 法人治理、股东控制与职业管理

19.1.1 法人治理与公司管理的稳定性

法人治理，就是关于公司作为独立法人的一套基础规则。没有这套基础规则，没有公司作为法人这样一种机制，实际都谈不上现代概念的股东。与公司制企业对应的非公司制企业的东家，作为自然人直接承担企业或说其商事行为产生全部债权债务，合伙人承担无限连带责任。

公司制企业股东以出资额为限，承担企业经营产生的债务，风险是锁定的，所以叫有限责任。有了法人治理，作为公司的股东可以只承担有限责任之后，可以鼓励人们投资经商，更是可以激励人们把钱放在一起，以公司的名义共同经营，这就为公司的股权多元化提供了一种便利，甚至可以说是前

提条件。

以基本法人治理做到为前提，法人治理做得越好，公司股权融资会越容易，后续融资中原始股东股权的增值幅度会越大，也就越愿意开放股权、进行股权融资，投资者积极进入，公司股权的分散进程就会越快，成为董事会主导、职业管理的现代公司。

与非上市公司相比，上市公司在制度上的一个优势也是其最主要特征之一的就是股东可以自由地每日每时地在改变而公司管理和基本战略可以保持不变，保持一种连续性。当然，这要在股权高度分散化条件下才能很好地实现。

典型的中国上市公司高管变动在两个极端状态之间摇摆：一种是能人家天下，一股独大之下的久久不变，大股东自己不想变，其他力量无法改变；另一种是一朝天子一朝臣，前几大股东势均力敌情况下的频繁变动，任何股权或者控制权的变动都会带来公司高管层面的大换班。

如果既没有股东的力量，又没有市场的力量可以撤换高管，上市公司完全处在高管控制之下，如同1960年代经理资本主义的顶峰时期那样，公司会取增长而弃利润，过度地扩张规模，完全漠视股东回报。但是如果“市场力量”过度泛滥，如同美国20世纪80年代的并购狂潮那样，也会带来很多实际经济效率和社会福利的损失。

中国式的“半大股东操控，半市场力量”模式则不仅是破坏了公司管理和战略上的稳定性，甚至导致上市公司成为各方之间争权夺利的角斗场。从股东大会到董事会，都形不成一种能够支持公司的合力。以至公司在行为上都不像是一个独立法人，甚至被股东切割，分成各自的几块，谋求各自的私利。

在股权没有高度分散化，公司无法完全靠董事会和健全的公司治理系统而保持管理上的相对稳定和战略上的一致性的情况下，大股东之间一个基本层面上的相互信任与团结，就成为了保持公司稳定和发展的必要条件。

19.1.2　股东控制、董事选举与职业管理

从深圳市投资管理公司到新桥资本和平安并最终变身平安银行，深发展始

终没有走出单一优势股东控制模式。从深特发，经君万之争，到投身华润，万科从股权分散化道路折回到了策略大股东支持下的创始人控制状态。作为身处中国改革开放前沿阵地，并分别是深圳证券交易所000001和000002号上市公司的深发展和万科，都没有能够把其股东基础完全建构在资本市场上，成为股权分散、董事会控制和职业经理人管理的独立自主型公司，反映出了限制中国公司独立自主发展的一些公司治理体系和资本市场环境问题。

柳传志不是联想的创始人，但却是联想的实际缔造者。柳传志缔造联想以及推动联想从一个国有实体企业发展为混合所有制现代公司的过程，是中国转轨过程的一个生动写照。联想漫长的改制历程，则是随着市场经济和现代公司概念的深入发展，逐步将模糊的混合所有制清晰化，明确界定出来公和私各占多少比例。

东北高速（已经分解为黑龙江高速和吉林高速两家公司）的两大股东冲突和正清制药的双董事会闹剧，反映出其实际治理水平与公司治理基本规则之间的巨大差距。格力董事会换届选举中，大股东推荐的一名董事落选，其他当选董事构成了合法董事会人数，可以正常运作，当事人能够平静接受，却在媒体上引起了轩然大波，反映出我们社会的各个方面在对现代公司治理基本规则的认识上，还需要补课。

2015年5月28日，康佳公司股东大会选举出来的公司新一届董事会中，4位由公司大股东和原董事会提名的董事候选人落选，中小股东提名的4位董事候选人当选，占了董事席位的多数。这样一个新董事会，一经股东大会选举产生，就能够立即到位，能够被有关各方所接受，可谓是中国公司治理的一个重大进步，同时也预示着中国公司治理的一种“新常态”。

从张旋龙、求伯君到张军，从WPS到毒霸、词霸和网游，金山通过股权分享实现了持续性的公司创业和批量生产富豪程序员的合作多赢局面。

从王志东、姜丰年到茅道临，从段永基到汪延和曹国伟，尽管时有波澜，但是新浪最终实现了从创始人、投资人到经理人的治理模式转换，成为中国少有的几家股权分散—市场控制—经理人管理的公司。

19.1.3 金山方式：合作多赢

金山公司渊源于香港金山公司，由张旋龙的父亲张铠卿创建，“金山”是由“铠”字分拆而来。1986年12月底的一天，张旋龙在四通公司发现了求伯君的电脑软件才能，由此埋下了二人日后合作的种子。求伯君曾向四通提出开发一个能在电脑上使用的中文字处理软件，但是四通公司当时以其电子打字机占有了80%的中文文字处理市场份额，怕这一市场地位受到影响，而拒绝了求伯君的提议。

1988年5月，求伯君离开四通，住进张旋龙租下的深圳罗湖区莱屋围酒店501房间，为香港金山公司开发中文文字处理系统。1989年9月WPS1.0悄然面世。学电脑就是学WPS，那是一个金山的辉煌时代。1993年张旋龙与求伯君平分股权注册成立珠海金山电脑公司，求伯君完成了从技术天才和内企业家到成功创业者的华丽转身。

在1991年11月的一个计算机展览会上，雷军认识了其久仰的因WPS而“功成名就”的求伯君。12月求伯君请雷军吃饭，邀请他加盟金山公司。1992年1月，雷军成为珠海金山的第六名员工。雷军在金山公司的16年打拼，盖起了“金山的大厦”，也为自己积累了从程序员到管理者、从打工者到老板的一个完整的职业经历和数以亿计的个人财富。

求伯君作为程序员取得成就的榜样力量和金山公司作为程序员创业平台的声望与内在机制，使金山公司吸引了大批有创业梦想的程序员加盟。如同WPS是张旋龙引入求伯君开发出来的一样，金山公司的很多产品，如中关村启示录、剑侠情缘、金山影霸及已经出售给亚马逊的卓越网等都是通过引进创业性人才开发出来的。

引进人才重要，留住人才和激励人才创造价值也许更为重要。1993年成立珠海金山时，张旋龙拿出50%股权给求伯君。求伯君对待再后来者，以及整个金山公司股东对待公司高管和技术人员都是延续着同样的“舍得”哲学。2007年10月9日，金山公司首次公开发行后在香港联交所上市。据估算，拥有股权和期权的金山公司员工中，成为“百万富翁”的超过百人，金山造就了中国“最大的程序员富豪群”。

求伯君在金山成功上市后的答谢晚宴上说，“金山这个大厦，张旋龙是买地的，雷军才是真正盖楼的，我不过是个挖地基的”。雷军在为《梦想金山》一书所写序言“金山为什么”中写道：“金山是张旋龙创办的，求伯君是最大股东，他们愿意把公司交给我管，这是多么不容易的事情。”

从1988年求伯君在张旋龙的支持下编写WPS软件算起，到2007年香港联交所上市，金山公司经过19年的时间，从一个张旋龙及其家族100%持有的小型家族企业，演变为求伯君、雷军、张旋龙、金山员工、机构及公众共同持有的上市公司。在这一过程中，投资人、创业者、经理人及员工之间形成了一种“有序合作，多方共赢”的局面。

19.1.4 新浪的职业管理

可以说，从一开始，新浪公司的创始人就有意按照现代公司治理规范，把新浪公司纳入职业经理人的管理之下。尽管这种“有意”在多大程度是一种能够坚持到底的决心，可能当事人自己都很难搞得十分清楚。

1998年底，出身北大和中关村的王志东与出身台湾和美国硅谷的姜丰年合力创建新浪后，两位一心做大新浪的合伙人，首先于2009年1月从投资方之一的华登国际聘来了茅道临，担任新浪的首席运营官。2009年3月，又聘来曾在Oracle和Netscape任高级职位的沙正治出任新浪首任首席执行官（开始是与姜丰年联席，后在王志东支持下独揽权力成为首任CEO）。但是仅仅半年时间之后，因为意见不合、做事方式不同而退出。沙正治聘来的一班硅谷经理人一并退出。

1999年9月新浪首任职业经理人–首席执行官沙正治的离职，没有像两年后2001年6月创始人–首席执行官王志东的离职那样满城风雨，一方面是沙正治的职业经理人精神，和则合，不和则散；另一方面则是在当时中国的商业环境下，外部聘请来的经理人磨合不好而离去太正常了，甚至直到今天，外聘经理人与公司磨合很好而成功管理公司，在中国还是很少见的“新鲜事物”。

沙正治去职之后，王志东出任新浪公司第二任首席执行官，被沙正治晾到一边的王志东原班人马重新上任。但是，王志东的新浪公司首席执行官职位也是“好景不长”，从1999年9月到2001年6月，不到两年的时间，王志东就被新浪公司董事会解除了首席执行官的职务。王志东不服，双方矛盾公开，一度对峙僵持。这一事件当时影响非常大，可以说是引起了社会轰动。媒体舆论普遍支持王志东，疾呼“这是创业意志与资本意志的对话”。

抛开新浪公司董事会“解聘”王志东首席执行官职务这一决策在新浪公司战略和业务发展上是否正确不说，就董事会解聘首席执行官职务这一行为本身来说，在公司治理规则上没有任何可以指责的。这一事件的轰动，反映出在当时的中国商业环境下，还很少有这种现象发生，人们对现代公司治理的一个基本规则——董事会具有选任和解聘首席执行官的法定权力，还不是太理解。

2001年6月，茅道临作为新浪公司的首席运营官，在董事会解聘王志东时，“临危授命”成为新浪公司的第三任首席执行官。茅道临在这个位置上做满了两年，但仍然是任职没有到期就离职了，时间是2003年5月。公开的原因是个人原因，背后的原因有种种传言。媒体报道说，7名董事以4比3的比例投票通过了“解聘”茅道临的议案。主持这次董事会会议的是新浪公司的联合创始人、董事长姜丰年。但是新浪公司管理层人员在决定茅道临去留问题上发挥了重要作用。姜丰年当着茅道临的面给新浪公司管理层人员打电话，一个一个地征询意见。除了一位没有表态外，几乎所有的管理层都做出了反对茅道临继续任职的表示。

可以说，正是从这时开始，从内部成长起来的管理层人员逐步掌控新浪。此前的沙正治，是一次操之过急和失败的外部引进首席执行官试验，王志东是创始人和创业者身份，茅道临则是投资人代表和职业经理人双重身份。

新浪内部成长起来的管理层人员的第一位代表就是汪延。1972年出生的汪延，1989年高中毕业后去了法国。1991年暑假从法国回北京时认识了王志东。汪延1996年从巴黎大学毕业之后就回国加入了四通利方，创建了四通利方公司国际网络部，并于1996年4月至1999年4月任该部部长。1999年4月至1999年8月，任新浪公司主管中国区产品和业务拓展的执行副总经理，1999年9月至2001年5月，任新浪公司中国区总经理。2001年6月，王志东离开新浪后，茅道临升任新浪公司首席执行官，汪延升任新浪公司总裁。2003年5月，茅道临离职，汪延升任新浪公司首席执行官。同时开始担任新浪董事会董事。

2006年5月，汪延三年的首席执行官任期届满，进入新浪公司10年时间之后，以不满35岁的年龄退居“二线”，把曹国伟推到新浪管理层的前台，出任新浪公司首席执行官。复旦大学毕业、并另有两个美国大学学位的曹国伟，1999年9月加入新浪，任主管财务的副总裁。如果说，汪延是从四通利方时代开始的，可以算作是新浪公司的创业者之一，曹国伟则完全是新浪公司聘请来的职业经理人。可以说，新浪已经进入了由内部成长起来的首席执行官执掌的一个治理结构相对稳定的时代。

19.2 一股独大问题的成因与治理

19.2.1 一股独大问题的成因

上市公司中一股独大，即使不是中国所独有，可能也是以中国为最严重。中国上市公司之所以普遍一股独大，有其自身的历史原因，也有中国公司上市审批制度和监管政策取向方面的原因。

中国计划经济时期形成了大量的国有和集体企业，改革开放、发展股票市场之后，这些国有和集体企业改制成为上市公司，企业体量已经比较大、股票市场规模还相对比较小，企业的股权多元化和股票上市又几乎是同步进行，自然形成了上市后一股独大现象。在以国有企业改制上市为主的沪深主板上市场上一股独大现象普遍、程度严重，主要是这一历史原因造成的。

创业板和中小板上市公司中一股独大现象要少一些，程度上也更轻一些，因为这些公司多是改革开放以后创立和逐步发展起来的。这些公司中，有些是多人共同创立的，上市前就已经实现了股权多元化，有些还在上市前经历了多轮股权融资，股权已经分散化了。相比主板上市公司中一股独大的控制模式，中小板和创业板公司中更多的是前几大股东合计持股比例很高，共同控制。

公司上市审批制度和监管政策取向也是导致中国上市公司一股独大或是前

几大股东集权并且在上市后维持长期不变的一个重要原因，可以说是一种监管懒惰导致监管政策取向上偏好股权集中、形成确定性的实际控制人。一些已经股权相对分散的公司在上市前，为了满足证券法的200人限制，或是满足监管层的偏好，通过股权转让形成集中持股的所谓实际控制人。一些中小国有和集体企业的改革中，也是实行向管理人员特别是核心管理人员倾斜，实现集中持股的政策。

由于股权投资市场不够发达，上市之初一股独大很正常，可是上市很多年以后依旧是一股独大则有些不太正常。这背后有再融资管制过严，也有人治和家长制的公司治理文化方面的原因。小企业时期基于人际关系的信任，没有在上市之后随着公司规模的扩大和企业组织的发展，向基于规则的信任转变。没有实现这种企业信任根基的重构和管理模式的转变，也是一股独大成为一个问题的原因。

人类组织发展超越了自然界的水平，但并没有完全脱离自然界组织的基因。如同自然界有蜂王和工蜂一样，人类也在深层习性上存在着一种权威与服从、中心与外围的行为模式。脱离一股独大、走出人治和家长制传统，需要一种基于规则的信任构建和组织运作能力。

19.2.2 一股独大何以成为问题

一股独大本身也许并没有什么问题，成为问题的是一股独大为什么会长期持续，并且在很多时候，似乎一股独大还更有效。

一股独大、有大股东高度关注公司，这本是一件好事。所以有学者把分散股权下的资本市场和集中股权下的大股东或是大债权人并列为两种有效的公司治理机制。这里的问题是，一股独大者在关心和支持公司发展的同时，也存在通过不公平交易掠夺公司的动机。

信息披露和关联交易监管可以在一定程度上抑制这种掠夺，但是无法真正有效解决这一问题。因为监管者一方面很容易被俘获，另一方面，监管者的激励远远小于被监管者的激励，这些被监管者又常常是比监管者更为聪明的一帮人。而且，无论如何加强信息披露，监管者和被监管者之间的信息不对称都会存在。更何况，过度的信息披露又会给有效的商业运营带来负面效应。过度的信息披露，会损害公司的商业机密和私有信息，也会给公司（特别是金融机构和高科技公司）在信息收集和处理投入上带来负向激励。

一股独大是否会阻碍有效的公司治理？表面看来，是的。但背后的因果关系很复杂。与其说，一股独大导致公司治理无效，不如说，是公司治理无效导致一股独大成为了一种有效选择。

公司治理有效，组织按规则运行，一方面会使一股独大者的控制权私人收益降到最低，使其选择控制权不如选择搭便车，分散投资而不是集中持股；另一方会使公司股权价值得到提升（在控制性股份控制权溢价下降时，非控制性股份的控制权折价也会减少），一股独大或是集中持股者，愿意接受股权稀释，并能从这种股权稀释中得到更大的股权价值提升。

在一些法治不健全、公司治理水平不高的国家，一股独大、集中持股以及由此形成的纵向集团架构，有时似乎能够带来更好的公司业绩。有些学者也以此来支持股权集中和集团架构，这些国家的企业家也减持集中持股，并热衷于搞集团架构。可是透过表面看本质的话，可以发现这些国家的大型企业集团实际操控了这些国家的法治进程，也阻碍着这些国家公司治理水平的提高。懒惰的监管者也喜欢大集团架构的存在，这可以有效地减少需要它们直接监控的对象数量，同时也可以为监管者个人提供更好的潜在牟利和未来就业机会。

从微观层面来看，一股独大带来的主要问题是会使一些企业进入“大股东陷阱”——大股东能力不足又不愿意放权，控制一切，致使公司永远发展不起来的半死不活状态。沪深主板上的很多公司都处在大股东陷阱之中，难以自拔。创业板公司相对要好一些，已经出现了很多创始人和大股东持股低于20%的公司，进入到“股权分散–股东管理”的阶段。

“大股东陷阱”不仅表现在拒绝股权稀释上，也可以表现在拒绝职业管理上，或者说是，把职业管理限制在一个有限的范围之内，拒绝进一步走上“市场控制–经理人主导阶段”。这类公司很多，特别是在欧洲大陆国家。从瑞典沃仑堡集团到德国的汽车家族，从法国的米其林到意大利的菲亚特，大股东或创始人家族都对公司管理层人选有相当大的控制权。

19.2.3　一股独大问题的有效治理

有效解决一股独大问题需要从资本市场、公司治理和法律规则三个方面下手。

资本市场方面，需要明确资本市场定位、改变监管政策导向。资本市场的本质是公司融资和公司控制权市场，二级市场是为一级市场服务的。促进资本市场发展，需要放开直接融资管制，取消出于维护二级市场而对大股东减持行为进行限制的各种反市场措施。

资本市场越发达，社会和法律对中小股东的保护越充分，公司在资本市场上的价值越大，股权融资要比债权融资更容易，并且成本更低，公司股权就会越分散。这种情况下，依然要保持一股独大、阻碍公司走上股权分散进程的就会只是极少数顽固不化的大股东。在发达的资本市场上，大股东限于自身眼界或者偏好，宁愿公司发展缓慢也要把公司牢牢掌控在自己手里，致使公司停在“大股东陷阱”中的情况不会持久，市场力量会把这种公司清理出局（产品市场业绩不佳而萎缩，或是资本市场交易不足而被摘牌）。

公司治理方面，可以通过公司章程设置单一股东所能持有的最高投票权比例。这是发达国家国家公司法普遍许可、一些国际化大公司（如雀巢限制在3%）经常采用的做法。同时，通过加强对公司治理基础规则的落实，如刺破公司面纱、事实董事制度、公平交易义务和关联交易管理等等，提高一股独大者的公司控制风险、降低其控制权收益，使其保持一股独大得不偿失。

在法律规则方面，一是证券法上取消对IPO前公司股东人数不能超过200人的限制，二是公司法上引入对上市公司股东投票权的最高比例限制。当前发达国家中，由于存在发达的资本市场，股权的集中与分散已经完全是个公司创始人和主要股东的自主选择问题，与公司立法导向无关。只要公司法及证券法针对公司和大股东欺诈小股东问题，提供足够的防范和救济措施即可。但是在中国这样的资本市场非常原始、股权高度集中的国家，要促进现代公司制度的快速发展，立法上对大股东权力进行适当的限制还是很有必要的，否则将长期难以走出“大股东陷阱”，股东大会成为大股东会，甚至就是流于形式，只是大股东的橡皮图章。

这里有个需要注意的问题是，中国目前同时存在着一股独大和创始人保护问题，前者需要大股东投票权限制，后者需要分级股份制度等等。对于新兴科技和创业型公司，需要对公司自主设置创始人保护机制，如分级股份制度、分类董事制度和投票权信托等，提供空间和支撑。如何能在提供创始人保护机制的同时，又不会使公司陷入创始人陷阱和大股东陷阱，是一个值得深入研究的问题。

19.3 深发展：单一优势股东控制模式的问题

深发展，深圳发展银行股份有限公司，正像其深市A股股票代码000001一样，头上顶着多项中国第一的帽子：中国第一家面向社会公众公开发行股票的商业银行，在深圳证券交易所挂牌的第一家上市公司，中国第一家外资为第一大股东、外籍人士担任董事长和首席执行官的商业银行。

在这种种第一的背后，总是伴随着中国“建立现代企业制度、改进公司治理”的努力与期望，甚至是以改进公司治理为缘由。从公司治理改进的角度，应该如何评估深发展的这一路历程，还有哪些尚待破解的中国式公司治理难题?

19.3.1 国企改制上市与公司治理：改变形式易、改变实质难

深圳发展银行是在对深圳经济特区原六家信用社改组的同时经中国人民银行深圳经济特区分行批准向社会公众发行股票，并经中国人民银行批准设立的股份有限公司。1987年5月9日，以自由认购的形式首次向社会公开发售人民币普通股39.7万股，于1987年12月22日正式设立，于1988年4月11日在深圳经济特区证券公司挂牌柜台交易。1991年4月3日，作为深圳证券交易所创立后的第一只股票上市交易。

作为中国股份制企业的先行者，深圳发展银行的成立、股票发行与交易都属于“试点”阶段的产物，具有很大的标杆意义。应该说，是代表着中国建立现代企业制度和改进公司治理努力的前锋力量。

作为最早进行股份制试点的企业，深发展的股权已经比较分散了。1992年底，深发展第一大股东深圳市投资管理公司持股8.43%，前10大股东合计持股33%。直到2004年引入外资新桥资本之前，深发展的股权与控制结构并没有太大的变化。2003年底，第一大股东深圳市投资管理公司持股7.08%，前10大股东合计持股26%。尽管以前10大股东合计持股比例来衡量出现了一定程度的股权分散趋势，但是前几大国有股东稳定持有约20%股份的基本格局没有变化。

前几大国有股东稳定持有的股权结构，使深发展没有像深市000002号公司万科那样，因为股权分散而受到资本市场上的并购与控制权争夺战的威胁（如君万之争）。但是这种国有股东稳定持有的股权结构，在使深发展免受公司控制权争夺“干扰”的同时，也屏蔽了资本市场的公司治理压力，甚至使深发展徒有股权分散的形式，实际沦为与传统国有企业大同小异的公司治理状态——一切均在深圳市政府的控制之下。深发展的这一段股权与股东结构历程，带给我们的一个重要启示就是，由同样受控于政府的多家国有单位所形成的多元股权结构，只是一种表面形式，与政府直接控股的国有企业，在公司治理运作上很难有什么实质性的改进。

19.3.2　外资战略投资者与外籍董事高管：公司治理贡献几何?

深发展前几大国有股东背后的真正大股东是深圳市政府，这在通过将四大国有股东所持深发展股权转让给美国新桥投资集团（Newbridge Asia AIV III,L.P.）来为深发展引进所谓的“外资战略投资者”这一点上表现得非常鲜明。

2001年下半年开始，深圳市政府提出了“深发展靓女先嫁，引进外资股东”战略，并开始和一些外资机构接洽。这一决策的背景是在中国加入世贸之后，深圳市政府向中央政府要求在金融领域“先试先行”，建设区域性金融中心。经过一些反复和长时间的谈判之后，2004年5月，深发展的四家国有股东，第一大股东深圳市投资管理公司、第二大股东深圳国际信托投资公司、第三大股东深圳市社会保险公司和第六大股东深圳城建集团，与新桥签署股权转让协议，将四家所持总计占17.89%的深发展股权，按深圳市长提出的净资产1.65倍作价，以总计12.35亿元转让给了新桥。深发展成为国内首家外资作为第一大股东的股份制商业银行。

新桥统一收购了深发展四家国有股东的股权之后，成为深发展的单一最大股东。从2004年底的深发展股权结构来看，新桥17.89%的持股比例给其带来的控制权优势是很显著的。此时的第二到第十等九家股东合计的持股比例也只有8.84%。以前10大股东合计持股比例来衡量，2003年底到2004年底也是深发展股权分散度最高的时候，分别为26.01%和26.72%。此后，从2004年底到2008年底，尽管第一大股东新桥的持股比例从17.89%降到16.76%，第二大股东深圳中电的持股比例从3.19%降到2.81%，但是平安寿险公司持股比例达到4.86%，超过了深圳中电，成为了深发展的第二大股东。以前10大股东合计持股比例衡量的深发展股权结构出现了集中趋势，2008年底为34.72%，甚至超了1992年底股权集中程度（32.99%）。

在“引进外资和战略投资者改进公司治理”的思维误区之下，人们普遍认为新桥入主大大改进了深发展的公司治理水平。甚至是几大商业银行都整齐划一地采用这种模式。几年下来的结果却与人们的预期大相径庭。

且不说事先谁都无法预见的全球金融危机，使那些“国际领先金融机构”或自身难保或自顾不暇。稍加理性一点分析就可以想到，外资战略投资者不可能在银行治理结构上同中资银行长期合作，为自己培养一个竞争者。本质上它们同其他投机者并无二致。外资战略投资者在其锁定期结束后，纷纷在二级市场抛售中资银行股份。新桥虽然不是以在二级市场抛售股份的方式退出，但其获益之丰一点也不亚于其他外资战略投资者。

包括深发展及其他几家引进外资股东和外籍董事的金融机构在内，公司治理上基本都是按照监管部门的要求亦步亦趋地缓慢改进而已，难以看到企业自主性的改进公司治理的努力。唯一的一个显著变化就是所有引进外资战略投资者的金融机构高管薪酬都爆炸性上涨。从几百万到几千万一年的巨额薪酬迅速在中国金融企业里铺开。

新桥以绝对优势的第一大股东入主深发展之后，给深发展派来了外籍董事长、外籍董事和外籍行长。富有金融管理经验的外籍董事和高管可以给中国金融机构带来有益的管理和业务经验，但是指望这样有效地改进公司治理则是一厢情愿。就深发展来说，第一任外籍董事长蓝德彰卸任董事长职务后，由董事会提名作独立董事，在受到中小股东的强烈质疑和深交所的否认之后才作罢。按照美国公司的公司治理惯例，前任董事长作为董事也是不能被看作独立董事的。

第二任也是现任的外籍董事长兼首席执行官法兰克·纽曼，在为深发展2005年5月"零对价"股改方案辩护时说，新桥投资作为投资基金对它的投资者负有信托义务，美国的法律不允许把属于投资者的东西付与他人，似乎是忘记了他作为深发展的董事长，首要的信托责任对象应该是深发展的几十万股东。新桥以净资产1.65倍购入的深发展股份和几十万流通股东以市场价购入的深发展股份之间，这么明显的差异他好像看不见。如果不是中国股改政策规定的流通股和不流通股东分类投票制度，恐怕难以想象深发展的流通股股东最后能够得到满意的对价支付。

高度评价新桥入主带来深发展公司治理改进的一些媒体文章非常喜欢用新桥派来的外籍董事会成员的资历来作论据，这应该说是很难成立的。前独立董事、现董事长纽曼曾任美国财政部副财长，就是曾任财长的鲁宾还不是在危机时刻赶紧从花旗集团逃之夭夭。独立董事奥汉仑曾长期担任雷曼兄弟日本公司的董事总经理，雷曼兄弟现在是个破产的结果。我们不是否认这些个人的能力。中国的公司治理问题是一个系统的制度和体系问题，需要中国人自己去系统地学习、消化和改进，不可能指望引进"洋人"坐镇董事会、出任高管就可以解决。就像发达国家和跨国公司向发展中国家转让技术是一种"不可靠的承诺"一样，引进外资、引进外籍高管改进公司治理也是一种注定要落空的期望。

19.3.3　中国环境下股权分散公司治理的特殊难题

根据深发展和平安的有关公告，平安将以两个途径入股深发展：一是深发展以定向增发的方式向中国平安增发3.70亿~5.85亿股新股，每股定价18.26元；二是作为定向增发的前提之一，中国平安与新桥达成协议，承诺在2010年12月31日前以现金或换股方式，收购新桥手中的16.76%深发展股权。

平安方面表示，在股权收购完成后，平安对深发展的经营参与主要体现在“股东和董事会层面”。在收购完成后，深发展的董事数量将从15名增加到18名，平安在两次股权收购完成后派出5名董事和推荐一名独立董事加入董事会。

在改进深发展的公司治理方面，平安能比新桥做得更好吗？作为深发展具有明显优势的单一最大股东，平安与深发展高度分散的其他股东之间的利益结构关系，与新桥完全一致，甚至是更为明显。新桥以不足20%的持股比例占深发展近30%的董事会席位，平安则将占深发展三分之一的董事会席位，也会远远超过其持股比例。能指望按照“关联交易准则”关联董事回避就有效地解决深发展这种单一优势股东与其他广大分散股东之间的利益冲突问题吗？回答是否定的。

深发展从引入新桥到引入平安一再缔造单一优势股东，是与“股权分散—职业董事会和职业经理人掌控公司”的现代公司治理与成长路径背道而驰的。在这一点上，深发展与新浪公司相比，还有相当的距离。

19.4 联想改制：中国式产权明晰化

产权明晰化是中国漫长的从计划经济向市场经济转轨过程中的一个特色概念。纯正国有企业的公司化改制和上市，是在用市场化的概念重新界定清楚国有资产——国有股权之后，实现国有资本与私人资本的混合。这里的关键问题只是一个国有资产的定价问题，这种定价与私人企业的上市定价并无本质差异。定价过低，产生所谓“国有资产流失”，等同于创业者的回报不足，可以选择不卖；定价过高，则会无人认购。

联想则是中国改革之后产生的一种特殊国有企业，或说新型国有企业。其特殊或新型所在，是其诞生本身就是一个传统国有单位（中国科学院计算所）迈向市场的一种探索。基本没有或只是很少一点（20万元）的国有单位资本投入，但从创业之初到后来的成功，却都一直在依靠其母体国有单位的各种支持。理论上，我们完全可以把这种企业看作是，还没有"混合所有制"概念时的一个实际上的混合所有制企业。联想漫长的改制历程，则是随着市场经济和现代公司概念的深入发展，逐步将这种模糊的混合所有制清晰化，明确界定出来公和私各占多少比例。

19.4.1　联想创始人辨析

联想公司前身是1984年11月由中国科学院计算技术研究所创办的中国科学院计算所新技术发展公司。当时中国还没有现代概念的公司法，股本金、有限责任和董事会等这套概念还都无从谈起。作为中科院计算所的员工，柳传志等人是这一公司创立的推动者，但是真正决策者是时任中科院计算所所长的曾茂朝。公司创始人和全部创始资本的提供者都是中科院计算所。

中科院计算所作为联想公司创办者和创始人，不仅表现在最初成立时的20万元"资本金"投入，和将计算所传达室提供给公司作为办公场地，还表现在作为中科院计算所新技术发展公司最初三位负责人的王树和、柳传志和张祖祥，都是作为计算所的员工，被计算所任命为公司负责人的。并且这一任命中，还明确着三人各自的行政级别：王树和为总经理（正处），柳传志和张祖祥为副总经理（副处）。从计算所的角度看，中科院计算所新技术发展公司就是计算所新设立的一个二级单位（所办公司，事业单位办企业）。

在中科院计算所新技术发展公司发展起来并最终改名为联想公司的过程中，计算所也发挥了重要作用。顾名思义，中科院计算所新技术发展公司，顶着计算所的招牌，并实际背靠计算所，将计算所研发的技术进行市场化和产业化，是其当时有别于中关村其他公司的一个关键特征。公司的名称，从中科院计算所新技术发展公司，到中科院计算所公司，最终到联想公司，源起于1985年开始投放市场的联想公司的第一款成功产品——联想式汉卡。"联想"最初是中科院计算所研究人员倪光南开发出来的汉卡（LX-80联想式汉字系统）所具有的一种功能，用作了产品品牌，最后又用作了公司名称（1988年创办香港联想公司时开始的）。

19.4.2 联想帝国缔造者柳传志

联想公司的创办者是中科院计算所，做出这一创办决策的是时任所长曾茂朝，联想作为产品品牌的创始人是联想汉卡发明人倪光南，这是历史事实。指出这一历史事实，有助于我们理解联想改制的核心内涵，同时，这并不会有损柳传志在中科院计算所新技术发展公司成为今日联想帝国过程中的核心作用和历史地位。

产品品牌创始人、公司创始人和公司帝国的缔造者是不同的人，很多世界级公司都是这种情况。麦当劳品牌创始人是麦当劳兄弟，麦当劳公司创始人是雷·克洛克。星巴克品牌创始人是杰瑞·鲍德温等三人，星巴克公司创始人是霍华德·舒尔茨。可口可乐产品发明人和品牌创始人彭伯顿，而公司创始人是坎德勒，公司帝国缔造者是伍德罗夫。在IT领域里，这种情况也很多。奠定IBM公司核心业务领域（信息处理）的前身公司制表仪器公司的创始人、制表机发明人是统计学家霍列里斯，IBM公司（前身C–T–R）创始人是弗林特，缔造了IBM帝国并且给公司取了IBM这一名字的人是老沃森。老沃森作为职业经理人，从仅以5%的分红权激励开始，把C–T–R打造为了IBM。

从“职业经理人”缔造企业帝国这一点来说，柳传志与老沃森是很相似的。区别是老沃森是公司成立十几年后受聘加盟的，而柳传志是从成立公司动议开始就参与了。还有一点重要区别是，老沃森从加盟开始就是明确拥有5%的分红权，而柳传志是经过长时间的改制和多次重组——中国式产权明晰化过程之后，才最终拥有了联想控股3.4%的股权（根据联想控股香港上市申请书）。我们由此说，柳传志比老沃森还要道高一筹也不为过。

柳传志作为中科院计算所员工，尽管从一开始就参与创办联想公司（甚至可以说是主谋），但从严格的法律和责任承担意义上，我们说他不是公司的创办者和创始人，他是公司创立的经办者，也是以事实上的“职业经理人”身份缔造了联想企业帝国的。在这一点上，柳传志的角色与铃木敏文十分相似。铃木敏文作为日本伊藤洋华堂的经理人缔造了日本7-11公司，日本7-11公司作为伊藤洋华堂的子公司发展得比母公司还好，最后重组为了7&I帝国。联想作为中科院计算所的下属公司发展起来了，最后也把中科院计算所的大部分资产和人员重组进了联想公司。

19.4.3　联想股权变更历程

1984年中科院计算技术所新技术发展公司创立，为注册资本130万元的国有独资企业。柳传志最初为副总经理，1986年开始出任总经理。1990年公司注册资本调整为100万元。1991年4月，改名为北京联想计算机新技术发展公司。

1988年香港联想公司创立，柳传志成为香港联想主席。注册资本90万港元，股东为中科院计算所、中国技术转让公司和香港导远公司三家，各占三分之一。

1994年，北京联想公司更名为联想集团，香港联想公司以香港联想控股公司名义在香港交易所上市，北京联想持有上市公司香港联想38.78%的股权。

1997年北京联想与香港联想合并，柳传志出任联想集团主席。1998年8月正式更名为北京联想集团控股公司，9900万资本公积金转增注册资本，注册资本增加到1亿元。计算所改制，千余人缩减到百人，大部分人并入联想集团。成立了联想员工持股会（640人参与），获得35%分红权。

2001年6月，联想集团控股公司改制为有限责任公司，并正式更名为联想控股有限公司。5.6亿资本公积金转增注册资本，注册资本增加到6.6亿。联想员工持股会用未分配的历年利润购买了联想控股35%的股权，正式形成了中科院（通过国科控股）出资4.3亿元、占65%和联想员工持股会出资2.3亿元、占35%的联想控股公司股权结构。

2009年中国泛海以27.55亿人民币的价格从国科控股手中收购了29%的联想控股股权，形成了国科控股36%，联想控股职工持股会35%，中国泛海29%的股权结构。

2010年，源自联想员工持股会的有限合伙企业联持志远创立。创建人为联持志同（作为普通合伙人）和15家有限合伙企业（作为有限合伙人，由原职工持股会的618名成员和联持志同创立）。

2012年，以员工激励为目的的有限合伙企业联恒永信成立，创建人为联恒永康（作为普通合伙人）和4家有限合伙企业（作为有限合伙人，有联想控股的127名员工和联恒永康创立）。联恒永信从中国泛海受让8.9%的联想控股股权。

2014年联想控股改制为股份有限公司，注册资本20亿元，公司发起人包括国科控股（36%）、联持志远（24%）、中国泛海（20%）、联恒永信（8.9%）四家机构和柳传志（3.4%）、朱立南（2.4%）、宁旻（1.8%）、黄少康（1.5%）、陈绍鹏（1%）和唐旭东（1%）等6位自然人。

对比2009年以来几个时段的联想股权结构变化数据可以看出，6位自然人共计持有11.1%股份中，11%来自原员工持股会（从2009年的35%下降到24%），0.1%来自中国泛海。中国泛海2009年时持29%，现持20%，减少的9%中，8.9%转让给了联恒永信。

19.4.4 柳传志和联想改制的标杆含义

柳传志不是联想的创始人，但却是联想的实际缔造者。柳传志缔造联想以及推动联想从一个国有实体企业发展为混合所有制现代公司的过程，是中国转轨过程的一个生动写照。从这个意义上来讲，柳传志是这个特殊时代的一个特殊的企业家，是一个特殊时代的典范。

柳传志缔造联想，和王石缔造万科的历程很像，都是从传统体制出发，并依靠了传统体制的各种资源和优势，但主要是通过到市场上打拼，缔造出了一个形式和名义上国有、而事实和实质上很民营化的大型企业。这是他们与传统的、国家有大量有形资产注入所形成的国有企业所不同的。

两人的价值取向也有一定的类似性，就是在名和利之间，更多地选择了名。他们没有像他们同时代的那些直接选择了脱离传统体制、创建私人企业的企业家那样，做个彻底的商人，闷声发大财。就柳传志和王石来说，相比他们所缔造出来的企业，和他们的企业给国家及各方面所创造出来的财富，他们个人财富上的所得，可以说只是个零头。也正是这个原因，作为非常适应这个特殊时代的企业家，他们获得了巨大的影响力，比那些做私人企业而个人发了大财的企业家远为更大的影响力。当柳传志和王石这样的企业家，能够转身笑纳个人财富的时候，这个时代就进步了。

纯粹和传统的国有企业，学不了联想的这种改制做法。无论是职工持股会35%股份的取得，还是中国泛海以略高于净资产评估价的价格受让一家成功公司的29%股份，在那些依靠国家大量投资形成的国有企业里，都是行不通并且不会被社会所接受的。对于那些新兴和新型的创业者，时代的发展已经为私人企业提供了更为平等也更为广阔的发展空间，他们已经没有必要再像前一代人那样，先戴上顶红帽子，然后再费力地去把它摘下来。

19.5 格力董事选举：正常何以“不正常”

19.5.1 一次正常的董事选举

2012年5月25日，格力电器股东大会进行董事换届选举，9名董事候选人中有8人通过，组成了公司新一届董事会。8名董事既符合中国公司法中股份有限公司董事会成员人数5到19人的外部规定，也符合格力电器公司章程中董事人数不少于6人的内部规定。格力电器5月28日公告，原公司副董事长董明珠在5月25日举行的新一届董事会会议中全票当选董事长并被续聘为公司总裁，黄辉、庄培也被续聘为公司副总裁，表明公司新一届董事会开始正常运作。

这与此前发生的原东北高速公司因股东矛盾而新董事会难产，宏智科技和正清制药等的双董事会现象等完全不同，甚至也没有像胜利股份和国美之争等等那样双方公开对垒、争取第三方的投票支持。

原东北高速那样的由于争议股东之一方没有提名出新董事候选人而致使董事候选人人数不够进而无法产生符合法定人数规定的新董事会，和正清制药那样大股东和公司现任董监高均缺席争议股东方提议召开的选举新任董事会成员的临时股东大会而产生了两个“董事会”，都属于没有遵守公司法和公司治理基本规则的错误。

相比之下，格力电器这次董事会换届选举，都算不上是“纷争”，新董事会已经开始正常运作了。一名落选董事候选人的推荐方珠海市国资委在5月31日对媒体表示：“格力集团按照团队搭配原则推荐了格力电器第九届董事会成员候选人，新一届董事会由格力电器2011年度股东大会依法选举产生，我们尊重本次股东大会的决议。格力电器董事会一经选举产生，代表的是全体股东的利益，我们相信格力电器董事会会正确履行权利义务。”

事情到此似乎就应该结束了，可是为什么还会引起那么大的社会关注和争论呢?

19.5.2 何以“不正常”

从程序和公司治理规则上看正常不过的一次公司董事换届选举，为什么显得那么“意外”，并被看作“不正常”？这里主要有两个方面的原因，一是读者本身对现代公司治理规则（包括中国公司法）的不理解和误解，二是中国现实中公司运作所实际遵循的规则和中国公司法所明文规定的那些治理规则不同，与真正市场经济下的现代公司治理规则更是相去甚远。

让人们感到意外和不正常的主要就是珠海市国资委通过其全资拥有的格力集团，作为持股比例约20%的格力电器第一大股东所推荐的格力电器董事候选人周少强在公司股东大会上落选。周少强原为珠海市国资委副主任，不久前刚刚被委派到格力集团担任总裁兼党委书记。在目前中国这样一种商业环境下，集国资委派遣和集团总裁双重身份于一身的董事候选人落选，人们普遍会觉得意外和不正常。

2012年5月11日，格力电器的实际创始人，从1988年开始一共为格力集团和格力电器服务了24年的朱江洪退任格力集团职务（朱江洪事迹参见《朱江洪自传：我执掌格力的24年》一书），已经与朱江洪搭档了十几年的格力电器副董事长兼总裁董明珠接任格力集团董事长，周少强接任格力集团总裁兼党委书记。董明珠是民主党派人士，无法担任党委书记职务。一位58岁、人称“营销女皇”的强人，要受制或分享权力于一位没有行业经验、年仅40岁的新人。在国资100%的格力集团层面，珠海市国资委的意志可以得到完全贯彻，但是到了股权已经比较分散的上市公司格力电器则不一样了。

珠海市国资委通过格力集团推荐的董明珠、周少强、鲁君驷（格力地产董事长）和黄辉（格力电器副总裁）等四名董事候选人中另外三位均顺利当选，其他当选董事包括第二大股东河北京海担保投资有限公司推荐的张军督、两家机构投资者（耶鲁大学与鹏华基金）联合推荐的冯继勇，以及三位独立董事。股东大会的投票结果反映出，格力电器股东之间仅仅在国资委“空降兵”问题上出现分歧，在其他董事人选方面并无分歧。

格力电器作为股份公司，股东投票结果就是公司集体意志的表示。哪家股东提出来的董事候选人，都要得到多数股东（投票权）的认可。国资方只持有格力电器20%的股份，扣除独立董事后的6名董事候选人中，国资方推荐人选4名，占比例高达三分之二，落选1人后，国资方推荐董事仍然占非独立董事会成员人数的五分之三。

无论相关人士实际内心如何想，珠海市国资委方面对媒体表示尊重格力电器股东大会的选举结果，是对公司治理规则的尊重，这是值得肯定的，我们也愿意相信这是真诚的。

可惜一些媒体的解读有误，甚至存在严重误导。比如，格力电器公司章程规定，当公司董事会人数少于6人时，需召开临时股东大会补足公司董事人数。有影响极大的财经专业报纸的重点文章却把这里的董事人数不当理解为非独立董事人数，认为周少强落选后，根据格力电器公司章程需要两个月内召开临时股东大会补足董事人数。实际这里所指的董事人数是包括独立董事在内全体董事会成员人数，格力电器新一届的8人董事会合法合规，并无瑕疵。

对公司治理规则理解不当的不光是媒体，也包括当事方。对于人们猜想周少强没有参加5月25日格力电器股东大会，可能表明其预感到自己会落选而场面尴尬，珠海市国资委方面表示：“格力电器股东大会的出席人员资格是由格力电器公司章程决定的，章程规定符合资格的股东以及公司的全体董事、监事、董事会秘书应当出席会议，总裁和其他高级管理人员应当列席会议，周少强先生均不符合此条件。故此，未有出席该次股东大会。”这种解释实际是并不恰当的，周少强作为董事候选人，是应该出席选举董事会成员的这次股东大会的，并且作为新任董事人选，还应该在股东大会做个自我介绍性质的发言。

对于机构投资者推荐董事成功入选格力电器董事会，也有人提出疑问：机构投资者持股流动性很高，过不了多久他们抛售了，他们推荐的董事代表谁？这是很典型的一种对董事代表性问题的错误理解。现代公司的董事是一种独立的法人机关，不管他们个人出身于何处，是大股东、二股东还是管理层，作为董事都是受托于全体股东和整个公司的，当选之后就应当没有某一方的“代表身份”了。他们作为董事的服务，如果得到公司多数股东的认可，最初推荐方股东是否留在公司已经无关紧要；如果他们的服务没有得到公司多数股东的认可，也许不到下次换届之时，就会被换掉。

19.5.3 能否英雄不问出处

仅从公司治理规则角度来看，格力电器的这次董事换届选举已经尘埃落定。但是实际会不会如此，也是尚未可知。其深层原因是以董明珠为代表的格力电器内部成长起来的管理层人员在二股东及其他投资者支持下，能否坚持抵制住大股东格力电器及珠海市国资委的过度和不当控制。大股东格力电器和珠海市国资委方面，是否是真心实意地接受随股权稀释自然而来的这种控制程度下降，放手格力电器自主发展。

如果没有朱江洪的态度影响和董明珠的强势地位，格力电器管理层方面的自主意志会下降；如果珠海市国资委（甚或是珠海市委）有关领导的人选或者态度发生变化，通过增资甚或行政手段，开明转向专制，还是会完全“收服”格力电器。我们非常不希望这种情况出现。企业就是企业，就是市场中的一个契约性经济组织，格力电器是国有企业出身，在珠海市经济中占有很大比重，也无需例外。

担心在其他股东支持下格力电器管理层自主权增强，大股东和国资委不能全权控制，会有什么负面效果，基本上是多余的。金融类机构投资者从公司所能得到的就是分红和资本增值，这与包括国资在内的全体股东的利益是一致的。他们支持现有管理层，只是因为公司业绩及预期前景好。管理层要获得他们的持久支持，需要持续努力把公司做好。二股东河北京海担保投资有限公司主要是由格力电器的经销商们作为股东组建的，有通过让格力电器向经销商们让利的利益驱动。但是鉴于京海只占八个董事席位中的一个，影响力有限，并且京海作为金融机构要受到比普通公司严格得多的监管，格力电器作为充分竞争性行业上市公司，公司信息和行业标准（同业竞争者公司数据）都是公开可比的，市场控制可以有效地替代大股东控制。

无论国有企业还是民营企业，由大股东控制走向市场控制（或者说是市场控制下的职业经理人主导）是中国公司中还少有的现象。当前中国有关公司治理的语言体系都还停留在公司治理发展的初级阶段，人们还是习惯于出身论和成分论。如习惯性用国有商业银行指称工农中建，而用股份制商业银行指称民生、兴业等，其实是不准确的。工农中建也都是股份制企业，并且是上市公司了。格力电器国有股份已经下降到20%，就更不能再按其出身或者大股东身份来看作是国有企业了。股份公司就是股份公司的规则，上市公司就是上市公司的规则，与其控股股东的所有制身份无关。中投在海外入股企业，能把那些企业看作中国的国有企业，并按中国国有企业的那一套来运作吗？

珠海市国资委完全可以再聪明一点儿，放手让格力电器按照现代公司治理规则自治和自主运作，看好其前景则保持股份搭便车，不看好其前景则逐步减持，转移资源到更好的企业。格力电器方面，如要进一步巩固来之不易的公司自治和自主发展空间，可以探索修改公司章程，把单一最大股东的持股或投票权比例限制在20%以内，并随股权分散度的提高而进一步下调，以避免“才出虎穴再入狼窝”。当年古奇管理层类似提案没有通过，致使后来成为了巴黎春天的囊中之物，丧失了独立发展的机会。而雀巢公司1988年开始规定单一最大股东的持股和投票权比例不能超过3%，致使在1974年换股收购欧莱雅后成为持股4.09%的雀巢最大股东的欧莱雅控股人家族，将其所持雀巢股份减持到了3%以下。坚持自治和自主运作的公司，不仅要解决现有的一股独大问题，还要防范有新的一股独大产生。

19.6 康佳董事选举：中国公司治理的新常态？

2015年5月28日，可以作为一个重要的日子记入中国公司治理发展史。这一天，康佳公司2014年度股东大会的董事会换届选举中，由中小股东提名的董事占据了康佳公司新一届（第八届）董事会7个席位中的4席，导致康佳公司宣布停牌应对这一新情况。随后的二十天中，康佳公司连续进行了从董事会内职务分工到高级管理人员的职务调整，到6月18日，康佳公司治理的"新常态"基本落定。从整个事件的发展脉络、相关各方的应对方式，到市场和舆论反应，都表现出了中国公司治理生态的一种进步。

19.6.1 事件脉络

2015年4月3日，康佳公司发布了将于2015年5月28日召开2014年度股东大会的公告。本次会议将进行董事局和监事会换届选举，列出了由大股东和董事会提名的等额的董事和非职工监事候选人名单，四名非独立董事（王晓雯、陈跃华、何海滨、刘凤喜），三名独立董事（李罗力、张述华、邸晓峰）和两名非职工监事（郝刚、王友来）。

2015年5月15日，康佳公司公告，孙祯祥（占1.17%的公司第八大股东）、NAM NGAI、夏锐和蔡国新等四位合计持有3621 万股（占康佳公司3%以上有表决权的股份）的股东提名任维杰和宋振华为非独立董事候选人，张民为独立董事候选人，张光辉为非职工监事候选人。5月16日，康佳公司再发公告，HOLY TIME GROUP LIMITED（占3.87%的公司第二大股东）、国元证券经纪（香港）有限公司（占1.7%的公司第九大股东）等两位股东提名靳庆军为非独立董事候选人，肖祖核为独立董事候选人，石开荣为非职工监事候选人。康佳公司同时发布了更新后的关于召开2014年度股东大会的通知，列入了上述两波中小股东提名的候选人，使康佳公司2014年度股东大会的董事监事换届选举中，非独立董事、独立董事和职工监事均呈现为候选人数多于规定当选人数的状态。非独立董事为7选1，独立董事为5选3，职工监事为4选2。

2015年5月28日康佳公司股东大会如期召开，关于董事监事换届选举的结果是，中小股东提名的靳庆军、宋振华，和大股东（原董事会）提名的陈跃华、刘凤喜当选为非独立董事。大股东（原董事会）提名的四位中只有两位当选，中小股东提名的三位中有两位当选。关于独立董事的选举结果是，中小股东提名的张民、肖祖核，和大股东（原董事会）提名的张述华当选为独立董事。大股东（原董事会）提名的三位中有一位当选，中小股东提名的两位均当选。关于非职工监事的选举结果是，中小股东提名的张光辉和大股东（原董事会）提名的郝刚两位当选。中小股东和大股东各自提名的两位中均只有一位当选。

这样，康佳公司大股东和原董事会提名的总计9位董事和监事候选人中只有4人当选，而中小股东提名的总计7位中有5位当选。康佳公司于2015年5月29日发布重大事项停牌公告称，“根据该选举结果，中小投资者提名的董事超过了本公司董事局成员的一半，这对本公司的公司治理是一次重大变化，董事局需要花时间达成一致意见。”

2015年6月5日，康佳第八届董事会第一次会议以四票同意、一票弃权和两票反对选举出了由中小股东提名当选的新任独立董事张民为董事局主席（董事长）。同日，康佳第八届监事会以两票同意、一票反对选举出了大股东提名当选的新任非职工监事郝刚为监事长。6月18日，康佳第八届董事会第二次会议上，张民辞去董事局主席职务，第一大股东提名当选为董事的康佳公司总裁刘凤喜以全票当选为董事局主席。康佳公司公告称，“独立董事张民先生在特殊时期担任本公司董事局主席的职务，目前已完成特殊时期的主要任务，已选定经营班子的主要成员，已稳定本公司的整体形势，但是考虑到其独立董事的身份，张民董事辞去董事局主席的职务。”。与此同时，刘凤喜辞去公司总裁职务，公司原财务总监黄志强先生辞去公司财务总监职务，并不再担任公司的任何职务。聘任刘丹为康佳集团总裁，聘任宋振华、林洪藩为康佳集团副总裁。

至此，康佳新一届董事会、监事会和公司主要高层管理人员的职位分配确定完毕，康佳的公司治理“新常态”基本落定。

19.6.2 十年前的中国公司董事选举纷争

如果回到十年前，像康佳公司这次股东大会这样的董事选举结果很可能就不会被公司大股东和公司原董事会、原管理层所接受。2004年3月1日的《经济观察报》第149期上，曾经整理了三起当时备受关注的中国公司“双董事会”现象——新董事会不被公司原董事会和管理层承认，双方陷入纷争。

西安宇翔：2003年4月下旬，西安宇翔实业总公司超过三分之一的股东自行召开股东大会，选举成立了公司新的董事会和监事会，并将老董事会赶出公司办公大楼，但是，老董事会带走了公司所有公章，新董事会无法行使职权；大多数股东接受新董事会，但子公司却认为它不合法。

民生证券：2003年5月10日，中国泛海及其关联企业通海建设有限公司收购河南旅游集团等几家股东在民生证券的股权，在其所控制股权的比例达到近44%之后，召开了董事会，并选举中国泛海集团的副总裁岳献春出任民生证券董事长。但新董事长5月12日进驻民生证券总部、意欲接管民生证券时，与管理层发生了激烈冲突。争执双方僵持到了2003年12月份。在中国证监会北京证管办、郑州证管办的协调下，12月29日，公司原董事长席春迎主动放弃，公司第一大股东中国泛海控股有限公司终于如愿以偿，其副总裁出任民生证券董事长，新任董事会以及管理层进入民生证券，全面掌控公司。

宏智科技：在2004年1月11日，在福州的同一个大楼内，宏智科技的临时股东大会上，同时产生了两个“董事会”——分别由大股东王栋与公司原董事长黄曼民领导，两个“董事会”各自披露了自己一方股东大会的决议内容。随后双方都自诩正宗，纷纷指责对方的错误和过失。双方都通过律师声称自己是合法的，对方是不合法的。争议到2月上旬，大股东王栋方取胜，黄曼民等原董事开始逐渐退出公司，新任总经理林起泰等正式进入公司办公。

19.6.3 为什么是康佳

康佳的起点是1979年4月2日成立的中外合作经营企业光明华侨电工厂，中外双方分别是广东省华侨企业公司和香港港华电子企业有限公司。1979年12

月，双方决定组建中外合资企业“广东省光明华侨电子工业有限公司”，总投资额为4300万港元，中方占51%，港方占49%，正式成立董事会并召开了第一次会议。可以说，从这个时候，康佳公司的董事会就开始发挥作用，是有实际决策权力的董事会，而不是摆设。不过，这是一个中外合资公司董事会，董事们有很明确的中外双方股东代表角色和职责。

1980年11月13到14日的董事会议，确定了产品商标——KONKA（康佳）。1991年12月31日，开始把商标名用作公司名，并决定启用深圳康佳电子（集团）股份有限公司这一名称。1992年3月6日，康佳电子（集团）股份有限公司创立大会暨第一次股东大会召开，选举产生了第一届董事会、监事会。与此同时，康佳股票（A股和B股）开始在深交所上市，成为深交所挂牌的第16家上市公司。理论上说，从这个时候开始，康佳公司董事会就成为了“现代公司的董事会”，不过当时依据的法规还是股份公司规范意见，中华人民共和国公司法还要等两年之后才正式颁布。

无疑，康佳公司长期的董事会治理历史，甚至其董事会的名称都用的是香港叫法的董事局，而不是中国公司法所称呼的董事会，使康佳公司自身及其各相关方都比较熟悉以董事会为中心的现代公司治理规则，并能当然地接受按现代公司治理规则产生的公司治理机关。现在，完全按现代公司治理规则，通过股东大会选举产生了新的董事会，即使是其构成人员出乎公司第一大股东和其他一些相关方的预料，但是没有任何人试图不承认这一结果，或不尊重这一新董事会的权威。

也许我们还不能说，2015年6月18日康佳公司第八届董事会第二次会议所达成的各方（七位董事）一致同意的结果，是一个可以长期稳定的均衡解，但至少是它很快地达成了这样一个均衡解，这本身就是一种“新常态”下的公司治理能力。

19.6.4　意外，还是公司治理新常态

从格力到康佳，这两起似乎“出人意外”的董事选举，其实都是按规则进行、反映了他们各自公司的股权结构状态和中国整体公司治理发展状态的

正常的董事换届选举。人们对之感到惊讶，是因为对现代公司治理规则的理解不足。

前些年普遍存在的一些没有按规则进行的董事选举纷争，如原东北高速公司因股东矛盾而新董事会难产，宏智科技和正清制药等的双董事会现象，还有像胜利股份和国美之争等等那样双方公开对垒、争取第三方投票支持的代理权争夺战的影响，使人们对于按规则理性地通过妥协和谈判来化解矛盾、达成一致，反倒感觉陌生。

原东北高速那样的由于争议股东之一方没有提名出新董事候选人而致使董事候选人人数不够进而无法产生符合法定人数规定的新董事会，和正清制药那样大股东和公司现任董监高均缺席争议股东方提议召开的选举新任董事会成员的临时股东大会而产生了两个“董事会”，都属于没有遵守公司法和公司治理基本规则的错误。

就中国目前的公司治理发展状态来说，2012年5月的格力董事选举和2015年5月的康佳董事选举，及其后续的相关调整与适应，都是中国公司走向市场控制和职业经理人体制的一个重大进步。

第一大股东不能完全掌控公司董事会人选，在中国的国有控股上市公司中，已经不能算是新鲜事了。并且，上市公司和上市公司的国有第一大股东也在逐渐认识和适应这种“公司治理新常态”。

19.6.5 三大推手：股权分散、累积投票制和网络投票

从国有第一大股东“失控”上市公司董事会人选的角度看，这次康佳公司的董事换届选举，比三年前的格力公司董事换届选举又向前一步，发展到第一大股东提名人选开始低于当选董事人数的一半了。这次，康佳公司及其第一大股东华侨城对此事态的反应与应对，也同样是相当理性并合理、有序。虽然，最后还是第一大股东提名人选出任了董事局主席，而不是先前的中小股东提名人选担任董事局主席，但是，这是各方面协调和商讨后取得的一致意见，并且同时伴以董事会委员会职位和高层管理人员职位的相应调整，最后的结果是七名新当选董事一致同意的。

从两波中小股东提出增加董事监事候选人的议案开始到股东大会的选举结果出来，康佳公司董事会及其公司第一大股东华侨城的反应和应对，都是非常理性、遵守规则，并且能基本平静地接受其结果的。康佳公司董事会先是完全按规则发出中小股东要求增加董事和监事候选人的公告，并将之列入公司发出的股东大会通知之中，这使提出议案的中小股东无需另外支付与广大公司股东之间的沟通费用，也就是说，提出异议的中小股东，和大股东及其掌控之下的原董事会可以在同一个平台上发出自己的声音。双方没有爆发一场选战，公司股东可以在没有额外噪音的情况下，很便利地对所有的候选人进行审视，理性地按自己的意愿从中选择。

走上控制性股东不能完全掌控董事会人选这一“公司治理新常态”的根本原因是大股东减持或公司融资导致的股权分散。在格力和康佳，还有高度竞争的产品市场压力。格力和康佳这两个案例表明，在控制性股东的股权比例下降到20%左右，同时公司又处于一个高度竞争性行业的话，就很可能出现中小股东联合起来参与公司治理，并大大削弱第一大股东控制权的情况。

在股权分散达到一定程度的基础上，董事选举中的累积投票制和股东大会的网络投票方式加速了中小股东联合起来发挥决定性作用的速度。康佳公司这次股东大会的董事选举中，中小股东推荐的董事候选人能够顺利当选，累积投票制发挥了重要作用。

因为双方并没有进行代理权争夺战，康佳这次股东大会的参与率（出席股份占总股份比例）维持在了57.63%这样一个正常水平。仔细分析各位董事候选人的得票情况可以发现，大股东和原公司董事会提名的四名非独立董事候选人和三名独立董事候选人之间得票率差异很小：非独立董事当选者陈跃华为53.9607%、刘凤喜为53.6759%，落选者何海滨为53.6170%、王晓雯为53.6134%；独立董事当选者张述华为53.8572%，落选者李罗力为53.6308%、邸晓峰为53.6075%。这说明，大股东华侨城在力保这七位候选人全部当选，将其投票权平均投给了他们每一位，而中小股东的投票产生了他们之间的差异，决定了谁当选与谁落选。中小股东提名的三位非独立董事候选人和两位独立董事候选人之间，得票率差异则很大：非独立董事当选者靳庆军为94.0439%、宋振华为68.9803%，落选者任维杰为0.8692%；两位独立董事当选者中，张民为66.2898%，肖祖核为55.5596%。中小股东利用累积投票制，进行了集中性的投票，以确保自己最中意的候选人能够当选。

除累积投票制的作用之外，网络投票也发挥了重要作用。康佳公司股东大会采用现场投票和网络投票两种方式，并在其股东大会通知中非常具体地告知了网络投票的方法，便利了中小股东的参与。康佳的这次股东大会有代表22.64%的769名中小股东通过网络进行了投票，这使通过现场和网络两种方式参与股东大会投票的中小股东总数达到了786 人，代表股份占总股份的32.63%。以康佳这次股东大会57.63%的参与率，中小股东32.63%的股份比例占全部出席股份的56.62%。如果这些中小股东达成一致意见，可以在任何议案上都取得胜利。

19.7 王石与万科：中国公司创始人的控制之痛

创始人保持公司控制是市场经济和现代企业制度中常见的一种现象。成熟环境下的创始人控制不同于创业者或者创业者家族凭借优势股权比例保持控制的状态，而是创始人的思想、理念成为了公司的灵魂，在随公司发展而股权完全高度分散之后，创始人仍然能够保持着对公司经营权的控制。

创始人控制公司方面的一个典范是日本经营之神松下幸之助。1918年24岁的松下幸之助与其妻子及妻弟井植岁男（后来另立门户创办了三洋电机）从一个制作灯头的小作坊开始创业，1923年开发出自行车专用灯头后打出了“National”品牌，到1935年员工人数达到3500人，正式改组成为股份公司。1971年松下公司在纽约股票交易所上市，1973年松下幸之助退位为公司顾问，直到1989年去世，松下公司的家族经营色彩才趋于消失。

19.7.1 王石之于万科公司治理的特殊性：创始人控制

作为深圳证券交易所上市的000002号公司，万科企业股份有限公司也许是到目前为止中国公司中最有创始人控制公司治理模式特色的公司。尽管万科的股权还并不是太分散，王石对万科公司经营上的控制权力还在很大程度上来自于他与公司大股东华润之间的良好关系，但是就控制模式和控制权力的源泉来说，王石之于万科，和任正非之于华为、柳传志之于联想、张瑞敏之于海尔及李东升之于TCL，等等，都已经呈现出了很大的不同。华为还没有上市，处于股权封闭状态，联想和海尔虽然都是上市公司，但是股权仍然控制在各自的集团公司手里，李东升则是通过管理层收购实现了个人对公司股权的控制。王石之于万科，则是既没有借助"集团公司"模式的控制，也没有个人直接控制大量股权，但是自1984年万科（前身公司名为深特发下属深圳现代科仪中心）正式成立以来，王石多年保持着对万科经营权的控制。王石不仅没有像王志东那样被自己所创立的公司扫地出门，还能"游山玩水"、攀登各大洲最高峰，成为中国公司中"最轻松、最潇洒"的董事长。王石是如何做到这一点的？其表面的潇洒与轻松背后，又会有哪些中国环境下特有的创始人控制公司之难、之痛？

19.7.2　创建万科股份之前的王石：艰难的自主之路

王石，1968年参军、1973年复员，1977年兰州铁道学院给排水专业毕业后分配到广州铁路局做技术员。这期间，王石认识了日后成为创建万科的生意伙伴和公司上市后的大股东之一（大概也是从万科成功之中获得财务利益最多的人）的香港小提琴演奏家刘元生，1980年通过招聘进入广东省外经委。1983年5月，王石作为广东省外经委派到深圳市特区经济发展公司（以下简称深特发）的人员，利用深特发的经营许可证和银行账号，开始做贸易生意，盈利由省外经委和深特发平分。做了一年左右的玉米和饲料贸易之后，到1984年9月万科前身公司深圳现代科教仪器展销中心成立、出任中心经理时，王石已经脱离广东省外经委，成为深特发的一员。从政府机关工作人员身份转为企业职工身份，可以说是王石作为企业经理人要自己主宰命运的第一次重要决策。

摆脱了省外经委这层关系之后，王石结束了一仆二主的尴尬角色，但是作为深特发下属机构科仪中心经理，还是在深特发的掌心之中，并没有多少制度保障上的自主权。为了尽可能地保持对科仪中心经营上的控制权，王石拒绝出任总公司副总，并劝说深特发贸易公司在其科学仪器科的基础上成立了一个新一代企业公司，行政上将科仪中心再下放一级，与深特发总公司之间隔了贸易公司和新一代公司两层。拉长行政控制链条，虽然可以有点“山高皇帝远”的感觉，但并不能让一心想独立做大一家企业的王石真正定下心来。

19.7.3 万科股份公司的创建：把上级主管公司变为第一大股东

1986年，作为中国改革开放前沿阵地的深圳市开始搞股份制试点，当年10月15日深圳市政府颁布了《深圳经济特区国有企业股份化试点暂行规定》。可是，当时的几家大国企如深特发、贸易进出口公司、贸易发展公司及物资总公司等，却没有1家响应。原本根本“不够级别”的深特发的一个第四级机构（深特发—贸易公司—新一代公司—科仪中心）深圳现代科仪中心经理王石，偶然看到《深圳经济特区国有企业股份化试点暂行规定》后，“如获至宝”，预感到股份化是公司可以独立自主发展的一个机会。

大企业自身不积极甚至坚决反对，大企业下属小企业积极争取进行股份制改造，除了直接由几家信用社联合而来的深发展之外，深圳早期的几家股份制企业万科、金田和原野都是这种状态。王石的科仪与东家深特发之间的矛盾公开化。经过种种曲折之后，在深圳市领导的支持下，最终于1988年底成功完成了科仪中心（此时科仪中心的名字已经改为深圳现代企业有限公司）的股份制改造，正式确定了“万科企业股份有限公司”这一名称，王石出任了万科的法人代表和董事长兼总经理。股改及发行新股的基本方案是：原公司净资产1324万元折合1324万股，国家占60%、员工占40%；公开募集社会资金2800万元，其中1000万元是由境外投资者购买的特别人民币股。这样深圳特区发展公司，则从原来的上级主管公司变为持股30%的第一大股东（摘自王石《道路与梦想：我与万科20年》）。

19.7.4 平衡木上的王石：君万之争的教训

通过股改和公开发行股份，王石把原上级主管公司、理论上持股100%的深特发变成了万科股份公司持股30%的第一大股东。为了扩张、可能也是为了进一步摆脱深特发作为第一大股东对公司的控制，万科进行了多次扩股，最后到2000年时，万科第一大股东深特发的持股比例已经降到了8.11%（向华润转让股时）。经过几年柜台交易之后，万科股票于1991年深圳证券交易所正式上市。从1991年到2000年，万科扩股4次，融资17亿元。

但是，王石并没有把万科的股权分散化道路进行到底（真正股权分散的一些国际大型上市公司第一大股东持股比例在1%以下），而是在经历了一个分散化的过程之后，又重新走了一个股权相对集中的道路。这可能是王石从著名的"君万之争"中总结出的一条教训。

1993年5月，万科发行了4500万B股。由于市场不好，大量万科B股股票砸在了承销商君安证券的手中。到1994年3月底，市场还持续低迷，万科B股价格低于发行价，持有约1000万股成本（12元）高于市价（9元）万科股票的君安证券联合其他几家股东发起了内容包括改组万科董事会的股东倡议书，震惊了当时的中国证券市场，更是震惊了王石。如果不是非常高超的游说能力、高专业水准的反击能力和机敏干练的危机处理与应对能力，王石的万科董事长宝座可能当时就丢掉了，很可能也就没有今天这个万科公司了。

君安联合的股东包括了当时万科的第一大股东深特发下属的新一代企业有限公司，以及拥有董事席位的中创和海南证券等公司。王石游说中创高层阻止了中创股权代表人参与君安的联盟，游说海南证券以及另一个重要股东深圳市投资管理公司保持中立，并争取到了深特发总经理的支持，将其下属机构新一代企业有限公司持有的万科股权的股东表决权授权给王石。与此同时，王石团队调查出了君安联盟中主要操刀人事先巨额购入万科股票建老鼠仓的行为，并以此为据在深交所坚决不同意万科股票连续第4天停牌时紧急请示中国证监会批准第4天继续停牌。在连续停牌无利可图、主要股东撤销给君安的委托以及中国证监会和深交所有关人员的介入和调停下，君安放弃了对万科控制权的继续争夺。鉴于当时君安持有3.43%的万科股权，万科给了君安一个董事席位。

“君万之争”，有点让王石“一朝被蛇咬，十年怕井绳”。11年之后，已经成为中国企业教父级人物、要总结成功经验的王石还说，“那几日惊心动魄的较量仍让我深深意识到股权分散可能带来的危险”（《道路与梦想》第220页）。

19.7.5　寻找策略股东：王石能力有限，还是公司治理体系缺陷？

君安争夺控制权事件，及与其他得大股东荫庇而轻松运作的上市公司的命运对比，让摆脱了大股东控制的王石又想寻找大股东支持，王石称之为策略性股东（本人很不欣赏策略性股东这一提法，真正能够自主发展的上市公司需要的是稳定股东而不是策略性股东）。由于主营业务定位上的不匹配以及其他一些原因，在得不到深特发鼎力支持的情况下，王石最终于2000年给万科自找了一个新婆家——华润。2000年8月，深特发将其所持8.11%的万科国有法人股转让给华润。完成该项转让后，华润集团及其关联公司总计已经持有万科15.08%的股份。随后的几家机构投资者持股合计约占万科10%左右，流通股（包括A股和B股）占82.49%。2008年底华润作为第一大股东持有万科14.73%的股份。随后的9大股东中除刘元生占1.22%外，另外8名股东持股均在1%以下。

2000年以后，华润事实上已经成为了万科的“单一优势股东”，万科的公司治理模式演变方向也从2000年以前的股权逐步分散下的创始人控制模式转变为股权重新集中的单一优势股东模式。而且，仅仅单一优势股东地位似乎还不能让华润感到满意、让王石感到踏实。2000年12月，万科提出向华润定向增发4.5亿股B股、占万科原股本比例高达70%的方案，由于遭到A股市场投资者的强烈反对而放弃。如果当时这一巨量的定向增发方案得以实施，万科的公司治理模式也就完全回归到了一股独大的、跟其他国有控股上市公司没有多少实质差异的典型中国上市公司状态了。

1988年首次发行股票时曾亲自上街推销万科股票的王石，是非常善于处理资本市场问题和中小股东关系的。1989年，万科股票还处在柜台交易状态的时候，就曾因为朱焕良在股东大会上的一席很有价值投资理念的发言而邀请朱作为小股东代表进入万科董事会（此人后来随万科做过实业，最后却因中科创股票操纵案而潜逃）。即使如此，王石还是选择了背靠“策略性的大股东”，而不愿意把万科的根基——股东基础，完全建构在资本市场上。我们不能确定这是因为王石自身的眼界和管理能力有限，还是因为中国资本市场对公司成长的支撑能力有限，甚或是整个中国公司治理体系的缺陷。但我们可以肯定，这既是王石与松下幸之助之间的一个巨大差距，同时也是中国目前的公司治理环境下，创始人控制公司治理模式的一个难以逾越的局限。

19.8 国美之争：中国公司的创始人与经理人

2010年国美之争引起的舆论浪潮可谓巨大，堪比当年新浪董事会解聘新浪创始人王志东首席执行官职务所引起的反响。两相对比，可以发现，这次的舆论风潮不再是一面倒，而是多种声音。这表明，我们整个社会对公司治理问题的理解，已经大大加深。但是，从王志东到黄光裕，我们舆论评价的主导旋律是倾向于支持创始人。只不过，王志东是创始人兼经理人，舆论风潮便骂“资本”；黄光裕是创始人兼股东，舆论风潮便骂“经理人”。这是中国的经济和企业发展阶段的反映：仍然处在经济高增长和剧烈变革阶段，企业发展和市场竞争总体上都还处于初级、动荡和尚未定型阶段，民众或自觉或被动地都有“创业”的激情，对于成功创业者有着一份敬佩。黄光裕的个人犯罪行为得到罚款和入狱的惩罚，所持国美股份的财产权利得到保护，行使股东权力得到支持，这是我们社会的进步：司法上刑事责任和民事权利的分开，舆论上的桥归桥路归路。

但是，在看到了有关国美之争舆论总体上进步的同时，我们也可以看到很多的误解和思维误区。

19.8.1 国美之争：争的是什么？

国美之争不是一次中国典型的股权之争，也不是一次国外典型的并购之争。中国典型的股权之争是公司现有两大股东之间的公司争夺战，国外典型的并购之争是两家公司竞标争购一个目标企业。国美之争中，在股权层面上只有黄光裕方面的少量增持和贝恩资本方面的债转股两项重要行动。黄光裕和陈晓双方争夺的主要是第三方国美股东在临时股东大会上的投票支持，这是一种“股份代理权争夺”（proxy contest），本质上是争夺第三方股东的信任。

双方总计提出的八项股东大会决议事项中有7项是关于董事会成员选聘与解聘的，另外一项“取消给董事会增发20%股份的一般授权”提案是关于股东会与董事会权力边界划分的。投票结果是，黄光裕方提出的“一般授权”提案得到了股东大会的支持，而关于董事会人员构成方面的提案全是陈晓方面的提案得到支持，黄光裕方面的提案遭到否决。这表明，出席国美股东大会的全体股东的整体意志是：不同意给予公司董事会通过增发股份稀释现有股东权益的自由裁量权；与黄光裕方面提出的董事会人员构成相比，全体股东更愿意选择陈晓方面提出的董事会人员构成。

19.8.2 国美之争：谁和谁在争？

表面来看，国美之争很简单，就是董事会构成人员的选择问题，已经通过临时股东大会得到了解决。但是仔细分析事情的来龙去脉以及“9·28股东大会”的投票结果，可以发现，事情的背后有多种因素，也有多种力量在进行这场国美之争。尽管我很不赞成把复杂事情简单化的“阴谋论”，也不赞成把简单事情复杂化的“民族主义”，但是国美之争确实不像是凭其股东大会表决结果就能完全解决的事情那么简单。

“9·28股东大会”之后，一位财经评论名人的“放下道德之剑，祭起法律之旗”说法颇为流行。这样一个总结，初衷也许很好，但是过于简单化了。道德是法律的基础，基于道德标准基础上的法律才是有效和良好的法律，公司治理问题上更是如此。表面上按照百慕大公司法合法和按照香港上市公司规则也合规的行为，但是如果违背公司实际运营地中国大陆的基本商业道德，恐怕不会具有长久的可持续性。

如果透过表面现象，分析背后实质因素的话，我们可以发现，这一轮国美之争的最后决赛——“9・28股东大会”就是一场“规则的表演”，而实际功夫完全在诗外。股东大会前，结束对海外机构投资者的拜访拉票之后，国美董事会就宣布已经获得了总计持有42%股份的国美股东支持。当时曾有媒体记者问我如何看待这一说法，我说“可能是虚张声势吧，如果真的已经有这么高比例的股东支持那么陈晓胜局已定，因为总体股东投票参与率可能也就是80%左右，比正常情况下的60%高出个20个百分点”。国美公布的投票结果是，总体参与投票的股份比例是81.22%，支持陈晓的42%的国美股份占81%的出席股东大会的总股份比例是51.85%，国美公布的股东大会投票结果中反对黄光裕撤销陈晓董事及董事会主席职务提议的比例是51.89%，二者几乎完全一致。国美没有公布实际赞成和反对的股东名单，但是根据上述信息我们可以很有把握地推测：支持陈晓留任的股东都是国美董事会方面事先做好工作、表过态的，没有被国美董事会方面事先做好工作而最后实际参会的真正中小股东都和黄光裕方面站到了一起。

“9・28股东大会”召开之前，有人基于中小股东会更倾向支持陈晓方面的假设而预测，参与股东大会投票的股份比例越高，陈晓方面的胜算越大。根据上面的推测，在黄光裕方面32.47%，陈晓方面联合海外机构投资者获42%股份支持，真正中小股东倾向支持黄光裕方面的情况下，在参与率低于65%的情况下，黄光裕方面可以一票胜出；在参与率为65%~84%之间时，陈晓方面胜出；而如果能够有更多中小股东参会使投票率达到84%以上的话，黄光裕方面的胜出可能性大。黄光裕方面或陈晓方面的胜出结果与股东动员程度和参与投票股份比例之间是一种U型或倒U型的曲线关系，而不是线性关系。

很多人以为陈晓的胜利是职业经理人代表中小股东对抗大股东的胜利，甚至希望国内A股公司早日发生这样的情形，完全是对国美之争和其股东大会表决结果的一种误读。事实很明显是国美董事会和海外机构投资者联合在一起对抗国内的大股东黄光裕和那些真正的国美中小股东（散户）。

19.8.3 如何能把创始人出事对公司的不利影响降到最低?

创始人个人出了问题，无论是因为像黄光裕这样触犯了法律，还是因为如身体健康和交通事故等意外事件，其公司能否持续发展都取决于公司的治理质量和组织发展水平。

国美公司能够比较平稳地渡过其创始人入狱所带来的巨大冲击，在中国目前的商业环境下，已经属于难能可贵。这一方面表明，国美公司的海外注册和香港上市，给其带来的相对更健全一些的基本公司治理规则约束；另一方面也表明，国美公司作为一家完全从市场竞争中成长起来的行业龙头企业，其自身的组织发展也有相当的水平。具有良好治理结构和良好组织发展水平的企业，能够在一定时期内凭借一种组织的惯性向前发展。这样的组织，整个团队相对成型，可以暂时没有“领袖”，可以逃避一日群龙无首则陷入混乱的低组织发展状态。

国美的问题是，在屏蔽黄光裕个人犯罪对公司的不利影响的同时，要把黄光裕作为国美创始人和国美大股东的正常影响也去除出去。在黄光裕还拥有30%以上股权、还是显著的第一大股东的情况下，急切地想要切割国美公司和其创始人黄光裕的关系，可以说是国美管理层权力欲望和个人野心都过于膨胀的表现。

所有能够持续发展的企业都是一个有机性组织，创始人的影响都会融在这个有机组织的血液里，不是简单地通过股权结构和人事方面的调整就能够消除的。从美国的福特，日本的丰田、佳能，到意大利的菲亚特，所有这些公司都是上市很久、股权已经很分散了的公司，创始人家族的影响和控制都保持了很好的延续。它们不仅没有过明确的“去家族化”的口号或者旨在“去家族化”的行动，而且把存在创始人家族控制作为保持公司长期视野和可持续性竞争力、避免完全经理人控制下公司行为短期化的一个组织优势的来源。丰田、佳能和菲亚特都在经历过几代职业经理人领导之后又回归到了创始人家族后代领导。

黄光裕作为国美创始人，尽管是自身在服刑，不能直接出任董事，但是其作为国美公司股东的权利并没有被法律剥夺，源自其所持股份的股东权利受到法律保护，自然具有通过股东大会选举和罢免董事的权力，和由此带来的对公司的股东控制权。国美管理层通过联合贝恩资本等海外机构投资者，来对抗黄光裕作为股东的正常控制权，不仅违背中国人传统的道德标准，也同样违背在西方现代市场经济下发展起来的董事/经理行为操守和公司治理原则。中国传统所讲的“受人之托、忠人之事”和西方现代公司法中的“管家原则”是一致的。

现代公司治理原则主张董事会中心主义，就是除非股东明确保留的权力，其他权力都可以默认配置给董事会。但是，这并不意味着股东不能控制董事会的组成，而是恰恰相反，要强化股东对董事会的控制。在董事会中心主义之下，公司的经营管理等具体行为由董事/经理人本着整个公司利益最大化的原则行使，以消除在控股股东直接行使这些权利的情况下很容易产生的“不公平关联交易”等窃取公司利益的行为。在不能直接行使经营管理等具体权力的情况下（或者说消除控股股东对公司具体经营管理行为的直接控制）的情况下，控股股东对公司董事会的控制能够给其带来的只是纯粹股东利益（总体股东回报——分红和资本增值），这与其他股东、中小股东的利益是一致的。

在选举和解聘董事的问题上，现有董事会成员不应该利用公司资源拉拢其他股东去与大股东对抗。现有董事会成员拉拢其他股东与大股东对抗这种行为属于滥用了董事会中心主义赋予董事和经理人的权力，也违背了现代公司治理原则下董事和职业经理人的基本义务——忠诚与勤勉。董事会中心主义的本意是通过董事会集中行使公司管理权力来消减股东之间的利益冲突，董事和职业经理人本身都应该是促成股东团结的力量，他们只能通过管理能力和业绩来让全体股东放心，并从而使控股股东也不愿意并且没有必要继续保持控制。公司通过“股东控制董事会、董事会管理公司”这样一种良好的公司治理而自然走向股权分散。股权分散只是良好公司治理的一个自然结果，而不是改进公司治理的手段，更不应该是公司发展的目标。

黄光裕作为国美公司大股东的正常公司治理权力受到挑战，并且这种挑战还被冠以“保护中小股东”“促进中国现代企业制度发展”等这样一些冠冕堂皇的口号，反映出的是有关方面对公司治理和现代企业制度理解上的谬误。在公司创始人和控股股东的正常股东权力都不能得到有效保护的情况下，何谈中小股东的股东权力保护？在没有有效的股东权力保护的情况下，何谈所有权与经营权分离的现代公司制企业的发展？

国美之争警示我们：公司创始人权力和股东权力的保护已经成为中国公司进一步走向董事会中心主义和职业经理人管理阶段的一个重要障碍，需要我们着力构建、提升相应的商业道德和公司治理规则基础；在“社会有效保护股东权力、股东有效控制公司董事会、公司董事会有效选聘职业经理人、职业经理人有效领导企业组织的发展”这样一个完整的公司治理链条之下，公司创始人的回报得到有效保障，创始人的自愿退出才能成为常态，创始人出事对公司的不利影响也才能降到最低。

19.8.4　职业经理人制度是公司治理进步的结果，而非原因

2010年，唐骏的学历“造假”和陈晓的董事会“造反”事件把中国公司治理中“职业经理人”问题提到了一个空前的高度。此前，中国对“职业经理人”制度是心向神往，以至形成了一种流行谬误：外部引进职业经理人可以改进公司治理。国有企业的主管部门高调地搞“全球招聘国企高管”，民营企业的老板则是顶不住舆论的压力纷纷地要从外部引进“职业经理人”，二者都以为这样可以使企业更为“现代化”，可以改进公司治理。就像以为股权分散才可能改进公司治理一样，以为从公司外部引进职业经理人才能改进公司治理，又是犯了一个倒果为因的错误。

英美德日等发达国家职业经理人制度是其公司治理进步的一个结果。从1860年到1870年前后，几个主要发达国家相继颁布了新的公司法规，引入“股东有限责任、董事会集中管理”的现代公司治理制度，然后经过几十年的发展，到1900年前后，大量的第一代创始人退位时，兴起了职业经理人接班这一做法。这个时候，这几个发达国家的大股东权力限制和中小股东权利保护等法律已经很健全，公司运作中董事会也已经完全到位，跟随创业者的经理人们也正好成熟到了能够继续领导公司前进的程度，创始人可以放心地退居二线、享受自己创业成功的果实了。有效的公司治理，能够保证不再介入经营的公司股东能够享受到公司经营的成果（当时最低的要求就是常规性的年度固定分红），而基本不必担心公司财产会被经理人偷窃或者分享不到公司经营成果。

而中国的现状仍然是，大股东的权力没有受到严格的限制、小股东的权利没有得到有效的保护、董事会更是没有真正到位，不介入经营的股东享受公司经营成果（年度固定分红）不仅没有形成常规，而且是“稀有现象”。这种情况下企图在公司治理上搞“跨越式发展”，让外来的经理人入主公司，其结果可想而知：即使不会“公开造反”，也肯定是“吃里爬外”，让创始人和投资者都成为“弱势群体”和“不幸的股东”。

实际上，职业经理人的本质含义就是“拿薪水的公司管理人员”，因为早期的公司股东自己直接管理，往往是作为经理的薪水和作为股东的收益不做区分的，后来逐渐有没有股权的经理人走上高级管理岗位，得到相应高额的薪水，人们才把这种人概括为“职业经理人”，就是以“经理人”——从事公司管理工作的人——为职业的人。在现代健全的公司税制条件下，股东直接管理公司也要把自己该得的薪水和自己的股东收益分开，因为前者可以只纳个人所得税，后者要付企业所得和个人所得双重税。而且，二者不核算清楚的话，也搞不清楚企业产品的真实成本和自己作为股东的真实投资收益。至于这个拿薪水的经理人，是否来自外部，或是否要“全球招聘”，更是与职业不职业的没有关系。几乎所有成功的全球性大公司都是以内部成长起来的经理人接班为惯例，外部招聘是公司处于危机或者有意实现转型情况下的一种例外安排。把“职业经理人”主导公司这一良好公司治理的结果当成改进公司治理的原因，把外聘经理人这一例外做法当常规做法使用，不仅是公司治理的误区，而且是简直是悲哀。

唐骏“造假”可以没事，陈晓“造反”可以成功。中国现在的公司治理环境下，对于那些创始人仍然年富力强的企业来说，引进外部职业经理人的做法恐怕要暂缓，还是抓紧进行内部培养比较稳妥。中国的第一代创业富豪们似乎对此已经深有认识。在《福布斯》中国富豪排行榜排名前400位的富豪中，年龄在60岁以上的一共有38位，除了个别尚不能确定外，其中29名都有子女在公司任高管或者已经全面负责公司的日常管理。

想要外聘职业经理人的企业老板和那些以职业经理人自居的人，也许都应该拿IBM的沃森、通用汽车的斯隆、谷歌的施密特或者7&I的铃木敏文做做参照。

19.9 从股东到利害相关者：提升社会责任的公司治理

400年前，世界第一个股票交易所和第一个股份公司在荷兰诞生，并且可以说，荷兰正是因此而率先实现了市场经济模式和自由企业制度下的“大国崛起”。今天，在美国企业捐款只占社会全部慈善捐款总额5%的时候，荷兰企业的捐款已经达到了社会全部慈善捐款的50%。与此同时，荷兰公司董事会成员中有60%的人是绿色和平组织这类非政府组织的成员。

在这个动荡的时代，荷兰的“领先实践”，是否会再一次成为一种全球性的潮流？如果会，这是否意味着现代企业已经不再仅仅是一个商业组织，现代企业的领导人也已经不能继续把自己仅仅看作是一个商人？姑且让我们假设不会，现代企业仍旧主要是一种商业组织，现代企业的领导人在本质上也仍旧是一种商人。但是，现代企业已经明显面临着越来越大的社会责任压力，现代企业的领导人如何在重重压力之下，带着社会责任的镣铐，继续把追求盈利和创造股东价值这一企业经营的经典之舞跳好？

19.9.1 公司治理，打开视野

公司治理的核心内容是沿着股东—董事会—经理层这样一个授权与责任链条展开的。扩展一下对公司治理的理解，则是把来自资本市场、产品市场、劳动市场上的各类要素投入者和企业经营的直接利害相关者纳入进来，构成所谓广义公司治理——合作关系管理或称利害相关者关系管理。

即使是完善市场经济体系下的企业也不是在真空中运作的。企业除了要在市场中面对投资者、消费者、员工及竞争者等之外，还要面对国家（政府）和公民社会（非政府组织）。相应地，企业的行为也就不仅仅存在于一个清晰的市场边界之内，也还要或主动或被迫地介入到市场与国家及市场与公民社会之间这样两个交叉地带。全球气候变暖和金融及经济危机显示，现在比以前任何时候都更需要企业、政府和公民社会的共同努力。政府的作用不必多说，全球公民社会正在发挥着越来越大的影响力。非营利部门构成了世界第八大经济体。美国的营利性公司组织最发达，同时也有着范围最广的非营利部门，非营利部门作为公民社会可以计量的组成部分，提供了美国十分之一以上的工作。

在危机迫使政府更多地介入了市场领域以及公民社会力量快速成长并以日益增强的姿态介入各种问题的背景下，企业管理者如何能够不陷于被动而是采取一种更为积极的方式参与到这场“社会改造运动”中来？荷兰学者罗布·范图尔德提出了一个“社会整体界面管理”的概念，来替代或是超越传统的企业社会责任概念。传统的企业社会责任概念强调的是统筹兼顾3P——人、利润和星球；社会整体界面管理关注的则是3E——效率、公平/伦理、效果。效率，把事情做对；伦理/公平，做对的事情；效果，把对的事情做对①。

采用整体社会界面管理，面对最重要的社会问题，企业要思考自己是问题的一部分还是解决办法的一部分，要把自己从问题的一部分变为解决方法的一部分。使自己不成为社会问题的一部分，就要尽到基本的社会责任，相应地对社会问题采取的方法是不积极型、反应型和积极型。是自己成为解决方法的一部分，则要进一步采用一种主动/互动型的方法。

不积极型方法立足于弗里德曼的古典企业责任观，企业的唯一责任就是创造利润，关注“把事情做对”。对于做什么，没有一种伦理方面的审视，可以是一切合法的生意。比不积极型方法稍微进一步的是基于社会回应理论的反应型方法，企业被迫服从利益相关者所定义的什么是适当行为的规范，当竞争对手做同样的事情的时候，经理人只“做出反应”。不积极型和反应型方法下企业可能确实正在把事情做好，但他们的方向可能不对或者追求的目标是错误的——生产不好的产品或者是在干合法但缺德的事情。采取积极型企业社会责任方法的企业决意“做对的事情”，他们可能与非政府组织关系良好，但也存在忽视企业效率，并因此而危害企业生存与发展的风险。有效的企业社会责任实践是要以“主动并同时互动”的方式投入到社会问题的识别与解决之中

① 罗布·范图尔德：《动荡时代的企业责任——21世纪面临的挑战》，中国经济出版社2010年第1版。这部分内容改写自笔者为该书所做推荐序。

的。为了把对的事情做对，要采用由哈贝马斯发展起来的“道德规范论述”概念——为了谈判和商谈大家都同意的一系列规范，各方定期聚在一起。

社会整体界面管理，把公司治理的视野从核心层面的股东主权和中间层面的利益相关者参与，扩展到了一个更广阔的外部环境范围，使企业与整个外部环境之间的投入-产出关系导向一个积极正向的循环促进之中。

19.9.2 社会责任，知易行难

社会整体界面管理的基本概念和逻辑，也许并非全新，同时也并不是很难理解，难的是如何去做到。

社会整体界面管理的基本思想在很多顶尖管理学家的著作中都有论述。战略管理大师迈克尔·波特把企业社会责任领域比作“有太多牧师的宗教”，但还是明确提出：追求完全盈利战略的企业只有在非营利问题（如环境）上也得到高分，才能获得“可持续的竞争优势”。提出了核心竞争能力理论的普拉哈拉德强调，为了企业社会责任问题持续得到公司高级管理层的重视，需要将其整合到企业的总体战略之中。汉迪指出：“新企业记分卡应该包括雇员的知识和福利等因素，以及对社会和环境的贡献。”明茨伯格提出：“企业是社会机构。如果他们不服务于社会，他们就没有存在的基础。认为他们通过赚钱和创造工作机会来服务于社会的观点是割裂的观点。”可以说，这些大师们关于管理问题的论述都很全面，但是越全面的方法，越是难以落到企业管理的实处。

首先，识别和判定什么是对社会负责任的及什么是对社会不负责任的行为就不那么容易。比如，伦理投资基金总是排除烟草和武器行业，认为他们是对社会不负责任的行业部门。但是，很难准确指出为什么他们就是不负责任的。武器贸易是法律上许可的，如果这使和平守法的公民能够自卫的话，它甚至对社会是负责任的。同样，烟草提供了快乐，有需求，并提供了税收，创造了贸易和就业，甚至还有福利。

其次，致力于社会责任的企业能够获得良好回报吗？如果没有良好的回报，企业能够持续经营下去吗？企业的持续经营，需要得到投资者和消费者的持续支持。致力于社会责任的企业能否得到投资者和消费者的更多支持，以使

他们不会败于那些忽视社会责任的企业的竞争之下？这取决于企业经营所处的环境，已经超出了企业所能“有效管理”的范围。在关于企业社会绩效和企业财务绩效之间关系的95项研究中，确认存在积极关系的占到53%。但是宽松资源理论提出，可以确认的企业社会绩效和企业财务绩效之间存在着的正相关关系，是因为财务绩效更高的企业有能力提供宽松资源，并将其投入到企业社会绩效中去。也有研究指出，在企业社会绩效方面得高分的企业，更多地受益于来自政府机构的支持。

就资本市场和投资者方面来说，有很多的社会责任投资者，他们不向那些他们认为是对社会不负责任的行业进行投资，这会使致力于社会责任的企业更容易得到资本支持。可是，同时也有所谓“邪恶基金”，专门选择那些被社会责任或伦理投资基金打上“不道德”或者“对社会不承担责任”标签的酒类、烟草、赌博和军火等行业进行投资，并且邪恶基金比一般指数基金收益更好。在产品市场方面，也有研究表明，曝出丑闻、受到消费者抵制的企业，企业销售可能很快受到影响，但是消费者的记忆时间似乎很短，过不了多久就又恢复正常了。

最后，一个非常值得讨论的现象是，处在不同环境和地位的人，对于什么是好、什么是坏的看法可能截然不同，即使采用所谓“道德规范论述”坐在一起谈判/商谈，也达不成一致意见。所谓“沃尔玛效应”和“终止沃尔玛”的社会运动就是一个很好的这方面的案例。沃尔玛坚持消费者利益至上战略，无情地追求效率，平均价格低于竞争对手14%。沃尔玛反对工会，努力保持员工低工资。沃尔玛在全球采购低成本商品。2002年，沃尔玛买入了价值120亿美元的中国商品，占美国当年从中国进口总额的10%。沃尔玛加速了美国制造业就业机会流向中国和其他低工资国家。这一切被概括为所谓的“沃尔玛效应”，被《商业周刊》和很多美国人猛烈批评为一种“增长的恶性循环”——低价格、低工资、低生产力、低增长，甚至引发了一场“终止沃尔玛”的社会运动。可是从中国或者任何其他从沃尔玛的全球采购中获得产品出口机会的国家来看，结论是相反的。

企业社会责任是一种有太多牧师的宗教，很多情况下可能是一种被误导了的美德。范图尔德教授对这种混乱的现象进行系统的梳理，也提出了尖锐的批评：太多的学者和企业家满足于对企业社会责任进行道德论述的良好感觉。范图尔德教授还进一步指出，“企业公民”的概念混淆了市场和公民社会这两个领域，只能看作是一种比喻。对于企业管理者来说，现实的做法是通过“社会整体界面管理”的方法，以一种主动并同时互动的态度，把伦理规则、社会责任承担等纳入企业的战略目标和日常管理流程中去。

19.9.3 提升社会责任的公司治理

1973年，戴维斯提出了“责任铁律”的概念，认为“从长远来讲，那些没有按照社会认为负责任的方式来使用权力的各方将会失去权力”。

企业社会责任的伦理基础是慈善原则和管家原则。慈善原则指的是享受特权的人要保护那些未享受特权的人们的利益。管家原则指各利益方对经理人的信任，他们相信经理人能够考虑到受其商业决策影响的那些人的利益。从安然公司破产到全球金融危机，经理人的滥用权力和“合法腐败”，已经迫使人们重新审视整个现代公司治理系统。

就公司这种组织来说，社会通过法律及心理契约给予其存在和发展的权力，但是如果这种权力被过度滥用，则会被收回。已经有一些比较激进的学者主张取消公司股东的有限责任制度。尽管目前还没有哪一个主要国家认真地考虑这一提议，但是与激昂的企业社会责任呼声一样，这是一个挑战公司权力“合法性”的信号。削减公司权力和增加公司责任，是现代社会面对公司权力日益增长及其所带来的负面影响的两种不同回应。

安然崩溃之后美国出台的《萨班斯—奥克斯利法》选择了对企业高层经理人（而不是对股东）施加更大个人责任的做法，但是其他国家并没有跟进美国的做法，并由此引起了有关公司治理中经理责任的司法管辖权问题。爆发于美国的金融危机说明，到目前为止有关改进公司治理的各种努力，并没有见到明显成效。股权分散治理模式的一个关键基石——外部审计系统的可靠性令人质疑。正如范图尔德教授指出的：谁来监督外部审计师？大企业和会计师事务所之间发展了“精英”联系。2003年，100家最大企业的53名财务总监都曾供职于四大会计师事务所。一些国家正在考虑实行强制性的审计师轮换制，有的甚至考虑将审计师的职能收归政府控制之下。这可能不会像废除股东有限责任那样对公司制度有颠覆性的影响，但也会严重削弱公司的自治权力。

现代世界大部分国家都赋予了企业相当大的独立性、信任和合法性，代表社会来运行市场制度。掌握权力的管理者们，有责任让企业以对社会负责任的方式经营。企业要对股东和公司的各类直接利益相关者负责，通过有效的内部治理机制，防止从控股股东、董事会到高层经理各个层面上的滥用受托人权力行为。与此同时，要对消费者和整个社会负责，要遵守公平竞争规则，消除通过垄断、合谋及腐败和假冒伪劣等方式破坏有效市场的行为。只有对消费者和整个社会负责，才能保证企业股东和直接利益相关者的长期利益。

与中国经济的高速增长及中国企业势力的迅速壮大相比，目前中国有关公司受托责任的立法与司法都还很落后，反垄断和公平竞争规则建设（治理商业贿赂及假冒伪劣）方面则更是落后，一些不顾社会责任的企业经营行为似乎“风险”不大。但是，“出来混总是要还的”，互联网的信息传递及迅速发展中的中国公民社会力量，正在发挥着越来越大的影响。不负责任的企业行为会越来越强烈地受到来自产品市场、资本市场和劳动市场的惩罚。

构建一个能够提升社会责任的公司治理系统，使自身不要成为社会问题的一部分，并能进一步通过“社会整体界面管理”方法，以一种“主动并互动”的态度把自身变为社会问题解决方法的一部分，也许是每一个高瞻远瞩企业都应该自觉做出的选择。

参考文献

References

[1] Franklin A. Gevurtz：The Historical and Political Origins of the Corporate Board of Directors, Hofstra Law Review, vol. 33, no. 1（Fall 2004）

[2] John Micklethwait and Adrian Wooldridge，The company : a short history of a revolutionary idea，2003 Modern Library Edition，NEW YORK

[3] 费莫·西蒙·伽士特拉. 荷兰东印度公司. 倪文君译. 上海：东方出版中心，2011

[4] 弗尔摩里.现代公司法之历史渊源. 虞政平译. 北京：法律出版社，2007

[5] 兰德尔·莫克. 公司治理的历史——从家族企业集团到职业经理人. 上海：上海人民出版社，2007

[6] 劳伦斯·米切尔. 美国的反省——金融如何压倒实业，金融的力量改变了什么. 钱峰译. 北京：东方出版社，2011

[7] 劳伦斯·M·弗里德曼. 美国法律史. 苏彦新等译. 北京：中国社会科学出版社，2007

[8] 马克·R·图尔，沃伦·J·塞缪尔斯. 作为一个权力体系的经济. 北京：商务印书馆，2012

[9] 美国法律研究院. 公司治理原则：分析与建议. 楼建波等译. 北京：法律出版社，2006

[10] 普雷维茨等. 美国会计史——会计的文化含义. 杜兴强等译. 北京：中国人民大学出版社，2006

[11] 沈四宝. 最新美国标准公司法. 北京：法律出版社，2006

[12] 斯蒂芬·M·贝恩布里奇. 理论与实践中的新公司治理模式. 赵渊译. 北京：法律出版社，2012

[13] 泰德·纳杰. 美国黑帮——公司强权的扩张和民主制度的衰落. 汪德华等译. 北京：中信出版社，2006

[14] 威廉·伯恩斯坦. 财富的诞生——现代世界繁荣的起源. 易晖等译. 北京：中国财政

经济出版社，2007

[15] 吴建斌等. 日本公司法典. 北京：中国法制出版社，2006

[16] 徐文彬等. 特拉华州普通公司法. 北京：中国法制出版社，2010

[17] 英国议会. Companies Act 2006

[18] 虞政平. 美国公司法规精选. 北京：商务印书馆，2004

[19] 虞政平. 英国公司法规汇编：从早期特许状到当代公司法，1530–1989. 北京：法律出版社，2000

[20] 小爱德华·J·雷内汗. 铁路大亨：范德比尔特的财富人生. 雨柯译. 北京：中信出版社，2009

[21] 罗思·切尔诺. 洛克菲勒：罪恶与圣洁. 王鹏译. 北京：国际文化出版公司，2007

[22] 彼得·科利尔等. 洛克菲勒家族传. 周越等译. 北京：中国时代经济出版社，2004

[23] 阿兰·莫里森等. 投资银行：制度、政治和法律. 何海峰译. 北京：中信出版社，2011

[24] 查尔斯·R·盖斯特. 最后的合伙人——华尔街投资银行的秘密. 向桢译. 北京：中国财政经济出版社，2003

[25] 琼·斯特劳斯. 华尔街之子——摩根. 王同宽等译. 北京：华夏出版社，2004

[26] 约翰·皮尔庞特·摩根. 摩根信札. 徐世明译. 北京：中国工人出版社，2003

[27] 路易斯·D·布兰代斯. 别人的钱——投资银行家的贪婪真相. 胡凌斌译. 北京：法律出版社，2009

[28] 彼得·克拉斯. 卡内基传. 王鹏译. 北京：国际文化出版公司，2005

[29] 威廉·E·罗思柴尔德. 通用电气成功全书. 杨斌等译. 北京：机械工业出版社，2008

[30] 诺尔·蒂奇，斯特拉福·舍曼德. 掌握命运——通用电气的改革历程. 吴郑重译. 上海：上海译文出版社，1996

[31] 道格拉斯·布林克利. 福特传——亨利·福特，他的公司和一个进步的世纪. 乔江涛译. 北京：中信出版社。2005

[32] 亨利·福特. 我的工作与生活. 梓浪等译. 北京：北京邮电大学出版社出版，2005

[33] 彼得·科利尔等. 美国楷模——福特史诗. 李比龙等译. 北京：华夏出版社，1999

[34] 阿克塞尔·马德森. 创业史诗——杜兰特创建美国通用汽车公司之路. 林华译. 北

京：华夏出版社，2004

[35] 戴维·法伯. 斯隆规则——通用汽车塑造轨迹. 王庆华等译. 北京：机械工业出版社，2004

[36] 艾尔弗雷德·斯隆. 斯隆自转——我在通用汽车的岁月. 刘昕译. 北京：华夏出版社，2005

[37] 欧内斯特·冈德林. 创新沃土：美国3M公司创新机制. 陈雪松等译. 北京：华夏出版社2001

[38] 富士通株式会社. 富士通——电子先锋. 陆华生等译. 北京：华夏出版社，2001

[39] 田原总一朗. 电脑英才——富士通公司池田敏雄传. 韦平和等译. 北京：华夏出版社，2000

[40] 吉姆·卡尔顿. 苹果公司兴衰内幕. 朱贵冬等译. 北京：新华出版社，1999

[41] 杰弗瑞·扬等. 缔造苹果神话——史蒂夫·乔布斯传. 蒋永军译. 北京：中信出版社，2007

[42] Owen W · Linzmayer. 苹果传奇. 毛尧飞译. 北京：清华大学出版社，2006

[43] 大卫·柯克帕特里克. facebook效应. 沈路等译. 北京：华文出版社，2010

[44] 本·麦兹里奇.Facebook——关于性、金钱、天才和背叛. 马小艳译. 北京：中信出版社，2010

[45] 海因里希·巴彻勒. 温柔的力量——金佰利公司与美国的消费革命. 夏璐、徐雯菲译. 上海：上海远东出版社，2008

[46] 伯迪·托尔卡. 宜家的故事——与英格瓦·坎普拉德对谈. 张宗梁等译. 内蒙古：远方出版社，2007

[47] 恩里克·巴迪亚. ZARA —— 引领快速时尚. 黄芳等译. 浙江：浙江人民出版社，2010

[48] 雷·克洛克. 三十年一亿倍——麦当劳教父雷·克洛克自传. 陈寅译. 北京：中华工商联合出版社，2004

[49] 霍华德·舒尔茨等. 一路向前. 张万伟译. 北京：中信出版社，2011

[50] 霍华德·舒尔茨等. 将心注入. 文敏译. 北京：中信出版社，2011

[51] 戴维·帕卡德. 惠普之道——比尔·休利特和我是如何创建公司的. 贾宗谊译. 北京：新华出版社，1995

[52] 彼得·伯罗斯. 逆火——惠普女总裁的权力之路. 朱林勇译. 北京：机械工业出版社，2004

[53] 迈克尔·科索马罗，里查德·塞尔比. 微软的秘密. 程化等译. 北京：北京大学出版社，1995

[54] 亚当·杰佛逊. 史蒂夫·鲍尔默传. 李贺译. 北京：中国青年出版社，2004

[55] 罗伯特·斯莱特. 重启微软：比尔·盖茨与史蒂夫·鲍尔默是如何再创微软辉煌的. 屈陆民译. 北京：中国社会科学出版社，2006

[56] 罗伯特·A·伯格曼. 战略就是命运. 高锌萍等译. 北京：机械工业出版社，2004

[57] 安迪·格鲁夫. 只有偏执狂才能生存. 安然译. 北京：中信出版社，2002

[58] 马克·彭德格拉斯特. 上帝、国家、可口可乐. 丁岚译. 广西：广西人民出版社，2003

[59] 伊丽莎白·坎德勒·格雷厄姆等. 可口可乐家族. 贾宗谊译. 北京：新华出版社，1995

[60] 戴维·格里森. 我愿全世界都买可口可乐——罗伯特·戈伊祖塔与可口可乐的全球行销战略. 傅兴潮译. 北京：宇航出版社，1998

[61] 凯文·梅尼. 特立独行者和他的IBM帝国——沃森传. 胡金涛译. 北京：中信出版社，2004

[62] 小托马斯·沃森. 父与子——IBM发家史. 尹红等译. 北京：新华出版社，1993

[63] 小托马斯·沃森. 一个企业的信念. 张静译. 北京：中信出版社，2003

[64] 道·盖尔. 郭士纳与IBM十年转机. 胡小军等译. 北京：华夏出版社，2003

[65] Richard S. Tedlow，the Watson Dynasty，HarperBusiness, 2003

[66] 肯·奥莱塔. 被谷歌——已经、正在和将要被谷歌改变的人、公司、行业和世界. 薛红卫等译. 北京：中信出版社，2010

[67] Scott, Virginia A.，Google， Greenwood Press, 2008

[68] Lowe, Janet.，Google speaks : secrets of the world' s greatest billionaire entrepreneurs, Sergey Brin and Larry Page，John Wiley & Sons, Inc. 2009

[69] 萨姆·沃尔顿等. 富甲美国——零售大王沃尔顿自转. 沈志彦等译. 上海：上海译文出版社，1996

[70] 鲍勃·奥尔特加. 信任萨姆——全球最大零售商沃尔玛的秘密. 屈陆民等译. 北京：

华夏出版社，2001
[71] 乌尔里西·菲赫尔. 保时捷的老板. 江澜等译. 北京：中央编译出版社，2007
[72] 弗里德海姆·斯瓦茨. 肯定是你——雀巢缔造者的经营理念. 王薇译. 黑龙江：哈尔滨出版社，2004
[73] 萨拉·盖·弗登. 古奇王朝——世界上最时尚家族的情感、势力与脆弱. 辛艳译. 北京：中信出版社，2005
[74] 罗伯特·斯莱特. 思科风暴. 王雪平译. 北京：中信出版社，2003
[75] 阿瑟·C·马丁内斯，查尔斯·麦迪根. 百年老店西尔斯. 侯颖译. 北京：中信出版社，2003
[76] 托马斯·舒勒尔. 贝塔斯曼背后的家族. 朱刘华等译. 广东：广东省出版集团花城出版社，2008
[77] 莱因哈德·莫恩. 合作制胜——贝塔斯曼的成功之道. 冯波等译. 北京：华夏出版社， 2000
[78] 皮埃尔–安托万·多内. 米其林传奇——从偏僻小厂到全球轮胎帝国. 方友忠译. 广西：广西师范大学出版社，2009
[79] 吕迪格尔·荣格布鲁特. 宝马背后的家族. 朱流华等译. 广东：花城出版社，2008
[80] 费托·阿旺塔利奥. 法拉利背后的家族. 殷明等译. 广东：广东省出版集团花城出版社，2008
[81] 布鲁诺·阿贝斯卡. 欧莱雅——一部法国的浪漫财富史. 戴捷译. 北京：中信出版社，2004
[82] 哈罗德·文·B·克里夫兰德等. 花旗银行. 郑先炳译. 北京：中国金融出版社，2005
[83] 艾美·斯通等. 资本之王桑迪·威尔. 辽宁：辽宁人民出版社，2003
[84] 郑先炳. 解读花旗银行. 北京：中国金融出版社，2005
[85] 杨轩译. 德意志银行. 北京：华夏出版社，2008
[86] 罗尔夫·H·卡尔森. 所有权与价值创造——新经济时代的公司治理战略. 王晓玲译. 上海：上海交通大学出版社，2003
[87] 丰田英二. 决断——丰田成功之路. 李宁等译. 天津：天津科学技术出版社，1989
[88] 片山修. 丰田方式. 陈锐译. 北京：华夏出版社，1999

[89] 索尼传媒中心. 索尼源流——从废墟上起步. 北京：华夏出版社，1999

[90] 出井伸之. 迷失与决断——我执掌索尼的十年. 程雅琴译. 北京：中信出版社，2008

[91] 片山修. 索尼法则. 桂雪琴译. 北京：华夏出版社，1999

[92] 铃木敏文. 我的零售人生——铃木敏文自传. 袁淼译. 北京：中信出版社，2010

[93] 加藤胜美. 超越梦想——御手洗毅与佳能. 郑春瑞译. 北京：华夏出版社，2000

[94] 岩渊明男. 佳能理念. 杨延梓等译. 北京：华夏出版社，1999

[95] 谷本真辉等. 一胜九败——日本新首富柳井正的创业人生与商业哲学. 北京：中华工商联合出版社，2011

[96] 李昌雨. 三星之父. 文大一等译. 北京：海洋出版社，2005

[97] 李庆植. 三星内幕. 金香兰译. 北京：中国铁道出版社，2012

[98] 韩国《东亚日报》经济部. 韩国大企业的领袖. 李敦球等译. 北京：新华出版社，2003

[99] 许晓辉等. 梦想金山. 北京：中信出版社，2008

[100] 王石等. 道路与梦想——我与万科20年. 北京：中信出版社，2006